한국계급문학운동연구

권영민

충남 보령에서 태어났다. 서울대학교 및 동 대학원을 졸업하고 서울대학교 인문대학 국어국문학과 교수를 역임했으며, 미국 하버드대학, U. C. 버클리와 일본 동경대학에서 한국문학 초빙 교수로 활동했다. 서울문화예술평론상, 현대문학평론상, 김환태평론상, 만해대상 학술부문상, 서울대학교 학술연구상 등을 받았다. 현재 서울대학교 명예교수이며, 단국대학교 석좌교수로 재직 중이다.

한국계급문학운동연구

초판 1쇄 인쇄 2014년 12월 10일
초판 1쇄 발행 2014년 12월 15일

지은이 권영민
펴낸곳 서울대학교출판문화원
펴낸이 성낙인

책임 편집 정성숙
디자인 장혜원

출판등록 제15-3호

주소 151-742 서울 관악구 관악로 1
대표전화 02-880-5252 | 팩스 02-888-4148
마케팅팀(주문상담) 02-889-4424, 02-880-7995
이메일 snubook@snu.ac.kr
홈페이지 www.snupress.com

ISBN 978-89-521-1586-7 93810

한국계급문학운동연구

권영민 지음

서울대학교출판문화원

A Study on Korean Proletarian Literary Movement

Kwon, Youngmin

Seoul National University Press

책머리에

이 책은 일본 식민지 시대의 계급문학운동이 민족사회운동과 어떠한 조직적 연관성을 지니고 전개되었는가를 탈식민주의적 관점에서 새롭게 검토하는 데에 목표를 두고 있다. 한국 근대문학사상사에서 일본 식민지 시대 계급문학운동이 보여준 이념적 성격은 여러 각도에서 중요한 의미를 지닌다. 물론 계급문학운동은 3·1운동 직후 민족사회운동의 전반적인 추세와 식민지 현실에 대한 문학의 대응 방법을 동시에 파악하지 않고서는 그 성격을 제대로 이해하기 어렵다. 계급문학운동은 문학의 성쇠와 그 운명이 사회적 현실과 직결된다고 하는 소박한 '경향성의 문학'에서부터 출발하고 있다. 그러나 민족운동의 사상적 기반의 하나가 되었던 사회주의 이념과 결합하면서 계급투쟁 의식을 강조하는 행동 실천의 문학으로 변화하였다. 계급문학운동은 조선프롤레타리아예술동맹의 결성과 함께 조직적인 예술운동으로 확대되었으며, 사회운동의 방향전환 이후 과감한 이론투쟁과 대중적 진출을 시도하게 되었다. 조선프로예맹은 계급문학운동의 실천적 주체가 되었고 이 조직을 근거로 하여 민족사회운동과 사회·문화적으로 연결되었다.

이 책에서 역점을 둔 것은 계급문학운동의 실천적 주체가 되었던 조선프로예맹이라는 조직의 결성과 재편, 전환과 확대, 분열과 해체 등의 모든 과정에 대한 실증적인 검토 작업이다. 이 작업 과정에서 계급문학운동은 식민지 상황에 대응하여 민족사회운동의 한 영역으로서 탈식민주의적 성격을 지니게 되었음을 알 수 있다. 조선프로예맹의 조직과 함께 전개되기 시작한 계급문학운동은 식민지 지배세력인 일본의 침략을 서구적 제국주의의 논리에 따른 자본주의의 침략으로 인식하고자 하였다. 그리고 계급문학운동을 통한 반제·반식민사상의 구현을 강조하였고, 계급의식의 각성과 사회적·조직적 실천을 중시하였던 것이다. 계급문학운동의 이념적 지침이 되었던 사회주의 사상은 변증법적인 유물사관에 근거하여 역사 발전의 단계를 계급 간의 투쟁 과정으로 파악하는 계급의식을 주축으로 삼고 있다. 그러므로 한 사회의 발전이라는 것도 사회주의로 향하는 하나의 단계에서 또 다른 단계로 이어지는 변증법적 진보를 뜻하는 것으로 설명하고 있다. 1920년대 계급문학운동자들은 이러한 사회주의 사상에 따라 한국의 식민지 현실을 일본제국주의의 침략과 자본주의적 지배라는 계급적 지배 논리로 파악하였다. 계급문학운동의 근본적인 목표가 무산대중으로 하여금 계급적 각성을 하게 하고 계급투쟁에 있어서 자신의 역할을 인식할 수 있도록 선동하는 것으로 규정될 수밖에 없었던 근거가 바로 여기에 있다. 더구나 계급문학운동가들은 무엇보다도 먼저 스스로 무산계급의 일원으로서 계급적 세계관을 지니고 있어야만 하였다. 그들은 계급투쟁의 효과를 문학을 통해 직접 혹은 간접으로 보여줌으로써 독자로 하여금 묘사된 현실의 투쟁 대열에 자신이 참여하고 있다고 느낄 수 있도록 작품을 만들지 않으면 안 되었던 것이다.

이 책의 내용을 구상하고 자료를 정리하는 동안 계급문학에 대한 기왕의 연구가 안고 있었던 실증적 한계를 극복해 나갈 수 있는 몇 가지 중요한 자료들을 새롭게 발굴 정리하였다. 첫째, 1925년 8월 조선프로예맹의 준비모임에 가담한 문인들의 기념사진을 일본인 작가 나카니시 이노스케의 유족으로부터 입수하여 공개함으로써 조선프로예맹의 결성과정에 참여한 문인들의 신상을 확인할 수 있게 되었다. 둘째, 1926년 12월 조선프로예맹의 개편 내용을 당시 자료들을 통해 처음으로 확인함으로써 조선프로예맹의 초기 조직 내용, 강령, 규약 등을 모두 밝힐 수 있게 되었다. 셋째, 1927년 방향전환 이후 조선프로예맹이 신간회와 조직적으로 연계되었던 사실을 새롭게 규명하였고, 조선프로예맹의 핵심 조직이 조선공산당 재건운동의 거점이 되었던 사실을 보다 구체적으로 확인하였다. 넷째, 1935년 조선프로예맹 해체의 발단이 되었던 극단 신건설 사건의 전모를 정확히 파악할 수 있는 전주지방법원과 대구복심법원의 선고 공판 판결문을 입수하여 그 내용을 공개하였다. 그리고 이 책의 부록으로 계급문학운동사 연표를 작성하고 중요 작품 목록을 함께 수록했으며, 계급문학운동과 관련되었던 문인들의 약전을 소개하였다.

이 책은 한국계급문학운동의 역사적 전개 양상을 체계화하기 위해 오랫동안 수습했던 자료들의 정리작업을 통해 얻어낸 하나의 결과물이라고 할 수 있다. 이 작업을 한데 묶어 한 권의 책으로 펴낼 수 있도록 허락해 준 서울대학교출판문화원에 감사한다.

2014년 7월

권영민

차례

책머리에 · v

제1부 민족 · 계급 · 문학 · 1

1. 민족의 발견 · 3

(1) 한국사회의 근대적 변혁운동 · 3
(2) 일본의 강점과 식민지정책 · 7
(3) 반식민운동과 민족의식 · 13

2. 계급 문제의 인식 · 18

(1) 3 · 1운동과 민족사회운동 · 18
(2) 민족주의와 마르크스주의 · 20
(3) 마르크스주의와 계급 문제 · 23

3. 문학과 민족과 계급 · 27

(1) 문학과 민족 · 27
(2) 식민지 상황과 문학의 변화 · 29
(3) 문학과 계급의식 · 32

제2부 계급문학의 조직운동 · 37

1. 계급문학운동의 성립과정 · 39

(1) 계급문학운동의 등장 · 39
(2) 조선프롤레타리아예술동맹의 결성 · 80

2. 계급문학운동의 이념과 방향전환 · 113

(1) 계급문학운동의 방향전환 · 113
(2) 계급문학운동의 이념과 노선 · 124
(3) 계급문학운동과 아나키즘 논쟁 · 137
(4) 계급문학운동의 조직 전환 · 150

3. 계급문학운동의 정치적 진출 · 165

(1) 계급문단 조직의 대중적 확대 · 165
(2) 신간회 노선과 계급문학운동 · 183
(3) 대중적 조직운동과 예술대중화론 · 209
(4) 계급문학운동과 농민문학론 · 223
(5) 조선프로예맹과 조선공산당 재건운동 · 234

4. 계급문학운동의 분열과 조직 해체 · 280

(1) 조선프로예맹의 조직 분열 · 280
(2) 동경 소장파와 조선프로예맹 조직개편 · 287
(3) 창작방법 논의와 이념 노선의 이탈 · 304
(4) 조선프로예맹 해소론의 등장 · 329
(5) 극단 신건설 사건과 조선프로예맹의 강제 해체 · 346

제3부 계급문학의 창작적 실천 • 411

1. 계급소설과 계급의식 • 413

(1) '경향소설'과 소설의 이념성 • 413
(2) 농민소설과 농민문학론 • 420
(3) 노동소설과 이념적 진보성 • 440
(4) 계급문학운동과 동반자소설 • 451

2. 시적 형상과 계급적 이념 • 459

(1) 계급시와 이념적 경향 • 459
(2) 계급시의 창작적 성과 • 473

3. 연극운동과 무산계급운동 • 502

(1) 프로연극운동의 성격 • 502
(2) 프로극과 계급의식 • 504

제4부 결론 • 511

부록
1. 계급문학운동사 연표(1923~1936) • 529
2. 조선프롤레타리아예술동맹 관련 문인 약전 • 716
3. 계급문학운동 관련 중요 문건 • 776
4. 중요 참고문헌 • 849

찾아보기 • 853

제1부

민족 · 계급 · 문학

1. 민족의 발견

2. 계급 문제의 인식

3. 문학과 민족과 계급

1. 민족의 발견

(1) 한국사회의 근대적 변혁운동

한국사회는 19세기 중반 개화계몽시대에 들어서면서부터 새로운 근대적인 사회로 나가기 위해 극심한 혼동과 변혁을 겪어야 하였다. 이 시기에 대내적인 면에서 반봉건 운동, 대외적으로는 반외세 운동을 주축으로 하는 계몽운동이 사회 전반의 근대적인 변혁을 요구하는 커다란 힘으로 확산되었다. 이 과정에서 한국사회는 보수와 진보, 수구와 개화의 대립에 의한 내부 갈등을 겪어야 했으며, 침략적인 외세의 위협 앞에서 민족적 자기 인식과 함께 국가의 독립을 지켜나갈 수 있는 주체적 역량의 필요성을 자각하게 되었다.

한국사회의 근대적 변혁과정의 문제성을 가장 상징적으로 드러내어 주고 있는 역사적인 사건은 외세의 압력에 의해 이루어진 1876년의 문호 개방이다. 조선사회 내부에서는 18세기 후반부터 북학파들이 해외 통상의 중요성을 제기한 바 있지만, 조선왕조를 이끌고 있던 보수적인 집권세력은 오히려 세도정치를 통해 정치를 문란하게 하면서 중국을 거쳐 들어오기 시작한 서구 문물을 양이(洋夷)의 것이라고 외면하였다. 특히 서학이란 이름으로 지칭되었던 천주교를 탄압하면서 집권 세력의 권력 유지에만 집착하였다. 이 같은 쇄국주의적 통치는 일시적으로 사회 전반을 위압하는 효과를 거두기는 하였다. 하지만 조선왕조는 자율적인 문호 개방으로 새로운 서구 문물을 주체적으로 수용할 기회를 상실한 채 일본의 강압에 굴복하여 문호개방을 서둘러야만 하였다. 조선왕조가 일본의 강요에 의해 문호를 개방하자, 개화파 세력은 청국과의 오랜 종속 관계를 청산하고 국가적인 독립의 기반을 확립해야 한다는 명분 아래 일본의 힘을 빌려 급진적인 정치 개혁을 시도하였다. 그러나 개화파가 주도한 갑신정변(1884)은 사회적 체제의 근본적인 변혁을 위한 혁명으로 이어지지 못한 채 정치권력의 대립과 갈등을 더욱 고조시켜 놓았다.

이 같은 정치 사회적 혼란 속에서 체제 변혁의 새로운 가능성을 던져준 것은 1894년에 일어난 동학농민운동이었다. 동학농민운동은 조선 사회의 기층 세력이라고 말할 수 있는 농민계층이 동학의 조직을 통해 거대한 세력 집단으로 봉기한 혁명운동이다. 이 운동의 혁명적 의의는 봉건적인 사회 체제와 지배층의 횡포에 저항하면서 침략적인 외세를 배척하여 조선 사회를 주체적으로 변혁시키고자 하였다는 점에서 확인된다. 그러나 조선의 지배 계층은 농민들의 주체적인 개혁운동을 외면하고 이들의 사회적 세력화를 막기 위해 청국과 일본의 군대를 끌어들임으로써 청일전쟁을 자초하였다. 조선 말기 계층적 갈등을 내부적으로 더욱 고조시켰던 동학농민운동은 그 혁명성에도 불구하고 정치적으로 실패하였다. 그런데 이 운동의 수습 과정에서 이루어진 갑오경장(1894)을 통해 조선왕조는 각종 행정제도를 개혁하고 조선 사회 경제 체제를 변혁시켜 놓기 시작하였다.[1]

한국사회의 근대적 변혁과정에서 동학농민운동과 함께 주목되는

---

1 이기백, 『한국사신론』(일조각, 2008), 313~314면.

또 하나의 민중운동은 독립협회를 중심으로 이루어진 정치개혁 운동을 들 수 있다. 독립협회는 1896년에 결성되어 1898년에 해체되기까지 한국사회의 정치 제도와 체제를 개혁하기 위한 다양한 방안을 제시하고 그 실천을 위해 대중적인 계몽운동을 전개한 바 있다. 독립협회 운동은 민간 주도의 근대적인 정치운동의 출발점이라는 점에서 그 역사적 의의를 인정받고 있거니와, 대외적으로는 자주독립을, 대내적으로는 근대적 민권 사상에 기초한 정치 개혁을 주창함으로써 근대적 정치 이념과 그 사회적 실천의 새로운 가능성을 제시하였다. 하지만 민중의 정치적 성장을 두려워한 조선의 지배층은 독립협회 운동을 더 이상 용납하지 않았으며, 이들에 대한 탄압을 강화하였다.

그런데 한국사회의 근대적 변혁운동은 청일전쟁과 러일전쟁에서 승리한 일본이 대한제국의 외교 군사 부문에 대한 모든 권한을 1905년 을사조약을 통해 장악한 후 그 실천적인 힘을 모두 잃게 되었다. 더구나 1910년 강제적으로 한일 합병조약을 체결하면서 조선왕조는 문호 개방 후 근대적인 민족 국가로의 변혁을 이루지 못한 채 일본의 식민지로 전락하였다. 하지만 한국은 일본의 강점에 근대적 변혁을 주체적으로 실현하지 못했지만, 그 격동의 과정에서 민족의식의 각성을 가능하게 한 다양한 계몽담론을 확산시켰다. 진보 세력과 보수 세력의 갈등을 말해 주는 개화와 척사의 논리도 그렇고, 주체적인 지식층을 중심으로 전개된 개화운동도 모두 각각의 위상과 세력을 드러내며 전개되었다. 실제로 당시 집권층의 권력 갈등에는 주체로서의 민족을 강조하면서도 여전히 낡은 사고와 관습과 가치를 고수하고자 하는 경우도 있고, 새로운 것을 추구하면서 민족 주체의 정립보다는 타자로서의 외세에 의존하거나 이를 따르는 것에 관심을 두기도 하였다. 특히 대외적 상황에 대한 대응 논리로서의 반외세론과 대내적 사회 변혁의 과제를 중심으로 하는 반봉건론이 근대적 변

혁과정을 특징짓는 독특한 담론 공간을 형성하였다.[2]

개화계몽시대의 반외세론은 침략적인 외세를 막아내고 자주와 독립을 지킨다는 점에 그 핵심적인 주제가 가로놓여 있다. 그리고 이 담론의 틀 속에서 민족적 주체의 확립을 강조하는 독립과 자주를 강조하는 견해들이 다양하게 등장하고 있다. 민족적 주체를 내세우면서 외세로서의 타자를 구획하는 이 새로운 계몽담론은 민족과 국가의 자주독립이라는 현실적 과제와 맞물려 있기 때문에 민족주의적 정론의 성격이 강하다. 더구나 1905년 을사조약을 전후하여 침략세력인 타자로서의 일본에 저항하는 의병운동, 국채보상운동 등이 민족적 주체를 회복하는 적극적인 실천방법으로 확산되었다. 한편 반봉건론은 한국사회의 낡은 제도와 관습과 가치의 붕괴를 우선적인 목표로 설정하였다. 이 경우 담론의 구조는 바로 새로운 것과 낡은 것(신/구)의 대립적 표상을 드러내고 있다. 그리고 새로운 시대 변화를 인정하고 그 대응책을 모색하는 방향으로 사회적으로 확산된다. 그런데 이 과정에서 중요한 문제로 대두된 것이 바로 낡은 것을 버리고 새로운 것을 추구하는 작업이다. 이 시기의 신교육운동은 새로운 가치와 제도를 확립하기 위한 사회적 실천과정이었다고 할 수 있다. 무엇이 낡은 것이며 어떻게 낡은 것을 새로운 것으로 개혁할 것인가 하는 것은 한국사회의 근대적 변혁의 가장 핵심적인 과제였음은 물론이다.

---

2 권영민, 『서사양식과 담론의 근대성』(서울대학교출판부, 1999), 11면.

(2) 일본의 강점과 식민지정책

한국을 식민지화한 일본은 일찍이 서구에 대한 문호 개방(1854)을 통해 서구적 세계 질서에 편입하기 시작하였고, 메이지 유신을 통해 국내의 정치체제에 대한 개혁(1868)을 완료한 바 있다. 이 과정에서 일본은 유신과 개혁에 대한 대내적인 불만을 해소하기 위한 방법으로 이른바 정한론(征韓論)이라고 일컫는 조선 정벌을 획책한 바 있다. 그러나 조선 정벌이 국내 정치 세력 사이의 갈등으로 무산되자 대만 출병(1874)을 기도한다. 대만 출병은 일본의 존재와 군사력이 서구의 세계에서도 긍정적으로 평가되는 계기를 만들었고, 일본 자체 내에서도 자국의 외교력과 군사력에 대한 자존심을 내세울 기회가 되었다. 이러한 이유 때문에 개항을 전후한 시기에 한국 내에서는 한때 '왜양일체(倭洋一體)'에 대한 주장이 제기된 적도 있다. 이것은 한국 내의 일부 지식층에 의해 제기된 문제였지만, 당시로서는 심각하게 검토했어야 할 사안이었다.

그런데 일본은 강화도 조약 이후 청국을 견제하면서 조선 문제에 대한 주도권을 유지하기 위해 정한론과 같은 과격한 정치 논리를 배제하고 이른바 '아시아 연대론'을 내세우기 시작하였다. 이 아시아 연대론의 핵심은 일본이 침략 세력인 서양과 다르다는 점, 일본과 청국과 조선이라는 아시아 삼국이 연합하여 서양의 동방 침략을 막아야 한다는 것이다.[3] 이 주장이 허구적인 논리에 불과하다는 것은 청일전쟁으로 판명되었다. 일본은 청일전쟁의 승리로 동북아의 새로운 강자로 등장하게 되었으며, 러시아의 남하 정책을 막는다는 구실

3 山室信一, 「アジア認識の基軸」(古屋哲夫 編, 『近代日本のアジア認識』, 東京, 綠蔭書房, 1996), 3~40면 참조.

로 러일전쟁을 도발하였고 이 전쟁에서도 승자가 되었다. 일본은 두 차례의 전쟁을 통해 동북아의 최강자로 부상하게 되자 자신들이 주장해왔던 '아시아 연대론'을 '대동 합방론'으로 바꾸었다. 이 새로운 주장은 대한제국시대 이후 한국의 병탄을 위한 논리적 근거로 활용되었다. 당시 한국의 집권 세력은 근대적인 개혁주체로서의 능동성과 실천력을 구비하지 못한 채 개혁이라는 명분에만 이끌려 일본의 정치권력과 연계되어 있었다. 그러므로 이 같은 일본의 침략 논리를 제대로 인식하지 못하였다. 그들은 일본을 적대적 타자로 설정하여 이를 경계한 것이 아니라, 한국의 자주와 독립을 지켜주고 근대적인 개혁을 도모해 줄 수 있는 절대적인 강자로 인정하기도 하였다. 일본이 만들어낸 아시아 연대론이나 대동 합방론과 같은 '일본적 식민주의 담론'이 한국에서 이미 그 영향력을 크게 미치고 있었음을 확인할 수 있다.

일본은 을사조약(1905)을 통해 한국에 대한 실질적인 지배력을 확보한 후 이른바 조선보호와 아시아에 대한 문명화를 자신들의 역할로 자처하면서 제국주의적 확대에 대한 정당성을 확보하고자 하였다. 하지만 이 같은 아시아 정책은 한국에 대한 강제 합병 직후 그 허위성을 그대로 드러낼 수밖에 없었다. 일본은 자국 내의 정치 경제적 안정을 위해 한국을 병탄하고 거기서 새로운 경제적 이득을 창출하고자 하였을 뿐이었다. 이러한 현상은 일본제국주의가 서구의 자본주의의 질서를 끌어들이면서 이룩한 경제력과 소비의 팽창구조를 대륙으로의 진출을 통해 활성화하고자 했던 것임을 그대로 말해주는 것이다. 일본은 청국을 제압하면서 막강한 군사력을 자랑하였고, 서구 세력의 동아시아 진출이라는 희망을 품었던 러시아의 동방진출을 막았다. 이러한 일련의 힘의 과시는 그들 자신의 입장을 정당화할 수 있는 역사적 근거가 되었다. 그러나 일본이 조선에 관해 주장하였던 일본의 역할 또는 조선 보호가 진정으로 조선에 대한 문명개화를 의미하는지는 조선 강점 이후의 일본의 식민지 통치 행태 자체가 이를 부정하도록 만들었다.

1910년 일본은 강압적으로 합병조약을 체결함으로써 한국에 대한 식민지 지배를 정당화하고자 하였다. 일본은 한국 민족의 모든 권한과 소유를 박탈하는 것으로부터 시작하여 민족의 존재와 그 정신마저 말살하고자 하는 방향으로 식민지 지배정책을 확대 강화하였다. 우선 한국을 식민지로 경영하기 위해 대한제국이라는 국호를 폐지했으며, 한국에 대한 경제적 수탈 정책과 한국 민족에 대한 차별 정책을 강압적으로 시행하게 된다. 조선총독부의 설치와 함께 회사령(1910. 12)을 선포하여 기업활동을 강제 지배하고, 토지 임야에 대한 전국적인 조사 사업을 실시하여 한국인 소유의 토지와 임야를 수탈함으로써 한국인의 경제적인 지위를 박탈한다. 이 때문에 한국사회는 궁핍한 경제 조건 속에서 왜곡된 근대화의 과정을 거치게 된다.

일본은 한국에 대한 식민지 경영의 기초를 확보하기 위해 한국인들을 철저하게 차별화하는 식민지 교육정책도 시행하였다. 우선 조선통감부를 통해 1906년 8월 보통학교령을 발표하고 한국의 모든 교육제도에 대한 개혁에 착수하고 보통학교 교과 과정에서의 일본어 교육을 국어라는 이름으로 의무화하였다. 일본이 합방 직후 발표한 조선교육령(1911. 8)은 한국인들을 충량한 일본 국민으로 만들고자 하는 데에 그 목표를 두고 있다. 조선교육령은 한국인에 대한 교육을 보통교육, 실업교육, 전문교육으로 구분하여 한정한다. 여기서 보통교육이란 한국인들에게 식민지 백성으로서 자질을 심어 주기 위해 일본어를 보급시키기 위한 것이다. 일본어를 '국어'라는 과목으로 소학교에서부터 교육하는 대신에 일본어 교육을 위한 방편으로 '조선어'라는 이름으로 한국어 교육을 제한적으로 허용한다. 1930년대 말에는 한국어와 한글 사용 자체를 강제로 금지하여 한국인이 독자적인 언어와 문자를 사용하는 것조차 금지한 바 있다. 이 같은 교육정책은 일본의 식민지 지배 자체가 한국 민족에 대한 부정은 물론이며 민족의 역사와 문화를 말살하고자 하는 것이었음을 말해 주는 것이다. 실업교육은 농업이나 상업, 그리고 공업 분야의 하급 직업 교육을 위한 것이고, 전문교육이라는 것도 약간의 전문성을 두고 있는 지식과 기술을 습득시키기 위한 것에 불과하다. 한국인들에게는 자율적으로 대학을 설립할 수 없게 만들었으며, 대학교육과 같은 고등교육은 제한적으로만 허용한다. 그리고 사립학교규칙(1911. 10)을 통해 사립학교의 설립 요건을 강화함으로써 사립학교의 설립 자체를 불가능하게 하고, 그 교육 과정과 교과 내용에 대해서도 엄격하게 통제한다.4 개화계몽시대에 설립되었던 상당수의 사립학교는 이 규칙에 따라 합방 이전의 교과 내용을 모두 강제 폐기당하였고, 학교 자체가 문을 닫게 되는 곳도 속출하게 된다.

일본은 한국인들의 사회 문화 활동을 규제하기 위해 언론 출판에 관한 검열 정책도 강화하였다. 이미 합방 직전에 일본은 신문지법(1907)이라고 불리기도 하는 언론 규제법을 만들고 출판법(1909)을 시행하게 한다. 조선총독부가 설치되자 개화계몽시대 최대의 민간지였던 《대한매일신보》를 강제로 인수하여 일본 총독부 기관지 《매일신보》(1910. 8. 30)에 게재하여 발간하였고, 여러 사회단체가 발간하던 기관지나 잡지는 모두 폐간한다. 총독부 설치를 전후하여 일본의 식민지 지배에 대해 비판적인 이념을 심어줄 수 있는 내용을 담고 있거나 한국인의 민족의식을 자극할 수 있는 것은 모두 발매 반포 금지 도서로 지정 압수하게 된 것은 모두 이 같은 강제적 조치에 따른 것

4 駒込 武, 『植民地帝國日本の文化統治』(岩波書店, 1998), 76~103면.

이다. 그리고 일본은 3·1운동 이후 한국사회의 민족운동이 활발해지자 이를 강압적으로 규제하기 위해 치안유지법(1925)을 발동하게 된다.

이처럼 일본은 식민지 한국에서의 교육의 제한, 언론에 대한 규제, 사상에 대한 통제 등을 강제적으로 시행하면서 한국 민족에 대한 차별화 정책을 조직적으로 확대하게 된다. 그리고 이러한 차별화 정책을 통해 한국 민족의 독자성을 부정하고 그 역사와 문화를 말살하고자 한다. 그 결과로 한국사회는 일본의 강압적인 식민지 지배정책으로 인해 문명개화의 이상을 실현하지 못한 채 핍박과 굴종의 시대에 접어들게 된다. 한국사회의 근대화 과정 자체가 식민지 지배에 따라 왜곡되기 시작했으며, 한국의 모든 산업이 식민지 지배에 종속된다. 특히 식민지 교육 정책에 의한 일본어 교육의 강화로 인해 한국인의 언어와 생활 속에 깊숙이 일본어가 침투한다. 그 결과로 일본 식민지 시대에 한국사회에는 모방과 굴종, 창조와 저항이라는 양가적인 속성을 지니는 독특한 식민지 문화가 형성되기 시작하였다.

한국에 대한 일본의 식민지 지배정책은 차별화와 동질화라는 이중적 논리에 근거하여 실행되었다. 이 두 가지의 방법과 논리는 언제나 제국 일본의 선택에 의해 식민지 '조선'에 적용되었다. 어떤 경우에는 차별화의 논리가 앞세워지고 어떤 때는 동질화의 논리를 내세운다. 어떤 경우는 이 두 가지의 논리를 동시에 내세우기도 한다. 일본이 만들어낸 '내지(內地)'로서의 일본과 식민지로서의 조선에 대한 정치·경제·군사·문화적 구획은 차별화의 논리에 근거한 식민주의 담론 구조의 전형에 해당한다. '내지'는 모든 권력의 근거이며, 정치 행위의 주체이며, 문화의 중심이다. 그러므로 식민지 조선에서 '내지'는 하나의 꿈이며 환상이다. 개화된 문명, 발달된 산물, 풍부한 지식, 정비된 제도, 자유로운 활동을 상징하는 것은 모두 '내지'이다. 그러나 당시 조선을 거쳐 간 일본의 지식인들이 조선에 관해 기술한 대부분의 견문 기록들은 조선을 미개의 땅이며, 조선인들은 야만의 원시인들이라고 기술한다. 반도적(半島的) 근성으로서의 창조력의 결핍, 오랜 당쟁으로 인한 인간적 신뢰성의 붕괴를 꼬집기도 한다. 그리고 조선인들이 지니고 있는 나태한 관습과 사기적인 행위와 비위생적인 생활 습관이 조소의 대상이 되기도 한다. 더구나 조선은 모든 일본인에게 자연스럽게 누구나 마음만 먹으면 '한탕'할 수 있는 착취의 땅으로 각인된다. 이 같은 기술은 일본의 지배 아래 놓여 있는 조선 식민지의 비참한 상황과 일본인들의 포악한 강제적인 지배력의 문제성을 모두 은폐시키고 조선이 본래부터 지니고 있던 것으로 간주되는 후진성을 과장하는 데에 동원된 것이다. 이들은 일본의 지배 이후에 이루어지는 식민지 조선의 제도적인 정비, 산업의 개발, 문화의 발전 등을 끊임없이 강조함으로써 일본의 지배력을 대내에 널리 선전한다. 이러한 일본적 식민주의 담론은 식민지 시대를 살았던 모든 한국인의 행동과 사고에 큰 영향력을 미치게 되었다.

일본의 한국에 대한 식민지 지배정책의 한 축에는 이른바 동화정책이라는 특이한 지배논리가 자리 잡고 있다. 이 지배논리의 형태는 일찍이 서구 제국 가운데 프랑스가 아프리카에서 행하였던 것이다. 프랑스는 그들이 지배하고 있던 아프리카의 식민지를 모두 프랑스 자체의 해외 부속 영토로 통합하였다. 그러므로 이것은 형식적인 면에서 볼 때 식민지가 아니다. 하지만 그럼에도 여전히 그 통치형태는 식민지에 대한 착취였다. 결국 이 같은 제국의 지배 아래 이루어진 동화정책은 그 자체가 하나의 커다란 모순이었던 셈이다. 일본이 내세운 동화정책은 표면적으로는 지배민족인 일본인과 식민지 피지배민족인 한국인이 근본적으로 동등하다는 평등주의를 지향하는 것처럼 보였다. 하지만 식민지 지배 과정에서 일본은 한국에 대한 엄청난 민족적 차별을 자행하였다. 제국 일본과 식민지 조선은 '내지'와

'조선'이라는 공간적 차별을 통해 표상되었으며 한국인들은 누구나 '조센진'에 불과하였다. 일본인들이 만들어낸 '조센진'이라는 경멸적인 말은 유럽인들이 아프리카의 흑인들을 지칭하여 만들어낸 '깜둥이(nigger)'라는 말과 다를 바가 없었다. 일본제국주의의 지배 논리에는 그 내면에 문화적 인종 이데올로기의 속성이 그대로 잠복되어 있다. 물론 당시 한국사회 내부에서는 동아시아적 후진성 또는 야만성의 상태를 벗어나지 못하고 있던 한국이 일본의 선진적인 문명을 접하면서 공동의 이득을 얻을 수 있을 것이라는 허황된 꿈을 가지는 인사들도 있었다. 그러나 일본제국의 식민지 통치는 가혹하게도 피지배민족인 한국의 언어와 문화와 제도를 완전히 파괴하고자 하는 방향으로 강화되었다. 그리고 한국 민족의 존재 자체를 부정하고 한국인들을 모두 일본인으로 만들고자 하였다. 일본과 한국의 엄연한 차이에도 강압적인 식민지 정책에 의해 모든 것을 동일성으로 치환하고자 하였던 것이다. 이것은 일본이 지향했던 식민지 지배정책이 일본 중심 또는 자민족 중심의 평등주의적 역설을 초래하고 있음을 말하는 것이다.

(3) 반식민운동과 민족의식

한국의 반(反)식민운동은 1910년 일본의 식민지 지배가 시작되면서부터 이미 그 중심에 민족주의가 자리하고 있었다. 일본의 한국에 대한 식민지 지배는 반인간적인 착취와 파괴행위였다. 한국의 민족 지도층에서는 그러므로 제국 일본의 지배 아래서 받는 고통을 생각하면서 역사 속에서 다시는 이 같은 지배와 착취가 없는 미래를 기획하지 않을 수가 없었다. 이들은 식민지 상황 자체를 강대한 일본 민족이 약소민족인 조선을 지배한다는 일종의 민족적 모순구조로 파악하게 되었다. 그러므로 반식민운동 자체가 당연히 피지배민족인 한국 민족 자체의 문제로 초점이 모였고 그것이 작동하는 영역 자체도 민족 내부에 한정되었다. 특히 일본제국주의는 식민지 통치를 시작하면서 자신들의 지배 권력을 지지해 줄 수 있는 상층 계급의 보호 육성책을 쓰면서 식민지 지배민족과 피지배민족 간의 갈등관계를 조선 내부의 계급적 갈등관계로 은폐하기 시작하였다. 그러므로 식민지 조선 내에서 민족과 계급의 문제는 일본제국주의의 지배라는 상황적 조건 속에서 통합적으로 파악해야 할 문제로 인식되기에 이르렀다.

일본의 식민지 지배정책이 무단통치라는 강압적인 방식으로 자행되자 한국의 지도층에서는 인도주의의 원칙을 내세우면서 일본에 저항하였고 국제 사회에 그 부당성을 알리고자 하였다. 이것은 당시 제1차대전을 전후하여 국제 사회에서 논의되기 시작했던 민족자결주의의 원칙을 승인하는 방식과도 맥락을 같이하였다. 한국인들은 일본의 통치 방식 자체가 가지는 폭력성과 비인도적인 요소들에 더욱 저항하였다. 1919년 3·1운동은 민족적 자기 정체성을 기반으로 일본에 대한 한국 민족의 저항의식을 비폭력 독립투쟁이라는 실천적 활동으로 확대하게 된 민족해방운동이었다. 3·1운동은 자주와 독립이라는 하나의 목표를 향해 민족 전체의 통합을 이루어냈으며, 식민지 지배세력의 정체를 분명하게 인식할 수 있는 계기를 마련해 주었다. 그러므로 3·1운동의 이념과 정신에 근거하여 한국 근대사의 전환을 가능하게 하는 새로운 민족운동이 여러 방면에서 적극 실천되기 시작하였다. 한국 민족은 일본제국주의의 식민지 지배 상황을 극복하기 위해 민족의 실력을 양성하고, 정치·경제·사회·문화 등의 모든 부문에서 최대한 민족의 역량을 발휘하며, 결국은 민족적 동등권을 실현하여 독립을 쟁취하고자 하였다. 이 같은 민족운동은 한국사회 전반에 걸쳐서 폭넓은 반제국주의 사상을 확산시켰으며, 한국사회 내부의 모순을 극복하기 위한 반봉건 의식도 함께 촉발하였다.

이러한 의미에서 3·1운동은 한국 민족운동의 전개 과정에서 하나의 역사적 전기를 이루고 있다. 민족운동의 주도세력이라든지 그 이념적 지향이나 실천적 과정 자체가 식민지 지배에 대한 저항과 민족의 자주독립을 목표로 하는 3·1운동을 통해 하나의 통합 가능성을 보여주고 있기 때문이다. 3·1운동의 주도세력은 개화계몽시대에 형성된 새로운 민족 엘리트가 주축을 이루고 있지만, 거기에는 민족 구성원의 대부분을 차지하고 있는 농민계층까지 모두 통합되고 있다는 점이 주목된다. 민족의 자주와 독립을 위해 민족 구성원 전체가 하나의 통합을 이루어내고 있다는 것은 상층부와 하층부가 계층적 통합을 이루고 있다는 점에서 더욱 실천적 의미가 있는 것이다. 특히 3·1운동은 탈식민주의 운동으로서 한국 민족이 추구하고 있는 민족 국가의 이상을 조선 시대의 절대왕권으로의 회복이 아니라 새로운 민주적 공화제의 형태를 제시하고 있다는 점에서도 매우 중요한 의미가 있는 것이다.

3·1운동 이후 한국의 민족운동을 문화적 차원에서 이해하고자 할 때 먼저 주목해야 할 것은 《동아일보》, 《조선일보》 등의 일간지와 《개벽》과 같은 잡지의 출현에 따른 민족 언론운동이라고 할 것이다. 일제는 을사조약 이후 통감부 설치와 함께 1907년의 광무신문지법 제정을 기점으로 민족 언론을 탄압하기 시작하였고, 식민지 지배에 들어가면서 모든 민간 언론을 강제로 폐간시킨 바 있다. 그러므로 무단통치시대에는 한국의 현실과 한국인들의 삶을 대변하여 줄 수 있는 아무런 수단도 없었다. 3·1운동 직후 조선총독부가 이른바 '문화통치'라는 이름으로 민간 신문과 잡지의 간행을 허가하자 새로이 등장한 이들 민간 언론이 중심이 되어 일제의 식민지 정책에 대

한 비판을 시작하였고, 민족의식을 각성시키기 위한 각종의 계몽운동이 일어나게 된다. 당시의 민족사회운동은 이 민족언론기관을 기반으로 폭넓은 계몽운동을 전개하여 민족문화에 대한 새로운 인식을 대중적으로 확대시켰다. 그리고 식민지 지배 상황 속에서도 한국 민족문화운동의 기틀을 마련할 수 있게 하였다.

한국 민족의 반식민운동은 민족교육운동을 통해 더욱 구체적인 실천의 길로 나아갔다. 일제는 한국인의 교육을 제한하기 위해 사립학교의 설립을 억제하였고, 교육의 기회를 박탈하였다. 그러나 3·1 운동 이후 민족 엘리트들은 교육의 중요성을 널리 대중에게 계몽하고, 민립대학운동, 야학설립운동을 활발하게 전개하여 독자적인 민족교육운동을 실천하였다. 그 결과 전국적으로 각 지방의 청년단체 기독교회 등에 의해 야학이 설립되어 계몽활동이 이루어졌다. 한국 민족의 언어와 역사에 관한 관심이 커졌으며, 교육열도 고조되어 일본 유학생도 많이 늘어나 새로운 지식층이 형성되기 시작한 것이다.

일본제국주의 자본 침략에 대응하기 위한 경제자립운동도 이 시기에 활발하게 전개되었다. 일본은 한국을 발판으로 대륙 진출을 꿈꾸고 있었기 때문에 한국을 그들의 경제 시장으로 장악하여 농산물과 원료를 싼값으로 조달하고 공업 생산품을 판매하여 한국 내의 경제권을 지배하게 되었다. 이 같은 상황 속에서 한국 민족의 경제적 실력을 배양하여 민족 자본을 보호하고 기업을 일으켜 경제적 자립을 도모해야 한다는 경제 참여 운동이 일어나기 시작하였다. 민족 산업을 보호하고 기업을 육성하며 물산을 애용하자는 물산장려운동이 전개되었고, 민중을 계몽하고 협력을 도모하기 위해 전국적으로 조합운동이 일어나게 되었다. 그리고 노동자·농민들이 일제의 자본 침략과 그 횡포에 대항하며 자신들의 생존권을 지켜나가기 위해 임금투쟁, 소작쟁의 등의 투쟁활동을 점차 치열하게 전개되었다. 조선물산장려회(1920), 조선노동공제회(1920), 조선노동연맹회(1922), 조선청년회연합회(1920) 등의 여러 단체가 조직되자 민족운동은 사상운동, 노동운동, 청년운동, 여성운동, 형평운동 등으로 확산되면서 더욱 조직적인 실천이 가능해졌다. 그리고 점차 그 사상적 계보와 이념적 성격도 분화되기 시작하였다.

3·1운동 직후 민족운동의 사상적 기조는 물론 민족의식의 고취, 신교육의 확대, 민족 산업의 육성 등에서 확인되는 것처럼 반식민주의적 민족주의에 근거하고 있다. 일본의 식민지 정책이 한국 민족의 자기 전통과 그 존재에 대한 정당한 의식을 부정하는 방향으로 강화되었지만, 한국 민족은 민족적 자기 인식을 확립하고 민족자존의 의지를 세우기 위해 일본에 저항하였다. 민족의 현실 문제에 대한 인식을 바탕으로 민족 문화의 확립을 위해 노력하면서 일본의 식민지 지배 논리를 거부하였던 것이다. 이처럼 한국의 반식민운동은 3·1운동 이후 비로소 특정한 사회적 문화적 관점과 논리에 의해 정식화되기 시작하였다. 특히 이 과정에서 문화가 그 중심 영역을 차지하였다. 3·1운동 이후 한국사회는 일본의 강압적 통치방식이 무단통치에서 문화통치라는 이름으로 전환하는 과정에서 다양한 문화적 대응방식을 창안하였다. 이것을 문화적 민족주의 운동이라고 일컬을 수 있을 정도로 언론을 통해 대중적으로 확대되었는데, 특히 언어, 역사, 문학의 영역에서 일본의 제국주의적 통치 권력이 자행했던 이념적 요구와 식민주의 담론의 허구성에 대항하기 위한 독자적 논리를 발전시켜 나가게 되었다.

2. 계급 문제의 인식

(1) 3·1운동과 민족사회운동

1919년 3·1운동은 한국 민족의 해방운동으로서 일제의 식민주의에 대한 민족적 저항운동이었지만 그 결과 자체는 성공적인 것이 아니었다. 당시 한국의 민족지도자들은 제1차 세계대전을 종결시키기 위해 1919년 연초부터 파리에서 개최되었던 강화회담에 큰 기대를 걸었다. 그 이유는 독일과의 강화조약을 심의하는 이 회의에서 미국 대통령 윌슨이 내세운 '14개조'의 원칙, 특히 민족자결의 원칙이 중요한 이슈로 내세워지고 있었기 때문이다. 윌슨의 주장은 세계정치에서 주도권을 잡으려는 미국의 제국주의적 요구에 해당하는 것이긴 했지만, 세계 각지의 피압박 민족의 평화에의 요구를 대변하는 것처럼 보이기도 하였다.

그러나 영국·프랑스·미국의 3대국이 주도한 이 강화회의는 열강의 정치적 이해타산에 맞춰 진행되었다. 1919년 6월 28일에 체결된 강화조약(베르사유조약)에서 윌슨의 이념은 패전국인 독일의 책임을 묻고 그 세력을 약화시키는 데에는 크게 기여했지만, 영국과 프랑스 두 나라의 제국주의적 이해관계에 따라 그 방향이 빗나가고 말았다.

이 조약 이후 독일, 오스트리아, 오스만터키 등 동맹국 측의 구제국(舊帝國)이 해체되어 단일 소국가가 되었고, '민족자결'의 원칙에 따라서 발칸과 동유럽에는 폴란드, 체코슬로바키아, 유고슬라비아, 핀란드, 발트 3국 등의 민족국가가 성립되었다. 그러나 이 '민족자결'의 원칙은 비유럽 세계의 식민지 종속국에는 적용되지 않았다. 세계열강은 베르사유조약을 통해 국제평화를 유지하기 위한 국제기구로서 '국제연맹'의 설립을 정했지만, 이 기구의 창설을 제안했던 미국도 이에 가맹하지 않았으므로 그 목적을 달성할 수 없었다. 결국, 베르사유조약 이후 영국과 프랑스를 중심으로 하는 제국주의적 체제를 재편할 수 있게 했을 뿐 새로운 세계 질서의 확립을 도모할 수가 없었다. 이 같은 국제적인 여건 속에서 3·1운동을 통한 한국 민족의 자주독립에 대한 요구에 강대국들은 누구도 관심을 기울이지 않았다.

3·1운동의 실패 이후 한국의 민족 지도자들은 민족운동의 새로운 방향을 모색하면서 그 전환을 시도하게 되었다. 이러한 전환은 민족운동의 내부에서 일어났는데, 특히 진보적인 지식인과 청년층에서는 민족운동의 방향이 더는 관념성에 매달려서는 안 된다는 주장을 제기하기 시작하였다. 개화계몽시대의 민족계몽운동과 같은 차원의 논리만 가지고서는 더 이상 민족운동의 진전이 불가능하다는 것을 인식했던 것이다. 실제로 당시의 민족운동을 보면 대부분의 조직 단체의 지도자들이 소시민적인 지식층과 민족 자본가들이고, 그들에 의해 주도되는 민족운동의 성격 또한 그만큼 보수적일 수밖에 없었다. 그러므로 이들에 의해 주도되었던 민족운동이 폭압적인 일제의 식민지 통치 아래에서는 민족 계몽이나 실력 양성을 통한 민족 동등권을 실현하기 어렵다는 사실을 확인하게 되면서 보다 진취적이고도 개혁적인 운동이 요구되었던 것이다.

(2) 민족주의와 마르크스주의

한국의 민족운동은 1922년을 넘어서면서 민족주의적 경향과 사회주의적 경향을 분파적으로 드러내기 시작하였다. 당시 일부 지식층의 청년들은 국내에서의 활동을 통해서 뿐만 아니라 일본, 중국, 만주 등지에서 민족의 독립과 해방을 위한 여러 가지 방안을 모색하는 과정에서 레닌주의적 혁명사상에 접근하게 되었다. 그들은 1917년 러시아혁명의 성공 이후 하나의 시대사조로 유행하게 된 마르크스주의를 바탕으로 신사상 연구, 노동문제 연구 등에 관심을 기울이면서 그들이 학습한 새로운 사상을 국내에 유포시키고자 하였다. 그리고 민족진영이 추구해 온 기왕의 민족운동과는 달리 탈식민의 가능성을 입증할 수 있는 이론적 체계와 실천 방안을 제시하기 시작했으며, 한국의 식민지 상황에 대한 객관적인 분석과 그 문제점을 파악하면서 이를 극복하기 위한 세력의 조직화에 앞장서게 되었다. 그들은 한국을 식민지로 지배하고 있는 일본의 제국주의적 구상을 비판할 수 있는 근거를 마르크스주의를 통해 확인할 수 있게 되자 식민지 상황의 모순을 지배계급과 피지배계급의 계급적 모순구조로 인식하게 되었다. 식민지 상황이 강대국의 약소민족국가에 대한 지배가 아니라 부르주아 계급이 무산계급을 지배하면서 이루어내는 계급적 착취구조와 다를 바 없다는 사실을 확인했기 때문이다. 이 같은 인식에 따라 한국사회의 반식민운동에서 볼 수 있었던 민족주의적 성향 자체가 점차 민족주의와 사회주의라는 서로 다른 이념 성향으로 분화하게 되었고, 한국사회의 반식민운동에서 진취적인 사회주의 경향의 여러 단체가 성립되면서 그대로 역사발전에 대한 마르크스주의적 전망에 근거하여 작동하기 시작하였다.

한국의 반식민운동에서 마르크스주의의 등장은 그 초기에는 오히려 넓은 개념의 민족운동의 하나로 인식되기도 하였다. 3·1운동 이후 한국의 지식층들이 마르크스주의의 정치적 가능성에 고무되었던 이유가 여기 있다. 그러나 1920년대 중반부터 민족주의 운동과 사회주의(마르크스주의) 운동으로 분열되어 운동의 주도권을 놓고 갈등과 대립을 거듭하였다. 마르크스주의와 민족주의는 서로 다른 계층을 겨냥하고 서로 다른 목표를 지향하고 있었지만, 모두가 다 지식층의 이데올로기라는 점에서는 공통적이었다. 식민지 상황 속에서 마르크스주의 운동과 민족주의 운동은 반식민운동으로서의 행동주의적 속성이 강하다는 공통점도 드러내고 있었다. 그리고 두 가지 운동은 모두 대중 동원에 의존하며 문화예술계의 엘리트 집단과 농민 노동자가 서로 연대하여 협력하도록 지속해서 요구하였다. 궁극적으로는 두 운동이 모두 탈식민주의 혹은 반제국주의를 지향했지만, 그 실천 방법에 있어서는 언제나 상호 적대적이었다.[5]

식민지 시대의 반식민운동에 마르크스주의가 점차 영향력을 발휘하게 되자 민족주의자들은 마르크스주의가 문화적 정신적인 차원을 무시하거나 경시하고 있다고 비판하기 시작하였다. 마르크스주의자들은 물질적 조건들이 이데올로기적 정치적 상부구조의 기초를 형성하며 사회 변화를 설명할 수 있는 열쇠를 제공한다고 주장하였다. 마르크스주의자들은 인간의 정신과 문화적 산물이 경제적 생산조건들에 정반대의 영향을 미칠 수 있다는 것을 인정하면서도 모든 현상을 놓고 그 경제적 뿌리와 물질적 조건을 강조했던 것이다. 이렇게 모든 정신적 문화적 현상을 물질적 조건에 맞춰 설명하려는 마르크스주의자들의 태도를 민족주의자들은 철저히 거부하였다. 민족주의

5 이러한 대립적 관점을 가장 잘 보여주는 초기 자료는 「사회운동과 민족운동—차이점과 일치점」(동아일보, 1925. 1)이라는 특집 기사이다.

자들에게 물질적인 힘은 인간의 삶을 결정하거나 조건 짓지 못하는 부수적인 것에 불과하였다. 그들은 물질적인 힘이 인간의 의지와 목표에 따라 얼마든지 통제될 수 있다고 믿었다. 민족 혹은 인종은 독특한 문화와 별개의 인종에 소속되어 있다는 의식이 강하면 강할수록 적절한 사회적 조건이 주어지기만 한다면 더욱 강하고 보다 지속적인 집단적 의지와 목적이 대두된다고 생각했던 것이다. 그러므로 민족주의자들은 한국 민족의 위상을 민족의 존엄성에서 찾았다. 민족의 삶과 그 생존의 문제를 경제적인 조건 위에서 찾는 것이 아니라 그 정신적 위상에서 찾고자 한다. 민족주의자들에게 있어서 반민족적인 대상은 언제나 민족의 자존을 해치고 억압하고 민족의 공동체 의식을 손상시키며 그 정체성을 훼손하게 하는 이질적인 외래의 적대 민족인 것이다. 민족주의자들은 문화라든지 민족의 전통이라든지 정신적 가치 등을 지속해서 강조하며, 민족의 미래를 과거와 현재에 연결시키기 위해 민족 공동체의 과거로부터 어떤 영감을 구하고자 하였다. 민족주의자들은 이런 이유로 전통을 중시하고 민족의 새로운 발전을 위해 과거부터의 전통과 그 연속성에 큰 의미를 두고 있었던 것이다.

3·1운동 이후 민족주의자들은 다양한 엘리트 집단을 조직화하고, 이를 기반으로 민족 개량을 위한 새로운 기획을 시도하였다. 우선 민족주의 운동은 토착의 전통과 지방의 연고를 강조하면서 기존의 제도를 파괴하기보다는 이들을 새로이 통합하는 데에 많은 힘을 기울인다. 이들은 자기 민족의 경제적 생산능력을 제고하기 위해 물산장려운동을 펼치기도 하고 민족의 이익을 위해 이를 적극 추진한다. 민족의 정신적 위상을 높인다는 취지 아래 민족교육운동을 강조하고 민립대학운동을 전개하기도 한다. 그리고 민족의 문화적 전통과 그 존엄성을 강조하기 위해 민족사와 민족어를 내세우고 가갸날을 제정

하여 한글 창조의 위대성을 찬양하기도 한다.

이와 같은 민족운동의 전개 양상과는 달리 마르크스주의자들은 먼저 노동자·농민들에게 계급적 각성을 촉구하고 프롤레타리아의 계급의식을 고취하기 위해 사회운동의 조직을 적극화하였다. 1920년대 초기의 사회운동은 민족주의 운동과 서로 연결되어 있지만 1922년에 들어서면서부터는 그 조직운동의 사상적 경향과 이념적 성격이 확연하게 구분된다. 무산자동지회(1922. 1)의 결성에 뒤이어 조선노동공제회의 해체와 조선노동연맹회의 조직 등으로 사회운동의 조직이 구체화되기 시작한다. 1923년 동경에서 북성회가 조직되었고, 서울에서는 신사상연구회, 토요회 등이 결성되면서 마르크스주의를 기반으로 하는 사상운동의 조직들이 그 독자적 노선을 드러내기 시작한다. 그리고 신사상연구회를 바탕으로 이루어진 화요회, 동경에서 결성된 북성회, 그리고 서울청년회 등으로 크게 분파를 이루면서 그 조직 강화와 세력 확장을 위해 충돌하기도 한다. 1924년에는 이 분산된 조직들이 새로운 조직 통합을 꾀하기 시작하였고, 1925년 조선공산당의 출현을 보게 됨으로써 마르크스주의에 기반을 둔 사회운동이 정치적 조직으로 변모하게 되는 것이다.[6]

(3) 마르크스주의와 계급 문제

1920년대 한국의 반식민운동이 마르크스주의를 수용하면서 조직화된 것은 마르크스주의 자체가 반제운동의 보편적 가치와 논리를 국제적으로 확장할 수 있는 근거를 제공하고 있었기 때문이다. 한국의

6 강동진, 「일제하의 한국사회운동사 연구」(안병직 외, 『한국근대민족운동사』, 돌베개, 1980), 514~515면.

식민지 상황과 거기서 야기된 민족 문제는 3·1운동에 의해 세계 각국에 알려지게 되었지만, 레닌에 의해 창설된 코민테른 조직 안에서의 여러 정책과 연계되면서 국제적인 문제로 부상되었다. 1917년 러시아혁명 이후 레닌은 사회적 혼란이 지속되는 동안 제3인터내셔널인 코민테른의 결성을 위해 노력하였다. 그가 내세운 국제주의 원칙에 따라 마르크스주의 정치 이론 속에 민족주의 문제와 식민주의 문제가 함께 등장하게 된 것은 당연한 일이었다. 1919년 3월 코민테른 제1차 총회가 개최되었고, 1920년 7월 제2차 대회에는 한국 대표가 처음으로 이 대회에 참석하였다. 그리고 코민테른 제2차 대회에서 채택된 「민족 및 식민지 문제에 관한 테제」가 한국의 지식층과 사회운동가들에게 충격을 주었다. 이 테제에서 레닌은 최초로 19세기 이후 전 지구적 현상으로 드러난 식민주의의 확대를 놓고 그 탈식민화를 위한 구체적이고도 체계적인 강령을 제시하고자 하였다. 이것은 3·1운동 실패 이후 좌절감에 빠져들어 있던 한국의 지식인들에게 하나의 이념적 출구가 되었다. 그러므로 이들 지식인이 관심을 기울이기 시작한 사회주의운동은 일종의 반식민적 민족운동 위에 계급담론을 덧씌운 것이 되었다. 이 새로운 행동주의적 글쓰기 방식은 한국 민족운동에 하나의 새로운 이념적 지표를 제공한 셈이다. 당시 한국 내에서는 3·1운동의 발발과 그 실패의 과정을 통해 민족 문제의 심각성이 제기되기 시작하였는데, 민족 문제의 해결이라는 것이 식민지 피지배민족 내부의 계급적 모순과 불가분의 관계 속에서 다양한 양상을 드러낼 수밖에 없었다. 그러므로 코민테른이 제시한 새로운 방책이 한국 민족운동가들의 관심을 끌기에 충분하였다. 코민테른은 식민지 피지배민족의 민족해방투쟁 역량을 사회주의 세계혁명의 방향으로 결집시키면서 그 투쟁의 성격을 프롤레타리아적인 것으로 변화시키고자 하였던 것이다. 코민테른은 이후 「동양문제에 관한 일반테제」를 제4차 대회에서 채택하였고, 1928년 제6차 대회에서는 「식민지 반식민지 제국에 있어서의 혁명운동에 관해서」라는 새로운 테제를 채택한다. 그리고 이를 기초로 하여 만들어진 이른바 '12월 테제'가 발표되자 이에 따라서 식민지 한국에 있어서 사회주의운동의 좌경화가 더욱 강화되었다.[7]

레닌에 의해 직접 기초되어 코민테른 제2차 대회에서 채택된 「민족 및 식민지 문제에 관한 테제」에서 강조하고 있는 핵심적인 요건은 경제 정세에 대한 구체적이고도 정밀한 역사적 고찰의 필요성이며, 지배계급과 피지배계급의 이해에 대한 철저한 분리와 구별이다. 그리고 극소수 선진 자본주의국이 전 세계 인민을 식민지화하고 경제적으로 예속시키는 것이 금융자본과 제국주의의 특질이라는 사실을 바르게 인식하고, 이를 은폐하고 있는 부르주아 민주주의의 기만성을 지적해야 한다는 점이다. 특히 타민족을 억압 착취하여 특권을 누리고 있는 민족과 예속당하고 박탈당해 있는 피지배민족에 대한 엄격한 구별이 필요하다. 코민테른을 통해 전 세계 식민지 민족 문제에 관한 관심이 세계사적 문제로 제기되자 이 문제는 단순히 식민지 민족 문제가 아니라 제국주의와 그 지배 아래의 피지배민족의 문제로 구체화되었고, 부르주아 자본주의와 프롤레타리아 문제로 환원되기도 하였다. 그러므로 코민테른의 「민족 및 식민지 문제에 관한 테제」는 식민주의에 대한 공산주의적 관점과 그 관점을 실현시키기 위한 방책에 해당한다고 할 수 있다. 이 테제에서 특히 강조하고 있는 것은 식민주의가 민족적 불평등의 제도화된 체제에 다름 아니라는 사실이다. 부르주아 민주주의에서 강조하고 있는 평등 즉 민족적 평등이라는 것은 물질적 평등이 아니라 형식적 통념에 불과하다. 그

---

7 김준엽·김창순, 『한국공산주의운동사 3』(청계연구소, 1986), 336~350면.

러므로 반식민 투쟁은 자본주의 자체가 가지고 있는 민족적 개인적 불평등과 억압의 기초를 타도하는 더 폭넓은 투쟁이 되어야 한다. 전 지구적 관점에서 억압이라는 것은 본질적으로 계급을 기초로 하는 것이며 억압에 대한 저항은 그 전면적 목표에서 국제주의적이어야만 한다.[8]

이와 같은 코민테른의 「민족 및 식민지 문제에 관한 테제」의 규정은 마르크스주의에 경도되기 시작한 한국의 지식층에게 식민지 문제가 다른 어떤 것이 아니라 민족의 해방에 관한 것임을 새롭게 각인시켰다. 이 문제는 어디까지나 정치적 실천적 각도에서 다루어져야 할 문제였던 것이다. 그 이유는 민족 해방이라는 과제는 일본제국주의와의 투쟁의 산물이며 그 목표였기 때문이다. 한국의 진보적인 지식층들은 '세계의 노동자여 단결하라.'라고 선언했던 '공산주의 선언'의 단순하면서도 원대하게 보이는 계급적 국제주의의 슬로건에서 민족운동의 새로운 출구를 찾았다. 어떤 형태의 국가에서든지 동등한 사회적 조건에 얽혀 있는 노동자들이 있고 이들이 사회 계급적으로 동등하다는 인식이 이 슬로건에 담겨 있다고 믿었다. 이처럼 한국의 식민지 상황에서 제기된 민족 계급 문제는 일본제국주의가 자행한 정치, 경제, 군사적 억압에 저항하여 한국 민족의 독립과 해방을 이루어 나가고자 하는 데에서 발생한 모든 문제였다고 할 수 있다. 그러므로 식민지 상황에서의 민족 계급 문제는 식민지 지배세력과 그 지배정책의 변화에 따라 새로운 변화를 드러내게 되었으며, 식민지 상황의 여러 사회적 조건들에 의해 새로운 국면을 드러내게 되었다.

---

8 Robert C. Young, *Postcolonialism: An Historical Introduction*(Blackwell Publishing Ltd., 2001), Chapter 10 부분 참조.

3. 문학과 민족과 계급

(1) 문학과 민족

한국문학에서 민족의 자기 존재에 대한 문학적 인식 문제는 민족 전체 삶의 의미와 그 역사적 조건에 대한 철저한 이해를 전제하고 있다. 19세기 중반 이후의 급격한 사회변동 속에서 문학과 민족의 관계와 성격이 구체적으로 인식되기 시작한 것은 우연한 일이 아니다. 당시 한국사회는 자체 내의 모순 극복을 위한 개혁운동이 사회의 각 방면에서 이루어졌으며, 특히 침략적인 외세의 위협에 대응하기 위한 자주독립운동이 활발하게 전개되었다. 그리고 이와 같은 사회적 격변을 거치면서 한국문학에도 커다란 변화가 이루어졌다. 전통적인 문학형태가 새로운 시대 이념의 요구에 따라 그 형식과 내용 면에서 새로운 변혁을 시도하면서 신문학의 성립을 보게 되었던 것이다. 전통문학의 근대적 변용 과정에서 당시의 시대 상황과 사회적 이념이 문학정신의 방향을 결정하는 가장 핵심적인 역할을 하였다. 문학은 개인적인 정서의 영역에 머무르지 않고 침략적인 외세의 위협에 대응하기 위한 민족적 저항의식을 구현하는 수단이 되었으며, 사회현실의 부정과 비리를 비판하고 봉건적인 유습을 개혁하고자 하는 새로운 삶의 요구를 대변하기도 하였다. 이러한 문학 정신의 변화는 문학의 사회적 계몽의식을 강조하면서도 새 시대의 정신을 대변할 수 있는 문학 형식의 새로움을 추구하기에 이르렀다. 그리고 바로 여기서 민족문화의 요건과 그 본질에 대한 자각과 인식이 함께 자리 잡을 수 있게 되었던 것이다.

개화계몽시대 문학이 민족문학으로서의 새로운 요건을 갖추기 위해서는 우선 국문문학이 되어야만 하였다. 전통적으로 문자생활을 지배해 온 한문은 중국의 문자이기 때문에 한국문학은 이제 자국의 문자인 국문으로 쓰여야 한다는 주장이 폭넓은 지지를 획득하였다. 19세기 후반부터 사회계몽운동의 일환으로 추진된 국어국문운동은 새로운 문학의 형성과 그 대중적 수용기반을 확대시켜 준 중요한 계기가 되었다. 국문이 지니고 있는 실용적인 측면에서의 기능성은 신교육의 실시와 함께 더욱 강조되었다. 더구나 자주독립 의식의 성장과 자기 문화에 대한 각성이 이루어지면서 우리 민족문화의 정신을 형성해 온 국어 국문의 중요성에 대한 인식이 널리 자리 잡게 되었다. 그러므로 한문의 문자 기능은 점차 축소될 수밖에 없었다. 개화계몽시대 사회계몽담론의 실천적 기반이 된 국어국문운동은 국어 국문으로 이루어진 문학만이 진정한 민족문학이라는 주장을 일반화시켰다.9

그렇지만 이러한 문학의 변화는 그 역사적 중요성에도 불구하고 민족 전체 삶의 의미를 총체적으로 구현할 수 있는 근대성의 확립에 도달하지 못하였다. 그 이유는 일제의 침략과 강압적인 식민정책 때문이었다. 1910년 일본은 한국을 강점하고 한국 민족에 대한 침략적 지배를 시작하였다. 일제의 약탈 체제는 정치·외교·군사·경제 등의

---

9 권영민, 『한국현대문학사 1』(민음사, 2002), 82면.

분야로 확대되었고, 민족적 저항과 자주의식을 내세웠던 언론에 대한 탄압으로 이어졌다. 이러한 강압정책으로 인해 우리 민족의 자주독립을 획득하고자 했던 노력도 구체적인 실천방략을 세우기 어렵게 되었다. 문학의 경우에도 일제의 식민지 지배에 접어들면서 애국계몽적 주제의식을 담고 있던 모든 문학작품의 출판·판매가 금지되었다. 구국적 영웅상을 구현하던 전기소설도 판매 금지되었고, 사회현실을 비판하던 풍자문학도 더 이상 발표되지 못하였다. 주체적인 민족의식에 바탕을 둔 애국계몽 시가도 신문 잡지에서 찾아볼 수 없게 되었다. 그런데 이러한 탄압 조치와 함께 일본총독부에서는 통속적인 흥미 위주의 소설이나 공연물을 개방하기 시작하였다. 식민지 시대 초기의 유일한 국문 신문이었던 총독부 기관지 《매일신보》에는 통속소설과 일본 신파소설의 번안물이 독자 대중의 오락적 취향을 자극, 선동하였고 신파극의 유행과 함께 값싼 감상주의와 허무주의를 민중 속에 심어 놓기 시작하였다. 그 결과 우리 문학은 식민지 초기 단계에서 식민지 지배체제에 순응하고 현실에 안주하려는 종속적인 식민지 문학의 형상을 드러내기도 하였던 것이다.

(2) 식민지 상황과 문학의 변화

한국문학의 근대적 변혁은 민족문학의 요건에 대한 인식과 함께 이루어졌다. 그러므로 일본의 강점 상황 속에서도 식민지 피지배민족의 일상과 생활감정을 표현하는 데에 힘썼다. 일본은 한국 민족에 대한 정신적 지배를 꾀하기 위해 '국어'라는 이름으로 일본어 교육을 확대하고 민족어의 부정, 말살을 획책했으나 국어국문운동의 전통을 이어받아 한국어와 한글의 이해 정리 보급을 위한 민간 차원의 노력은 꾸준히 지속되었다. 더구나 한국문학은 외세의 침략에 대응하고 봉건적인 사회구조의 변혁을 요구하는 가운데에서 비판과 저항의 문학정신을 이미 갖추고 있었다. 그러므로 그것은 식민지 상황 속에서도 민족문학이 추구해 나아가야 할 절대적인 가치개념으로 존속되었던 것이다. 실제로 한국문학은 3·1운동을 전후하여 근대적인 문학 양식을 확립하였다. 한국인들은 일본의 식민지 상황에서도 민족의 정서와 생활상을 국어와 국문을 통해 예술적으로 형상화하는 창조적인 문학활동을 지속할 수 있게 된 것이다. 결국 한국문학은 일본을 통해 배운 서구적인 문학 형식을 모방하는 단계에서 벗어나 국어 국문을 기반으로 하여 독자적인 문학 양식과 미적 가치를 창조할 수 있게 되었다.

1919년 3·1운동은 한국 민족의 자주독립 쟁취로까지 진전되지는 못했지만, 침략세력의 정체를 분명하게 인식할 수 있는 계기를 마련해주었다. 특히 식민지 상황 속에서 민족적 동질성에 기초한 자기 인식의 철저를 기할 수 있는 정신기반을 갖출 수 있게 하였고, 민족운동이 나아가야 할 방향에 대한 새로운 모색도 가능하게 하였던 것이다. 이러한 사회상의 변화를 좀 더 면밀히 검토해 보면, 3·1운동 이후의 민족운동이 보다 조직적인 사회운동으로 확대되었고, 민족운동 자체에 대한 경험적 비판도 가능해지고 있다는 점을 확인할 수 있다. 1920년대의 민족운동은 대내적인 면에서 일제의 자본주의적 착취에 대한 농민들의 소작쟁의와 노동자들의 노동쟁의로 확산되었다. 그리고 많은 민족사회운동 단체의 결성과 함께 민족운동의 사상적 지향과 그 투쟁방식도 다양해지기 시작하였다. 특히 러시아혁명 이후 세계적인 사조로 유포되기 시작한 사회주의 사상이 국내에도 소개되면서 민족운동으로서의 반제·반식민운동의 사상적 성격이 점차 뚜렷하게 드러나게 되었던 것이다.

3·1운동 직후의 문학은 일제의 식민지 문화 정책의 모순을 극복하기 위한 민족문화에 대한 자기 각성을 강조하였다. 일제가 식민지 교육을 통해 한국 민족의 자기 전통을 부정하고 한국의 민족사를 왜곡시켜, 민족자존의 의지를 말살하고자 했으나 3·1운동을 통해 각성된 민족의식에 근거하여 문학의 영역에서도 민족사회운동의 전반적인 경향을 그대로 반영하게 되었다. 1920년대 초기 문학의 경향은 자아의 발견이라는 근대 의식의 발현에서부터 출발하여 민족적 자기 발견과 현실 인식이라는 구체적인 주제 의식으로 확대되고 있다. 민족 종합지 《개벽》(1920)의 창간을 전후하여 동경에서는 김동인, 주요한, 전영택 등이 중심이 되어 새로운 예술의 창조를 목표로 순문예 동인지 《창조》(1919)를 간행하였고, 국내에서는 암울한 시대의 고통을 문예를 통해 극복하기 위해 염상섭, 오상순, 변영로, 김억 등이 문예동인지 《폐허》(1920)를 간행한다. 그리고 뒤이어 박종화, 박영희, 홍사용, 나도향, 현진건 등이 《백조》(1922)를 간행함으로써 문학운동의 사회적 기반을 확보할 수 있게 된 것이다. 이 무렵 시인들은 폐허의 현실을 비통해하면서 어둠의 시대가 물러나기를 기도한다. 작가들은 방황하는 지식인들의 고뇌를 시대고와 그 아픔으로 그려내고 있다. 황폐한 농촌의 현실도 소설의 소재가 되었으며 비참한 도시 노동자들의 생활도 외면하지 않고 있다.

1920년대 한국문학의 경향은 초기에는 민족적 저항의식의 표출로 자연스럽게 자리 잡았으나 민족의식의 추구방식 자체가 집단적인 성향을 드러내기 시작하면서 사상적인 분화를 가져오게 되었다. 3·1운동 직후의 현실 지향적인 문학의 경향은 쉽게 사회주의 사상과 접맥되어 이른바 신경향파문학을 낳았고, 계급문학운동으로 발전하게 되었던 것이다. 이러한 문학적 경향은 자아의 발견이라는 근대의식의 발현에서부터 민족적 현실의 계급적 인식이라는 새로운 주제의식으로 변화하고 있음을 말해 준다. 시인들은 폐허의 현실을 개탄하였고 어둠의 시대를 저주하였다. 소설가들은 고통스러운 현실 속에서 방황하는 지식인의 고뇌를 그려 놓기도 하였고, 비참한 노동자·농민들의 삶의 고통을 외면하지 않았다. 이러한 문학의 지향은 식민지 시대에 접어들기 전부터 이미 민족문학의 정신적 기반으로 살아 있던 탈식민적 저항의식의 시대적 변형이라고 할 것이다. 이러한 과정은 문학사적으로 신경향파문학에서 계급문학으로의 발전으로 파악되지만, 실상은 문학을 통한 민족의식 추구의 방법이 이념적 지향에 따라 민족주의 문학과 사회주의 문학으로 양분되는 단계에 들어서 있음을 말해 주는 것이다. 그러므로 1920년대 중반은 계급문학운동의 성립기로 인식되고 있다. 실제로 1923년 무산계급 문화의 연구 보급을 목표로 하는 '염군사'라는 새로운 조직이 송영, 박세영, 이적효 등에 의해 결성되었으며, 김기진의 합류와 동시에 와해된 《백조》의 동인들도 계급문학운동에 상당수가 관심을 두게 된다. 식민지 현실에 대한 계급적 인식이라는 점에서 볼 때 이 같은 변화는 문학운동과 이념의 대응이라는 정신사적 과제를 제기하고 있다고 할 수 있으며, 민족사회운동의 사상적 분화 과정에서 그 전체적인 성격이 규정되고 있다고 할 것이다.

(3) 문학과 계급의식

일본 식민지 시대의 계급문학은 문학의 성쇠와 그 운명이 사회적 현실과 직결된다고 하는 소박한 '경향성의 문학'에서부터 출발하고 있다. 그러나 민족운동의 사상적 기반의 하나가 되었던 사회주의 이념과 결합되면서 계급적 투쟁 의식을 강조하는 행동 실천의 문학으로 변화하였다. 계급문학은 1925년 조선프롤레타리아예술동맹(이하 조선프로예맹 또는 카프로 약칭함)의 결성과 함께 조직적인 예술운동으로 전개되기 시작하여, 1927년 이후 조직운동에 근거하여 과감한 이론투쟁과 대중투쟁을 전개하게 되는 것이다. 조선프로예맹은 무산계급문화건설이라는 목표를 위해 아주 느슨하고 편의적이며 다양한 분파로 자유롭게 나누어져 있던 문단에서 이념적 성격이 분명한 하나의 새로운 조직으로 탄생하였다. 이 조직은 강령과 규약을 내걸고 계급문학운동의 실천을 위해 기관지를 발간하고 문학 강연 등을 개최하면서 조직의 맹원들로부터 절대적 권위를 인정받게 된다. 이같은 조직의 등장은 집단적 목적을 위한 지식층 문화예술인들을 동원하고 그 재능을 도구화하면서 나아가서는 그것을 투쟁과 혁명의 무기로 전환할 수 있도록 하고 있음을 말해준다. 특히 고립되고 소외되었던 문화예술인들을 무산계급문화의 선봉으로서 그 투쟁에 주도적 역할을 담당하게 함으로써 자기 존재의 의미와 그 정체성에 대한 인식을 확립할 수 있게 했던 것이다.

일본 식민지 시대 계급문학운동의 이념적 지침이 되고 있는 마르크스주의 또는 사회주의 사상은 변증법적인 유물사관에 근거하여 역사 발전의 단계를 계급 간의 투쟁 과정으로 파악하는 계급의식을 주축으로 삼고 있다. 그러므로 한 사회의 발전이라는 것도 사회주의로 향하는 하나의 단계에서 또 다른 단계로 이어지는 변증법적 진보를 뜻하는 것으로 설명하고 있다. 그리고 이 과정에서 주도적인 기능을 행사하는 것이 무산계급이다. 무산계급은 현실 사회의 계급적 모순을 극복하기 위해 끊임없이 계급투쟁에 앞장서야 한다. 무산계급의 투쟁은 프롤레타리아 국제주의의 확립을 목표로 하므로 민족의식이라는 것이 계급 간의 모순을 은폐시킬 수 있는 이데올로기라는 점에서 배척하게 되며, 오직 계급의식만을 강조하게 되는 것이다. 그러므로 민족해방이라는 구호 대신에 계급해방을 먼저 내세우게 된다. 1920년대 계급문학운동가들은 바로 이러한 사회주의 사상에 따라 한국의 식민지 현실을 일본제국주의의 침략과 자본주의적 지배라는 계급적 지배 논리로 파악하게 되었다. 계급문학운동의 근본적인 목표를 무산대중으로 하여금 계급적 각성을 하게 하고 계급투쟁에 있어 자신의 역할을 인식할 수 있도록 선동하는 것으로 규정했던 근거가 바로 여기에 있다. 계급문학운동가들은 무엇보다도 먼저 스스로 무산계급의 일원으로서 계급적 세계관을 지니고 있어야 한다. 그리고 계급투쟁의 효과를 문학을 통해 직접 혹은 간접으로 보여줌으로써 독자로 하여금 묘사된 현실의 투쟁 대열에 자신이 참여하고 있다고 느낄 수 있도록 작품을 만들지 않으면 안 되었던 것이다. 이러한 요건 때문에 계급문학가들은 기왕의 모든 문학적 성과를 거부하고 기존의 문학적 방법을 파기하고자 하였다. 문학을 통한 민족의식의 추구 문제를 간단히 거부하였고, 계급의식을 내세우면서 일체의 문학적 관념을 부정하기에 이르게 된 것이다. 더구나 문학을 통해 계급 혁명을 위한 투쟁 전선에 진출하고자 함으로써 일제 식민지 지배 세력의 혹독한 탄압의 대상이 되었다.

일본 식민지 시대의 계급문학운동은 마르크스주의의 이념적 요구를 근거로 하는 하나의 조직적 실천운동이라고 할 수 있다. 조선프로예맹이라는 조직을 통해 이론투쟁, 조직확대, 창작적 실천을 도모하였고, 그 조직의 전환을 바탕으로 정치적 진출을 시도하기도 하였다. 그리고 바로 그 조직에 대한 일제의 탄압과 와해 공작으로 인해 조직이 붕괴된 후에 계급문학운동의 실천이 불가능하게 되었던 것이다. 조선프로예맹의 조직운동 자체가 계급문학운동의 본질을 이해하는 데에 가장 중요한 요건이 되는 이유가 여기에 있다. 일제 식민지 시대 계급문학운동이 일정한 성과를 거두었다면 그것은 식민지 지배 아래에서의 지식층의 고립감과 무력감을 식민 지배 세력의 억압 아래 피식민지 민족이 겪는 정치적 경제적 굴욕과 일체화시킨 점에서 찾아진다. 마르크스주의자들은 노동계층을 동원하고 농민들을 선동하여 계급 혁명을 위한 투쟁에 내세움으로써 자신들의 요구를 충족시킬 수 있는 새로운 출구를 마련하였다.

일본 식민지 시대의 계급문학운동이 어떤 역사적 의미가 있는가를 이해하기 위해서는 3·1운동 직후 민족사회운동의 전반적인 추세와 식민지 현실에 대한 문학의 대응 방법을 동시에 파악하지 않으면 안 된다. 이때 무엇보다도 먼저 계급문학운동의 조직과 그 이념적 실체에 대한 규명이 선결 과제임은 물론이다. 계급문학운동은 조선프로예맹이라는 조직이 그 실천적인 주체가 되었고 이 조직을 근거로 사회적 확대가 가능하였다. 계급문학운동가는 도시의 지식층 엘리트에 한정되어 있었지만, 그들은 농민과 노동자의 계급적 연대를 강조하면서 그 투쟁의욕을 고취하고자 하였다. 이들이 적대적인 세력으로 지목하고 있는 부르주아는 실상 민족 내부에 있는 것이라기보다 식민지 상황이라는 민족 모순을 만들어낸 외세인 일본제국주의였다. 그러므로 이들이 강조한 계급투쟁이라는 것도 민족해방투쟁의 성격이 더 강하였고, 그 적대 세력은 늘 식민지 지배세력이었다. 그러므로 계급문학운동은 그 자체가 탈식민주의적인 성격을 강하게 드러내는 것이었으며 넓은 의미의 민족문학운동이라는 범주에 포괄될 수 있는 것이었다.

계급문학운동은 하나의 조직적 실천운동이다. 그러므로 예술가로서의 개인의 의미가 그만큼 사상될 수밖에 없다. 그러나 민족주의자들은 보다 더 인간적이며 정서적인 영역이 있다. 거기에는 민족주의적 낭만성이라는 것이 분명 존재한다. 조선적인 것에 대한 사랑, 땅에 대한 동경, 가족에 대한 유대, 민족어에 대한 순수성, 민족 자결이라든지 애국정신 등 이러한 생생한 구호를 계급문학가들은 언제나 외면한다. 그러나 자본주의적 착취를 거부하고 계급 혁명을 주장할 때에 그들이 강조하는 마르크스주의 이념이 매력적으로 느껴진다. 그러므로 계급문학운동은 일본 식민주의와 제국주의의 지배와 그 현실에 대한 하나의 저항의 산물이라고 보는 것이 옳다. 여기서 문제시되는 것이 계급문학운동이 지향했던 탈식민성이라고 할 수 있다. 물론 여기서 '탈-'의 의미는 단순한 역사적 지표는 아니다. 계급문학운동에서 드러나는 탈식민성은 일본 식민주의에 대한 저항의 모든 역사적 행태와 그 정신을 대변하는 것이다. 계급문학운동은 일본제국주의의 지배정책에 대한 문화적 저항으로서 반식민적 실천 가운데 가장 구체적인 방법과 목표를 설정하고 있었다는 사실을 부인할 수 없다.

제2부

계급문학의 조직운동

1. 계급문학운동의 성립과정
2. 계급문학운동의 이념과 방향전환
3. 계급문학운동의 정치적 진출
4. 계급문학운동의 분열과 조직 해체

1. 계급문학운동의 성립과정

(1) 계급문학운동의 등장

염군사의 조직

한국 근대문학은 일본 식민지 지배 상황 속에서 문학을 통해 계급 이념의 조직적인 실천을 추구하는 계급문학운동[1]의 시대를 거쳤다. 1919년 3·1운동 이후 한국문학은 자아에 대한 각성과 함께 민족의 현실 문제에 대한 비판적인 인식을 주축으로 그 시야가 확대되었다. 특히 식민지 치하에서의 민중의 궁핍한 생활상을 총체적으로 형상화하고 지식인들의 현실 비판 의식을 폭넓게 제기할 수 있는 여러 가지 문학 양식과 담론 체계를 형성하게 되었다. 이러한 문학적 경향이 마르크스주의와 결합되면서 조직적으로 확대된 것이 바로 계급문

1 계급문학운동에 대한 연구는 백철, 『조선신문학사조사』(백양당, 1949), 김윤식, 『한국근대문예비평사연구』(일지사, 1976), 권영민, 『한국민족문학론연구』(민음사, 1988), 역사문제연구소 문학사연구모임, 『카프문학운동연구(역사비평사, 1989) 등이 있으며 권영민, 『한국계급문학운동사』(문예출판사, 1998)에서 조직운동으로서의 성격이 전반적으로 검토된 바 있다. 당시 비평 자료는 권영민 편, 『한국현대비평사』1~5(단국대학교출판부, 1981), 임규찬·한기형 편, 『카프비평자료총서』1~7(태학사, 1989), 김재용 편, 『카프비평의 이해』(풀빛, 1989) 등에서 확인이 가능하다.

학운동이다.

한국의 계급문학운동은 어떻게 성립되었는가? 계급문학운동의 성립과정은 3·1운동 이후의 사회 상황의 변화와 함께 문단에서의 《백조》 동인의 붕괴가 그 단초를 이루고 있다는 것이 일반적인 견해다. 순문학 동인 《백조》의 붕괴는 자기의식의 전환이나 사회적 각성에 의해서라기보다 일본 사회주의 문학운동에 영향을 받았던 김기진의 매개적 역할에 의해 크게 자극되었던 것으로 알려져 있다. 《백조》 동인의 해체 후에 김기진과 박영희 등은 다시 파스큐라(1923)를 조직하였고, 사회 현실에 대한 비판적 관심과 계급적 이념에 대한 지향을 드러내는 경향성의 문학을 구체적으로 등장시켜 놓았다. 그리고 파스큐라를 중심으로 1925년 조선프로예맹을 결성하면서 계급문학의 조직적인 전개를 가능하게 하였다. 그런데 조선프로예맹의 조직을 기반으로 전개된 계급문학운동은 방향전환 이후부터 정치주의의 맹목성에 빠져들어 점차 문학의 영역에서 벗어나게 되었다. 그 결과로 조직 내부에서 이념의 고정성에 반발하는 조직 이탈자가 생겼고, 일본 경찰의 사상 탄압으로 인해 1935년에 조선프로예맹이 강제 해산되기에 이르게 되었던 것이다.

이와 같은 간략한 내용은 일제 식민지 시대의 계급문학운동에 대한 논의에서 이미 정설처럼 인식되고 있다. 특히 이러한 주장은 초창기 계급문학운동의 주동 인물이었던 김기진과 박영희[2] 등에 의해 제기되었던 것이라는 점에서 설득력을 유지해 왔다. 그러나 이들의 글을 면밀하게 검토해 보면 식민지 시대 최초로 무산계급 문화운동을 내세우면서 등장했던 염군사의 존재를 제대로 설명하지 못하고

---

2 김기진의 「한국문단측면사」(사상계, 1956. 8~12), 「우리가 걸어온 30년」(사상계, 1958. 8~12), 「나의 회고록」(세대, 제14호, 1964. 7~제30호 1966. 1) 등과 박영희의 「초창기의 문단측면사」(현대문학, 1959. 8~1960. 5)가 있다.

있다는 사실을 확인할 수 있다. 계급문학운동의 전개 과정에서 《백조》 동인의 해체와 새로운 문단조직으로서의 파스큐라 동인의 형성, 그리고 조선프로예맹으로 이어지는 하나의 계보는 계급문학운동의 조직적 전환과 그 문단적 확대를 의미한다. 그러나 이 조직의 계통과는 달리 최초의 사회주의 문화운동 단체인 염군사의 등장, 염군사와 사회주의운동 단체들과의 교섭, 파스큐라와의 합작, 그리고 조선프로예맹의 조직으로 이어지는 또 다른 계보가 자리 잡고 있다. 이것은 처음부터 문학운동과는 다른 차원의 의미가 있는 것으로 오히려 사회운동의 문학적 조직화에 가깝다고 할 수 있다. 이 계보의 성격은 염군사의 실체를 규명해 보면 쉽게 확인할 수 있으며, 초기 계급문단의 형성단계에 대한 새로운 각도의 접근에 의해 해명될 수 있다.

염군사는 한국 계급문학운동의 성립기에 등장한 최초의 무산계급 문화단체이다. 이 단체의 조직과 그 활동을 설명해 줄 만한 구체적인 자료는 남아 있지 않다. 그러나 무산계급 문화운동을 내세우면서 등장했던 이 조직의 실체와 성격은 다음과 같은 세 가지 차원에서 검토할 필요가 있다. 첫째는 3·1운동 이후 민족사회운동의 전개과정에서 이루어진 계급문화운동의 조직이라는 점을 중시해야 한다. 둘째는 신문학운동을 주도한 문단적 조직과 문학 외적인 사회운동 단체들을 중심으로 하여 염군사의 기반과 거점을 확인해야 한다. 셋째는 염군사의 조직에 가담한 구성원들의 사회 문화적 활동과 그 전개 방향을 확인해야 한다.

이러한 과제들을 해결하기 위해서는 염군사의 조직을 주목했던 임화의 견해를 먼저 검토해 볼 필요가 있다.

> 존경하는 송형!
>
> 이제 뜻하지 않은 기회를 얻어 형에게 드리는 서한을 초함에 있어

무엇보담도 앞선 그것은 형과 제, 그리고 우리 조선의 진보적 문학예술운동의 긴 역사의 허다한 기억입니다(…).

형도 아시다시피 우리 조선의 진보적인 문학예술운동의 역사는 아무에게도 번연히 알려진 것같이 되어 있으면서도 실은 도무지 똑똑한 과학적인 조명을 받지 못한 채 금일에 이르렀습니다. 나는 전일 우리의 문학운동의 직접적인 단초를 이룬 신경향파문학의 역사에 관한 일 소논문을 기도해 본 일이 있었습니다. 그때 내가 열람한 약간의 자료 사론 등을 통하여 이러한 감을 깊이 했습니다.

그러나 나의 투철치 못한 안식과 비재 박식은 또 하나 이러한 졸렬한 지초를 늘였을 뿐으로 아무 기여도 없이 그릇된 전철을 밟고 말았습니다. 그것은 가장 본질적인 점은 역시 신경향파문학과 그 운동의 성질 내용과 발생사에 대한 일반론의 굴레 밖을 나서지 못한 것입니다. 특히 이러한 결함을 초래하는 기본의 이유는 문학사적인 관찰에 있어 시민적 과학의 전통인 문학적 표면적 측면만을 관심하는 형식론과, 또 하나는 우리 신흥 과학이 때로 범하기 쉬운 공식주의를 가지고 구체적 사실을 척도하는 태도로부터 충분히 자유롭지 못했다는 그것입니다. 그것은 다른 것이 아니라, 1925년 카프의 결성에 이르는 동안 조선의 진보적 문학을 담당해 오던 신경향파의 구성적 내용에 대한 불충분한 분석이고, 따라서 신경향파 자체 내에 점하고 있는 각개 그룹과 개인의 지위와 역할에 대한 적당한 평가의 결여 그것입니다.

아마도 이 시기의 역사에 관하여 가장 신빙할 수 있고 또 상세한 기술을 가진 것은 1929년 1월 1일부터 《조선일보》에 발표된 김기진의 노작 「10년간 조선 문예 변천과정」일 것입니다. 그러나 이 논문에서도 역시 우리는 카프 결성까지의 간단한 문학적 사상적 경로에 대한 평범한 기술과 실제운동과 현실 정세의 병존적 인과를 공식적으로 대치한 것밖에 그 이상 무엇을 찾을 수 없습니다.[3]

3 임화, 『문학의 논리』(학예사, 1939), 527~530면.

이 글에서 임화는 조선프롤레타리아예술동맹의 결성에 이르기까지 존재했던 이른바 신경향파문학의 구성적 내용에 대한 불충분한 이해라든지 신경향파를 이루고 있는 각 그룹과 각 개인의 역할에 대한 평가의 결여를 문제 삼고 있다. 임화는 왜 이러한 문제들을 송영에게 고백하고 있는가? 그 이유는 바로 신경향파문학에 있어서의 송영의 지위와 역할에 관한 관심 때문이다. 임화는 신경향파문학이 문단을 휩쓸기 시작한 1920년대 초반에 송영이 보여준 문학활동 가운데 그가 주도했던 사회주의 문화단체 염군사의 실체를 어느 정도는 이해하고 있었던 것이다.

염군사는 1922년 송영, 이적효, 이호, 박세영, 김홍파 등이 주동하여 조직하였다. 하지만 그 구체적인 활동 내용을 보여주는 자료가 별로 없다. 그런데 임화는 염군사가 신경향파를 구성하는 예술적 조직적 부분의 하나이고, 일찍이 문화 영역에서 경향성의 깃발을 들고 나섰다는 사실을 중시하고 있다. 그리고 '무산계급 해방 문화의 연구 보급을 목적'으로 염군사의 결성에 앞장서고, 잡지 《염군》을 간행하고자 했던 송영의 입장을 다음과 같이 긍정적으로 설명하고 있다.

> 나는 파스큐라에 비하여 염군사의 사람들이 문단적으로 뒤늦게 표면화하고 또 혹은 전자보다 화려하지 못했음은 약간의 이유가 있다고 봅니다.
>
> 첫째는 팔봉도 언급했던 바와 같이 파스큐라가 문단 자체 내의 한 사실인 대신 형들의 《염군》은 문단권 외에 섰었던 때문이라고 볼 수 있으나, 그것은 일언으로 말하라면, 《염군》이 비교적 높은 사회적 관심과 좀 낮은 문화적 교양을 가지고 있던 대신에 파스큐라는 사회적 관심에서 전자에 미급했고 문화 교양에 있어 얕았다고 볼 수 있어, 후자가 곧장 문학의 대도를 매진한 대신 전자는 그대로 정치 생활로 진출했거나 일부는 다른 생활을 거쳐 다시 문학에 돌아온 때문에 생기

> 는 시간상 또 현상 상의 차이라고 할 수가 있습니다.
>
> 동시에 이 사실은 문화영역 그것에 비하여 다른 사회적 정치적 부분이 문화문제 그것에 대해서도 자각과 관찰의 도가 정확하고 빠름을 이야기하는 바가 있습니다. 실로 《염군》의 탄생은 문화적 자각을 통하여서보다도 사회적 자각을 통하여 문화를 살펴본, 즉 노동운동 그것의 높은 문화적 관심을 표시하는 사실로 잊지 못할 것입니다.[4]

임화가 《염군》의 존재 의미를 사회적 자각을 통한 문화 영역에 대한 인식이라고 규정한 것은 타당하다. 그리고 이 규정은 조선프로예맹의 조직을 파스큐라만을 중심으로 논의할 수 없다는 점을 암시해주는 중요한 요건이 된다. 염군사란 무엇이며, 조선프로예맹을 중심으로 하는 계급문학운동의 성격과 그 조직의 실체를 논하기 위해 염군사를 먼저 말해야 할 이유는 어디에 있는가? 이 질문에 대한 우회적인 답변은 이미 임화를 통해 제시한 셈이지만, 대략 다음과 같은 사실을 전제할 수 있을 것이다.

첫째, 조선프로예맹은 식민지 시대 문학의 한 부분을 이루는 역사적 사실로 고정되어 있지만, 문단적인 의미의 단체가 아니라 식민지 상황에서 이루어진 폭넓은 민족사회운동의 한 부분으로 이해되지 않으면 안 된다. 그 이유는 조선프로예맹의 조직과 운동이 식민지 현실에서의 정치 사회적인 경향과 맞물려 있으며, 바로 그러한 경향성의 사회 문화적 표출이 조선프로예맹을 통해 이루어졌음을 알아야 할 것이다.

둘째, 조선프로예맹의 조직과 운동을 어떤 관점에서 설명해야 하는가 하는 문제가 또한 제기될 수 있다. 기왕의 조선프로예맹에 대한 모든 논의는 이른바 '전향의 축'을 형성해 온 김기진, 박영희, 백철

4 임화, 위의 책, 533~534면.

등의 관점으로 경사되어 있었음이 사실이다. 그리고 그것은 문학사의 정설로 굳어져 왔다. 그러나 실제로 카프의 조직과 운동과 이념을 대변해 온 '비전향의 축'이 엄연히 문학사의 이면에 자리 잡고 있으며, 그 존재는 조선프로예맹 이전의 염군사에서부터 성립되기 시작했음을 확인할 수 있다. 조선프로예맹 시대의 문학을 '잃어버린 문학의 시대'로 규정하고자 했던 것이 '전향의 축'을 이루고 있었던 박영희 등을 중심으로 한 관점이었다면, 바로 그러한 관점의 편향으로 인해 '비전향의 축'을 중심으로 하는 계급문학운동의 또다른 실천적 주체마저 잃어버리게 만들었다는 사실을 부인할 수 없는 것이다.

셋째, 조선프로예맹의 조직과 그 운동의 전개를 식민지 상황에 대한 민족주체적인 각성과 사회적 인식을 기반으로 설명해야 한다는 첫 번째의 조건과 '전향의 축'을 중심으로 하는 논리가 조선프로예맹의 실체를 제대로 설명하지 못하고 있다는 두 번째의 불만을 동시에 만족시키기 위해서는 결국 계급문학운동과 관련된 모든 사항이 실증적으로 재검토되지 않으면 안 된다. 그리고 그 재검토 작업의 첫머리에 조직의 문제가 제기되어야 하며, 미궁에 빠져 있던 염군사의 성격이 분명하게 규명되지 않으면 안 될 것이다.

염군사의 실체가 문단에 알려지게 된 것은 1923년이다. 염군사의 기관지 《염군(焰群)》의 발간 작업을 주도했던 송영의 회고에 따르면 《염군》의 창간호는 1923년 11월 발간을 계획하고 있었다. 《염군》 창간호의 중요 내용은 다음과 같다.

희곡　백양화(白洋靴)(송영)
소설　어두운 마을(김홍파)
　　　(제목불명) (이적효)
동화　자매(송영)

시 김두수
이 호
박세영
김인숙[5]

앞의 목차를 보면, 창간호 《염군》의 필자로 등장하고 있는 인물은 송영, 김홍파, 이적효, 김두수, 이호, 박세영 등이다. 이들 중에서 우리의 주목을 끄는 것은 송영이다. 송영의 희곡과 동화가 각각 한 편씩 올라 있는 것으로 보아, 염군사의 조직 내에서 송영이 주도적 역할을 하고 있었음을 짐작할 수 있다. 송영 자신은 그가 쓴 희곡이 황족의 축첩생활을 비판한 내용이라고 하며, 동화는 안델센의 수법을 모방했던 것이라고 밝히고 있다. 그러나 잡지 《염군》은 일본 총독부로부터 발매금지의 명령을 받아 모두 압수당하게 된다. 이러한 사실은 당시 《조선일보》에서도 '무산계급 기관 잡지 염군 불허가. 임시호 준비 중'[6]이라는 보도를 통해서도 확인할 수 있다.

염군사의 조직을 주도하고 있던 송영은 본명이 송무현이며, 서울 태생으로 송동양, 앵봉산인 등의 필명으로도 작품활동을 하였다. 그가 중퇴한 배재고보의 학적부에는 1917년 입학생으로 기록되어 있다. 그의 학교 동기로 함께 염군사의 동지가 된 프롤레타리아 시인 박세영이 있고, 배재고보 두 해 선배로 《백조》의 동인이며 조선프로예맹 조직의 선편을 쥐었던 박영희와 김기진이 있다. 그리고 그보다 앞서서 시인 김소월, 박팔양 등이 배재고보의 선배로 자리하고 있다. 송영은 1917년에 배재학교에 입학하면서 자신의 문학적 관심을 키워 가게 된다. 그의 학교에 작문 교사로 있었던 강매(姜邁)는 3·1운동을

5 송영, 「신흥예술이 싹터 나올 때」(문학창조, 1934. 6), 71~72면.

6 《조선일보》, 1923. 12. 9.

전후한 시기에 신문 잡지에 진보적인 논설을 발표했던 진보적 사회운동가인데, 송영은 그로부터 특히 많은 영향을 받았던 것으로 술회하고 있다. 송영의 문학적 관심이 사회의식과 연결되어 구체화된 것은 배재학교의 학우들이 직접 만든 《새누리》라는 학생회람 잡지에서부터이다. 이 잡지의 정확한 출간 내용은 알 수 없으나, 송영 자신의 회고에 의하면, 팽배한 사회적 진보 사상의 영향과 문학적 열정이 함께 어우러진 상태에서 3·1운동의 충격이 가세된 상황을 그 출현의 배경으로 설명하고 있다. 《새누리》의 시대라고 송영에 의해 명명된 이 작은 문학 모임은 송영, 박세영, 이용곤(송영의 처남), 윤극영, 최광범 등이 가담한 배재학교의 학생 서클에 지나지 않는다. 하지만 이 모임은 뒤에 염군사의 조직 기반을 형성하고 있다.

송영은 3·1운동 직후 배재학교를 중퇴하고 운송부의 잡역으로 일하다가 일본에 건너가 새로운 생활을 꿈꾸게 된다. 학교를 마친 박세영이 중국으로 유학을 떠나고 이용곤이 동경에 건너간 것이 그를 서울에 남아 있도록 내버려두지 않았던 것이다. 송영은 동경에서 이른바 자유노동자로 생활한다. 그의 동경 체험은 공식적인 문단 데뷔작인 「느러가는 무리」(《개벽》 61호, 1925. 7)라는 소설을 통해 어느 정도 구체적으로 드러나고 있다. 송영이 서울로 돌아온 것은 1922년이다. 그해에 문학동인지 《백조》가 배재학교 선배인 박영희 등에 의해 서울에서 간행된 것을 보고, 송영은 다시 좀 더 든든한 문학 클럽을 만들 계획을 세우게 된다. 이 무렵에 송영이 우연스럽게 만난 것이 이적효이다. 송영과 소학교 동창인 이적효는 당시 조선인쇄회사의 인쇄공으로서 인공친목회라는 단체의 일원으로 가담해 있던 인물이다. 문학에 관한 관심이 남다른 바가 있던 이적효는 송영을 만난 뒤, 사상운동 단체에 관여하고 있던 이호를 송영에게 소개하였고, 새로운 동지 김홍파가 이들과 합류한다. 송영은 이들을 만남으로써 학창

시절 《새누리》의 꿈을 재현할 수 있게 된다. 중국으로 떠난 박세영을 이 새로운 동지들에 포함시켜 옛날의 《새누리》를 정식으로 문단에 올려놓고자 계획하게 된 것이다. 당시 출간 허가까지 받아놓았던 《새누리》의 창간호는 다음과 같은 내용으로 짜여 있었다고 한다.

> (소설)
> 지새는 새벽에 어린애 죽엇서요(이적효)
> 광도(狂盜)(김홍파)
> 미명(송영)
> (시)
> 가로를 넘어서(이호)
> 양자강반에서(박세영)[7]

그러나 동인지 《새누리》의 출간은 인쇄 경비 문제로 불가능해졌다. 송영은 동인지 《새누리》를 통한 문단 진출을 포기한 채 사회운동에 관심을 기울이게 된다.

1923년 하반기에 접어들면서 송영은 《새누리》의 재건에 참여했던 인물들 이외에도 김동환, 김두수 등의 문필가와 최창익, 최현, 강택진, 정흑도 등의 사회운동가들과 자주 회동하여 무산계급에도 문화를 심어주어야 한다는 새로운 신념을 키우게 된다. 최초의 무산계급 문화운동 단체인 염군사의 조직은 바로 여기서 비롯되고 있다. 염군사의 조직에는 송영, 박세영, 이적효, 김홍파, 이호, 김두수, 김인숙 등이 가담한다. 이들은 자신들의 새로운 신념을 바탕으로 염군사의 조직 강령을 '무산계급 해방 문화의 연구 및 운동을 목적으로 한다'고 정하였고, 이 같은 강령의 사회 문화적 실천을 위해 기관지 《염군》

7 송영, 「신흥예술이 싹터 나올 때」(문학창조, 1934. 6), 70면.

의 간행을 계획하게 된다.

하지만 《염군》의 창간은 앞서 설명한 대로 일본 경찰의 사전 검열에 의해 불가능해졌다. 염군사의 첫출발 자체부터 엄청난 장애에 부딪히자 이들은 곧바로 다시 일본인의 이름을 빌려 제2호의 간행을 준비한다. 1924년 2월 발행 예정으로 편집된 제2호는 '국제 부인 데이' 기념호로서 여성의 사회운동을 촉구하는 내용으로 짜여 있었다.

논설 직업부인에게 격하노라(최현)
부인 데이의 의의(지정신)
소설 끌려가는 부인(이적효)
시녀 오월(五月)(송영)
시 김두수
정화수
이 호
정흑도[8]

그러나 《염군》 2호도 그 내용의 불온성을 이유로 조선 총독부가 발행 금지 처분을 내리게 되자 송영은 잡지 발행을 포기한다. 그는 무산계급 문화운동 단체로서의 염군사의 조직 확장에 손을 쓰기 시작하면서 그 조직 부서를 문학부·음악부·극부로 나누고 부원을 모으게 된다. 그 결과 최승일, 김영팔, 심대섭(심훈) 등이 가담하고 윤기정 또한 이에 동조하게 되어 그 면모를 새롭게 전환하게 되는 것이다.

이러한 염군사의 조직 과정은 잡지 《염군》이 발간되지 못함으로써 그 조직의 실체가 표면화되지 못한 한계를 지니고 있다. 이 단체의 활동도 구체적인 사실을 확인할 수 없다. 그러나 이 조직에 가담

---

8 송영, 위의 글, 73면.

한 구성원들의 면모는 당시 기성 문단의 세력을 이루고 있던 《창조》, 《폐허》, 《백조》 등의 동인들과는 그 사회적 계층과 이념, 활동 경력이 상이함을 알 수 있다. 특히 대부분 구성원이 당시의 사회운동 조직에 깊이 관여하고 있었던 문단 밖의 인물이라는 점이 특이하다고 할 것이다. 그러므로 염군사는 새로운 이념과 성격을 지닌 사회문화 운동단체라는 점에서 그 조직의 실체를 새롭게 인식해 둘 필요가 있다.

송영은 해방 직후 문단의 이념적 분열과정에서 계급문학운동의 역사적 정통성에 대한 시비가 임화 중심의 조선문학건설본부와 이기영 중심의 조선프롤레타리아문학동맹 사이에 야기되었을 때, 다음과 같이 염군사 조직의 성격과 그 실체를 공개한 바 있다.

> 우리들은 '무산계급 해방을 위하여 문화를 가지고 싸운다.' 하는 가장 초보적이나 그런 정열적인 강령을 내걸고 나선 새로운 문화의 그룹인 염군사(焰群社)가 창립이 되었다. 그때 동인들은 이적효(공작사건에 옥사를 한 동무), 이호(1차 사건 이후 옥에서 나와서 지금에는 미쳐서 길거리를 걸어다닌다), 김홍파, 김두수, 최승일, 심훈, 김영팔, 송영 등이다. 모두 다 젊었다보담도 어렸다. 시도 쓰고 소설도 쓰는, 보담도 쓰려고 애를 쓰는 동무들이었다.
>
> 이들은 우리들 문학 예술인들은 안한하게 상아탑 속에 들어앉아서 은피리들만 불 것이 아니다. 그리고 어떤 특권 계급에게 공급하기 위한 향락의 하나로서 창조되는 예술이어서는 안된다. 우리들은 전 무산계급의 해방을 위해서 싸우는 그 전체의 일익으로서 붓을 들지 않으면 안 된다. 이것이 염군사다. 글자 그대로의 화염의 뭉텅이였었다. 그러나 이것은 뜨거운 정열이 관념이 사람보다 한 걸음 앞선 자연 생장적 집단이었다.
>
> 그때 염군사에 모인 동무들은 엄정하게 규정하면 한 개의 완성된

시인이나 소설가들이라기보다 사회운동을 문학으로 하겠다는 정치 청년(그때는 사상운동하는 청년을 정치청년이라고 했다)들이었다.[9]

앞의 회고대로, 염군사의 조직은 사회사상운동에 기반을 둔 청년들이 문화의 영역으로 그 활동 방향을 확대해 보고자 하는 하나의 시도라고 할 수 있는데, 그 결속력은 두 가지의 끈에 의해 지탱되고 있다. 그 하나는 송영을 중심으로 하는 배재고보의 학연과 《새누리》의 공동 편집 경험을 들 수 있고, 다른 하나는 이호, 이적효로 이어지는 노동체험과 사상운동의 동지적 결합이라고 할 수 있다. 송영, 박세영, 최승일은 모두 배재고보 출신이며, 이들의 학연은 박세영과 심대섭의 공통적인 중국체험, 최승일과 김영팔의 동경 일본대학 학창시절의 교류 등에 의해 서로 이어지고 있음을 볼 수 있다. 배재고보의 학연은 뒤에 조선프로예맹의 결성에도 크게 작용하게 된다. 이 가운데서도, 특히 송영과 이적효로 이어지는 노동체험과 사상운동의 전개는 이호의 등장으로 더욱 촉발되어 사회운동의 조직 기반과 관계를 맺고 있다. 이호, 김두수, 최창익, 최현 등의 사회운동 경력도 모두 염군사의 사회·문화 단체로서의 성격을 규정지어 주는 중요한 요건이라고 할 것이다. 무산계급의 해방 문화를 선도하기 위해 조직된 염군사의 이념적 지향이나 운동의 노선이 당시 사회운동의 경향과 밀접하게 연결될 수밖에 없었던 이유가 여기에 있다.

염군사와 사회주의운동

염군사의 이념적 성격과 그 조직의 변화를 정확하게 이해하기 위해

9 송영, 「조선프롤레타리아운동소사」(예술운동, 1945. 12), 60~61면.

서는 3·1운동 이후의 민족 사상운동의 전개 양상에 대한 간단한 개관이 필요하다. 3·1운동 이후부터 1925년 조선공산당의 조직에 이르기까지의 민족사회운동의 변모를 가장 잘 요약하고 있는 다음과 같은 당시의 기록을 살펴보기로 하자.

> 조선의 민중적 운동의 경로를 살펴보면 최초의 운동은 민족적 의식에서 시작된 것이 사실이다. 그리하여 계급적 의식의 운동으로 그 방향을 전변하였다. 민족적 해방운동에서 계급적 해방운동으로—. 이는 자본주의적 최후 단계인 현대사회에서 민족해방운동의 무산계급적 해방운동으로 전변하는 민중운동의 일종 법칙적 귀결이니, 현대 민족운동의 공통적으로 걷게 되는 필요의 길이다.
>
> 여기에서 나는 조선민중운동의 지내온 행정을 연기로 구분하여 그 운동의 질적 양적으로 변천 추이한 경로를 비록 확연치는 못하나마 대개 아래와 같이 간단히 표시하려 한다.
>
> 1. 민족운동기(1919~1920): 순수 민족운동기
> 2. 사회운동 제1기(1920~1921): 민족 대 사회 계선의 불분명한 운동기
>   (1921~1923): 민족 대 사회의 분립운동기
>   (1923~1924): 부분적 분화운동기
>   (1924~1925): 양적 조직운동기
> 3. 사회운동 제2기(1925~이후): 질적 조직운동기[10]

앞의 간략한 설명을 보더라도 3·1운동 직후부터 미약하나마 민족 사회운동의 본격적인 등장을 말해 주는 조짐이 나타나고 있음을 확인할 수 있다. 이 무렵의 사회운동은 민족주의적 경향의 운동 단체 속에 포함되어 있어서 그 속성을 분명하게 이해할 수 없다. 그러

---

10 배성룡, 「조선 사회운동의 사적 고찰」(개벽, 1926. 3), 32면.

나 국내의 진보적 지식층에서는 서적을 통해 사회주의를 접하게 되었고, 국외에서는 동경 유학생들이 먼저 사회주의운동에 관심을 기울였다. 중국의 상해, 소련의 연해주 등지를 근거로 하던 사회운동 조직도 이러한 움직임에 영향을 미쳤다.

1922년 초에 일본 유학생 가운데 사회주의 사상에 경도되어 있던 김약수, 박열, 정태성, 원종린, 김사국 등은 동경에서 조선고학생동우회를 조직하였다. 이 조직의 간부들은 신사상의 국내 보급을 꾀하기 위해 귀국하였다. 이들은 귀국 직후 이른바 '동우회선언'으로 알려진 「전국 노동자 제군에게 격함」(1922. 2. 4)이라는 선언문을 발표하였다. 이 선언은 일본의 중요 사상단체 및 노동 단체와 연대하여 노동운동을 전개하고, 계급투쟁의 직접적인 행동 기관이 될 것을 명시하였다. 여기서 주목되는 것은 일본 내의 사회주의 단체와의 조직적인 연대를 강조한 점과 계급투쟁을 행동의 목표로 내세운 점이다. 이 같은 선언은 국내의 민족운동과 사회운동에 큰 충격을 던졌으며, 노동운동과 계급투쟁을 새로운 사회적 담론의 쟁점으로 부각시켰다.

동우회선언을 계기로 하여 국내에서 처음으로 사회주의운동 단체가 등장하였다. 1922년 3월 결성된 무산자동맹회가 바로 그것이다. 이 새로운 조직은 무산자동지회로부터 출발하였다. 윤덕병, 김한, 신백우, 이혁로, 김태환 등의 발기로 조직된 무산자동지회(1922. 1)는 노동자의 단결과 상호 부조를 내세우면서 기관지 《무산자》의 발간을 기획하였다. 그리고 이해 3월 이 조직의 활동 목표에 동조하는 단체들을 규합하여 무산자동맹회로 발전하게 되었다. 무산자동맹회는 국내파 사회주의운동가들이 조직을 주도하였지만, 이들은 모두 동경 유학생 출신이었기 때문에 동우회선언의 주역들과 일정한 관계를 유지하고 있었다. 비슷한 시기에 서울에서 박희도, 이승준, 김명식 등이 주도하여 신생활사가 결성되었다. 신생활사는 무산대중의 황량한 현실을 개조 혁신한다는 목표로 잡지 《신생활》을 창간(1922. 3)하기도 하였다. 그러나 이 잡지는 그 해 11월에 적화사상의 선전 혐의로 발매 금지당했으며, 박희도 등은 일본 경찰에 구속 수감되었다. '신생활사 사건'으로 알려진 이 필화사건은 식민지 조선의 언론에 대한 규제의 대표적 사례가 되었고, 특히 사회주의 사상에 대한 일본의 강압적인 탄압을 말해 주는 첫 번째의 사례가 되었다.

1923년에 들어서면서부터 사회주의운동은 국내외에 걸쳐 조직적으로 확대되었다.[11] 동경에서의 북성회 조직, 서울에서의 신사상연구회 결성, 토요회의 결성 등이 이루어지면서 사상운동의 경향이 그 독자적 노선을 드러내기 시작한 것이다. 이 무렵 사회운동은 신사상연구회를 바탕으로 이루어진 화요회, 동경에서 결성된 북성회, 그리고 서울청년회 등으로 크게 분파를 이루고 있었다. 그리고 1924년에 들어서면서 이들 조직이 서로 세력 확장을 위해 갈등과 충돌을 드러내며 새로운 조직 통합을 꾀하게 되었다.

1923년 1월 동경에서 김약수, 김종범, 송봉우, 변희용, 이여성 등이 조직한 북성회는 그 세력과 영향력에 있어서 재일본 조선인 사회주의운동가들을 망라한 단체가 되었다. 이들은 사회주의 사상의 국내 전파를 위해 북성회의 국내본부로 북풍회를 조직했으며, 사회운동의 계급적인 확대를 위해 국내 기반의 장악을 꾀하였다. 북풍회의 이념적인 성향은 국제적 계급주의의 원칙을 따르고 있는 것처럼 보이지만, 한국의 특수한 정황을 생각하여 민족운동과 사회운동의 시간적 협동을 당분간 인정할 수밖에 없다는 타협적인 측면도 드러낸다. 이들은 특히 조선의 혁명을 위해 계급적 국제주의의 원칙에 따라 조선과 일본의 무산계급 운동가들이 상호 연계 투쟁을 전개할 것

11 김준엽 · 김창순, 『한국공산주의운동사 2』(청계연구소, 1986), 37~40면 참조.

을 내세우기도 하였고, 사회운동의 대중주의에 입각하여 대중의 실제적 요구에 부응할 수 있는 노동운동, 농민운동, 청년운동, 여성운동, 형평운동을 지지하는 강령을 발표한 바 있다.

1923년 7월 서울에서 신사상연구회가 발족되었다. 홍명희, 윤덕병, 김병희, 이준태, 김찬, 박일병 등이 발기한 이 단체는 초기에는 새로이 수입되는 사상 조류를 연구하기 위한 연구단체를 표방하였다. 그러나 일 년 정도의 기간이 지난 후 이 단체는 1924년 11월 그 명칭을 화요회라고 개칭하고 그 조직을 확대하면서 실천적인 행동조직으로서의 전환을 선언하였다. 화요회의 중심인물이었던 김찬, 홍증식, 조봉암 등은 조선공산당 창립을 주도했으며, 북풍회와도 일정한 유대관계를 유지하다가 1925년 공산당 결성을 위해 그 조직기반을 정비하는 과정에서 두 단체의 합동을 이루게 되었다.

그런데 북풍회, 화요회와는 일정한 거리를 두었던 국내의 사회운동 조직으로 서울청년회를 주목할 필요가 있다. 서울청년회는 1921년 1월에 창설된 국내 최초의 청년단체로서, 김사국, 이영, 장덕수, 김명식, 김한, 오상근 등이 중심을 이루었다. 서울청년회는 발족 당시에는 민족주의적 경향의 청년계몽운동 단체였다. 그러나 이 단체의 중심인물이었던 김사국, 이영, 김명식 등이 사회주의 사상에 경도되면서 조직의 주도권을 쥐게 되자 그 이념적 성향이 급속하게 좌경화하였다. 이들은 장덕수 등 민족주의자들을 조직에서 추방하고 사회주의자동맹, 전조선사회운동자동맹 등의 결성을 주도하였고, 그 조직의 확대를 꾀하면서 북풍회, 화요회 등과 사회주의운동의 주도권을 놓고 대립하였다.

이와 같은 사회주의운동의 조직 확대와 그 대립 갈등의 양상이 당시의 문단과 어떤 연관성을 가지게 되는지에 대해서는 김기진의 회고를 참조할 필요가 있다.

독립운동(1919)이 청년운동 계몽운동(1920~1922)으로 전환하여 가지고 청년회연합회에서 노동공제회로 분립(1922~1923)된 후 사회주의 사상이 청년운동을 압도하고 일어나자 이것이 조직운동으로 한 계단을 진보하고 여기서 각각 사소한 견해의 차 지방적 또는 혈연적 친소의 차… 이런 것이 사회운동 선에 분화작용을 일으키었던 것이다.

그런 까닭으로 이 같은 사회운동의 분위기 가운데 자연발생적으로 머리를 들고 일어났던 신경향의 문인들한테는 사회운동 선에 있는 사람들로부터 계속적으로 어떤 공작 내지 영향이 있었던 것이 사실이다. 신일용, 이성태(서울청년회)가 나한테 자주 찾아왔던 것도 전혀 개인적인 호감이나 우정에서만도 아니었으리라고 나는 믿는 바이다.

지금 초기의 프로예맹의 구성분자들을 유파별로 색별한다면 대략 다음과 같다.

서울청년회파: 김기진, 박영희, 임화, 윤기정, 한설야, 이기영, 박팔양, 이익상, 최승일, 안석주

북풍회파: 송영, 이적효, 김영팔, 이호[12]

앞의 인용에서 김기진은 조선프로예맹의 초기 구성원들을 당시 사회주의운동의 계보에 따라 분류하고 있다. 김기진 박영희 등은 서울청년회파로 구분하고, 송영, 이적효 등은 북풍회의 유파로 설명하고 있다. 이같은 분류에 근거할 경우, 송영, 이적효 등의 염군사 구성원들이 북풍회와 연결되어 있음을 확인할 수 있다.

무산계급 문화운동을 목표로 내세운 염군사의 조직과 그 이념적 실체는 북풍회의 성격과 활동을 통해서 그 위상을 짐작할 수 있다. 우선 염군사의 구성원들이 북풍회와 관련을 갖게 된 배경은 그 중심 인물이었던 이호의 사회운동 경력과 관련되어 있음을 알 수 있다. 이호는 염군사의 창립 구성원으로서, 동경 북성회의 후원을 받아

12 김기진, 「우리가 걸어온 30년(3) ― 우리들의 투쟁기」(사상계, 1958. 10), 200~201면.

1923년 5월에 결성된 토요회에 핵심적 인물로 참여하고 있다. 토요회는 뚜렷한 강령이나 선언을 내세우지는 않았으나 공산주의 청년회 조직을 위해 그 기반을 닦고 있었다. 토요회는 북풍회와 긴밀한 관계를 맺고 있으면서 서울청년회에 대립하였고, 1924년 2월 신흥청년동맹으로 확대 개편되었다. 염군사는 이호의 중간적인 역할을 통해 토요회와 신흥청년동맹과 직접적인 연락을 맺게 된다. 그리고 이들 조직을 후원하고 있던 북풍회의 영향을 받고 있었던 것으로 생각된다. 특히 신흥청년동맹에는 송영, 최현 등도 가담하고 있었기 때문에 신흥청년동맹과의 직접적인 연관성을 생각해 볼 수 있다. 이 같은 관계의 설정은 염군사의 조직과 운명이 문단 내에서의 존재로 국한되지 않고 사회주의운동 조직과 내밀한 사상적 통로를 두고 있음을 뜻하는 것이다. 당시의 사회운동 단체들이 사회주의 사상의 유포와 그 계몽에 힘썼던 점을 생각한다면, 염군사의 사회·문화운동 상의 계몽적인 역할이 중시되었으리라는 점을 짐작할 수 있다.

그러나 염군사는 1924년에 들어서면서도 그 조직 활동의 구체적인 정황을 확인할 자료가 없다. 이 조직에 가담했던 문인들은 조직을 기반으로 하는 사회운동을 전개하지 못하게 되자 점차 개인적인 작업에 관심을 두기 시작하였다. 이들은 모두 새로운 사회운동 조직에 가담하여 더욱 적극적인 활동을 전개하느냐, 기성의 문단에 진출하느냐 하는 문제를 놓고 중대한 선택의 기로에 서 있었다. 염군사의 구성원들이 갖는 조바심은 어디서 연유한 것인가? 그것은 물론 염군사를 기반으로 하는 사회운동이 적극 실천되지 못한 채 별다른 진전을 하지 못했다는 점에 있다. 하지만 이보다 더 중요한 문제는 1923년을 넘기면서 이미 민족사회운동의 이념적 성격이 어느 정도 분명해졌고, 문단에서는 《창조》, 《폐허》의 뒤를 이어 등장한 《백조》 동인들이 문단 활동의 영역을 확대하며 성장하게 되었다는 사실에서 찾을 수 있다. 염군사는 이 땅 최초의 무산계급 문화운동 조직을 자처했지만, 사회운동이나 문화운동 어느 방면에도 그 존재를 드러낼 수 있을 만큼 그 기반을 분명하게 정립하지 못한 상태에 놓여 있었던 것이다. 이러한 조건 속에서 신흥청년동맹에 가담한 이호, 김두수, 최현 등은 청년운동의 정치적·사회적 확대에 관심을 기울이면서 점차 문화운동의 영역에서 멀어지기 시작하였다. 반면에 최승일, 박세영, 김영팔 등은 문필 활동에 관심을 기울이면서, 개별적으로 새로운 문단 활동의 기회를 찾게 된다. 염군사라는 집단적인 조직을 통한 활동이 불가능해지자, 개인적인 등단을 통한 기성 문단에의 편입을 시도한 것이다. 그 결과로 김영팔은 1924년 1월 《매일신보》 현상 모집에 「해고사령장」이라는 작품이 2등 당선하여 문단 진출을 이루고 있으며, 최승일의 경우에도 잡지 《신여성》 등에 소설을 발표하면서 자연스럽게 문필 활동을 시작하게 되는 것이다.

그런데 염군사의 조직을 주도했던 송영은 개인적인 문단 진출보다는 조직적인 무산계급 문화운동 또는 사회운동을 목표로 하고 있었기 때문에, 염군사의 이념을 실천해 가기 위한 새로운 진로를 모색하고 있었다. 그는 신흥청년동맹을 통해 새로운 활동의 가능성을 모색하기도 했으나 이 조직 자체가 조선청년총동맹에 흡수 통합되어 버림으로써 그 계획을 실천하지 못하였다. 송영은 염군사의 활로를 찾기 위해, 당시 잡지 《개벽》의 학예면 책임자였던 박영희를 찾아가 사회주의 문화운동을 위한 문단조직의 통합과 그 확대를 타진하였다. 이 제안은 송영 자신이 주도해 온 염군사와 박영희, 김기진 등이 《백조》 동인의 해체 후 새롭게 구성한 파스큐라가 서로 조직을 통합하여 새로운 사회주의 문화운동 단체를 결성하자는 것이었다. 두 조직은 모두 새로운 경향성의 문학을 추구한다는 점에서 이념적 지표가 비슷했던 것이다. 그러나 이 같은 송영의 제안이 쉽게 받아들여

지지 않고 있다. 이에 대해서는 김기진이 다음과 같이 회고하고 있다.

> 1924년으로 넘어와서 그것이 1월인가 2월이었는데, 어느 날 박영희는 최승일과 함께 나를 찾아와서 염군사의 의향을 들려주었었다. 최승일도 박과 마찬가지로 나와는 배재 동창이다. 그리고 최가 배재에 다닐 때 박과는 친하게 지냈지만 나하고는 별로 가까이 지내지 아니했던 까닭으로 최는 염군사의 뜻을 먼저 박한테 이야기했고 그런 담에 박을 끌고서 나를 찾아왔던 모양이었다.
>
> 그런데, 이 무렵 파스큐라가 생기기 전에 염군사는 이미 있었던 사회주의적 문화 집단이었다. 그리고 이 염군사에 모인 사람들이 누구냐 하면, 최승일, 송영, 윤기정, 이적효, 이호, 박용대, 김영팔 등이었다. 최승일이 박영희와 함께 찾아와서 전하는 염군사의 의향이란 무엇이냐 하면, 두 개의 집단이 공통적인 이념을 갖고 있으니까 파스큐라와 염군사가 합동을 해가지고 사회주의적 계급 의식을 청년 지식층과 노동자 농민층에 보급시키는 선전 활동을 하자는 것이었다. 문학작품을 통해서만이 아니라 강연회, 토론회, 학생극 또는 동맹 파업의 선동 등 모든 기회를 이용해서 활동하자는 것이었다.
>
> 최는 이 같은 염군사의 뜻을 전해 주고서 박과 나한테 될 수 있는 대로 속히 가부 간 회답을 해달라고 부탁했었다. 이에 대해서 박과 나는 우리도 동지들끼리 의논해 봐야 결정을 짓겠으니 그때까지 기다려 달라고 회답했었다. 그런데 솔직히 말해서 나는 염군사에서 작품 활동 이외의 다른 수단에 의한 모든 선전 활동을 해야 한다는 주장에 동조하고 싶지 아니하였다. 작품 활동 이외의 다른 행동을 하는 것은 문예인의 영역에서 벗어나 정치인의 행동을 하는 것이라고 생각했기 때문이다. 박도 그 무렵에는 이같은 나의 견해와 똑같은 의견이었다.
>
> 그런데 그 후 최는 염군사의 윤기정, 송영을 데리고서 박영희를 몇번 찾았던 것 같다. 그러고 나서 그네들이 함께 나한테 왔었다. 그때 나는 송과 윤을 처음 대했던 것이다. 물론 그들 최, 송, 윤의 하는 말

은 염군사와 파스큐라의 합동이었지만, 나는 이 사람들과 선뜻 합동할 마음을 일으키지 못하였다.[13]

김기진의 회고담에서 염군사와 파스큐라의 조직 합작에 대한 제의가 1924년 초에 이미 이루어졌다고 하는 것은 사실 1925년 초를 잘못 기억한 것이다. 여기서 염군사의 맹원들이 파스큐라와의 합작을 요구한 이유가 무엇인가 하는 문제는 매우 중요한 의미를 지닌다. 파스큐라의 문단적 존재와 그 활동에 대한 명확한 이해를 위해, 먼저 파스큐라의 존재를 설명해 둘 필요가 있다.

파스큐라의 등장

파스큐라는 《백조》 동인의 해체와 그 이념적 분화과정 속에서 새로이 등장한 문학단체이다. 박영희, 이상화, 나도향, 박종화, 현진건, 홍사용 등이 참여한 동인지 《백조》는 1922년에 창간호가 나왔다. 여기에 참여한 문인들의 문학적 경향이 대개 현실도피적인 이상주의적 색채를 짙게 드러내고 있음은 주지의 사실이다. 일본에 유학해 있던 김기진이 이들의 문학을 '도피적 영탄'의 문학으로 몰아붙이고 스스로 생활의 문학, 인생을 위한 예술을 강조하면서 《백조》 동인에 참여한 것은 1923년 《백조》 제3호에서부터이다. 그런데 동인지 《백조》의 간행은 경제적인 어려움으로 더 계속되지 못하게 된다. 특히 박영희가 《개벽》지의 학예부 기자가 되면서 《백조》 동인들의 문단 활동의 무대가 《개벽》으로 옮겨졌고, 당시 《개벽》이 지향하고 있던 현실 지향적인 속성과 서로 연관을 지니게 된 것이다. 이러한 《백조》 동

13 김기진, 「나의회고록(2) — 파스큐라 시절의 이야기」(세대, 1964. 8), 283~284면.

인의 변화는 당시 사회 상황의 조류 자체가 현실 인식의 새로운 국면에 접어들어 각종의 사회운동이 확대되고 있는 과정과도 관련지어 볼 때, 더욱 그 성격이 분명하게 나타난다. 이 무렵에 이미 민족사회운동이 분명하게 사회주의적 경향과 민족주의적 색채로 구분되고 민족운동의 방향도 그 이념적 지향에 의해 양분되고 있었다. 문학의 경우에는 식민지 현실에 대한 비판적 인식과 함께 저항성의 표출이 강하게 드러나기 시작하여, 《백조》가 초기에 추구했던 이상적인 세계나 낭만적인 요건이 시대적 분위기와 괴리되기 시작했음을 쉽게 알 수 있다. 결국 현실의 상황변화와 사상의 새로운 인식이 《백조》파의 예술적 분위기를 더 이상 지속할 수 없도록 만들었다고 설명할 수 있을 것이다.

> 생활을 인도할 사람은 누구냐? 예술가이다. 예술가의 할 일이다.
>
> 예술가는 모든 의미의 창조자이다. 생활에 대한 선각자이다. 생활은 예술이요 예술은 생활이어야만 할 것이다. 생활의 예술화가 되지 않으면 안 될 것이다. 세계의 인류 생활의 극한에까지 이러한 이상을 실현하여야 할 것이다. 책상 앞에서 만들어낸 예술은 우리에게는 무용한 것이다. 세계의 백성들의 생활과 생활이 일치되고 세계의 백성들의 영혼과 영혼이 융합되는 때에 일어나는 위대한 교향악은 예술 그것이어야만 될 것이다. 그 외에는 예술이 없어야만 한다. 그 외에 무엇이 예술이라고 불리는 것이 있다면, 그것은 유희 이상의 아무것도 아니다. 그렇다. 그것은 유희일 뿐이다.[14]

김기진의 앞의 글에는 《백조》 동인들의 문학적 성향과는 일정한 거리가 있었던 '생활의 문학'에 대한 주장이 잘 나타나 있다. 미감

---

14 김기진, 「떨어지는 조각 조각」(백조, 1923. 9), 140면.

의 원칙이 실제 생활 그 자체에 있다는 사회주의 미학의 가장 기본적인 입장을 일본 유학 과정에서 습득하고 있었던 김기진은 1923년 후반기에서부터 1924년에 이르는 시기에 계급문학운동을 한국문단에 소개하는 착실한 '전신자'로서 자리 잡고 있다. 그는 감각의 혁명을 부르짖으며, 새로운 경향문학의 전개를 위해 지식계급의 각성과 행동적 실천이 필요하다고 촉구하기도 한다. 이러한 그의 견해는 곧바로 박영희의 동조를 얻었고, 박영희가 자리 잡게 된 《개벽》지의 학예면이 경향적인 문학의 새로운 장을 열어주는 중요한 발표매체가 되기에 이른다.

1923년 동인지 《백조》는 제3호 발간 이후 경제적인 이유로 더 이상 잡지 간행을 지속할 수 없게 되었지만, 그것은 표면적인 이유에 불과하였다. 당시의 문단적 상황이나 현실적 조건이 《백조》의 주조를 이루었던 퇴영적인 문학의 경향을 더 이상 용납하지 않았던 것이다. 김기진은 동경 유학생 중심의 연극 단체 토월회에 김복진, 이서구, 박승희, 김을한 등과 함께 가담하였고, 토월회의 국내 2차 공연(1923년 9월)이 끝난 후 동경 유학을 중도에서 포기하였다. 그는 《백조》에 가담하면서 생활의 문학이 필요함을 역설하였다. 《백조》 동인들은 김기진이 가담한 후 동인지 제3호를 끝으로 낸 후 더 이상 동인 활동을 끌어가지 못하였다. 홍사용, 현진건, 박종화 등이 《백조》의 성격 변화에 소극적인 태도를 보이면서 일정한 거리를 두는 동안 김기진은 박영희, 이상화 등과 함께 시대가 요구하는 새로운 문학운동을 구상하기 시작하였다. 그리고 이익상, 김석송, 연학년, 안석주, 김복진 등과 어울려 파스큐라를 결성하였다. 이 새로운 문학 동인은 《백조》의 일부 동인과 토월회의 일부 구성원, 그리고 이익상, 김석송과 같은 사회적 성향이 강했던 시인이 함께 어울려 만든 것이다.

파스큐라는 그 단체의 명칭에 대한 명명 자체가 갖는 자의성에서도 볼 수 있는 것처럼, 확고한 조직 기반을 갖추거나 어떤 강령이나 이념을 공표한 적도 없다. 이것은 문단적 교류에 의해 자연스럽게 만들어진 일종의 사교적인 모임이라고 할 수도 있을 것이다. 물론 이들은 인생을 위한 예술, 현실과 싸우는 예술을 지향해야 한다는 견해를 서로 나누어 갖고 있었기 때문에, 이들의 행동양식이나 문학적 경향이 기왕의 《백조》 동인과는 사뭇 달라질 수밖에 없었음은 물론이다.

> 파스큐라, 여기에는 여러 사람이 모이게 된 것이다. 톨스토이안도 있고, 휘이트맨의 사도가 있었으며, 루나찰스키의 신봉자에다 나와 같은 따위의 부득 요령이 가담하였던 진묘한 회합이었다. 그러나 여기에는 다 같이 현상에 대한 불만들을 가지고 있었던 것이다. 이 현상의 불만으로만 가지고서 잡다한 종족이 모임에 어떻게 그 수명이 길기를 바랐으리요. 사람마다 그 수명의 연장을 기다린다는 것보다는 어떠한 운동 기운의 발효의 촉진을 꾀하려 하였고, 따라서 미구한 장래에 분해가 있을 것도 예기하여 왔었던 것이다.
>
> 더 쉽게 말한다면 자기네들의 계몽을 위하고 또는 속 빠르게 사상적으로 순화되기를 꾀하였던 것이다. 한 걸음 더 예술의 존엄이라든지 이로 하여 태생되는 예술가네의 통틀어 가지고 있는 우월감을 갖는 이보다는 생활과 처지에 상념의 전부를 바치었었고 생활 구조의 추이에 육감을 집중하였던 것이다. 잘들 밤을 새워가면서 신흥예술론을 되풀이도 하였던 것이요 문화의 침입됨에 얼굴을 붉히기도 하여 왔던 것이다.[15]

앞의 인용에서 확인할 수 있는 것처럼 파스큐라는 잡다한 문학적 경향을 지닌 문인들의 모임이었고, 현실에 대한 불만으로 모인 문인

15 김복진, 「파스큐라」(조선일보, 1926. 7. 1).

들의 회합이었다. 파스큐라가 하나의 문학 단체로 그 존재를 사회에 널리 알리게 된 것은 1925년 2월 8일 서울 천도교기념관에서 열린 파스큐라 문예 강연과 때를 같이한다. 조선에서 처음 개최되는 문예 강연으로 신문 지상에 소개된 파스큐라 문예 강연회는 박영희의 '체홉 연구', 이익상의 '문예의 시대성' 등의 강연뿐만 아니라 김기진, 연학년, 이상화, 안석영, 김석송 등의 출연으로 상당한 관심을 불러일으킨 바 있다.

파스큐라의 조직에서 중심적인 역할은 김기진과 박영희가 담당하였다. 김기진은 비평적 산문을 발표하여 새로운 경향적 문학의 이념을 대변하고, 박영희는 문학적 실천 기반을 《개벽》지를 통해 확보함으로써 그 실질적인 선도적 입장에 나서게 된 것이다. 파스큐라는 물론 조직의 이념을 구현하기 위한 기관지를 간행한 적도 없고 몇 차례의 문학 강연 이외에 뚜렷한 조직적 행동을 보인 경우도 없다. 하지만 김기진에 의해 제기된 현실주의적인 문학 이념은 폭넓은 공감을 불러일으키면서 문단의 관심을 끌어모았다. 더구나 파스큐라의 김복진, 박영희 등이 당시 사회주의운동 단체였던 서울청년회 계열의 정백, 김사국, 이성태 등과 교유하면서 사회운동에 관한 자신의 관심을 수없이 논의해 나아감으로써 자신들의 이념을 더욱 분명하게 정비할 수 있었던 점도 주목된다. 파스큐라의 사회적 기반이 어느 정도 확고해지고 그 문학적 실천이 더욱 명백한 지향을 드러낼 수 있었던 것도 이 같은 사회운동 조직과의 연관 속에서 이루어진 것이라고 할 수 있을 것이다.

파스큐라의 이 같은 면모를 놓고 염군사의 조직과 비교할 경우 양자 사이에는 여러 가지 측면에서 대조되는 차이점이 개재되어 있다. 파스큐라의 조직은 이미 앞에서도 지적한 것처럼 특별한 의도나 목표를 처음부터 표방하고 있지 않은 비교적 자유로운 문인 모임이라고 할 수 있다. 이 조직에 가담한 문인들은 대개 기성 문단에서 공인받는 문필가로서 상당한 발표지면을 확보하고 있는 사람들이라는 점에서도 염군사의 경우와는 다르다. 특히 대부분 구성원이 일본 유학을 체험하고 있는, 지식층의 문인들이라는 점도 염군사의 경우와는 구별된다. 사회운동의 차원에서 파스큐라가 서울청년회 계열에 서 있다는 점은, 북풍회 계열의 염군사와 대조되는 사실이다.

그런데도 불구하고, 염군사의 송영, 최승일 등이 계보를 달리하고 있는 서울청년회 계열의 파스큐라와 합작을 요구하고 있는 보다 근본적인 이유는 무엇인가? 그 이유는 대개 두 가지로 나누어 설명할 수 있다. 첫째는 염군사의 구성원들이 가진 문단 활동에 대한 욕구와 관련된다. 염군사의 구성원들은 최승일의 경우를 제외하고는 누구도 이 무렵에 문단적인 활동을 제대로 경험해 본 적이 없다. 그들은 모두 문학 지망생일 뿐 구체적인 작품활동을 하지 못하고 있었던 것이다. 그러나 파스큐라의 구성원들은 기성 문단에서 각자 나름대로 지위를 누리고 있었으며, 특히 《개벽》이라는 중요한 매체를 기반으로 상당한 활동을 전개하고 있음을 볼 수 있다. 염군사의 구성원들이 경향적 문학을 실천에 옮기기 위해서는 결국 기성 문단에서 새로운 문학의 전개를 위해 노력하고 있는 파스큐라의 도움이 필요했으리라는 점을 추측할 수 있다. 이 같은 가능성은 파스큐라의 김기진, 박영희 등이 모두 송영, 박세영 등의 배재고보 선배들이라는 학연을 지니고 있다는 점에서도 어느 정도 점칠 수 있는 것인데, 뒤에 송영이나 김영팔의 기성 문단의 진출이 모두 《개벽》지의 현상문예를 통해 이루어지게 된 점과도 무관하지 않다고 할 것이다. 둘째는 경향성을 드러낸 문학운동이 갖는 집단적 속성과 그 조직의 요구를 들 수 있다. 염군사나 파스큐라가 모두 표면화되어 나타난 운동조직으로서의 성격이 약하다는 점에서 볼 때 기성 사회운동 단체의 조직과는 비교할 수 없는 수준임을 쉽게 짐작할 수 있다. 조직에 대한 요구가 문단에서 단순한 동호인적 집단이 아닌 사상성의 요건을 구비한 집단의 출현을 의미한다면, 그것은 염군사의 성향과도 잘 맞는 것이라고 할 수 있으며, 염군사 자체가 바로 그러한 자기 조직의 속성을 통해 그 확대를 요구할 수 있었으리라고 추측되기도 한다.

그런데 송영 등이 제안한 염군사와 파스큐라의 합작은 쉽게 타결을 보지 못한 상태였지만 1924년 봄부터 일기 시작한, 전혀 예기치 않았던 사회운동의 새로운 국면에 따라 그 가능성의 실마리가 잡히게 된다. 사회주의운동의 주도권을 놓고 갈등과 대립을 거듭했던 북풍회와 서울청년회가 서로 합쳐 청년 사회운동의 조직적인 단일 노선을 택하기로 합의한 것이다. 당시의 상황을 좀 더 자세히 살펴보면, 염군사의 조직에 깊은 영향을 미친 신흥청년동맹이 북풍회 계열의 청년운동 조직으로 확대되자 1924년 2월 서울청년회 측에서도 이에 대응하여 조선청년총동맹을 구성하기로 결의하고 있다. 그런데 조선청년총동맹의 조직사업이 계급적 대단결을 목표로 청년운동의 통일을 기한다는 취지와 함께 전국적인 규모로 확대되자, 신흥청년동맹 측에서는 우선 전국적인 조직의 통일과 조직에 대한 실력으로의 장악이라는 전술론을 내세워 서울청년회가 주도하고 있는 조선청년총동맹에 참여하여 함께 청년운동 조직의 통일을 이루게 된다. 그 결과 1924년 4월 21일 조선청년총동맹의 창립[16]을 보게 되는 것이다. 조선청년총동맹의 창립은 3·1운동 이후 사분오열되어 있던 수백 개의 청년 사회운동 조직이 단일화되고 있음을 뜻하는 것이며, 사회주의 이념에 의한 청년운동의 노선이 정비되고 있음을 뜻한다. '조선민중 해방운동의 선구'로서 '대중 본위인 신사회의 건설을 기한다'는

---

16 김준엽·김창순, 앞의 책, 136~149면 참조.

강령을 내세운 조선청년총동맹의 발족은 북풍회 계열의 신흥청년동맹과 관계를 맺고 있던 염군사와 서울청년회의 영향권에 있던 파스큐라의 합작을 촉진하는 중요한 계기가 되어, 청년 사회운동의 조직적 단일화를 필연적인 것으로 이끌어갈 수 있는 상황을 제공한다.

1925년 염군사의 끈질긴 설득에 의해 파스큐라와의 합작이 원칙적인 동의에 도달하게 된 것은, 염군사가 창립 당시에 내걸었던 무산계급문화운동의 지표를 구체화 시킬 수 있는 조직의 확대를 실천한 것이라고 할 수 있을 것이다. 당시의 감회를 송영은 이렇게 적고 있다.

> 이 두 가지 그룹(염군사)과 파스큐라를 한데 놓고 보면, 전자(염군사)는 관념이 앞서고 행동이 정치적이기는 했으나 문학적으로 뒤떨어진 감이 있었으며, 후자 파스큐라는 한 개의 작품을 가지고 새로운 경향에 합류하느라고 노력은 했으나 메데(노동절) 행사에 붓 대신에 붉은 깃발을 들고 나서겠다는 기백들은 약하였었다.
>
> 그러나 그때 객관적 정세는 그들로 하여금 분산적으로 헤어져 있어서 약체가 되어 있는 부족을 용납지 않았다. 그보다 한 줄기 역사의 거류는 동일 목적을 위해서 나아가는 그들로 하여금 통일된 큰 힘을 가지지 않으면 안 될 필연을 강조하였다. 이리하여 기어코 두 줄기의 젊은 예술가들은 손을 맞잡고 한 개의 주체를 창건하게 되었으니 이것이 곧 두 그룹 동인들이 되어 가지고 창립한 조선프롤레타리아예술동맹(연맹이 아니고 동맹임)이다.[17]

송영이 회고하고 있는 것처럼 염군사와 파스큐라는 사회문화운동을 위한 통일된 힘의 조직을 위해 합작을 이루며, 염군사의 조직 구성원들은 파스큐라와 만남으로써 기성의 문단권에 들어서게 된다.

---

17 송영, 「조선프로예술운동소사」(예술운동, 1945. 12), 62~63면.

북풍회 계열과 서울청년회 계열의 모든 청년운동 조직이 조선청년총동맹으로 단일화하고 있는 과정에서 염군사와 파스큐라 합작이 필연적인 것임을 앞의 글에서도 충분히 감지할 수 있는 것이다.

계급문학시비론

1920년대 중반 한국사회는 민족사회운동의 다양한 사상적 분화과정을 거쳤다. 문단의 경우에도 염군사, 파스큐라 등의 단체가 등장하면서 무산계급 문화운동이 공공연하게 제기되었다. 당시 문단에서 계급문학에 대한 인식이 어떤 성향을 보여주고 있는가를 확인할 수 있는 자료로는 잡지 《개벽》(1925. 2)이 특집으로 엮어 놓은 「계급문학시비론」이 있다. 「계급문학시비론」은 계급문학에 대한 당시 문단의 전체적 견해를 종합해 볼 수 있는 기회를 제공하고 있는데 이광수, 김동인, 염상섭, 박종화, 나도향, 김석송, 박영희, 김기진 등이 의견을 내놓고 있다. 1920년대 초기 문단의 중심인물이 상당수 참여하고 있는 이 기획기사에서 이광수의 경우에는 모든 이념과 계급을 초월한 예술의 존재만이 그 가치를 인정받을 수 있다는 순수지향적 예술론을 폈고, 김동인도 예술이라는 것이 예술가의 예술적 욕구에서 나오는 것이므로 어떠한 선전적인 주의나 명칭도 예술의 가치 위에 올려놓을 수 없다고 하였다. 염상섭은 계급문학이 시대상의 필연에 의해 출현된다면 그것은 문학의 한 현상으로 인정할 수 있으나 모든 문학이 특정의 이념이나 계급에 예속될 수는 없다고 중도적 입장을 표명하였다. 이에 반하여 박영희, 김기진, 김석송, 박종화 등은 계급문학의 필연성을 역설하고 그 현실적인 의의와 가치를 강조하면서, 착취와 침략과 혹사와 정복의 제도 조직에 대응하는 전투적인 의식의 예술적 발현으로서 계급문학은 사회악을 부정하는 계급의식에서 비롯된다고 하였다.

① 피투성이 된 푸로혼의 표백

계급문학의 존재를 시인하느냐 혹은 부인하느냐 하는 논의가 계급문학시비론일 것이다. 그러므로 나는 이곳에서 시인한다든지 부인한다든지 만을 말하야 두면 고만이라고 생각한다. 이하 좀 지리할 듯하나 어찌하여 시인한다는 나의 소견을 말하고자 한다. (중략)

사회상태는 변천하여 계급의 대립을 세워놓았다. 이것은 생활상태의 분열이다. 그리고 이 생활상태의 분열은 생활의지의 분열을 일으켰다. 이것이 근대적 자본주의가 가져온 커다란 공과다. 그리고 생활의지의 분열은 미의지의 분열을 일으켰다. 여기서 뿌르조아의 미감과 푸로레타러아의 미감이 달라졌다. 기교의 미를 찾고 인종의 미를 세하는 것은 뿌르조와의 미감 내지 미학이다. 이와 반대로 어디까지든지 정의의 미를 찾고 반역의 미를 고창하는 것은 푸로레타리아의 미감 내지 미학이다. 이것은 미의지의 분열에 관한 일이 예를 들었음에 부과한 것이다.

하여튼 생활상태의 분열은 뿌르와 푸로의 대립은 인생관, 처세관, 윤리관, 문예관의 분열을 일으킨 것은 사실이다. 그러하여 뿌르조아의 인생관, 처세관, 윤리관은 뿌르조아의 생활의지를 구성하여써 그들의 문학이 진실로 이곳에서 출발하며 푸로레타리아의 인생관, 처세관, 윤리관은 푸로레타리아의 생활의지를 구성하여써 그들의 문학은 진실로 이곳에서 출발한다.

세상에는 이렇게 말하는 사람이 많다. 「뿌르문학이니 푸로문학이니 하는 것은 실없는 말이다. 노동자의 생활을 제재로 하였다고 그것이 푸로문학이며 자산가의 가산을 제재로 하였다고 그것이 곧 뿌르문학이 된다면 강아지를 그린 문학은 강아지문학이 되고 도야지의 생활을 제재로 붙잡아 쓰면 그것은 도야지문학이 되지 않겠느냐. 계급문학이란 미친 놈의 헌수작이라」고. 이와 가튼 생각은 그 근본에 오류가 있다. 계급문학이란 본질적 경향문제이요 결코 피상적 제재문제가 아니다. 작품 중에 나타난 작가의 주관과 작중의 인물에 대한 작자의 용의와 태도 여하에 따라서 다시 말하면 작자가 쁘르의지를 가지고 이 작품에 대하였느냐 또는 작자가 푸로의지를 가지고 이 작품을 제작하였느냐 하는 것이 그 근본문제이다.

지금 여기에서 계급문학의 상위점을 들어 볼 것 같으면 쁘르문학은 첫째 사회악을 긍정한 우에 모든 것을 시작함에 반하여 푸로문학은 첫째 이 사회악을 부정하고서 출발한다. 혹은 부정하는 준비로써 출발한다. 사회악이라는 것은 착취와 침략과 혹사와 정복의 제도와 조직을 일컬음이다. 쁘르문학이 기교적 말초신경적 유희적임이 반하여 푸로문학은 열정적 본질적 전투적이다. 이상은 그 차이점의 일이를 예든 것에 부과하다. 하여간 문학상에 계급문학의 분립이 생긴 것은 사실이다. 이에 대하여 철저한 설명을 하자면 이곳에서 역사관적 문명비평을 쓰지 않으면 어렵게 되었으니까 이러한 장황한 짓은 하지 않기로 한다. 나는 이것을 계급문학의 존재를 사실로 시인한다고만 결론하고 말겠다.

지금 여기에서 더 한 마디 말을 하여두고자 한다. 최근 일본에서 푸로레타리아 문학이라는 것이 대두하였지만 그것은 차라리 지식계급의 「푸로레타리아를 위한 문학」이라 할 것이라고 나는 믿는다. 푸로문학이란 푸로의 의지—생활감정 속에서 지어진 문예일 것이요 일부 자각한 지자들의 푸로를 위하여 계급의지를 고취하고 사회○○을 사사하는 말하자면 무산계급을 위한 문학은 아닐 것이라고 생각한다.

푸로문학이 한 개의 문학인 이상 그것이 순진한 푸로레타리아의 생활의지에서 출발한바 자아—개성에 충실한 전인격적 온전한 「마음」의 투영이 아니면 안 될 것은 막론이다. 피투성이 된 푸로레타리아의 혼의 표백이 아니면 안 된다. 이것이 진정한 푸로문학일 것이다. 푸로를 위한 문학 「푸로의 문학」 거기에도 상당한 구별이 있는 것도 사실이다. 나는 금일의 현상에 있어서 계급예술—문학의 존재를 시인하는 사람 중의 한 사람인 것을 명언하고 붓을 놓는다. (팔봉)

② 계급을 위함이냐 문예를 위함이냐

문예와 계급 ― 문학에 계급이 있느냐 없느냐 하는 문제는 근래 우리 문단에도 상당히 떠들게 된 모양이다. 그러나 나는 이 문제에 대한 대답을 하기 전에 먼저 사람에게 계급이 있느냐 하는 문제부터 해석하려 한다. 문예는 사람의 재현임으로.

사람에게는 계급이 없다. 사농공상은 직업의 구별이요 사람 자체에 어떠한 계급을 짓는 원소가 되지는 못한다. 사람은 성으로 남녀의 구별이 있고 색으로 황백홍흑의 차이가 있고 시간으로 노소가 있고 민족으로 조선족, 슬라브족, 라텐족, 앵글로색손족 등의 별명이 있으나 그 사람된 점에는 누구나 일치할 것이요 조금도 선천적으로 차이점을 가지지 아니 하였으며 상하의 계급을 지을 만한 아무러한 이유도 없는 것은 사실이다. 갑도 사람이요 을도 사람이요 병도 사람임으로 갑은 병과도 같을 것이요 병은 을과도 같을 것이요 따라서 을은 갑과도 같은 것은 엄숙한 사실이다.

그러나 사람은 다 가튼 사람이지만은 현대 ― 우리의 눈앞에 뵈는 세상에는 사람과 사람 사이에 분명한 구거(溝渠)를 발견할 수가 있으며 그 구거가 있음을 따라서 일방의 사람과 타일방의 사람 사이에 이해를 같이하지 아니하며 상이한 도덕과 특수한 생활을 하게 되며 피차에 반목질시하는 한심한 현상을 이루게 되는 것도 또한 숨길 수 없는 엄숙한 사실이다. 이를 가리켜 이른바 인간사회의 계급이라 하며 계급과 계급 사이에는 시시로 각각으로 피 냄새나는 투쟁이 끊이지 않고 계속된다.

그리하여 인류는 역사가 있는 이래 오늘날에 이르기까지 지배계급과 피지배계급의 싸움을 계속하야 왔고 그 싸움은 극도로 복잡하고 극도로 치밀하여 서로 계급이 다른 사람 사이에는 일거수일투족에도 그 생활의지가 다르고 그 도덕적 충동이 다르며 마침내 오늘날에는 의지적 생활을 떠나 무의지적 항동에까지로 일일이 상반되는 무서운 현상을 볼 수 있게 되었다. 따라서 일계급이 영유한 것이면 타계급은 영유를 불허하였고 갑계급이 항하는 일이면 을계급은 항할 수 없이 되고 말았다.

사람에게는 원래 아무 계급도 없는 것이다. 그러나 현실은 사람으로 하여금 계급을 짓게 하고 말았다. 이에 대한 상세한 설명은 이곳에서 할 필요가 없을 줄로 생각한다.

계급을 지은 사람은 계급 사이에 싸움을 하는 동시에 생활에도 계급적 색채가 점점 깊어가게 되었다. 그리하여 그 생활을 표현하는 문예에 있어서는 더욱 현수한 차이점을 발견할 수가 있게 되었다. 다시 말하면 종래의 소위 문예라 하는 것은 전부가 소위 지배계급의 그것에 불과하였다. 그들은 즐기어 전쟁, 음사, 안일 등에서 제재를 취하였고 그들의 생활－그들의 문예를 떠나서는 아무 생활도－문예도 없는 것 같이 알았으며 또한 그들의 생활 그들의 문예 외에 다른 무엇이 있다 하면 가진 수단을 다하여 그것을 말살하여 왔다(이는 문예뿐 아니라 모든 인문상에 이단으로 지목된 것은 모두 동일한 처지에 있었다).

그러나 최근에 이르러 계급전이 맹렬하여짐을 따라 그들의 생활을 표현하는 문예에도 어느덧 일종의 전선이 열리게 된 것은 조금도 기이할 것이 없는 당연한 일의 하나이다. 이에 비로소 문예와 계급－계급문예라 하는 일 신어가 생기게 된 것이다. 계급이 없는 사람에게 계급이 생기고 시간공간을 초월하여야 만인의 흉금에 공감을 주어야 할 문예에까지 계급은 생기고 말았다.

이미 생긴 계급이라 싸우는 것도 마땅한 일이요 싸우지 아니하여도 아니 될 일이지만은 나는 이제 한가지 중대한 의심을 가지지 아니할 수 없다. 계급을 위하여 싸우느냐 문예를 위하여 싸우느냐 다시 말하면 계급이익만을 위하여 싸우느냐 전인류의 생존을 위하여 싸우느냐?

나는 나 스스로 이 의문에 대한 명확한 해답을 얻기 위하여 방금 홀로 애를 쓰는 중이요 계급전보다도 의문전에 머리를 앓는 중이다. (김석송)

③ 예술가 자신의 막지 못할 예술욕에서

계급 공기며 계급 음료수라는 것이 존재할 가능성이 없는 것과 마찬가지로 계급문학이라는 것도 존재치 못할 것이겠지요. 문학에 「푸로레타리아」니 「쒈조아」니 구별하자고 하는 것도 그 구별하자는 사람 자기의 몰상식함을 나타내이는데 지나지 못합니다. 어찌 문학에 그런 구별을 하겠습니까. 무산계급의 사정을 쓴 작품이라고 그것을 푸로레타리아 문학이라 하며 상류계급의 사정을 쓴 것이라고 그것을 쒈조아 문학이라 하면 짐승의 사정을 쓴 작품은 금수문학이라 하겠습니까? 문학은 도덕의 무기가 아니며 교훈기관이 아니며 그 목적이 온전히 다른지라 어떤 선전적 주의의 명칭을 그 우에 올려놓을 수가 없는 일이외다. 만약 대담히 그런 명칭을 붙이는 사람이 있다 하면 그 사람은 위인이든 광인이든 어느 편이겠습니다.

이와 가치 존재할 가능성도 없는 것인지라 부존재자에게 가부를 운운할 수는 없습니다.

예술은 인생을 위하여서도 아니고 예술 자신을 위하여서도 아니요, 다만 예술가 자신의 막지 못할 예술욕 때문의 예술이외다. (김동인)

④ 인생생활에 필연적 발생의 계급문학

계급문학 — 이것은 어느 때든지 늘 있을 것이다. 이 우주 속에 사람이라는 동물이 멸절되어 아주 없어져 버리기까지는 이 계급문학의 두 개 의식은 늘 병행되어 있을 것이다. 반드시 사람뿐만이 아니다 이렇게 말하면 좀 우습지만은 만일 사람 이외의 동물이라도 문학을 갖게 된다 하면 역시 거기에는 갑과 을이라는 두 가지 계급문학의 현상이 나타나고야 말 것이다. 생활이라는 것이 있고 생존경쟁이라는 것이 있는 이상 생이 있기 때문에 일어나는 모든 문학은 반드시 계급이 있어 대입될 것이다. 그러나 이 두 계급의 문학은 시대와 시대를 따라 성쇠가 교체될 것이다. 문학은 인생의 그림자요 인생을 떠나서는 문학이 없다. 계급이 있는 인생인 이상 문학에도 확실히 계급이 있을 것이다. (월탄)

⑤ 문학상 공리적 가치여하

문학을 순전한 유희나 쾌락만으로 알던 시대는 이미 고대의 일이고 인생의 생활과 인지가 향상함으로 비로소 완전한 근거를 갖게 된 문학이 우리에게 주는 것은 대별해서 이종으로 말할 수 있으니 하나는 정의적 방면과 또 하나는 실제적 방면이다. 즉 정의적 방면에 주는 것은 미감을 말함이고 실제적 방면에는 공리를 말함이니 전자는 쾌락이고 후자는 생활의 완전을 도모하려는 것이다. 즉 월광이 주는 신비적 미감과 월광이 주는 광명의 실제와 같은 것이다. 그런 고로 이 쾌락과 실제는 조류의 양익(兩翼)과 같이 늘 평형을 가지고 있는 것이다. 그중에 쾌락만이 발달해도 그것은 완전한 가치를 소유하였다 할 수 없으며 또한 실제만이 발달하여도 그것은 또한 무감정의 무미한 것이 되고 말 것이다. 이럼으로 말미암아 문학의 쾌락이라는 것은 실제를 완전하게 하기 위해서 있게 되며 실제라는 것은 그 쾌락을 조절하게 하기 위해서 있게 되는 것이다. 그런 고로 쾌락은 순전한 관능뿐만을 의미하는 것이 아니라 실제를 위한 쾌락이며 따라서 실제는 공리뿐만을 의미하는 것이 아니라 쾌락으로써 그 자신의 제한을 받는 것이다. 이에서 비로소 완전한 문학이라는 가치를 소유할 것이다.

그런데 우리가 실제를 요구한다 하면 그것은 물론 우리의 생활의 불완전한 공극을 보충한다는 것이다. 우리 인생은 감정으로나 생활로나 더 완전한 것을 요구하는 것은 사실이다. 그러나 보통으로 문학이라면 어떠한 특수한 것 이외에는 문학 자체뿐만을 위하게 되니 다시 말하면 유희본능적 쾌락에서 그 존재의 가치를 시인하였고 또한 그 문학에서 얻는 미의지에서 실제를 얻으려 하였으며 또한 문학 자체의 이지적 사색의 발달에서 실제를 의미하려 하였다. 그러나 그 이면에 생활의지에서 실제를 얻으려 하지 않았고 그 실제를 위해서 쾌락을 얻으려 하지 않았음으로 생활의지의 문학이라는 것은 미의지의 문학이 극도로 발달한 것만큼 그만큼 퇴패되고 말았다. 아니다. 생활의지의 문학은 그 가치까지 시인하게 되지 못할 만치 퇴폐하여졌단 말이다.

그러나 완전한 문학일수록 생활의지에 확호한 근거를 두어야 하며 또한 만인의 보편한 문학―(즉 생활을 완전하게 하기 위해서) 있어야겠단 말이다. 오마의 시구인 「우리는 물과 같이 오고 바람과 같이 간다」라는 말을 떡 파는 자나 양촉 만드는 사람에게 읽어준달 것이면 영업에 영리한 그들은 그것이 무슨 소리인지 모른다(엣스의 말)하는 말을 보았다. 그것은 노동자에게는 이해하기에 너무도 이지적이었던 것이다. 따라서 그 시는 인생이 생활을 노래한 것보다도 인생의 지식으로부터 제이의적 생의 철학을 노래한 것이다. 그런 고로 상론한 문학적 쾌락과 실제는 지식계급에서 비로소 그 가치를 시인하게 되는 것이고 무산계급에는 아무러한 감흥을 받지 못할 것이다. 그러나 이에 무산계급에서도 문학을 건설하여야겠다는 것이다. 따라서 또한 진리인 것이다. 그러면 무산계급에는 어떠한 문학이 필요할까를 말하기 전에 그들이 소유한 사회와 생활을 다시 관찰하여서 보자.

근대의 사회는 상업주의의 사회이며 따라서 자본주의화한 사회이다. 이러므로 자본계급은 무산자를 압박하고 착취하려는 것이다. 그런 고로 또한 자본주의에서는 무산계급을 지배하며 자체의 역(力)을 완전히 발휘하려는 데서 쾌락을 얻으려 하며, 또한 염가로써 거대한 노동력을 매입하려는 것이 그들의 실제이며 자기 자체의 이욕, 향락이 그들의 예술이다. 그러므로 그들의 예술은 전용적(專用的), 혹은 독점적 예술이니 이에 인생 전반의 평형을 상실한 문학이 자본주의 문학일 것이다.

그러나 인류의 진실한 각성이 무산계급에서 생기며 무산계급의 반성이 비롯될 때에 그들은 반항과 자유와 생활의 혁명을 무기로 하고 자본계급을 대항하려 하며 이러한 의미에서 문학을 요구하였다. 이러므로 무산자의 문학은 반항의 문학이며, 혁명의 문학이며, 자유의 문학일 것이다. 그것은 다른 까닭이 아니라 자본주의화한 계급의 지배적·이욕적·전제적의 생산 의식과 무산자 계급의 반항적 혁명의 생활 의식이 상위(相違)한 까닭이다. 이러므로 생활 의식의 지배를 받는 미의식도 다르고 말 것이다. 미의식이 다름으로 말미암아서 그들의 쾌락이 상위하고, 쾌락이 다름으로써 문학의 유의적(留意的) 방면이 상위하게 된다. 또한 자본계급의 실제는 이욕에 있고 무산자의 실제는 혁명에 있으니 도무지 양자의 문학은 상위할 것이다.

계급과 계급이 분류되는 데 문학뿐이 단결을 가질 수 없겠고, 계급과 계급이 투쟁하는 데 문학뿐만이 평화를 유지할 수 없는 사실로써 이에 계급문학이 분류되는 것이니 하나는 부르주아문학, 하나는 프롤레타리아 문학이라. 이에 계급투쟁으로써 생기는 무산계급의 혁명적 사상이 시대정신이라면 이 시대정신의 문학의 공리적 부분은 무산계급문학의 혁명적 사명일 것이다. (박영희)

⑥ 작가로서는 무의미한 말

문학은 아무것에도 예속된 것이 아니다. 어떠한 종교나 운동에 종속된 이용물이 되고 어떠한 계급의 특유물(特有物)이 되거나 선전기관이 되며 완농물(玩弄物)이 될 것이 아니다. 그와 같은 일 시기가 있었다 하더라도 그것은 그릇된 현상이었다. 소위 예술이니 인생을 위한 예술이니 하지만 그 어느 견지로서든지 예술의 완전한 독립성을 거부할 수 없다.

더구나 경향이라든지, 주의라든지, 파(派)라는 것이 작자와 작품을 지배하는 주형(鑄型)이 아닌 이상, 다시 말하면 예술이 어떠한 주형에 박아 내이는 것이 아닌 이상에야 작가가 어떠한 주의라든지 일정한 경향에 구속될 수는 없다. 그러나 그 작품이 완성된 뒤에 제이자(第二者)가 무슨 주의, 무슨 파라고 평정(評定)하거나 가치를 결정하는 것은 자유일 것이요, 또한 작자로서는 관계가 없는 일일 것이다. 그러므로 이와 같은 견지로서는 계급문학의 가부를 논의할 필요가 처음부터 없지 않을까 한다.

그러나 소위 계급문학이란 말의 의의는 좀 생각하여 볼 필요가 있을까 한다. 보통 '계급의식'이라는 말이 무산계급의 계급적 자각으로 생기는 그 의식을 의미하는 모양인즉 이러한 의미의 계급문학을 운위하면 그것은 물론 무산계급의 문학이라는 뜻일 것 같다. 그러나 여기에도 여러 가지 해석이 있을 것이다.

첫째로는 작품의 취재를 무산계급의 생활과 그 분위기에 구한다는 뜻, 둘째로는 계급의식을 고취하고 그 자각을 촉진하여 계급전을 독려하고 고무하는 선전적 태도와 그 작품, 셋째는 어떠한 의미로는 교양이 부족한 무산계급이 용이히 이해하도록 표현하라는 뜻 등으로 해석할 수 있을 것 같다.

그러나 문학의 독립성을 시인하고 문학을 낳는 데는 작자의 소질이 지중(至重)한 관계를 가지고 있는 것을 알진대 결코 외적으로 무리한 간섭을 할 것도 못될 것이요, 작자 자신이 어떠한 규범에 추종함도 허락지 못할 것이다.

그럼으로 계급문학이라는 일종의 부문을 만들어 놓고 그 규모에 들어맞는 작품을 만들려고 하거나 또는 만들라고 주문하는 것은 아니될 일이다. 비록 작자 자신이 치열한 계급의식을 가지고 계급전의 급선봉으로서 문학적 제작에 종사하더라도 자기의 작품을 계급전에 이용하려는 방편으로 생각하면 계급해방의 투사로서는 충실하다 할지 모르나 문학자로서는 실패요 「제로」다. 그것은 문학의 독립성을 말살하고 작가로서의 자기를 자박하는 결과에 빠지기 때문이다.

그뿐 아니라 실제에 있어서 작품의 제재를 무산계급에서만 구한다는 것은 현 사회에 있어서, 다시 말하면 반대계급 즉 유산계급이 존재한 현사회에 있어서는 무리한 주문이다. 그러면 적어도 무산자의 입지에서 제작하라는 주문이 있을지 모르나 그 역 작가의 소질문제에 있는 것이요 결코 강요할 성질의 것이 아니다.

그다음에 계급전의 선전적 사명을 요구함도 만일 이것을 시인한다면 유여한 특수계급이 예술을 유희시하고 완농물시함 같은 불순한 태도를 면치 못할 것이니 이는 전술한 바와 같다.

끝으로 저급의 교양을 가진 다대수 민중을 표준하여 작품의 난해를 피하라 함은 일리가 없지 않지만 그렇다고 작품을 통속화할 수는 없는 것이다. 속담에 살찐 놈 따라붙는다는 세음으로 취미가 저열하고 이해력이 유치한 일반 민중에게 영합키 위하여 예술적 역량이나 양심을 희생하여 작자 스스로가 비하할 수는 없는 것, 이는 문화의 진전이라는 견지로도 취할 바 아닐 것이다.

이를 요컨대 계급문학이 출현되지 못하리라는 것도 아니요 또 그 출현이 불합리하다는 것도 아니나 다만 일종의 적극적 운동으로 이를 무리히 형성시키려고 애를 쓸 필요가 없다는 말이다. 필요가 없다는 것보다도 그리함은 문학의 근본에 어그러진다는 말이다. 그러므로 시대상의 필연적 경향, 혹은 물산, 또는 어떠한 작가의 소질로 인하여 소위 계급문학이라는 것이 형성되고 출현된다 하면 그는 문학계의 자연한 일현상으로 용인할 따름일 것이다. (염상섭)

⑦ 쁘르니 푸로니 할 수는 없지만

시기상조의 감이 있습니다. 문학은 인생의 전부를 내어놓을 수 없는 것임으로 반드시 쁠이니 푸로니 할 수는 없지만은 어떻든 경제의 토대로 현대에서 살아가는 인류에게는 푸로문학이 일어나는 것도 당연한 일일 줄로 압니다. 그러나 문인으로는 반드시 쁠이니 푸로니를 표방해야 할 것인지 그것은 나로서는 말할 수 없습니다. 어떻든 푸로문학이 장차 조선문단에도 발흥할 것은 여기서 말할 것도 없을 줄 압니다. (도향)

⑧ 계급을 초월한 예술이라야

나는 계급문학이라는 말에 대하여 그다지 큰 흥미를 가지지 아니합니다. 물론 지식계급만이 좋아할 만한 문학도 있겠고 특히 유산계급의 취미에 맞는 문학도 있겠고, 또는 다수의 무식 무산민중이 좋아할 만한 문학도 있겠지요. 만일 이러한 의미로 계급문학이라 하면 나는 후자가 많이 생기기를 원합니다.

그러나 작가가 작품을 만들 때에는 다만 거미가 거미줄을 내고 누에가 고치를 짓는 것 모양을 짓는 것이니 거미더러 누에고치를 지으라 하더라도 무리겠지요. 그러므로 계급문학을 절규하더라도 그것은 비평가의 소리뿐이지 별로 큰 수익은 없으리라고 생각합니다.

나는 계급을 초월한 예술의 존재를 믿습니다. 인생의 생활의 저류에 촉(觸)하나 문학은 계급을 초월하여서, 사람이면 누가 보아도, 볼 줄을 모르면 듣기만 해도 문학의 효과를 생(生)할 수 있는 문학의 존재를 믿습니다. 그러므로 나는 다만 「참으로」, 「자연스럽게」, 「힘을 다하여」 문학을 지으려 할 뿐입니다. (이광수)[18]

「계급문학시비론」을 통해 타진된 계급문학에 대한 문단의 전체적인 반응은 계급문학에 대한 비판론과 지지론으로 양분되어 나타나고 있다.

이 같은 현상은 당시 문단에서 이미 계급문학이 커다란 하나의 문단적 경향을 이루고 있음을 말해 주는 것이기도 하다. 당시의 상황을 박영희는 다음과 같이 술회하고 있다.

> 나는 《개벽》지를 무대로 삼고 무산계급의식을 가진 작가를 모았고, 또 숨은 사람을 찾으려고 현상문예모집 같은 것을 때때로 하였었다. 나는 먼저 계급문학에 대하여 세상의 여론을 일으키려는 목적으로 동지 1925년 2월호를 「계급문학시비론」으로 특집을 내어보았다. 한쪽의 이에 대한 조소와 비난도 있었지만, 시대적인 사조란 참으로 큰 것이었다. 그리하여 나를 또한 격려하여 주는 사람이 내 주위로 모여들었었다. 먼저 이호, 최승일, 박용대의 3인을 알게 되었다. 최승일 군은 《신청년》 이후 동경 상해 등지에서 공부하다가 돌아와서는 곧 사상단체에 들게 되었었다. 그는 사회주의 단체인 북풍회의 회원이었는데 그 중에서 문학적 취미를 가지고 문학으로 나와 보려는 이호, 박용대 등 군을 나에게 소개하여 주었다. 이 두 사람은 그 후 문학적으로 아무런 성과가 없었으나 프롤레타리아예술동맹을 조직하는데 그 초기에 많은 노력을 한 사람들이었다. 현상문예에 당선한 김영팔, 송영, 이기영 제군을 또 알게 되었다. 그때로 보아 송군은 이 군보다 훨씬 계급의식이 강하였다. 이호, 박용대, 최승일, 송영, 심대섭, 이적효 제군은 염군사

18 《개벽》, 제56호, 1925. 2.

를 이미 조직하였고, 《염군》이란 잡지를 발행하려다가 불허가 되었었는데, 그들은 사회적으로 아직 알려지지 않은 좌익문학청년들이라 나와 팔봉에게 와서 자기들과 합동하기를 제의하였었다. (중략)

이와 같이 여기저기서 혁명의식을 가진 청년 작가와 시인들이 모여들었다. 이때에는 신진작가나 혹은 투고자들의 작품도 모두 반항의식에 불붙는 열렬한 내용을 가지고 있었다. 그때의 계급문학은 시대의 첨단을 걷는 문학이었고, 대중의 사상을 적극적으로 동원시킬 수 있는 문학으로, 문단의 주류는 자연히 이곳으로 집중되고 있었던 것이다.[19]

박영희를 중심으로 《개벽》지에 모여든 문인들이 대부분 새로운 시대적 조류로서의 계급문학운동에 관심이 있었다는 사실은 앞의 글을 통해 쉽게 확인된다. 당시의 시대적 상황과 사회 현실을 기반으로 성립된 계급문학은 《개벽》지를 중심으로 그 지지 기반을 확보하게 되었던 것이다.

(2) 조선프롤레타리아예술동맹의 결성

무산계급 문화운동의 조직 통합

계급문학의 성립과정에서 등장한 염군사와 파스큐라의 조직이 문단적 통합을 이루게 된 것은 1925년의 일이다. 염군사의 조직 이후 자신들이 목표로 내세웠던 무산계급 문화운동의 실천에 별다른 성과를 내놓지 못하고 있던 송영, 최승일 등은 앞장서서 파스큐라의 박영희, 김기진 등에게 두 단체의 통합을 제기하게 되었다. 염군사의 통합 제안은 염군사 계열의 이념성이 파스큐라를 중심으로 하는 기성 문

19 박영희, 「초창기의 문단측면사(4)」(현대문학, 1959. 12), 263~264면.

단의 경향적 색채와 어떻게 결합되고 있는가를 되묻게 하는 대목이다. 기성 문단권에 거의 발을 들여놓지 못하고 있던 염군사 동인들의 문단 진출 욕구와 함께 조직의 확대라는 시대적 요청이 이 같은 통합의 요구를 가능하게 했으리라 생각되지만, 실제로는 통합의 과정이 매우 복잡한 사회적 배경을 안고 있음을 확인해 볼 수 있다. 염군사의 맹원들이 파스큐라와의 통합을 제기하게 된 배경은 당시의 문단 상황이라든지 사회운동의 전개과정과 밀접한 연관성을 갖고 있다. 특히 염군사와 파스큐라의 배후에 있던 사회운동 단체들의 사상적 성향과 그 운동의 방향이 일정하게 영향을 미치고 있었기 때문이다.

염군사의 조직과 깊은 관계가 있던 사회운동 단체는 토요회이다. 이 단체는 1923년 5월 20일 서울에서 이호, 민태흥, 현칠종 등이 주동이 되어 결성하였고, 이미 동경을 거점으로 결성된 북성회(1923. 1. 15)의 국내 지지 기반이 되었다. 토요회는 북성회의 김약수, 송봉우, 김장현, 이여성 등의 사회주의 사상과 이념 노선을 그대로 따라 사회주의 청년운동을 국내에서 전개하였고, 북성회와 함께 사회주의 사상을 국내에 확대시키기 위해 전국 순회강연을 벌이기도 하고 건설사를 조직하여 그 사상운동의 실천에 주력하게 된다.[20] 그러나 이미 국내 사회주의 청년 단체로 성장하고 있던 서울청년회와 주도권을 쥐기 위한 갈등을 빚기 시작한다. 북성회는 코민테른이 승인하는 공산당의 조직을 목표로 우선 사회주의 사상 운동 단체의 통합을 구상하게 되는데, 그 과정에서 토요회가 해체되고 새로운 무산계급 청년 단체인 신흥청년동맹(1924. 2. 11)의 출현을 보게 되는 것이다.

염군사의 맹원이었던 이호는 토요회를 중심으로 사회운동 단체인 북성회와 연계되어 있었는데, 토요회가 해체되자 김두수, 최현 등

20 김준엽 · 김창순, 『한국공산주의운동사 2』(청계연구소, 1986), 42면.

의 염군사 구성원들과 함께 신흥청년동맹에 가담하였다. 이들은 당시 사회주의 사상 운동의 주도적 인물이었던 김찬, 박일병, 민태흥, 신철 등이 합세하여 신흥청년동맹의 조직과 이념과 노선을 정립함으로써 신흥청년동맹을 전국적인 규모의 무산 청년 조직으로 확대할 수 있었다. 신흥청년동맹은 신흥 청년의 단결을 도모하고 출판, 강연, 연극 등을 통해 청년들의 계급의식을 각성시키며 청년의 훈련과 교육에 힘쓴다는 강령과 사업 계획을 수립하고 그 실천을 추진하였다. 그러나 신흥청년동맹은 북성회, 토요회, 신사상연구회(뒤에 화요회가 됨), 조선노동연맹회 등의 조직을 기반으로 하여 더욱 그 규모가 확대되었지만, 서울청년회가 여기에 합류하지 않게 되어 청년단체의 완전한 통합에 이르지는 못한다.

염군사의 구성원들에게는 당시 전국적인 규모의 사회주의운동단체로서 신흥청년동맹이 등장한 것이 하나의 중대한 전환점을 제공하였다. 우선 사상운동과 문화운동의 영역에 동시에 관여해 온 염군사의 구성원들은 염군사의 좁은 범위를 벗어나 신흥청년동맹의 결성에 참여함으로써 분명한 활동 방향과 이념적 지표를 확립할 수 있게 되었다. 이호, 김두수, 최현이 문화운동의 영역에서 완전히 벗어나 사상운동에 깊숙이 빠져들게 되었으며 송영, 박세영, 김영팔, 최승일 등은 오히려 신흥청년동맹을 기반으로 문학의 영역에서 자신들의 활로를 찾게 되었던 것이다. 이러한 염군사 구성원들의 운동 방향의 새로운 선택은 결국 무산계급의 사회문화운동 실천을 도모했던 염군사의 실질적인 해체를 뜻하는 것이라고 할 수 있다. 염군사의 출발이 무산계급 해방 문화의 연구 및 운동에 목표를 두었다는 사실을 상기한다면 염군사의 실질적인 조직의 와해는 염군사 구성원들의 역량의 한계와 그 극복 과정을 말해 주는 근거가 되기도 한다. 무산계급 문화운동은 무산계급의 이념 구현을 위한 문화적 실천을 의미한다. 이 경우 사상운동과 문예운동은 별개의 것이 아니라 하나의 개념이며, 사상운동과 문예운동의 변증법적 통합만이 무산계급 문화운동의 인식 수준을 지탱할 수 있었던 것이다.

여기서 주목되는 것은 염군사의 구성원들 가운데 송영, 김영팔 등이 신흥청년동맹의 조직을 통한 사회운동에 관여하기보다는 파스큐라와의 합작을 제의함으로써 문단권에서 사회주의 문화운동의 새로운 조직에 관심을 기울인 점이다. 파스큐라와의 합작 제의는 새로운 조직의 통합을 위한 기존 조직의 해체를 보여주는 특이한 예가 되며, 무산계급 문화운동의 조직적 통합을 시도하는 첫 단계의 작업이라고 할 수 있을 것이다. 이미 앞에서도 언급한 바 있듯이 이 같은 무산계급 문화운동 조직의 통합에 대한 요구는 신흥청년동맹이 서울청년회에서 주도한 조선청년총동맹에 가담함으로써 가능해진 사회주의 청년운동의 전국적인 조직 통합과도 연관된다고 할 수 있다.

그런데 파스큐라 측은 이 같은 염군사의 통합 제의에 적극성을 보이지 않았다. 파스큐라가 염군사와의 합작에 소극적인 태도를 보이게 되었던 이유는 다음의 두 가지 사실로 설명할 수 있다. 첫째, 파스큐라와 염군사의 구성원 성격과 그 사상적 성향의 차이를 생각할 수 있다. 파스큐라의 구성원은 이미 《백조》라는 문예지를 통해 문단적 기반을 확보한 기성의 문인인 박영희, 김기진, 이상화 등이 주축을 이루고 있으며, 잡지 《생장》을 주재했던 김석송을 비롯하여 동경 유학생 중심의 연극 단체 토월회의 김복진, 연학년, 안석영이 가담하고 있다. 이들은 모두 일본 유학의 체험이 있으며, 근대 문학에 대한 어느 정도의 서구적 교양을 갖추고 있다고 할 것이다. 《백조》를 통한 낭만적인 문학활동과 토월회에서의 연극 체험을 기반으로 사회 현실에 대한 열정적인 인식을 키워온 파스큐라의 구성원들은 당시 문단의 중심 세력을 이루면서 《개벽》지를 통한 창작 활동을 활발하게 전개하고 있다. 반면에 염군사의 경우에는 최승일의 경우를 제외하고는 당시 문단권에 거의 이름이 알려지지 않은 인물들이기 때문에, 파스큐라의 입장에서 본다면 염군사의 존재가 대수롭지 않게 느껴졌을 것은 당연한 일이며, 그 통합의 요구도 별다른 관심을 불러일으키기 어려웠음을 생각할 수 있다. 둘째, 파스큐라와 염군사의 조직과 연관되어 있는 사상 단체의 대립 갈등이 두 조직의 통합에 장애가 되었다고 할 수 있다. 북성회 계열의 신흥청년동맹과 연결되어 있던 염군사는 서울청년회의 지원을 받고 있던 파스큐라와 조직운동의 노선에서 이념적으로 일치하기 어렵다. 물론 서울청년회에서 조선청년총동맹을 결성하고 신흥청년동맹이 이에 가담함으로써 사회주의 청년 운동의 조직 통합을 이루기는 한다. 그렇지만 공산당 조직에 있어서의 주도권 문제로 이들 사이의 갈등이 노골화되었고, 북성회 계열의 국내 통합 조직인 북풍회(1924. 11)의 결성 이후에는 북풍회, 화요회, 서울청년회로 나누어진 사상 단체의 대립이 더욱 치열했음은 물론이다. 이 같은 이유로 인해 염군사에 의해 제기된 파스큐라와의 합작 제의는 처음에는 뚜렷한 진전을 보이지 않았던 것이다.

그렇지만 이러한 사회적 분위기 속에서도 염군사에 의해 제기된 파스큐라와의 통합은 1925년 8월 결국 성사되었다. 파스큐라의 구성원들이 당초에 보여주었던 통합에 대한 소극적 반응에도 불구하고, 이 두 조직은 계급문학의 문단적 진출과 그 세력의 확대 과정에서 서로 손을 잡을 수밖에 없게 된 것이다. 염군사와 파스큐라의 조직 통합은 계급문학에 대한 인식의 확대와 그 문단적인 세력화의 과정으로 이해할 수 있다. 1923년 후반부터 등장한 새로운 경향성의 문학에 관한 관심을 생각한다면, 이른바 '계급문단'의 조직으로 규정할 수 있는 염군사와 파스큐라의 통합은 조직운동의 자연스러운 귀결이라고 할 수 있다. 신흥 문학으로서의 계급문학이 그 문단적 지위를 확보하기 위해서는 분산되어 있던 문단 분파의 통합이 무엇보다도 먼저 필요했음은 물론이다. 그러므로 염군사와 파스큐라의 통합은 사회운동의 조직적인 전개 양상과 그 변화를 본다면 필연적인 결과였다. 1925년에 들어서면서 사회운동은 그 조직과 실천에 있어서 질적 전환을 맞이하고 있었기 때문이다. 새로운 전위조직인 조선공산당과 고려공산동맹이 1925년 비밀리에 결성되었던 것이다. 조선청년총동맹, 조선노동총동맹 등으로 통합된 사상단체를 기초로 결성된 공산당의 조직 과정에서 노출되고 있는 사회운동 단체들의 갈등과 대립에도 공산당의 결성 자체가 갖는 의미는 국내 사회운동 조직이 코민테른을 중심으로 국제적인 조직과의 연대성을 확보하게 되었다는 점에서 주목된다. 이러한 사회운동의 조직과 그 실천 과정의 질적 전환이 계급문학운동에도 커다란 영향을 미치게 되었으리라는 점은 충분히 짐작되며, 이 같은 사회운동의 현실적인 변화와 보조를 같이하기 위해 계급문단의 조직화가 요구되었으리라는 점도 예상할 수 있다.

염군사와 파스큐라의 통합

염군사와 파스큐라의 통합은 1925년 8월 23일 두 조직 구성원들의 회동을 통해 이루어졌다. 이 회동의 직접적인 계기가 된 것은 일본 계급문학운동가인 나카니시 이노스케[中西伊之助]의 방한 연설이다. 나카니시 이노스케는 1925년 8월, 서울에서 열린 사상단체연합회의 대중 강연에 연사로 초청된 일본 작가이다. 그의 강연에 수백 명의 청중이 몰려들었고, 강연 도중 일본인 청중들의 폭동으로 강연이 저지된 사건도 당시 신문들이 대서특필하였다. 그리고 바로 이 강연회 직

후에 나카니시를 환영하는 문인들의 저녁 모임이 조선프예맹의 창립과 직결되고 있다는 것을 당시의 주역이었던 박영희, 김기진, 송영 등의 회고적 진술 속에서 문단 일화처럼 확인해 볼 수 있다. 그런데 이 같은 문단적 일화보다 더욱 중요한 사실은 나카니시의 장편소설 「열풍」이 작가 이익상에 의해 번역되어 1926년 《조선일보》에 연재(1926. 2. 3~12. 21)되었고, 장편 「여등(汝等)의 배후(背後)」(원제: 汝等の背後より)도 이익상 번역으로 1929년에 간행되어 사회적 관심을 불러일으켰다는 점이다. 그의 소설들이 3·1운동 이전의 한국의 현실을 비교적 소상하게 다룬 경우가 많고, 일본의 식민지 정책의 비리와 모순을 정면으로 비판하고 있다는 것은 당시 독자들에게 하나의 충격이었을 것임에 틀림없다.

나카니시 이노스케[21]란 누구인가? 나카니시는 1887년 일본 교토[京都] 부근의 작은 촌락에서 가난한 농부의 아들로 태어났다. 그의 부친은 고향 마을이 점차 도시화되어 가는 과정에서 농토를 잃고 가난하였고, 나카니시는 소학교를 간신히 마친 후 열다섯 살 때부터 기관차 청소부로 출발하여 막노동으로 생계를 돕게 된다. 그 뒤 교토 대성중학에 편입하여 고학으로 학업을 닦았으며, 사회 현실에 대한 비판적 식견을 쌓았다. 나카니시의 생애에서 가장 중요한 삶의 전환점은 1911년 23세 때이다. 그해에 나카니시는 일본이 강점한 식민지 조선에 들어온다. 집안이 파산할 무렵에 헤어진 어머니가 조선에 들어와 살고 있다는 소식을 듣고 어머니를 찾아 나선 것이다. 그러나 그는 조선인들에게 마약을 밀매하면서 돈을 모으고 있는 어머니의 모습을 보고는 삶에 대한 환멸과 충격을 느끼며, 가슴속에 간직

21 小林茂夫, 「解說」(『日本プロレタリア文學集 6』, 中西伊之助集, 東京, 新日本出版社, 1985) 참조.

해 온 어머니의 환상을 벗어 버리게 된다.

나카니시는 1912년 평양에서 발간되고 있던 일본인 신문 《평양일일신문》의 취재기자가 된다. 일제의 무단 통치 아래 고통을 당하고 있는 조선인들의 비극적인 삶을 확인하게 된 그는, 일본 통치의 불법성과 그 비리를 비판하기 시작한다. 그는 조선 광업계에 진출한 일본인 후지타 구미[藤田組]의 광산에서 조선인 노동자들을 학대하고 있는 사실을 폭로하는 기사를 썼다가, 신용훼손죄로 고발되어 투옥당한 채 4개월의 실형을 언도받는다. 감옥의 체험은 일본의 식민지 지배정책의 비리와 모순을 비판적으로 인식할 수 있는 더욱 직접적인 계기를 만들어 주었고, 조선인들의 비참한 삶을 감옥 속에서도 정확하게 파악할 수 있는 기회를 제공한 셈이다.

1910년대 중반에 일본으로 돌아온 나카니시는 《철도시보》 등의 기자로 활약하면서 사회운동에 적극적인 관심을 두기 시작한다. 조선에서 3·1운동이 일어난 1919년에 나카니시는 동경에서 '일본교통노동조합'의 창립에 앞장섰고, 이듬해인 1920년에는 '일본교통노조'를 중심으로 노동 환경과 노동 조건의 개선을 주장하며 파업을 주도하다가 치안경찰법 위반으로 구속된 바 있다. 나카니시는 출옥 후 잡지 《개조(改造)》의 신인작품 모집을 보고, 마음속에 품고 있던 조선 체험의 내용을 정리하여 첫 장편 「붉은 땅에서 싹트는 것(赭土に芽ぐむもの)」(1922)을 내놓음으로써 문단의 주목을 받기 시작한다. 그리고 소설 「불령선인(不逞鮮人)」, 「사형수와 그 재판장(死刑囚と其裁判長)」을 잇달아 발표하였다.

나카니시의 문단 활동은 일본 사회주의 문화운동의 여명기를 대변해 온 잡지 《씨뿌리는 사람(種蒔く人)》의 동인으로 참여하면서 그 이념적 색채가 분명하게 드러나게 된다. 특히 관동 대지진 직후 《씨뿌리는 사람》이 폐간되자, 곧바로 《문예전선(文藝戰線)》(1924)의 창간과정에서 그 동인으로 가담하여 자신의 문단적 위치를 분명히 하고 있다. 《문예전선》은 무산계급문학을 지키자는 목적을 내세웠지만, 여기에 참여하는 문인들의 개인적인 행동이나 사상의 자유를 인정하면서 무산계급 해방을 위한 문예상의 공동전선을 도모한 잡지이다. 나카니시는 《문예전선》을 기반으로 문필활동을 전개하였고, 조선을 배경으로 하는 또 다른 장편소설 「너희들의 배후에서(汝等の背後より)」(1923)를 발표한 뒤에 장편 「적도(赤道)」(1924)를 내놓고 있다. 1925년 《문예전선》에 가담했던 아오노 쓰에키치[青野季吉], 가네코 요분[金子洋文], 히라바야시 하쯔노스케[平林初之輔] 등을 중심으로 일본프롤레타리아문예연맹이 결성되자, 나카니시도 이에 가담했으나 1926년 이 조직이 마르크스주의의 이념 노선을 내세우면서 재편되는 동안 여기서 탈퇴한다. 나카니시는 아나키즘 계열의 일본무산파문예연맹의 결성을 주도하면서 천황제를 거부하는 급진적인 정치 사회운동으로 관심을 확대하고 있다. 1928년에 발표한 장편 「열풍(熱風)」 이후에는 오히려 일본 무산당 등의 정치조직에서 활약하였으며, 반전 반파시즘운동을 주도하여 투옥된 적도 있다. 1945년 일본의 패망 직후 나카니시는 좌익 정치운동에 앞장섰고 중의원에 당선되기도 하여 1958년 세상을 떠나기까지는 오히려 좌익 정치운동가로서의 역량을 드러내고 있다.

나카니시가 1920년대에 발표한 소설들은 그의 문학활동의 중심을 이룬다. 특히 그 자신의 조선 체험을 바탕으로 한 「붉은 땅에서 싹트는 것」, 「불령선인」, 「너희들의 배후에서」 등은 일본 지식인 작가가 그려낸 식민지 조선의 풍경을 보여주고 있다는 점에서 주목되고 있다. 이 작품들은 모두 일제의 조선 강점 초기라고 할 수 있는 1910년대를 배경으로 하고 있으며, 나카니시 자신의 체험에 근거하여 암울한 조선인들의 생활상을 그려내고 있는 점이 공통적이다. 소설 「붉은 땅에 싹트는 것」은 일제의 조선 강점 직후 총독부에서 강행한 토지수용령으로 인해 조상 대대로 지켜온 땅을 빼앗기고 몰락해 가는 조선 농민의 비극적인 삶을 소재로 하고 있다. 작가는 이러한 소재의 실재성을 소설적으로 확대하기 위해 이야기 구조의 이중적인 병치를 독특하게 구사한다. 소설의 이야기는 토지를 강제로 수탈당한 농민이 이에 격분하여 저항하다가 끝내는 감옥에 투옥되어 범법자로 처형되는 과정이 전면에 내세워지고 있다. 그리고 일본인 신문기자가 일본인들의 조선인에 대한 행패에 실망하고 그것을 보도했다가 필화 사건으로 감옥에 들어가 자신의 눈으로 앞의 농민 이야기를 지켜보는 과정이 그 배면에 깔려 있다. 작가 나카니시의 경험적 자아를 그대로 투영시킨 일본인 신문기자는 조선을 지배하고 있는 일본인들의 횡포를 보면서 스스로 민족적 죄의식을 느끼고 자책감에 빠져들고 있다. 「붉은 땅에서 싹트는 것」은 처참하게 몰락해 가는 조선인들의 삶을 그려놓고 있지만, 「너희들의 배후에서」는 일제의 강점에 대항하는 새로운 세대의 조선인들을 소설적 무대에 배치해 놓고 있다. 이들은 개인적인 욕망의 좌절을 맛보며 생활하다가, 삶의 현실에 노정되어 있는 모순을 극복하기 위해 일제에 대항한다. 그리고 바로 그 혁명적인 투쟁에서 자신을 희생시키기도 한다. 이 소설은 평범한 조선인들이 일제에 저항하면서 보여주는 의식의 성장 과정을 폭넓게 그려내고 있으며, 투쟁의 과정에서 새로운 역사에 대한 전망을 제시하고 있다.

이와 같은 나카니시의 문학활동으로 인하여 1925년 8월 14일 그의 조선 방문은 커다란 사회적 관심사가 되었다. 그의 조선 방문은 개인적인 차원의 일이 아니라, 식민지 조선의 사회운동이 추구했던 계급투쟁의 국제적 연대라는 목표와 맞물려 있으며, 특히 일제 식민지 시대 계급운동의 조직화 과정과 직결되고 있는 점이 주목된다. 당시의 한 신문은 나카니시의 방문을 이렇게 보도하고 있다.

> 시내 재동 85번지에 있는 화요회·조선노동당·무산자동맹·북풍회 등 4단체 연합으로 중서이지조(中西伊之助) 씨와 옥무메오(奧ムメホ) 여사를 청하여 사상대강연회를 연다 함은 기보와 같거니와 연사 옥 여사는 십사일 아침 경성 역에 도착하여 죽첨정 2정목 69번지 이등 씨 집에 유숙 중이며 중서씨는 십사일 오후 7시에 도착되리라는데 약력은 아래와 같다더라.
>
> 중서이지조 씨는 어릴 때부터 노동을 하면서 공부를 하다가 명치 40년에는 일본 중앙대학에 입학하였다가 사정에 의하여 중도에 퇴학하고 다시 국민영학회(國民英學會) 영문과에 입학하여 졸업한 후 42년 조선에 건너와 평양일보, 평양일일신문사 등에 기자로 입사하여 항상 노동자를 위하여 격렬한 필치로 각성시켰던바, 그것으로 감옥에 들어간 일도 있었다 하며, 그 후 동경 시사신보(時事新報)의 기자로 있다가 일본교통노동조합을 창립하여 이사장으로 취임한 일도 있으며, 동경시전종업원맹파(東京市電從業員盟罷) 선동자로 입옥하였다가 나와서는 개조사(改造社)에 입사하여 「자토(赭土)에 싹나는 것」, 「여등(汝等)의 배후에서」, 「농부 희병위(喜兵衛)의 사(死)」 등의 소설과 기타 십수 종의 저서가 있어서 프로문학에 많은 공헌을 하여 왔더라.[22]

이 신문기사에서 주목되는 것은 화요회, 조선노동당, 무산자동맹, 북풍회 등의 4단체연합회가 나카니시 초청 강연의 주체가 되고 있는 점이다. 4단체연합회란 무엇이며 그들은 왜 나카니시를 연사로 초청하고 있는가에 대해서 먼저 해명할 필요가 있다. 4단체연합회란 정식 명칭으로는 화요회, 조선노동당, 무산자동맹, 북풍회의 '4단체합동위원회'를 말한다. 4단체합동위원회가 발족된 배경에는 1920년대 전

22 「사상운동의 투사 中西氏」(동아일보, 1925. 8. 15).

반기 사회운동의 조직 분화와 통합과정이 얽혀 있다. 3·1운동 이후 다양하게 분화된 사회운동 단체들이 사회주의 이념에 의해 '조선청년총동맹'과 '조선노농총동맹' 등의 결성(1924년)으로 노선의 통합을 이루게 된 것은 주지의 사실이다. 그러나 청년운동과 노동자·농민운동의 노선의 통합을 꾀하고 있음에도 사회운동의 주도권을 장악하기 위한 분파적 대립이 지속된다. 당시 사회운동의 분파조직 가운데 가장 큰 영향력을 발휘하고 있던 화요회, 북풍회, 서울청년회 등은 공산당조직을 주도하기 위해 서로 갈등을 보이고 있다. 서울청년회가 독자적인 조직을 확대하면서 이른바 서울청년회 계열의 조선공산당(세칭 서울콤그룹)의 결성을 꾀하자, 화요회는 1925년 3월 북풍회와 조직을 통합하고, 뒤이어 조선노동당, 무산자동맹회 등을 포함한 4개 단체 합동을 통해 사회운동의 다수파전선을 실현하고자 노력한다. 화요회의 이러한 전략은 뒤에 코민테른의 승인을 획득한 조선공산당의 결성(제1차 공산당)을 준비하기 위한 작업으로 추진된 것이다. 그런데 화요회 중심의 4개 단체 합동은 합동총회 자체가 일본 경찰에 의해 금지됨으로써 정식으로 출범을 보지 못하고 있다. 하지만 1925년 7월 4단체합동상무위원으로 김약수, 박일병, 김찬 등을 내세워 4단체합동위원회를 구성하게 되자, 이들 네 개의 사회운동 단체는 사실상의 조직 통합 운영에 돌입하게 된다.

1925년 8월 서울에서 이루어진 나카니시의 강연회는 바로 이 4단체합동위원회가 주선한 첫 번째의 대외적인 공개 행사였다. 4단체합동위원회는 화요회나 북풍회가 결성 초기부터 내세운 일본인 동지 및 좌익 단체와의 국제적 연대투쟁이라는 전략에 근거하여 조선의 식민지상황을 비판적으로 그려내고 있던 일본인 작가 나카니시 이노스케를 초청하게 된 것이다. 나카니시 이노스케 초청 강연은 8월 14일에는 종로 청년회관에서, 8월 16일에는 공회당에서 시행되었는데,

이 강연 자체가 사회적 관심사로 제기된 것은 둘째 날의 강연장에서 일어난 난동 때문이다. 나카니시의 첫날 강연은 화요회의 핵심 간부이며 뒤에 제1차 조선공산당 결성의 주역이 되는 김찬의 사회로 이루어진다. 나카니시는 「유물사관에 나타난 문예」라는 제목으로 강연하면서 조선의 대표적인 전통소설로 손꼽히고 있는 「춘향전」을 언급하기도 한다. 둘째 날의 강연은 「인간 예찬」이라는 제목으로 이루어진다. 그러나 이날의 강연은 뜻밖의 난동으로 중단되었으며, 그 난동 장면은 《조선일보》(1925. 8. 18. 석간) 제1면의 머리기사에 다음과 같이 보도되고 있다.

> 열광적 박수를 받으며 처음부터 기염을 토하기 시작한 중서씨는 밀려오는 파도와 같은 어조로 '인간예찬'이라는 제하에, "진리의 발견자는 어느 때나 박해를 받는 것이라"고 역사적으로 이를 증명하자, 임석하였던 경관의 주의를 두 번이나 받아가며 오굴하지 않고 화두를 바꾸어, "현재 종교는 전부 인간을 무시한 장난에 불과하다. 더구나 불교 같은 것은 승려들의 사욕과 사복을 채우기 위하여 인간들을 속여 이들의 고혈을 착취하여 왕궁 같은 사찰 속에서 영화를 누리고 있는 것이다. 이러한 간교 무도한 승려들은 자기의 지대를 영원히 안정케 하기 위하여 천진난만한 어린 소녀와 소년 같은 아무 비판력 없는 죄 없는 사람의 머릿속에 있지도 않은 관음보살을 집어 넣어준다" 하자, 긴장한 청중 속에서 호통을 하며 일어나 중서 씨에게로 달려드는 일본인이 있었는데, 이 인민의 뒤를 이어 몸에 뱀을 먹으로 자자(刺子)한 일인 칠팔 명이 단상에 뛰어올라 단도를 빼어 중서씨를 박해하려고 할 즈음에 흥분된 청중은 "저놈 죽이라"고 고함을 지르며 단상으로 몰려와 그 일인 십여 명과 청중 사이에 일대 충돌이 생겼는데, 중서씨는 다행히 청중의 옹호로 인하여 아무 부상도 없이 오후 네 시 십 분경에 여관으로 갔다더라.

이 신문기사에서 지목한 일본인 폭도들은 조선에 거주하고 있던 일본인들을 중심으로 구성된 '국수회(國粹會)'의 회원들로 판명되고 있다. 나카니시의 사회주의적 사상에 대해서도 반감을 보였을 뿐만 아니라 조선 강연 자체를 못마땅하게 생각하고 있던 그들은 나카니시를 폭력으로 위협함으로써 사상 강연회의 고조된 분위기를 위압하고자 했던 것이 분명하다. 이 같은 뜻밖의 사건으로 인해 4단체합동위원회 주최의 사상 강연회는 오히려 세간의 화제가 되었고 나카니시의 존재에 관한 관심이 집중되기에 이른다.

나카니시 초청 강연은 조선 문단에도 상당한 파장을 불러일으켜 놓았다. 나카니시의 문학적인 경향이나 문단적 위치를 어느 정도 알고 있던 문인들은 그를 적극 환영하였다. 나카니시가 입경하던 8월 14일에는 최승일, 이호, 김영팔 등이 영등포까지 출영한 바 있고, 각 신문에 환영의 말들이 수록되기도 한다. 특히 《시대일보》가 1925년 8월 17일 학예 면의 특집으로 꾸민 「동지 中西氏를 迎하여」라는 기획란에는 다음과 같은 여러 편의 글들이 수록되어 있다.

> (1) 부정(不定)의 조선에 부정의 문학자는 온다. 과거를 미루어보아서는 현재를 부인하지만 미래를 위해서는 현재를 긍정하는 조선에, 더구나 할 일이 많은 조선 청년에게로 온다. 씨의 작 「여등의 배후부터」에 나오는 사람들의 그 허술한 미지근한 순화되지 못한 부질없는 청년이 작자의 한 구상으로의 결함이 되기 전에 우리 자신이 그 같은 결점을 벗어야만 할 것이다. 이것저것을 합쳐서 부정의 제단에 세우고 이제부터는 신생의 광명을 호흡하여야만 되게 되었다. 이러기까지의 부정의 과정에는 이 부정의 문학자가 우리에게 준 것이 많을 것으로 사(謝)하지 않을 수 없다. (이적효)
>
> (2) 조선에 프롤레타리아예술운동이 있느냐 없느냐 지난해에 염군

이라는 습작이라든가 요즘의 누구누구의 서론이라든지를 들어서 예술운동이라고 명언할 자신이 있느냐 없느냐 염군사는 부끄러운 말이나 벌써 3년째나 되는 오늘에도 오히려 꿈틀거리기만 일쑤이고 요즘 무엇이니 무엇이니 하는 사람들이 미래에도 역시 책임 있게 해나갈는지가 의문인 오늘의 빈약 천만 구토 백출의 이로서, 中西氏 — 적어도 일본의 예술운동 건설에 유일자인 그를 만나기에 부끄러움을 마지않는다. 창조의 고민도 분수가 있고 주저도 분수가 있으며 회멸(灰滅)도 분수가 있는 것 아니냐? 언제나 하려느냐? 자타가 다같은 격려를 마지않고 나올 것이 아닌가 한다. 이 기회에. (송영)

(3) 음지에서만 살아온 민중은 광명에 대한 의식 — 생의 집착이 그만치 강렬한 것이다. 왕모래를 씹으면서라도 살려는 생의 긍정이 있고, 피를 보고야 말싸움을 치르면서라도 생의 신장을 꾀하는 것이다. 씨의 작 「사형수와 재판장」에는 이 같은 프롤레타리아의 심적 반영 또는 그 과정이 역연하게 드러나며 우리에게 민중의 의지를 의지하는 프롤레타리아적 인생관에 접하는 것이 있다. 이 작자가 조선을 온다니 우리에게 남기는 바가 적지 않을 것을 기대하지 않을 수 없다. (효천)

(4) 우리를 알기에 우리 외에 오직 한분 中西氏가 있다. 일본에 동지가 많지마는 능히 용감하게 우리의 부르짖음을 부르짖고 나선 사람은 홀로 中西氏 한분이라고 해도 과언이 아니다. 그러기에 나는 「赭土に芽ぐむもの」, 「不逞鮮人」을 통하여 씨를 본다. 이번에 만나면 우리도 이 같은 재료를 어디서 얻었는지 물어보고 싶다. (김온)

(5) 미래를 약속하며 폭풍우를 기다리면서 한갓 회멸(灰滅)과 정적에서 암흑에 호흡하는 밝은 마음의 소지자들끼리 만나는 환희 — 그저 마음이 같다는 것만으로도 서로 만나는 기쁨 — 이것이 현실에서 받는 오직 하나의 위안일 것이다. 만나기만 하는 데에도 기쁜 것이 반드시 있으리라고 단언하고 싶다. 어디를 가야 시원한 꼴을 못 보는 때이나

그러나 여기서만이라도 기쁨을 얻자. 어두운 현실이라는 동굴을 지나가는 데 한 조흔 동지를 만나는 기쁨! 이것은 우리만이, 고위(孤危)와 적료에 빠진 우리만이 느낄 수 있는 쾌감일 것이다. 이 점에서도 무엇을 얻고 싶다. (박용대)

(6) 짓밟힌 자유를 살리려고 예술을 가두에로 해방한 동지를 만나게 되었다. 조선의 프롤레타리아예술운동과 염군사, 일본에 전투 문야와 씨ㅡ같은 처지에 서서 우리와 씨(氏) 거기에는 감격한 극적 씬ㅡ이 약연한 생각을 마지 못하겠다. 비록 염군사가 지열(地熱)로 파묻힌 이때나 폭발·약진·돌관(突貫)이 머지않은 이때 차(此)와 작전여(作戰餘)에 지내는 것이 있을 것을 생각하고 더욱 그러한 감이 불무하다. 서론이 지난 이때에도 단칸방 안에서만 헛소리들을 하는 분ㅡ뱃속 편한 예술론을 운운하는 선생들은 냉한삼두(冷汗三斗)를 내지 않을 것이다. 염천(炎天)에 서울까지 오는 건투야말로. (최승일)

(7) "원로에 오시느라고 얼마나 욕보셨습니까?"

"뭐 별로…"

"책으로는 친한 지 오랬는데 이제 만나게 되었습니다."

"네 저 역시 그렇습니다. 더욱이 염군사 동인이라시니 말이지 작년일이 생각납니다그려."

"작년 일은 무어라 말씀하여야 좋을지 모르겠습니다. 아무튼 현실이 현실이니까요."

"조선도 퍽 변하여졌습니다. 내가 조선 다녀간 지가 오랜 일은 아닌데, 그동안 놀랍게 변하였습니다. 감사합니다. 모두가 여러 동지의 피이겠지요." (김영팔)

이러한 문인들 환영의 말을 좀 더 자세히 검토해 보면, 1920년대 중반 조선 문단의 사상적 계보의 한 단면을 확인해 볼 수 있다. 《시대일보》의 특집은 송영, 이적효, 박용대, 김영팔, 최승일 등의 문인들이 참여하고 있는데, 이들은 모두 염군사의 맹원으로서 사회주의 이념을 근거로 하는 새로운 문화 운동을 전개하고자 노력하고 있던 인물들이다. 나카니시의 강연에 대해 가장 열렬한 환영과 지지를 표명하고 있는 문인들이 모두 염군사의 구성원들이라는 점은 염군사의 문단적 위치와 그 활동 범위를 다시 한 번 검토해 볼 수 있도록 하는 중요한 특징이다. 염군사의 구성원들은 염군사의 배경 세력인 북풍회를 중심으로 하는 4단체합동위원회의 대외사업인 나카니시 초청 강연의 성공적 개최를 위해 나카니시를 환영하고 있다. 그리고 나카니시 환영 문인 간담회를 1925년 8월 17일 저녁에 개최했으며, 이 자리에 파스큐라의 박영희 등과 합류하고 있는 것이다. 당시의 장면을 박영희는 '때마침 일본에서 사회주의자요 또 프롤레타리아 작가로 이름이 높던 나카니시 씨가 조선에 오게 되었다. 그리하여 서울의 사상단체들은 그를 환영하기 위해 준비에 바빴다. 따라서 문학 방면에서도 무슨 준비가 있어야 하겠으나 아직 문학단체가 결성되어 있지 않으므로 개인 단위로 하루 저녁 모여서 나카니시 씨를 중심으로 좌담회나 열자는 데 의견이 일치되어 이호, 박용대, 최승일, 김기진, 송영 등 제군과 나와 그 외에도 몇 사람이 태서관에서 저녁을 같이 먹은 일이 있었다.'[23]라고 술회하고 있다. 이러한 박영희의 진술에서 확인할 수 있는 것처럼 나카니시 환영 좌담회는 파스큐라의 박영희와 김기진과 염군사의 구성원들이 대부분 참여하였던 것이다.

염군사가 제시했던 파스큐라와의 합동은 1925년 8월 17일 나카니시의 환영 좌담회 형식으로 이루어졌다. 그리고 바로 이 모임을 기초로 조선프롤레타리아예술동맹의 출현이 가능하게 되었다. 박영희,

---

23 박영희, 「초창기 문단측면사(4)」(현대문학, 1959. 12), 264면.

김기진을 중심으로 송영, 김영팔, 최승일, 이익상, 이적효, 이호, 박용대, 김온 등이 이 모임에 참가하였다. 여기에 참가한 인물들의 확인을 통해 조선프로예맹의 초기 조직 단계에 염군사가 더욱 적극적이고 주도적이었음을 알 수 있다. 파스큐라의 박영희, 김기진 등이 참여함으로써, 염군사와 파스큐라의 합동을 가시화시킨 이 환영 모임은 결국 당시 계급문학운동가들을 한데 묶어 놓는 결정적인 계기가 되고 있다. 그리고 바로 이 모임을 기반으로 하여 조선프로예맹을 결성하게 된 것이다.

조선프롤레타리아예술동맹의 결성은 1925년 8월 23일에 이루어졌다. 박영희와 김기진이 회고록을 통해서 이러한 사실을 밝힌 바 있다. 하지만 조선프로예맹과 그 조직의 실체를 확인할 수 있는 당시의 직접적인 자료는 발견된 바 없다. 이 무렵의 신문이나 잡지를 조사해 보면 1925년 말까지도 조선프로예맹의 조직과 그 활동을 확인할 수 있는 근거가 전혀 드러나 있지 않다. 그러나 계급문학의 새로운 경향이 문단에 폭넓게 자리하게 된 것만은 사실이다. 대부분의 소장 작가들의 작품에서 확인할 수 있는 것처럼, 현실의 고통과 모순을 극복하고자 하는 적극적인 행동 의지가 문학의 새로운 경향으로 나타나게 된 것이다.

> 우리 문단에는 확실히 이러한 신경향이 시작되었다. 그러면 이 신경향은 문단적으로 어떠한 지위에 있겠느냐, 또한 그 경향의 사명은 어떠해야 하겠느냐? 피지배 계급 반면에는, 무산계급 반면에는 현금의 형편으로 보면 지배 계급이 있고 부르주아지가 있는 것과 같이, 이 신경향파의 반면에는 역시 부르주아문학이 서 있다.
>
> 얼른 말하면 지금까지의 문단은 부르주아의 문단이었다. 그러나 프롤레타리아의 생활이 해방되려는 이때에 부르주아의 몰락이 불원한 이때에, 위에 말한 신경향파는 더 심각한 각오를 가지고 무산계급에

유용한 문학을 건설하기에 힘써야 할 것이다. 그것은 무산계급에 있어서 문학을 향락하는 것이 아니라, 무산계급운동의 필연적 조건으로서의 문예운동이 되어야 할 것이다. 따라서 그 지위는 전문단적으로 건설되어 가지고 부르주아 문단의 몰락을 재촉하게 하는 것이며 한편으로 우리의 문단을 형성하는 것이다.

그러므로 그러한 사명이 있을진대 우리는 무엇보다도 단결이 필요하다. 물론 제일선에 선 사람이 아니라고 하며 문예의 개성 발전을 주장해서 그 단결의 필요가 없다는 이가 있을지도 모르나, 우리는 소위 예술지상주의를 깨뜨리며, 개성의 기형적인 발전만을 도모하는 것이 아니라 무산계급문학이 그 계급과 한 가지로 움직이지 않으면 아니 되겠음으로 해서 우리도 또한 단결을 필요로 한다는 것이다.

무산계급문학의 문사는 문학뿐에만 머무르고 있는 것이 아니라 계급 그것과 생사를 같이하지 않으면 아니 될 제삼선상에 서 있는 투사인 것을 잊어서는 아니 된다.[24]

앞의 인용에서 박영희가 지적하고 있는 신경향파문학이란 1925년 무렵까지의 계급문학의 일반적인 경향과 특징을 지적하는 문학사적인 개념이 되고 있거니와, 이미 이 당시에 계급문학이 무산계급운동의 필연적 조건으로서의 문예운동으로 실천되어야 한다는 주장이 나타나 있음을 볼 수 있다. 그리고 계급문학이 문예운동으로 실천되기 위해서 계급문학자들의 단결을 요구하고 있음도 확인하게 된다. 이 같은 주장은 결국 계급문단 조직의 필요성을 강조하고 있다는 점에서 계급문단의 조직의 확립이 여전히 문제가 되고 있음을 뜻하는 것이라고 하겠다.

24 박영희, 「신경향파의 문학과 그 문단적 지위」(개벽, 1925. 12), 5면.

계급문단의 통합과 잡지 《문예운동》

조선프롤레타리아예술동맹은 1925년 8월 23일 염군사와 파스큐라의 통합을 기반으로 결성되었다. 계급문학운동은 조직을 통한 실천 운동이기 때문에 그 조직의 성격이 중요하다. 그러나 조선프로예맹은 결성 당시의 조직 형태를 확인할 수 없다. 1925년 8월 염군사와 파스큐라의 통합에서부터 1926년 1월 《문예운동》의 간행에 이르기까지 약 반년에 이르는 기간 동안 계급문단의 조직적인 통합과 그 확대 과정을 구체적으로 보여주고 있는 자료가 없다. 이들의 조직 활동이 신문지상에 오른 적도 없고, 그 조직화의 과정 자체가 문제시된 경우도 없다. 다만 《문예운동》의 간행을 통해 계급문단의 조직적인 출현을 확인할 수 있을 뿐이다. 그러므로 염군사와 파스큐라의 통합을 계기로 조직된 조선프예맹도 초기 단계의 조직의 규모나 성격을 자세하게 밝혀내기 쉽지 않다. 물론 조선프로예맹의 1925년 8월 결성 사실은 1934년의 카프 제2차 검거사건에 대한 전주법원의 예심종결 결정서에도 명기되어 있고, 안막이 쓴 「조선프롤레타리아문예운동약사」(《사상월보》 10호, 1932. 1) 등의 기록에도 모두 기재되어 있다. 그러므로 조선프로예맹의 발족 시기에 대해서는 의문의 여지가 없다고 할 수 있다.

1925년 8월에 결성된 조선프로예맹의 조직은 그 초기 활동에서부터 현실적 제약을 받았다. 일본은 조선 총독부를 통해 1925년 5월 7일 이미 치안유지법을 한국 내에서 시행하도록 공포하였다. 치안유지법은 3·1운동 이후 한국 내에서 일어나기 시작한 사회주의운동을 비롯한 반일 반제운동을 직접 탄압하는 데에 그 목적이 있었다. 전체 7개 조로 이루어진 치안유지법은 '국체를 변혁 또는 사유재산제도를 부인할 목적으로 경사를 조직하거나 그 정을 알고 이에 가압한 자'를 처벌하는 것을 골자로 하고 있다. 여기서 가장 크게 문제가 되는 것은 공산주의 또는 무정부주의와 같은 과격사상을 탄압하기 위한 치안유지법이 한국 민족운동 전체에 대한 탄압으로 확대될 수 있는 가능성을 열어놓고 있다는 점이었다. 당시 잡지 《개벽》은 '치안유지법의 실시와 금후의 조선 사회운동'[25]이라는 표제로 사회운동 단체들의 대표자들에게 사회운동의 추이를 진단하는 설문을 실시하였다. 이 설문에 응한 권오설(조선노농총동맹), 이영(조선청년총동맹), 조봉암(신흥청년동맹), 이정윤(서울청년회), 김찬(화요회), 신철(북풍회) 등은 대부분 치안유지법이 한국의 사회운동과 민족운동을 심각하게 위축시킬 것을 우려하면서도 한국 내에서 일어나고 있는 새로운 사상운동의 기운이 이 같은 악법에 가혹한 취체를 받아야 할 정도로 확산되고 있다는 점을 주목하기도 하였다. 이들은 대체로 운동의 실천을 통해 이 탄압과 규제를 극복해야 한다는 점도 강조하였다. 이 같은 당시의 정황으로 볼 때 치안유지법은 조선프로예맹의 조직적인 활동에도 보이지 않는 위협으로 작용했을 것으로 생각된다.

그런데 조선프로예맹은 1925년 11월의 제1차 공산당 사건으로 말미암아 당시의 사회적 상황 자체가 더욱 악화되자 그 조직의 실체조차 표면화시키기 어려운 형편으로 내몰렸다. 조선공산당은 1925년 4월 17일 김재봉, 김약수, 김찬, 주종건, 윤덕병, 조봉암, 송봉우, 유진희 등에 의해 서울에서 비밀리에 결성되었다. 조선공산당의 출범과 비슷한 시기인 1925년 4월 18일 김찬, 박헌영, 권오설, 조봉암, 홍증식, 김단야 등이 고려공산청년회를 창립하였다. 이들은 공산당 조직에 대한 국제적인 승인을 위해 코민테른과 접촉하고 국내의 활동을 극비리에 전개하기 시작하였다. 그러나 1925년 11월 하순 신의주에서 공산당의 하부 조직이 일본 경찰에 의해 발각되면서 중요 당원들이

---

25 《개벽》 제60호(1925. 6), 10~18면.

대부분 체포되기에 이르렀다.[26] 제1차 공산당 검거사건에는 조선프로예맹의 맹원이었던 이호 등도 연루되어 있었다. 그러므로 조선프로예맹은 결성 이후 제대로 조직적인 활동을 전개하기 어려웠다.

조선프로예맹이 문단에서 그 조직의 실체를 드러내게 된 것은 1926년 2월 《문예운동》을 발간하면서부터였다. 계급문학운동의 실천 기반으로서 문단의 관심을 끌게 된 《문예운동》은 표면적으로는 조선프로예맹과의 조직적 연관성을 표명하지는 않았지만 조선프로예맹이 그 발간을 주도하였다. 《문예운동》의 발간 과정과 그 자세한 경위를 김기진은 다음과 같이 회고하고 있다.

> 나는 1924년부터 이성태와 친밀하게 사귀었고 정백과는 기미년 직후부터 아는 터이었으므로 정과도 친한 사이였다. 그리고 신일용은 성해 이익상과 한 고향이었던 관계로 그의 소개로 신과도 가까이 지냈다. 이 시절(1925)에 이성태, 신일용, 정백은 가끔 내 집에 놀러 왔었다. 그들은 나와 더불어 '맑스', '레닌', '공산주의', '사회혁명' 이런 이야기를 하다가 돌아가는 것이었는데, 그때 나의 형님 김복진은 내 집에 홀로 있으면서 배재중학 선생을 하고 있을 때였다. (중략) 나의 형님은 자기가 사회주의 서적을 읽기 시작한 때부터 사회주의에 사로잡혀 가지고 불과 반년도 못 지내서는 철저한 무산계급 예술론자가 되고야 말았던 것이다. 그리하여 조선프롤레타리아예술동맹은 주로 이분과 박영희 두 사람이 강령과 규약을 만들었고 동지를 구합하였던 것이니 창립 당시의 맹원들은 김복진, 박영희, 이상화, 박팔양, 이익상, 안석주, 조명희, 이기영, 최서해, 김기진, 이량, 최승일, 김영팔, 그리고 잡지 《염군》을 하던 송영, 이적효 등이었다. 그리고 내 형님의 등뒤에서 예술동맹을 부채질하고 코치하던 사람은 이성태를 위시해서 그때 운동선상에 뚜렷하던 사회주의자들이었다. (이것도 문단 측면사에 끼워둘

26 김준엽·김창순, 『한국공산주의운동사 2』(청계연구소, 1986), 291~337면 참조.

만한 에피쏘오드이다.)

그러나 프롤레타리아예술동맹은 조직만 해 놓았을 뿐 별로 하는 일 없이 지내다가 그 이듬해 1926년 1월에 《문예운동》이라 하는 준기관지를 발간하였다. 카프는 이때부터 사회적으로 거취가 분명해진 셈이다. 그러나 《문예운동》 잡지는 3호까지밖에 나오지 못하고 그 뒤엔 계속하지 못했는데, 그래도 예술동맹이라는 계급적 문학 단체가 성립되고 그 단체에서 기관지를 발행하게 되었다는 것만으로도 1923,4년경까지의 소위 신경향파의 이름으로 불리우던 때와 비교하면 대단히 진전하였던 것이라 할 것이다.[27]

1926년 2월 1일에 발행된 《문예운동》 창간호는 백열사(白熱社) 간행, 편집 발행인은 양대종으로 되어 있으며, 월간으로 계획되어 있음을 확인할 수 있다. 《문예운동》의 창간호 목차는 다음과 같다.

· 표 장……김복진
· 스켓취……안석주
· 자화상……이승만

〈평론〉
신흥문예의 운동……홍명희
문예의 시대적 변위와 작가의 의식적 태도론……이상화
주관 강조의 현대미술……김복진

〈시〉
도-교-에서……이상화
농촌의 시……조명희

27 김기진, 「프로문학 시대 ― 한국문단측면사(5)」(사상계, 1956. 12), 198~199면.

전시(前詩), 우울이 날 때……이호

〈기행〉
동해를 끼고서……박영희

〈창작〉
본능의 복수……김기진
위협의 채쭉……이익상
쥐 이야기……이기영
의사……최서해

· 속사포
· 편집후록

앞의 《문예운동》의 내용에서 우선 눈에 띄는 것은 집필진의 구성이다. 파스큐라의 구성원들이 중심을 이루고 있는 가운데 염군사의 이호가 끼어 있고, 화요회의 간부이며 시대일보의 사장이던 홍명희가 등장하고 있는 점이 주목된다. 편집 후록에 이적효의 「폭한」, 박용대의 「영순의 발광」, 최승일의 「구세군」 등이 편집 관계로 다음 호로 미루어진다고 기록하고 있는 점으로 본다면 《문예운동》의 간행에서 염군사의 구성원들이 완전히 제외되지 않았다는 사실을 이해할 수 있다. 하지만 《문예운동》의 발간은 파스큐라 측에서 이미 그 주도권을 쥐고 있다고 할 것이다. 염군사의 경우 제1차 공산당 사건에 관여된 이호가 투옥됨으로 말미암아 1925년 말부터 그 활동에 상당한 지장을 갖게 되었으리라는 추측이 가능하다. 그렇다면 홍명희의 등장은 어떻게 해석할 수 있는가가 문제이다. 홍명희는 《동아일보》의 주필 겸 편집국장으로 재직하다가 1925년 4월 《시대일보》의 사장이 되었는데, 이미 1923년 화요회의 창설 당시에 그 발기인으로 참여함으로써 김약수 등과 사상운동에 깊이 관여해 오고 있었음을 알 수 있다. 홍명희의 참여는 동인 구성원으로의 합류는 아니다. 오히려 《문예운동》의 성격을 보다 개방적인 것으로 드러내기 위해 사회운동가로서 상당한 지위에 있던 그를 끌어들인 것으로 생각된다. 당시 《시대일보》에는 파스큐라의 김기진과 안석주가 모두 학예부 기자로 재직하고 있었기 때문에 홍명희에 대한 접근이 수월했을 것으로 추측된다.

《문예운동》의 노선과 성격이 어떠한 것인가를 확인하기 위해 '편집후록'의 내용을 보다 면밀하게 검토할 필요가 있다. 《문예운동》은 생활의 충동을 보일 수 있는 조선문예의 운동다운 운동을 위해 간행된다는 것이 그 발간의 취지이지만, 그 운동의 성격이 분명하게 제시되어 있지는 않다. '편집후록'에는 다음과 같이 기록되어 있다.

> 본지는 아직 완제된 동인지가 아니다. 언제 될는지도 모른다.
>
> 원고를 부탁해서 내기도 하고 원고를 얻어서 내기도 한다. 그러나 다 지규(誌規)를 양인(諒認) 한 것이라야 한다.
>
> 지규
>
> 1. 문예운동을 목적한다.
> 2. 일반 원고를 환영한다.
> 3. 게재 여부는 말 말 것이다.

앞의 인용을 보면 《문예운동》은 앞서 김기진도 준기관지로서의 발간 의미를 지적했던 대로 '완제된 동인지'가 아니라고 규정되어 있다. 이 말은 여러 가지 방향으로 해석될 수 있을 것인데, 동인 구성원의 조직이 아직도 문제가 있는 상태에 있다는 뜻이거나 완벽한 동인지를 만들기에는 불비한 점이 많다는 뜻으로 생각할 수 있다. 하지만 이 잡지가 문예운동을 목적으로 하고 있다는 점에서 일단 그 출발의 의미를 인정할 수 있을 것이다. 박영희의 경우에도 《문예운동》의 발간 의미를 다음과 같이 설명하고 있다.

> 우리는 이제 프롤레타리아의 문화를 건설함에 이르러서 여러 가지로 노력 분투하는 중에 더욱이 예술 문제에 이르지 않을 수가 없는 것이다. 부르주아가 향락하는 예술 말고 무산계급 해방에 필요한 투쟁적 예술을, 부르주아의 영원 신비로운 예술 말고 무산계급의 현실적 교육 기관의 하나로서 그 예술에 사명을 다하지 않으면 아니 된다.
>
> 이에, 그에 대한 같은 의지와 같은 이론과 같은 자각을 가진 동지들로 한 가지 미약한 힘과 부족한 성력을 합하여 다만 열정이라는 것으로만 그 사명의 만분의 일이라도 다하기 위해서 예술상의 첫 수확으로서 내어놓으려는 것이 이 《문예운동》, 이것이다. 물론 여러 독자 제씨의 많은 기대에서 벗어날는지도 모르는 빈약한 내용과 불비한 제건은 이것이 중대한 문제의 일부분의 첫소리인 것만큼 그만큼 초기적 불완전을 면하기 어려울 것은 집필자 제인이나 독자 제씨가 한가지로 긍정하는 바이어니와, 갖은 압박과 난관을 지내서 이에 많은 상처와 희생을 낸 남루한 몸으로써 무산 민중 제씨의 뜨거운 가슴의 약동하는 혈액의 일 맥박에라도 응하려 하는 성의와 열정뿐만을 바치려 하는 것이다.[28]

박영희가 지적하고 있는 대로 《문예운동》은 내용의 빈약성을 면하지 못하고 있는 것이 사실이다. 홍명희의 평론이 신흥 문예의 발생 초기에 등장했던 상식적인 수준의 일반론을 정리하는 데에 불과한 점이라든지, 이상화나 박영희가 계급문학의 당위성을 내세우고

---

28 박영희, 「신흥 예술운동의 초기 —《문예운동》 창간에 제하여」(조선일보, 1926. 1. 26).

있는 데에서 더 이상 진전을 보이지 못하는 것도 모두 그 내용의 빈약을 드러내는 요소라고 할 것이다. 그러므로 《문예운동》은 창간호에서부터 이미 대중 독자들의 관심을 별로 끌지 못하였던 것이며, 제2호의 간행도 1926년 5월까지 미루어지게 된다. 《문예운동》 제2호의 중요 내용은 다음과 같다.

〈평론〉
향락화한 고통, 고통화한 현실……박영희
예술기원론의 일절……벽초
새로운 민족문학의 수립……中西伊之助
신흥문학의 예술적 가치……유완희

〈창작〉
팔아먹은 딸……이기영
구세군……최승일
폭한……이적효
희곡 「불이야」……김영팔

《문예운동》 제2호의 편집 내용 가운데에서 가장 두드러진 것은 염군사의 구성원들이 필진으로 등장하고 있는 점이다. 이미 창간호의 후기에서 예고된 일이긴 하지만 최승일, 이적효, 김영팔 등의 등장은 《문예운동》의 문단적인 성향과 위치를 명확하게 드러내 주는 것이라고 하겠다. 다시 말하면 이것은 염군사와 파스큐라로 분리되어 있던 초기 계급문단이 《문예운동》을 통해 그 통합을 분명하게 실현했음을 보여주고 있는 셈이며, 계급문단의 통합적 조직 기반이 확립되기 시작했음을 뜻하는 것이다.

이 같은 상황을 그대로 반영하듯이 《문예운동》 2호의 편집 태도는 그 편집 후기에 나타난 대로 더욱 선명한 이념적인 색채와 경향을 문학인들에게 요구하는 정도까지로 발전하고 있다. 《문예운동》에 글을 쓰는 동지로서 부르주아에 중독된 잡지에도 투고하게 되면, 그 필자의 글은 《문예운동》의 주의 상으로 보아 실을 수 없음을 분명히 밝히고 있다든지, 이광수, 김동인, 염상섭 등의 부르주아 민족 계열의 작가에 대한 집중적인 공격을 가하고 있다든지 하는 것은 모두 계급문단의 조직적 결속을 요구하는 태도임이 틀림없다. 특히 계급문단과 부르주아문학의 중간에 서 있던 《백조》 동인 박종화를 놓고 '비단 보료에 앉아 주판을 놀리는 백만장자가 무산 민중 속에서 우러나오는 신흥 문학을 어찌 알겠는가.'라고 비난하고, 현진건에 대해서는 '반동을 하거나 그렇지 않으면 보조를 같이 할 일이지 너무 뺀들뺀들하다'라고 몰아붙이는 것도 무산계급문단의 조직 확대 과정에서 그 참여를 주저했던 두 사람에 대한 공개적인 성토라고 할 것이다. 결국 《문예운동》의 간행은 분산되어 있던 계급문학의 조직 활동을 위한 제1단계의 실천 운동으로 규정해 볼 수 있는 것이다.

그러나 《문예운동》의 간행은 이러한 의미에도 더는 지속되지 못하고 있다. 염군사에서 준비했던 잡지 《염군》이 한 차례도 빛을 보지 못하고 발간금지를 당했던 점을 생각한다면, 《문예운동》이 계급문학운동을 내세우면서도 합법성을 띠고 간행될 수 있었다는 점은 그 의의가 적지 않다. 특히 계급문단의 조직이 실체화되지 못한 상태에서 염군사와 파스큐라의 구성원들이 함께 《문예운동》에 참여하고 있음을 보여준 것은 계급문단의 조직 기반을 기성의 문단에 명백하게 드러낸 셈이 된다. 《문예운동》의 간행이 이루어질 때까지도 조선프롤레타리아예술동맹이라는 정식 명칭이 어디에도 나타나 있지 않은 점을 생각한다면, 《문예운동》은 계급문학의 조직적 실천을 위한 하나의 전초적인 단계에 놓여 있었던 것이라고 할 수 있다.

조선프롤레타리아예술동맹의 조직과 이념

조선프로예맹이 그 조직의 성격을 구체적으로 공표한 것은 1926년 12월의 일이다. 이러한 사실은 조선프로예맹이 임시 총회를 통해 강령과 규약을 새롭게 개정했다는 언론 보도를 통해 확인되고 있다. 당시 《중외일보》의 기사(1926. 12. 26)에 '신흥하는 무산계급이 가질 온갖 예술을 창조하는 조선의 예술가들로 작년 여름에 창립된 조선프로레타리아예술동맹에서는 금번 일층 그 목표하는바 예술운동을 하기 위해 지난 24일 저녁 시내 청진동 95번지에서 임시 총회를 개최하고 강령과 규약 등을 개정하는 동시에 위원 선거를 하였다.'라고 보도하고 있으며, 《동아일보》(1926. 12. 27)에도 '지난 24일(1926. 12. 24) 시내 청진동 95번지의 2호에서 조선프롤레타리아예술동맹의 임시 총회가 있어 규약과 강령의 수정이 있었고 위원의 보선이 있었음'을 알리는 기사와 함께 그 내용을 상세하게 보도하고 있다.

이들 신문기사 내용을 보면, 조선프로예맹의 결성 시기가 1925년임을 알 수 있고, 그 조직의 강령이나 규약도 창립 당시부터 만들어져 있었던 것처럼 보도되고 있다. 그러나 이미 앞에서 검토한 바 있듯이 1926년 12월 24일 이전의 조직 상황을 확인할 수 없으므로 조선프로예맹의 실체는 바로 이 신문기사를 통해서야 비로소 문단에 드러나고 있다고 할 수 있다. 조선프로예맹은 《문예운동》의 간행을 통해 계급문단의 기반을 확대하고 그 조직을 정비했으며, 1926년 12월 24일의 임시총회를 통해 그 조직의 이념적 성격과 운동 노선을 분명하게 규정하였던 것이다.

조선프로예맹은 앞의 두 신문기사 내용을 종합해 볼 경우 다음과 같이 조직의 규모, 강령과 규약 내용을 확인할 수 있다. 이 내용은 그동안 1927년 9월 방향전환 이후의 조선프로예맹의 강령, 규약만이 널리 알려져 왔던 점을 생각한다면, 계급문학운동 초기 단계의 문단

조직과 그 성격을 판단해 볼 수 있는 중요한 자료가 될 것이다.

조선프로예맹(1926년 12월 24일 현재) 29

〈동맹원〉

이기영, 김영팔, 이량, 조명희, 홍기문, 김경태, 임정재, 양명, 이호, 김온, 박용대, 권구현, 이적효, 김기진, 이상화, 김복진, 최학송, 최승일, 박팔양, 박영희, 김동환, 안석주

〈위원〉

김복진, 김기진, 이량, 박영희, 최승일, 안석주, 김경태

〈강령〉

우리는 단결로서 여명기에 있는 무산계급 문화의 수립을 기함.

〈규약〉

1. 본회의 명칭은 조선프롤레타리아예술동맹이라 칭함.
2. 본회의 위치는 경성에 치함.
3. 본회의 회원은 본 동맹의 강령 규약을 승인하는 자로 함. (단, 위원 1인 이상의 추천에 대하여는 위원회에서 결정함.)
4. 본동맹은 본 동맹의 강령을 달성키 위하여 좌기의 4부를 치하고 사업을 실행함.

   서무부　교양부　출판부　조사부

5. 좌기 4부의 책임위원은 각 위원의 협조로서 직무를 분담함.
6. 본 동맹은 7인의 위원을 선정하여 사업의 실천에 당함. (단, 위원이 사직할 시에는 위원회에서 보선함)
7. 위원의 임기는 만 1년으로 함.

---

29 《중외일보》(1926. 12. 26)와 《동아일보》(1926. 12. 27)의 기사에 따름.

8. 본 동맹은 1년 1회의 총회를 개하고 수시 필요에 의하여 위원 2/3 이상의 요구에 의하여 또는 위원회에서 소집함을 규정함.

9. 본 동맹원은 경상비 1개월 20전을 납입함.(단 매월 5일 이내)

10. 본 동맹은 동맹의 강령 및 규약에 배반하는 자는 위원회의 결정으로 제명함을 정함.

앞의 자료를 통해 초기 조선프로예맹의 조직 범위와 이념과 노선 등을 살펴보기로 하자.

첫째, 조선프로예맹의 문단적 위상은 22명의 동맹원이 가담하고 있다는 사실로써 그 윤곽이 드러나고 있다. 최남선과 이광수를 위시하여 《창조》, 《폐허》, 《금성》 등의 동인들이 완전히 외면해 버린 이 조직에는 염군사, 파스큐라의 구성원과 《개벽》을 통해 등단한 일부 진보 성향의 문인들이 가담하고 있다. 이들 동맹원의 성향에 대해서는 여러 가지 분류가 가능하지만, 당시 사회운동의 조류를 놓고 볼 때, 아나키스트 계열(권구현 등)이나 민족주의 계열(김동환 등)의 문인들도 서로 뒤섞여 있음을 확인할 수 있다.

둘째, 프로예맹의 조직은 무산계급 문화의 수립을 그 목표로 내세우고 있다. 이것은 이미 염군사나 파스큐라의 조직에서도 거듭 천명된 바 있는 계급문학운동의 지표이지만, 그 실천의 방법에 대한 구체적인 방안이 제대로 검토되고 있지는 않은 것 같다. 더구나 조직의 부서 자체가 문학예술의 전문 영역을 전혀 고려하지 않고 있기 때문에 조선프로예맹의 조직은 초기 단계부터 문학만을 위주로 하는 것이 아님을 확인할 수 있다.

셋째, 조선프로예맹 조직의 핵심 세력이 되고 있는 7인 위원은 파스큐라 구성원들이 대부분을 차지하고 있다. 이러한 현상은 계급문단의 통합을 꾸준히 요구해 왔던 염군사 계열이 조선프로예맹의 조직 과정에서 주도권을 잃어버리고 있음을 뜻한다. 이러한 초기 조직 구성은 뒤에 이어지는 몇 차례의 조직개편과 조직 이탈, 전향 등을 문제 삼게 될 때 매우 중대한 의미가 있게 된다. 초기의 주도권을 쥐고 있던 파스큐라 계열이 조선프로예맹의 해체를 전후하여 사상적 전향축의 중심을 이루고 있기 때문이다.

넷째, 조선프로예맹의 조직론의 근거는 앞의 강령이나 규약에 명시되어 있지 않다. 이를 확인해 볼 수 있는 구체적인 자료는 1927년에 들어와서야 문면으로 나타난다. 박영희가 처음으로 조선프로예맹에 대한 문제를 「문사방문기」(《조선문단》, 20호, 1927. 3)를 통해 밝히고 있다. 그는 조선프로예맹의 목적을 '우리 예술동맹은 물론 프롤레타리아예술가로서 조직된 한 그룹입니다. 우리는 동맹의 강령과 같이 자본주의 사회의 모든 문화와 투쟁하는 전야에 있어서 무산계급 문화의 수립을 목적하는 것이며, 또한 무산계급 해방전선에 나가는 과정에서 문예가로서 단체적 훈련을 실행하는 것입니다.'라고 분명하게 밝히고 있으며, 계급문학운동에서 문학가의 임무를 '우리 프롤레타리아 문화 건설의 한 부분이 되는 프롤레타리아예술가는 무산계급 문화건설을 위하여 투쟁하는 일원인 까닭에 그 계급을 위한 해방전선에 한 투사가 되는 것입니다.'라고 주장하고 있다.

박영희가 밝히고 있는 조선프로예맹의 문단적 조직은 무산계급 문화운동의 주체이며, 무산문학운동에 참여하는 문학인들의 교양 단체로 규정되어 있다. 이 같은 성격은 초기 계급문단의 조직이 갖는 논리적 근거를 해명할 수 있는 중요한 단서가 된다. 조선프로예맹은 단순한 예술가적 집합이 아니라, 예술가의 사회적 단결이며, 그 조직이라는 것이 가장 핵심적인 요건이다. 여기서 말하는 사회적 단결이란 무산계급운동이 문화의 영역에서 필연적으로 요구하게 되는 계급적 의식의 확립과 그 조직을 의미한다.

계급문학운동을 사회적으로 실천해 나아가기 위해서는 문인들의 조직이 필요하다. 사회적 계급의 인식과 자기 계급의 해방을 위해서 조직화되지 않으면 안 된다. 조선프로예맹은 바로 이러한 사회적 집단적 기관이라고 할 수 있다. 그러므로 조선프로예맹은 문인의 계급적 교양과 그 사회적 훈련을 요구하기 마련이다. 예술가가 자기 계급에 충실한 작품을 만들 수 있기 위해서는 스스로 투철한 계급의식 위에 서는 길밖에 없다. 이러한 프로문인의 사회적 교양과 수련은 조직을 통해 가능하며, 조선프로예맹이 바로 그 집단적 사회적 조직체[30]에 해당함은 물론이다.

그렇다면 조선프로예맹의 집단적 의의를 놓고 볼 때 그 이념 노선은 어떻게 규정될 것인가가 문제다. 이는 두말할 필요도 없이 마르크스주의 예술관에 입각해 있다고 할 수 있을 것이다. 조선프로예맹의 조직 맹원 가운데에 아나키스트라든지 민족계열 좌파분자 등이 포함되어 있긴 하지만 조선프로예맹의 노선은 무산계급문화의 확립과 그것을 위한 투쟁에의 참여로 규정되어 있다. 하지만 이 같은 노선의 확정은 계급문학운동의 초기 단계에서 문학운동과 사회운동을 계급투쟁이라는 일원론적 관점에서 통합시켜 놓고자 하는 의욕을 보이고 있음에도 여러 가지 논쟁을 야기하게 된다. 방향전환이라는 말로 요약되고 있는 1927년 이후의 조선프로예맹의 조직개편 과정이 바로 이 같은 노선의 재확인과 연결됨은 물론이다.

---

30 박영희, 「무산예술운동의 집단적 의의」(조선지광, 1927. 3), 57~60면.

2. 계급문학운동의 이념과 방향전환

(1) 계급문학운동의 방향전환

사회운동의 방향전환론

조선프로예맹은 그 조직을 기반으로 무산계급 문예운동을 주도하기 위해 이른바 '제1차 방향전환'을 통해 운동 노선을 전환한 바 있다. 1926년 말부터 계급문단의 쟁점으로 부각된 방향전환론은 식민지 시대 사회운동 자체가 요구하고 있는 방향전환의 요건을 문학운동의 차원에서 그대로 수용하고 있다. 그러나 계급문학운동의 방향전환은 계급문학운동 자체의 내적인 성숙이 이루어지지 못한 상태에서 외부적 상황의 변화에 따라 제기되었다. 그리고 그 논리와 실천에 있어서도 서로 다른 시각의 충돌을 야기하고 있었기 때문에 그 본질적인 의미와 성격을 간단하게 규정할 수는 없는 일이다.

계급문학운동의 방향전환이란 무엇인가? 그것은 어디에서부터 연유하고 있으며, 어떤 논리와 지향을 드러내고 있는가? 이러한 질문에 접근하기 위해서는 방향전환론의 논리적 성격 자체를 그 이론 투쟁의 전개 양상을 통해 면밀하게 검토하지 않으면 안 된다. 조직 외적인 차원에서는 1920년대 중반을 지나면서 전반에 걸쳐 제기된 사회운동의 방향전환 과정과 그 문단적 영향에 대한 이해가 필요하다. 그리고 조직 내적인 차원에서는 이른바 내용형식 논쟁과 아나키즘 논쟁을 통해 확립된 계급문학운동의 이념과 노선, 제3전선파의 등장과 함께 이루어진 조선프로예맹의 조직개편과 이념 노선의 재정비, 계급문학운동의 방향전환론을 둘러싼 조직 내부의 이론적 대립과 실천 방법의 갈등 문제 등에 대한 포괄적인 이해가 요청되는 것이다.

조선프로예맹 조직의 실체가 문단적으로 표면화된 것은 이미 설명한 바와 같이 1926년 12월의 개편과 때를 같이한다. 그리고 계급문학운동가들의 사회적 단결을 표방하면서 문인의 계급적 교양과 그 사회적 훈련을 내세운 것도 그 조직의 개편 정비를 거친 후에 비로소 가능하게 되었다. 그런데 이 무렵에 문단 외적인 면에서 여러 분파로 나뉘어 전개되어 온 사회운동이 방향전환을 제기하고 있음을 볼 수 있다. 다시 말하면, 계급문학운동의 조직 기반이 사회적으로 성숙되지 못하고, 그 문학 내적인 역량이 무산계급운동으로의 목표와 의식을 제대로 수용하지 못하고 있던 신경향파적 단계에서 사회운동의 방향전환이라는 변혁의 요구에 직면한 셈이다.

1920년대 후반의 사회운동에서 새롭게 제기된 바 있는 방향전환이란 노동자 대중의 자연 발생적인 경제투쟁으로부터 의식적인 정치투쟁으로의 운동 노선의 전환을 말하는 것이다. 이러한 요구는 3·1운동 이후 전개된 민족사회운동이 무분별한 분파 투쟁과 이념적 혼란을 거듭하면서, 반봉건 반식민의 목표를 실현하기 위한 실천적인 노력을 제대로 기울이지 못했다는 반성을 포함하고 있다. 특히 사회운동의 주체가 소부르주아 인텔리 계층에 국한되어 그 대중적 조직과 기반 조성을 효과적으로 수행하지 못한 채 추상적인 이념 논쟁을 거듭했다는 비판도 깔렸음은 물론이다. 당시 사회운동의 방향전환론을 요약해 제시하고 있는 '정우회선언'(1926년 11월)의 핵심적인 내용을 간추려 보면 첫째, 이념 노선의 전환 둘째, 조직의 전환 셋째, 실천 방법의 전환을 강조하고 있다.

> 1. 우리 운동은 위선 과거의 분열로부터 구하지 아니하여서는 아니 된다. 그러하기 위하여는 운동을 소수의 파쟁적 음모의 농락으로 팔아먹은 상품으로부터 해방하여 조선에 대중단체의 자주적 분투로 진전시켜야 할 것이며, 종래의 중상설(中傷說) 대신에 공공연한 토론을 전개하여야 할 것이며, 운동 전체의 이익 앞에서 분파적 또는 단체적 이익을 복종시켜야 할 것이다. 그리하여 과거 형태의 무의미한 분열정신을 그 최후 잔재까지도 남기지 아니하도록 완전히 매장하여야 할 것이다. 고로 우리는 위선 사상단체의 통일부터 주장하나니, 병립되어 있는 딴 사상단체만 성의로써 응하여 줄 것 같으면 정우회는 여하한 양보로써라도 합동에 대하여 주저치 아니하려 한다. 그리하여 사상단체가 운동상 역할을 가질 수 있는 동안에 모든 전위분자(前衛分子)가 한 기치 하에 모여서 일방으로 공공연하게 구체적으로 전위적 운동을 행하며, 일방으로 야심적 음모의 출몰을 구축하여 전운동의 정리촉진에 노력하여야 할 것이다.
>
> 2. 운동의 장래는 무엇보다도 대중의 단결 여하, 의식 여하에 달린 것이니, 우리는 우리의 현상에 조(照)하여 대중의 조직 급 교육에 일층 노력하지 아니할 수 없다. 조직된 대중을 질적으로 정리하고 향상시키며, 무조직 대중은 더욱더 조직시켜서 양적 영역을 넓히며, 조직단체에는 의식적 각성을 주입하여 그 성질을 개발시키지 않으면 안 된다. 그리고 그 위에 교육적 노력을 가하여 대중의 무식과 자연생장성(自然生長性)을 퇴치하지 아니하면 아니 된다. 그런데 우리는 조직운동에서나 교육운동에서나 노력이 관념적에만 그쳐서는 아니 될 것을 간취한 자이니, 그것들을 실제적 분투와 밀접하게 연결하여야 할 것이다. 실제적 분투에서 굳어진 조직만이 진실한 조직이요 대중 자체의 실천과

연결된 교육만이 진실한 교육이다. 고로 조직과 교육은 결국 활발한 일상투쟁에서 비로소 그 진선(盡善)을 기대할 수 있는 것이다.

3. 민주주의적 노력의 집결로 인하여 전개되는 정치적 운동의 경향에 대하여는, 그것이 한 필요적 과정의 형세인 이상 우리는 냉연(冷然)히 대안화시(對岸火視)할 수 없다. 아니 그것보다도 먼저, 우리 운동 자체가 벌써 종래의 국한되어 있던 경제적 투쟁의 형태 그보다 일층 계급적이며, 대중적이며, 의식적인 정치적 형태로 비약하지 아니하면 아니 될 전환기에 달한 것이다. 고로 우리는 우리 자체의 종래의 모든 소아병적 자세를 지양하고, 우리의 승리로의 구체적 전진을 위하여, 현실적 모든 가능의 조건을 충분히 이용하지 않으면 아니 될 것이다.

따라서 민족주의적 세력에 대하여는 그 부르주아 민주주의적 성질을 명백하게 인식하는 동시에, 또 과정적 동맹자적 성질도 충분히 승인하여, 그것이 타락하는 형태로 출현되지 아니하는 것에 한하여는 적극적으로 제휴하여, 대중의 개량적 이익을 위하여서도 종래의 소극적 태도를 버리고 분연히 싸워야 할 것이다. 그러나 우리가 그것으로부터 얻을 최대수확은, 개량적 이익의 실용에 있는 것보다도 오히려 그것을 위하여 분투하는 중에서 얻어질 대중의 조직과 훈련 급 교육에 있는 것이나, 대중자체의 분투를 거세하고 외교 양해만으로써 마치려는 형태의 정치적 세력에 대하여는 최초부터 싸우지 아니할 수 없다.

4. 여사한 각지방면의 현세와 거의 절정에 달한 사회적 여망은 운동을 더욱더 대중화하며 현실화하도록 요구하는 바이며, 따라서 그렇지 아니할 수 없는 것이지마는, 그러나 그러함으로 인하여 우리의 근본 목표에 착오가 생겨서는 아니 될 것은 췌언할 필요도 없는 것이다. 타협만에 그치는 타협, 개량만에 그치는 타협, 개량만에 그치는 개량은 분명히 타락과 패배를 의미하는 것이니, 우리는 운동의 현재를 대표하는 동시에 또 미래를 대표하여야 한다. 타협과 항쟁을 분리시켜서는 안 되며, 개량과 비판을 대립시켜서는 안 될 것이다. 우리는 그것을 위하여 이론적 투쟁을 힘있게 전개하여, 대중의 진정한 진로를 부절히 지시하여야 할 것이다. 일방으로는 대중이 실천한 결과를 이론적으로

정리하는 동시에, 목적 개량에서 만족을 기대하려는 모든 환상에 대하여 무자비한 비판을 가하여야 할 것이다. 그리하여 현실과 우리의 주의와를 연결하기 위하여 분투하는 것으로써 중대한 임무를 삼아야 할 것이다. 우리는 이상과 같이 운동방침을 정치운동기적으로 전환하여 현재를 탈피하려 하나니, 이 방침의 정부정은 투쟁적 실천으로써 증명하려 한다.31

정우회선언의 핵심에 해당되는, 의식적인 정치투쟁으로의 사회운동 노선의 전환은 이념적 급진성을 의미하는 것이지만, 실제로 기초 조직의 확립이 없이는 실천적 의의를 인정할 수 없다. 그러므로 정치투쟁으로의 의식적인 방향전환은 당연히 조직의 정비 문제를 전제하게 된다. 정우회선언 속에는 과거의 모든 분파 투쟁을 청산하고 사상 단체의 조직적 통합을 기해야 한다는 주장이 담겨 있다. 그리고 더 나아가서는 진보적인 민족주의자, 타락하지 않은 민족 세력과의 제휴를 통해 민족적 통일 전선의 결성을 이루어야 한다고 주장하고 있다. 이 같은 노선과 조직론에 근거하여 사회운동의 실천 방향은 대중의 무지와 자연생장적인 요건을 퇴치하고, 대중을 의식화하고 조직화하여 정치투쟁으로의 방향전환을 꾀할 것을 내세우고 있는 것이다.

이 같은 사회운동의 방향전환론은 일본 사회주의운동에서 큰 파장을 일으켰던 후쿠모토이즘[福本主義]을 이론적 배경으로 삼고 있다. 후쿠모토이즘은 1920년대 중반 일시적으로 일본의 사상운동에 커다란 영향을 주었던 후쿠모토[福本和夫]의 이른바 '분리 통합의 이론'이라는 좌익운동 이론을 말한다.32 그 핵심은 의식적으로 불철저한 마

---

31 김준엽 · 김창순, 『한국공산주의운동사 3』(청계연구소, 1986), 9~11면 재인용.

32 栗原幸夫, 『プロレタリア文學とその時代』(東京, 平凡社, 1971), 28~40면 참조.

르크스주의자들을 이론투쟁을 통해 분리시키고 진정한 마르크스주의자만을 다시 결합시켜야 한다는 데에 있다. 후쿠모토는 이러한 자신의 주장을 '결합에 관한 마르크스적 원리'라고 내세우면서 일본의 무산계급운동이 경험해 온 여러 분파의 분열을 오히려 필연적인 것이며, 변증법적 발전을 의미하는 것이라고 설명함으로써 새로운 관심의 대상이 되었다. 그의 주장을 좀 더 자세히 검토해 보면 일본의 무산계급운동은 조합주의적 투쟁에서 정치투쟁으로 방향을 전환할 단계에 이르렀다는 점이 전제되어 있다. 일본은 자본주의의 후진국이기 때문에 제국주의적 단계에서 이 같은 전환을 이루기 위해서는 모든 정치투쟁이 직접적인 마르크스주의적 정치투쟁이 되어야만 한다는 것, 그리고 이러한 정치투쟁을 위하여 투쟁의 주체를 어떻게 전취하느냐가 문제가 되지 않을 수 없다는 것이다. 그가 주장하고 있는 '결합에 관한 마르크스적 원리'라는 것은 결국 정치투쟁의 단계에서 불철저한 구성분자를 제거하고 진정한 마르크스주의자를 중심으로 새로운 주체를 결정하기 위한 전략이라고 할 것이다. 이러한 주장이 적극적인 지지를 얻게 되자 일본 노동조합, 농민조합, 무산정당의 급작스런 분열이 이루어졌기 때문에 무산계급운동에 적지 않은 혼란이 초래된다. 후쿠모토이즘은 1927년 5월 제3인터내셔널에서 '일본에 관한 테제'를 통해 실천적 분열적 종파주의로 낙인찍히고 그 오류가 비판됨으로써 그 경향이 청산되기에 이르지만, 방향전환기의 이론적 근거로 널리 수용되었던 것이 사실이다.

그런데 1920년대 식민지 조선의 입장에서 사회운동의 방향전환이 의식적 정치투쟁이라는 노선의 전환을 목표로 한다고 하더라도, 그 실천 과정에는 여러 가지 어려움이 가로놓여 있다. 그 이유는 사회운동의 방향전환을 통해 요구되고 있는 정치투쟁이라는 것이 결국은 식민지 상황에서 피지배민족의 해방투쟁으로 전개될 수밖에 없는 일이기 때문이다. 당시 조선은 내적으로 봉건주의 자체 모순을 여전히 안고 있고 외적으로 일제의 식민지 지배라는 정치 경제적 예속 상태에 놓여 있었으므로 자본주의적 생산관계의 전형적인 발전 과정을 거쳐 온 서구 제국과는 전혀 다른 상황을 드러내고 있었다. 그러므로 경제투쟁이라는 것도 부분적인 소작쟁의나 노동쟁의 등만이 아니라, 오히려 3·1운동 이후 폭넓게 전개되어 온 민족사회운동을 모두 그 범주에 포함시켜 볼 수가 있다. 방향전환 이후의 정치투쟁이라는 것도 결국 민족 해방운동으로 이어지게 되는 것이다.

정우회선언은 이 같은 현실 상황을 놓고 맹목적인 계급투쟁만을 고집하는 것이 아니라 민족 해방운동의 실천에 앞장설 것을 강조하고 있는 점이 특히 주목된다. 그리고 민족해방투쟁을 전민족적으로 전개하기 위해 진보적인 민족 세력과 통합해야 한다는 주장도 매우 중요한 의미가 있다. 물론 정우회선언 이전에도 민족운동과 사회운동의 통합을 주장하는 견해들이 나타나기 시작하였지만, 민족진영 내에서도 비타협주의적 노선과 타협주의적인 개량주의 노선이 계속적으로 갈등을 보였고, 사회운동의 경우에도 급진 좌파와 온건파의 계급투쟁 운동의 실천 방법이 서로 대립하고 있었던 것이 사실이다. 식민지 지배 세력에 대항하기 위해 민족 세력의 단합과 그 통일 전선의 결성이 더욱 필요하다는 점을 강조한 정우회선언 이후 사회운동이 이념적 분파성을 극복하고 전 민족적 해방투쟁을 위해 1927년 '신간회'라는 민족 통일 전선의 확립으로 진전될 수 있었던 것은 방향전환의 중요한 성과로 이해될 수 있다. 그리고 신간회의 조직 기반이 대중의 획득이라는 차원에서 전국적으로 확대되었던 것도 마찬가지로 설명될 수 있을 것이다.

계급문학운동의 방향전환과 목적의식론

계급문학운동의 방향전환 문제는 조선에 있어서 사회운동의 방향전환이 조직적인 차원에서부터 이념 노선에 이르기까지 확대되면서 중요한 쟁점이 되었다. 조선프로예맹 자체가 이미 무산계급운동의 한 부분으로서의 계급문학운동의 조직적 주체가 되고 있는 점을 생각한다면, 이것은 오히려 자연스러운 추세라고 할 수 있을 것이다. 조선프로예맹의 조직 내에서는 정치투쟁으로의 방향전환 문제가 제기될 무렵, 내용형식 논쟁을 통해 계급문학운동의 마르크스주의적 이념 지향성을 분명히 하였고, 아나키즘 논쟁을 통해 이를 재확인한 바 있다. 그리고 사회운동의 방향전환 과정에 따라 조선프로예맹의 아나키스트들을 축출하고 마르크스주의자들을 중심으로 조직의 개편을 단행하게 된다. 이 같은 과정에서 박영희의 목적의식론을 기반으로 하는 방향전환론이 제기되면서 계급문학운동의 방향전환 문제가 구체적인 논의 단계에 접어들고 있다.

계급문단에서 방향전환의 문제를 가장 먼저 제기한 것은 박영희다. 박영희의 방향전환론[33]은 문예상에 있어서의 작가 의식의 전환과 깊은 관계가 있다. 그는 식민지 조선의 현실을 '성장의 현실'로 파악할 것을 요구한다. 자본주의의 비정상적인 성장에서 비롯된 계급모순(민족모순까지 포함된다)으로 인하여 무산계급 혁명의 필연성을 노정하고 있다는 그의 현실 진단은 무산계급의 성장에 대한 관념적인 인식이 강하다. 그러나 몰락하는 자본주의의 현실에 얽매여 비탄과 한숨과 절망을 표백하고 있는 부르주아문학에 대한 그의 비판은 설득적이다. 그는 문예운동의 계급적 성장과 그 현실성의 의미를 강조하

---

33 방향전환론은 박영희가 발표하고 있는 두 편의 평문 「문예 운동의 방향전환」(조선지광, 1927. 4)과 「문예 운동의 목적의식론」(조선지광, 1927. 7)을 통해 본격적으로 제기되고 있다.

면서, 문학이 붕괴되고 있는 현실만을 좇을 것이 아니라 성장하는 의식, 신흥하는 무산계급의 의식을 표출해야 한다고 강조하고 있는 것이다.

물론 박영희는 그동안 전개되어 온 계급문학운동이 계급의식의 추종에 얽매어 실천적 구체성을 획득하지 못하고 있다는 점을 지적하고 있다. 그러므로 더욱더 적극적인 계급투쟁을 위해 문예운동의 전선적 진출이 요구된다는 것이 그가 방향전환론을 제기하는 동기가 된다. 그는 계급문학운동의 제1기적 과정을 자연생장적 문예로 규정하고 있다. 그리고 이 같은 자연생장기의 이른바 신경향파문학에서 볼 수 있는 부분적 분열적 관념을 극복하기 위해 문예운동의 방향전환을 요구하고 있는 것이다.

박영희가 내세우고 있는 문예운동 방향전환의 근본 목표는 계급의 자연생장적 현실로부터 목적의식에 이르게 하는 것이다. 무산계급은 자연적으로 생장하는 것이며, 그 의식의 구체적 발현이 바로 무산계급 문예가 된다. 무산계급의 성장을 따라 나타난 자연생장적인 신경향파의 문학의 경험주의적 한계를 극복하기 위해 계급문학은 스스로 무산계급의 투쟁 목적을 자각하게 된다. 계급문학운동은 결국 자연발생적인 무산계급 문학에 목적의식을 심어주는 운동이라고 할 수 있으며, 바로 이러한 과정에서 전체적인 무산계급운동에 진출하게 되는 것이다. 박영희는 계급문학운동에 있어서의 방향전환 문제를 목적의식론이라는 하나의 원칙에 묶어 놓고 있음을 볼 수 있다. 그는 목적의식에 입각하여 계급문학의 창작적 실천을 적극화하는 길만을 강조하고 있기 때문에 대중적 조직과 정치투쟁에의 직접적인 진출을 논의하지는 못하고 있다.

경제투쟁에서 정치투쟁으로의 방향전환기에 있음을 말하는 조선의 사회성은 문예운동으로 하여금 어떠한 투쟁을 갖게 할 것일까? 또한 방향전환기에 있는 조선 사회의 현실성은 문예운동으로 하여금 어떻게 방향전환을 하게 할 것인가? 그것은 물론 계급의 자연생장적 현실로부터 목적의식에 이르게 하는 것이니 문예운동에 있어서 현실을 인식하는 방법이 또한 그러하다. 이러한 의미에서 소위 신경향파문학이나 경제투쟁의 문학은 자연생장적이라고 하는 이름 밑에 들어갈 수 있는 것이니, 하루하루 임금을 다투는 노동자나 차별과 ××에서 필연적으로 생기는 개별적 ××뿐만으로는 무산계급의 계급적 의식을 얻기 어렵다. 이에 있어서는 목적의식적으로 나아가야 한다. 원래 계급문학은 그 기능을 다하기 위해서 늘 새로운 과정을 지나가게 되는 것이다. 계급의식을 고양하던 계급문학은 경제투쟁에서 목적의식적으로(정치적 의미에서) 이르게 되는 것이다. 조선에 있어서는 자연생장적 문학에서 목적의식적 문학으로 과정한다는 것이 지금 필연한 현실이다. 그러하면 무산계급문학의 계급적 임무로서 그 사회성과 한 가지 방향전환에 이르렀다 하면 그 소위 정치적 폭로란 어떻게 해야 할까 하는 문제가 문예운동에 있어서 심히 토의할 문제라고 아니 할 수 없다.

상론한 소위 방향전환이니 목적의식을 문학에 있어 너무 과도히 과장되게 생각해서는 아니 된다. 그것은 정치투쟁은 대중이 하는 것이지 문학이 하는 것은 아니다. 다만 문학은 ×××××××××× 부르주아의 모든 의식형태와 투쟁하며 폭로하는 것이니 정치운동의 부차적 임무를 하게 되는 것이다.[34]

박영희의 초기 방향전환론은 계급문학운동의 조직적 실천론에 대한 인식이 결여되어 있음을 보여주고 있다. 그는 예술운동의 영역과 대중적 정치투쟁을 별개의 것으로 구분한다. 문예는 문예로서의

---

34 박영희, 「문예운동의 방향전환」(조선지광, 1927. 4), 65면.

특수성을 지니고 있으므로, 그 특수성의 완벽한 구현을 통해 오히려 문예운동의 효과를 고양할 수 있다는 것이 그의 생각이다. 그렇기 때문에 목적의식에 입각한 창작의 적극적 실천과 작품을 통한 정치적 투쟁 의식의 고양 등만을 계급문학운동의 정치적 기능으로 설명하고 있는 것이다. 이러한 박영희의 방향전환론은 그 시대적 요구의 당위성을 인정할 수 있기는 하지만, 조선프로예맹의 조직 내부에서 정치적 진출이라는 실천 방법을 놓고 심각한 갈등을 야기하기도 한다. 박영희는 물론 조합주의적 문학을 극복하고 정치투쟁의 전선에 진출하여 계급투쟁 의식을 고양할 것을 요구하고 있다. 그러나 예술의 특수성에 대한 인식을 바탕으로 계급문학운동의 절약된 한계와 제한된 효용을 명확히 이해할 수 있도록 방향전환기의 계급문학운동을 위한 이론투쟁이 필요함을 강조하고 있다.

박영희 방향전환론은 일본 계급문단에서 활동하고 있던 아오노 쓰에키치[靑野季吉]의 목적의식론[35]을 그대로 차용한 것이다. 아오노는 초창기 일본의 계급문학이 명백히 자연생장적임을 지적하면서, 마르크스주의에 입각하여 계급투쟁의 목적의식을 고양하며, 무산계급운동에 참여하는 계급문학운동으로의 전환을 내세우고 있다. 아오노의 주장은 제2의 투쟁기에 접어든 계급문학운동의 사상적 통일과 조직을 강조하고 있기 때문에 계급문학운동의 주체와 이념을 마르크스주의적으로 규정하게 한 중요한 계기를 제공한 것으로 평가되고 있다. 박영희는 방향전환론이 사회운동의 방면에서 제기되자, 이 문제를 아오노의 목적의식론에 의존하여 문예의 영역에서 또다른 쟁점으로 확대시키고 있는 것이다. 그는 아오노의 목적의식론에 입각한 방향전환론을 그대로 수용하고 이를 새로운 이론투쟁의 과제로 내세

35 山田清三郎, 『プロレタリア文學史』(東京, 理論社, 1954), 24~30면 참조.

우면서 계급문학운동의 선두로 나섰다. 방향전환론이 제기된 후 조선프로예맹의 이념 노선의 전환, 조직의 전환, 문예운동의 실천 방법의 전환 등이 잇달아 이루어지는 가운데 계급문학운동의 성장과 성장을 위한 투쟁이 계속된 것은 이 같은 과정을 그대로 말해 주는 근거가 된다. 방향전환론 이후 조선프로예맹은 아나키스트의 제거라는 조직의 개편과 그 사회적 확대를 기함으로써 계급문학운동의 실천적 기반을 획득할 수 있었으며, 계급문학운동의 노선 정립과 함께 그 자체 내부의 실천 논리를 중심으로 하는 새로운 이론투쟁의 단계에 접어들고 있다.

(2) 계급문학운동의 이념과 노선

마르크스주의 이념의 확립과 '내용형식' 논쟁

조선프로예맹이 주도했던 계급문학운동은 조직 정비와 이념 노선의 규정을 통해 그 구체적인 진로를 모색하는 동안 여러 차례의 논쟁과 노선 투쟁을 겪었다. 특히 자연발생적 단계에서 벗어나 과감한 이론투쟁, 조직운동, 대중투쟁을 아울러 병행한다는 요건을 제시하고 있는 1927년의 제1차 방향전환은 계급문학운동의 성격을 예술의 사회적 실천에 직결시켜 놓은 중요한 단계가 되고 있다. 그런데 이러한 방향전환론이 제기될 무렵, 계급문단 내부에서는 이미 계급문학의 본질 문제에 연관되는 커다란 쟁점이 내연화되고 있음을 확인할 수 있다. 흔히 '내용형식' 논쟁[36]으로 일컬어지고 있는 이 논쟁은 계급문

---

36 이 논쟁에 연관되는 김기진과 박영희의 당시 평문들을 열거하면 다음과 같다.
김기진, 「문예시평」(조선지광, 1926. 12).
박영희, 「투쟁기에 있는 문예비평가의 태도」(조선지광, 1927. 1).

단의 선두 주자인 김기진과 박영희 사이에서 비롯된 것이다. 이 논쟁은 계급문단 자체 내에서 제기된 문예 일반의 미학적 과제에 대한 쟁론으로서만이 아니라, 계급문학운동의 이념 정립 과정에서 야기된 내부적 갈등의 표출을 의미하는 것이라고 하겠다. 김기진이 박영희의 소설 「철야(徹夜)」(《별건곤》, 1호, 1926. 11)와 「지옥순례」(《조선지광》, 61호, 1926. 11)를 평한 간단한 평문[37]에서 비롯된 이 논쟁의 전말은 논쟁의 두 당사자가 회고하고 있는 다음과 같은 기록을 보면 더욱 분명하게 드러나고 있다.

> (1) 현실에서의 사회주의운동과 보조를 맞추기 위하여 예술동맹의 단체는 조직되고 기관지도 발간되고 했지만, 프로문학 그 자체는 별로 발전되지 못하고 있었다. 내가 처음에 발표했던 「붉은 쥐」, 「Trick」, 「젊은 이상주의자의 사(死)」 등이나 박영희의 「사냥개」가 보여주고 있던 지극히 관념적인 표현수법은 그대로 체증 걸린 것처럼 머물러 있었다. 그런 까닭으로 나는 이해 12월 《조선지광》에서 박영희의 소설 「철야」라는 것을 가지고서, '무산계급은 자기 계급의 적과 투쟁하지 않으면 안 된다는 것을 말하기 위하여 너무도 쉽사리 간단간단하게 처리하였다. 그 결과 이 일편은 소설이 아니요, 계급의식 계급투쟁의 개념에 대한 추상적 설명에 시종하고 말았다. 일언일구가 이것을 설명하기 위해서만 사용되었다. 소설이란 한 개의 건축이다. 기둥도 없이 서까래도 없이 붉은 지붕만 입혀 놓은 건축이 있는가?'라고 비평을 내리었던 것이다. 이때 이것이 박영희와 나와의 사이에 싸움을 일으킨 큰 문제가 되어 한동안 논쟁이 계속되었었다. 박은 소설이 한 개의 건축이라 해서 건축물이 필요로 하는 모든 것을 구비시켜야 한다는 것은 잘못이

김기진, 「무산문예작품과 무산문예비평」(조선문단, 1927. 2).
박영희, 「문예비평의 형식파와 맑스주의」(조선지광, 1927. 2).

37 문제의 평문은 김기진, 「문예시평」(조선지광, 1926. 12)이다.

라고 반박하였던 것이다. 그러나 나는 나의 주장이 옳다고 고집하였다.

그러했건만 수개월 동안 끌고 가던 두 사람의 논쟁을 가지고 급기야 문단 외부로부터 나에게 간섭이 왔었다. 즉 이성태와 내 형님이 나더러 '너는 박영희의 이론에 져라. 지금은 우리들의 무산계급운동이 완전한 건축을 요구하는 시기가 아니다.' 이같이 말하는 것이었다. 나는 나의 주장이 옳은 것을 믿으면서도 내 형과 이의 권고로 말미암아 그 이듬해(1927) 3월에 '내가 프로문예 비평가가 되기 전에 계급의식의 불선명한 점이 있는 것이 사실이라면 마땅히 나는 동지들 앞에서 고개를 숙이고 사고하고 앞날을 맹서하겠다.' 이와 같이 사과하고서 이 논쟁을 끝냈던 것이다.[38]

(2) 1926년 12월호 《조선지광》지에 김기진군의 작품 월평이 발표되었었는데 그중에 나의 단편소설 「철야」와 「지옥순례」의 두 편에 대하여 매우 불쾌한 비평이 있었다. 즉 그의 논조를 요약하여 말하면, 문학의 형식 등은 어찌 되었든 계급의식만 내세우면 작품이 되느냐는 것이었다. 그때쯤은 문학의 형식 문제를 논해야만 할 적당한 시기였기는 하였다. 쏟아져 나오는 의식소설에 거진 식상한 시대라고 할 수 있었다. 그러한 천편일률적인 작품에는 권태가 생기기 시작했었다. 그러나 팔봉은 그러한 타당성에서 형식 문제라든지 혹은 침체된 문학의 타개책을 논한 것이 아니라 당시 군도 프롤레타리아예술동맹의 중요한 요원의 한 사람으로서 계급의식을 말살하려는 듯한 애매한 논조에 대하여 나를 불쾌하게 하였고 또 맹우들의 분노를 일으키게 되었던 것이었다. 또 군의 악평을 받은 나의 작품 「철야」와 「지옥순례」의 두 편 중에 「철야」라는 작품은 굶주린 사람의 식욕과 아울러 그 심리 묘사가 작품의 전부였으니 그때 정도로 보아서 형식이 불비된 작품이라고는 말하기 어려웠고, 「지옥순례」만은 다분히 형식이 거칠다고 할 만한 작품이었다. 그러나 이 작품도 기아로부터 생기는 살육의 지옥상을

38 김기진, 「프로문학시대 — 한국문단측면사 5」(사상계, 1956. 12), 198~199면.

표현하려고 하였었고 드러나게 계급의식을 나타내려고는 아니 하였다. 그런데 이러한 세밀한 해부와 분석도 없이 그저 쓸데없는 물건을 뱉어버리듯이 계급 운운의 말을 쓰기만 하면 작품이 되는 것이 아니라고 극히 무성의한 비평을 내렸기 때문에 이 문제는 문학상 기술 문제를 떠나 예술동맹의 내부 붕괴 공작이나 시작된 것같이 일반에게 인상을 주었으며 따라서 결함만을 엿보고 있었던 우익평론가들의 쾌재를 부르게 하였던 것이었다.[39]

앞의 인용에서처럼 논쟁의 두 주역이 술회하는 경위를 자세히 살펴보면, 이 논쟁이 지니는 의미가 가볍게 다루어질 성질의 것이 아님을 알 수 있다. 김기진이 이 논쟁에서 제기하고 있는 소설의 형식 문제는 내용 우선을 원칙으로 하고 있는 계급문학운동의 이념적 속성보다 그 미적 형식 문제에 대한 인식을 담고 있다는 점과 직결되는 것이다. 김기진은 계급문학을 프롤레타리아 생활 의식에서 산출된 것이며, 진정한 프롤레타리아 혼의 표백이라고 말한 바 있다. 그는 계급문학도 하나의 문학이라는 점에서 문학적인 독특한 형태의 발전이 있어야 한다고 생각하였다. 김기진의 판단으로는 당시 계급문학의 모든 현상이 문학으로서 갖춰 나아가야 할 근본적인 요건을 제대로 구비하지 못하고 있었다. 문학의 질적인 측면에서의 커다란 전환, 즉 현실에 대한 비판적 인식의 적극화를 가져오긴 하였지만, 현실의 제반 상황을 구체적으로 이해하고 그것을 소설적으로 형상화하는 데에 미흡하였다. 더구나 대부분 작품은 주인공의 반항적 행위와 사회주의 이념이 판에 박은 듯이 나타나기 시작하였다. 조선프로예맹의 조직과 함께 계급문학운동에는 이미 문학 외적인 이념적 요소

39 박영희, 「나의 논전시대를 생각하면서 — 초창기의 문단측면사 6」(현대문학, 1960. 2), 85면.

가 문학적인 것을 압도할 만큼 성장하고 있었던 것이다.

김기진이 제기하고 있는 '소설은 하나의 건축이다.'라는 비유적인 명제는 결국 이러한 이념 위주의 문학 현상에 대한 비판에 해당되는 것이라고 하겠다. 그런데 박영희는 이러한 김기진의 견해에 대하여 계급문학은 무산계급을 주제로 하며 무산계급의 계급적 의식을 바탕으로 하기 때문에 계급문학 작품의 가치는 그 구성과 묘사에서 나타나는 것이 아니라 작품에 나타난 계급적 의식에서 규정된다는 원칙을 내세워 반박하고 있다. 더구나 그는 계급문학 비평가는 작품을 주석할 것이 아니라, 잘못을 지적하고 올바른 방향을 지시해야 하며, 나타난 예술 작품을 일개의 사회 현상으로서, 나타난 예술가를 일개의 사회적 존재로서 그 존재 그 현상의 사회적 의의를 결정하는 비평, 이른바 문화사적 비평에 주력해야 한다고 비평가의 임무를 규정하면서, 김기진의 비평적 태도에 계급적 명확성이 결여되어 있다[40]고 공박하였다.

김기진과 박영희의 사이에서 하나의 논쟁으로 발전한 소설의 형식 문제는, 두 사람의 대립적인 입장에도 형식 내용의 이원적 분리론의 범주를 벗어나지 못하고 있다. 김기진이 형식과 내용은 하나라고 말하고 있는 것은 통일적 결합 관계로서의 문학 형식에 대한 발견을 의미하고 있는 것처럼 보이지만, 그는 여전히 계급문학이 그 자체의 형식을 가져야 한다는 주장을 내세우고 있다. 더구나 그가 박영희의 소설에서 계급의식이나 계급투쟁에 대한 관념을 추상적으로 설명하고 있기 때문에 형식에 대한 착안이 부족하다고 비판하고 있지만, 그러한 비판은 결국 계급문학 작품의 형식상의 기법의 미숙

40 박영희, 「투쟁기에 있는 문예비평가의 태도—동무 김기진군의 평론을 읽고」(조선지광, 1927. 1), 67면.

성에 대한 지적으로 평가되어야 할 것이다. 박영희의 경우를 보면 내용 우선의 원칙론을 강조하는 계급문학의 요건을 고수하고 있다. 그는 문학 작품에 나타나는 계급적 의식에 의해 그 가치가 규정된다는 점을 강조하였다. 특히 그는 계급문단의 이념투쟁이라는 측면에서 김기진과의 사이에 야기된 내용형식 논쟁을 의식하였고, 러시아 형식주의자와 마르크스주의자 사이에 일어났던 형식 논쟁을 끌어들이면서 마르크스주의의 이념을 계급문학운동의 이념으로 고정시키고자 하였다.

박영희가 소설의 내용형식 논쟁 안으로 끌어들인 러시아에서의 형식주의자와 마르크스주의자들의 이론투쟁은 형식주의자들에 대한 트로츠키(L. Trotsky)의 비판이 그 핵심을 이루고 있다. 형식주의 문학이론[41]은 10월 혁명 이후 러시아에서 일어난 문학연구 방법으로서, 전통적인 문학연구가 보여주고 있는 방법론의 혼란을 극복하고 '문학의 과학'을 지향하는 데에 그 특징이 있다. 형식주의자들은 문학 작품에 대한 여하한 종류의 전기적 심리학적 해석도 거부하고 동시에 어떤 종류의 사회학적 해석에도 반대한다는 입장을 고수하고 있다. 마르크스주의자의 미학적 원칙에 상치되는 이러한 입장은 문학연구의 자율성을 확보하고, 문학 작품 자체와 그 구성 요소들에 대한 해석을 통해 문학의 미적 특질을 규명해 낸다는 방법론의 기본 방향에서도 잘 드러나고 있는 것이다. 그러나 이러한 기본 입장이나 방법은 어떤 조직적인 운동을 통해 구체화된 것은 아니다. 형식주의라는 이름조차도 그들이 선택한 것이 아니라 혁명 후 러시아의 혼란된 비평계에서 그들과 대립되는 입장에 놓여 있던 문학론자들에 의

41 Victor Erlich, *Russian Formalism: History, Doctrine*(박거용 역, 문학과지성사, 1983), 「제10장 기본 개념들」 참조.

해 비판적인 의미로 붙여진 것이다.

러시아 형식주의 문학론자로 알려져 있는 슈클로프스키(Victor Shklovsky), 아이헨바움(Boris Eichenbaum), 티니아노프(Jurij Tynyanov), 그리고 야콥슨(Roman Jacobson) 등의 문학론은 형식주의 이론으로 통칭되고 있는 몇 가지의 공통점이 있다. 첫째, 이들은 문학 연구를 과학적 기반 위에서 확립시키고 문학 자체에 맞는 방법과 절차를 사용하여 자율적인 과학을 이루도록 해야 한다고 주장하고 있다. 이들은 문학 작품이 다른 형태의 담화나 산문적인 언어와 구분될 수 있는 점에 착안하여 이른바 문학성의 개념을 확립하였고, 그것을 문학의 형식적이고 언어학적인 특질을 통해 밝혀 보고자 하였다. 이들에게 형식주의라는 명칭을 붙이게 된 가장 근본적인 이유는 바로 이러한 방법과 관심 때문이었다. 이들은 문학 텍스트의 형식적 특질을 통해서만 문학의 특수성이 밝혀질 수 있다고 생각했기 때문에 문학 작품의 구성에 역동적으로 작용하고 있는 외부적인 요건이나 역사의 충동은 전혀 고려할 필요가 없다고 믿고 있었다. 둘째, 이들은 문학이 현실의 반영이 아니라, 특이하게 기호로 구성된 현실의 의미화일 뿐이라고 주장함으로써 문학 이론에서 모방론에 연관된 일체의 해석 방법을 거부하고 있다. 문학 작품은 현실을 반영하기보다는 현실세계를 새로운 관심의 대상으로 만들기 위해 습관적인 인식을 배제하고 보다 '이채롭게 하기(defamiliarization)'의 경향을 보인다고 주장하는 것이다. 그들은 문학성의 의미를 주로 '이채롭게 하기'를 드러내는 문학의 형식적 장치에 대한 분석을 통해 해명하고 있다. 결국 형식주의자들의 입장에 따르면 문학은 다양한 형식적 장치를 통해 사고와 표현의 공인된 범주의 변형을 행사하는 실천 행위로 간주된다. 문학이 대상을 알게 하는 수단이 아니라 대상에 대한 비전을 창조한다는 주장도 여기에서 비롯된 것이다. 문학은 과학처럼 세계를 개념적으로 구성하지 않고 오히려 예견할 수 없는 새로운 국면을 볼 수 있도록 어떤 창구를 열어줄 뿐이다.

이러한 관점에서 볼 때 모든 문학 형식은 현실 자체에 대응한다 하더라고 사실주의적인 것으로 간주될 수 없다. 문학은 필연적으로 현실의 의미화에 지나지 않으며, 단지 그 의미화 작업에 효과를 주는 장치의 강약에 정도의 차이가 나타날 뿐이다. 이와 같은 인식으로 인해 형식주의 문학 이론은 반영론에 관심을 기울이기 시작한 마르크스주의자들의 주장과 충돌하게 된 것이다. 마르크스주의자들은 문학이 역사 발전의 근본적인 논리와 방향을 어느 정도 정확하게 묘사하고 반영하느냐에 따라 그 가치를 판단할 수 있다고 믿고 있었던 것이다. 문학의 가치를 외재적 요건들—정치·사회·경제·역사 등—에 의해 평가하고자 하는 마르크스주의자들은 문학의 가치를 글 자체의 내재적 요건들에 의해 규명하고자 하는 형식주의 문학론자들에게 비난과 공격을 가하게 되었고, 그것이 형식주의 문학 이론에 압력으로 작용하게 되었다.

형식주의 문학론에 가장 영향력 있는 비판을 가한 것은 트로츠키이다. 형식주의에 대한 그의 태도는 매우 비판적이었지만, 전적으로 적대적인 것만은 아니다. 그는 형식주의 예술 이론이 피상적이고 반동적인 특징을 가지고 있음에도 형식주의자들이 행한 문학에 대한 연구의 어떤 특정 부분은 유효하다고 말하고 있다.[42] 그리고 형식주의 방법이 문학 형식의 예술적이고 심리학적인 특성들을 밝히는 데에 도움이 될 수 있다고 밝힌 바 있다. 그러나 이 같은 부차적인 속성을 인정하지 않고, 형식주의를 하나의 완결된 문학 이론으로 내세

42 트로츠키의 형식주의 비판은 Paul N. Siegel ed., *Leon Trotsky on Literature and Art* (New York: Pathfinder Press, 1981), pp. 32~37 참조.

우는 것을 그는 부정하고 있다. 형식주의는 그것이 보조 수단으로 평가될 때 분명 가치 있는 것이지만, 세계관으로 확립될 때는 허위적이고 반동적인 개념이 되고 있기 때문이다.

트로츠키가 가장 신랄하게 형식주의를 비판하고 있는 것은 형식주의적 세계관이다. 그는 문학의 인과적 해명을 제공할 수 있는 유일한 철학은 마르크스주의라고 하였다. 그는 문학 형식의 특유한 예술적 특성들을 조명해 보려는 형식주의자들의 시도를 인정하면서도 그들의 문학 전반을 그 언어적 표현 양식으로 환원시키는 것은 잘못이라고 주장하였다. 트로츠키는 예술적 창조라는 것이 예술의 독특한 법칙에 따른 현실의 굴절이며 반영이라는 사실을 부인하지 않았다. 그러나 마르크스주의만이 예술의 특정한 경향이 왜 어떻게 특정한 시대에 발생하였는가를 설명할 수 있다는 것이다. 트로츠키는 바로 이러한 문제를 놓고 형식주의가 질문에 대한 대답은 고사하고 그런 질문을 하려고도 하지 않았다는 사실을 비판하였다. 그는 형식주의자들이 언어적인 기법에 몰두하는 것을 놓고 언어는 그 행동의 음성적인 그림자에 불과하다고 하였다.

박영희는 김기진과의 논쟁이 이루어지고 있는 동안 러시아 형식주의자와 마르크스주의자 사이의 논쟁[43]을 소개하면서 문학의 사회적 의의와 가치를 강조하는 방향으로 자신의 주장을 고정해 놓고 있다. 그는 문학을 통한 생활 인식과 문학을 통한 생활 창조라는 두 가지의 논점을 들어서 자신의 주장을 합리화했음은 물론이다. 더구나 계급문단 내부에서 야기된 형식 문제에 대한 이론투쟁이 박영희의 입장을 지지하는 계급문학론자들에 의해 외재적 비평태도를 강조

---

43 박영희의 토로츠키 수용에 대해서는 한계전, 『한국근대시론연구』(일지사, 1983), 113~127면에서 상세하게 검토된 바 있다.

하는 방향으로 굳어지게 되었던 것은 널리 알려진 사실이다.

계급문단의 내부에서 쟁점으로 대두한 내용형식 문제는 본질적인 측면에서 마르크스주의 예술 미학의 중심 테마의 하나라고 할 수 있다. 마르크스주의 예술 미학의 기본적 입장은 내용의 우선권을 인정하는 것이며 내용이 적절한 형식에 대한 요구를 낳는 것으로 되어 있다. 그러므로 마르크스주의 예술 미학은 내용에 중점을 두는 미학이 되는 것이며, 불필요하거나 자의적인 형식의 유희에 근거하는 모든 미학, 여하한 종류의 형식주의와도 상반된 위치에 서게 되는 것이다. 내용과 형식의 관계는 경제적 기초와 이데올로기적 상부 구조의 상관관계를 그대로 따른다. 형식은 언제나 필연적으로 내용에 종속되게 마련이다. 마르크스와 레닌의 미학 원리에 입각하면, 형식은 목적 그 자체가 아니므로, 예술 창작 특성의 기초를 설명할 수 없는 것이다. 예술의 내용은 예술가가 일정한 세계관, 일정한 사회적 이상과 신념, 심미적 태도 등을 근거로 하여 반영한 현실이다. 형식은 이러한 예술의 내부조직으로 예술의 내용을 연결하고 표현한다. 그리고 사회주의 예술의 실천은 당의 지시에 따라 내용을 추구하고 그 내용에 부합되는 형식을 추구하는 과정에 해당된다. 그러므로 계급의식의 강조, 혁명적인 설교주의에 대한 강조, 예술의 결정주의적 근원에 대한 강조 등이 사회주의 예술가의 임무로 제시되기도 하였던 것이다.

계급문학운동의 노선

계급문학운동은 내용형식 논쟁을 거치면서 그 이념적 성격이 마르크스주의로 고정되고 있다. 박영희는 내용형식 논쟁을 마무리하면서 계급문학운동은 반드시 사회와 함께 변천하는 현실성을 말할 수 있어야만 그 의의를 인정받을 수 있다고 주장하였다. 그는 자본주의의 생산관계에서 산출되는 무산계급의 성장, 자본주의의 모순과 무산계급의 확대라는 도식적 방법에 근거하여 한국의 사회적 상황을 성장하는 현실이라고 규정하기도 하였다. 그리고 바로 이러한 성장하는 현실을 계급상으로 인식하는 데에 문예운동의 가치가 있는 것이라고 강조하였다. 그는 문예상의 목적의식이라는 것이 실천적 요구의 관념화임을 천명하면서, 이러한 관념을 의식적 계획적으로 수행하는 전선적 진출에 문예운동이 앞장서야 할 것이라고 말하였다. 그는 계급문학운동의 집단적 기능과 그 기능의 규범을 단순한 문예운동의 영역으로 국한시키지 않고 무산계급의 정치적 투쟁에 따른 전선적인 형태의 문예운동으로 규정했으며, 이러한 단계에서의 문예 작품의 형식에 대해 다음과 같은 견해를 피력하고 있다.

> 현 단계에 있는 무산계급 문예는 형식 전체를 쓸데없이 부정하는 것은 아니다. 불필요한 것을 방기하고 필요한 것은 고양해서 소위 형식의 지양을 해야 할 것이다. 그러므로 이것을 측정하는 데는 우리는 내용과 형식의 일원적 관계로부터 생각하지 않으면 안 된다. … 우리의 작품은 작품의 형식이 내용을 규정하는 것이 아니라, 이 내용이 표현되기에 필요로 하는 데에 따라서 형식이 규정될 것이다. 그런고로 무산계급 문예운동이 질적으로 발전하고 변환되는 데에 따라서 이에 필수적으로 적응한 형식이 필연적으로 생기게 된다. … 형식뿐만이 결코 내용의 효과를 내지 못한다. 내용이 표시되기 위하여 형식은 유용하다. 그러므로 내용과 형식은 분리할 수 없는 통일적 원리에서 일원적 관계를 가지고 있다.44

---

44 박영희, 「문예운동의 이론과 실제」(조선지광, 1928. 1), 89~90면.

박영희의 이러한 주장은 형식과 내용의 전체적인 조화를 강조하고 있는 것처럼 보이지만, 그가 내세우고 있는 내용의 핵심은 무산계급 문학운동이 상이한 형식의 감각적 향락을 추구하는 여러 유파의 문예운동이나 문예적 형식운동이 아니라, 사회의 역사적 계급에 의해 추진되는 통일적 목적을 수행하는 것이라는 점에 있다. 무산계급운동이 요구하는 새로운 형식이란 형식에 대한 향락보다 투쟁 과정에 있어서의 역할을 위해 필요한 형식의 요구일 뿐이다. 박영희는 형식 문제에 대해 현 단계에 있는 무산계급에는 형식 전체를 쓸데없이 부정하는 것이 아니라, 불필요한 것을 방기하고 필요한 것은 고양한다는 소위 형식의 지양을 내세우고 있으나, 작품의 내용을 표현하기 위한 필요에 따라서 형식이 규정될 것임을 분명히 하고 있다. 다시 말하면 무산계급운동이 질적으로 발전하고 변화되는 데에 따라서 이에 필수적으로 적응한 형식이 필연적으로 생기게 된다는 내용 위주의 관점을 계속 유지하고 있는 것이다.

박영희의 입장과 반대에 서 있던 김기진은 예술적 형상화의 방법에 있어서 형식의 완비를 내세운 자신의 태도를 바꾸지 않았다. 그는 하나의 내용이 있는 역동적이고도 구체적인 통합체로서의 형식에 대하여 깊이있는 인식에 도달하지는 못하였지만, 문학작품이라는 것은 조직되고 고안되고 통일되어야 하며, 어떤 개념의 추상적 설명만으로 하나의 작품이 될 수 없다는 사실을 강조하였다. 형식 문제에 대한 논의가 계급문학 비평가의 태도를 판단하거나 계급의식의 투철성을 규정하는 방향으로 진전되자 김기진은 목적의식을 내세워 그 방향을 전환시켜 가는 계급문학운동의 선두에서 점차 소외되기 시작하였다.

박영희와 김기진의 내용형식 논쟁은 두 가지 차원에서 계급문학운동의 이념적 지향성을 분명하게 제시한 논쟁이라고 할 수 있다. 첫째는 계급문학의 기본적 성격 문제이다. 박영희는 자신의 창작적 약점을 지적한 김기진의 비평을 문제 삼기 위하여 논쟁의 방향을 소설의 본질이나 창작의 요건과는 전혀 상관없는 계급문학의 성격으로 바꿔놓고 있다. 그는 계급문학운동가를 하나의 예술가라기보다는 문화건설가임을 분명히 하였고, 계급문학 작품 또한 독립된 건축물이라기보다는 커다란 기계의 한 톱니바퀴에 불과하다고 하였다. 그러므로 그는 투쟁기의 계급문학은 그 형식적 완결성보다 의식과 이념이 더욱 중요함을 강조하고 있다. 김기진에 대한 비판의 핵심 역시 문예상의 내용형식 문제가 아니라 계급문학운동가의 자세 문제에 두고 있으며, 김기진이 계급문학 자체에 대하여 부정적인 태도를 보이고 있는 것처럼 공박하고 있는 것이다.

둘째는 계급문학운동의 이념성에 대한 강조이다. 계급문학운동의 초창기에 조직적이고 집단적인 투쟁이 있어야 한다고 생각했던 박영희는 내용 우위론을 통한 계급투쟁 의식의 강화를 우선 중요시하고 있다. 그는 문학적 형상성이나 예술의 섬세함보다 계급적 투쟁 의식을 내세우기 위하여 극단적인 형태의 내용 우위론을 취하면서, 이른바 외재비평의 방법에 기대어 보기도 하고 트로츠키의 형식주의 비판에 자기 입장을 빗대기도 하였다. 그의 내용 우위론은 집단적이고도 조직적인 성격이 중시되기 시작한 초창기 계급문학운동에서 마르크스주의에 입각한 이념적인 지표를 제시한 것으로 생각할 수 있다. 내용형식 논쟁은 결국 초창기 계급문학운동의 이념과 조직의 성격을 대변해 주고 있는 조직 내부의 논쟁으로서, 뒤에 이어지는 아나키즘 논쟁과 함께 계급문학운동의 방향전환을 위한 조직, 이념, 노선의 정비 작업의 과정에 속한다고 할 수 있다. 이 논쟁을 통해 박영희는 초창기 계급문학운동의 헤게모니를 쥘 수 있게 되었으며, 당시 사회운동의 경향에 따라 계급문학운동의 방향전환을 꾀하게 되는 것이다.

(3) 계급문학운동과 아나키즘 논쟁

계급문단의 아나키즘 논쟁

계급문학운동의 방향전환 시대에 계급문단 내부에서 일어난 또 하나의 논쟁으로 주목되는 것이 아나키즘문학 논쟁이다. 이른바 무정부주의 운동으로 일컬어지고 있는 아나키즘 운동이 일제 식민지 시대 사회운동 가운데 어느 정도 사회적 지지 기반을 확보하고 있었는지 확인해 볼 수 있는 근거는 그리 많지 않다. 아나키즘 운동은 일체의 국가적 제도를 부정하며 분산적 소생산 사회 건설을 목표로 하는 사회주의운동의 일파로서 1920년부터 북경의 망명객들과 동경의 유학생들 가운데서 싹트기 시작하였다. 중국에서 신채호가 의열단의 독립운동 이념을 논한 「조선혁명선언」(1923)을 발표한 일이라든지 일본에서 '박열 대역사건'이 일어난 점 등이 국내의 아나키즘 운동에 간접적인 영향을 미친 것으로 알려져 있다.

식민지 시대의 아나키즘 운동은 1921년 11월 29일 일본 동경에서 재일 조선인 사상단체의 효시인 흑도회(黑濤會)가 발족함과 함께 표면화되었다. 이 단체에는 정태성, 조봉암, 김약수, 박열, 김사국 등이 참여하고 있는데 민족주의, 공산주의, 무정부주의 등 각 사상조류가 합류하고 있었다. 그러나 이들이 일단 계급해방투쟁을 선포하고 사회운동으로 전향하자 민족주의자와 사회주의자로 나뉘었다. 이 중 후자는 다시 공산주의자와 무정부주의자로 분파되어 박열 등의 아나키스트들이 모인 흑우회(黑友會)와 공산주의자인 김약수 일파의 북성회(北星會)로 분열되었다. 박열은 3·1운동에 참가한 혐의로 퇴학당한 후 일본에 건너가 고학생동우회, 흑도회에 가입한 후 그 분파인 흑우회를 실질적으로 이끌었다. 당시 그는 일본 아나키스트 지도자 이와사 사쿠타로[岩佐作太郎], 오스키 사카에[大杉榮] 등과 자주 접촉하고 있었으며, 관동 대지진 이후 일제의 사회주의 박멸 음모에 의해 희생된 오스기 사카에 사건에 연루되어 사형 언도를 받았다. 그가 상해 폭탄 사건을 음모했다는 것이다. 이 사건이 이른바 '박열 대역 사건'인데, 당시 그의 일본인 처 가네코 후미코[金子文子]가 자살함으로써 이 사건이 더욱 널리 알려지게 되었다.

국내에서도 아나키즘 운동과 연관되는 조직운동이 1920년대 중반부터 표면적으로 드러나기 시작하였다. 당시 신문지상에 보도된 것은 1925년 3월 서울에서 신영우, 홍진우 등이 중심이 되어 '흑기연맹' 조직을 계획하던 중 검거되었다는 것이었다. 동년 9월 대구에서 서동성 등이 '진우연맹'을 조직하여 '흑색청년연맹'과 통하였다. 이들은 1926년 4월 일본 관청의 파괴, 관공사의 암살을 목적으로 하여 따로 파괴단을 조직한 것이 발각, 검거되었다. 1927년 10월 동경에서 귀국한 이홍근, 최갑룡 등은 평양 지역에서 1927년 12월 '관서흑우회'를 조직하였고, 자유연합주의 기치 아래 노동계급의 해방을 위해 직업적 운동자의 권위주의를 배격할 목적으로 무정부주의 운동을 이끌어 가게 되었다. 함남 지방에서는 1927년 7월 이향이 원산청년회를 중심으로 함흥자유소년회, 원산 노동자자유동맹 등을 조직하였다. 이 같은 사실로 볼 때 국내 아나키즘 운동은 지역별로 소규모의 조직을 도모했으며, 국외의 단체들과도 연계를 모색했었음을 알 수 있다.[45]

아나키즘 운동이 문단의 관심사가 된 것은 조선프로예맹이 주도하는 계급문학운동과 관련이 있게 되면서부터라고 할 수 있다. 계급문학운동의 초창기에 아나키즘 운동가들이 등장하였고, 1927년 계급문학운동의 이념 노선을 마르크스주의로 고정시키는 과정에서 이른

---

45 조세현, 『동아시아 아나키즘, 그 반역의 역사』(책세상, 2001), 제3장 「한국: 민족해방운동으로서의 아나키즘」 참조.

바 아나키즘 논쟁이 계급문단에서 야기되었다는 점을 하나의 근거로 들 수 있다. 계급문학운동의 전개 과정에서 아나키즘론이 주목되는 것은 조직운동의 이념과 노선의 정립 과정에 불만을 품은 아나키즘 계열의 문인들이 이 논쟁을 거치면서 결국 조직을 이탈하였기 때문이다. 당시 문단에서 아나키즘의 이념을 추종하던 세력이 어느 정도 규모였는지는 정확하게 확인할 수 없으나 권구현, 김화산, 이향 등이 대표적인 인물이라고 말할 수 있을 것이다. 이들은 초기 계급문학운동 단계에서 조선프로예맹의 이념 노선이 마르크스주의로 고정되기 전에 아나키즘의 이론에 기대어 무산계급 문학운동을 도모한 것으로 생각된다.

아나키즘 문학론이 어떻게 전개되었는지 이를 확인하기 위해서는 먼저 박영희의 방향전환론에 반발했던 김화산의 주장을 살펴볼 필요가 있다. 김화산은 박영희가 강조하고 있는 계급문학운동의 방향전환이 무산계급 예술운동을 마르크스주의적 이념 노선으로 고정화하는 것에 반발한다. 그는 아나키즘론에 근거하여 문학의 자유주의적 속성을 강조하고 있다. 그리고 무산계급 문예운동이 넓은 의미에서 아나키즘 문예와 볼셰비즘 문예로 나누어진다고 주장하면서 무산계급 문예운동을 마르크스주의에만 국한시킬 수 없음을 강조하고 있다. 그의 주장은 직접적으로 박영희의 계급문학운동 노선에 대한 비판을 목표로 한 것이다. 하지만 식민지 상황에서 이루어지고 있는 조선 민족의 무산계급 문화운동이 모든 계급해방 사상에 의해 폭넓게 전개될 수 있으며, 아나키스트적 사상에 입각한 무산계급 문화의 수립도 가능하다는 점을 내세우고 있는 것은 주목할 만하다.

> 공산주의자가 그의 파지하는 인생관 내지 사회관에 입각하여 무산계급 문예를 수립할 수 있다면, 아나키스트 역시 그의 사상적 견지하

에서 무산계급 문예론을 수립할 수 있을 것이다. 그러나 조선에서는 아직 이러한 명확한 유별을 볼 수 없다. 조선의 사회운동이 거의 전부가 다 노농러시아 계통의 맑스주의에 의하여 지도되는 것과 같이 무산문예운동도 역시 이 맑스주의 내지 막연한 사회주의적 견지에서 창조되어 왔다.

무산계급운동이 곧 맑스주의 운동을 의미하는 것과 같이 사유하는 동일한 오류가 조선 프로문예운동에도 존재한다. 물론 조선 프로문예운동은 초기에 속한다. 김기진 씨의 말과 같이 무조직의 공상 시대, 유치한 명정 시대에서 제3기에 비약하는 과도기에 있다고 볼 수 있다. 그러므로 조선 문예운동은 아직 본질적 이론 체계를 가지지 못하였다. 최초 김기진, 박영희 양씨가 이 프로문예운동을 제창함에 대소 유명, 무명의 논객들이 이에 향응하여 작금에는 이 운동이 자못 문단을 압도하는 감이 있으나 아직 문예이론 그 자체의 혼돈을 면치 못하였다. 따라서 프로문예에는 아무 자각도 없는 군소 병졸들이 사대주의에 부화뇌동하여 프로문예 = 맑스주의로 사고하는 것도 당연한 일이다.

그러나 기존 운동이 점차 조직적으로 이론적으로 형성될 때에 이러한 오류는 차차 제거될 줄 안다. 이론적 체계에 있어서 반드시 A계와 B계로 분열될 것이요, 또한 이것이 필연적으로 있어야 할 일이다. (중략) 무산문예운동을 맑스주의에 국한한다는 것은 그네의 폭론이다. 그네는 정통 맑스주의자가 되기 위하여 그리고 전 문화를 그네의 이론하에 집중시키기 위하여 고의로 시계를 좁히며 사실을 어떤 범주 안에 감금한다. 종교적 신자와 동일한 심리가 현금 맑스주의자의 일부에 침윤되어 있다. 우리는 맑스주의 이외의 견지에서 맑스주의와 병존하는 모든 해방운동사상의 존재를 시인하며 동시에 이 해방운동사상을 출발점으로 삼는 문예운동을 시인한다. (중략)

프롤레타리아 문학운동은 맑스주의를 유일한 지도 원리로 할 수 없다. 아나키스트의 견지에서 아나키즘 문예론을 수립할 수 있으며, 또한 필연적으로 그렇게 될 것이다. 그런데 이 맑스주의파 문예이론 내에는 한 가지 모순이 포함되어 있다. 그네는 일개 문예이론을 세우

면서 결국은 문예를 부인하는 결론을 세우게 되는 것이다.[46]

김화산은 박영희 등이 주장하고 있는 계급문학운동이 종국적으로는 예술의 존재 자체를 부정하게 될 것임을 경고한다. 그는 마르크스적 사상에 입각하여 문예를 계급 혁명의 선전도구로 삼는다면, 문예의 궁극적인 가치와 존재가 무시되고 정치의 수단으로 전락할 것이라고 하였다. 프롤레타리아예술이라는 것도 결국 예술이라는 기본적인 조건에서 벗어날 수 없으므로 그 핵심적인 과제가 계급 문제에 있는 것이 아니라 예술의 본질 문제에 귀착된다는 것이다. 그러나 아나키스트의 입장에서는 인간 사회의 자연적 내재적 법칙성에 의거하여 자유연합의 사회를 구축하는 데에 목표가 있기 때문에 집단성을 통한 개성의 자유로운 발양이 중시된다. 무산계급을 외재적인 강권에 의해 볼셰비즘의 범주 속으로 몰아넣지 않는다. 그러므로 문예의 경우에도 무산계급의 의식을 기조로 하면서 예술의 내용과 형식의 변환을 자유롭게 조화시킬 수 있다는 것이다.

계급문학운동의 방향전환 문제를 놓고 박영희의 목적의식론과 김화산의 아나키즘 문학론이 이념적 대립과 분열을 노출하자 이에 대한 즉각적인 반응은 김화산에 대한 비판으로 나타난다. 그 대표적인 예가 윤기정에 의해 제기된 아나키즘 비판[47]이며, 한설야와 조중곤 등에 의해 이루어진 볼셰비즘 옹호론[48]이다.

윤기정은 투쟁기에 있어서의 프로문예의 본질을 그 투쟁적 선전

---

46 김화산, 「계급예술론의 신전개」(조선문단, 1927. 3), 15~19면.

47 윤기정은 「「계급예술론의 신전개」를 읽고」(조선일보, 1927. 3. 25~3. 30)와 함께 「상호비판과 이론확립」(조선일보, 1927. 6. 15~6. 20)을 발표하였다.

48 한설야, 「무산문예가의 입장에서 김화산군의 허구문예론, 관념적 당위론을 박함」(동아일보, 1927. 4. 15~4. 27)과 조중곤, 「비맑스주의 문예론의 배격」(중외일보, 1927. 6. 18~6. 23)이 있다.

적 기능에 초점을 두어 강조하고 있다. 프로문예의 예술로서의 완결을 강조하고 있는 김화산의 입장과는 달리 예술적 요건이 비록 제대로 구비되지 못한다 하더라도 그 투쟁적 임무의 수행을 우선적으로 중시해야 한다는 것이다. 역사적 필연으로 전개되는 해방운동의 임무를 위해 그 선전적·선동적 역할을 다할 수 있을 때 프로문예의 존재가 인정된다는 것이 윤기정의 주장이다. 이 같은 윤기정의 입장은 박영희가 내세우고 있는 목적의식론에 입각한 방향전환을 그대로 따르고 있는 것으로서, 문예의 영역에서 작품 활동을 통한 목적의식의 주입을 요구하고 있는 점에 그 핵심이 가로놓여 있음을 알 수 있다. 한설야의 경우에도 김화산의 아나키즘 문학론이 무산계급 문예운동의 방법에 대한 명확한 인식의 결여를 드러내고 있다는 점을 문제삼고 있다. 그는 아나키즘론이 이념과 방법을 제대로 가지지 못한 하나의 공론에 불과함을 지적하고, 계급문학운동의 마르크스주의적 이념과 그 실천적 방법이 바로 무산계급 문학운동의 핵심이 되는 것임을 강조하고 있다.

윤기정과 한설야가 국내에서 조선프로예맹의 방향전환과 마르크스주의 이념 지향에 대한 적극적인 지지 의견을 펴고 있는 것과는 달리 조중곤의 경우 동경에서의 활동기반을 바탕으로 국내 계급문학운동의 방향전환론에 동조하고 있다. 그는 김화산이 내세우고 있는 아나키즘 문학론이 비마르크스주의 문예론으로 그 방법과 이념이 공허하다는 사실을 비판하고 있다. 그리고 계급문학운동의 조직과 실천에 있어서 볼셰비즘적 단결을 요구하면서 한 걸음 더 나아가 문예운동의 정치적 진출을 통해 그 역할의 수행을 기해야 한다고 주장한다. '단결하기 전에 완전히 분열할 필요가 있다'고 하는 그의 자기청산론 가운데에는 계급문학운동의 조직으로부터 아나키즘과 같은 비마르크스주의적 방법론과 인식론을 극복·배격하자는 조직 강화의 논리가 담겨 있는 것이다.

그러나 김화산은 이 같은 비판에도 다음과 같은 논리로 이에 대응하고 있다.

> 예술은 중앙집행위원회의 명령에 의하여 제작될 것이 아니다. 예술의 영감은 외부에서 강제하는 목적관에서 오지 않는다. 그러나 예술은 그 내적 필요성에 의하여 자기 자신 어떤 목적관을 형성한다. 즉, 투쟁기에 있어서는 필연적으로 투쟁 관계와 내적 상호 흡수 작용에 의하여 프롤레타리아 간에 결성된 목적의식이 극히 자연적인 방법으로 예술 내부에 삼투된다. 이야말로 아나키스트의 고조코자 하는 자연생장성을 통한 목적의식이다. 문예와 사회 투쟁기에 대한 예술의 임무는 오직 이에 의해서만 정확히 해결된다.
>
> 투쟁기의 예술은 정통 무산계급적 인식의 표현이다. 무산계급 내부에 발효하며 삼투하며 결성된 투쟁의사의 자유로운—즉, 하등의 강제와 명령에 의치 않은—자기의 의욕의 표현이 아니면 무산계급의 예술이라 말할 수 없는 것이다. 그리함에 불구하고 볼셰비키 야심가, 악선동가 내지 그들의 부화뇌동적 주구 잡졸들은 예술을 그들의 주구로 사용코자 한다. 정당 어용 예술, 중앙집행위원회 명령의 예술이 아니면 예술이 아니라 한다. 이제 이 포학한 선동가는 예술을 유린하여 득의양양이다. 볼셰비키들이 무산계급을 자기 자신들의 지배하에 집중키 위하여 강제와 권력을 찬미하는 것과 동양(同樣)의 수단이 예술상에 침범하게 되었다.[49]

김화산의 주장 가운데 가장 주목되는 것은 아나키즘이 추구하고 있는 자유주의적 성향이다. 아나키즘의 경우에도 볼셰비즘과 마찬가지로 부르주아 계급에 반대하고 있지만, 그 성향은 절대적 이념을 강

---

49 김화산, 「뇌동성 문예론의 극복」(현대평론, 1926. 6), 6면.

조하고 있는 볼셰비즘의 경향과 전혀 다르다. 그러므로 문예의 영역에서도 아나키즘은 오히려 문예의 본질로서 그 내적 필요성에 의한 어떤 목적을 지니는 것이라고 규정한다. 볼셰비즘에서 외부적으로 강제하는 목적에 추수하는 문학은 오히려 문예 그 자체를 유린한다는 것이다.

이 같은 김화산의 견해는 이념과 조직의 강화를 당면 임무로 내세우고 있는 계급문단으로서는 매우 위험스런 노선의 이탈이 아닐 수 없다. 그러므로 계급문단에서는 김기진과 박영희 사이에 야기된 내용형식 논쟁을 박영희의 편에서 수습하고, 곧바로 아나키즘론에 대한 비판에 가세하고 있는 것이다. 박영희는 계급문학운동의 방향전환을 강조하면서 아나키스트의 주장에 반대하고 있는 윤기정, 조중곤 등의 지원을 받음으로써 방향전환론의 이론 확립과 계급문학운동의 조직 전환을 새롭게 구상할 수 있게 된다. 그리고 이러한 조직 강화의 과정에서 마르크스적 입장을 반대해 온 아나키즘론자들인 권구현, 김화산 등이 조직으로부터 이탈하게 되는 것이다.

아나키즘 논쟁과 비마르크스주의적 경향의 극복

조선프로예맹에서 아나키즘 계열 문인들이 이탈되는 과정을 확인하기 위해서는 아나키즘 계열 문인들의 조직체인 '조선자유예술연맹'의 창립과정을 살펴볼 필요가 있다. 조선자유예술연맹이 창립된 것은 1928년 1월 3일이다. 아나키즘 운동을 지지하던 권구현, 이향, 이홍근 등이 준비위원이 되어 서울 낙원동의 수문사에서 조선자유예술연맹을 조직하고 다음과 같은 발기 성명을 발표하고 있다.

> 우리는 과거의 일체의 종파적 기성예술과 맑스주의의 선전 삐라식 사이비예술운동을 철저적으로 배격하고 신사회의 건설을 합리화할 정통무산계급의 예술을 강조하지 않으면 안 된다. 여기에 조선자유예술연맹 창립 발기의 의의가 있다.[50]

조선예술연맹의 조직은 조선프로예맹과 같이 뚜렷한 강령이나 규약을 내놓고 있지는 않으며 그 구성원의 규모도 그리 크지 않은 것으로 보인다. 그러나 그 이념적인 경향은 마르크스주의의 배격임을 분명히 알 수 있다. 마르크스주의 선전 삐라식 사이비예술운동을 철저히 배격한다고 주장하고 있기 때문이다.

자유예술연맹의 이념이 무엇인가를 알기 위해서는 이들의 문학적 견해가 어디에 기대어 있는지를 살펴보는 일이 필요하다. 자유예술연맹의 창설 직후 활발한 문필활동을 전개한 바 있는 이향의 견해를 보기로 하자. 이향은 「예술가로서의 크로포토킨」(《동아일보》, 1928. 2. 7~2. 10), 「예술의 일익적 임무를 위하여 — 일부 예술운동을 평함」(《조선일보》, 1928. 2. 10~2. 28), 「빈천계급 문단 산평 — 침체의 원인 및 변증화 문예」(《중외일보》, 1928. 2. 22~2. 28) 등을 발표하면서 자유예술연맹의 입장을 대변하고 있기 때문이다. 아나키즘 문예론자로서의 이향의 존재는 식민지 시대의 아나키즘운동과 아나키스트 문예운동의 연관 관계를 확인해 볼 수 있는 몇 가지 단서를 제공하고 있다. 그는 문예운동의 영역에 관심을 두기 전부터 아나키즘 운동 단체였던 원산청년회와 밀접하게 연관되어 있었다. 원산청년회는 1921년 민족주의자 조종구, 조시원, 이향 등이 그 핵심 구성원이었다. 《동아일보》의 기사(1923년 9월 18일 자)에 따르면 "지난 8월 9일 원산청년회

---

50 《동아일보》(1928. 1. 5).

주최로 열린 현상웅변대회의 연사 이향(21세)과 노철욱(21세) 2인은 보안 위반법이란 죄명으로 함흥지방법원 원산지청 검사국에서 취조를 받던 중 지난 16일 원산 지청에서 심리를 마치자 검사로부터 각각 징역 1개월을 구형받앗다"라고 되어 있어 이때 이미 그가 원산청년회의 활동에 깊이 가입하고 있었음을 보여준다. 그 후 이향은 1924년경부터 동호인 김광 등과 동호문단을 창설하고 문필활동을 시작하였다. 이향, 조시원, 김연창, 유우석 등의 아나키스트 그룹은 1926년 대중적 청년 조직체인 원산청년회를 중심으로 사상계몽운동을 펴나갔다. 당시 《동아일보》(1926년 1월 12일 자)에는 '원산청년회 집행위원 십이명 돌연검거'라는 기사가 실려 있고, 다음날 기사에도 '내용은 강령 불온, 팔방으로…'라는 제목하에 관련자들을 계속해서 검거 중이라고 하였다. 당시 발표된 명단 속에 이향이 포함되어 있다. 이어 22일 자 《동아일보》에는 '원청위원 전부 방면, 이향 씨만 유치'라고 되어 있는데 그 원인으로 해외 조직과 연관된 때문이라고 되어 있다. 이것은 당시의 국내 아나키즘 운동이 끊임없이 국외의 단체와 연계를 하려고 했다는 점을 말해 주는 것으로서 이향이 그런 일을 도모했던 것이 아닌가 추정된다. 그가 석방된 것은 1926년 2월 1일로 되어 있다. 그러나 이향은 이후에도 서울과 원산을 왕래하면서 여러 가지 충돌을 일으켰던 것으로 알려져 있다. 구체적으로 청년회에서 경영하고 있던 동아일보 지국의 권리금 문제, 천도교 강당에서 열린 강연회에서의 충돌 등으로 경찰의 개입을 초래하였다. 당시 평양에 있던 관서흑우회는 이홍근 등을 원산에 파견해서 이를 응원한 바 있는데, 이 일로 해서 이향이 평양을 방문하여 기독교 비판 강연회[51]를

51 당시 《동아일보》(1928. 4. 14)에는 "평양부 외 기림성 관서동우회는 최근 관서흑우회로 개칭되었는바 14일 오후 8시에 부내 천도교당에서 문예사조 강연회를 개최하리라는데, 연사 세 명은 다음과 같다더라. 이향, 곽철, 이대식"이라는 내용의 기

계획했던 것으로 알려져 있다. 이때 평양에 권구현 등이 모인 것으로 되어 있다. 그러나 이 강연회는 무산되었고, 이후 이향은 프로문학 진영과 아나키즘 논쟁에 참가하게 되는 것이다.

예술에 대한 이향의 기본적인 입장은 김화산의 경우와 마찬가지로 자유주의에 기초하고 있다. 그는 예술을 전문적인 기술 형태로 파악하고 있으며, 예술적 내용이라는 것도 예술적 형태가 아니고서는 표현할 수 없는 것이라고 말한다. 미적 정서의 표현으로서의 예술의 속성을 강조하고 있는 그는 이러한 미적 정서가 개인적 체험과 그 개성에 의해 비롯됨을 강조하고 있다. 일체의 구속과 지배로부터의 자유를 구가할 수 있는 개인의 삶을 주장하는 대목에서 아나키스트의 무정부주의적인 입장이 나타나기도 한다. 이 같은 예술적 입장에서 볼 때 마르크스주의의 계급문학운동은 예술의 특수성에 대한 인식을 결여하고 있을 뿐만 아니라 예술의 본질을 망각한 채 그것을 계급투쟁을 위한 하나의 수단으로 전락시키고 있다는 것이다. 정치주의적 이념의 주입과 그 투쟁에의 진출을 주장하면서 오히려 예술 자체의 침체를 가져오고 있는 마르크스주의적 계급문학운동은 더 이상 공간을 확대할 수 없다는 것이 그의 판단이다.

> 조선 문단이 양호한 문예를 가지려면 우리는 철저한 인격적 개인주의자가 되지 않으면 안 된다. 아니 오인(吾人)의 사색과 비판과 창조적 제활동은 개인의 자유로운 행동의 산물이므로 그 자유가 상실되었을 때 온갖 창조적 활동이 정지되며 그 사회의 발전도 불가능하게 되는 것이다. (중략) 인간은 그 자연의 법칙이 자유로운 행동을 요구하는 것이니까, 그대로 순응함이 옳을 것이다. 목적의식이란 우상을 만들 필요가 없는 것이다. 목적에 의식적으로 노예가 되어서는 아니 되는

사가 실려 있다.

것이다. (중략)

우리는 그 예술의 존재나 인간이 안주할 수 있는 사회를 요구하는 것이다. 그것도 인간의 창조적 자유에 있어서만 되는 것이다. 물론 그 자유로운 행동을 이 사회가 제한한다고 하지만, 우리는 자유로운 행동에서 자유로운 사회 건설이 가능한 것이다. 이와 같은 자유로운 생활을 요구하는 행동의 자유에서뿐 온갖 생명을 창조하게 되는 것이다.[52]

이향의 주장을 그대로 따를 경우, 이들이 조직한 조선자유예술연맹의 성격은 예술주의, 자유주의로 요약할 수 있다. 물론 이러한 성격은 계급 사회를 부정하고 있는 새로운 이상적 사회에 대한 지향을 통해 더욱 명확한 의미를 획득하고 있다. 이들은 결국 마르크스주의의 이념성과 집단성을 거부하고 있는 셈이며, 방향전환 자체를 반대하고 있는 것이라고 하겠다.

이 같은 자유예술연맹의 주장은 방향전환을 꾀하고 있던 계급문학운동에 대한 도전으로서 당시 계급문단에 커다란 충격으로 받아들여지고 있다. 그러므로 조선프로예맹은 자유예술연맹의 창립에 대한 공격적인 성명을 발표하고 그에 대한 비판을 계속하게 된다. 조선프로예맹이 자유예술연맹을 비판하는 가장 중요한 쟁점은 우선 조선프로예맹이 의도하고 있는 계급문예운동의 방향전환과 조직적인 계급예술운동의 전개를 방해하고 있다는 점이며, 이념상으로 반마르크스주의에 서서 명확한 개념도 설정되어 있지 않은 목표를 내세우고 있다는 점이다. 조선프로예맹은 방향전환론의 초기 단계에서 분열적인 도전을 자행하고 있는 자유예술연맹을 분쇄해야 한다고 주장하고 있다. 1928년 3월에 발표된 조선프로예맹의 조선자유예술연맹에 대한 비판 성명은 다음과 같다.

---

52 이향, 「빈천계급 문단산평(3)」(중외일보, 1928. 2. 27).

그런데 여기서 주목하지 않으면 안 될 것은 이러한 오류를 청산하는 과정에서 분열적 반동적으로 내부에서가 아니라 외부에서 벌써 청산하고 있는 오류를 향하여 도전하는 비열한 무리가 왕왕 있는 것이다. 이것은 세계의 역사가 말하는 바이며, 우선 본 동맹에 대립하려고 출현한 「조선자유예술연맹」도 또한 그 부류의 하나가 아닐 수 없다.

우리는 여기에서 자유예술연맹의 정체를 폭로하는 동시에 그 얼마나 우리의 예술운동을 혼란시키는 자이며, 우리로 하여금 영원히 자기들의 기만 가운데 예속시키려는 혼령을 처단하려 하는 바이다.

피등의 발기 취지문은 말한다.

「맑수주의 선전 삐라식 사이비 예술운동을 철저히 배격하고 신사회의 건설을 합리화할 정통 무산계급의 예술은 강조하지 않으면 안 된다. 여기에 자유예술연맹의 창립 발기의 의의가 있다.」

선전 삐라식 사이비 예술운동을 배격한다는 데에 대해서는 상술한 바와 같이 우리로서도 그 오류이었음을 인식하는 동시에 하등의 이의를 신청치 아니하지마는 '맑스주의예술'이 그런 것 모양으로 무지한 간취로 인하여 우리들이 범했던 오류를 다시 한 번 되풀이하면서 반맑스주의적 기치를 휘날리고 나오는 것은 또한 어떤 것이라고 명시도 없이 그야 참말 자유연합 식으로 아나키스틱하게 신사회 건설을 합리화할 정통… 운운함은 마치, 장님이 독사 옆을 평연히 지나가면서 나의 용기를 보라고 부르짖는 것과 하등의 차이를 인식할 수 없다.

피등은 어떤 것이 신사회이며, 그 건설을 위해서는 어떻게 합리적 방법이 있는 것인지를 모른다. 그것은 왜? 피등은 아나키스트이기 때문에. (중략)

조선의 대중은 정당한 길을 걷고 있는 단일 전선을 사수하지 않으면 아니 될 것이며, 그 정당한 단일 전선에 정당히 합류하고 있는 예술운동을, 곧 본 동맹을 지지하지 않아서는 안 된다.

우리는 대중의 힘으로 피등을 분쇄할 것이며, 본동맹의 과감한 투쟁으로서 피등을 박멸할 것을 성명한다.[53]

조선프로예맹의 성명과 함께 프로예맹의 맹원들은 이향을 중심으로 하는 자유예술연맹의 맹원들에게 공격을 가하고 있다. 이 가운데 민병휘는 「아나키스트의 망론」(《중외일보》, 1928. 3. 1~2)을 통해 아나키스트들의 무원칙성과 반역사주의적 속성을 지적, 비판하고 있다. 이러한 논쟁의 전개 과정을 통해 아나키즘을 내세운 자유예술연맹의 맹원들은 완전히 조선프로예맹의 계급문단으로부터 이탈하게 된다. 그러나 조선자유예술연맹의 아나키즘 문학운동은 더 이상의 진전을 보이지는 않는다. 그 이유는 아나키즘론 자체에 대한 인식의 불철저에서도 찾을 수 있을 것이지만, 이들의 예술적 실천 역량도 성숙되지 못한 상태였다는 점에 있을 것이다. 조선프로예맹 측의 입장에서 본다면, 자유예술연맹이 내세운 아나키즘 문학론의 청산은 마르크스주의 이념의 강화, 조직의 결속, 문예운동의 집단적인 속성에 대한 천명 등을 통해 프로문학의 질적 향상을 도모할 수 있는 계기[54]를 맞게 되었다고 할 수 있을 것이다.

(4) 계급문학운동의 조직 전환

제3전선파의 등장

조선프로예맹의 조직 내부에서 사회운동의 방향전환기에 이루어진 내용형식 논쟁, 아나키즘 논쟁 등은 1927년 박영희에 의해 제기된 목적의식론에 근거한 방향전환론으로 이어지면서 계급문학운동의 이념 노선을 마르크스주의적 원칙으로 고정시켜 놓고 있다. 특히 아

53 조선프로예맹, 「자유예술연맹의 정체를 폭로하여 본 동맹의 태도를 성명함」(조선일보, 1928. 3. 11).

54 김윤식, 『한국근대문예비평사연구』(일지사, 1976), 71면.

나키즘 운동가들을 계급문단의 조직으로부터 제거시키는 과정을 보면, 이념 노선의 정비가 조직의 문제와 직결되고 있음을 확인할 수 있게 된다. 계급문예운동의 방향전환 과정에서 볼셰비즘의 원칙과 아나키스트의 관념의 충돌을 드러낸 아나키즘 논쟁은 일본 동경을 거점으로 하고 있던 마르크스주의 운동가 그룹인 이른바 제3전선파의 국내 계급문단 진출의 계기가 되었고, 이 새로운 세력의 등장이 조선프로예맹의 조직개편과 계급문예운동의 이념 노선을 마르크스주의로 규정하는 데에 중대한 영향을 미치고 있다.

1927년 중반에 국내 계급문단의 관심을 끈 제3전선파란 무엇인가? 그들의 조직의 실체는 무엇이며, 그 이념적 성향은 어떤 것인가? 제3전선파의 주동적 인물인 이북만, 김두용, 조중곤, 한식, 홍효민 등은 일본 동경의 체험을 근거로 하여 새로이 등장한 계급문예운동의 신세대들이다. 이들은 일본 유학에서 습득한 사회주의운동의 이론과 실천 방법을 바탕으로 계급문예의 임무를 작품 행동에만 국한할 것이 아니라 투쟁을 통해 계급의식의 계몽에 앞장선다는 목적을 내걸고, 1927년 3월 제3전선사를 조직한 후 그 기관지인 《제3전선》(1927. 5)을 간행하면서 조직적인 계급문예운동의 실천에 나서기 시작하였다.

제3전선파가 근거하고 있던 계급문예운동의 이념 기반과 실천 방법은 일본에서 사회주의 계급운동의 지도적 이념이 된 바 있는 후쿠모토이즘이다. 당시 후쿠모토이즘의 이념적 성격은 이미 앞장에서도 언급한 바 있거니와 일본의 무산계급운동이 조합주의에서 정치행동에로의 전환을 맞고 있다는 전제 아래 마르크스주의적 정치투쟁을 내세운 점에 그 특징이 있다. 특히 정치투쟁의 주체가 마르크스주의적 정당이 되어야 하므로 이 같은 정치투쟁의 진정한 주체를 전취하기 위해 '결합하기 전에 우선 분열한다.'라는 이른바 '결합에 관한 마르크스적 원리'를 내세우고 있는 것이다. 제3전선파의 맹원들은 국내에서 계급운동의 방향전환론이 대두되자 바로 이 같은 후쿠모토이즘의 이념에 입각하여 계급문예운동의 방향전환을 지지하였고, 조선프로예맹 조직 내부에서 무산계급 문예운동의 마르크스주의적 입장을 반대하던 아나키스트의 주장을 반박하면서 마르크스주의적 정치투쟁을 위한 주체의 결정을 강조했던 것이다.

> 조선의 무산문예운동 진영은 의연코 혼동되어 있다. 소아병적으로부터 반동소부르주아, 파시즘화 해가는 분자 등등의 활보를 본다. 우리는 어느 때까지나 이런 혼동 가운데서 개인 대 개인, 프로문단 대 부르문단(아나키즘문단까지)과만 싸워서는 안 된다. 우리도 문예운동을 중간관절로서의 역활을 다해야 할 것이요 그것을 하려며는 집단형태를 밟아가지고 엄정한 볼셰비즘적 단결을 요하는 것이다. 그러한 단결에는 자기청산의 필요를 느끼게 된다. 늘 쓰는 말이지만 단결하기 전에 완전히 분열할 필요가 있는 까닭이다. 우리는 완전한 맑시즘적 인식의 파악을 요한다.
>
> 문예운동은 정치적 진출이 아니고서는 그 역할을 수행할 수 없다. 정치적 진출을 하려는 제2조직기를 앞에 둔 우리의 진영에서는 자기청산의 필요를 절실히 느낀다. 객관적 정세가 그렇게 하지 아니치 못하게 한다. 따라서 우리는 비맑스주의적 방법론을 극복 배격하기 위하여 싸우지 않으면 안 된다.[55]

제3전선파는 앞의 인용에서 보는 바와 같이 박영희의 방향전환론의 기본 노선에 동조하여 아나키즘 등의 비마르크스주의적 문예론을 배격하면서 국내 문단에 관심을 표하기 시작하였다. 계급문예운동의 정치적 진출이라는 방향전환의 단계에서 마르크스주의의 이념노선을 천명하고 있는 제3전선파의 등장은 조선프로예맹의 조직 전

---

55 조중곤, 「비맑스주의 문예론의 배격」(중외일보, 1927. 6. 23).

환을 예고하고 있다. 제3전선파는 1927년 여름방학을 이용한 전국 순회강연을 대대적으로 실행하였다. 제3전선파의 국내 강연은 1927년 7월 4일부터 부산·대구·경성·함흥·홍원 등지로 이어졌으며, 조중곤의 「무산 문예의 사적 고찰」, 홍효민의 「현 단계의 문예 이론」, 김두용의 「과거와 현재의 연극」 등의 강연이 계속되었던 것으로 알려져 있다. 이들은 강연을 마치고 조선프로예맹의 박영희 등과 회동하였고 마르크스주의적 이념에 따른 계급문예운동의 새로운 전환에 뜻을 같이하게 되는 것이다.

> 이해(1927) 여름에 일본 동경에서 《제3전선》을 창간한 동인들, 조중곤, 김두용, 한식, 홍효민 등과 이북만이 서울에 왔다가 프롤레타리아예술동맹의 동경 지부를 만들고 카프 기관지도 당국의 사전 검열을 행하지 않는 동경서 발행하겠다고 이야기가 되어서 그해 1927년 9월에 카프는 3개 조의 정치적 강령을 걸고서 방향전환을 선언하는 총회를 개최하였고 개성, 원산, 평양 등 전국 10여 개소에 지부를 설치하여 맹원이 2백여 명이나 되었다. 그 후 동경에서는 《제3전선》과 《개척》이 합동이 되는 동시에 카프 동경 지부의 간판을 내걸었으며, 카프의 기관지 《예술운동》 제1호는 그해 10월에 세상에 나타났다.[56]

제3전선파는 국내 진출을 꾀하면서 방향전환의 시대적 요구에 따라 자연스럽게 조선프로예맹의 계급문학운동에 합류하고 있다. 이들이 내세우고 있는 선명한 마르크스주의적 입장이 신경향파적인 속성을 벗어나지 못하고 있던 조선프로예맹의 계급문학운동에 신선한 충격으로 작용한 셈이다. 특히 이북만과 조중곤은 방향전환론의 이론적인 선두자로서 박영희가 내세운 목적의식론을 더욱 강한 정치투

56 김기진, 「한국문단측면사」(사상계, 1956. 12), 200면.

쟁의 영역으로 끌어갈 수 있는 투쟁 의욕을 불러일으키기 위해 선동적인 주장을 계속하고 있다. 이들은 정치 선전의 포스터와 정견발표문조차도 계급문예운동의 한 방편이 된다고 주장할 정도로 예술운동의 정치주의적 진출을 강조하고 있다.

이러한 상황에서 볼 때 조선프로예맹과 제3전선파의 만남은 마르크스주의적 입장에서의 계급문학운동의 조직적 전개를 위한 이념적 결속을 가능하게 하고 있다. 제3전선파는 우여곡절로 끝낸 하계 방학의 전국 순회강연을 마치고 곧바로 조선프로예맹과의 조직 통합을 꾀하게 되는 것이다. 조선프로예맹과 제3전선파의 통합은 파스큐라와 염군사를 중심으로 조직된 조선프로예맹에 이념적 신세대가 새로운 변수로 등장하고 있음을 뜻하는 것이다. 그 이유는 제3전선파의 문단적 진출 자체가 계급운동의 차원에서 이루어진 것이며, 일본 동경을 중심으로 하는 이념적 급진 세력의 경향성에 깊이 영향받게 된다는 점에서 기존의 조선프로예맹과는 다른 성향을 갖고 있음을 생각할 수 있기 때문이다.

조선프로예맹의 조직 확대

1927년 9월 1일 조선프로예맹과 제3전선파는 회동을 거쳐 조선프로예맹의 조직개편에 착수하고 강령과 규약을 개정하였다. 구체적인 조직개편의 내용은 다음과 같다.

조선프롤레타리아예술동맹 조직(1927. 9. 1)[57]

중앙위원회 위원

(경성) 김복진 박영희 조명희 한설야 최학송 윤기정

(동경) 이북만 홍양명 조중곤 한식 홍효민

(대구) 이상화

(원산) 박용대

중앙상무위원회 부서

서무부: 윤기정

교양부: 박영희

출판부: 최학송

조사부: 김복진

조직부: 홍효민

1927년 9월 조선프로예맹의 조직개편은 지역별로 안배된 중앙위원회와 5개 조직부서로 이루어진 중앙상무위원회를 중심으로 하고 있다. 중앙위원회는 기존의 7인위원회를 대폭으로 개편하였다. 기존 조선프로예맹의 7인위원회는 김복진, 김기진, 이량, 박영희, 최승일, 안석주, 김경태로 구성되어 있었다. 그런데 이 가운데 김복진, 박영희만이 경성의 중앙위원에 임명되고 있을 뿐 나머지 위원은 모두 중앙위원회에서 제외되고 있다. 그 대신에 제3전선파의 인물들은 모두 동경 중앙위원이 됨으로써 이들의 위치가 조선프로예맹의 조직 내부에서 중심 세력권을 형성할 수 있을 만큼 중시되고 있음을 알 수 있다. 특히 중앙위원회의 위원들을 지역별로 구성한 것은 조직의 확대와 함께 계급문예운동의 대중적 진출을 준비하기 위한 새로운 시도

57 이 같은 조직개편의 내용은 《조선일보》(1927. 9. 4)에 상세히 소개되었다.

였다고 할 수 있다.

제3전선파의 계급문단 진출은 그들이 이끌어갈 계급문학운동의 이념주의적 성향이 강화될 것임을 말해 주는 근거가 되고 있다. 제3전선파의 등장으로 말미암아 조선프로예맹은 조직 노선에 있어서 이미 이념주의로의 전환을 이루고 있을 뿐만 아니라 보다 진보적인 정치주의적 성향의 신세대가 등장함으로써 계급문단 자체가 다층적 세대 구성의 특징을 보여주기 시작했다고 할 수 있다. 제3전선파의 계급문학운동에 대한 논리와 이념은 조선프로예맹의 조직 내에서의 계급문예운동의 정치적 진출과 관련된 이론투쟁을 확대시켰으며, 계급문예운동의 대중적인 조직과 정치적 투쟁 국면을 새로이 노출시키게 되는 것이다.

조선프로예맹은 제3전선파와의 통합을 거쳐 조선프로예맹의 조직을 개편한 후 그 이념과 노선을 정비하기 위해 강령과 규약을 개정하였다. 조직개편의 내용과 함께 발표된 조선프로예맹의 개정 강령은 다음과 같다.

조선프로예맹 강령

우리는 무산계급운동에 있어서 맑스주의의 역사적 필연을 정확히 인식한다. 그럼으로 우리는 무산계급운동의 일부문인 무산계급 예술운동으로서,

1. 봉건적 및 자본주의적 관념의 철저적 배격
2. 전제적 세력과의 항쟁
3. 의식적 조성 운동의 수행을 기한다.

이 강령의 내용은 '우리는 단결로서 여명기에 있는 무산계급문화의 수립을 기함'이라고 간단하게 추상적 목표를 내세웠던 1926년 12월의 강령과 상당한 차이를 드러낸다.

첫째는 무산계급 예술운동의 이념성에 대한 새로운 규정을 들 수 있다. 조선프로예맹은 이 개정 강령에서 비로소 마르크스주의적 이념 노선을 명기하고 있다. 무산계급운동에서의 마르크스주의의 역사적 필연성을 명확히 제시하고 바로 그러한 이념적 기초 위에서 무산계급운동의 일부로서 무산계급 예술운동의 실천을 도모한다는 것이다. 이러한 이념 노선의 천명은 기존 조선프로예맹 조직 내부에 합류해 있던 비마르크스주의적 요소를 제거할 수있는 근거를 마련하기 위한 것이라고 할 수 있는바 김동환 등의 민족 계열과 권구현 등의 아나키스트 계열이 계급문단에서 추출될 수밖에 없는 상황에 놓이게 되는 것이다.

둘째는 무산계급 예술운동의 조직성에 대한 원칙적인 규정을 들 수 있다. 조선프로예맹의 기존 조직은 이념적 결속력이 약했던 것이 사실이다. 초기의 조선프로예맹이 계급문학운동을 도모하는 문단적 친목 단체와 같은 성격에서 크게 벗어나고 있지 못했던 점을 생각한다면, 새로운 강령에서는 이념성에 근거한 동지적 결합과 그 조직을 요구하고 있음이 분명히 드러난다. 특히 무산계급운동의 일부로서 무산계급 예술운동의 성격을 고정시키고 있기 때문에 무산계급운동을 주도하고 있는 정치 사회적 조직과 조선프로예맹의 조직적 연계성이 중요한 의미로 부각될 수 있음을 예견할 수 있다.

셋째는 무산계급 예술운동의 사회적 실천성에 관한 규정을 들 수 있다. 기존의 조선프로예맹의 무산계급 예술운동은 예술적 창작의 실천이라는 창작 영역 내에서의 기능이 중심을 이루었던 것이 사실이다. 그러나 방향전환과 더불어 무산계급 예술운동은 계급투쟁의 정치적 의미에 따라 그 방향을 달리하고 있다. 봉건적·자본주의적 관념의 배격, 전제적 세력과의 항쟁, 의식적 조성 운동의 수행 등은 모두 정치투쟁적 성격을 중시한 대목이며, 무산계급 문화예술의 확립이라는 초기 단계의 문화주의적 성향이 제거되고 있음을 볼 수 있다.

조선프로예맹의 강령은 새로이 개정된 다음과 같은 규약에 의해 그 조직의 실천적 요건을 더욱 분명히 하게 된다.

조선프로예맹 규약

제1장 총칙

(제1조) 본 동맹은 조선프롤레타리아예술동맹이라 칭함

(제2조) 본 동맹 본부는 경성에 치함

(제3조) 본 동맹은 동맹의 강령 및 결의의 실천을 기함

제2장 구성

(제4조) 본 동맹은 동맹의 강령 및 규약을 준수하는 개인으로 구성함

제3장 기관

(제5조) 본 동맹은 동맹의 결의지도기관으로서 중앙상무위원회, 중앙위원회, 정기임시대회를 치함

(제6조) 정기대회는 연1차(매년 8월)로 중앙위원회에서 소집하고 대회임시집행부를 대회에서 선출함

(제7조) 임시대회는 중앙위원회에서 소집하거나 동회원 3분의 1이상의 요구가 유할시에는 개함을 득함

(제8조) 중앙위원은 정기회에서 차를 선거함(단 위원 중 결원이 유할 시에는 중앙위원회에서 보선함을 득함)

(제9조) 중앙위원회는 중앙상무위원회에서 차를 소집함(단 중앙위원의 3분의 1 이상의 요구가 유할 시에는 개함을 득함)

(제10조) 중앙상무위원은 중앙위원회에서 선거함

(제11조) 중앙상무위원회는 서무부 위원의 명의로 임시 차를 소집함

(제12조) 중앙상무위원회, 중앙위원회, 정기, 임시대회는 반수 이상의 출석이 아니면 개회함은 부득함

제4장 부문

(제13조) 본 동맹은 동맹 강령 및 결의를 실천하기 위하여 좌기 부를 치하고 중앙상무위원이 부무를 처리함

1. 서무부 2. 출판부 3. 조직부 4. 조사부 5. 교양부

제5장 지부

(제14조) 5인 이상의 본 동맹원이 있는 지방에는 지부를 설치함

(제15조) 본 동맹의 지부는 중앙위원의 지도로서 행동의 통일을 기함

(제16조) 지부 규약 및 주장은 중앙위원회의 승인을 요함

제6장 부칙

(제17조) 본 동맹원 1개월 10전의 의무금을 납입할 사

(제18조) 본 동맹원으로서 본 동맹의 강령 및 규약을 준수치 아니하거나 또는 본 동맹의 통제를 문란케 하는 자는 정기, 임시대회 또는 중앙위원회에서 제명함

(제19조) 본 동맹의 강령 및 규약은 대회에서 증삭함[58]

조선프로예맹의 개정 규약은 1926년 12월에 발표된 규약 내용과 비교할 때 조직의 대중적 지지 기반을 획득하기 위한 문호 개방과 지부 설치 등의 규정이 가장 특징적으로 드러난다. 이것은 조선프로예맹이 순수한 문예 단체가 아니라 대중적인 사회운동 단체로서의

---

58 1927년 9월 1일 개정 규약 전문으로 조선프로예맹의 강령과 함께 《예술운동》 창간호에 수록되어 있다.

조직적 성격을 점차 강조하고 있음을 의미하는 것이다. 조직 맹원의 자격 요건 가운데에서도 동맹의 강령과 규약을 준수해야 한다는 점을 들고 있기 때문에 문예 영역에서의 전문적인 기술적 자격을 전혀 고려하지 않고 누구든지 프로예맹의 이념에 동조하는 사람에게는 문호를 개방하고 있다. 그 결과 조직의 대중적 확대를 가능하게 하였다는 점을 쉽게 짐작할 수 있다. 그리고 동맹원의 의무와 역할을 분명히 함으로써 조직의 이념적 결속과 그 지표를 더욱 분명히 하고 있음을 확인할 수 있는 것이다.

조선프로예맹은 이 같은 이념성, 조직성, 실천성에 근거하여 무산계급 문예운동에 대한 조직 내부의 이념을 정비하고 그 실천적 논강을 발표한다. 조선프로예맹 본부 초안으로 발표된 「무산계급 예술운동에 대한 논강」은 계급문예운동의 이념 노선과 실천 방법을 놓고 이루어지기 시작한 조직 내부의 이론투쟁의 새로운 국면을 제공하게 된다는 점에서 매우 중요한 의미가 있다. 방향전환의 역사적 필연성과 그 정치투쟁으로의 실천을 놓고, 조선프로예맹은 민족적 정치투쟁의 시야를 전취해야 한다는 강력한 의지를 표명하게 된다. 정치투쟁을 위한 투쟁, 예술의 무기로서 예술운동의 실행을 내세우고 있는 이 논강의 내용은 다음과 같다.

> 조선의 무산계급운동은 1927년을 1기로서 운동의 질적 방향전환을 감행하였으며, 따라서 무산계급 예술운동에도 질적 방향전환을 요구하여 이제 조선프롤레타리아예술동맹은 이 전환의 실행을 기함.
>
> 무산계급 예술운동의 방향전환을 실행함에 있어서 우리는 먼저 우리 운동이 전환되지 않으면 안 될 객관적 조건의 현계단을 구명하며 그리함으로써 현계단을 파악하지 않으면 아니 된다. 이것 없이 우리는 무산계급 예술운동의 방향전환의 실천의 전개를 기하지 못한다. 그것을 구명 파악함에는 과감한 이론투쟁을 실행할 것이다.

그 이유는 맑시스트는 세계 변혁 과정에서 그 역사적 필연으로 박도한 객관적 정세의 현 단계를 구명하며 파악하며 전취하여 그럼으로 운동의 역사적 임무를 다하지 않으면 아니 된다.

그러므로 전 세계 무산계급운동은 지금 이 변증법적 역사 과정을 과정하고 있다.

무산계급운동의 방향전환은 이리해서 부분적 투쟁으로부터 대중적 전체적 투쟁을 의미하는 것이니, 즉 조합주의 투쟁에서 정치투쟁을 의미하는 것이다. 진실한 의미에서 맑시스트는 '세계를 여러 가지로 설명하는 것이 아니라, 세계를 변혁함에 있다.' 이것을 실행함에는 정치투쟁으로부터 시작할 것이다.

그리하여 우리는 목전의 실례로는 ××의 무산계급은 지금 ××정치에서 부르주아 민주주의 정치 획득을 현 단계로서 전취하려 하며, 지금 그것을 과정하고 있다. 이에 일본의 제국주의의 지배 밑에 있는 전조선 민중은 필연적으로 이 정치 과정을 과정해야 하며, 그리해서 지금 그것을 과정하고 있다. '조선의 민족단일당'을 절규하며 조선 각지에서 총역량을 이리로 집중시키게 되었다. 이럼으로 조선의 민족적 정치운동으로 전개되었다.

그러므로 조선프롤레타리아예술동맹은 무산계급운동의 방향전환과 한 가지 이 민족적 정치투쟁 시야를 전취함으로 이 과정을 과정하여야 한다.

따라서 조선프롤레타리아예술동맹은 무산계급 예술의 임무를 작품행동에 국한시키는 것이 아니라, 우리는 전운동의 총기관이 지도하는 투쟁을 실행하기 위하여 우리의 예술은 무기로서 되지 않으면 아니 된다.

이리하여 작품 지상인 행동의 계급적 자기 소외로부터 무산계급 예술의 구출을 기한다.

이러한 의미에서 조선프롤레타리아예술동맹의 예술운동은 정치투쟁을 위한 투쟁예술의 무기로서 실행된다.

조선프롤레타리아예술동맹은 대중에게 이 투쟁 의식을 고양하며, 이것의 교화 운동을 위하여 조직하며, 그리하여 우리는 무산계급 예술

운동의 역사적 임무를 다할 것이다.[59]

조선프로예맹의 계급문예운동의 이념적 노선과 그 실천 방법을 규정해 놓고 있는 이 논강은 접속어와 지시어를 남발하고 있는 매우 조악한 문장으로 이루어져 있으나 앞서 검토한 바 있는 강령의 내용을 구체적으로 설명하고 그 실천 방법을 제시하고 있는 것이라고 하겠다. 이 논강에서는 특히 일본제국주의 지배 아래 놓여 있는 조선 민중의 민족적 정치투쟁을 위해 예술운동이 무기가 될 것을 강조하고 있다. 그리고 이를 위해서 '민족단일당'의 투쟁 노선을 지지하고 있음을 보게 된다. 조선프로예맹이 신간회의 조직에 적극적인 지지를 보내면서 예술 영역에서만이 아니라 대중적인 정치운동에 참여하게 되는 과정을 여기서 확인할 수 있다.

이 논강의 내용은 우선 계급문예운동의 방향전환에 관한 규정이 분명히 드러나 있다. 마르크스주의자의 입장에서 계급문예운동은 조합주의적 투쟁을 벗어나 정치투쟁으로 진출해야 한다는 것이다. 이것은 계급운동의 방향전환과 마찬가지로 문예운동의 방향전환이 필연적인 것임을 강조하는 부분이다. 그리고 조선의 현실과 계급운동의 역사적 단계에 대한 인식도 주목된다. 이 논강에서는 방향전환기를 일본제국주의 지배 아래에서 부르주아 민주주의 정치 획득을 전취하고자 하는 역사적인 단계로 인식하고 있다. 이것은 프롤레타리아 혁명의 전 단계로서의 역사적인 과정으로 당대의 현실 문제를 인식하고 있음을 뜻하는 것이다. 계급문예운동의 정치투쟁으로의 진출과 그 실천 방법을 제시하고 있는 점도 중요하다. 이 논강에서는 조선의 민족단일당에 대한 총역량의 집결과 민족적 정치운동으로서의

59 「무산계급 예술운동에 대한 논강 ― 본부초안」(예술운동, 1927. 11), 2~3면.

계급운동을 강조하고 있다. 그렇기 때문에 계급문예운동은 민족적 정치투쟁의 시야를 전취한다는 것이 중요함을 역설하였고, 전 운동의 총기관으로서 민족단일당이 지도하는 투쟁을 실천하기 위해 예술은 무기가 되어야 함을 강조하고 있다. 특히 계급문예운동은 대중의 투쟁의식 고양, 대중에 대한 교화, 대중의 조직을 위해 투쟁해야 함을 주장하고 있는 것이다.

이 같은 민족단일당에 대한 조선프로예맹의 지지를 보면, 초창기 신간회와 방향전환 직후의 조선프로예맹의 관계가 당적 조직과 그 하부 조직의 실천 관계를 연상할 수 있을 만큼 밀접하게 연결되어 있음을 확인할 수 있다. 실제로 신간회 결성에 참여한 조선공산당의 경우에도 신간회가 명실공히 민족단일당이 될 수 있도록 지지 후원하도록 하였고, 홍명희를 중심으로 신간회에 직접 참여하여 다수의 당원이 이에 가담하도록 하였다. 그들은 공산주의자와 민족주의자의 협동전선으로 이루어진 신간회를 점령하는 것이 아니라 이에 참여하여 노동자·농민의 교양에 힘써 그 헤게모니를 확보하도록 하였던 것이다.60 이와 같은 정치적인 상황으로 인해 조선프로예맹은 민족단일당의 지도에 따르고 그 이념을 투쟁적으로 실천하는 것으로 조직의 성격을 규정하였다고 할 수 있다. 신간회와 조선프로예맹의 이러한 직접적인 연결 관계는 사회주의자들이 신간회 조직에서 이탈하기 시작하는 12월 테제의 등장 이전까지 지속되고 있다.

이처럼 조선프로예맹은 방향전환과 함께 그 이념 노선의 실천을 위해 조직의 전환도 결행하고 있다. 조직개편에서 이루어진 제3전선파의 등장은 계급문학운동에서 정치적 이념주의 성향이 주도적인 역할을 하기 시작했음을 말해 주는 셈이다. 제3전선파의 등장으로 말

---

60 스칼라피노·이정식 외, 『신간회 연구』(동녘, 1983), 37면.

미암아 조선프로예맹은 보다 진보적인 정치주의적 성향의 신세대를 조직 속에 끌어들이게 되었으나, 계급문예운동에 대한 논리와 실천적 이념을 놓고 1928년 이후 조선프로예맹의 본부와 동경 지부의 견해가 부딪히면서 조직 내에서의 이론투쟁을 확대시켰으며, 계급문예운동의 정치적인 국면을 새로이 노출하게 되는 것이다.

3. 계급문학운동의 정치적 진출

(1) 계급문단 조직의 대중적 확대

조선프로예맹 동경 지부

조선프로예맹은 1927년 9월 조직개편 이후 동경 지부를 비롯하여 전국적으로 지부를 조직하였다. 계급문예운동의 방향전환 과정에서 구체화된 지부 조직은 신간회의 민족단일당 노선에 따라 계급문예운동의 대중적 진출을 꾀하고자 하는 실천적 목표를 내세우고 있다. 조선프로예맹의 지부 조직에 대해서는 조선프로예맹 규약 제5장에 '5인 이상의 맹원이 있는 지방에 지부를 설치할 수 있다'고 규정한 바 있다. 그리고 '지부의 모든 활동은 본부 중앙위원의 지도로 통일을 기하며, 모든 주장과 규약도 중앙위원회의 승인을 받는 것'으로 되어 있다. 그러므로 프로예맹 지부 결성은 계급문예운동이 프로예맹의 지부 조직을 통해 더욱더 가까이 무산대중 속으로 진출하게 되었음을 말해 주는 근거가 된다. 그리고 이것은 신간회가 전국적인 지부 조직의 확대를 통해 민족 해방을 위한 협동전선을 대중적으로 확산하고 있었던 점에 비추어 볼 때 초기 단계의 방향전환기에 조선프로예맹이 신간회 중심의 민족단일당 노선의 실천에 철저했음을 말해 주는 것이라고 할 수 있다.

조선프로예맹 지부의 조직 과정에서 먼저 주목되는 것은 동경 지부의 결성과 그 활동이다. 프로예맹 동경 지부는 1927년 10월 2일 결성되었다. 동경 지부의 조직은 물론 제3전선파가 주축을 이룬다. 제3전선파의 김두용, 조중곤 등은 경성 본부의 박영희 등과 함께 조선프로예맹의 조직을 전환시켜 놓은 뒤에 동경으로 나와 조선프로예맹의 동경 지부 결성에 착수하고 있다. 동경 지부의 조직은 제3전선파가 중심을 이루고 있지만, 또 다른 유학생 중심의 사회주의운동 단체인 《개척》의 동인들이 여기에 합류함으로써 그 기반이 확대되고 있다.

《개척》 동인들은 제3전선파와 마찬가지로 사회주의운동에 관심을 두고 있던 일본 동경의 유학생들로서 장준석, 윤제술, 김상기, 김종기, 유기현 등을 중심으로 하고 있다. 이들은 신문화 신사회의 완성을 촉진하고 대중과 함께 승리를 획득한다는 목표를 내세우고 사회운동계몽지인 《개척》을 1926년 11월부터 간행하였다. 이 동인지는 제3호를 간행할 때까지 등사판 팸플릿 형태로 간행되었고, 그 조직 활동도 미미했던 것이 사실이다. 그러나 《개척》 제4호를 혁신호[61]로

---

61 《개척》 제4호는 1927년 7월 동경 개척사에서 편집 겸 발행인 장준석에 의해 간행되었다. 주목되는 내용은 다음과 같다.

(평론)
장준석, 「방향전환기에 입각한 문예가의 직능」
홍효민, 「문예시평」
한식, 「현단계의 예술이란 무엇인가」
(시)
김상기, 「밤비」
유도순, 「우슴」
이학인, 「'네즈' 산속에서」
한정동, 「구름」
(소설)

하여 활판 인쇄로 간행하면서 그 조직을 대외적으로 드러내게 되었다. 이들은 제4호의 간행 직후 제3전선파의 권유에 의해 조선프로예맹 동경 지부에 합류하였다. 조선프로예맹 동경 지부는 제3전선파가 중심으로 이루고 있지만 《개척》 동인의 합류를 통해 상당한 규모의 단체가 되었다. 당시 조선프로예맹 동경 지부의 조직 임원은 다음과 같다.

조선프로예맹 동경 지부(1927. 10. 2)[62]

상임위원회
  상임위원: 조중곤, 김두용, 한식, 이북만, 홍양명
부서별 상무위원
  서무부: 조중곤
  재정부: 김두용
  교육부: 한 식
  출판부: 이북만
  기술부: 홍양명
전문부장
  문학부장: 장준석
  미술부장: 이경진
  연극부장: 최병한
  음악부장: 채규엽

조선프로예맹 동경 지부의 조직은 신간회 동경 지부와 밀접한 연

장준석, 「거듭남」
조중곤, 「동모의 편지」

62 《조선일보》(1927. 10. 10)의 기사에 의함.

관을 지니고 있다. 우선 조선프로예맹의 조직 결성 자체가 신간회 동경 지회 회관에서 이루어졌고, 신간회 동경 지회의 핵심인물들이 상당수 조선프로예맹 동경 지부의 맹원으로 가담하고 있음을 확인할 수 있다. 앞의 조직에서 볼 수 있는 홍양명과 최병한은 1927년 5월 창립된 신간회 동경 지회의 간사로 활약하고 있으며, 1927년 신간회 동경 지회 제2회 대회 이후에는 조중곤이 신간회 동경 지회의 총무간사로, 장준석, 최병한 등은 간사로 참여하고 있다.

조선프로예맹 동경 지부는 창립대회에서 중요한 두 가지 사안에 대한 결의를 단행하였다. 하나는 신간회 지지 결의였고, 다른 하나는 '조선총독 폭압정치 반대동맹'에 가담하는 일이었다. 조선프로예맹 동경 지부가 신간회 지지를 결의한 것은 경성 본부에서 발표한 「무산계급 예술운동에 대한 논강」에 따른 것이며, 특히 민족단일당으로서의 신간회의 위치를 강조하면서 그 지지를 주장한 이북만의 의견이 그대로 반영된 것이라고 할 수 있다. '조선총독 폭압정치 반대동맹'에 가담하기로 결의한 것도 신간회와의 관계 속에서 이루어진 일이었다. 조선총독의 폭압정치에 대한 반대 투쟁은 1927년부터 신간회 동경 지회가 전력을 기울였던 대중 운동이었다. 이 운동은 일본제국주의의 조선에 대한 식민지 정책을 규탄하는 민족투쟁으로서의 성격이 강하였고, 1927년 9월 17일 신간회 동경 지회 회관에서 '조선총독 폭압정치 반대동맹'을 결성하였다. 이 동맹은 신간회 동경 지회의 별동대로 인정될 만큼 신간회 동경 지회에 참여했던 모든 단체의 구성원들이 적극 가담하였다.

조선프로예맹 동경 지부는 일본 내에서의 언론 출판 활동이 국내의 경우보다 비교적 용이하다는 점을 이용하여 기관지 《예술운동》을 창간하여 계급문예운동의 대중적인 확대를 실천할 수 있는 기반을 마련하였다. 《예술운동》이라는 기관지의 간행은 계급문예운동의 조직적 전개와 대중적 진출을 위해 일차적으로 필요한 요건이다. 계급문예운동의 이념과 노선을 천명하기 위해서만이 아니라 그 대중적인 기반의 확보를 위해서도 기관지의 필요성이 요청된다. 조선프로예맹은 준기관지 형태의 문예지 《문예운동》의 간행을 주도한 적이 있지만, 그것이 효과적인 문예운동의 실천에 크게 기여하지는 못하였다. 계급문예운동에 대한 사회적 인식도 제대로 확립되지 못한데다가 조직 자체의 결속도 문제가 되던 시기에 이루어진 일이었기 때문이다.

조선프로예맹 동경 지부의 《예술운동》 간행은 프로예맹 조직의 확대와 개편을 마무리하고, 그 이념과 노선을 방향전환의 기조 위에서 정비한 직후에 이루어진 하나의 사건이었다. 조선프로예맹이 《예술운동》의 창간을 동경 지부에서 주관하도록 한 근본적인 이유는 일제의 사상 통제와 검열을 모면해 보고자 하는 데에 있었다. 일본총독부는 당시 조선 내에서 간행되고 있는 모든 잡지의 원고를 사전에 검열했기 때문에 한국인들은 잡지 간행의 자율성이나 편집의 독자적인 원칙을 지켜나갈 수 없었다. 그러나 일본 동경에서는 원고의 사전 검열이 없었으므로 사회운동의 전체적인 흐름 속에서 어느 정도의 독자적인 영역을 지킬 수 있을 것이라는 계산이 작용했던 것이다. 특히 동경 지부의 경우에는 그 맹원들이 이미 《개척》, 《제3전선》 등의 동인지 간행 경력을 갖고 있었기 때문에 기관지의 간행이 크게 문제시되지 않으리라는 점도 짐작할 수 있는 일이다. 그런데 《예술운동》의 간행을 동경 지부에서 주관한다는 것은 계급문예운동의 실천적인 무대가 되는 기관지의 편집 주도권을 동경 지부가 장악하게 되는 결과를 초래할 수밖에 없었다. 동경 지부는 조선프로예맹의 지부로서 그 활동의 모든 영역이 본부의 통제를 받도록 되어 있으나, 《예술운동》의 간행과 함께 기관지 편집 방향이나 논조 등에서 경성 본부와의 갈등을 노정하게 되었다.

《예술운동》의 창간호는 1927년 11월 15일에 간행되었다. 창간호의 중요 필자로는 서울의 본부위원 가운데 박영희, 윤기정, 송영 등이 포함되어 있고, 동경 지부의 이북만, 장준석, 홍효민, 조중곤, 최병한 등이 참여하고 있다.

《예술운동》 창간호 목차

무산계급 예술운동에 대한 논강(본부초안)
무산계급 문예운동의 정치적 역할(박영희)
예술운동의 방향전환론은 과연 진정한 방향전환론이였든가(이북만)
일본프롤레타리아예술동맹에 대하여(中野重治)
노동로서아 혁명10주년기념
　10월혁명과 예술혁명(장준석)
　로서아의 극문학(웨. 웰켄스타인)
　프롤레타리아예술에 대하여(아. 루나찰스키)
비판과 적발
　청년운동과 문예투쟁(이우적)
　프롤레타리아극장 공연을 보고(김무적)
　신여성자매들에게(윤시야)
　일기발초(홍효민)
　노동자 위안회 잡감(최병한)

시
　담(曇) ―1927(임화)
　붉은 처녀에게 드리는 송가(홍양명)
본부 지부 각 기술부 보고
검열제도 개선기성동맹선언. 강령. 규약
전국독자제군에게 급고하노라

소설

앞날을 위하여(윤기정)

빼앗기고만 살까(조중곤)

동화극

모기가 없어지는 까닭(송영)

앞의 목차에서 보는 바와 같이 《예술운동》의 창간호에는 본부의 임원과 동경 지부의 맹원들이 비슷한 비율로 필진에 참여하고 있으며, 본부에서 내건 「무산계급 예술운동에 대한 논강」을 권두에 수록함으로써 기관지로서의 면모를 갖추고 있다. 그러나 잡지의 내용을 보면, 박영희의 관점과 이북만의 주장으로 대별할 수 있는 계급문예운동의 방향전환을 중심으로 하는 본부와 동경 지부 사이의 이념 노선상 차이가 이미 창간호의 평론 속에 노골적으로 드러나 있다. 그리고 《예술운동》의 간행에 대한 다음과 같은 견해 속에도 은연중 그 시각의 차이가 드러나 있다.

(1) 역사는 언제나 필연한 것을 산출한다. 우리의 예술운동이 우리들 입에서 붓에서 부르짖게 된 것은 비록 세 살의 어린아이나, 우리의 전운동에 있어서는 중대한 시간을 경과하였다고 본다. 즉 역사를 재생산하려는 방향전환을 과정하였다는 것이다. 이러한 정세하에서 조선프롤레타리아예술동맹은 9월 1일에 경성에서 임시 총회를 열고 새 운동의 전환을 용감히 출발하였다. 그때 우리 피압박민족을 대표하는 계급적 프로예술운동의 지도 잡지 《예술운동》은 산출하였다. 본 호는 우리의 과감한 출발호이다. 진실한 무산계급적 조직과 지도 이념에서 산출한 조선프롤레타리아예술동맹은 우리 프로예술운동의 진실한 의미 있는 주체임은 설명할 여지도 없다.

우리의 앞으로 전개될 주의 주장과 운동 방침은 이미 본 동맹에서 발표한 강령에 의하여 관일할 것이다. 그러나 이번 호에 발표하는 강령과 논강은 현하 우리의 객관적 정세와 시간상 관계로 전개의 방법과 표현의 문구 등에 불미한 점이 적지 않으나 앞으로 대회를 거쳐 결정적 강령을 발표하고자 함을 말해 둔다.63

(2) 최근 문예운동은 획기적 발전을 하여 왔다. 조선프롤레타리아예술동맹은 제1, 제2, 제3의 총회를 거듭하면서 이 진전을 꾀하여 왔다. 그리해서 최근의 예술동맹은 자연생장기에서 목적의식기에, 즉 부분적 고립적 문예운동에서 전체적 정치 노선에 진출되게 된 진정한 맑스주의 문예운동으로서 방향전환을 실행하였으며, 조선프롤레타리아예술동맹은 동경 지부를 위시하여 조선 각지에 우리들의 조직을 확대하여 집중하지 않으면 아니 되게 되었다. 이에 있어서 우리의 프롤레타리아운동은 참으로 우리의 투쟁 기관, 무기인 기관지가 있지 않으면 아니 되게 되었다.

이에 《예술운동》은 그 창간을 감행하였다. 이 《예술운동》은 우리들의 예술운동의 새 계단인 정치투쟁 과정을 과정하게 할 것이다. 그러므로 목적 의식기의 《예술운동》은 참으로 그 임무가 크고 그 역할이 중대하다고 할 것이다. 따라서 본 동맹원은 이 귀중한 기관지인 《예술운동》을 위하여 전력을 다하지 않으면 아니될 것이다. 그리하여 우리의 《예술운동》은 성장하며, 이것이 성장함으로 우리의 투쟁의 정도는 발전될 것이며, 또한 이 투쟁 의식의 전취될 판도가 확대될 것이다.64

앞의 두 인용에서와 같이 《예술운동》의 창간은 무산계급 문예운동의 확대와 그 실천을 위해 요청되었던 중요한 과제였다. 그러나 《예술운동》의 실질적인 발간을 주관하고 있는 조선프로예맹 동경

63 「편집후기」(예술운동, 창간호, 1927. 11).

64 박영희, 「문예운동과 기관지 《예술운동》 창간을 듣고」(조선일보, 1927. 12. 8).

지부는 총회에서 결정한 논강이나 강령에 전적인 동의를 보내기보다는 그 새로운 개혁을 의도하고 있음을 창간호 편집 후기에서 이미 내비치고 있다. 이와는 달리 박영희의 태도는 전적으로 《예술운동》의 창간을 지지하고, 이 잡지가 프로예맹의 지도로 조선 민중의 지지를 획득할 것으로 전망하고 있을 뿐이다.

이 같은 서로 다른 관점과 태도 위에서 《예술운동》은 1928년 1월에 제2호가 간행되었다. 그런데 제2호의 내용에서부터 이미 본부의 주장과 동경 지부의 노선 사이에 상당한 격차를 드러내면서 조직 내부에서 이론투쟁이 점차 격화되고 있음을 보여주고 있다. 이들의 이론투쟁의 핵심이 무엇인가에 대해서는 다음 장에서 검토할 것이지만, 당시의 상황을 술회하고 있는 임화의 글 속에서 그 윤곽을 쉽게 확인할 수 있다.

> 9월 말부터 동경 지부와 의견이 일치되어 원고를 모아 동경으로 보내게 되어 그해 11월 15일에야 비로소 처음으로 표지에 조선프롤레타리아예술동맹 기관지라고 공공연히 서명한 기관지 《예술운동》 제1호가 출판되었다. (중략) 이 뒤 잡지는 익년에 제2호를 내고 29년 《무산자》로 변하고 말았다. 《예술운동》 2호 때부터 동경과 경성과의 이론상의 상위가 생기게 되었다. 이 차이라는 것은 결코 적은 것이 아니라, 동경 지부가 경성본부의 이론에 남아 있는 공식주의에 대한 비판으로부터 원인한 것으로, 27년 12월에 《조선일보》에 실린 윤기정의 「무산예술가의 창작적 태도」라는 논문과 동월에 《중외일보》에 실린 윤의 논문 반박인 이북만의 「당연히 양기(揚棄)해야 할 소위 목적의식성」을 중심으로 《예술운동》 2호에 실린 본부 논강 비판에서 가장 고양된 것이었다.
>
> 이리하여 《예술운동》을 전후하여 조선의 프롤레타리아문학운동은 부절한 전진의 길을 걸어 30년도의 ×××××의 결의에까지 발전하였으

며 《예술운동》은 후일에 《무산자》가 되어 30년 전후에 조선에 ×××× 에 있어 떼일 수 없는 중대한 역할을 한 것이다.[65]

임화의 술회와 같이 《예술운동》 제2호는 「공식주의를 배격함」(한식), 「우리운동의 출발점의 재음미」(김두용), 「일본예술운동의 검토」(이북만), 「일본프로 예술 전국대회를 보고」(장준석), 「데몬스트레숀(소설)」(조중곤) 등을 수록했을 뿐 경성본부의 임원들의 원고는 보이지 않고 있다. 조선프로예맹 동경 지부는 《예술운동》 제2호를 발간한 뒤, 1928년 1월 25일 임시 총회를 소집하고 동경 지부의 조직을 다음과 같이 조정하고 있다.

조선프로예맹 동경 지부(1928. 1. 25)[66]

집행위원장: 장준석
정치부: 신국주(상임), 이우적, 이상조
조직부: 한억(상임), 이승화, 이철
교육부: 한식(상임), 조희순
출판부: 이북만(상임), 박병호, 이현욱
재정부: 이병찬(상임), 성기백, 김석상
기술부: 김두용(상임)
전문부
  연극부: 최병한
  문학부: 이기창
  미술부: 이 원
  음악부: 이종태

65 임화, 「다사하던 30년 전후의 예술동맹」(조선일보, 1933. 10. 8).
66 이 내용은 《조선일보》(1928. 2. 2)의 기사에 따름.

동경 지부의 조직개편은 경성 본부의 조직에서도 시도하지 못한 몇 가지 특징을 지니고 있다. 첫째는 정치부의 신설이 주목된다. 동경 지부의 노선과 문예운동이 정치적인 투쟁에의 적극적인 진출을 목표로 하고 있다는 점에서 정치부의 신설은 중요한 변화를 예고한다고 할 수 있다. 새로운 조직 부서인 정치부의 인물 가운데 주목되는 이우적은 제3차 고려공산청년회 일본부 핵심 간부로서 1927년 이 조직의 선전부장이었으며, 신간회 동경 지회의 간사를 겸하고 있었다. 이러한 인물이 조선프로예맹 동경 지부의 맹원으로 가담하고 있다는 것은 예맹 동경 지부가 정치적인 성격이 강한 조직으로 변질되고 있음을 뜻한다. 둘째는 조직부의 독립이 주목된다. 동경 지부의 창립 당시에도 조직부는 없었던 점으로 보아 정치부 조직부의 등장이 동경 지부의 새로운 운동 방향을 말해 준다고 할 것이다.

그런데 이러한 조직부서의 개편 이후에도 조선프로예맹 동경 지부는 신간회 동경 지회와 긴밀한 관계를 여전히 지속하고 있었다. 신간회 동경 지회는 1927년 12월 18일 제2회 대회에서 지회 간부를 새로이 임명하였는데, 그 가운데에 총무 간사 조중곤을 포함하여, 이우적, 장준석, 이상조 등이 간사로 참여하고 있다. 동경 지부는 정치사회적 조직체로서의 성격과 함께 기술부를 중심으로 하는 전문예술인들의 참여로 그 영역을 넓혔고, 일본의 계급문예운동 조직과도 연계를 꾀하였다. 하지만 이들은 1928년 여름 《예술운동》 제3호(1928년 8월호 잡지 《현계단》의 광고, 《청년조선》 7월 7일 자의 광고에 제3호 발간 소식이 실려 있으나 원본을 구해 볼 수 없다.) 간행 소식을 남기고 해체되었다. 조선프로예맹 동경 지부는 1929년에 무산자사의 발족과 함께 신간회 해소 운동의 진원지가 되었으며, 이 조직의 기반이 그대로 정치적인 당의 재건을 위한 기초 조직에 흡수되고 있었던 것이다.

조선프로예맹의 지부 조직과 신간회

조선프로예맹은 동경 지부 설립 이후 함흥, 해주, 평양, 개성, 수원, 원산, 목포 등에 지부를 설치하고, 그 조직의 사회적 확대를 시도하고 있다. 조선프로예맹의 정치 사회적 진출과 대중적 조직 확대로 규정할 수 있는 전국 지부의 결성은 1928년까지 신간회의 전국적인 지회 결성과 그 대중적인 확대 과정을 그대로 이어가고 있다. 당시 신간회의 지회 조직은 신간회 창립 직후부터 전국적으로 확산된 신간회 지지운동에서부터 비롯되었다고 할 수 있다. 서로 다른 이념과 노선을 내세우면서 대립했던 여러 사회단체가 신간회에 대한 지지와 후원을 강조하기도 하였고, 조직 자체를 해체하면서 신간회의 이름 아래 운동 노선과 조직의 통일을 이루게 되었다. 특히 청년 중심의 지방 사회운동 단체들이 대거 신간회를 중심으로 조직을 재편하면서 신간회 지회는 1927년 이후 1929년까지 전국 각 지역에 127개의 조직을 가지게 되었다. 전국의 신간회 지회에서는 신간회의 이념과 노선에 따라 폭넓은 정치활동과 사회활동을 전개했는데, 민중계몽을 위한 각종 강연회의 개최, 소비조합의 결성을 통한 경제활동, 농민들의 소작권을 보호하기 위한 집단적인 권리투쟁, 언론과 출판의 자유를 요구하는 정치적인 성격의 투쟁운동으로 확대되었다.[67]

조선프로예맹의 지부는 주로 신간회의 지회 조직이나 청년총동맹의 지부 조직을 기반으로 결성되었음을 쉽게 확인할 수 있다. 지회의 활동은 여러 가지 형태의 문학 강연회 개최, 각종 정치 행사와 문화 행사의 주도 등으로 요약된다. 지부 맹원들은 대부분 신간회 지회 간부이거나 회원들이었고, 민족단일당으로서의 신간회의 노선을 지지하는 입장을 분명하게 표시하고 있다. 이러한 조선프로예맹 지

67 이균영, 『신간회 연구』(역사비평사, 1993), 264~294면 참조.

부의 성격을 놓고 본다면 예맹의 지부 조직은 식민지 시대 예술운동 조직으로서의 성격보다 정치 사회적 조직의 성격이 더 강했음을 알 수 있다. 대개 지부 맹원들이 문예 영역과는 거의 관련이 없는 인물이며, 지부의 활동도 대중 강연 등의 행사 이외에 문예 창작 영역의 뚜렷한 활동을 보여주지 못하고 있는 것도 이 같은 성격을 입증해 주는 요소라고 할 것이다.

조선프로예맹이 신간회의 지회 조직에 근거하여 전국적인 지부 조직을 확대하게 된 것은 계급문예운동 자체의 성격이 점차 예술운동의 영역을 넘어서 정치 사회적인 것으로 전환하고 있음을 말해 주는 것이라고 하겠다. 특히 지부 조직에서는 문예활동보다는 정치적인 대중적 조직화의 과정에 중심이 놓임으로써 지부 조직을 위한 설립 대회 자체가 금지된 경우가 많았다. 그러므로 조선프로예맹 지부 조직의 실체가 표면적으로 드러나 있지 않은 경우도 있다. 그러나 각 지역에서 지부 설립 대회 자체를 개최하지 못한 경우라고 하더라도, 조선프로예맹 지부가 신간회의 조직을 기반으로 실재하였던 것임은 물론이다.

조선프로예맹은 방향전환의 과정을 거치면서 예술운동 단체의 성격보다는 일반적인 정치 사회 조직체로서의 성격을 뚜렷이 드러내게 되는데, 특히 지부에서는 거의 정치 조직화 되어 가고 있었다. 이 같은 이념적 조직 전환은 정론성에 대한 지나친 강조로 인해 계급문학의 창작을 기계적, 공식적인 것으로 위축시켜 정치와 예술의 기계적 혼합을 초래하였다. 결국 목적의식적 방향전환은 사회운동에서의 방향전환을 문예의 영역에 매개 없이 그대로 주입한 것이 되고 말았다는 자체 내의 반성을 초래하기도 하였다.

조선프로예맹의 전국적인 조직 확대 과정을 살펴보기 위해 당시 《조선일보》와 《동아일보》의 지부 조직과 관련되는 기사들을 정리해 보면 다음과 같다.

(함흥 지부)

《동아일보》 1927년 12월 4일 자 신문에 의하면, 함흥에 지부를 설치하고자 준비위원이 지부 설치 대회를 개최코저 했으나 함흥 경찰서에서 준비위원을 소환, 이를 금지시켰다.

(평양 지부)

(1) 김득환, 이인화, 류영춘, 박영화, 김덕빈, 장원섭 등이 준비를 하여 1928년 2월 6일 이인화 씨의 사회로 평양 지부 설립 대회가 개최되었다. 경성 본부에서 온 박팔양의 취지 연설이 있었다.

위원은 서무부: 류영춘, 박영화

연구부: 김득환, 류영춘, 장원섭

(2) 28년 5월 1일, 류영춘 씨 외 1명이 목포 지부 발회식에 보낸 축문이 불온하다는 혐의로 평양 경찰서에 검거되었다.

(3) 제1회 간부회를 29년 3월 18일 평양청년동맹 회관에서 열고 가맹원서 수리의 건, 맹원 정리의 건, 기관지 청구의 건, 임시총회 소집의 건을 토의하였다.

(4) 제2회 간사회를 29년 6월 30일 평양 노동연맹회관에서 개최하여 정기대회 개최의 건(7월 14일 평양 노동 연맹회관에서 개최예정, 준비위원 주영화, 황만봉), 맹원 사상경향 조사의 건, 규약개정에 관한 건, 기타를 토의하였다.

(해주 지부)

경찰의 집회 금지로 미루어 오던 해주 지부는 28년 2월 6일에 설립대회를 개최하려던 중 경찰 당국으로부터 강령이 불온하다는 이유로 창립을 금지당하였다.

(금산 지부)

28년 2월 17일 전북 금산 청년 동맹회관에서 임시의장 정해준 씨의 사회로 금산 지부 설립대회를 가졌다.

— 강령 —

우리는 무산계급운동에서 맑스주의의 역사적 ××을 정확히 인식한다. 그러므로 우리는 무산계급운동의 일부분인 무산계급 예술운동으로써

1. (삭제) 주의적 관념의 철저적 배격
2. 전제적 세에 항쟁
3. ××조성운동의 수행을 기한다.

— 토의사항 —

예산안에 관한 건, 기관지 발행에 관한 건, 맹원 모집에 관한 건

(개성 지부)

개성에서는 28년 1월 13일을 전후하여 조선프로예맹 지부를 서면으로써 창립하였다.

— 위원 —

서무부 위원: 민병휘

교양부: 권정륜

선전조직부: 남천석, 김진치

— 결의사항 —

1. 문예 동호자로 조직된 문파회 해체 가부의 건
1. 본부 동지를 청하야 예 강연 개최의 건

1. 가맹서 전부는 서무부에서 본부에 수속할 일

1. 동지 모집의 건

(원산 지부)

함남 원산에 거주하는 이용우, 원정상, 이명원 외 10여 명의 발기로 조선프롤레타리아예술동맹 원산 지부를 준비하여 28년 7월 7일 신간 원산 지회에서 발기대회를 가질 예정이었으나 원산 경찰서로부터 집회 금지를 당하고 원정상, 김영섭 등 3명이 검거되었다.

(경성 지부)

28년 8월 6일 전후하여 경성 지부를 설립하고자 창립대회를 열려고 했으나 소관 종로소에서 불온하다는 이유로 이 대회를 금지하였다.

(목포 지부)

(1) 전남 목포에서는 예술 동지 간에 있어서 예술운동의 절실한 사명을 의식하는 동시에 프롤레타리아예술동맹 지부 설립이 없음을 항상 유감으로 여겨 오던바 우리는 주저할 시기에 있지 않고 실천할 시기에 있다는 모모 정열가의 대대적 활동으로 28년 12월 1일 시내 청년 동맹관에서 정학현군의 사회하에 동맹 지부 설립 준비위원회를 개최하였다. 고등계 주임 이하 3명 경관의 임석 경계 중에 경비에 관한 건, 규약 초안 작성의 건, 설립대회 시일 장소 확정의 건, 맹원모집에 관한 건, 부서 작성의 건 등을 토의하였다.

(2) 김상만, 오성덕, 박용운 외 몇 명의 목포 지부를 설치하기 위하여 만반의 준비를 마치고 1월 13일에 설립대회를 개최하기로 결정한 다음 목포 경찰 당국에 교섭한바 고등계 주임으로부터 대회가 금

지되었는데, 그 이유는 조선 프롤레타리아예술동맹 강령 중 "전제적 세력과 항쟁하자"는 구절이 불온하다는 것이었다. 그리고 이미 조직된 단체는 해산시키기가 어려우나 조직하기 전에는 좌우할 수 있다는 사실로써 이와 같이 금지하였다.

(수원 지부)

(1) 수원군 내에 흩어져 있던 많은 프롤레타리아 동인들은 29년 4월 13일 수원 신간지회관에서 조선 프롤레타리아예술동맹 수원 지부를 설립하게 되었다.

— 집행위원 —

서무부: 박승극

교양부: 공석정

조직조사부: 권순희

— 토의사항 —

기관지 《무산자》 지지에 관한 건, 문예 강연개최에 관한 건, 사무소에 관한 건, 맹원 증모에 관한 건

(2) 29년 5월 11일 조선프로예맹 수원 지부의 창립 기념 문예 강연회가 김기진의 개회사로 강연이 시작되었다. 경찰 교섭관계로 연사 중 김기진, 박영희는 강연을 하지 못하게 되고 "근대문예사조에 대하야"라는 연제로 박팔양의 강연이 있은 후, 임화의 시 "우리 옵바와 화로"를 임화가 낭독하였다. 이어 "당면의 예술활동"이라는 연제로 윤기정의 강연이 있고 폐회사로 들어갔는데 프로예맹 수원 지부의 공석정의 열변이 중지당하였다.

(3) 29년 8월 12일 조선프롤레타리아예술동맹 수원 지부 제1회 정기대회 박승극의 사회로 제반 사항을 토의 중 임석 경관으로부터 대략은 중지당하고 축문 6통 중 2통이 낭독금지를 당하였다.

— 집행위원 —

위원장: 박승극

서무부: 권순희

교양부: 공석정

조직부: 엄익홍

조사부: 황응선

— 결의사항 —

본부대회 촉성의 건, 소인극 개회의 건, 자체 내 개량주의자 속출의 건, 평양 사건 상세조사의 건

(4) 박승극, 공석정 등은 1929년 6월 9일 수원에서 수원청년동맹을 설립, 조선청년 대중의 정치적 경제적 이익 획득을 기하고 의식적 교육 훈련 철저를 기하고 강고한 조직의 완성을 그 목적으로 하였다. 한편 1929년 11월 25일 조선청년동맹에서는 상무위원 간담회를 개최하고 정기대회를 갖기 위해 허정숙, 차재정, 박승극을 집회해금 교섭위원으로 선출하였다.

(의주 지부)

29년 7월 14일 의주 청년동맹회관에서 조선프로예맹 의주 지부 설립대회를 가졌다.

이와 같은 조선프로예맹의 전국적인 지부 조직은 문예운동의 실천보다는 정치 사회적인 조직운동의 차원에서 확대된 것이다. 그러므로 조선프로예맹 자체가 일본 식민지 시대 사회운동의 한 부문 운동으로서 문단 조직의 성격보다 정치 조직의 성격을 더욱 뚜렷이 드러내기 시작했음을 알 수 있다. 계급문학운동 조직의 대중적인 확대는 문학 분야에만 한정되어 있던 활동을 전 예술 분야로 확대하여 새

로운 예술적 조직으로서의 성격을 강화하려는 의도에서 시도된 것이다. 그러나 예술운동의 볼셰비키화라는 목적을 위해 예술운동의 차원을 넘어선 대중적인 정치 사회조직으로서 변화되고 있음을 볼 수 있다. 그러나 무산계급의 문화적인 요구까지 충족시킬 수 있는 조직으로의 발전이 필요하다는 인식 속에서 계급문단의 조직에 대한 논의는 이후에도 계속되고 있다.

(2) 신간회 노선과 계급문학운동

조선프로예맹과 민족단일당 노선

계급문예운동의 방향전환에 따른 조선프로예맹의 조직 확대와 전국적인 지부 조직의 결성은 문학운동의 집단적인 실천과 그 공동체적인 연계 의식의 확보에 결정적인 기반을 제공하고 있다. 조선프로예맹의 조직운동은 개별적인 예술활동을 집단적으로 조직화하고 정치 사회 단체와의 연결을 통해 계급문예운동의 대중적 확대를 가능하게 하였다. 특히 신간회 운동, 조선공산당 재건운동과 긴밀하게 연결됨으로써 궁극적으로 계급문학운동의 정치적 진출을 실현하고자 하였다.

이미 앞장에서 검토한 바와 같이 계급문학운동의 방향전환은 신간회 결성을 전후하여 구체적으로 그 논의가 이루어졌고, 1927년 9월 조선프로예맹 조직개편 이후 실천적인 성과들이 나타나기 시작하였다. 조선프로예맹은 방향전환론이 제기된 후 계급문학운동의 이념노선을 마르크스주의로 고정시켜 놓으면서 조직의 개편과 그 운동노선의 전환을 이루게 되었다. 계급문학운동의 방향전환 과정은 그 첫 단계에서 아나키즘 운동을 계급문학운동으로부터 제거하는 이념투쟁을 거쳤고, 조선프로예맹 조직의 개편과 그 사회적 확대를 기함으로써 계급문학운동의 실천적 기반을 획득할 수 있게 되었다. 그리고 계급문학운동의 노선 정립과 함께 그 자체 내부의 실천 논리를 중심으로 하는 새로운 이론투쟁의 단계에 접어들게 되었다. 이 같은 방향전환 과정을 계급문학운동의 조직적 실천과 연관시켜 볼 때 가장 주목되는 것은 일본 동경을 거점으로 하고 있던 마르크스주의 운동가 그룹인 이른바 제3전선파의 국내 계급문단 진출이라고 할 수 있다. 제3전선파라는 새로운 세력의 등장으로 인해 조선프로예맹의 조직 자체의 대대적인 개편이 이루어졌으며, 계급문학운동은 대중적 진출과 그 사회적 확대라는 실천적인 단계에 접어들 수 있게 되었기 때문이다. 제3전선파는 방향전환의 시대적 요구에 따라 자연스럽게 기존의 계급문학운동과 합류하였는데, 이들이 내세우고 있는 진보적인 마르크스주의적 입장은 신경향파적인 속성을 벗어나지 못하고 있던 기존의 계급문학운동에 충격으로 작용하였다. 조선프로예맹과 제3전선파의 만남은 마르크스주의적 입장에서의 계급문학운동의 조직적 전개를 위한 이념적 결속을 가능하게 하였지만, 방향전환론을 둘러싼 조선프로예맹의 조직 내부의 이론투쟁을 촉발하였다.

실제로 1927년 이후 조선프로예맹의 조직 내부에서 제3전선파를 중심으로 하는 동경 지부와 경성 본부 사이에는 계급문학운동의 이념과 노선에 대한 적지 않은 충돌이 일어났다. 특히 계급문학운동의 방향전환 문제와 관련하여 그 실천적 방법에 대한 논의 과정은 여러 가지 논쟁을 야기하였다. 여기서 가장 크게 문제시된 것은 계급문학운동의 방향전환과 그 실천을 문학의 영역에 한정할 것인가, 대중적 정치투쟁으로 확대할 것인가 하는 점이다. 박영희를 중심으로 하는 경성 본부의 경우는 문학 영역 내에서의 실천을 내세워 놓고 있기 때문에 의식투쟁을 강조하고 있는 데에 반해 이북만 등의 동경 지부의 경우는 예술운동의 정치적 진출과 대중투쟁을 중시하고 있다.

조선프로예맹 경성 본부와 동경 지부 사이에 일어난 계급문학의 방향전환에 관한 논쟁은 박영희와 이북만의 충돌에서부터 시작되었다. 박영희의 방향전환론은 목적의식론으로 집약되고 있다. 그는 부르주아 정치의 폭로와 그것에 대한 투쟁 의식을 민중에게 심어 주는 것으로 계급문학의 기능을 규정하고 있는 것이다. 계급문학운동은 문예의 특수성을 기반으로 하며, 그만큼 절약된 한계와 제한된 효용을 인정할 수밖에 없으므로 예술의 효용성만을 과장하여 계급문학운동을 무산계급운동과 동일시해서는 안 된다는 것이 박영희의 주장이다. 이 같은 박영희의 예술적 특수성론은 일종의 문화주의적 성격을 드러내고 있지만, 동경 지부의 정치주의적 성향과 그 과격한 요구를 감당하기 어렵게 된다. 이북만은 당대의 현실에서 전체 사회운동이 대중적 정치투쟁으로의 방향전환을 요구하고 있으며, 신간회의 결성 자체가 바로 조선 무산계급운동의 한 과정임을 분명히 밝히고 있다. 그는 계급문학운동도 바로 이 같은 방향전환의 과정을 그대로 실천해야 한다는 것이다.

이북만이 박영희의 방향전환론을 비판하고 있는 내용의 핵심은 주로 박영희가 주장한 문화주의적 견해에 대한 반발로 요약할 수 있다. 이북만은 작품 행동의 제한된 영역에서 대중을 도외시한 의식투쟁이란 가능하지 않음을 분명히 하고 있으며, 문학운동이 대중적 투쟁과 조직운동으로 진출해야 함을 강조하고 있다. 그가 말하고 있는 대중적 조직 기반을 통한 대중투쟁은 바로 신간회를 염두에 두고 있는 것임은 물론이다. 바로 여기서도 계급문학운동의 실천 방법과 신간회의 민족단일당 노선에 대한 견해의 충돌이 이루어지고 있다. 조선프로예맹은 1927년 조직 전환 직후 신간회의 민족단일당 노선을 인정하고 이에 적극적인 참여와 지지를 보냈던 것이 사실이다. 조선프로예맹은 '민족단일당'의 투쟁 노선을 지지하고 있는데, 앞서 소개한 바 있는 「무산계급 예술운동에 대한 논강 — 본부 초안」에서 이와 관련되는 대목을 다시 인용해 보면 다음과 같다.

> 우리 목전에 실례로는 ××의 무산계급은 지금 ×× 정치에서 부르주아 민주주의 정치 획득을 현 단계로서 전취하려 하며 지금 그것을 과정하고 있다. 이에 일본의 제국주의 밑에 있는 전조선 민중은 필연적으로 이 정치 과정을 과정해야 하며 그리해서 지금 그것을 과정하고 있다. 조선의 민족단일당을 절규하며 조선 각지에서 총역량을 이리로 집중시키게 되었다. 이러므로 조선의 민족적 정치운동으로 전개되었다. 그러므로 조선프롤레타리아예술동맹은 무산계급운동의 방향전환과 한가지 이 민족적 정치투쟁 시야를 전취함으로써 이 과정을 과정하여야 한다. 따라서 조선프롤레타리아예술동맹은 무산계급 예술의 임무를 작품 활동에 국한시키는 것이 아니라 우리는 전운동의 총기관이 지휘하는 투쟁을 실행하기 위하여 우리의 예술은 무기로서 되지 않으면 안 된다.

이 인용문에서 조선프로예맹이 민족단일당으로서의 신간회의 조직을 직접적으로 거명하고 있는 부분은 없다. 그러나 '조선의 민족단일당'에 대한 적극적인 지지를 보내고 있는 것은 분명하며 '전운동의 총기관'이 지휘하는 투쟁을 실천하기 위해 예술 영역에서만이 아니라 대중적인 정치운동에 참여하게 되는 과정을 여기서 확인할 수 있다. 그러나 조선프로예맹의 이념 노선의 전환 과정에서 신간회에 대한 정치적 입장은 박영희를 중심으로 하는 경성 본부와 제3전선파를 중심으로 하는 동경 지부 사이에 심각한 입장의 차이가 드러나고 있다.

이북만은 계급문학운동의 방향전환 문제를 중심으로 신간회와의 관계를 가장 구체적으로 논급하면서 예술운동의 대중적 조직과 정치적 투쟁을 강조하고 있다. 그는 방향전환의 문제를 목적의식론만으로 집약시켜 놓고 있는 박영희의 입장을 비판하면서 예술운동의 대중적 조직 문제를 이렇게 강조하였다.

> 예술운동의 대중적 조직이란 무엇이냐?
>
> 우리 예술운동의 대중적 조직은 노동조합, 농민조합, 청년동맹 등과 같은 조직이어야 할 것이다. 즉 다시 말하면, 노동총동맹이 노동자라는 특수한 대중의 조직이고 따라서 그의 주체이며, 청년동맹이 청년대중만으로 결성한 대중단체, 그의 주체인 것같이 우리 예술운동에 있어서는 예술 부문 내에 있는 모든 대중의 결성체 주체가 아니면 안 될 것이다. (방향전환한 조선프롤레타리아예술동맹이 그것일 것이다.)
>
> 노동총동맹, 청년동맹, 기타 다른 대중 단체가 민족단일당인 신간회가 지도하는 지도 정신에 통제되는 것과 같이 우리 예술동맹도 신간회의 지도에 의하지 않으면 안 될 것이다. 즉 금일의 예술동맹은 예술 영역 내의 대중의 정치적 사회적 자유를 위하여 투쟁함으로써 그의 조직을 전민족적으로 하며 전피압박 계급적 견지에서의 지도를 관철하는 것으로써 계급적으로 하는 것이다.
>
> 몰락 과정에 있는 지배계급의 통일적 반동 정책에 대하여 우리 무산계급의 가장 조직적 진용은 지금에 준비되었다. 전조선 피압박 민중의 정치적 표현인 신간회를 두대로 그를 지지하고 그의 주체적 권력인 대중의 일상 투쟁의 조직은 그 아래에 단결되고 민중의 모든 불평분격을 그 정치적 표현에까지 가져오는 매개적 조직은 그것을 중심으로 하여 통제되고 있다.
>
> 예술운동도 또한 그러한 매개적 운동의 하나이다. 예술의 영역 내에서 야기되는 일체의 투쟁, 예술에서 화개(火蓋)를 여는 일체의 운동을 수행하는, 그것을 권기(捲起)함으로써 전민중의 문제로 하여 신간회가 정치적 문제를 삼는 조건을 만드는 매개적 운동이다.[68]

---

68 이북만, 「예술운동의 방향전환은 과연 진정한 방향전환론이었는가?」(예술운동, 1호, 1927. 11), 23~24면.

이북만의 주장에서 가장 주목되는 것은 조선프로예맹 조직과 신간회와의 관계에 관한 규정이다. 이북만은 방향전환을 이룬 조선프로예맹을 예술운동의 대중적 조직체로 규정하고 있다. 그것은 노동총동맹 등과 같은 대중적 조직과 성격을 같이한다. 조선프로예맹은 문단적 조직으로서가 아니라 전국적인 사회운동 조직이 되는 것이며, 신간회의 노선에 따라 예술 영역 내의 대중의 정치적·사회적 자유를 위하여 투쟁하는 데에 그 목표를 두고 있다.

이북만은 신간회의 성격을 '민족단일당'이라고 규정하고 있다. 그는 무산계급의 가장 조직적인 진용이라고 신간회를 평하기도 하였고, 전조선 피압박 민중의 정치적 표현이라는 말로써 신간회의 성격을 규정하기도 하였다. 이북만은 이 같은 인식에 근거하여, 조선프로예맹이 신간회의 지도 정신에 통제되어야 함을 강조하고 있다. 그는 모든 대중 단체가 신간회의 지도 정신에 통제되고 있음을 주장하면서, 예술 영역 내에서 대중의 정치적 사회적 자유를 위하여 투쟁하는 조선프로예맹이 그 조직을 전민족적으로 확대하며 전피압박 계급적 견지에서의 신간회의 지도를 관철하는 것은 당연하다고 하였다.

이러한 이북만의 주장은 당시 신간회의 결성을 주도한 바 있는 ML당(제3차 조선공산당)의 신간회에 대한 초기 노선과도 상통하는 것이다. 동경 유학생 중심의 일월회에 그 뿌리를 두고 있는 ML당은 한위건, 안광천, 최익한, 홍양명 등이 관련되어 있었고, 이들은 대부분 뒤에 이북만과 함께 조선프로예맹 동경 지부의 결성에 관여하고 있다. ML당은 사회운동에서의 파벌주의의 청산과 함께 민족 해방을 식민지 조선의 중요 과제로 설정했으며, 그 운동 조직으로서 신간회라는 민족협동전선의 조직 결성에 성공하였다. 그리고 이 협동전선에 광범위한 민중을 망라하여 민족해방투쟁을 전개하기 위해 노력하였다. 1927년 신간회의 결성 이후 이들은 민족단일당의 건설을 현 단계 정치운동의 제일의 과제라고 하였고, 신간회의 조직 확대에 전력을 기울였던 것이다.

이북만의 대중적 조직과 정치투쟁론은 당적 조직과 당의 문학을 강조하였던 레닌의 주장69을 연상하게 하고 있다. 레닌은 당의 노선과 당의 투쟁을 촉진시키지 않는 어떠한 문학운동도 철저하게 비판한 바 있다. 그의 견해를 따른다면, 문학은 계급적 현실에 대한 민중의 의식을 촉발하고 유지하고 고양시킴으로써 혁명적 투쟁의 전위로서 봉사해야 한다. 레닌은 문학이 반드시 프롤레타리아계급 노선의 일부이어야 할 것을 강조하고 있으며, 문학운동이 당적 조직과 그 투쟁운동의 한 요소가 될 것을 요구하고 있다. 이러한 관점을 놓고 본다면, 민족단일당으로서의 신간회와 그 신간회의 노선과 지도를 관철하는 대중적 조직운동으로서의 계급문학운동의 상관관계가 예사로운 것이 아니었음을 짐작할 수 있다.

이북만이 주장하고 있는 대중적 조직운동으로서의 계급문학운동은 문예의 영역에서 이루어지는 일체의 운동을 전체 민중의 문제로 확대하여 신간회가 이를 문제 삼아 투쟁의 도화선을 삼을 수 있도록 하는 매개적인 활동이다. 이북만은 문예운동이 정치운동의 매개적인 기능을 수행하는 것으로 봄으로써 예술운동의 특수성을 강조하여 그 절약된 한계를 강조하였던 박영희를 비판할 수 있는 진보적인 입장을 유지할 수 있게 된다. 특히 이북만이 문예와 정치의 상관관계를 더 이상 깊이 있게 논의하지 못하고 있음에도 그의 견해는 조선프로예맹 경성 본부의 박영희 등에게 상당한 영향력을 발휘하고 있음을 확인할 수 있다. 조선프로예맹은 이미 앞장에서 확인한 바 있듯이 1928년부터 신간회의 조직 확대 과정을 그대로 뒤따라서 전국적인 대

69 V. I. Lenin, *On Literature and Art* (이길주 옮김, 논장, 1988), 52면.

중적 조직으로 확대되기 시작했으며, 박영희 자신도 방향전환론을 당대 현실에서의 대중적 조직운동과 관련시켜 다시 논의하기 시작하였기 때문이다.

박영희는 「문예운동의 이론과 실제」(《조선지광》, 1928. 1)에서 계급문학운동의 방향전환 문제를 조직운동의 차원에서 보다 구체적으로 논의하고 있다. 그는 문학운동이 작품에 있어서 집단적 운동을 제재로 하며 민중을 조직하여 정치투쟁을 고양하는 데까지 나아갈 것을 강조하고 있다. 그리고 신간회와의 관계에 있어서는 이북만의 견해 그대로 당의 지도와 그 지도의 대중적 조직적 실천을 강조하고 있다.

> 목적의식기에 있는 문예 작품의 내용 구성은 문예를 제작하기 위해서가 아니라 이 기술적 관념 형태를 통하여 대중에게 ××××××××××하며 대중에게 ×××××××을 전취케 하여서 문예의 절약된 범위에서 ×××을 목적의식에까지 조직하며 ×××할 것이다. 목적 의식기의 작품 ××으로서의 작품이어야 하게 되니 즉 정×××××으로서 ×××하는 데까지의 매개적 임무를 실행하며 조선프롤레타리아예술동맹은 이것을 위해서 ××× 조직하는 것이다.
>
> 우리는 정치적 현 단계를 과정하며 ××하며 ××××××해서 전역량을 이 ××××으로 집중시키기 위해서 조직하지 않으면 안 된다. 그러므로 문예 시야에 있는 미조직된 민중을 ××× 단일적으로 조직하지 않으면 아니되는 것이다.
>
> 이 조직을 위해서 작품은 필연적으로 ×××이 되며 따라서 ××××로서의 문예 ― 예술 ― 가 아니 될 수 없으며 거절할 수 없는 사실이다. 이리해서 문예는 운동으로서 그 문예적 임무에까지 발전되는 것이다.
>
> 또한 목적의식기에 운동은 무산 정당이나(일본에 있어서) 민족단일당의 과정과 이것을 ×××쟁을 실행하는 것이다. 그럼으로 당의 파악한 현 단계적 통일적 운동을 위해 예술동맹은 자체의 조××××하지 않

> 으면 아니 된다. 당의 정책은 예술동맹을 지도하게 되며 예술동맹은 그 지도와 정책 밑에서 ××× 조직하는 것이다. 이리하여 ××의 통일적 조직이 가능한 것이다. 그러므로 각 지방에 있는 같은 의식 밑에 있는 문예 단체는 조선프롤레타리아예술동맹에 참가하야 통일된 ×××× ×× 하지 않으면 아니 된다. 우리는 작품을 참으로 ××× 유리한 관념 형태로 전환되며 이 전환의 목적을 정치적 원인에 적응하기 위해서 우리는 조직하지 않으면 안 된다.70

이 같은 주장에서 확인할 수 있는 것처럼 박영희는 동경 지부의 이북만이 강조했던 대중적 조직투쟁론을 그대로 수용하고 있다. 그는 계급문학운동이 대중적 조직운동으로서 신간회의 노선을 따라야 함을 분명히 밝히고 있다. 당의 정책은 조선프로예맹을 지도하게 되며 예술동맹은 그 지도와 정책 밑에서 대중을 조직하는 것이라는 주장은 박영희의 태도 변화를 잘 말해 주는 대목이다.

그런데 조선프로예맹 조직 내부에서는 이 같은 박영희의 태도 변화에도 불구하고 신간회의 민족단일당 노선에 대한 의견의 대립과 갈등이 노정되기 시작하였다. 그 대표적인 예가 바로 이북만에 대한 한설야의 비판이다. 한설야는 신간회를 민족단일당으로 규정한 이북만의 경우와는 달리 사회주의자와 민족주의자의 협동 전선 또는 당으로의 매개체로 규정하고 있다. 신간회를 민족단일당으로서의 당적 조직으로 규정한 이북만의 경우와는 미묘한 차이가 드러난다. 한설야가 인식하고 있는 신간회는 협동적 조직 통일기에 있는 매개적 형태에 불과하다. 이러한 한설야의 입장은 당시 사회주의자들의 신간회에 대한 대립된 견해들이 계급문단에도 크게 작용하고 있었음을 말해 주는 것이다. 한설야는 신간회가 당의 형태로 응결되지 못하고

70 박영희, 「문예운동의 이론과 실제」(조선지광, 1928. 1), 87~88면.

있음을 분명히 밝히면서 다음과 같이 주장하고 있다.

> 신간회는 ××의 협동 전선이요 당으로의 매개체이다. 즉 신간회는 아직 전운동의 두뇌(당)에까지 응결하지 못하였다. 그 도정에 있을 뿐이다.
>
> 우리는 계급 내의 요소, 단체 간의 부등질성이 장차 필연적으로 총지도기관인 당, 즉 두뇌를 요구하고 수립할 것을 안다. 전 ××××하기 위하여 가장 훈련되고 가장 단응(團凝)된 추상적 부분 즉 당이 필연으로 출현할 것을 잘 안다. 그러나 현전 신간회는 과연 여사한 결정체에 지양되어 있는가. 아니다. 아직은 협동적 조직 통일기에 있는 매개적 형태에 있다. 즉 청년동맹, 노동동맹, 예술동맹, 기타 대중 집단의 협동적 통일 조직이다.
>
> 이 시기에 있어서 씨(이북만을 지칭함: 인용자) 등과 같이 예술동맹을 그 지도에 일임한다는 것은 망상적 급진적 추수주의인 외에 아무것도 아니다. 지금에 있어서 신간회의 지도를 받는다는 것은 오히려 협동을 혼란케 하는 것이다. 우리는 이 협동기에서 문예운동 자체의 내적 발전과 외적 제약에 의하여 문예 분야의 ××에서 신간 운동의 기능을 보익하여야 한다. 이에 있어서 문예운동 자체의 결정이 무엇보다도 필요한 것이다.
>
> 문예운동과 다른 요소, 청년동맹, 노동동맹 등등과의 사이에는 특수성이 있다. 즉 부등질성이 있다. 부하린은 이 부등질성이 있기 때문에 당이 요구된다고 말하였다. 만일 전연 동일한 등질적 경우라면 그때는 지도 조직이 불필요하리라고 말하였다. 하므로, 이 이질적 요소의 완전한 협동은 필연적으로 당을 요구하고 수립할 것이다. 또 그러기 위하여 조선 운동의 실제적 노력을 간과하여서는 안 된다. 현금이 필연적 요구인 당의 출현을 위하여 협동 전선 매개적 조직인 신간회는 과정적 존재 형태로 전조선 민중의 적극적 지지를 받고 있다.[71]

---

71 한설야, 「문예운동의 실천적 근거」(조선지광, 76호, 1928. 2), 92면.

한설야의 주장 가운데에서는 신간회 운동과 계급문학운동의 관계를 구분하고 있는 점을 주목해 볼 필요가 있다. 그는 조직의 협동기에 문학운동의 내적인 발전을 강조하고 있으며, 신간회 운동을 문학 영역에서 보익하는 역할을 중시한다. 특히 문학운동 자체의 결정을 강조하고 있다. 그러므로 한설야는 조선프로예맹이 신간회의 지도 정신에 의해 통제되어야 한다는 이북만 등의 주장을 망상적 급진적 추수주의에 불과하다고 비판하고 있다. 그는 문학운동이 다른 사회운동과 구분되는 특수성을 지니고 있음을 분명히 하고 있다. 이러한 견해는 당시 사회운동의 전체적인 흐름으로 본다면, 오히려 신간회의 민족단일당 노선에 반발했던 이른바 '양당론'의 주장을 문학운동의 영역에서 지지하는 견해였음이 분명하다.

신간회의 성격과 그 역할을 놓고 새롭게 제기된 양당론[72]은 ML당의 출현과 신간회의 결성에 대응하기 위한 계급주의자들의 주장이다. 신간회의 노선에 대해 반발했던 전진회 계열의 운동가들은 1926년 2월에 발족된 조선사회단체중앙협의회 준비회의 협의회 조직을 확대하면서 계급투쟁의 당위성을 중시하였다. 그들은 민족운동의 필요성과 그 전위당으로서의 신간회의 존재를 인정하면서도, 민족 내부에 존재하는 무산계급과 자본계급의 분립을 강조하였다. 그리고 계급해방을 위한 투쟁을 전개하기 위해 별도로 당의 필요성을 내세웠으며, 계급주의자들을 중심으로 하는 조선사회단체중앙협의회를 그러한 전위적인 당으로 인정하고자 하였다. 결국 이들의 주장은 조선의 민족 해방을 위해 민족운동과 계급운동을 각각 지도하는 두 개의 당이 필요하다는 것이었다. 이러한 양당론의 대두를 보고, ML당은 민족협동전선의 수립을 저해하는 공작이라고 공격하였다. 그리고

---

72 양당론의 실상에 대해서는 이균영, 『신간회 연구』(역사비평사, 1993) 125~132면 참조.

1927년 5월 조선사회단체중앙협의회의 정식 출범을 알리는 창립총회에 참여하여 신간회의 민족단일당 촉진을 주장하였고, 오히려 조선사회단체중앙협의회의 조직마저도 ML당 계열에서 장악하게 되었다. 그 후 신간회의 전국적인 조직 확대가 이루어지면서 한동안 양당론의 주장이 자취를 감추었다.

한설야의 주장에서 양당론적 견해를 확인할 수 있는 대목은 '우리는 계급 내의 요소 단체 간의 부등질성이 장차 필연적으로 총지도기관인 당, 즉 두뇌를 요구하고 수립할 것을 안다. 전××××하기 위하여 가장 훈련되고 가장 단응(團凝)된 추상적 부분 즉 당이 필연으로 출현할 것을 잘 안다.'라고 언급한 부분이다. 그는 신간회의 조직을 일종의 협동조직의 형태로 인식하고 있을 뿐이며, 계급운동의 총지도기관으로서의 당의 출현을 당위로 인정하고 있다. 따라서 한설야의 입장에서 본다면, 신간회를 민족단일당으로 규정하고 있는 이북만의 논리는 협동 전선인 신간회와 문예운동의 관계를 그릇되게 인식함으로써 생겨난 신간회와 프로예맹의 지도 복종설을 조산하였다는 것이다. 한설야의 이 같은 주장은 조선프로예맹의 조직 내부에서는 별다른 설득력을 발휘하지 못하고 있다. 그렇지만 당시 신간회를 둘러싸고 민족 협동 전선 내에서의 공산주의자들의 역할과 임무 문제와 관련하여 이루어진 일련의 논쟁들, 그리고 ML당 계열의 입장 선회 등을 보면 한설야의 주장이 신간회 설립 당시 문예운동의 방향을 감지하게 하는 하나의 중요한 징표가 될 수 있는 것임을 알 수 있다.

국민문학론과 민족문학

조선프로예맹을 중심으로 전개된 문학운동이 방향전환 이후 드러낸 가장 중요한 특징은 프롤레타리아계급 의식을 강조하고 있는 점이다. 식민지 현실을 경제적 지배 논리에 입각한 계급적 현실로 파악할 경우, 지배계급은 식민지 지배세력인 일본제국주의이며, 피지배계급은 한국 민족이다. 계급문학은 무산대중에 속하는 한국 민족으로 하여금 계급투쟁으로 나아갈 수 있도록 하는 혁명의 전위로서의 임무를 다해야 한다는 점에 그 목표가 있다. 따라서 계급문학은 계급투쟁의 효과를 직접 혹은 간접으로 보여주고, 독자로 하여금 작품에 묘사된 현실 속에 자신이 참여하고 있다고 느낄 수 있도록 해야 하며, 작가 자신도 무산계급의 일원으로서 그 선구적 시각을 갖추어야 한다는 것이다. 이와 같은 논리에 기초하여 조선프로예맹의 조직 전환 이후 계급투쟁 의식을 내세우는 계급문학운동은 자연히 그 사상성과 정치적인 목표에 치중할 수밖에 없게 된다.

그런데 계급문학운동이 일제의 식민지 지배 상황을 계급의식의 고양과 투쟁에 의해 극복해 보고자 하는 계급투쟁을 내세우면서 정치화되는 동안 민족적 전통의 새로운 인식과 민족의식의 각성을 내세우는 문학적 경향이 계급문학운동에 반발하면서 문단의 세력으로 등장하고 있다. 당시 문단에서 '국민문학운동'으로 지칭되었던 이 움직임은 1926년 무렵부터 구체화되었으며, '조선적인 것'을 찾고 조선적인 것으로 돌아가자는 민족주의적 지향을 분명히 드러내고 있다. 국민문학운동은 계급문학운동에 대한 대타적인 의식에서 비롯된 것이지만, 궁극적으로는 식민지 상황에 대한 극복의 의지를 문학적으로 구현하고자 한다는 점에서 공통의 목표를 지향하고 있다. 그러나 국민문학운동의 실천방향은 민족문화의 전통에 대한 자각과 그 적극적인 계승, 문학을 통한 민족의식의 구현, 민족문학의 형식에 대한 탐구 등으로 확대되면서 계급문학운동과 충돌하였다.

국민문학운동은 민족문화의 전통에 대한 새로운 인식과 함께 문학을 통한 민족의식의 강조를 내세웠다. 전자는 이미 언급했듯이 신문화운동 자체에 대한 반성을 포함하는 것이며, 후자는 계급문학에서 내세우고 있는 계급의식에 대응하기 위한 것이다. 민족문화에 대한 인식에서 우선 문제 삼을 수 있는 것은 국어 국문에 대한 새로운 관심이라고 하겠다. 1926년에 훈민정음 반포 8회갑을 맞이하여 '가갸날'을 제정한 것은 문화 전반에 걸쳐 매우 고무적인 일이었다. 국민문학의 기본적인 전제조건으로 자국어의 문학성을 높여야 한다는 각성이 가능했던 것은 모두 이 무렵의 일이다. 국민문학운동은 국어운동과 병행하여 민족 고유의 문학형식에 대한 발견에도 관심을 기울였다. 그 결과로 전통적인 문학형식이었던 시조의 부흥운동이 일어났다. 민족 고유의 문학형식으로서 오랜 전통을 지니고 있던 시조는 이 시기에 시적 형식으로서의 새로운 가능성을 보여주게 되었다. 최남선을 위시하여 이병기 등에 의해 주도된 시조부흥운동은 시조시학의 성립을 촉진하게 되었으며, 시조의 전아한 기풍과 새로운 시대정신의 결합을 시험할 수 있는 계기가 되었던 것이다.[73]

국민문학운동이 이념적 지향성을 분명하게 드러낼 수 있었던 것은 민족의식을 강조하고 있는 점에서 확인할 수 있다. 당시 계급문학이 계급의식을 강조하면서 문학의 사회적 실천을 내세우게 되자 국민문학운동자들은 그러한 계급의식을 초월한 곳에서만이 진정한 문학이 성립될 수 있다고 주장하였다. 특정 계급에 문학이 예속될 수 없으며, 특정의 계급의식을 문학이 추종할 수 없다는 국민문학론자들의 주장은 문학의 민족적 기반에 대한 강조에서 그 민족주의적 성격을 분명히 드러내고 있다. 더구나 국민문학파의 주장 가운데에는 문학의 독자적 예술성에 대한 신념이 자리 잡고 있다. 계급문학이 이

---

73 김용직, 「국민문학파의 평가」(『한국근대문학의 사적 이해』, 삼영사, 1977), 44~70면 참조.

데올로기의 영역을 작품 속에 공식화시킴으로써 문학적 성과와 거리를 두게 된 사실은 국민문학파에 비판의 표적이 되었다. 하지만 국민문학운동 자체도 민족의식을 강조하고 있었다는 점에서 이데올로기적 지향을 지니고 있었음은 부인할 수 없는 일이다.

민족문학론의 전개양상을 보면 '조선심'에 바탕을 둔 최남선의 국민문학론에서 비롯되어 이광수의 민족문학론, 프로문학과 민족문학의 절충을 모색한 양주동과 염상섭의 절충주의적인 민족문학론 등으로 구분할 수 있다. 그러나 당시의 민족문학론의 방향은 그 출발에서부터 한편으로는 식민지 현실에 대한 극복과 민족의식의 고취, 그리고 다른 한편으로는 계급을 초월한 문학의 독자성에 대한 강조라고 하는 두 가지 과제를 안고 있었지만, 실질적인 면에서 프로문학의 이론에 대응하여 식민지 지배에 놓여 있는 민족을 위해 문학이 무엇을 해야 할 것인지를 논리적으로 제시해 놓은 경우는 별로 많지 않다. 육당이 제시한 국민문학이란 그의 사상의 근본이라고 할 수 있는 조선정신 또는 조선심을 기반으로 하는 것인데, 그가 한국의 문화와 국토와 자연에 나타나 있다고 믿는 조선정신은 지극히 모호하고 관념적인 것이었다고 할 수 있다. 그는 문학이라는 것이 민족심을 중심으로 이루어지는 것으로 생각함으로써 시대적 변화와 사회계층의 의식의 차이와 개인적인 특성 등에 의해 다양하게 전개될 수 있는 문학의 속성을 명확하게 이해하지 못하고 있다. 더구나 조선정신이라는 추상적인 구호로 문학의 정신을 모두 포괄하고자 했기 때문에 이미 그 시대적 의의를 잃어버린 시조문학의 부흥에 집착했던 것이다.

이광수가 주장한 민족문학론도 최남선의 조선주의와 마찬가지로 그 한계가 분명하다. 이광수는 문학을 통해 민족정신을 강조하고 민족애를 고조하며 민족의 요구에 부응할 수 있는 문학을 주장하였다.

그가 발표한 「민족개조론」(《개벽》, 1922. 5)을 보면, 그는 민족의 생활 양식과 그 내용을 결정하는 요소로서 민족성이라는 것을 내세웠다. 그리고 그는 민족의 비극적인 현실이 모두 민족의 감정, 또는 기질에서 오는 것으로 생각하였다. 그러므로 민족성의 개조야말로 가장 시급한 과제라고 믿고 있었다. 그는 민족의 생활이라는 것이 정치·경제·문화 등의 다양한 방면으로 구성된다는 것을 시인하면서도, 그 근본은 민족성에 의해 좌우된다고 하였다. 그가 가진 민족성에 관한 관심은 대체로 심정적인 기질에 의거한 것인데, 주로 도덕적 근본이 모든 것을 좌우한다는 소박한 의미를 드러내고 있다. 우리 민족이 지니고 있는 허위, 나태, 비겁, 이기심, 비사회성 등을 버리는 것으로 요약되는 민족성 개조론은 결국 민족의 예술적·도덕적 개조를 부연한 것에 지나지 않는다. 다만 그 실천적 방법에 있어서 개인의 도덕적 수양으로 출발하여 전 민족의 도덕적 개조를 가능하게 할 수 있는 비정치적 단체운동을 내세운 것이 다를 뿐이다. 이러한 이광수의 주장은 이른바 '예술감화론'이라고 지칭되고 있는 톨스토이의 예술관에 기초한 것이며, 그 실천적인 면에서는 도산 안창호의 '무실역행(務實力行)'의 주장에 기대어 있다고 할 수 있다.

톨스토이는 예술의 본질을 정의하는 데 있어서 예술론의 혼란과 한계를 자초했던 '미'와 '쾌락'이라는 용어를 배격하고 있다. 그의 견해에 따르면, 예술이란 어떤 사람들이 자기가 느낀 감정을 일정한 기호에 의거하여 다른 사람에게 전달하여, 다른 사람들도 그 감정에 감염되어 똑같은 감정을 경험할 수 있게 하는 인간 활동이다. 다시 말하면 자신이 느낀 감정을 다른 사람에게 감염시킬 수 있다면, 그것이 바로 예술의 창조가 되는 셈이다.[74] 그러므로 인간 개조라는 것이

---

74 R. Wellek, *A History of Modern Criticism* IV(Yale Univ. Press, 1965), pp. 283~291 참조.

결국은 인간의 감정을 개조하는 것이고, 그 방법으로서 제시되고 있는 예술적 개조가 도덕화의 길로 통한다는 이광수의 생각이 쾌락을 배격하는 톨스토이의 견해에 빚지고 있음은 분명한 사실이다. 톨스토이는 예술이 쾌락을 위한 것이라는 주장이 예술에 대한 판단 기준을 개인적 기호에 의거함으로써 나타나게 된 것임을 설명하면서, 르네상스 이후 예술의 귀족화 현상과 대중의 망각을 그 발단으로 보고 있다. 예술이 선택받은 소수인들에게 국한되어 향유됨으로써 타락의 길을 걷게 되었다고 말하고 있는 톨스토이는, 진정한 예술이란 만인에게 참신한 감정을 일치할 수 있게 해야 한다고 하였다. 톨스토이는 이를 위해 예술가의 개성, 명석성, 성실성이 가장 중요한 요건이라 하였고, 예술가와 독자 대중의 개성과 개성의 합일상태를 위해 예술은 만인 공통의 감정을 전달해야 한다고 하였다. 그는 예술을 의사 전달과 진보의 수단으로 인식하기도 하였는데, 인간이 지니고 있는 그 시대의 종교관, 말하자면 보편적 감정이 예술을 통해 진보할 수 있다고 믿고 있었다. 이러한 신념에 근거하여, 그는 모든 인간을 하나로 결합시킬 수 있는 예술을 지고의 목표로 내세우게 되었고, 그렇게 될 경우 예술은 소수 전유물이 아니라 모든 사람의 것으로 되돌아올 것이라고 결론지었던 것이다.

그런데 이광수의 민족문학론 가운데서 몇 가지 성급한 추론을 발견할 수 있다. 첫째는 이광수의 당대 현실에 대한 인식이 지극히 심정적이며 패배주의적이라는 점이다. 그는 민족의 삶의 어려움을 말하면서도 그것이 일제의 식민지 정책에 의한 자본주의적 착취에서 비롯되고 있다는 점을 제시하지 못하고 오히려 그 원인을 민족의 도덕적 심성의 타락에서 찾고 있다. 물론 그는 민족의 심성이 본래는 도덕적으로 선했다는 것을 증명하고자 노력하였고, 그것을 회복해야 한다고 주장함으로써 자신의 민족개조론에 대한 희망을 강조했으나 민족성을 도덕적인 것으로 판단하는 태도 자체가 그릇된 출발임을 인식하지 못하였다. 둘째는 예술적 개조의 주장에 있어서도 그는 일반대중의 기반을 제대로 인식하지 못하고 있다. 어떠한 예술을 어떻게 전달해야 할 것인가를 생각하기 전에 그는 모든 사람이 자신의 생활과 직업을 예술로 생각해야만 한다는 막연한 주장만을 되풀이했던 것이다. 그가 도산의 '무실역행'을 내세워 개인의 도덕적 수양을 강조했으나 실제로 민족 전체의 도덕적 완성이란 당시의 시대적 상황으로 보아 가능한 일이 아니었음은 물론이다.

중간파의 절충 논리

계급문학운동이 대중적으로 확산되고 있는 가운데 등장한 국민문학론 혹은 민족문학론은 당연히 계급문학운동과 대립하면서 이념적 갈등을 노정할 수밖에 없었다. 민족문학론자들은 문학의 본질을 외면하고 있다면서 계급문학운동을 비판하기 시작하였고, 계급문학론자들은 민족문학론이 반동적 부르주아문학의 속성을 그대로 보여주고 있다고 비판하였다. 그런데 1927년 신간회의 결성과 함께 민족·사회운동의 단일노선에 대한 지지와 함께 일시적으로 대두되자 계급문학운동과 국민문학운동을 보다 넓은 의미의 민족문학으로 절충, 통합할 것을 요구하는 중간파가 등장하였다. 흔히 문단의 중간파로 지목되기도 했던 염상섭과 양주동 등이 바로 이에 해당한다.

문단의 절충파를 자처했던 양주동은 계급문학의 성립 자체를 긍정적으로 평가하면서 문학의 사회성에 대한 올바른 인식만이 민중의 삶과 그 현실에 대한 문학의 접근을 가능하게 할 수 있을 것이라고 주장한 바 있다. 그는 계급문학의 존재를 인정하면서도 문학이 좀 더 본질적으로 내 것이 될 수 있는 국민문학으로 완성되어야 한다는 점을 전제하고 있기 때문에 계급문학과 민족문학이 대립되어 있던 문단의 한복판에 서게 되었던 것이다. 그는 계급문학을 문학의 한 방법으로 이해함으로써 문학이라는 범주 안에서 요구되고 있는 문학적 구성의 제반 요소와 그 표현 방법 등이 바로 그 존재를 가능하게 하는 것이라고 말하고 있다. 계급문학이 지나치게 주제의식을 노출하거나 계급투쟁의 선전도구로 전락될 경우 그것이 문학이라는 이름으로 용허될 수 없다는 것도 또한 그의 생각이다. 하지만 사회상을 기조로 한 문학의 한 형식으로서 계급문학의 가능성을 인정하고 있는 양주동의 생각 속에는 우선으로 조선의 문학, 민족의 문학이 되어야 한다는 대전제가 가로놓여 있다. 그는 계급문학조차도 일본의 사회주의 문학운동의 모방에 흐르고 있는 점을 개탄하면서 신문학운동의 근본적인 과제가 진정한 조선문학의 건설임을 촉구하였다. 양주동의 이러한 입장과 태도가 당시 문단에서 어떠한 위치에 놓일 수 있는지에 대해서는 양주동 자신의 문단 분파의 논리를 따르면 더욱 명확하게 이해될 수 있을 것이다. 양주동은 문단의 균형을 크게 정통파와 반동파로 구분하여 설명하면서 그 가운데에 중간파를 설정하고, 중간파는 문학의 문학적 가치와 사회적 의의를 이원적으로 승인한다고 하였다. 이러한 문단의 분파에서 양주동은 자신의 입장이 중간파에 자리하는 것임을 분명히 하였고, 특히 중간파에서도 문학적 중간파임을 내세웠다. 중간파에는 사회적 가치를 우선하고 문학적 가치를 종속으로 하는 사회적 중간파와 문학적 가치를 우선하고 사회적 가치를 종속시키는 문학적 중간파가 있는데, 전자에는 김기진을 지목했고 후자에 양주동 자신을 집어넣었던 것이다.

양주동의 절충적 태도는 민족문학운동과 계급문학운동을 전반적으로 비판 검토하고 있는 「정묘 문단 총관」(《동아일보》, 1928. 1. 1~18)이라는 글에서 잘 드러나 있다. 이 글은 1927년 문단 총평을 목표로 한 것이지만 실제로는 국민문학이라는 말로 지칭되고 있는 민족문학론자들의 주장을 검토하고, 이에 대립되는 계급문학론자들의 견해를 비교한 본격적인 평론이라고 할 수 있다. 양주동 자신도 이 글이 '문단의 기축을 정격으로 나아가게 하려는 의도'에서 이루어진 것이며, 이 글이 '합인 동시에 새로운 정'이 되기를 원한다고 밝히고 있다. 양주동의 관점에 따르면 당시 한국 문학의 방향은 대체로 인간 사회를 위한 문학으로 집약되어 있다. 문예는 사회와 인간을 위한 것이기 때문에 필연적으로 시대적 요구와 결합되는 것이며, 그 사회성의 표출로 인해 국민문학과 계급문학의 대립이 이루어지게 된 것이다. 국민문학이란 민족적 전통과 국민적 개성 위에 근거하여 민족이 특별히 가져야 할 문학을 산출하고자 하는 것이며, 계급문학은 문학의 총체적 단위를 민족에 두지 않고 계급에 두는 것이다. 계급적 의식과 그 투쟁을 토대로 특정의 계급이 내어놓는 문학이 바로 계급문학이다. 국민문학과 계급문학에서 특징적으로 드러나고 있는 현상은 전자의 경우 애국심의 발현과 후자의 경우 무산계급을 중심으로 하는 계급투쟁 정신의 고취를 들 수 있다. 이와 같은 문학상의 차이와 대립은 3·1운동 이후 한국사회에 민족운동과 사회운동이 그 이념의 충돌을 모면하지 못하고 혼재했던 상태에 있었던 사실과 무관하지 않다.

> 민족문학과 사회문학이 빙탄불상용(氷炭不相容)이라고 보고 상호 배격하는 자는 소위 종파주의의 여독이다. 그러나 우리는 둘 다 현정세에 타당한 것으로 보고 더구나 양자는 서로 합치점을 연관하여 합류함이 필요하다고 본다. 현 단계의 정세에 있어서 민족관념과 계급정신을 서로 배치한다고 보는 것은 그야말로 현실과 이상에 대하여 아울러 색맹이다. 더구나 무산문학파에서 민족 이념을 의식적으로 포기하고 무시하고 심지어 배격코자 하는 경향은 무던히 착각적 이론에

> 속하는 것이다. 현 정세에 있어서는 민족을 초월한 계급정신도 없고 계급에서 유리된 민족 관념도 있을 수 없다. 우리는 조선 민족인 동시에 무산론적 계급이 아니냐? 우리의 문학은 민족적인 동시에 무산계급적이어야 한다.

이와 같은 양주동의 주장은 실제 문학운동의 측면에서는 하나의 이상론이 될 수밖에 없다. 사회운동의 맥락에서 신간회의 조직과 그 활동이 민족운동과 계급운동의 단일노선을 지향하고 있긴 하였지만, 문학상의 이념적 절충론을 통해 민족문학과 계급문학을 포괄하기는 불가능한 것이다.

양주동의 절충적 입장이 보다 넓은 의미의 민족문학을 강조하고 있었던 것이었음을 분명히 알 수 있는 것은, 그의 비평활동의 종반을 장식하고 있는 「민족문학의 현 단계적 의의」(《동아일보》, 1931. 1. 1~9)이다. 이 글은 그의 절충론의 결산에 해당된다고 할 수 있다. 양주동은 이 글에서 민족문학의 이념적 근거가 되고 있는 민족의식의 존재 문제를 분명히 하기 위해 원칙적인 요건과 현실적 요건을 함께 제시하고 있다. 양주동의 견해에 따르면, 민족의식이란 조선이라는 국토와 기후 풍토 안에서 역사적으로 거주해 온 단일민족의 생활, 풍습, 전통 등의 요소들이 상호관계하면서 형성된 관념적인 요소이다. 그러므로 어느 민족에게 있어서나 그 민족이 지니는 민족의식이란 본질적인 존재이다. 그런데 한국 민족은 당시 식민지 지배에 놓여 있었기 때문에 민족적 단결의식이 더욱 요청되었고, 민족문화의 정통성을 확립시킬 필요성이 있었던 것이다. 민족의 광범위한 계층을 모두 포용하여 민족적 역량을 집중하기 위해서는 민족문학이 또한 요구됨은 물론이다. 양주동은 민족문학의 방향을 구체적인 문제로 항목화하여 (1) 보수적·국수적 태도를 버리고, (2) 민족의 계급적 사실을 회피하지 말며, (3) 모든 사회계층을 민족적 이해와 충돌치 않는 범위에서 포용하며, (4) 민족의식을 중요시하고, (5) 민족적 통일 역량을 집중시키고, (6) 계급문학과 대립을 지양하며, (7) 민족적 감정만을 선동·과장하지 말고, (8) 민족적 사실을 고조하며, (9) 궁극적으로는 세계성을 지향하는 방향으로 나아갈 것 등을 주장하기도 하였다.

양주동이 보여주었던 중간파로서의 절충적 태도는 염상섭의 경우에도 비슷한 성격으로 드러나고 있다. 염상섭은 계급문학의 이념 추수적 경향을 비판하면서도 시대상의 필연적 경향으로 대두되고 있는 계급문학의 출현을 문학의 자연스러운 현상으로 받아들이고 있다.[75] 그는 계급문학이 계급의식에만 매달려 문학의 본질을 외면하고 있는 점을 비판하면서도 일제의 식민지 치하에 놓여 있는 민족의 현실적 특수성을 문학의 중요한 요건으로 내세우고 있다. 염상섭은 조선프로예맹의 결성과 함께 계급문학운동이 그 세력을 확대해 나아가게 되자 인습적인 전통과 기존 질서에 대한 문예의 반동을 중시하면서 계급문학이라는 것도 결국 반동기의 문학에 다름없다고 하였다. 그는 반동운동이 파기해야 할 관념과 전통을 주로 봉건적인 계급적 관념으로 한정하였다. 그의 견해에 따르면, 전통이란 것은 인간과 흙을 관통한 '본류적인 혈통'으로서의 본능적이고도 선천적인 측면과 인간의 물질을 연결하는 '지류적 방계로서의 정신'이라는 사회적 측면으로 구분된다. 그는 전자를 평면적 전통이라고 하고 후자를 입체적 전통이라고 규정하면서 반동운동의 개혁 목표가 되는 봉건적 계급관념은 바로 후자에 속한다고 주장하였다. 전자의 경우는 종족이나 환경, 그리고 언어 등에 의해 결정된 전통이기 때문에 인위적

---

75 계급문학에 대한 염상섭의 태도는 「소위 신경향파에 여(與)한다」(조선일보, 1926. 1. 22~2. 2), 「조선문단의 현재와 장래」(신민, 21호, 1927. 1), 「작금의 무산문학」(동아일보, 1927. 5. 6) 등에 잘 나타나 있다.

으로 파기할 수 없다는 것이다. 그는 민족에 대한 관념이 오랜 역사를 통해 형성되어 온 하나의 전통이므로, 본류적 혈통으로서의 민족의식은 더욱 강조될 수밖에 없다고 하였다.[76] 염상섭의 이러한 절충적 입장은 1920년대 후반 민족운동의 노선이 통합되는 과정에서 노정된 하나의 현실적인 타협안임을 알 수 있다.

그런데 여기서 한 가지 분명히 해 두어야 할 것은 종족·환경·언어 등에 의해 필연적으로 성립되는 이른바 평면적 전통 속에서 염상섭이 추출해내고 있는 민족관념 또는 민족적 특성이란 어떠한 의미가 있는가 하는 점이다. 염상섭은 민족적 전통을 사회계급적 전통과 자연적 전통으로 구분하고 있으며, 이러한 민족적 전통 가운데에서 민족문학은 사회계급적 전통을 파괴하는 데에 힘을 쓸 것을 강조하고 있다. 그러나 계급문학에서는 오히려 민족의 자연적 전통의 필연성을 자각해야 한다는 것이 염상섭의 주장이다. 그는 계급적 전통에 대한 파기를 내세우면서도 민족적인 전통(자기 민족에 대한 자각과 인식이 주축이 되는)에 대한 지지를 내세우고 있기 때문에 민족의식에 대한 자각과 현실적 상황에 대한 철저한 인식을 함께 강조한다. 이러한 염상섭의 절충적 입장은 생활현실에 대한 인식을 근거로 하여 문학과 사회상황의 연관 문제를 본격적으로 제기하면서 보다 포괄적인 통합주의의 성격을 드러내고 있다. 그는 하나의 문학적 현상은 역사적 상황과 시대적인 위치, 사회적 형세, 민중과의 관계뿐만 아니라 작가의 지식·감정·사상 등에 이르기까지 이들을 모두 종합적으로 검토한 후 설명할 수 있다고 하였다. 문학이라는 것을 작가의 개인적인 특징과 작가의 생활을 조직하고 지배하는 시대정신의 소산으로 설명한 바 있는 염상섭은 더 나아가서 혈통·유전·환경·시대정신

76 염상섭, 「민족·사회운동의 유심적 고찰」(조선일보, 1927. 1. 1~1. 15).

등의 모든 조건과 동기를 포착함으로써 계급적 현실과 민족의식을 동시에 포괄할 수 있는 문학에 대한 폭넓은 이해에 도달할 수 있을 것이라고 하였다.[77]

이와 같은 염상섭의 견해는 과학적 실증주의의 방법을 문학에 적응시킨 테느(H. Taine, 1828~1893)의 이론[78]에 바탕을 둔 것으로 볼 수 있다. 테느는 헤겔주의와 자연주의적 생리학을 결합시키면서 역사주의적 감성과 고전주의적 이상을 통합시켜 보고자 하는 특이한 관점을 자신의 문학론 속에 포함시켜 놓고 있다. 그는 인간의 모든 정신적 산물을 이해하기 위해서는 그 성격을 검토하고 그 사실의 원인을 밝혀야 한다는 생각을 하고 있었다. 그러므로 그는 객관적인 기준에 의해 사실을 판단하고 그 사실의 결정 요인을 추구한다는 원칙을 내세워 나름대로 과학적 비평의 존재를 정당화하고자 노력하였다. 테느가 주장하고 있는 '주 기능'이라는 개념은 심리적 범주에 있어서의 본질을 말하는 것이다. 이 본질은 개인의 행동과 그 개인에 의해 만들어진 작품의 심층을 이루는 것이라고 할 수 있으며, '정신의 근원적 형식' 또는 '지배적·영속적인 심리상태'를 의미한다고 하겠다. 테느는 한 사람의 작가나 작품 속에서 이러한 '주 기능'을 발견하고 그것에 의해 여러 가지 특수한 사실들을 설명하는 것이 비평의 주된 임무라고 생각했던 것이다. 이러한 견해는 문학작품의 연구에 있어서 그 심리적 근저를 이해해야 한다는 새로운 관점을 세워 놓은 것이지만, 인간의 정신작용과 작품의 실질을 지나치게 단순한 도식으

---

77 염상섭의 「조선과 문예·문예와 민중」(東亞日報, 1928. 4. 10~4. 17)과 「소설과 민중」(동아일보, 1928. 5. 28~6. 2)이 이러한 관점을 잘 드러내 주는 글이다.

78 테느의 문학비평 이론에 대해서는 Sholom J. Kahn, *Science and Aesthetic Judgement* (Colombia Univ. Press, 1953)와 Leo Weinstein, *Hippolyte Taine*(New York: Twayne Publishers, 1972)를 참고함.

로 이해하고자 하는 약점을 지니고 있다. 문학이라는 것이 개인의 갖가지 심리적 특징과 사회적 활동에 얽혀져 성립되는 것인데, 그것을 '주 기능'이라는 단 하나의 원천에 연결시켜 보고자 하는 것은 실제로 가능한 일이 아니기 때문이다. 그러나 테느는 이러한 '주 기능'만이 아니라 몇 가지의 일반적 조건이 인간의 정신적 산물의 본질을 규정한다고 하였다. 그것은 '종족(race)', '환경(milieu)', '시대(moment)'라는 세 가지 요건인데, 이에 대한 논의는 테느의 문학론의 집대성이라고 할 수 있는 『영국문학사』(1864)의 서문에 상세하게 개진되었다. 테느의 설명에 의하면 종족이란 고정된 실체가 아니라 선천적 유전적으로 지니고 있는 심리적 소질의 총체이며, 환경은 한 민족이 그 아래 종속하고 있는 온갖 상황이며, 시대로부터 분리될 수 없는 요건이다. 시대는 한 민족의 정신이 발전도상에서 도달한 지점인 현재에 대해 과거가 가하는 압력이다. 이 세 가지 요건이 문학의 본질을 결정하는 요인이며, 이들 요인에 대한 해명을 통해 문학에 대한 이해가 가능하다는 것이 테느의 생각이었던 것이다. 테느는 예술이라는 것을 실재의 재현이면서 동시에 개성의 표현이라고 했으며 예술의 목표는 가장 개성적이면서 실재성의 의미를 드러낼 수 있는 것이라고 하였다. 그는 진실에 대한 통찰을 예술가의 임무라고 말하면서 그 진실이라는 것이 결국은 사회적 기반과 조건에 의해 성립된다고 하였다. 이러한 테느의 견해는 문학연구의 방법이 인접 과학의 성과를 폭넓게 흡수해야 한다는 점에서 19세기 비평의 새로운 장을 이루어 놓았다고 평가되기도 하였던 것이다.

테느의 문학적 태도와 그 방법은 그의 「예술철학(Philosophie de l´ art)」(1865)이 일본에 번역 소개된 1926년을 전후하여 일본 문단에 상당한 관심사로 대두되었다. 이 무렵 염상섭은 동경에 머물러 있었는데, 그가 발표했던 「민족·사회운동의 유심적 고찰」, 「문예와 생활」, 「조선과 문예·문예와 민중」 등은 모두 테느의 이론에 상당 부분을 의존하고 있다. 염상섭은 민족문학을 말하면서 동시에 현실적 상황을 의식하지 않을 수 없었으며, 민족적 개성이라는 심리적 측면과 민족의 현실이라는 사회적 측면을 동시에 포괄하기 위해 테느의 종족·환경·시대에 의한 결정론을 받아들였던 것으로 보인다. 염상섭은 위대한 문학의 출현은 민중과 민중을 현재로 이끌어 온 생활의 퇴적한 역사가 매듭지어 주는 시대의 제반 양상이 서로 어우러져 인간의 심정 속에 흐르는 미묘한 기운을 기를 때에 가능하다고 하였다. 여기서 민중이라는 것을 쉽게 민족 또는 종족으로 풀이할 수 있으며, 생활은 환경과 마찬가지인 점을 생각한다면, 테느의 세 가지 결정 요인이 모두 열거되고 있음을 알 수 있다. 염상섭은 식민지 시대 우리 문예의 부진상태를 위축 쇠미의 단계로 규정하였고, 그러한 상황의 본질을 이해하기 위해 문예의 역사적인 요건과 시대적 의의, 사회적 형세, 민중적 관계 등을 철저히 규명하고자 하였다. 그는 문예의 쇠미경향을 시대적 사회적 여건에서 논의하고 있으면서도 테느의 '주 기능'의 이론에 따라 민족의 예술적 정신 또는 독창적 능력도 문제 삼았다. 그러나 그는 테느의 「예술철학」에서 논의되었던 이태리의 예술적 부흥을 예로 들면서, 우리 민족의 '문약'이 남들이 지적하는 것처럼 민족성에서 나온 것이 아니라 원래 서민계급이 예술의 혜택에서 유리되어 있을 수밖에 없었던 시대적 요건이 문제라고 하였다. 그는 민중의 대다수가 한자 문화권에서 소외되고 있었다는 사실을 들어 이를 뒷받침하고자 하였다. 그는 현실생활의 핍박으로 문화의 발전을 기대하기 어렵고, 특히 문예의 영역에서 소외되었던 민중에게 문학이 침투되기를 기대하기 어렵다는 사실을 거듭 강조하였다. 문예의 발전 계기를 정치 사회적 여건에서 폭넓게 찾고 있는 염상섭에게는 당시의 상황이 문학의 근본 요건을 결여하고 있는 가장 불리한 시대로 보일 수밖에 없었던 것이다.

양주동과 염상섭이 주장한 민족문학과 계급문학의 절충론의 방향을 보면, 그것이 중도적이고 타협적이며 점진적인 것임을 쉽게 알 수 있다. 하지만 국민문학과 계급문학의 대립을 지양하고 그것을 더 큰 하나의 민족문학으로 포용해야 한다는 이들의 생각은 당위론적인 요구로서의 가능성을 인정받을 수 있다 하더라도 그 통합론으로서 실제적 기능은 문제가 있는 상태로 남아 있는 것이다. 더구나 민족운동의 단일 노선을 표방하던 신간회가 해체(1931)되면서 그 논리의 현실적 근거가 희박해졌던 점도 지적될 수 있다.

(3) 대중적 조직운동과 예술대중화론

조선프로예맹 경성 본부와 동경 지부의 갈등

예술운동의 방향전환 이후 그 실천 노선을 둘러싸고 이루어진 조선프로예맹 경성 본부와 '제3전선'파의 무대인 동경 지부의 대립은 조선프로예맹의 조직 내부에서 이루어진 노선 투쟁의 가장 대표적인 예에 속한다. 경성 본부 측이 제기하고 있는 계급문학운동의 방향전환은 이미 검토한 바 있는 「무산계급 예술운동에 대한 논강—본부 초안」에서 구체적인 방향과 그 실천 방법이 제시되고 있지만, 예술운동이라는 문화적 영역을 크게 벗어나고 있는 것은 아니다. 게다가 국내에서의 사회적 여건 자체가 계급문학운동의 정치적 진출을 꾀할 수 있을 만큼 성숙되어 있지 않았다는 점도 지적될 수 있을 것이다. 특히 경성 본부의 박영희 등이 초창기 문단에서 체험한 문화주의적 성향도 이러한 국내 활동의 방향에 영향을 미치고 있었을 것으로 판단된다. 그러나 동경 지부의 경우 구성원 모두가 문화주의적인 문단체험을 전혀 갖고 있지 않은데다가 조직운동에 직접적으로 참여한 급진적인 이념적 성향을 지니고 있었기 때문에 계급문학운동의 새로운 방향과 실천을 위해 대중적인 진출을 강력하게 제기할 수 있었다고 할 것이다.

그렇다면 경성 본부와 동경 지부의 이념노선 갈등은 구체적으로 어떻게 설명할 수 있는가? 이를 위해서는 신간회 조직 이후 민족 해방 운동의 전체적인 방향에 대한 사회주의자들의 주장을 먼저 검토해 볼 필요가 있다. 1928년 3월 제4차 조선공산당의 중앙집행위원회에서 채택되었다는 「민족해방운동에 관한 논강」은 신간회 조직 이후의 사회운동의 새로운 방향과 지침을 제시하고 있다. 이 논강에서 제시하고 있는 운동 방향의 핵심은 노동자·농민의 대중적인 동원과 투쟁으로 요약된다. 이 논강에서 신간회는 현 단계에 적합한 조선의 혁명적 계급 및 계층의 특수한 동맹체로 파악되고 있으며, 이 신간회의 조직 내부에서 공산주의자는 노동자·농민 및 빈민의 광범한 획득을 위해 노력해야 한다고 규정하고 있다.

> 민족해방운동과 노동자 농민의 경제적 투쟁을 대립시켜서는 불가하다. 더욱이 민족적 협동이라는 것을 소부르주아적으로 이해하여 노동자 및 농민의 일상 투쟁을 희생시키든가 또는 등한시하는 것은 큰 과오다. 프롤레타리아트의 전위는 한층 주력하여 노동자의 스트라이크와 농민의 경제투쟁을 조직하고 모든 일상 투쟁을 전취 지도해야 한다. 그것은 민족해방투쟁을 활기차게 하기 위해 부득이하고 민족해방운동에서 노농계급의 헤게모니를 확보하는 방법이다.
>
> 그러므로 노동조합 운동 및 농민조합 운동을 절대로 필요로 한다. 마찬가지로 공산주의 지도하에 조직되어 있는 전국 청년을 한층 활발히 동원시켜 조직을 공고히 하고 이것에 있어서 프롤레타리아의 지도를 확립하는 것은 필요하다.

> 민족해방운동의 현 단계에서 광범한 대중의 궐기·참가·조직이 가장 필요한 것은 자명의 이치임과 동시에 대중을 단일 전선에 동원시켜 조직하고 교육하는 데는 그들의 이익을 진실로 대표할 수 있는 광범한 강령과 이것을 실천하는 구체적 투쟁이 필요하다. 실천적 투쟁이 없이는 진정한 조직이 있을 수 없고, 따라서 정치적 교육도 불가능하다. 광범한 대중을 끌어넣기 위해서는 농촌을 순회하고 그 이익을 위해 철저히 투쟁하는 것은 더욱 필요하다.[79]

당시 민족해방운동의 전선에서 노농 대중의 광범한 동원과 투쟁이 이처럼 절실하게 요구된 것은 민족해방운동 단체를 구성하고 있는 것이 대부분 소부르주아 인텔리 계층이었다는 사실과 무관하지 않다. 노농 대중의 획득이야말로 민족해방운동·민족협동전선에서의 프롤레타리아트의 헤게모니를 위해 필수적으로 요청되는 것이라고 할 수 있다. 실제로 노동계급의 대중적 등장이 없는 방향전환, 노농 대중의 광범한 대중투쟁이 수반되지 않은 방향전환은 필연적으로 주체 없는, 실질적이지 못한 방향전환이 되지 않을 수 없다는 것이 당시 사회주의자들의 일반적인 견해였다. 대중 동원과 대중적 좌익이 형성되지 못한 상태에서 이루어진 조직의 영도권 주장이 결과적으로 조직 간부 자리를 둘러싼 쟁탈전으로 표출된 것도 반성의 대상이 되었다.

이처럼 사회운동의 방향전환 이후 운동의 대중화 문제가 실천적 과제로 대두되자 예술운동 부문에서도 예술운동의 실질적인 방향전환과 그 실천적인 역할에 대해 새로운 규정이 등장하게 된다. 이것은 넓은 의미에서 예술운동의 대중화론으로 요약되지만, 궁극적으로

79 「민족해방운동에 관한 논강」(임영태 편, 『식민지 시대 한국 사회와 운동』, 사계절, 1985), 352~353면에서 재인용.

는 예술운동의 볼셰비키화를 위한 조직적인 동원을 의미하는 것으로 생각된다. 이 같은 정황을 알아보기 위해 1928년부터 1929년 사이에 논의가 계속된 방향전환론과 예술 대중화론을 중심으로 경성 본부 측의 박영희, 김기진, 한설야 등과 동경 지부의 이북만, 조중곤, 임화 등의 논쟁을 면밀하게 검토할 필요가 있다.

박영희가 주도해 온 방향전환론의 골격은 이미 앞에서도 검토한 바와 같이 목적의식론으로 요약된다. 박영희의 목적의식론은 문학운동에 있어서의 새로운 의식의 전환을 강조하고 있는 점에 그 특징이 있는 것이다. 다시 말하면 계급문학운동가들은 사회주의적 의식에 기초하여 부르주아 정치를 폭로하며 그 투쟁 의식을 민중의 정신 속으로 확대시켜 나아갈 수 있는 문학의식의 새로운 구성에 힘써야 한다는 것이다. 이러한 목적의식론은 계급문학운동을 문예의 영역에 한정시켜 논의하고 있다는 점에서 정치 사회적 실천의 가능성을 문제 삼을 수밖에 없게 된다. 계급문학운동의 대중적 조직확대와 정치투쟁에의 진출을 적극 실천하고자 하는 동경 지부 이북만 등의 입장에서 본다면 이것은 계급적 현실을 외면하고 있는 예술주의적 경향에 지나지 않는 것으로 인식되고 있는 것이다. 실제로 박영희의 방향전환론에 대한 이북만의 비판은 계급문학운동의 예술주의적 경향에 대한 우려에서 출발하고 있다. 그는 진정한 계급문학운동의 방향전환은 대중적 조직을 기반으로 하는 정치적 투쟁에의 진출일 뿐이라고 믿고 있다. 그러므로 그는 우선 예술운동의 대중적 조직을 강조하고 있으며, 예술 부문 내에 있는 모든 대중의 주체적인 결성에 의해 조선프로예맹의 조직 확대를 꾀해야 한다고 주장하고 있다. 이러한 견해는 물론 1927년 9월 이후 조선프로예맹이 전국적인 조직확대를 실천함으로써 어느 정도 만족된다. 그러나 예술운동의 정치적 투쟁에의 진출에 대해서는 예술운동의 주체적 결정체가 되어야 하는 노동자·농민의 교양 수준을 문제 삼아야 했기 때문에 우선적으로 예술운동이 노동자·농민 대중에 대한 아지프로에 전체적인 역량을 투입해야 한다는 주장을 내세우게 된다. 계급문학운동의 방향전환론 가운데에서 대중화론이 새롭게 제기된 연유가 바로 여기에 있다.

이북만이 내세운 예술대중화론은 노동자·농민 대중을 계급문학운동의 조직적 주체로 끌어들인다는 데에 그 목표를 둔다. 이를 위해서는 우선 노동자·농민을 예술운동의 대상으로 삼아 혁명적 이념을 그들에게 보급하여 그들이 지켜온 봉건적 관념을 타파해야 한다는 것이다. 이러한 예술의 정치적인 효과를 최대한으로 이용하려면 예술가 자신이 스스로 노동자·농민 속으로 뛰어들어야 하며, 노동자·농민이 관심을 두고 쉽게 알아볼 수 있는 예술을 창작해야 한다. 이 같은 견해는 동경 지부의 장준석에 의해 그대로 수용되어 다음과 같이 강조된 바 있다.

> 우리의 예술은 전조선의 ××××× 특히 노동자·농민의 예술이 되지 않으면 안 된다. 왜? 그는 우리의 예술운동은 그것이 결코 무산계급의 전 운동을 떠나서 존재할 수 없으며, 따라서 예술운동은 그것이 조선의 ××××××××에 서 있는 노동자와 또한 그와 긴절한 동맹군인 농민의 전 ×××××××××의 중으로 들어가 그들로 하여금 경제의식 더구나 ××××의식 ×××××××××××××의식을 앙양하지 않으면 안 된다. 그러므로 우리의 예술운동은 그것이 이러한 의미를 제시하고는 하등의 존재의 의의를 가지지 못하는 까닭이다. 우리의 ××의 예술은 ××에게 침투시키는 데 있어서는 먼저 그것이 노동자 농민의 자기 자신의 예술이 되지 않으면 안 된다. 다시 말하면 그들이 이해할 수 있는 또 그것이 노동자 농민에게 맞이하는 한에서만 그들의 예술이 될 수 있기 때문이다.[80]

동경 지부에서 내세우고 있는 예술대중화론은 결국 예술운동의 주체와 그 목적과 속성을 모두 노동자·농민에 직결시키고 있는 점에 그 특징이 있다. 첫째, 노동자·농민의 예술 둘째, 노동자·농민에게 새로운 정치적 투쟁의식을 불어넣어 줄 수 있는 예술 셋째, 노동자·농민들이 즐겨 맞으며 쉽게 이해할 수 있는 예술을 강조하고 있는 데에서 이를 확인할 수 있다. 그렇지만 예술운동의 주체로서의 노동자·농민을 조직화한다는 것은 당시의 정치적 상황과 노동자·농민의 의식 수준으로 보아 실천의 가능성이 희박하다.

예술운동에 관한 동경 지부의 이러한 입장에 대해 경성 본부의 한설야는 다음과 같이 논박하고 있다.

> 민중은 어떠한 문예를 요구하는가? — 이것보다 우리는 그들에게 어떠한 문예를 보낼까가 큰 관심사다. 이것은 그들에게 보낼 문예를 이원적으로 따로 짓는다는 말은 물론 아니다. 우리는 그들의 전면에 선 것을 알아야 한다. 그들은 우리의 문예를 도리어 조소하는 수가 많다. 그러나 전면에 선 우리들은 그들을 추종하는 기회주의적 소극적 태도를 가져서는 안 된다. 참으로 우리는 그들이 일시 호감을 느낄 문예를 쓸 것이 아니라 그들이 장차 필연적으로 요구할 문예 (…) 민중은 반드시 빨리 우리의 문예를 요구하게 될 것이다.[81]

한설야의 주장은 민중이 어떤 문예를 요구하느냐 하는 문제보다 그들에게 어떤 문예를 제공하느냐가 더 중요한 과제임을 내세우고 있다. 그는 '민중이 내일 요구하는 문예'를 제공해야 한다는 점을 분명히 하였고, 민중에게 일시 영합하는 문예를 제작하는 것은 기회주

---

80 장준석, 「왜 우리는 쉽게 쓰지 않으면 안되는가?」(조선지광, 1929. 5), 78면.

81 한설야, 「1928년의 대중간의 문예 관계는 어떻게 진전될까?」(조선지광, 1928. 1), 3면.

의적·소극적 태도라고 비판하고 있다. 이 같은 견해는 무산계급 예술운동을 주도하고 있는 작가층의 지도적인 역할을 보다 강조하고 있는 것이라고 할 수 있다.

이와 비슷한 견해는 윤기정의 경우도 피력한 바 있다. 윤기정은 「문학 아닌 문학」(《조선지광》, 1928. 1)에서 '현하 조선 사람은 어떠한 문학을 요구하는가?'라는 문제는 결국 '현하 조선 사람에게는 어떠한 문학이 필요한가?'라는 문제가 된다고 하면서 '의식이 박약한 대중이 아무리 반동적 문학을 요구한다고 하더라도 의식 분자들은 역사적 사실이 요구하는, 조선 사람에게 필요한 문학을 제작하지 않으면 안 된다'고 하였다. 말하자면, 의식분자로서의 작가의 주도적인 역할을 강조하고 있는 셈이다.

경성 본부 측의 견해와 동경 지부의 주장 사이에는 의식층인 작가를 중심으로 하느냐, 민중을 중심으로 하느냐 하는 관점의 차이가 개재되어 있다. 이북만 등은 '교양이 없는 노농 대중'을 지향하는 반면 한설야 등은 의식층을 지향하고 있다. 이북만 등은 예술을 수단으로 해서 노농 대중의 투쟁 의식을 고취시키는 데 예술운동의 임무가 있다는 정치주의적 면모를 드러내는 데 비해, 한설야 등은 현 단계의 민중보다는 앞으로의 민중이 요구하게 될 문예를 제작하면 민중을 질적으로 비약시킬 것이라는 이상론을 내세우고 있는 것이다. 이러한 의견의 대립을 놓고 본다면 예술운동은 앞에서 언급한 대로 노동자·농민에게 정치적 투쟁의식을 고취시키기 위한 선전 선동을 택하든지, 노동자·농민이 쉽게 이해하고 즐겨 맞이하는 예술을 창작하든지 그 방향을 정해야만 하는 것이다. 이 두 가지 실천방법을 놓고 경성 본부 측과 동경 지부 측은 또다시 의견의 대립을 보이는데, 그 구체적인 양상은 김기진과 임화의 논쟁을 통해 확인해 볼 수 있다.

김기진의 대중소설론

경성 본부의 김기진이 내세우고 있는 예술대중화론의 방향은 「변증적 사실주의」(《동아일보》, 1929. 2)에 의해 그 이론적 골격이 드러나고 있으며, 소설양식의 대중성 확보와 프로시가의 대중화를 꾀하기 위한 구체적 실천 방법도 뒤를 이어 발표하고 있다. 물론 이러한 주장의 기본적인 전제로서 김기진 스스로 계급문학운동을 통한 계급적 예술 양식의 확립을 염두에 두고 있었다는 점도 고려되어야 한다. 김기진의 예술대중화론 가운데 가장 구체적인 실천적 방법이 제시되고 있는 「대중소설론」(《동아일보》, 1929. 4)은 소설을 통한 대중에의 접근을 창작의 요건으로 실행해 보고자 하는 의욕을 담고 있다. 이 글에는 극도로 악화된 객관적 정세 아래에서 합법적으로 인정받을 수 있는 작품 창작을 통해 계급문학운동을 전개해야 한다는 예술주의적 태도가 드러나 있기 때문에 정치적 투쟁을 위한 대중적 조직을 문제 삼고 있는 동경 지부 측의 예술 대중화론과는 그 목표가 본질적으로 다르다. 말하자면 김기진은 무지하고 저급한 의식을 지니고 있는 노동자·농민이 향유할 수 있는, 그들의 수중에 적합한 문학의 창작을 요구하는 것을 대중화론의 요체로 내세우고 있는 것이다.

김기진이 강조하고 있는 예술대중화론의 핵심은 프로문학의 대중적 획득에 있다. 그는 대중의 기호에 영합하기 위해 계급문학가들 스스로 작품을 가지고 대중의 수준에 맞추지 않으면 안 된다고 주장한다. 보통인의 견문과 지식의 범위, 보통인의 감정 및 사상, 보통인의 문장에 대한 취미 등을 고려해서 부귀공명, 애정 갈등, 남녀의 성적 대립, 신구 도덕관의 충돌 등을 놓고, 사건의 어떤 동기의 근저에 작용한 역사적·사회적·물질적 제조건의 폭로를 기도함으로 흥미에 초점을 두어야 한다는 것이다.

이러한 주장은 본질에서 무산계급 예술의 확립과는 거리가 멀다.

특히 소설의 창작방법 자체에 중대한 약점을 드러내고 있다. 우선, 대중들이 최독견·이광수류의 소설을 즐겨 읽는 이유를 단지 흥미 유발의 소설 장치의 설정으로 지목한 것이 문제다. 소설에서의 사건과 인물을 단지 흥미를 주는 요소로 국한시킨다는 것은 소설 자체의 본질적인 속성을 왜곡하고 있는 것으로 볼 수 있다. 소설에서의 인물과 사건은 당대의 구체적 현실을 객관적으로 드러내는 내적 형식의 핵심을 차지하는 것이다.

김기진의 「대중소설론」을 보면 이러한 인식의 한계는 더욱 분명히 드러난다. 김기진은 대중소설을 통속소설과 구분 짓고, 그다음 프로 대중소설에 대해 논리를 펴고 있다. 그의 주장을 따르면, 통속소설이란 문예적 취미가 고급으로 진보된 특수한 독자를 제외한 보통인에게 읽히기 위한 소설로서 가정부인과 남녀 학생이 독자의 전부인 관계로 '가정소설'의 별명에 지나지 않는 것이다. 반면에 대중소설은 반드시 노동자·농민을 의미하는 '대중'이 읽고 대중에게 읽히기 위한 소설로서 통속소설의 범주에 들지 않으면서 대중 속에 전파되어 있는 소설을 말하는 것이라고 한다. 금일의 대중소설은 단순히 대중의 향락적 요구를 일시적으로 만족시키기 위한 것이 결코 아니요, 그들의 향락적 요구에 응하면서도 그들을 모든 마취제로부터 구출하고 그들로 하여금 세계사의 현 단계에 주인공의 임무를 다하도록 끌어올리도록 하는 소설이라고 규정하고 있다. 김기진은 대중소설이 문자 및 기타 상식만을 소유하고 있는 교양 정도의 하층에 적합한 것인 반면 본격적인 프로 소설은 이외에 문예적 취미와 계급의식을 소유한 교양 정도의 상층에 맞는 것이라고 규정하고 있다.

김기진은 대중소설이 일반적으로 무지한 농민과 노동자 및 그들의 부녀자를 대상으로 한 것임을 전제하고, 대중의 향락적 요구에 응하면서 동시에 이들의 의식을 각성시키기 위해 다음과 같은 실제적인 창작방법을 열거하고 있다.

> 1. 제재를 노동자와 농민들의 일상견문에서 취할 일.
>
> 2. 물질생활의 불공평과 제도의 불합리로 말미암아 생기는 비극을 주 요소로 하고서 원인을 명백히 인식할 일.
>
> 3. 미신과 노예적 정신, 숙명론적 사상을 가진 까닭으로 현실에서 참패하는 비극을 보이는 동시에 새로운 희망과 용기에 빛나는 씩씩한 인생의 자태를 보여줄 일.
>
> 4. 남녀·고부·부자간의 신구 도덕관 내지 인생관의 충돌로 일어나는 가정적 풍파는 좋은 재목이로되 신사상의 승리로 만든 일.
>
> 5. 빈과 부의 갈등으로 말미암아 일어나는 사회적 사건도 좋은 제목이로되 정의로써 최후에 문제를 해결할 일.
>
> 6. 남녀 간의 연애 관계도 물론 좋은 재목이나 정사 장면의 빈번한 묘사는 피할 것이요 될 수 있는 대로 그 연애 관계는 배경이 되든지 혹은 중심 골자가 되든지 하고서 딴 사건을 보다 더 많이 취급하도록 만들어야 한다.82

위의 내용을 보면 통속소설과 대중소설의 구분이 별다른 의미가 없다. 통속소설의 명칭을 대중소설이라고 바꾸었다는 점과 독자 대상이 바뀌었다는 점만이 다를 뿐이다. 대중소설이라는 것이 그대로 통속소설의 한계를 포함하고 있다고 볼 수 있다. 김기진 자신은 이 같은 대중소설이 대중적 독자들에게 계급의식을 심어주는 데에 있어서 어떠한 역할을 하게 되는지에 대해 다음과 같이 언급하고 있다.

> 대중의 의식의 앙양, 결정은 일조일석에 가능한 것이 아니다. 그 이유를 들건대 그들은 첫째, 무지하다. 둘째, 둔감하다. 셋째, 장구한 세

---

82 김기진, 「대중소설론」(동아일보, 1929. 4. 19).

월의 간난신고의 경험은 그들로 하여금 장래에 대한 희망과 용기를 마비케 하였다. 요약해서 말하면 그들은 의지의 상실자다. 넷째, 그들은 장구한 세월을 두고 지배××의 계획적 수단으로 말미암아 저급한 향락과 노예적 봉사의 정신의 주입을 받아서 근치하기 곤란한 중독자가 되어 있다. 이와 같이 무지하고 둔감한 우리의 의지를 상실한 중독자들을 치료하고 그들의 의식을 진정한 무산계급의 의식에까지 끌어올리고 투쟁의 정신으로 굳어지게 하기 위해서는 그들에게 장구한 시일을 두고서 직접적 교양과 쉴새없는 훈련이 무엇보다도 긴요하다. (중략) 대중소설은 — 일반적으로 예술은 — 다만 그것의 조수가 될 뿐이다.

진실로 이러함으로 말미암아 대중소설은 그 직접적 교양과 훈련을 기다리어서 그것과 한가지로 동행함에 있어서만 소기의 목적을 달할 수 있는 것이며 또한 직접적 교양과 훈련을 필수 조건으로 하고서만 대중소설의 구체적 문제는 비로소 문제가 될 수 있는 것이다.

김기진은 대중적 교화의 과제에서 예술이 다만 일부의 역할을 수행할 뿐이라는 사실을 명백히 밝히고 있다. 그러나 문제는 이 같은 일반적 규정에 있는 것이 아니라 실천적인 면에서 과연 소설이 대중을 어떻게 교양시키고 훈련할 것인가 하는 문제이다. 김기진은 극도의 곤란한 객관적 정세를 문제 삼아 합법적 테두리에서 문예를 중심으로 한 작품 행동만을 예술운동의 과제로 삼으려 했지만, 당시의 사회적 조건으로 본다면 높은 문맹률과 경제적인 궁핍 등이 문예 자체에 대한 대중의 접근을 불가능하게 하였을 가능성이 더 크다고 할 것이다.

그런데 김기진의 이러한 대중화론에 대한 비판이 동경 지부 임화[83]에 의해 이루어지게 된다. 임화는 김기진 자신이 객관적 정세를

---

83 김기진에 대한 임화의 비판은 「탁류에 항(抗)하여」(조선지광, 1929. 9)가 대표적이며, 김기진의 반론에 대한 임화의 답변인 「김기진에 답함」(조선지광, 1929. 11)을

내세워 계급예술운동의 정치적 진출에 대해 유보하는 태도를 보이고 있는 점에 대해 '치명적 무장 해제적 오류'를 범했다고 비판하고 있다. 그는 이 같은 김기진의 태도야말로 '그것은 싸움에 임하는 우리들의 작품의 수준을 현행 검열 제도하로, 다시 말하면 합법성의 추수를 말한 것이다. 즉 증언할 것이 없이 합법성의 '전취'가 아니고 (…) 의식적인 퇴각을 말하는 것'이라고 한다.

임화는 객관적 정세 문제나 외부적 탄압에 대해 현실을 솔직하게 파악하여 엄숙하고 정연하게 대오를 사수해야 함을 강조하고 있다. 그는 '적의 예봉을 회피하기 위해서 기치를 내린다는 것은 퇴각을 위한 퇴각에 불과함'을 분명히 밝히고 있다. 김기진에 대한 임화의 비판에서 주목해야 할 사실은 김기진의 입장이 상당 부분 우경화한 합법주의에 서 있으며, 임화는 좌경적 입장을 고수하고 있다는 점이다. 이것은 바로 경성 본부와 동경 지부의 각각의 입장을 그대로 대변하고 있는 것이라고 할 수 있다.

> 예술운동은 무산계급운동의 일 분야이다. 그것은 무산계급의 전면적 '투쟁'에 있어서 오랫동안 계속할 조직 사업에 참가하되 예술의 형식에 의하여서 대중의 감각과 상상과 정감을 통하여서 그들을 봉건적·소부르주아적 사상과 취미의 감염으로부터 격리하고 그들의 불평불만을 끄집어내고 나아가서는 그들의 투쟁 의식을 응결케 하여 조직에까지 참가하도록 하되 현실에서 얻을 수 있는 조건하에서 이 작품 행동을 끝내 해 나아가는 것을 그 주요 임무로 한다.[84]

앞의 인용에서 확인할 수 있는 것처럼 김기진은 대중을 조직하기

참고할 수 있다.

84 김기진, 「예술운동에 대하여」(동아일보, 1929. 9. 22).

위한 교화 임무를 예술운동의 역할로 규정하면서도 "현실에서 얻을 수 있는 조건하에서 취하는 합법적 행동"인 작품 행동만을 강조하였다. 그는 붓대를 꺾는 것보다는 할 수 있는 데까지 작품을 만드는 일이 더 중요하다고 하였다. 김기진의 이러한 입장을 보면서 임화는 예술운동의 특수성을 운운하면서 합법적 영역의 작품 행동에 안주하려는 자기변호적 태도를 김기진이 고수하고 있다고 생각하게 되는 것이다. 객관적 정세가 허용하는 범위 안에서 합법적 작품 행동을 강조하는 김기진과 정치적 투쟁을 내세우고 있는 임화의 태도는 계급예술운동에 대한 개인적인 입장의 차이라기보다는 카프 경성 본부와 동경 지부의 현실 대응 태도의 차이를 말하는 것이다.

실제로 동경 지부의 김두용은 임화와 같은 입장에 서서 김기진을 비롯한 경성 본부 전체에 대해 신랄한 비판을 퍼붓고 있다. 김두용은 우선 그간의 예술운동이 관념적이었음을 비판하고 있다. 그는 단순하고 일반적인 조잡한 마르크스주의와 얼마 안 되는 예술적 재능을 가지고 무산계급운동의 일익을 감당하려고 출발했기 때문에 보다 더 구체적이고 복잡한 현실의 정치투쟁 과정에 임해서는 자기 자신의 공식을 그러한 현실에 맞추거나 현실을 곡해하지 않을 수 없었다고 한다. 이것은 예술운동의 공식주의적 성격을 지적한 것으로서 주로 경성 본부를 겨냥한 비판이었던 것이다.

> 그들은 관찰에 의하여 프롤레타리아예술을 생산하려고 하였다. 작일까지는 그것으로도 통용되었을지도 모르나 금일은 그 한계가 돌파되지 않을 수 없다 해야만 한다. 지금은 투쟁 속에 있는 노동자의 격정이 그대로 생기있게 작품에 나타나야 한다. 그리고 여기에 그 한계를 '돌파하지 않으면 안 된다는 것'은 '두뇌 속에서' 하여서는 안 된다. 그것은 역사의 유동성에 합류하지 않으면 안 된다. 그것을 조선의 동

지들은 안 하였다. 못하였는지도 모르나 사실 운동의 권외에서 바라보고 있는 생원님들에게는 불가능한 일이다. 그러므로 그들은 곤란한 실천의 앞에서 안이한 이론을 전개한다.[85]

김두용의 경우에도 그가 내세우고 있는 것은 임화와 마찬가지로 정치투쟁이다. 그는 참다운 프롤레타리아트의 격정을 짜는 참다운 프롤레타리아트의 예술이 생산되었다 할지라도, 정치적 자유를 빼앗긴 금일 그것이 얼마나 프롤레타리아 대중의 수중에 퍼질지 의문이라고 하면서 '정치투쟁으로 들어가라!'고 역설하고 있다.

> 1. 참으로 프롤레타리아예술의 생산이 없는 곳에 예술운동이 가능하다는 환상은 단연 버리지 않으면 안 된다.
> 2. 프로 예술이 생산되어도 지금의 정치적 부자유 밑에서는 '공장의 중', '농촌의 속'에 주입할 수 있다고 생각하는 환상은 버리지 않으면 안 된다.
> 3. 그러하므로 일반으로 '예술 투쟁은 정치투쟁의 일부분이다'라는 등의 방만은 버리지 않으면 안 된다. 진실히 예술 투쟁이 정치투쟁의 일부분으로 되려면 그는 정치투쟁의 한가운데에 서지 않으면 안 된다.
> 연고로 우리의 금일의 슬로건은 이러하다. "정치투쟁으로 들어가라!" 그래서 예술의 문을 나오는 것은 예술의 문으로 들어가는 것이다. 왜냐하면 거기에야 프롤레타리아트의 생활이 있으니까.[86]

임화나 김두용이 '정치투쟁으로 들어가라'고 할 수 있었던 것은 동경 지부가 경성 본부와는 다른 운동적 조건 속에 놓여 있기 때문에 가능한 것이다. 요컨대 김기진이 내세우는 '춘향전식' 대중화론의

---

85 김두용, 「정치적 시각에서 본 예술투쟁」(무산자, 1호, 1929. 5), 3~4면.

86 김두용, 위의 글.

발상이 임화의 말대로 자체의 기관지도 없이 '부르주아 신문'에 기생하면서 예술운동을 할 수밖에 없었던 상황에서 나온 것이라면 동경지부의 비합법적 정치투쟁론은 적어도 자체의 기관지를 극도의 곤란을 겪으면서라도 발행할 수 있었고, 또한 이것을 대중에게 보급할 수 있었던 상황에 의한 것이다. 다시 말해 외적 제약, 즉 탄압의 정도에 있어서 경성과 동경은 차이가 있었다. 물론 경성 본부가 합법적 테두리에서 운동을 전개하려 했던 반면 동경 지부가 비합법주의로 기울어질 수 있었던 것은 동경 지부가 원래 갖고 있던 '정치적 기류' 때문이었음을 부인할 수 없는 일이다. 실제로 동경 지부의 정치적 성격은 동경 지부가 ML파 계열의 조선공산당 재건운동과 연계됨으로써 더욱 강화된다. 이에 따라 동경 소장파는 이른바 예술운동의 볼셰비키화론을 전개하게 되며, 예술 대중화 논쟁에서 박영희나 김기진 등 경성 본부에 대해 이론적 우위를 확보하기에 이르는 것이다.

(4) 계급문학운동과 농민문학론

농민문학의 문제성

계급문학운동에서 예술 대중화론이 하나의 중심 과제로 제기되면서 새로운 관심사가 된 것이 농민문학론이다. 1920년대 이후 농민생활의 궁핍화와 농촌경제의 파탄이 사회적 관심사로 제기되고 있었던 점이라든지, 농민운동에 대한 일제 총독부의 탄압이 가중되면서 농민운동의 성격이 정치운동으로 변질되고 지하 적색 농민단체가 출현하게 된 점 등도 모두 농민문학에 관한 관심의 확대를 뒷받침하는 사회적 배경이라고 할 것이다. 특히 계급문단의 예술 대중화론에서 농민문학의 필요성이 제기되기 시작한 점은 농민문학론이 새로운 단계에 접어들고 있음을 뜻하는 것이라고 하겠다.

그런데 이러한 배경적 상황만이 아니라 계급문단에서 직접적으로 농민문학 문제를 다루지 않으면 안 될 문학 내적인 측면의 요구가 제기되기 시작하였다. 계급문단에 속한 작가 중에서 농민소설이라고 말할 수 있는 작품을 직접 창작하는 사람이 늘어난데다가 계급문학운동의 선도 역할을 하고 있던 일본에서 농민문학의 필요성과 그 중요성을 강조하는 주장이 구체화되고 있었던 것이다. 이러한 과정을 좀 더 구체적으로 살펴보면 첫째, 1930년 11월 우크라이나 하리코프에서 혁명문학 국제국 제2차 세계대회와 국제 혁명작가 예술가 제2차 대회를 통해 계급문학운동에 있어서의 농민문학에 대한 새로운 관심을 촉발하는 결정이 채택된 점 둘째, 일본 프롤레타리아작가동맹에서 이 대회의 결정과 대회에 참가했던 일본 대표들의 제안에 따라 작가동맹 안에 농민문학연구회를 결성하고 농민문학운동의 구체적인 실천방안을 적극 검토하기 시작한 점 셋째, 이러한 움직임이 국내에 소개되자 1931년에 들어서면서 계급문단 내부에서 농민문학의 필요성을 주장하는 견해가 발표되기에 이른 점 등을 지적할 수 있을 것이다.

우선 먼저 국제혁명작가예술가대회[87]가 무엇인가를 살펴보자. 이 회의의 조직이 이루어진 것은 1927년이다. 당시 소련은 혁명 이후의 건설기에 돌입해 있었고 사회주의 국가의 확립을 위해 전력을 집중하고 있었지만, 세계적으로 계급투쟁과 자본주의의 경쟁이 치열하여 국제적 상황에 음영이 깃들고 있었다. 이런 상황 속에서 제국주의 전

---

87 이 대회의 조직은 공식적으로 MORP로 지칭되며 International Union of Revolutionary Writers로 표기된다. 프롤레타리아 사회주의 문화를 세계적으로 확대시키는 데에 주목할 만한 성과를 거둔 바 있다. Harriet Borland, *Soviet Literary Theory and Practice during the First Five-year Plan 1928-1932*(New York, Columbia Univ., 1950), p. 129.

쟁 반대 투쟁과 파시즘 반대 투쟁을 내세운 소련 작가동맹의 결의에 따라 모스크바에 '혁명문학 국제국'이 설립되고 여기서 제1차 국제혁명작가예술가대회를 개최하게 된 것이다. 그 후 3년이 지난 1930년 11월에 하리코프에서 제2차 대회가 열렸는데, 제2차 대회에는 전 세계 22개국의 프로문학 조직책임자들이 참석하고 있다. 이들은 변화하는 국제 정세에 적응하기 위해 계급문학운동의 보다 높은 조직적 이데올로기적 수준과 보다 광범위하고 확고한 정치적 강령을 요구하게 되었다. 당시에 논의된 내용은 파시즘에 관한 투쟁 방안, 동반자의 획득 문제, 계급문학운동의 국제적 연대의 확립 등인데 일본을 위한 결의 가운데서 농민문학 문제가 크게 중요시되었던 것이다.

하리코프 대회의 내용과 성격에 대해서는 박태원[88]과 권환[89]을 통해 한국 문단에 소개되었다. 그리고 계급문단의 주변에서 계속 하리코프 대회의 결정 내용이 관심사가 되었다. 권환은 이 대회의 성과를 통해 국내의 계급문학운동도 보다 조직적이고 이데올로기적 속성이 확고한 문학운동을 전개해야 할 것을 주장하면서, 국내 계급문학운동이 당면해 있는 예술대중화 운동과 연관되는 동반자의 획득, 노농통신운동, 농민문학운동에 주목해야 할 것을 강조하고 있다. 이러한 주장은 당시 우리 문단의 상황으로 보아 매우 중요한 의미를 갖는 것이라고 하겠다. 실제로 일본 문단에서 하리코프 대회의 결정에 따라 농민문학연구회라는 단체를 결성했으며, 농민문학운동에 대한 새로운 관심이 폭넓게 대두된 바 있다. 이와 같은 움직임은 국내의 계급문학운동에 직접적인 자극을 가하기에 충분한 것이었으며, 농촌과 농민의 제반 문제에 대한 의식적인 관심이 문학 속에서 구체

---

88 박태원 역, 「하리코프에서 열린 혁명작가회의」(동아일보, 1931. 5. 6~10).

89 권환, 「하리코프대회 성과에서 조선프로예술가가 얻은 교훈」(동아일보, 1931. 5. 14~17).

화될 수 있는 기반을 이루고 있다고 할 것이다.

안함광의 농민문학론

하리코프 대회의 영향과 관련하여 계급문단에서 농민문학에 대한 문제를 놓고 구체적인 견해를 내세운 사람은 안함광[90]이다. 그의 주장에 따르면 당시 사회의 최대 문제는 도시 근로자와 실업 노동자에 있다기보다 농촌의 궁핍화 현상에 있다는 것이다. 농산물 가격의 대폭락으로 풍년 기근의 현상이 농민생활을 압박하고 있으며, '산미증산계획'이라는 일제의 식민지 정책이 극도로 불리한 조건을 농민에게 부여하고 있기 때문이다. 이처럼 농촌의 경제가 위축과 피폐의 과정을 걷고 있는데도 불구하고 당시의 프롤레타리아 운동은 농촌의 현실을 외면하고 있다는 것이 안함광의 지적이다.

안함광은 한국사회의 현실 자체가 농민문학에 대한 절실한 요구를 외면할 수 없도록 하고 있다는 점에서 농민문학의 필요성을 주장하면서 그 범위와 주제, 그리고 그 방법 등의 개요를 제시하고 있다. 우선 농민문학의 대상과 그 범위는 농민 전반을 포괄하는 것이 아님을 분명히 하고 있다. 그는 자본주와 결탁하여 빈농을 착취하는 토착 부르주아를 배격하고 프롤레타리아계급의 입장에서 농민계층에 관심을 두는 농민문학이 필요하다고 하였다.

안함광의 농민문학론은 농민문학을 프로문학의 발전과정과 관련시켜 파악하고자 한 점에 그 특징이 있다. 이것은 농민문학론의 쟁점으로 제기된 것인데 농민문학에 있어서 노동자·농민의 유기적인 제휴, 그리고 이에 따른 빈농계급에 대한 프롤레타리아 이데올로기

90 안함광, 「농민문학에 대한 일고찰」(조선일보, 1931. 8. 12~13).

의 적극적 주입을 농민문학의 중요한 기능으로 내세우고 있다. 농민문학을 노동계급과 분리된 상태에서, 즉 농촌에 있어서의 계급관계를 고려하지 않고 단지 독립적인 형태로 생각할 경우 그것은 진정한 의미에서 농민문학의 질적 양적인 면에서의 강화를 가져오지 못할 것이라는 점이 그 이유이다. 안함광은 농촌사회를 가장 뒤떨어진 경제조직으로 파악하였고 그러한 농촌공동체가 어떤 사회적 단계에 일약 도달할 수 없음을 천명하면서 거듭 노동자·농민의 제휴를 강조하였던 것이다.

> 우리의 농민문학이라는 것은 어디까지든지 노동자계급의 입지에서 고구하지 않으면 아니 되는 것이다. 즉 프롤레타리아문학의 발전도정과의 연관성에 있어서 농민문학의 발전을 생각하지 않으면 아니 되는 것이다. (중략) 우리는 농민문학에 있어서 노동자 농민의 유기적 제휴, 따라서 빈농계급에 대한 프롤레타리아 이데올로기의 적극적 주입을 염두에 두지 않으면 아니 되는 것이다.
>
> 거듭 말하거니와 노농 제휴는 프롤레타리아트의 ××전선에 있어서 결정적 열쇠이라는 것을 우리의 문학은 농민 문제에 대해서 또한 결정적으로 삼투시키지 않으면 아니 될 것이다. 그리고 우리의 목적을 달성하기 위하여 우리 농민문학은 그 실현 영역에 있어서 분산된 농민의 힘을 한 군데로 집중시킬 것, 그리고 이에 대한 프롤레타리아트의 헤게모니의 주입 및 그들에게 역사적 계열에 있어서 현실을 이해시킴과 동시에 재료에 대한 광범위한 취급으로써 과학적인 그리고도 정확한 현실적 지식을 획득하지 않으면 아니 될 것이라고 생각한다.[91]

이와 같은 노농 제휴와 농민에 대한 프롤레타리아 이데올로기에 대한 적극 주입의 방법은 계급문학론자들이 고심하고 있던 당면 과

---

91 안함광, 위의 글(조선일보, 1931. 8. 13).

제라는 면에서 볼 때 적극적인 관심을 야기할 수 있는 것임에 틀림없다. 그러나 안함광은 농민문학을 주장하면서도 농민문학이 농민의 문학이면서 동시에 농민을 위한 문학이 되어야 한다는 사실을 간과하고 있다. 그는 프롤레타리아 이데올로기의 주입이라는 문제에 급급함으로써 농민의 주체적인 문학활동에의 참여 문제를 외면해 버리고 있는 것이다.

백철의 농민문학론

안함광이 제기한 농민문학론은 백철에 의해 비판92되면서 계급문단의 쟁점으로 자리 잡고 있다. 백철은 동경고등사범학교를 졸업한 후 일본 계급문단에서 시인으로 활약하고 있었는데, 귀국 직전에 국내에 기고한 농민문학론이 논쟁으로 확대되면서 문단의 주목을 받게 되었다. 일본에서 《전위시인》의 동인으로 계급문학운동에 가담하고, 《프롤레타리아시》 등의 잡지에 급진적인 시를 발표했던 백철이 농민문학 문제에 관심을 기울인 이유는 무엇일까? 이 문제에 대한 해명을 겸하여 백철은 다음과 같이 술회한 바 있다.

> 그 무렵 국내 신문에 자주 오르내린 화제의 하나가 농민문학론이었다. 이 화제를 들고 나선 필자는 안함광이었다. 그는 수차에 걸쳐서 농민문학의 필요성을 강조하면서 조선 사회와 같이 농민이 절대다수를 차지하는 나라에 있어서는, 그리고 그 농민의 태반이 빈농인 하층계급이기 때문에 조선의 프로문학은 차라리 농민문학으로 대변되어야 한다는 점을 거듭 강조하고 있었다. 이 논조에 대해 내가 비판적인 공격적인 글을 써서 《조선일보》에 기고를 한 것이다. 31년 6월인 줄 기

---

92 백철, 「농민문학문제」(조선일보, 1931. 10. 1~20).

억한다. 그 논제가 「농민문학론」에다가 '안함광씨의 농민문학론을 박함'이란 부제를 붙였다. 그 반박의 근거는 당시 일본에서 논의되고 있던 농민문학론의 신지식을 무기로 쓴 것이다.[93]

백철의 관심이 국내의 농민문학론에 기울게 된 것은 앞의 인용에서 밝혀지고 있는 것처럼, 국내 계급문단의 움직임과 안함광의 「농민문학론」, 그리고 일본 문단에서 일어나고 있는 농민문학에 관한 관심으로 압축된다. 그러나 이러한 직접적인 이유를 들기 전부터 백철은 국내의 농촌상황과 농민운동에 대한 여러 가지 지식을 갖고 있었다. 그의 지식은 주로 천도교 동경 지부를 통해 얻은 것이었다. 백철은 천도교 중앙본부의 간부로 있던 그의 형 백세명의 영향 아래 천도교 운동에 가담하고 있었으며, 동경 유학 시절 천도교에서 지급하는 장학금을 받기도 하였다. 백철은 천도교의 청년 조직에 가담하여 자신이 익힌 마르크시즘 이론에 입각한 새로운 문예운동을 소개했으며, 국내의 농촌실정을 모델로 한 농촌연극을 꾸며 상연하기도 하였다. 이러한 연유로 인해 국내의 농민운동 성격과 그 방향을 계급운동의 일환으로 이해하고 있던 백철은 일본 문단에서 새롭게 일어나고 있는 농민문학론에 자연스럽게 관심을 기울이게 되었던 것이라고 하겠다.

백철의 농민문학론은 농민의 계급적 위치와 그 특수성에 대한 인식 문제에서부터 출발하고 있다. 그는 자본주의 사회에서 농민이란 토지소유의 봉건적 관습으로 인해 아무런 혁명적 역할을 담당할 수 없다고 전제한다. 그러므로 농민은 프롤레타리아의 정당한 지도 아래서만 그 계급적 역할을 인식할 것이며 프롤레타리아의 헤게모니

93 백철, 『진리와 현실』(박영사, 1975), 198면.

아래 들어오게 된다. 물론 사회적 존재로서 농민계급은 근본적으로는 프롤레타리아계급과 동일한 조건에서 생활하고 있기 때문에 궁극에는 프롤레타리아계급과의 혁명적 동맹 아래 동일한 궤도를 밟는 역사적 필연성을 지니게 되는 것이다. 하지만 이러한 조건에도 실제의 생활기반에서 생각할 때에 거기에는 역사적으로 사회적으로 토지소유와 연관된 여러 가지 특수한 조건들이 잠재되어 있다. 그러므로 프롤레타리아계급 운동에서 그 운동의 전위에 서서 헤게모니를 쥐고 나아갈 것도 도시의 프롤레타리아이며 농민은 그 영도하에서 동맹군의 위치에 설 수밖에 없다.

이러한 현실적 조건을 전제하면서 백철은 농민문학이 프롤레타리아 문학의 한 분야가 아니라 프로문학과는 별개의 동맹문학이어야 함을 강조하고 있다. 백철은 안함광이 강조한 바 있듯이 '빈농계급에 대한 프롤레타리아 이데올로기의 적극 주입'을 농민문학의 목표로 내세운 것은 경계해야 할 기계주의적 좌익 편향이 잠재해 있는 것이라고 비난하고 있다. 그는 프롤레타리아운동에 있어서 빈농계급에 대한 견해와 정책은 결국 빈농에게 프롤레타리아 이데올로기를 기계적으로 명령적으로 주입시키는 것이 아니라 일정한 구체적 실천 내용에 관철된 프롤레타리아의 감화력에 의해 빈농계급에 일정한 방향을 가르치며 행동을 제시함으로써 자발적으로 그 영향권으로 들어오도록 함을 의미하는 것이라고 주장하였던 것이다.

> 농민문학은 안함광군의 말과 같이 결코 빈농계급에게 기계적으로 프롤레타리아 이데올로기를 주입시켜 가는 문학이 아니다. 만일 그 말대로 농민문학이 곧 그런 이데올로기의 문학이라면 그 농민문학의 작품 내용은 프롤레타리아 이데올로기에 충만되며 관철되지 않으면 아니 될 것이다. 따라서 그러한 내용의 작품은 완전히 프롤레타리아문학

이어야 하지 않겠는가. 그러나 이미 앞에서도 지적한 것처럼 농민문학은 프롤레타리아문학과는 구별되어야 하며 또한 구별되어지고 있다. 농민문학은 프롤레타리아의 것이 아니고 어디까지나 농민 자신의 문학이어야 하기 때문이다.94

백철은 농민문학에 대한 실천방안으로서 그 제재 문제와 표현형식 문제를 나누어 설명하고 있다. 백철이 제시하고 있는 농민문학의 제재는 첫 번째는 주제의 계급성을 제재의 혁명성으로 대치시켜서는 안 된다는 원칙에 따라야 한다는 점이다. 농민문학의 주제는 언제나 혁명적인 것이지만 그 작품의 제재는 농민 대중의 일상생활에서 광범하게 취급되지 않으면 안 된다. 일상생활 가운데서 혁명성을 살려낼 수 있는 것이다. 참된 농민문학 작가는 필요한 범위 내에서 농촌의 일상생활과 환경을 취급하면서 자연적으로 농민이 지니고 있는 세계관을 이용할 수도 있는 것이다. 두 번째로 생각해야 할 문제는 어떤 이론의 지시를 내세울 것이 아니라 농민 대중의 실질적인 생활 가운데에서 구체적인 행동을 통해 드러날 수 있도록 해야 한다는 점이다. 작품 전체에 대한 이해와 감상이 농민 대중들에 의해 자발적으로 유도될 때에 더욱 효과를 거둘 수도 있다. 세 번째로는 농촌생활을 제재로 다루고자 할 경우에는 그것에 대한 역사적·지리적 여건을 충분히 이해하고 연구할 수 있어야 한다는 점이다. 농민문학의 표현형식 문제도 직접 농민 대중의 요구를 들으며 감정과 의식을 알아보는 데에서 더욱 절실한 방법이 제기될 수 있을 것이라는 점이 백철의 견해이다. 이러한 백철의 농민문학론은 프로문학운동의 실천적인 방안으로서 프로문학에 대한 동맹문학으로서의 농민문학의 가

---

94 백철, 위의 글(조선일보, 1931. 10. 10).

능성을 제기한 점에 그 의의를 둘 수 있다. 이미 안함광이 내세운 이데올로기의 주입식 방법은 러시아나 일본 등의 경우에도 실패하였고 실제 우리 문학에서의 프로문학이 방향전환 이후에 도달할 수밖에 없었던 실패의 영역임을 생각한다면 백철의 주장은 어느 정도 타당성을 지니는 것이라고 할 수 있을 것이다.

백철의 농민문학론은 안함광의 반론으로 이어지면서 계급문단의 관심사[95]가 되었기 때문에 농민문학론의 구체적인 논리적 접근을 가능하게 하고 있다. 그리고 이러한 논의의 과정이 궁극적으로 도달하고 있는 귀착점은 백철이 규정하고 있는 그대로 '농민문학은 프로문학과 동맹의 문학이며 어디까지나 빈농의 문학으로서 농민의 혁명적 이데올로기를 내용으로 하는 문학이어야 한다'는 대목이다. 물론 이러한 견해는 엄밀한 의미에서 일본 계급문단의 농민문학론 골격을 따른 것이다.

일본의 농민문학론[96]은 농민문학연구회를 설치(1931. 3)하고 농민문학연구회의 활동을 촉진하는 결의가 있은 후 이케다 히사오[池田壽夫], 고바야시 다키지[小林多喜二] 등에 의해 '프롤레타리아의 관점에서 농민을 다룬 문학'으로 농민문학이 규정된 적이 있다. 그러나 나가노 시게하루[中野重治], 구레하라 고레히토[藏原惟人] 등에 의해 이러한 견해가 수정된다. 이들은 농민의 계급적 특성과 역사적 위치에 주목하여 프롤레타리아의 문학과 농민문학은 엄격하게 구별된다고 하였다. 그들의 계급적 관점에 의하면 노동계급의 계급투쟁 의식과

---

95 안함광은 백철의 농민문학론이 발표된 후 「농민문학문제재론」(조선일보, 1931. 10. 21~11. 5)과 「농민문학의 규정문제—백철의 테마를 일축한다」(비판, 1931. 12)를 잇달아 발표하고 있다.

96 일본농민문학론의 전체적인 윤곽은 山田清三郎, 『近代日本農民文學史』(理論社, 1976)에서 확인할 수 있다.

는 달리 농민은 전통적으로 토지에 대한 소유욕이 근성으로 자리 잡고 있으므로 계급투쟁 의식이 약하다는 것이다. 그러므로 프롤레타리아트의 지도적 영향 아래에서 동맹군으로서 힘을 발휘할 수밖에 없다는 것이다. 이러한 이유 때문에 농민문학은 빈농계층의 의식을 표현한 문학으로서 프롤레타리아문학과는 구별된다는 것이다. 그렇지만 이와 같은 논리적인 개념 규정은 실제적인 창작방법에 연결되어 그 성과를 거둘 수 있을 때에 비로소 긍정적인 의미를 인정받을 수 있음은 물론이다.

> 프롤레타리아 문학이 프롤레타리아 자신의 문학임과 같이 프로문학의 일부분인 농민문학도 현 자본주의 제도 아래에서 자기의 ××와 ××를 ××기고 지주들에게 노동력의 절대×취와 인격적으로 무제한의 ×박을 받는 농민을 신음 속으로부터 풀어놓으려는 농민 자신의 무기이며 농민 자신의 문학이다.
>
> 소비에트연방같이 자본가계급이 절무된 지방에서는 농민문학은 농민의 봉건관념을 버리게 하고 농민을 새 경제조직 속에 편입시키기 위하여 산업적으로 발전을 하고 있지마는 자본주의 아래에 있는 농민으로서는 농민의 의식을 고화시켜서 노동자와 같이 농민을 ×××선으로 인도하고 굳은 ××을 건축하기 위하여 농민을 총동원함에 절대적 가치를 두어야 할 것이다.[97]

농민문학을 농민 자신의 문학으로 규정하고 있는 당시 평단의 주장은 일본 농민문학론의 흐름과 같은 맥락에서 이해될 수 있지만, 농민의 현실적 상황과 농민의 현실적 요구를 정당히 인식하는 것만이 농민문학의 출발점이 될 것임을 전제하고 있다. 농민계층의 심리와

---

97 유해송, 「농민문학의 이론」(비판, 1932. 9).

감정을 예술적으로 표현하여 자신을 해방시킬 수 있도록 한다는 목표를 내세운 농민문학이 농민의 현실과 그 상황을 충분히 인식해야 한다는 것은 당연한 일이다. 특히 농민의 보수적인 정착성을 현실 문제에 적극 결합시켜 보는 것도 필요함은 물론이다. 그러기 위해서는 농민 대중을 문학의 세계로 끌어들이기 위한 여러 가지 노력이 요청되는데 그 가장 커다란 과제는 작품의 창작방법에 귀결되는 것이다. 백철 자신은 해방 후 자신의 저서에서 이러한 농민문학의 규정을 작가가 인식하고 쓴 농민문학 작품은 엄밀한 의미에서 없다[98]고 지적하고 있다. 비록 그 취재의 방향은 농촌의 경우에 해당되는 것이 많지만, 그것들은 모두 프롤레타리아문학이지 농민문학이라고 말하기는 어렵다는 것이다. 그러나 농민문학론은 비록 그 실제적인 작품의 성과에 한계가 있다고 하더라도 농촌과 농민이 문학의 관심사로 부각되고 농민이 주체적인 입장에서 문학에 참여할 수 있는 방법까지도 논의할 수 있었다는 점에서 그 의의를 평가할 수 있다. 특히 계급문단에서 『농민소설집』(1933)의 간행을 통해 농민문학론의 구체적인 실천작업을 보여주고 있는 것도 농민문학론의 진폭을 말해 주는 근거가 된다.

(5) 조선프로예맹과 조선공산당 재건운동

계급문학운동과 코민테른 '12월 테제'

조선프로예맹은 전국적인 지부 조직에도 계급문학운동의 대중적인 확대를 위한 실천적인 활동을 활발하게 전개하지 못하였다. 그 이유

98 백철, 『신문학사조사』(신구문화사, 1972), 391면.

는 객관적인 정세의 변화와 깊은 관계가 있다. 특히 조선 공산당의 신간회에 대한 전략의 변화도 조선프로예맹에 영향을 미쳤다. 1928년 2월과 7월에 연이어 대대적인 공산당 검거사건이 일어났다. 제3차 공산당 사건과 제4차 공산당 사건으로 각각 지칭되기도 하는 이 두 차례의 검거사건은 민족사회운동의 모든 활동을 위축시켜 놓았다. 신간회의 경우에도 민족단일당으로서의 조직 확대를 이루었지만, 조직 내부에서 주도적인 세력을 유지하고 있던 공산당 계열이 대부분 검거되자 그 활력을 잃게 되었다. 조선프로예맹의 조직 활동에도 상당한 동요가 일어났다. 조선프로예맹 동경 지부의 이우적이 제3차 고려공산청년회의 선전부장으로 활약하다가 검거되었고, 프로예맹 경성 본부의 김복진은 제4차 고려공산청년회 중앙집행위원으로 활약하다가 7월에 검거되었던 것이다.

그런데 1928년 7, 8월에 걸쳐 모스크바에서 개최된 코민테른 제6차 대회에서 「식민지 반식민지 국가들에서의 혁명운동에 대하여」라는 이른바 '식민지 테제'를 발표하였다. 이 테제 속에 한국의 공산주의 운동에 대한 결의도 포함해 놓고 있었다. 이 결의에서 강조된 것은 공산주의 운동의 방향을 보다 좌경화의 방향으로 고정시키고 있다는 점이다. 공산주의자가 프롤레타리아 진영에서 활동을 강화하고 노농동맹의 적극성을 전면적으로 향상시키며 노동조합의 재조직과 함께 정치적 요구를 내건 경제투쟁의 전개 등이 강조되었다. 특히 노동자·농민들을 민족 개량주의자들의 지도로부터 분리시키고 혁명적인 대중조직에서 공산주의적 영향력을 강화하도록 요구하고 있다.

1928년의 코민테른 제6차 대회 이전까지만 하더라도 한국의 공산주의 운동에 대한 코민테른의 결의는 대개 노동자·농민, 그 밖의 소부르주아를 망라하여 민족혁명운동을 전개한다는 것이었다. 그리고 모든 민족적 단체와 그 지도자들까지도 좌익화하여 혁명투쟁에 끌어

넣어야 한다는 점을 강조하였다. 1925년 조선공산당이 처음 창당된 후 공산주의자들은 일제의 조직적인 탄압에도 제4차 공산당에 이르기까지 이러한 코민테른의 결의를 실천하고자 노력하였다고 볼 수 있다. 특히 제3차 공산당의 출현 후 정우회를 내세워 민족 단일전선의 결성에 앞장섰으며, 1927년 신간회의 결성으로 민족주의 진영과 공산주의 진영의 협동전선이 가능해지기도 하였다. 그렇지만 신간회의 결성 이후 한해가 지나기도 전에 제3차 공산당과 제4차 공산당의 검거사건이 연이어 일어나게 되었다. 신간회 내부의 조직에서 제대로 주도권을 잡기도 전에 조직적인 임무 수행을 이루지 못한 채 당 조직의 와해를 초래하게 되었던 것이다.

이 같은 상황에서 이루어진 코민테른 결정서는 한국 공산주의운동에 대해 종래의 방향과는 다른 두 가지 지침[99]을 특히 강조하고 있다. 첫째는 민족적 단체에 들어가서 혁명적 계몽 활동을 전개하여 민족개량주의적 지도자를 고립시키고 그 단체 속에 들어 있는 노농대중을 민족개량주의적 지도자로부터 분리시키도록 지시하였다. 이 같은 지침은 종래 민족 협동 세력의 결성에 유의했던 점과는 그 방향이 다르다. 오히려 민족개량주의적 지도자들이 지니고 있는 모순과 무능력을 폭로하고 근로 대중을 이들과 격리시켜 근로 대중으로 하여금 공산당 조직에 가담하도록 하는 방향으로 전술을 전환한 것이라고 할 수 있다. 둘째는 민족혁명 조직으로서의 민족단일당의 결성보다는 각종의 단체를 공산주의의 지도로 혁명적인 활동의 블럭으로 조직하는 것이 중요하다고 지시하고 있다. 이러한 결정의 내용에서 프롤레타리아트 헤게모니 문제가 신간회와 관련되어 시사되고 있는 점은 매우 중요한 의미가 있다. ML당은 이 결정서의 내용을 검토하면

99 김준엽·김창순, 『한국 공산주의 운동사 3』(청계연구소, 1986), 331면 참조.

서 신간회 내부에서 프롤레타리아트의 헤게모니 장악을 시도하였다.

그런데 1928년 12월에 코민테른 집행위원회 서기국에서는 앞서 발표한 「식민지 반식민지 국가들에서의 혁명운동에 대하여」에 기초하여 조선공산당의 재조직에 대한 결정서를 채택하였다. 이 결정서는 흔히 '12월 테제'로 불리고 있는데, '조선 농민 및 노동자의 임무에 관한 테제'가 정식 명칭이다. 이 테제는 당시 조선 사회의 상황에 대한 분석과 함께 공산주의자의 임무를 규정하고 있다. 이 테제에서 한국사회에서 프롤레타리아트와 농민이 반제 혁명의 주체 세력으로 성장하였다고 규정하고 부르주아 연합전선에 대한 배제를 결정한 것은 이후 사회운동의 방향에 결정적인 영향을 미쳤다. 특히 민족 협동전선으로서의 신간회의 존재에 대한 부정과 그 해소에 관한 주장이 12월 테제의 내용에 근거하여 제기되었다는 것은 널리 알려진 사실이다.

12월 테제는 당시 한국의 사회·경제적 조건을 일본의 자본주의적 지배로 규정하였다. 한국은 일본 금융자본의 지배 아래서 일본에 대한 농산물과 원료의 공급지가 되었으며, 일본 공산품의 소비시장으로 전락하고 있다는 점을 분명히 하였다. 게다가 토지 소유관계의 전자본주의적 형태로 인해 소수 지주 집단이 다수의 궁핍한 농민을 착취하고 있기 때문에 농민들이 자주적인 생산 능력을 상실하고 있다는 점도 지적하였다. 이 같은 이유 때문에 한국에서의 프롤레타리아 혁명은 일본제국주의에 대한 것일 뿐만 아니라 한국의 봉건제도에 대해서도 함께 전개되어야 한다는 점을 강조하고 있다. 말하자면 한국의 민족해방투쟁은 제국주의의 타도와 토지 문제의 해결에 그 목표를 둘 수밖에 없는 반제·반봉건운동이라는 것이다. 그리고 바로 이러한 의미에서 한국의 혁명은 부르주아 민주주의 혁명에 해당한다고 규정하고 있는 것이다. 이 같은 내용을 본문[100] 그대로 옮기면 다음과 같다.

조선혁명은 토지혁명이어야 한다. 이렇게 하여 제국주의의 타도 및 토지문제의 혁명적 해결을 초래한다. 이것이 실제로 조선 혁명의 발달 제 1단계에 있어서의 주요한 객관적 실질이다. 이런 의미에 있어서 조선혁명은 민주적 부르주아 혁명이다. 프롤레타리아 제국(諸國)에 있어서와 같이 조선의 전 계급 중 프롤레타리아트는 제국주의에 대한 가장 합리적인 투사이다. 노동계급(첫째로 공장노동자)이 증대하고 조직됨에 따라 해방운동의 임무도 증대하고 주의운동의 발달상 확고한 기초가 형성되어 많은 프롤레타리아트에게 농업노동자, 도시 소부르주아지 대중은 혁명의 원동력을 준다. 그리하여 부르주아 대중은 대다수가 금후 특히 중국혁명의 경험에 따라 일본제국주의에 대해 민족혁신의 반대운동을 일으키며, 한편 대지주는 일본제국주의와 밀접히 결합하게 된다.

이 상태에 있어서는 현재 대부분의 식민지에서 행해지고 있는(물론 조선에서도 행해지고 있지만) 민족해방운동은 단지 반제국주의, 반봉건운동에 그치지 않고 동시에, 또 프롤레타리아계급의 제국주의, 봉건제도 및 민족 부르주아지에 대한 투쟁과 긴밀히 결부되기에 이른다. 농민대중과 합류한 식민지 프롤레타리아트는 정치를 떠난 요소인 이상 혁명의 헤게모니를 점취(占取)할 정치무대로 들어가야 한다. 조선 공산주의자가 자기의 행동에 의해 토지문제와 민족혁명을 조직적으로 결합할 수 없다면 조선 프롤레타리아트는 민족해방운동의 지도자가 될 수 없다. 광대한 토지를 소유한 부르주아지는 토지를 소유하고 있기 때문에 근본적인 토지 프로그램과 관계를 갖지 않고서는 농민의 직접지배가 점점 곤란해진다(이 점에 있어서는 그의 대리자인 민족주의 소부르주아지에 위험이 보다 더 많다). 조선의 토지 문제는 혁명적

---

100 이반송·김정명 편, 『식민지시대 사회운동』(한대희 편역, 한울림, 1986), 205~215면에서 재인용.

플레비안(plebian: 모든 대지주로부터 토지를 몰수하는 방법) 방법에 의하지 않고서는 해결될 수 없는 것이다.

동시에 토지혁명의 전개 없이는 민족해방투쟁의 승리는 얻어지지 않는다. 민족해방투쟁과 토지에 대한 항쟁의 결합이 거의 없었기 때문에 근년(1919년, 1920년) 혁명운동은 미약했고 실패로 돌아갔던 것이다. 제국주의의 탄압을 이겨야 비로소 토지 문제의 혁명적 해결을 얻어, 소비에트의 형식하에 노동자 농민의 독재정치의 창설을 볼 수 있다. 나아가 민주적 부르주아혁명은 프롤레타리아의 헤게모니하에서 사회주의혁명으로 발달한다.

이런 상태에 있어서는 농민문제·토지 혁명문제는 주의운동에 있어서 대단한 중요성을 갖게 된다. 노동자계급 및 그 전위대가 조선에 있어서 혁명의 승리를 완성하려면 농민에게 세력을 부식하여 슬로건 및 이해하기 쉬운 요구에 의해 농민을 극도로 감동시킴으로써 공동동작(動作)으로 나가는 것 이외에는 방법이 없다.

일본제국주의가 지금까지 조선을 지배한 방침은 관료적 직업설비에 의한 직접적이고 비열한 것이었다. 분명히 일본제국주의는 조선인의 어떠한 계급과도 권력을 나누지 않았다. 조선총독의 자문기관은 조선 봉건귀족 중 친일분자로 불려지는 사람으로 조직되었고 다소 중요한 조선 부르주아계급 및 유식계급과는 하등의 접촉이나 교섭을 갖고 있지 않았다. 그러나 일본제국주의에 대항하여 노동자 농민이 전개한 전선은 처음에는 미약했지만 지하에 뿌려진 씨앗이 장래 성장할 것이므로 일본제국주의는 특히 중국혁명의 경험에 비추어 조선에 있어서의 지위의 보증을 얻기 위해 일부의 부르주아지 및 지식계급을 유도하여 관직을 주고 이와 결합하기에 이르렀다. 제국주의 일본의 약삭빠른 대표자는 조선에 있어서의 국부적(局部的) 개선실행의 필요를 공연(公然)히 역설하였는데, 이는 식민지제도 하에서 증대하는 조선의 혁명적 역량과 항쟁하기 위해서는 정책적 방법을 강구해야만 한다는 것을 양해(諒解)하기에 이르렀기 때문이다.

동시에 공산주의자 및 좌익 민족주의자에 대한 공포는 더욱 깊이 스며들고 있다. 노동자 농민계급의 운동은 사실상 법의 보호 밖에 놓여져 있다. 탄압에 이은 탄압이 더욱 심해졌다. 이렇게 일본제국주의는 최근 수년 내에 탄압정책과 아울러 사업가에게 미미하나마 사업을 허용함으로써 혁명운동의 고양을 저해하려는 의도를 분명히 드러냈다. 그러나 이 사업을 주는 것이 프롤레타리아트와 농민, 도시 소부르주아 계급을 만족시킬 수 없다. 거기에 공고한 사회적 기초를 갖는 민족해방운동이 대두하는 이유가 있다.

조선의 광대한 토지를 소유하는 일본제국주의의 이러한 접근은 민족운동의 조직지도라는 일대임무를 수행하고 있는 지식계급의 일부에게 커다란 영향을 미치게 될 것이다. 일본제국주의와 화해하여 민족혁명단체를 탄압, 분쇄하는 계급의 제관계 및 지위의 변화는 반드시 민족혁명단체의 상태에 변화를 준다. 민족운동자들은 탄압을 받으면 혁명의식이 약화되고 혁명에 반대하는 기관을 형성하기에 이르는 계급적 경향이 있다는 사실이 십분 고려되어야 한다. 민족혁명운동으로부터 공산주의자가 체포 등에 의해 삼제(芟除)됨에 따라 민족주의운동자가 이 혁명운동을 정복하고마는 경향은 점차 농후해진다. 조선의 공산당운동의 당면한 주요방침은 한편으로 프롤레타리아 혁명운동을 왕성하게 하여 소부르주아 민족운동으로부터 완전히 분리시키고, 다른 한편으로 계급의식을 강조하면서. 더욱이 민족독립운동으로부터(즉 민주적 부르주아운동) 분리한 민족해방운동을 왕성하게 하여 민족독립운동의 우유부단함을 쉬지 않고 가차 없이 폭로하는 데 있다. 현상과 계급관계에 의해 조선공산주의자의 정치적·조직적 임무가 결정되는 것이지만 다년의 파쟁에 의해 운동의 발달은 극도로 구속 억압되고 있다. 때문에 바야흐로 주의운동은 상당한 노력을 필요로 한다. 제1의 노력은 진실한 공산주의, 과학적인 마르크스·레닌주의의 실현을 위한 확고한 주의적 신념을 갖고 활동적·자각적 주의자를 획득해야 한다. 그리하여 오늘날까지 누누이 관계되어 온 사이비 과학적이며 천박한 주의자와 절연하고 운동전술상의 제문제를 철저히 연구해야만 한다.

12월 테제에서 가장 주목되는 것은 코민테른 집행위원회가 조선공산당의 재조직 방침을 분명히 하고 있다는 점이다. 코민테른에서는 과거의 조선공산당이 대개 지식계층과 학생을 중심으로 구성되었던 점을 지적하였다. 조선공산당은 계급적 당이라기보다는 소부르주아 정당처럼 구성되었기 때문에 공산주의 운동에 위기를 초래하였다는 것이다. 그러므로 과거의 조직상의 오류를 청산하고 공장 노동자를 당원으로 끌어들이고, 빈농을 당원으로 획득해야 한다고 하였다. 특히 민족해방단체 속에 파고 들어가서 민족주의자나 우익기회주의자들의 우유부단을 폭로하고 그들의 지도력을 붕괴시켜 대중을 그 영향력으로부터 분리시키도록 하였다. 이 같은 12월 테제의 규정은 결국 공산당의 재조직과 민족단일당으로 출발한 신간회의 해체를 요구하고 있는 것이라고 할 수 있는데 그와 관련되는 대목은 다음과 같다.

> 과거에 있어서 공산당원은 거의 모두 지식계급 및 학생뿐이었기 때문에 당으로서는 공산정치의 실현은 고사하고 필요한 조직적 연대의 실행도 곤란했다. 이것이 바로 조선공산운동의 제1사업이 과거의 오류를 청산할 필요가 있다는 소이(所以)이다. 당의 개조 문제를 빼고는 따로 절실한 문제는 없다. 당을 소부르주아지 및 지식계급으로써 조직하고 노동자와의 관계를 소홀하게 한 점이 현재까지 조선공산주의의 영구적 위기를 낳게 한 주요한 원인이었다.
>
> 조선 공산주의자는 일대 노력을 기울여 첫째로 노동자를, 둘째로 빈농을 획득하지 않으면 안 된다. 주의자는 당(黨) 대중의 목적 달성을 위해서 구식 조직방법과 지식계급의 주장을 버리고 특히 기업 및 신디케이트에 있어서의 공작에 노력해야만 앞서 말한 대사업을 완성할 수가 있다. 노동자 농민의 단체 속에서 활동을 왕성하게 하고 신구(新舊) 민족해방단체(어떤 경우에는 반(半)종교적인 것도 있는바), 예컨대 신간회, 천도교, 형평사 내에 있어서도 공작을 왕성하게 하지 않으면

안 된다. 이들 단체 내에서 많은 투사의 획득에 노력하면서 당은 민족주의자, 기회주의자의 구태의연한 우유부단함을 폭로하지 않으면 안 된다. 조직공작에 있어서는 자동적 방법을 피해야 한다. 노동계급에 대한 구두 및 서면에 의한 선동은 지금보다 강해야 한다. 주의자는 사회적 이해관계가 있는 국내의 사건에 관하여 프롤레타리아계급의 견지에서 또 모든 노동자의 이해 위에 서서 주석을 붙여 선동을 해야 한다. 주의자의 소책자, 적과 아군 계급 사이의, 더욱이 탄압 속에 있어서의 구두선동의 방향은 주의자 공작의 최량의 척도이다. 민족해방단체 내에 있어서의 행동지침도 또한 변경되지 않으면 안 된다. 주의자의 신분은 위법이기 때문에 가장 비밀스러운 방법에 의해 대중단체 내에서 공작하지 않으면 안 된다. 이것이 종종 그 단체의 주의자가 아닌 단체원의 계획, 조치, 결정을 인정하면서 주의자의 공작이 절대로 보이지 않게 또는 감지되지 않게 변장하는 것을 의미하지는 않는다. 오히려 주의자의 활동은 일보 일보 의식되어지게 하지 않으면 안 된다. 뿐만 아니라 언제 어디서든지 정치적 상태가 주의자의 직접 명백한 행동을 요구할 때에는 주의적 견해를 분명히 하고, 주의적 해결을 위해 희생되는 것을 피해서는 안 된다. 다른 한편 주의자는 단체의 단원대중과 밀접한 접촉을 꾀해 중대한 영향을 주고 일층 더 큰 인기를 얻지 않으면 안 된다. 이것이 주의자가 체포될 경우 또는 일시적인 손해 실패를 당할 때라도 반(反)주의적 요소의 영향을 없게 하는 것이 될 것이다.

주의자가 자주 실패했던 것은 당이 비밀공작을 조직할 줄 몰랐기 때문이다. 그래서 맨 먼저 은밀한 행동방법을 채용하는 것이다. 주의자 사이에 반대 선동자가 교묘히 잠입하는 것에 최선의 주의를 기울이지 않으면 안 된다. 현재와 같은 파쟁 상태에 있어서는 일본의 첩자 및 선동자가 공산조직 속에 힘들이지 않고 잠입할 수 있음을 고려해야 하며 더욱이 이런 종류의 선동에 대해 항쟁하는 주된 요건은 공산당에 대한 확고한 관념적 기초 및 우선 볼셰비키적 기초를 만드는 데에 있다는 것을 고려해야 한다. 코민테른 집행위원회는 조선 주의자에 대해 당의 관념적 단결에 중점을 두는 데 모든 주의를 집중할 것을 지령하며, 위원회는 일층 속히 조선 공산당을 재조직하여 융성하게 할 모든 방법을 강구할 것을 촉구한다.

주의자는 조선에 있어서 일본 국가기업에 종사하는 노동대중의 정치적 무관심을 이용할 줄 알아야 한다. 이러한 기업은 노동자가 고급(高給)에 이르면 행정부는 잘못도 없이 즉시 그리고 대답도 없이 해고시키는데 이것이 국가기업 내에 있어서의 당의 공작을 곤란하게 만든다. 그러나 그런 일에 관계없이 당은 이들 노동자 중에 잠입하는 방법을 발견하는 데 노력하지 않으면 안 된다.

주의자는 노동조합 내의 공작에 특별한 주의를 기울여야 한다. 노동조합 내에서 투쟁하는 노동단체를 조직하는 일은 아직 전도요원(前途遼遠)하다. 노동조합은 오히려 고용주에 대해 위험이 없는 노동자 협력단체이다. 노동조합에 대해 계급정신을 고취하고 단체를 재조직하여 공고하게 해야 한다. 이것이 주의자의 직접적인 임무이다. 노동조합 내에는 공장노동자를 증가시키지 않으면 안 된다.

농민에 대한 행동에 관해서 당은 소작인 및 반(半) 소작인 속에서 강력하게 활동해야 한다. 대중의 활동을 격성(激成)하여 노동자·농민의 대계급을 대중단체 속에 끌어들이는 것은 주의자가 대중공작을 하기 위해 채용하고 있는 운동조건의 종국적 목적이며, 대중의 청구와 직접적 요구를 조직적으로 결합해 내지 못한다면 실현이 불가능하다.

주의자의 나날의 활동은 보다 조직적으로 보다 질서정연해야 한다. 과거의 경험이 보여주듯, 때때로 계급투쟁상 필요 없는 문제를 주장하는 것은 반드시 금해야 한다. 공작의 가장 중요한 조건은 일반적인 중대문제를 야기하는 운동의 당적(黨的) 요구에 주의를 집중하는 데 있다. 동시에 당 공작에 의해 또는 주의운동 및 민족운동의 모든 문제를 논의함에 의해서만 주의자의 지배력에 대한 가치관념 및 중요성의 관념, 그리고 확신의 가치 및 논의의 실력이 알려지는 것이다. 당 공작에 관해서는 주의자는 마음 내키는 대로가 아니라 지위와 환경의 특이성에 따른 행동의 정해진 프로그램에 따라 행동해야 한다.

조선의 주의자는 자기의 모든 공작, 자기의 모든 임무로부터 명백히 소부르주아 당파를 분리시키고 혁명적 노동운동의 완전한 독자성을 엄중히 지켜나가야 한다. 그러나 "혁명투쟁의 편의상 일시적 제휴가 필요하다면 그것은 허용된다. 그리고 어떤 사정하에서는 공산당과 민족혁명운동과의 일시적 동맹이 허용된다"(코민테른 제6회 대회 식민지 테제), 이 경우는 혁명적이지만 그러나 이 동맹이 '주의운동과 부르주아 혁명운동의 합류'여서는 안 된다. 부르주아지의 반대가 있을 때에 주의자는 그것을 허용할 수 있다. 단 "그 반대가 있어도 대중의 운동을 발전시키기 위해 이용할 수 있는 경우와 공동작업이 대중 속에서 선동을 행하고 대중을 조직할 수 있는 공산당의 자유를 제한하지 않는 경우에 한한다"(식민지혁명운동에 관한 제6회 테제). 이 경우에 있어서 주의자는 완전히 자기의 정치적 독립을 유지하고 그 진면목을 보여주어야 하며 사실에 입각하여, 노동대중에게 부르주아지의 영향에 의한 이러한 반대는 절대로 있어서는 안 되며 또 민주적 부르주아지의 환상이 위험하다는 사실을 보여주어야 한다.

장래 조선의 주의자는 민족혁명운동의 주요 부분인 토지혁명의 슬로건을 열심히 살포하고 보다 통속화시키지 않으면 안 된다. 주의자는 부르주아 민족주의가 일본제국주의 및 대지주에 대한 항쟁에서 무정견(無定見)함을 공표하고 이와 치열하게 항쟁해야 한다. 주의자는 근본적인 공언(空言)을 믿고 있는 민족주의자의 관념론에서 영향을 받아 주의자의 가장 위험한 적이 되지 않는 방법을 강구해야 한다. 또 주의자는 대중조직 속에 중앙기관을 설치하더라도 필요한 설비 없이는 대중과의 완전한 결합이 보장되지 않음을 기억해야 한다. 주의, 프로그램을 끊임없이 선전하면서 조선주의자는 다음과 같은 당면의 투쟁 슬로건과 기본적 슬로건 및 일본제국주의에 대한 필연적 투쟁선전의 슬로건을 결부시켜야 한다. 즉 완전한 민족독립해방, 프롤레타리아트 및 농민의 민주적 지도, 노동자 농민의 정부, 토지혁명(토지무상분배) 공장기업·철도의 국유화 등과 동시에 또 당면의 문제로서 노동계급에 대한 당의 요구를 열심히 선전할 필요가 있다. 즉 노동조합 및 노동단체의 공인(公認) 및 권리확장, 노동입법 요구(입법에 의한 성년 8시간 노동, 소년 6시간 노동, 조선인 노동자의 평등노동조건, 남녀 노동보수의 평등조건, 노동보호 등).

주의자는 농민의 이익을 위한 항쟁에 있어서 당의 요구 및 슬로건을 선언해야 한다. 즉 소작료의 제한, 누진세 설정, 농산물 강제가격 폐지, 봉건적 전제 금지법령 공포 등, 최후로 주의자는 나날의 공작에 있어서 정치적 권리 및 정치적 자유를 요구해야 한다(관리의 전제에 대해, 정치적 억압에 대해, 언론, 출판, 집회, 결사, 파업의 자유를 위하여).

조선 주의자는 어떠한 경우에 있어서도 일본제국주의의 정치, 군사의 간섭에 대해 열심히 반항하고 소비에트연방을 지키며 제국주의 전쟁에 반대하는 항쟁 슬로건을 뿌리는 것이 필요하며, 조선 주의자의 나날의 선전 선동 및 일반적인 활동에 의해 투쟁을 증대하게 만들고 더욱 이 투쟁을 계속해 나가야 한다. 일본에 의해 만들어진 토지제도에 대해 항쟁하면서, 한편 노동-농민운동의 합법성을 유지하면서 조선 주의자는 대중운동을 정치권 내로 유도하는 방법을 발견하는 데 노력해야 한다. 이리하여 모든 합법적 가능성의 이용문제가 공산당의 당면 문제로 된다. 이 합법적 가능성의 이용 문제는 어떤 의미에 있어서는 정도의 한계가 있음을 예상하게 한다. 이렇게 해서 일찍이 행해졌던 바와 같이 공산당 내에서 논의된 문제에 관해 토론하기 위해서 부르주아지의 억압에 이바지되는 일은 절대로 용서받지 못한다는 사실을 알아야 한다. 조선 주의자는 주의운동의 문제에 관한 논의는 공산당의 억압기관에 의해서 실행된다는 것을 알아야 한다.

상술(上述)한 정치적·조직적 방침은 조선 주의자의 사업을 결코 고갈시키지 않는다. 그러나 이 방침은 공작의 발달상 참된 주의적 내용을 갖는 대(大) 단계 위에 단서를 이루는 데 불과하다. 코민테른 집행위원회는 조선에 있어서의 특수사정에 따른 사업에 대한 조선 주의자의 진지하고 열성적인 태도가 과거의 실패를 극복해 내고 코민테른의 결의에 입각하여 조선공산당을 재조직하고 우세하게 만들어 나갈 수 있으리라고 믿는 바이다.

이 같은 코민테른의 요구는 조선공산당의 재조직 방향을 보다 좌경화하여 놓게 되었다. 그리고 이 결정 이후 종래의 공산당 조직은 모두 해체되고 12월 테제에 따른 새로운 공산당 조직이 요청되기에 이른 것이다. 12월 테제의 핵심 내용은 식민지 조선의 현실에 대한 재인식, 과거 조선 공산당운동에 대한 정치적 조직적 비판과 반성, 새로운 공산당 조직과 기존 조직의 해체, 이 같은 조직활동을 위한 주의자의 임무와 역할 등을 강조한 것으로 요약된다. 이 가운데 당 조직의 재건과 기존 조직의 해체를 규정한 것은 코민테른의 규정이 더욱 좌경화하고 있음을 말해 주는 근거가 되고 있다. 12월 테제 이후 민족단일당으로 존재해 온 신간회의 해체를 공산주의자들이 주동하고 새로운 공산당 재건운동에 주력하게 된 것도 모두 이와 관련되는 일이다. 그러나 실제로는 12월 테제 이후의 극좌적 경향으로 인해 일본제국주의의 사상운동에 대한 탄압이 가중되면서 조선 공산당의 조직 재건 자체가 불가능해졌다는 점은 12월 테제 이후 계급문학운동의 전개 방향에 대해서도 의미하는 바가 크다.

동경 지부 해체와 무산자사의 조직

코민테른 12월 테제를 통해 한국 내에서의 공산당 재조직이 요구되자 조선프로예맹 동경 지부는 이러한 상황 변화에 가장 민감하게 반응하였다. ML당 계열의 조선공산당과 밀접하게 연결되어 있던 조선프로예맹 동경 지부는 기관지 《예술운동》의 발간을 중단하였다. 그리고 계급예술운동의 대중적 진출과 정치투쟁으로의 전환을 놓고 예맹 경성 본부로부터 이탈하기 시작하였다.

조선프로예맹 동경 지부가 경성 본부와 분리된 독자적인 조직으로서 그 성격의 변화를 드러내게 된 것은 '무산자사'라는 합법적인 출판사를 독자적으로 설립한 것과 때를 같이하고 있다. 무산자사가 설립된 것은 1929년 5월이다. 무산자사의 설립은 계급문학운동의 정치적 진출을 말해 주는 상징적인 사건이며, 당시 조선공산당의 재건을 위해 동경에서 활약하던 고경흠의 의도에 따른 것이라는 점에서 더욱 깊이 있는 이해를 필요로 한다. 그 이유는 동경 지부의 예술운동 노선이 무산자사의 설립 이후 더욱 적극적인 정치투쟁의 실천을 지향하게 되는 과정과 조선공산당 재건운동의 전개과정이 서로 맞물려 있기 때문이다.

동경에서 독자적으로 이루어진 무산자사의 조직은 조선프로예맹 동경 지부의 실질적인 해체를 뜻하는 것이다. 무산자사는 조선프로예맹 동경 지부의 활동 기반을 그대로 이어받고 있지만, 합법적인 출판사를 표방한 정치 조직운동의 근거가 되고 있었다. 무산자사의 조직은 그 실체가 분명하게 드러나 있지 않지만 조선프로예맹동경지부의 중심인물인 이북만, 김두용, 장준석, 이병찬 등이 직접 참여하고 있으며, 김남천, 안막, 권환 등이 가세한 것으로 보인다. 그 설립 목적은 다음과 같이 제시되어 있다.

> 과거 조선에 있어서 문화의 발전은 극히 보잘것없었다. 따라서 부르주아적 간행물의 배포 같은 것에 있어서도 극히 제한된 범위 내에서밖에 실행되지 못하였었다고 하지 아니할 수 없다. 그리고 이것은 또한 우리 조선의 문화 발전상 다소간의 영향을 주었다고 볼 수밖에는 없다.
>
> 금일 우리는 우리의 문화, 우리의 지식이 필요불가결한 것임을 깨달았다. 우리는 피압박계급으로서의 지식이 필요하고, 이것을 무기로 지배계급과 항쟁하지 않으면 안 된다는 것을 깨닫는다. 우리는 우리가 가져야만 할 지식을 얻기 위하여 많이 배우지 않으면 안 된다.
>
> '무산자사'는 이런 사명을 수행하기 위하여 나왔다는 것을 기뻐한

다. 그리고 우리 '무산자사'에서는 금후로 많은 출판물을 내어서 우리 조선 피압박민족의 정신적 양식을 공급하려 한다.[101]

앞의 인용에서 제시되고 있는 바와 같이 무산자사의 설립은 피지배민족의 지식 교양을 위해 그들이 필요로 하는 서적의 발간·보급에 그 일차적인 목표를 두고 있음을 확인할 수 있다. 무산자사의 설립과 동시에 조선프로예맹 기관지 《예술운동》은 실질적인 폐간이 이루어졌으며, 잡지 《무산자》 창간호가 1929년 5월에 간행됨으로써 프로예맹 동경 지부의 존재 자체도 무의미해지게 된다. 1929년 11월 조선프로예맹 동경 지부의 해체가 정식으로 발표되기 전에 이미 동경 지부는 계급문학운동의 대중적인 진출과 정치투쟁으로서의 전환을 놓고 독자적인 노선을 《무산자》를 통해 표명했음은 물론이다.

조선프로예맹 동경 지부에서 기관지 《예술운동》의 간행을 중단하고 새로이 무산자사를 조직하여 잡지 《무산자》를 간행한 것은 경성 본부의 영향력을 동경 지부가 전혀 받아들이지 않고 있음을 말해주는 근거가 된다. 더구나 무산자사의 조직 자체가 ML파의 조선공산당 재건운동과 연계되고 있었다는 사실을 생각해 본다면, 무산자사의 조직 활동이 이미 예술운동의 차원을 넘어선 것임을 쉽게 짐작할 수 있다. 이러한 급격한 노선의 변화는 국내 상황과 동경의 정치적 기류의 차이와도 무관하지 않으며, 동경 지부의 소장파들이 지니고 있던 정치주의적 성향과도 연결된다고 할 수 있다. 무산자사가 표방하고 있는 예술운동의 정치적 진출은 당 조직의 재건이라는 목표와 직결된다. 12월 테제 이후 계급문학운동의 대중적 진출 문제는 노동자·농민 대중의 정치적 조직이라는 구체적인 정치투쟁으로 전

101 「무산자사 지분국설치에 관하여」(무산자, 3권 1호, 1929. 5, 7면)는 잡지 《무산자》에 일종의 광고 형식으로 수록된 것임.

환되고 있기 때문이다.

조선프로예맹 동경 지부를 기반으로 조선공산당 재건운동을 실행하고자 한 장본인은 ML파의 고경흠이다. 고경흠이 조선프로예맹 동경 지부를 공산당 재건운동의 근거로 이용하게 된 배경은 1927년 무렵의 《제3전선》의 조직에서부터 비롯되고 있다. 그는 ML파 공산당 사건에 연계되어 상해로 망명했던 한위건, 양명 등과 공산당 재건을 계획하고, 1929년 3월에 동경에 나타나 《제3전선》 시절의 동지였던 이북만, 김두용 등을 내세워 조선인에 대한 계몽을 목표로 하는 합법적인 출판사 '무산자사'를 결성하도록 종용하였다. 당의 재건 활동을 위해 동경에 잠입한 고경흠은 당시 제4차 고려공청 일본 총국의 책임비서였던 인정식의 권유로 동조직 출판부의 출판위원으로 활동하게 되었는데 무산자사의 결성은 이러한 사정과도 관련된다. 당시 동경 고려 공청에서는 선전 지도를 담당하기 위해 잡지 《현계단》을 《노동자농민신문》으로 개제하고, 《레닌주의》라는 잡지를 발행하여, 고려공청의 기관지로 만든다는 계획을 수립하고 그 출판위원에 고경흠이 중심을 이루어 장준석, 김두용, 이북만 등이 이에 참여하게 된 것이다. 그리고 바로 여기서 이들이 함께 새로 조직한 것이 바로 무산자사이다. 이 같은 과정을 보면, ML파가 당 재건을 위해 조선프로예맹 동경 지부를 이용하고 무산자사를 결성한 것이라고 할 수 있다.

1929년 11월 조선프로예맹 동경 지부가 정식으로 해체되자, 프로예맹 동경 지부의 맹원들은 모두 무산자사에 합류하게 되었다. 이북만, 김두용 등은 당 간부 한위건에 의해 파견된 김소익, 김치정 등과 당 재건 활동을 전개하기 시작하였다. 1930년 3월 이들은 협의의 결과 혁명적 노동자·농민을 광범하게 조직하여 당을 재건할 것, 무산자사를 당면 당 재건 준비 기관으로 삼을 것, 선전 선동 및 조직을 위한 기관지를 발행할 것 등을 결의하고, 당 재건에 관한 근본 방침을 확정한 후에 잡지 《무산자》를 재건당의 기관지로 정하였다. 1930년 4월 고경흠은 한위건으로부터 출판 활동에 노력할 것을 종용받고 재차 동경에 잠입하여, 무산자사를 기반으로 한 출판 활동을 통해 당 재건의 운동 방향과 지도적 정치 이론의 대중화를 꾀하게 되었다. 고경흠은 동경에서 김민우, 차석동, 김영두 등의 가명을 이용하여 《무산자 팸플릿》을 발간하고, 팸플릿 제1집에 「조선공산당 볼셰비키화의 임무」(차석동)를 발표하였고, 「반제국주의협동 전선의 제문제」(김민우)를 게재한 팸플릿 제2집 『조선문제를 위하여』를 비롯하여 「조선에 있어서 '혁명'적 앙양과 당의 임무」(김민우), 「민족개량주의의 반동적 도량을 분쇄하라」(차석동), 「평양파업의 의의와 '공산당'의 활동 임무」(김민우)를 게재한 동 팸플릿 제3집 『조선 혁명의 당면 문제』 등을 발행하여 널리 배포하면서 당 재건의 운동 방향과 지도적 정치 이론의 대중화를 꾀하고자 노력하였다. 이 가운데 고경흠의 「조선공산당 볼셰비키화의 임무」라는 글은 당 재건을 위한 전위의 구체적 활동을 제시하고 있다. 당 조직의 기반을 어떻게 설정할 것인가에 대하여 그는 조직의 기초를 공장, 광산, 철도 등의 직장에 두어야 한다고 주장하였고, 조직이 철저한 계급적 입각점에 서기 위해 재래의 전통을 청산할 것을 들고 있다. 그리고 당의 이론적 통일과 성원의 볼셰비키적 교육을 위하여 당의 영향을 광범한 미조직 대중 계층에까지 미칠 수 있도록 하는 선전 선동 사업의 필요성을 제시하고 있다.[102] 무산자사를 기반으로 하는 선전 선동을 위한 출판 활동은 이 같은 조직 확대의 방법이었다고 할 것이다.

무산자사의 이 같은 급진적인 정치 이념은 김두용을 통해 잘 대

102 배성찬 편, 『식민지시대 사회운동론 연구』(돌베개, 1987), 247~262면 참조.

변되고 있다. 김두용은 경성 본부의 박영희 등이 추진했던 예술운동의 방향전환 문제를 크게 두 가지 측면에서 비판[103]하고 있다. 첫째는 실천 방법의 문제이며, 둘째는 조직운동의 문제이다. 그는 계급운동의 성장을 인정하면서 계급문학운동의 진전에 대해서는 회의적이다. 그 이유는 계급문학운동이 계급적 현실에 뿌리내리지 못한 채 여전히 관념적 공식에 의거하여 주장되고 있다고 판단하고 있기 때문이다. 작가들이 프로 예술의 존재 가치에만 매달려 그 실천적 의미와 현실적인 기능을 제대로 구현하지 못하고 있다는 것이다. 게다가 프로예맹의 조직도 비예술가의 참여에 의한 대중적인 조직체로 변화되고 있으나 프롤레타리아 계급투쟁으로의 구체적인 참여가 이루어지지 못하였음을 지적하고 있다. 진정한 프로예술은 그것을 창출할 수 있는 능력을 지닌 기술자들에 의해 생산되는 것이지만, 예술운동이 정치투쟁의 한가운데에 자리 잡아야만 진정한 계급문학운동의 진전을 가져올 수 있다는 것이다. 김두용은 예술운동에서의 정치와 예술의 연관성이라는 것이 정치투쟁에서의 이데올로기 문제의 중요성과 직결된다는 점을 강조하면서 예술운동의 정치적 진출을 주장하고 있다. 그는 참다운 프롤레타리아트의 격정을 짜내는 참다운 프롤레타리아트의 예술이 생산되었다 할지라도 정치적 자유를 빼앗긴 금일에 있어서 그것이 얼마만큼이나 프롤레타리아 대중에게 퍼질지 의문이라고 말하면서 이 같은 현실의 난관을 부수는 실천이 바로 정치투쟁임을 분명히 하였다.

김두용의 조직투쟁의 원칙이 철저하게 당적 조직에 근거하고 있음을 보여주는 글은 「우리는 어떻게 싸울 것인가」(《무산자》, 제2호, 1929. 7)이다. 그는 예술의 사회적 기능이라는 것이 선전 선동의 힘을 가짐

103 김두용, 「정치적 시각에서 본 예술투쟁」(무산자, 3권 1호, 1929. 5), 1~7면 참조.

으로 정치투쟁의 일부분이 된다든가 대중 속으로 침투시킴으로써 예술의 정치적 기능을 다한다든가 하는 막연한 것이 아니라 프롤레타리아트의 조직 사업을 조력하는 데 있다고 답하고 있다. 그의 주장에 따르면, 예술은 당의 사상적 정치적 영향을 확대 촉진함에 있다는 것이다. 다시 말하면 공산주의를 선전하며 당의 '슬로건'을 '대중의 슬로건'으로 하기 위한 모든 선전 선동에 예술의 참다운 역할이 있기 때문에 예술의 내용은 계급적 필요의 내용인 이 슬로건의 사상과 이 슬로건과 결부되는 감정이 되지 않아서는 아니 될 것이라는 주장이다.

김두용에 의해 설정된 이 같은 예술운동의 새로운 임무, 즉 당 재건을 위한 선전 선동의 과제는 뒤에 임화, 김남천, 안막, 권환 등 동경 소장파에 의해 구체적으로 개진되는 볼셰비키화론의 중심적 논지를 구성하게 된다. 그리고 무산자사의 조직과 더불어 더욱 구체적인 실천 기반을 확보하고 있다. 1929년 11월의 조선프로예맹 동경 지부 해체 이후 이북만, 김두용, 임화, 안막, 김남천, 한재덕 등은 모두 공산당 재건운동에 합류하였다. 그리고 잡지 《무산자》 자체가 당의 재건을 위한 선전 선동의 임무를 맡는 기관지적 성격을 갖게 되었음은 물론이다. 이러한 정세의 변화 속에서 무산자사의 조직원들은 예술운동 자체가 곧바로 당의 재건을 조력하기 위한 선전 선동의 임무를 갖게 된다고 믿으면서, 예술운동의 정치적 진출이라는 것이 결국 예술운동을 통해 당의 영향력을 확대 촉진하는 작업이라고 생각했던 것이다. 무산자사의 예술운동은 당의 조직사업에 대한 조력으로 규정된다. 무산자사는 기관지 《무산자》의 간행과 함께 당 조직의 당위성과 그 의의를 대중적으로 선동하기 위한 《무산자 팜플렛》이라는 책자를 만들어 동경은 물론 국내에 널리 배포하고 국내의 지하조직을 연계시켜 구체적인 당 조직 사업을 전개하게 된다.

예술운동의 볼셰비키화와 조선프로예맹의 재편

1930년을 전후하여 무산자사의 김남천, 임화, 안막, 권환 등은 공산당 재건 계획에 따라 자신들에게 부여된 임무를 수행하기 위해 모두 국내로 돌아왔다. 이들은 각각 다음과 같은 세 가지 작업을 비밀리에 실천하기 시작하였다. 첫째는 지하 사상 단체들과의 연대성을 확보하면서 노동자들을 조직화하는 작업이다. 둘째는 민족단일당으로 규정하였던 신간회를 해소하도록 하여 공산주의자들이 당 재건을 주도하고 당의 사상적 이념의 정통을 회복하는 작업이다. 그리고 셋째로는 계급문학운동의 정치적 진출을 꾀하기 위한 예술운동의 볼셰비키화론을 내세우면서 조선프로예맹의 조직을 기술자 조직(예술가 위주)으로 개편하는 작업이다. 이 같은 운동노선과 조직개편을 두고 흔히 조선프로예맹의 '제2차 방향전환'이라고 하거니와 계급문학운동의 볼셰비키화를 통한 정치적 진출 문제가 제2차 방향전환의 가장 중요한 요건으로 지목되고 있다. 임화, 권환, 안막 등이 경성에서 카프 조직을 근거로 하여 이 같은 계획을 추진하는 동안 김남천과 한재덕은 평양 지역을 중심으로 하는 노동자들의 조직 사업에 관여하면서 1930년 8월부터 확대되기 시작한 평양 고무공장 노동자들의 파업을 측면에서 지원한 것으로 알려져 있다. 이들은 두 사람 모두 평양에 연고가 있었기 때문에 이 지역의 사회운동가들과 접촉하고, 동경 무산자사에게 가져온 격문과 팸플릿을 배포하면서 투쟁의 확대를 꾀하였던 것이다.

임화, 권환, 안막 등은 조선프로예맹의 본부 조직에 가담하여 예맹의 조직 재편을 촉구하기 시작하였다. 이들은 모두 예맹의 조직이 대중적인 조직 확대에만 관심을 기울인 채 예술운동의 실천 작업에 소홀했음을 지적하면서 기술부의 독립을 내세운 조선프로예맹의 조직 재편을 주장하였다. 이러한 주장에 의해 조선프로예맹은 1930년

4월 그 조직을 다음과 같이 재편할 것을 예고하고 있다.

조선프롤레타리아예술동맹 조직(1930. 4. 26)[104]

중앙위원회 위원
　이기영, 박영희, 윤기정, 김기진, 한설야, 박용대, 이상화,
　이북만, 권　환(신임), 안　막(신임), 엄흥섭(신임), 송　영(신임)
중앙위원회 서기국
　송　영, 박세영, 홍우식, 신응식
조직부(상임) 윤기정
출판부(상임) 이기영
교양부(상임) 박영희
기술부(상임) 권　환
　문학(상임) 권　환
　　　　　　송　영, 이기영, 한설야, 박영희
　영화(상임) 윤기정
　　　　　　김남천, 임　화, 이응종, 박완식
　연극(상임) 김기진
　　　　　　신응식, 안　막, 최승일, 한택호, 신　영
　미술(상임) 이상대
　　　　　　정하선, 안석영, 강　호
　음악(결원)

조선프로예맹의 조직 재편 계획에서 가장 핵심적인 내용은 서기국의 설치와 기술부의 신설이다. 서기국의 임무는 당조직과의 내적인 연결을 의도한 것으로 생각되지만, 그 역할이 뚜렷하게 제시되

104 《조선일보》와 《중외일보》(1930. 4. 29)의 기사에 의함.

지 않고 있다. 기술부의 신설은 프로예맹을 전문 예술인들의 조직으로 전환하고, 전문 예술인들의 적극적인 참여에 의해 예술운동의 조직적 실천을 도모한다는 뜻을 담고 있다. 특히 기술부를 신설하여 그 아래에 문학 부문을 비롯한 영화·연극·미술·음악 부문 등을 두고, 예술인들의 조직 참여를 예술운동의 투쟁적 역량에 의해 제고해 나아간다는 것이다. 이 같은 조직 변화는 1928년 카프 경성 지부 설립 대회를 통해 시도된 적이 있다. 당시 경성 지부에서는 예술 각 부문의 활동을 독자적으로 조직화하고자 하는 조직개편안을 계획했으나 일경에 의한 대회 금지 조치로 무산되었던 적이 있다. 그런데 1929년 말부터 프롤레타리아 영화운동 및 연극운동이 전국적으로 자연 발생적인 성장을 보임에 따라 조직운동의 대중적인 성격과 그 확대 전환 문제가 더욱 구체적인 과제로 제기되었음을 알 수 있다.

조선프로예맹 조직의 확대 재편 계획은 사회단체로서 전국적인 조직을 꾀했던 조선프로예맹이 그 대중적 성격을 지양하고 전문 예술가(기술가) 단체로 재조직을 꾀하고 있다는 사실을 말해 주는 것이라고 할 수 있다. 카프의 대중 단체적 성격에 대한 비판은 김두용에 의해서 제기된 바 있다. 김두용은 1927년 9월 방향전환 당시 카프가 재조직될 때 대중 단체를 지향했던 것은 무엇보다 예술운동을 정치 투쟁과 제대로 관련시키지 못한 데서 연유한다고 하였다. 김두용에 의하면 예술운동을 위한 단체는 계급 혹은 계층의 정치적·경제적·사회적 기초를 가진 노동조합·청년동맹 등과는 다르다. 계급적 기반이 서로 동일하다 하더라도 '특정한 기술'을 소유하고 있다는 점에서 서로 다른 속성을 지닌다는 것이다. 김두용은 예술의 각 부문이 어떠한 내용으로 운동을 전개할 것인가를 놓고, 당 재건을 위한 선전 선동이라는 예술운동상의 과제와 결부시켜 구체적인 과제를 제시하고 있는데 그 내용을 간추리면 다음과 같다. 영화의 경우 쟁의 현장을 영사할 것, 음악의 경우 노동자가 부를 만한 노래와 가곡을 만들 것, 미술의 경우 포스터·삐라 기타 만화와 컷 등을 출판물과 결부시킬 것, 연극의 경우 '이동극장'을 확립하여 이를 기초로 대중적 공연을 실현할 것, 문학의 경우 생활 감정이 박약하더라도 슬로건적, 삐라적일 것 등이다.

조선프로예맹 조직의 확대 재편은 예술대중화 논쟁의 과정에서 이론적 우위를 점한 동경의 소장파가 조직의 실천적인 주체 세력으로 등장하게 되었다는 사실을 말해 주고 있다. 임화와 더불어 권환, 안막 등이 보선으로 중앙위원에 선출되었으며, 이들 소장파는 기술가 단체로의 조직 확대를 주장하면서 기술부의 각 부문을 동맹의 형태로 전환할 것을 요구하고 나섰던 것이다. 소장파가 내세운 새로운 조직 방안은 기술부의 각 부문을 동맹 조직으로 개별화하고 각 동맹에서 두 명의 대표가 협의회를 구성하는 것이다. 즉 동맹체는 위에서 아래로, 협의회는 아래에서 위로 조직되는 것이다. 소장파가 요구하는 협의회 형태 혹은 기술별·동맹별 조직 형태는 조선프로예맹을 '기술가 단체이면서 동시에 대중적인 단체'로 만든다는 목표에서 나온 것이다. 소장파는 신문이나 잡지에 작품을 발표하는 것에 지나지 않았던 기왕의 예술운동을 지양하기 위해서는 직접 대중과 결합되는 예술운동이 이루어져야 한다고 생각했던 것이다. 특히 특정한 기술을 일정한 방면에만 집중함으로써 동맹원의 능률을 집중적으로 발휘할 수 있도록 한다는 것이다.

조선공산당의 재건운동을 계획하면서 조선프로예맹의 조직을 장악하고 그 조직의 재편을 꾀했던 권환, 안막, 임화 등의 소장파 문인들은 예술운동의 볼셰비키화에 대한 인식을 분명히 갖고 있었다. 이들이 내세우고 있는 예술운동의 볼셰비키화론은 당의 전위의 조직 대상인 노동자와 빈농을 상대로 당의 사상적·정치적 영향을 확대 축진하는 데에 그 목표를 두고 있다. 여기서 전위의 조직 목표는 물론 당의 재건에 있기 때문에 예술운동은 결국당의 재건에 조력하기 위한 아지프로 사업임을 알 수 있는 것이다.

권환의 「프로예술운동의 당면한 구체적 과정」(《중외일보》, 1930. 9. 2~16)을 보면 첫째, 카프를 어떻게 재조직할 것인가 둘째, 작품은 어떻게 만들 것인가 셋째, 프로 예술을 어떻게 대중 속으로 가지고 들어갈 것인가 등으로 나누어 구체적인 방안을 논급하고 있다. 우선 카프 재편의 방향에 관한 문제를 살펴보자. 이와 관련해서는 이미 임화가 주도적인 의견을 피력한 바 있다. 임화는 첫째, 예술운동을 문학 이외에 예술적 각 부문으로 확대하여 전국적·기술적 동맹을 결성하되 이를 위한 준비 단계로서 '전국동맹재조직준비위원회'를 설치할 것 둘째, 기관지를 확보할 것 셋째, 카프 중앙부 내에 있는 기회주의, 방관주의를 극복하여 카프를 계급적으로 볼셰비키화할 것 넷째, 노동자·농민의 조직과 유기적인 관계를 맺을 것 등을 제시하고 있다. 이에 비해 권환은 조직의 형태보다 구성 인원의 자격 요건을 문제 삼고 있다.

> 우리 카프는 기술 단체이다. 구성원은 물론 기술가로 할 것이다. 그러나 재래와 같이 언제든지 창작적 기술의 숙조(熟粗)만을 표준하는 것은 마치 사회운동 초기의 모든 투쟁 단체가 이론 정도만 표준하여 구성한 것과 같은 묵은 조직 방법인 것이다. 그래서 소설이나 시 등의 창작적 기술이 월등하더라도 비겁성·인텔리성·타협성이 많으니보다도 오히려 창작적 기술이 비록 조잡하더라도 타협성 적고 희생심 많고 직업적 운동가의 자질을 가진 예술운동가에게 중임을 담당시켜야 할 것이다. 그래서 지금 와서의 모든 투쟁 단체가 이론 본위보다 투쟁 역량 본위로 조직해야 할 것이다.[105]

권환은 앞의 인용에서처럼 조선프로예맹이 기술 단체라는 것을 전제하고 있지만 구성원에 있어서 '창작적 기술의 숙련'보다는 '직업적 운동가의 자질'을 요구하고 있다. 예술운동이 여타의 운동보다 '지체 현상'을 보이는 이유를 그는 운동가의 '비겁성·인텔리성·타협성'에서 찾고 있기 때문이다. 그는 조직 자체의 성격을 '1) 창작적 기술 본위로부터 투쟁 역량 본위로, 2) 의식 낮은 인텔리 작가보다도 기술 미숙한 노동자 출신 작가로, 3) 희생적 요소의 다부(多否)를 표준하여 해야 한다.'고 주장하고 있는 것이다.

다음으로 권환이 주장하고 있는 작품의 창작방법에 관한 문제를 검토하기로 하자. 권환은 작품의 내용에서 프롤레타리아트 전위의 관점을 가진 것이어야 하며, 그 제재에 있어서도 현재 전위가 당면한 정치적 급무인 당 재건을 위한 과제이어야 한다고 규정하면서 그 제재를 다음과 같이 항목화하고 있다.

1. '전위'의 활동을 이해하게 하여 그것에 주목을 환기시키는 작품
2. 사회민주주의 민족주의 '자치' 활동의 본질을 '폭로'하는 것
3. 대공장의 ××× 제너랄 ×××
4. 소작 '쟁의'
5. 공장·농촌 내 조합의 조직, 어용 조합의 '반대' 쇄신 동맹의 조직
6. 노동자 농민의 관계를 이해케 하는 작품
7. '제국주의'의 조선에 대한 ××××(예하면 민족적 ××, ××××확장, ××××××결합 등의 역할) 등을 폭로시키며 그것을 마르크스주의적으로 비판하여 프롤레타리아트의 투쟁을 결부한 작품
8. 조선 토착 부르주아지와 그들의 주구가 '제국주의자'와 야합하여 부끄럼 없이 자행하는 적대적 반동의 행위를 폭로하며 또 그것을

---

105 권환, 「조선예술운동의 당면한 구체적 과정」(중외일보, 1930. 9. 2).

마르크스주의적으로 비판하여 프롤레타리아트의 투쟁에 결부한 작품

9. 反 ××××××의 ××을 내용으로 하는 것

10. 조선프롤레타리아트와 일본프롤레타리아트의 연대적 관계를 명확히 하는 작품, 프롤레타리아트의 국제적 연대를 환기하는 작품[106]

권환은 작품의 형식에 관해서도 '형식에 대해서는 우리는 여러 가지 복잡다단하게 문제 삼을 필요가 없다. 다만 현재 우리 조선의 중요 산업의 대공장 노동자와 빈농에게 '혁명'적 마르크스주의적 사상을 아지프로하기에 가장 적절한 형식의 획득에 노력할 뿐이다.'라고 주장하고 있다. 그는 일반 빈농층의 문자 지식수준이 너무도 저급한 현실을 고려해서 그들의 문자 지식수준에 적합한 형식의 획득에 노력해야 한다는 것이다. 이는 곧 독자의 수준에 따라 '고급적 프로 문예' 혹은 '본질적 프로 문예'와 '대중적 프로 문예'를 구분해야 한다고 주장한 바 있는 김기진을 겨냥하고 있는 비판에 해당한다고 할 수 있다.

권환이 주장하고 있는 대중 속으로 예술을 주입하는 문제는 어떠한가? 권환은 다음과 같이 기왕의 대중화론의 한계를 지적하고 있다.

우리는 지금까지 노농 대중을 위해 예술운동을 하면서 그들을 위해 제작한 그들의 예술을 그들 속으로 가져가는 임무에 한각(閑却)하였다. 그래서 그들이 가진 예술은 그들의 손에 가지 못하였고 그들이 받을 아지프로적 효과는 그들이 받지 못하였다. 이때까지 그들의 생활을 그린 많은 소설과 시는 그들을 위해 제작한 것이 못 되었고 계급예술이니 대중화니 하는 좌익적 이론은 그들을 위한 실천적 이론이 못 되었다. 다만 예술운동가끼리만이 보고 읽고 서로 비판, 논쟁하기 위

106 권환, 위의 글(중외일보, 1930. 9. 4).

한 작품과 이론밖에 못 되었다.[107]

권환은 이 같은 주장을 전제로 하여 대중적 아지프로 잡지의 필요성을 제기하는 한편 그것의 출판 및 배포 방식까지 제시하고 있다. 당시 조선프로예맹은 《예술운동》의 중단 이후 기관지조차 없었기 때문에 권환은 우선 기관지의 필요성을 제기하였다. 권환에 의하면 이 기관지는 대중적 아지프로 잡지와는 달리 노동 대중이 아닌 예술운동가를 대상으로 하며 첫째, 카프에 결성되어 있는 프로 예술가에 ××적 지도를 하여 카프원(전체 혹은 부문)의 통일 연락, 성장 발전을 촉진하며 둘째, 아직 카프에 결성되지 않은 다른 모든 프로 예술운동에 관심이 있는 예술가 및 그 그룹을 카프의 영향 밑으로 유도하여 그들을 조직적으로 확보하는 간행물이라고 규정하고 있다. 이와는 별도로 노동 대중을 주체적 대상으로 혁명 사상과 투쟁 감정의 격양을 위한 대중적 아지프로 잡지의 필요성도 강조하고 있는데, 그 내용에 있어서는 예술적 가치의 여부보다 아지프로적 효과의 고하에 기준을 두고 있다. 그는 아지프로적 임무를 더욱 합리적으로 강력적으로 수행하려면 필연적으로 형상화한 예술만으로는 만족치 못하고 예술적으로 형상화하지 않은 소재 그대로의 사회의 실재적 제재료를 이용해야 한다고 하였다. 왜냐하면 실재적 재료가 창작적 재료보다 대중에게 더 많은 교훈과 아지프로적 효과를 주기 때문이다. 문학 방면에서뿐만 아니라 영화나 회화에 있어서도 실제로 일어난 대중 시위운동의 광경, 쟁의단의 투쟁 광경 등을 묘사함으로써 창작적 재료와 병용해야 한다는 것이다. 이렇게 함으로써 예술운동가는 예술가인 동시에 '아지테이터'가 되며 '프로퍼간디스트'가 될 수 있다는 것

107 권환, 위의 글(중외일보, 1930. 9. 7).

이다. 이러한 잡지나 간행물은 경비 문제를 고려하여 소박한 양식으로라도 간행하되 많이 끊임없이 내어야 한다고 하고 있으며, 그 배포 방식도 가두서점으로 할 것이 아니라 조합 등과 유기적으로 연락하여 반드시 대중의 손에 들어가도록 해야 한다고 하였다. 이러한 권환의 주장은 김기진의 대중화의 방안과는 전혀 상이한 것이다. 권환은 '부르 출판물'에 대한 적극적 이용의 필요를 주장하는 김기진에 대해 작품의 제재와 취급 방면이 제한받는 출판물에 대해서는 참가해서는 안 된다는 원칙을 망각한 오류를 범했다고 비판하는 것이다.

예술운동의 볼셰비키화를 주장하고 있는 소장파들은 모든 예술작품이 프롤레타리아트 전위의 관점을 가진 것이어야 하고, 당의 재건을 위한 것이어야 한다고 강조하였다. 그러므로 당시에 경성 본부의 김기진 등이 내세운 바 있는 예술대중화론이 당의 이념으로 집약되는 이데올로기의 대중화에 초점을 맞추지 못하고 있으며, 당 조직의 전위로서의 노동자·농민을 대상으로 하지 않고 막연한 독자 대중을 상정하고 있다고 비판하였다. 소장파들은 노동자·농민의 의식수준을 높이거나 이념을 주입하는 것에 만족하지 않고, 그들을 직접적인 정치투쟁 속으로 끌어들이는 선전 선동의 기능을 예술운동에 부여하고 있었던 것이다. 그리고 이를 위해서는 노동자·농민의 투쟁적인 조직활동을 촉진할 수 있는 소재가 작품 속에 구현되어야 할 것을 주장하였다.

그런데 예술운동의 볼셰비키화에 대한 원칙은 당의 조직과 이념으로 규정되는 것이다. 예술운동의 실천적 주체가 되어야 할 노동자·농민은 모두 당의 조직에 복속되며, 주체적 세력의 강화를 위해서도 당의 조직을 철칙화해야 한다. 결국 조선프로예맹 자체가 볼셰비키화되어야 한다는 주장에까지 도달하게 되는 셈이다. 무산자사의 소장파들은 조선프로예맹의 조직에서 창작적 기술의 우열을 따질 것이 아니라 투쟁 역량을 본위로 하여 운동가적 소질을 가진 예술가가 중임을 맡아야 한다는 주장을 내세웠다. 프로예맹 경성본부의 맹원들을 겨냥하고 있는 이 원칙은 맹원 중앙부에 자리 잡고 있는 타협주의적인 태도를 청산하고, 노동자·농민들의 현실적인 투쟁과 함께 예술운동의 주체적인 실천을 꾀해야 한다는 당위론과 직결되고 있다. 이러한 주장은 당시 사회운동의 정치주의적 성향과 함께 조선프로예맹의 조직 내부에서 본부 맹원들의 반발을 거의 무시할 수 있을 만큼 그 영향력을 확대하게 되었으며, 1929년의 원산 총파업 이후, 평양 고무공장 총파업(1930. 5)이 일어나고 그 사회적 여파가 크게 문제시되자 현실적인 실천 가능성을 인정받은 것으로 받아들여지기도 하였던 것이다. 그렇지만 박영희, 김기진 등은 조선프로예맹의 조직 재편을 실행하는 문제에 대해서는 아직 동맹 내의 조직역량이 성숙하지 않았다는 이유를 들어 반대 의사를 표명하였다. 당시 동맹 내부에는 문학부·영화부만이 점차 작가동맹 및 영화동맹으로 될 수 있는 실력을 갖추었고 여타의 부문은 거의 기술자를 갖추고 있지 못했기 때문에 두 개의 동맹만을 만들기 위해 다른 부문까지 간판을 올릴 수 없다는 것이 그 반대의 이유였다. 결국 경성 본부 측의 반대에 부딪혀 소장파가 주장했던 재조직 방안은 실현되지 못하였다. 조선프로예맹의 재편을 실행에 옮기고자 1931년 3월 27일 개최하려 했던 카프 확대위원회는 일경의 금지로 무산[108]되었으며, 협의회 형태로의 조직 재편은 끝내 현실화되지 못한 채 제1차 검거사건으로 이어지게 되는 것이다.

108 《조선일보》(1931. 3. 27)에 의하면 경찰에 의해 확대회의가 금지되었고, 이후 조선프로예맹의 집회는 일체 금지한다고 보도하고 있다.

신간회 해소 과정과 공산당 재건운동의 좌절

조선프로예맹 동경 지부의 조직 해체가 공식화된 후 무산자사를 중심으로 당 재건운동에 참여하게 된 김두용, 고경흠 등이 먼저 추진한 것은 동경을 중심으로 하는 신간회 해소운동이다. 이들은 공산당 재건운동의 실천 계획에 따라 민족개량주의자가 조직의 중심을 이루고 있는 신간회가 더 이상 민족해방을 위한 조직적인 투쟁의 근거가 되지 못한다는 점을 들어 신간회의 해소를 주장하게 된다.

동경에서 신간회 해소 문제[109]를 가장 먼저 제시한 것은 김두용이다. 그는 일본에서의 조선 노동자들의 노동운동을 민족운동으로부터 분리시켜 노동계급의 조직을 강화하고자 한다. 그가 1929년 11월에 발표한 「재일본 조선 노동운동은 어떻게 전개해야만 할까」라는 글을 보면, 민족해방투쟁을 위해서는 전 민족적 협동전선이 필요하지만 일본에는 조선인들이 대부분 노동자이거나 학생이 일부 있을 뿐이므로 오히려 일본에서의 조선 노동자운동은 한국 내에서와 같은 민족 공동 투쟁과 성격을 달리해야 한다고 말하고 있다. 그는 일본에서의 조선인 노동자들은 일체의 민족적 투쟁을 포기하고 조선 노동자계급의 권익을 위해 투쟁해야 한다고 강조한다. 이 같은 주장은 노동운동의 방향은 계급의 조직적 원천으로 돌아가야 하며, 강력한 계급투쟁의 추진만이 노동운동의 목표라는 원칙론에 의거한 것이다. 그리고 이 주장에서 일본 내에 있는 조선인 노동자의 노동운동 방향을 민족적 공동투쟁으로부터 분리시켜야 한다는 원칙을 설정함으로써 자연스럽게 신간회의 민족협동전선의 노선과 충돌하고 있음을 볼 수 있다. 그의 주장이 신간회 동경 지회 해소론의 발단에 자리하게

109 水野直樹, 「신간회 동경 지회의 활동에 대하여」(이정식 외, 『신간회 연구』, 동녘, 1983), 153~154면 참조.

된 이유가 여기에 있다.

당시 국내의 신간회는 1930년 김병로를 중심으로 조직이 개편되면서 그 내부에서 좌익의 급진적 경향이 다소 완화되고 있었다. 그러자 좌익운동가들은 신간회가 시대적 사명과 역할을 제대로 수행하지 못하는 보수파의 조직으로 변질되고 있음을 지적하면서 그 해소를 주장하게 된다. 이들은 모두 조선공산당 재건운동의 진전 상태를 염두에 두고 있었기 때문에 소부르주아적 정치운동의 집단처럼 되어버린 신간회가 오히려 당의 재건운동에 장애가 된다고 생각했던 것이다. 신간회 서울 지회에 관여하고 있던 윤기정, 박영희는 임화 등과 함께 1931년 5월 신간회 전체대회에서 그 해소를 결의하는 데에 주도적인 역할을 하였고, 예맹 수원 지부의 책임자로서 신간회의 중앙집행위원이었던 박승극, 공석정 등도 신간회 해소에 적극 동조하였다. 당시의 정황을 박영희는 다음과 같이 회고하고 있다.

> 당시 신간회는 수년간 총독부의 가혹한 탄압 밑에서 겨우 각지에 지부를 설치하였을 뿐 이렇다고 할 만한 활동이 있지 못하였다. 이 침체 상태는 당시 합법주의에서 온 결함이었지만, 이러한 행동에 불만을 가진 좌익진영에서는 드디어 신간회 해소론이 일어났으니, 즉 신간회는 그 역할을 다하였으니 노농 대중 속으로 해소하자는 논이었다. 말하자면, 비합법적인 지하 운동으로 들어가자는 것이었다. 그러나 전래의 민족진영은 물론 반대하였으나 결국 해소파의 승리로 돌아가 본부는 드디어 1931년 5월 17일 대회를 열고 해소를 선언하게 된 후로 뒤를 이어 각지 지부도 이에 따랐다.
>
> 그런데 당시 나는 경성 지부에 소속되어 있었다. 경성 지부도 본부의 방침에 따라 속히 해소 위원회를 열고 정식으로 해소를 선언해야 회의 법규상 정당한 일이었다. 그런데 이 해소에 대해 총독부는 신간회의 해소는 공산당의 재건으로 해석하게 되었으므로, 본부가 해소

를 선언한 후로 중요한 해소론자들을 검거하기 시작하여, 정세는 바야흐로 위기에 직면하게 되었었다. 이렇게 되니 경성 지부에 있던 사람들은 어느 틈에 하나씩 없어져 버렸고 남아있었던 몇 사람도 피해 다니느라고 여념이 없었다. 그리하여 경성 지회의 뒷일을 볼 사람은 3, 4인에 불과하였었다. (중략) 우리는 최후까지 용진하자는 비장한 결의를 하고 위원회를 소집하였다. 그 일에 있어서는 권군(권태휘)이 더욱 열을 내었고 초조하여서 거의 일주일 동안이나 날마다 나에게 와서 해소위원장의 임무를 맡아달라고 졸랐었다. 나도 어느 정도의 결의를 하고 그 중임을 맡기로 하여 최후의 비장한 위원회를 열고 모든 일을 내정한 대로 결정하고 드디어 해소를 선언하게 되어 위선 우리는 책임을 다하였었다. 말하자면 경성 지회의 해소는 카프가 그 책임을 졌다고 해도 과언이 아니었다.

한편 카프의 신진들은 정치적으로 이렇게 바쁘고 어지러운 동안에 동경서 인쇄해 가지고 온 《무산자》란 책자(조선 문제에 관한 테제)를 비밀히 돌리고 있었다. 이것은 주로 안막 군이 활동을 하였다. 그리고 또한 강호, 임화, 신응식 등 제군이 「지하촌」이라는 영화를 제작 중에 있었는데 이것이 너무 과장되게 선전이 되어 이미 경찰의 비상한 주목을 받고 있었다. 나는 드디어 6월 15일 종로서에 검속을 당하였다. 뒤를 이어 신간회 해소파와 카프 전원이 붙잡혔었다.[110]

박영희의 회고대로 안막, 임화 등을 중심으로 하는 동경의 소장파들은 그들이 계획하였던 계급예술운동의 볼셰비키화 과정을 실천해 나갔다. 우선 무산자사를 중심으로 비밀리에 추진된 공산당 재건운동은 조선프로예맹의 조직을 기반으로 국내에서 점차 구체화되기 시작하였다. 무엇보다도 먼저 신간회의 해체를 주도하게 되었으며, 평양 등지에서 노동 파업을 선동하여 노동계급의 조직과 투쟁 역량

110 박영희, 「초창기의 문단측면사 7」(현대문학, 1960. 3), 228~229면.

을 확대시킬 수 있었다. 또한 조선프로예맹의 조직도 재편하여 기술가 위주의 전위적인 조직체로의 전환을 시도하기도 하였고, 《군기》 사건을 기회로 하여 실질적으로 카프조직을 장악하였다. 임화는 《군기》 사건 직후 새로운 기관지를 염두에 두고 1931년 7월부터 잡지 《집단》의 간행을 준비하였다. 《집단》 창간호는 1931년 10월 모두 압수되었고, 1932년에 가서야 그 간행이 이루어졌다.

조선프로예맹의 맹원들이 신간회 해체운동에 적극적으로 가담하자, 이들의 행동은 일본 경찰의 주목의 대상이 되었다. 합법성을 인정받고 있는 신간회의 해체를 주도하고 있는 이들 맹원의 활동이 공산당의 재건과 연관되어 있다는 사실을 눈치챈 일본 경찰은 조선공산당 재건운동을 추진하던 사회운동가들과 이와 연루되어 있던 조선프로예맹의 조직 맹원을 모두 검거하기 시작하였다. 이른바 카프 제1차 검거사건으로 알려진 이 사건의 연루자는 모두 35명으로 보도되었는데, 중국에 있던 한위건, 양명 등 18명은 체포하지 못하였고 고경흠, 김삼규, 임화, 황학로, 김남천, 한재덕, 양연수, 안막, 권환, 박영희, 윤기정, 송영, 이기영, 김기진, 이평산, 권태용, 최일숙 등 17명이 구속되었다. 당시의 신문기사는 이렇게 사건 내용을 전달하고 있다.

> 사건의 내용은 멀리 소화 3년 속칭 ML당, 제3차 조선공산당 이후로 시작되었다. 당시 ML당 주요 간부로 검거망을 피하여 해외로 탈주한 한위건(韓偉健), 양명(梁明) 등 두 명은 중국 상해와 북평 등지로 다니며 기회있는 대로 주의 선전을 하는 동시에 조선공산당의 재조직을 획책하여 북평에서 《계급투쟁》이란 출판물을 발행하여 내외 각지에 발송하고 있었다. 그러던 중 한위건, 양명 등 두 명의 지도를 받고 있던 금번 건의 관계자 고경흠, 황학로의 두 명은 그들의 명령으로 조선공산당 재건설의 사명을 가지고 작년 4월에 동지를 떠났다. 그러나 조선은 여러 가지로 경찰의 취체가 심하여 도저히 소기의 목적을 다

하기 힘들므로, 그들은 우선 동경으로 향하였다. 동경은 조선보다 출판물에 대한 취체가 다소 나은 관계로 그들은 동경에서 동지들과 같이 출판활동을 개시하였다. 그리하여 동경의 무산자사의 사원 임화 등과 연락하여 무산자사와 잡지 《인터내슈낼》 등을 중심하고 기회 있는 대로 주의 선전의 글을 발표하는 외에 팜플릿트를 발행하여 발표하였다. 이것은 혼돈한 상태에 있는 조선사회운동에 우선 이론을 통일하려는 것이었다.

이들과 연락하여 조선공산당 재건설의 활동을 개시하게 되자 한편으로 예술운동을 통하여 주의 선전을 하는 동시에 공산당 재건설 운동을 획책하게 되었다. 그리하여 임화 등이 작년에 동경서 조선으로 건너와 프로예술동맹의 조직 내부를 고치고 동시에 행동도 고치기로 하였다. 작년 여름에 임화, 김효식, 안막 등이 이에 전력하여 금년 봄까지 조직의 질을 달리하고 운동이론을 세우기에 힘쓰고 동시에 신간회 해소운동이 일어나자 예술동맹원들도 이에 참가하여 맹렬한 해소운동을 하여 주의 선전에 힘써 왔다.

이와 같이 하여 표면으로 운동의 이론을 전개시키며 주의 선전에 힘쓰는 한편에, 이면으로는 당 재조직의 비밀운동을 하게 되었다. 그리하여 시외 영등포와 김포군에서 먼저 조선공산당 재건동맹을 조직하고 누누이 모여 합의하였다. 그때에 모인 인물은 해외에서 들어온 고경흠을 중심으로 동격에서 건너온 사람 그 외에는 전라도 경상도 함경도 등에서 사회운동에 중견분자가 되어 있는 사람을 불러 올려 8, 9명이 2월부터 3월까지 수십 회를 모였었다. 그러던 중 조선공산당재건동맹은 명칭이 다소 과한 듯하다 하여 조선공산당 공산주의자 협의회라고 고치고 선언 강령을 작성하고 부서까지 결정한 후에 전선적으로 잠행운동을 하고 있는 것이 마침내 경찰에게 탐지되어 검거를 보게 된 것이라 한다.

금일 송국된 17명 중 권경완과 박영희는 병으로 그간 석방되어 치료 중으로 불구속으로 송국되었고, 권태용은 구류기간이 금일에 만료됨으로 명 6일에 송국하기로 된다고 한다.

> 이와 동시에 김효식 한재덕 등은 작년 평양에 고무직공 대파업 사건이 일어났을 때에 평양으로 가서 평양의 사회운동자들과 연락하여 파업을 측면으로 지도하는 동시에 격문을 작성하여 배부하여 파업을 격화시키기에 힘썼고 또 작년 8월말 일한합병기념일에도 격문을 작성하여 전조선 각지에 배부하였다. 이같이 하여 주의 선전에 힘써온 것이라 한다.
>
> 조선공산당 재건설의 잠행운동을 진행시키는 한편으로 조직의 내부를 변경한 프로예술동맹에서는 표면운동으로 잡지 《군기》를 발행하여 왔던 것을 다시 《집단》을 발행키로 되었었다. 그리하여 수차 그 발행을 하고자 하였으나 검열이 통과되지 못하여 아직까지 한번도 발행은 못하였고 그간 《집단》에 게재하려고 써두었던 원고는 모두 이번 사건이 검거되면서 경찰에 압수되었다고 한다.[111]

이 같은 신문 보도의 내용을 바탕으로 사건의 배경을 좀 더 거슬러 올라가 보면 이들의 검거는 두 가지 방향에서 이루어진 일본 경찰의 사상 통제의 결과라고 할 수 있다. 그 하나는 당 조직을 추진하면서 표면적으로 내세운 신간회 해소론과 신간회의 해소 과정에서 드러난 좌익 계열과 프로예맹 간부들의 관계가 경찰의 주시 대상이 되었던 점이며, 다른 하나는 무산자사의 소장파들이 계획하고 있던 당의 조직운동과 예술운동의 정치적 진출 과정이 일본 경찰의 감시 대상이 된 점이라고 하겠다.

1931년 8월부터 10월 사이에 일본 경찰이 신간회 해체를 선동한 좌익 인사들과 조선프로예맹의 간부들을 검거한 이 사건은 6월 중순 박영희가 종로경찰서 고등계 형사에 의해 검거되면서 사건의 윤곽이 드러나기 시작하였다. 8월 12일 종로경찰서 고등계 형사들이 조선프

111 《조선일보》, 1931. 10. 6.

로예맹 중앙집행위원인 안막, 송영, 이기영, 권환, 윤기정 등 5인을 검거하였고 일부 원고를 압수하였다고 신문들이 일제히 소식을 알렸다. 한 달이 지난 9월 14일에는 김기진이 종로경찰서 고등계 요시노[吉野] 주임에 의해 검거되었다는 보도가 나왔다. 그리고 10월 5일 종로경찰서 고등계에서 조선공산당 공산주의자협의회의 비밀 결사조직과 연관된 프로예맹 사건의 전모를 발표하였다. 이 사건의 중요 관련자 17인을 치안유지법, 출판법 위반으로 경성지방법원 검사국에 송국하였다는 것이다. 당시 발표된 구속자 명단은 다음과 같다.

전남 제주도 제주정 일도리 1447		고경흠(22)
전남 영암군 영암면 서남리 23		김삼규(24)
경성부 당주동 130	일명 임화	임인식(24)
황해도 해주군 검단면 지남리 서동 1027		황학로(20)
평남 성천군 성천면 하부리 27		김효식(21)
평남 성천군 영천면 유동		한재덕(21)
경북 영일군 오해면 용한동 519		송연수(24)
경성부 팔판동 88	일명 안막	안필승(22)
경남 창원군 진전면 오서리		권경완(28)
경성부 천연동 69		박영희(31)
경성부 귀창동 60		윤기정(29)
고양군 은평면 구산리 54		송무현(29)
경성부 운니동 45		김기진(29)
충남 천안군 천안면 유량리 39		이기영(36)
경기도 고양군 숭인면 숭인동		이평산(22)
경성부 교남동 37		권태용(26)
전남 광주군 광주읍 양림정		최일숙(26)

10월 9일 경성지방법원 검사국에서는 고등법원 사상전문계의 이토[伊藤] 검사와 지방법원 모리우라[森浦] 검사 단임으로 취조를 개시했으며, 10월 15일 경성지방법원 검사국에서 고경흠, 김삼규, 황학로, 김효식 등 4인만을 치안유지법 위반으로 기소하고 나머지 13인은 불기소 처분하여 15일 밤에 석방하였다.

그런데 조선프로예맹은 이 사건 이후 조직의 해체기에 접어들게 되었다. 이 사건에 대한 재판의 절차가 완전히 끝난 것은 1933년 7월 28일이다. 1931년 11월 17일 사건과 연관된 김철환이 검거되어 12월 5일 송국되었으며, 1933년 5월 24일 사건 송국 후 2년 6개월이 지난 뒤에 비로소 예심을 종결하고 공판에 회부되었다. 당시에 황확로는 예심 과정에 수감되어 있던 서대문 형무소에서 옥사하였다. 1933년 7월 20일 경성지방법원 제4호 법정에서 고경흠, 김효식, 김삼규, 김철환에 대한 공판이 개정되었으며, 7월 28일 동 법정에서 고경흠 징역 4년(800일 미결 통산), 김철환 징역 3년(700일 미결 통산)을 언도하고, 김삼규와 김남천의 경우는 징역 2년에 집행유예 5년을 언도함으로써 제1차 조선프로예맹 검거사건이 종결되기에 이르는 것이다.

이 같은 사건의 경위를 보다 자세히 보기 위해 당시에 발표된 고경흠 등 예심 결성서의 내용을 공개하면 다음과 같다.

고경흠 등 예심결정서[112]

본적 황해도 해주군 검단면 지남리 서동 1027번지
주거 동경시 본향구 서죽정 28번지 목촌(木村) 방
무직 황학로(22)(金萬福·李康悌·韓水元·內竹一郎)

112 이 예심결정서는 《조선일보》(1931. 5. 26~5. 30)에 전문이 수록되어 있음.

본적　평남 성천군 성천면 하부리 271번지
주거　경성부 창신동 51번지의 5호
창작가 김효식(23) (일명 南天)

본적　전남 제주도 제주면 일고리 147번지
주거　부정
무직 고경흠(24) (金民友·金榮斗·車石東·眞島)

본적　전남 영암군 영암면 서리 25번지
주거　동경시 우입구 판천정 157번지 하야묘길(河野卯吉) 방
무직 김삼규(李哲洙·淸水幾太郎·淸水淸吉)

본적　함남 단천군 파도면 대성리 7번지
주거　경성부 관훈동 69번지
은행원 김철환(34)

우 5명에 대한 각 치안유지법 위반 피고 사건에 대하여 예심을 필하고 결정한 바 좌와 여함.

주문: 본 건을 경성지방법원의 공판에 부함.

이유: 제1, 피고 황학로는 소화 2년 4월 황해도 사리원공립농업학교에 입학하여 소화 4년 3월에 중도 퇴학하고서 공부할 목적으로써 중국 상해에 가서 동년 9월에 동지 복단(復旦)대학 예과에 입학하였다가 동년 11월 초순에 퇴학하고 귀향하여 익 소화 5년 9월에 갱히 유학의 목적으로써 동경에 건너갔다. 그때부터 점차 공산주의에 공명하게 되었고 또 일찍이부터 조선의 ××을 희망하고 있었던바, 범의를 계속하고서,

① 소화 4년 5월 하순경에 중국 상해 불 조계(佛 租界)에서 최봉관

(崔奉官)의 권유로 고려공산청년회가 조선으로 하여금 ×××××××××× ×××××××부인하고 ××××제도를 실현하기를 목적으로 하여 조직된 결사임을 알고서 차에 가입하여 신순일(申順一) 차용성(車龍成)과 함께 최봉관 김치정(金致程)을 순화로 책임자로 삼은 반에 예속하여 동년 10월 중순경까지 사이에 매월 2, 3차 동지 불 조계 불란서 공원과 기타에서 회의를 개최하는 등으로 우 청년회를 위하여 활동하였고,

② 소화 5년 12월 20일경에 동경부 하여(下野) 방 최흥봉(崔興鳳) 집에서 씨명 미상자의 권유에 의해 적색구호회가 공산주의 운동 민족해방운동 등의 희생자 및 그 가족을 구원하여 차등의 운동을 지지 조세하여서 일본제국의 ×××× ×××× ××××× ×××× ××× 조직된 결사임을 알고서 차에 가입하여 우 최흥봉을 책임자로 한 반에 속하여 이래 익 소화 6년 3월까지 사이에 전후 3회에 단하여 전기 최흥봉의 집에서 반회의를 개하고 동경에서의 재감(在監) 동지에게 차입을 할 것 등에 대하여 합의하는 등으로 동회를 위하여 활동하였고,

③ 소화 6년 7월 상순경에 동경시 본 소구 금사굴정에서 씨명 미상자의 권유에 인하여 ×××× ×××× ××× ××××× ××× ××× 변경하기를 목적으로 하고 조직된 결사임을 알고서 차에 가입하여 동경지방 강동지구위원이 되어 동지구 출판부의 사무에 종사하고 동지구 내 모소에서 동지와 회합하여 해 동맹에 관하여 협의하는 등으로 우 동맹을 위하여 활동하였다.

제2, 피고인 김효식은 소화 4년 3월 평양공립고등보통학교를 졸업하고 동경에 건너가서 법정대학 예과에 입학하였다가 소화 6년 3월에 제명되어 귀향하여 소설 희곡 등의 창작에 종사하였는데 이때보다 앞서서 동경 재주중 조선프로레타리아예술동맹 무산자사에 가맹하고 갱히 서중 휴가로 향리에 귀성 중 소화 5년 9월에 성천청년동맹을 조직하여 그 집행위원이 되었는데 일찍이 조선의 ××을 희망하고 또 공산주의를 신봉하고 있던 터로 소화 4년 12월 동경시 법정대학 구내에서 동교학생 평전의일랑(平田義一郎)의 권유로 동시에 전기의 적색구원회 및 반제국주의 민족××지지동맹에 각 기정을 알고서 가입하여 각각

법정반에 속하는 동시에 법정대학 내의 좌익단체인 독서회 및 적색스포츠단에 가입하고 단 좌익 신문잡지의 배포망인 제2무산자신문 법정반에 속하여 공산주의의 연구 선전에 힘쓰는 등으로 번번히 활동하였다.

제3 피고인 고경흠은 대정 12년 4월 경성부 내 공립중학교에 입학하였다가 대정 15년 2월에 동교를 퇴학하고 동년 4월에 경성사립보성전문학교에 입학하였다가 역시 동년 말에 퇴학하고 익소화 2년 3월에 고학의 목적으로 동경에 건너가서 동년 5월경에 재동경 조선청년동맹에 가맹하여 그 집행위원으로 되었고 동년 10월에는 재일본조선노동총동맹 및 신흥과학연구회에 가입하였고 익 소화 3년 9월에는 일본대학 전문부 법률과에 입학하였고 동년 10월에 신간회 동경 지회에 가입하였고 동년 12월에 수험료 불납으로 일본대학에서 제명되고 이래 약 3개월간 신문배달부로 있었으며 일찍이 사회과학의 연구에 몰두하여 공산주의에 공명하고 조선의 ××을 희망하고 있는 자인데 범의를 계속하고서

① 소화 4년 3월 하순에 동경부하 고원사에 있는 인정식(印貞植)의 하숙에서 동인의 권유로 전기 고려공산청년회에 그 정을 알고서 가입하였고

② 소화 6년 2월 중순에 경성부 체부동에 있는 서인식(徐寅植)의 하숙에서 동인과 회견하고 다시 경기도 시흥군 영등포에 있는 이종림(李宗林)의 하숙에서 회합하여 각각 협의한 후 조선에서의 공산주의자의 회합을 개최하기를 결하고 동월 하순경에 동도 김포군 양동면 목동리 이화영(李華永) 집에서 동인 피고인 김철환 우 이종림 우 서인식 권대형(權大衡) 김상혁(金相赫)과 회합 협의한 결과 조선에서는 ××당이 파괴되었음으로 차의 결성을 당면의 문제로 할 것이나 당은 갑자기 차를 조직하기 어려우니 그 단계로서 먼저 프롤레타리아의 정치적 교양이 필요하니 차의 준비적 임무의 ××××을 창설하지 않으면 안 된다고 하고서 자에 조선으로 하여금 ×××× ×××××× ×××× ××시키고 단 조선에서 이 ×××× ×××× 목적으로 하여 조선 ××당재건설동맹이라고 칭하는 결사를 조직하고 동시에 집행위원을 선임하여 그 가운데

서기국을 치하고 서기국 밑에 선전부를 설치하고서 차등 부원을 전형하기 위하여 서인식 이종림 권대형 3명을 전형위원으로 선임하였는데 우 전형위원은 곧 협의한 결과 동일 집합한 7명 중 이화영을 제외한 6명 및 강진(姜進)을 집행위원에 선임하고 단 일동이 협의한 결과 이종림 및 피고인 김철환 강진을 조직위원으로 하여 그중에서 이종림을 그 책임자로, 또 서인식 김상혁 및 피고인 3명을 선전부원으로 하고 그중 서인식을 책임자로, 그리고 우 책임자인 이종림 및 서인식과 그 밖에 권대형은 3명을 서기국원으로 하기로 하고 산회하였는데 그 후 결사조직이 주의 정책상 불가하다는 설이 대두함으로 말미암아 동년 3, 4월경에 영등포역 부근의 모가에서 피고인 이종림 서인식 권대형 김상혁 및 강진 6명이 집합하여 차 결사가 대중적 세력을 가지지 않은 것, 참집한 동지는 조선공산주의자의 일 소부분에 불과한 것, 및 결사내 파벌 투쟁을 일으킬 위험이 있다는 이유로 해체하기로 결하였다. 그리하여 우 결사는 사실상 많은 활동을 하기까지에 이르지 못하고 해산되었다.

③ 그간 피고인은 이미 소화 4년 7월경에 향리 제주도에서 검거되어 동경으로 송치되는 도중에 신호(神戶)역에서 도주하여 일시 대판 부근에 숨어 있다가 동년 11월에 출반하여 중국으로 도주하여 천진 북경을 거쳐 익 소화 5년 3월에 상해에 지하여 동지에서 동지 한위건(韓偉健) 및 양명(梁明)과 해후하여 동인 등으로부터 동경에 있어서 출판활동을 하도록 권고를 받고서 동년 4월에 동경에 잠입하여 전기 《인터내슈낼》 및 《무산자》 등 잡지에 좌익논문을 발표하고 소화 5년 11월에 재차 북경에 건너가서 동지에서 우 한위건과 만나서 동인으로부터 당시 조선에 있는 서인식과 함께 조선운동을 하라는 말을 듣고서 그것을 승락하고 익 소화 6년 2월 초순에 경성에 잠입하여 우 조선공산당재건설동맹에 관한 운동 후 전기동맹 해체의 석에서 계속하여 다시 그 후의 동지간의 연락을 취하기 위하여 연락기관을 두기로 하여 권대형을 차에 당케하고 필요에 응하여 동지가 회합한대서 결의회를 개최할 것과 피고인 자신은 동경에 건너가서 출판활동에 전념할

것과 기타는 각자 원고를 피고인에 의뢰하여 《무산자》, 《전기》 등을 통하여 좌익 논문을 발표할 것을 협의하는 등으로 일본제국의 ×××를 ××하고 차 ×××××××를 부인할 목적으로써 그 목적한 사항의 실행에 관하여 협의한 것이다.

제4 피고인 김삼규는 대정 9년 4월에 동경 사립 해성중학교에 입학하였다가 익 대정 10년 4월에 동경고등학교 심상과에 전학하여 소화 3년 3월에 동교 고등과를 졸업하고 익 4월에 동경제국대학 독문과에 입학하여 소화 6년 3월에 졸업하였는데 그간에 소화 3년 말경에 동경에서 전 무산자사에 가입하여 그 집행위원이 되었다. 그러고 일찍이 사회과학에 관한 서적을 탐독하고서 공산주의를 신봉하고 차 조선의 ××을 희망하고 있던 터에 소화 5년 4월에 동경제대 구내에서 학생 금정박문(今井博文)의 권유로 반제국주의 민족××지지동맹이 전기와 여한 목적을 가진 결사임을 알고서 차에 가입하여 그 동맹 문학부 B반의 책임자가 되어 익 5월경에 2, 3회에 달하여 동경제국대학 반제반명의의 학내 시사문제에 관한 격문 50매씩을 동문학부교실에 살포하는 등으로 그 동맹의 목적수행을 위하여 활동하고 익 6월에 그 동맹을 탈퇴하였다.

제5 피고인 김철환은 원산공립간이상업학교 졸업 후 대정 5년 3월에 경성에 내하여 사립 경신학교 2년에 편입학했다가 익 대정 6년 3월에 퇴학하고 익 4월에 경성사립선린상업학교에 입학했던바, 대정 8년 3월에 조선××소요사건에 연좌하여 검거되어 익 대정 9년 2월 27일 경성복심법원에서 보안법위반 죄로 징역 8개월에 처하였다가 후에 칙령에 의하여 감형되고 갱히 대사에 조하여 사면되었다. 대정 11년 3월 동경에 부하여 사립 일진영어학교에 입학하였다가 동년 추에 경성에 귀하여 사립 중동학교 고등과에 입학하여 대정 12년 춘에 동교를 졸업하고 재차 동경에 부하여 사립 조도전(早稻田)대학 전문부 정치경제과에 입학하였다가 동년 9월에 대진재로 퇴학 귀국하여 익 대정 13년 2월 이후 한일은행에 고용되어 그 은행 원산지점에 근무하고 소화 6년 10월에 동일은행에 고용되어 경성부 관훈동 지점에 전임하여 근무하고 있었는데 그간 소화 2년 9월경에 이종립 등과 공히 신간회 원산 지회를 창립하여 그 근사부장이 되고 소화 5년 추 이후 익 6년 5월까지 동 지회 서기장 겸 서무부장 등으로 있었는데, 일찍이 조선의 ××을 희망하고 있던 터로 조선으로 하여금 ××의 ××으로부터 이탈시키고 차 조선에 ××제도를 실현시킬 목적으로써 전기 피고인 고경흠의 항 ②에서 예시함과 여히 피고인 고경흠 기타와 협의를 거듭하여 전기 결사를 조직하여 그 부원이 되었다.

이상 사실 중 피고안 황학로의 소위는 치안유지법 제1조 제1항 후단 제2항 형법 제54조 제55조에, 피고인 김효식의 소위는 치안유지법 제1조 제1항 후단 제2항 형법 제54조에, 피고인 고경흠의 소위는 치안유지법 제1조 제1항 제2항 형법 제54조, 치안유지법 제2조 형법 제50조에, 피고인 김삼규의 소위는 치안유지법 제1조 제1항 후단 제2항 형법 제54조에, 그리고 피고인 김철환의 소위는 치안유지법 제1조 제1항 제2항 형법 제54조에 각각 해당하여 모두 차를 공판에 부하기 족할 범죄의 협의가 있음으로써 형사소송법 제312조에 칙하여 차를 본청 공판에 부하겠고,

피고인 김삼규가 조선 ××××운동 촉진을 위하여 소화 5년 3월경에 동경에서 피고인 고경흠 등이 조직한 조선공산주의자협의회라는 결사의 목적을 수하기 위하여 소화 6년 4월 동경에서 모두 고경흠과 협의하고서 그시 출판활동에 종사했던 공소사실은 차를 공판에 부하기 족할 범죄의 혐의는 무하나 우는 피고인 김삼규의 전기 인정한 사실과 연속의 관계가 있다 하여 기소한 것이라고 인함으로써 특히 차를 면소의 언도를 하지 않고 그래서 주문과 여히 결정하였다.

소화 8년 5월 24일
경성지방법원 예심
조선총독부판사
협철일(脇鐵一)

조선공산당 재건운동과 연루된 조선프로예맹의 제1차 검거사건은 조선프로예맹의 조직을 기반으로 하는 조선공산당 재건운동의 좌절로 종결되었으나 그 영향은 여러 가지로 확대되고 있다.

첫째, 조선프로예맹이 주도해 온 계급문학운동의 정치적 진출이 좌절되었다. 예술운동의 볼셰비키화를 주장해 온 무산자사 계열 소장파들은 당의 조직이라는 예술운동의 중요한 목표를 내세우면서 예맹 조직의 개편을 주도하였고, 예술의 전문 영역별로 노동자·농민을 선동하여 당의 이념 선전을 시도해 왔다. 그런데 조선공산당 재건운동 자체가 경찰에 의해 봉쇄되면서 이러한 모든 계획은 더 이상 추진될 수 없게 된 것이다.

둘째, 이 사건을 계기로 하여 일제의 사상 통제가 강화되었다. 일본의 경우 1932년 이른바 '5·15사건'에 의해 군벌이 득세하고 뒤에 국제연맹으로부터 탈피하여 군국주의의 길로 접어들고 있다. 특히 만주사변의 확대가 이루어지면서 일본 총독부는 조선 내에서의 모든 사상운동을 철저히 금지하게 된다.

셋째, 이 사건이 종결된 후 조선프로예맹 조직은 그 결속력을 잃게 되었고, 계급문학운동의 조직적인 대중적 확대가 더 이상 불가능해진다. 계급문학운동의 조직으로부터 이탈하는 전향자들이 나타나기 시작하였고, 조직 자체의 해소가 주창되기도 한다. 물론 사건이 종결된 후 프로예맹의 주도권은 무산자 계열의 소장파에게 넘어갔으며, 소장파들은 조직의 결속을 위해 『카프시인집』(1931. 12) 등을 간행하면서 계급문학운동의 새로운 진로를 모색하게 된다.

조선프로예맹은 1927년 방향전환과 함께 신간회의 노선을 지지하면서 대중적으로 조직 확대를 꾀하였고, 조선공산당 재건운동을 바탕으로 정치적 진출을 시도하다가 1931년의 제1차 검거사건과 함께 계급문학운동 자체의 급격한 퇴조를 맞이하게 된다. 그리고 일제의 사상운동에 대한 탄압이 더욱 가중되는 가운데 조직 자체 내에서의 이념 노선의 분열과 갈등이 심화되면서 결국 계급문학운동이 조직 해체의 국면을 피할 수 없게 된 것이다.

이상에 검토한 내용을 요약한다면, 방향전환 시대 계급문학운동의 대중적 조직과 그 확대 과정은 민족단일당으로서의 신간회의 조직 기반과 깊이 연관되어 있고, 그 급진적인 볼셰비키화 과정은 ML당의 공산당 재건운동에 연결되어 있다고 할 수 있다. 계급문학운동의 이념 노선의 갈등과도 맥락을 같이하는 이 같은 조직 문제는 계급문학운동의 조직적 실천과 연관하여 볼 때 매우 중요한 의미가 있는 것이다. 그 이유는 계급문학운동의 조직이 곧바로 계급문학운동의 주체와 그 실천 기반을 의미하기 때문이다.

조선프로예맹과 신간회의 관계는 대중적인 당적 조직으로서의 신간회와 그 하부 조직으로서의 예맹의 존재를 상정하여 볼 수 있다. 물론 이러한 관계 설정은 모두 공산당 조직의 차원에서 이루어진 노선의 설정에 의해 가능해진 것이다. 그러나 조선공산당의 연이은 조직 붕괴에 이어서 발표된 코민테른의 12월 테제 이후 조선프로예맹과 신간회의 관계는 그 위상이 변화된다. 노동계급의 정치투쟁을 민족협동전선으로부터 분리시켜 노동계급의 당적 조직을 꾀하고자 하는 공산당 재건운동이 조선프로예맹 동경 지부를 기반으로 비밀리에 추진되었기 때문이다. 조선프로예맹 동경 지부의 맹원들은 무산자사의 설립 이후 표면적으로 계급문학운동의 볼셰비키화를 주장하면서 당의 재건운동에 주력하였고, 당적 조직을 위해 신간회의 해소와 함께 민족 협동전선으로부터 노동계급 투쟁의 분리를 내세웠다. 이들은 조선프로예맹의 조직 자체도 대중적인 조직체로서가 아니라 투쟁 역량이 높은 기술자(예술가) 위주의 조직으로 전환하고자 했으며, 당적 조직의 하위 조직으로서 투쟁의 전위에 나서고자 하였다.

1931년 공산당 재건운동과 연관되어 야기된 바 있는 조선프로예맹 조직 맹원에 대한 검거사건은 계급문학운동의 전개 과정에서 또 다른 하나의 전환점을 이루고 있다. 일제의 사상탄압으로 인해 조직운동의 기반이 해체되기 시작하는 위기 상황을 맞고 있기 때문이다. 특히 일본 군국주의의 등장, 만주사변 등으로 이어지는 객관적인 정세의 변화는 계급문학운동의 조직적 실천에 결정적인 장애가 되었다. 더구나 이 같은 객관적 정세의 불리를 빌미로 사상의 전향, 조직으로부터의 이탈이 이루어지기 시작하면서 계급문학운동은 침체의 국면에 빠져들게 되는 것이다.

4. 계급문학운동의 분열과 조직 해체

(1) 조선프로예맹의 조직 분열

1931년 공산당 재건운동과 연관되어 야기된 바 있는 카프 조직 맹원에 대한 검거사건은 계급문학의 조직운동에 하나의 새로운 전환점을 이루고 있다. 일제의 사상 탄압으로 조직운동의 기반이 점차로 강제 해체되기 시작하는 위기 상황의 단초를 이루고 있기 때문이다. 일본 군국주의의 등장, 만주사변의 확대 등으로 이어지는 객관적인 정세의 변화는 계급문학운동의 조직적 실천에 결정적인 장애가 되고 있다. 그런데 이 같은 상황 속에서 조직운동에 기반을 두고 있는 계급문학운동의 실천에 장애가 되는 조직 내부의 분규가 표면화되기 시작하였다. 조선공산당 재건운동과 관련된 제1차 검거사건 직전에 일어난 기관지 《군기(群旗)》를 둘러싼 조직 분규, 제1차 검거사건 직후의 조선문필가협회 결성과 관련된 맹원들 사이 견해의 대립, 그리고 창작방법에 대한 비판 등은 계급문단에서 내부적으로 일어나기 시작한 조직 분열의 징후가 되었다고 할 것이다.

우선 먼저 《군기》를 둘러싼 조직 분규에 대해 살펴보기로 하자. 1929년 《예술운동》의 폐간 이후 조선프로예맹은 제대로 된 활동 기반을 지니지 못한 채 대중적 선전 선동의 수단이 되는 출판물을 거의 간행하지 못하고 있었다. 동경 소장파의 임화, 권환 등은 모두 예맹 기관지의 필요성을 역설하였다. 대중적인 정기간행물을 통해 노동자·농민에게 당의 조직 이념을 선전하고자 했던 소장파의 요구가 실현된 것은 프로예맹의 기관지 《군기》를 1930년 12월에 창간한 것과 직결되고 있다. 그러나 잡지 《군기》의 간행을 둘러싸고 조직 내부의 갈등이 표면화되자 이 잡지를 곧바로 폐간하여 버렸다.

조선프로예맹이 동경 소장파들의 주장에 따라 새로이 간행했던 기관지 《군기》는 조선프로예맹 개성 지부의 양창준, 이적효, 엄흥섭 등이 그 편집과 출판을 주도하였다. 그러나 이들은 잡지 편집을 주도하면서부터 경성 본부와 대립하기 시작하였다. 그들은 경성 본부측이 조직의 재편 문제를 놓고 운동과 실천을 도피하는 반동적 집단으로 변질되었고 그 간부들이 최악의 개량주의자로 타락하였다는 성명을 발표하여, 카프 쇄신동맹을 만들어야 한다고 역설하였다. 이 사건은 곧바로 《군기》를 둘러싼 카프의 내부적인 분규로 널리 알려지게 되었고, 경성 본부의 권위 실추는 물론 카프 조직의 내부적 분열 조짐을 보여주는 사건으로 자리 잡게 되었다.

《군기》 사건의 전모를 알아보기 위해서는 《군기》의 창간을 주도했던 양창준과의 관계를 미리 검토하는 것이 필요하다. 양창준은 잡지 《음악과 시》(1930년 9월 창간)를 편집하던 인물이다. 《음악과 시》는 제호 그대로 시와 음악에 관한 기사를 위주로 편집된 잡지였다. 이 잡지의 창간호의 경우 시인으로는 권환, 김창술, 김해강, 박아지, 박세영 등의 시가 수록되어 있는 것으로 보아 카프의 노선에 어느 정도 동조하고 있는 잡지임을 알 수 있으며, 엄흥섭과 양창준의 민요와 노래에 대한 짤막한 평론이 수록되어 있다. 그리고 잡지의 편집 방향에 대해서도 '주장이 다른 작품은 싣지 않기로 하였다'고 사고를 내기도 하였고, '예술운동에 도움이 되었으면 한다'는 편집 후기도 붙여 놓고 있다. 양창준은 이 잡지를 통해 카프 조직과 연결을 맺은 후 이 잡지를 카프의 기관지로 개편할 것을 제안하였던 것이다. 당시 카프 본부에서는 기관지의 필요성을 느끼고 있던 터였기 때문에 양창준의 제안을 적극 수용하고 창간호를 낸 《음악과 시》를 개편하여 카프 기관지로 발간하는 작업을 계획하게 된 것이다. 박영희는 그 무렵의 상황을 다음과 같이 술회한 바 있다.

> 정치운동 같으면 비밀집회의 효과가 곧 행동으로 나타나는 것이니 비밀집회의 필요가 있겠지만 문학적 활동으로 합법적으로 표면에 나타내야 하는 카프 운동에는 비밀집회의 효과라는 것도 큰 것을 바랄 수 없었던 것이었다. 그러니 어떻게 잡지라도 하나 내어놓는 것이 제일 효과 있는 일이라고 생각하였다. 일찍이 《문예운동》지를 발간해 보았으나 여의치 못하였고 그 후 기관지를 내보려고 하였으나 검열도 검열이려니와 돈이 없어서 늘 벼르고만 있었다.
>
> 이러한 때에 양창준군이 중간에 사람을 넣어(그 사람은 엄흥섭군인 듯하다) 카프의 기관지를 자기에게 맡기면 발행해 볼 의사가 있다는 것을 전해왔다. 그때 양군은 동요를 썼고 물론 카프 회원도 아니었다. 그런데 그때 양군은 《음악과 시》라는 잡지를 한 호 내었는데 그 잡지의 제호를 고쳐서 카프의 기관지로 하겠다는 것이었다. 물론 우리는 그의 뜻을 크게 환영하여 곧 그를 카프에 입회(비합법적으로)시킨 후 제법 무슨 일이라도 하는 듯이 우리는 활기를 띠고 거의 날마다 편집회의를 열었다. 편집회의에서 잡지 이름도 《군기》라고 정하였고, 원고를 모으기 시작하였다. 그러나 이 잡지는 계급의식의 계몽잡지로 방향이 정해졌고 문학잡지는 아니었다. 카프는 벌써 자기의 임무를 떠나 다른 영역(정치)을 엿보려고 하였던 것이었다. 수차의 원고 압수가 있은 후 겨우 한 호를 내어놓았었다.[113]

박영희의 회고대로 1930년 11월 《군기》의 간행 준비 소식이 문단에 널리 알려지기 시작하였다. 창간호의 필진으로 이기영, 박영희, 김기진, 윤기정, 송영, 임화, 양창준 등이 동원된다는 내용도 언론에 보도(《조선일보》, 1930. 11. 7)되기도 했으며, 드디어 1930년 12월 그 창간호가 간행되었다. 그리고 1931년 2월에 제2호가 나왔다. 그러나 제2호의 간행에서부터 편집을 맡은 양창준과 카프 본부 사이에 견해의 충돌이 나타나기 시작하였다. 양창준은 카프 개성 지부의 엄흥섭, 이적효, 민병휘 등과 함께 본부의 활동 지침을 비판하면서 새로이 전국무산자예술단체협의회를 결성하고 카프 쇄신동맹을 만들어 지도부에 대해 도전하기 시작하였다. 이 같은 《군기》 측의 도전에 대해 카프 본부는 성명을 발표하고 사태의 수습에 나섰다. 그러나 이 사건은 카프 본부 측이 내세운 이 같은 성명서의 내용대로 곧바로 수습되지는 않았다. 경성 본부에 대하여 양창준 등도 본부 측을 비난하는 비슷한 성격의 성명을 내걸었기 때문이다. 양측의 성명서 내용은 다음과 같다.

> (1) 전국의 노동자 농민 제군!
> 『군기』 지국, 독자 급 동지 제군!
> 조선프로레타리아예술동맹 중앙위원회 서기국은 중앙위원 전원의 합의하에서 이적효, 양창준, 엄흥섭, 민병휘 등 4인의 반카프적 반××적 분파적 파괴 행동의 음모와 《군기》 탈취 책동에 대하여 동인 등을 우리 카프와 전예술전선에서 방축함을 결정하는 동시에 우 음모에 가담하여 반××적 역선전으로 충만된 소위 성명서를 발표한 개성 지부에 대하여 무기정권의 처분을 가하고 아래와 같이 성명한다.
> 현하 미증유의 공황과 그에 인한 노농계급의 생활이 ××적 상태에

113 박영희, 「초창기의 문단 측면사 7」(현대문학, 1960. 3), 224~225면.

함하고 동시에 노농대중의 ××화가 급속도로 진행되고 있으며, 일방 민족자본벌의 우경이 급진되고 노농계급에 대한 ××와 ××이 고도화하여 계급진영에서의 탈주자가 일증하는 동시에 계급적 예술운동과 그 집중적 조직인 카프에 대한 계급×의 공격은 극도화하고 있다.

이러한 곤란 무비한 제 정세하에서 카프는 자기 진영 내에 발생하고 있는 일체의 우익 편향을 극복하고 대두하는 개량주의적 조류를 격파하며 고조된 ××적 앙양의 파두에서 침착히 용감히 대중을 직정한 ××주의의 방향으로 획득하기 위한 즉 ××적 프롤레타리아트의 조직사업을 원조하기 위한 '아지-프로'의 사업을 수행하지 아니하면 아니 될 절대한 임무를 부대한 현재에 있어 전기의 배반자 등은 무엇을 하였는가.

제일(第一)로 그들은 약 2개월 전부터 비교적 중앙사정에 어두운 지방 수 개인의 동지들을 카프중앙부에 대한 기만적 역선전으로 책동하여 카프 전 조직을 파괴하고 그들의 반동적 분파만에 의한 소위 '전조선무산자예술단체협의회'를 결성하려고 하였던 것이다. 그러나 차등 반××적 파괴의 음모는 서기국에 탐지한 바 되며, 그 후 서기국에 질문이 있었을 때 피등은 전기 사실을 전연 부인하고 오직 재조직사업을 촉진키 위하여 노력하였음에 불과하였고 절대로 카프지도에 복종할 것을 말하는 등의 위선적 외교로 서기국을 기만하였다. (중략)

제이(第二)로 양(梁 *양창준)은 《군기》의 법규상 책임자임을 호기로, 카프의 대다수의 성원이 협력하여 왔으며 노농대중의 일상생활의 정당한 요우(僚友)가 되려는 《군기》의 3, 4월호의 사업을 '사보타쥬'하여 ××계급의 의도를 원조하고 그 후 자기 분파만의 원고로 암암리에 반동적 편집을 진행시키며 지국과 독자에게는 허위의 서신으로 기만하여 왔다. 이것은 ××계급의 탄압을 공공연히 원조하는 변절의 행동이 아니면 아니 된다. 그리고 그는 개성 지부의 민병휘와 결탁하여 개성 지부를 카프 파괴에 이용하게 한 것이다.

제삼(第三)으로 그들은 서기국의 경고가 있은 뒤 카프를 외부로부터 파괴시킬 계획인 '협의회'는 그들의 모반자적 파괴자적 정체를 폭로시킬까 두려워 그것을 보류하고 카프쇄신동맹을 결성하여 조직을 내부로부터 괴멸시키려는 음모를 진행시키었고 《군기》를 자기들의 반××적 선전기관으로 탈취하려 하였던 것이었다. (중략)

그러나 우리는 차등의 공격으로부터 카프와 《군기》를 방어키 위하여 서기국은 양(粱)에게 《군기》에 관한 일체 문부(文簿)의 임시 인계를 요구하였었으나 그는 이 요구를 일축하여 버리었다. 그러나 양(粱)에게 굴치 않고 우리는 문부(文簿) 일체를 탈환하여 온 것이다. 이것이 『군기』 습격 운운의 '데마'의 진상이다. (중략)

우리들은 "극도의 반동기는 청산주의의 극성기이다" 하는 일리이치의 교훈을 생각하면서 이렇게 단죄한다.

그들은 쇄신의 미명하에서 음모와 상략(商略)으로 카프를 파괴하여 대중을 개량의 노선으로 몰아넣으려는 청산파의 일(一) 소 종복(從僕)으로 계급적 예술운동의 공공연한 파괴자이며 지배계급의 협력자인 것이다.

제군! 카프는 최후까지 노동자 농민의 최량의 요우(僚友)이고 ××적 프롤레타리아트의 정치적 노선에 연행(沿行)하며 차등 우익 배반자들과 영원히 화해하지 않고 용서 없는 싸움을 계속할 것을 노농대중, 《군기》 지국 급 독자 제군에게 높이 맹서한다.

1. 카프 파괴의 음모를 분쇄하라!
1. 우익 반카프쇄신동맹을 타도하라!
1. ××××예술을 대중화시키자!
1. 『군기』를 방위하자!
1. 카프 확대 강화 만세! 114

(2) 조선에 있는 노동자 농민운동의 급격한 성장, 그리고 계급의식의 심화 확대 이것은 ×본×지×계급의 반동의 역류에 대항하여 일체의 민족 개량주의 사회민주주의적 우익타락간부의 사회적 근거를 전××

114 《조선일보》(1931. 4. 28)에서 재인용.

적 출판물의 결여로부터 받은 고통의 쓰라린 경험에서 푸로예술운동 투쟁적 분자에 의하여 노동자 농민 대중잡지 《군기》를 발행하였다. 그리하여 공장과 농촌의 형제들이 애독하며 그들의 자기비판 그리고 각 노동조합과 농민조합으로부터는 자발적 배포망을 확립하는 등 실로 《군기》를 지지하는 도시와 농촌의 형제들의 실천적 대답이었다. 그러나 난관은 크다. 그것은 《군기》 원고의 연속적 압수 그리고 배포에 대한 ××와 사회민주주의자들의 중상박해와 의식적 반발 등… 신의주 이영숙 등은 자기비판을 무시하고 개인주의 ××와 합력하여 우리 《군기》를 노동자 대중으로부터 분리시키려고 갖은 횡포를 다하였다.

그리고 최근에 와서 우리 잡지 《군기》에 대한 구체적인 파괴행동으로서 푸로예맹의 타락 간부 김기진 박영희 들이 지난 4월 7일 오후 4시에 군기사에 침입하여 편집책임자에게 가장 만폭(蠻暴)한 본건적 구타 행동을 가하고 사의 전문서—독자 명부, 원고, 문부 일체, 통신 등을 약탈하여 갔다.

제군! 놈들의 반동은 명백하다. 우리 《군기》가 자기들 우익 지도를 폭로 배격하는 때문에 영구적 발행 금지를 강제하는 것임을 우리는 잘 안다. 그들의 사회적 근거… 놈들은 대중이 자기들의 과오에 대한 자기비판에 성의로서 대답하는 구체적 기필을 역해서 노동자들의 자기비판까지를 중상하고 모든 계급적 출판물에 반기를 들고 ×본×와 협조하여 혹시 ××××경영을 또 어느 때는 ×××지지를 말하고 인제 와서는 ×본×의 총애와 좌익적 위어(僞語) 밑에 숨어서 《조선지광》, 《아등》 잡지를 지지하여 우리의 모든 계급적 출판물에 대립한다.[115]

《군기》 사건의 의미는 표면적으로는 계급예술운동의 실천과정에서 기관지의 편집권을 놓고 일어난 조직 내부의 갈등으로 규정할 수 있다. 그러나 이 문제는 이같이 단순화시켜 이해하기보다는 카프가

115 이 글은 《군기》파의 성명으로서 박영희, 「초창기의 문단측면사 7」(현대문학, 1960. 3), 226면에서 재인용함.

추진하고 있는 예술운동의 볼셰비키화 과정에서 일어난 하나의 돌출 사건으로 볼 수 있다. 이미 카프 본부의 박영희 등은 1927년 동경 지부가 《예술운동》의 발간을 주도하면서 경성 본부와 대립하여 예술운동의 볼셰비키화를 추진해 왔던 사실을 기억하고 있었다. 그러므로 양창준 등의 독주를 방치할 수 없었던 것이며, 그들의 도전에 강력하게 대응하였던 것으로 볼 수 있다. 카프 본부는 앞의 성명서 내용과 같이 양창준 등 4인을 제명하였고, 개성 지부에 정권 처분을 내리는 단호한 조치를 하였다.

그러나 이 사건은 카프의 조직에 커다란 영향을 미쳤다. 계급문학운동 조직을 중심으로 집단적인 창작활동을 실천하고자 했던 카프의 입장에서 본다면, 수많은 지부 조직을 장악하는 본부의 권위에 대한 도전이 일고 있음을 뜻하는 것이기도 하였다. 이 사건으로 가장 큰 타격을 입은 것은 박영희였다. 박영희는 이 사건 이후 지도부의 일선에서 후퇴하였고, 임화를 중심으로 하는 동경 소장파들이 지도부의 일선에 나서게 되었다. 더구나 신간회의 해체와 함께 그 조직 기반을 상실한 채 유명무실해진 대부분의 카프 지부 조직도 《군기》 사건 이후 더 이상 조직력을 발휘하지 못하고 해체되기 시작하였다. 그리고 《군기》는 1931년 7월호를 낸 후 결국 발행이 중단되었던 것이다.

(2) 동경 소장파와 조선프로예맹 조직개편

후반기 계급문학운동과 동경 소장파

조선프로예맹은 앞서 서술한 바와 같이 계급문학운동의 정치적 진출과 그 대중적 투쟁을 내세우면서 공산당 재건운동과 연루되어 제1차 검거사건을 야기하였다. 이 사건의 심리과정에서 카프의 맹원들이 대부분 무혐의로 석방되긴 하였지만, 일본 경찰이 공산당 재건운동과 카프 조직의 연대성을 문제 삼았다는 것은 주목을 요하는 부분이다. 당시 카프 조직 내부에서 새로운 실력파로 등장하기 시작한 동경 무산자 계열의 소장파들이 대부분 계급문학운동의 정치적 진출을 주장하면서 예술운동의 볼셰비키화를 내세우고 있었기 때문에 객관적 정세의 변화가 이 같은 계급문학운동의 방향에 크게 불리하게 작용할 것이라는 점은 쉽게 짐작할 수 있는 일이다.

제1차 검거사건이 마무리되는 과정에서 카프의 지도부는 와해된 조직을 정비하기 위해 몇 가지 작업에 착수하였다. 첫째는 카프 조직의 문단적 결속과 문학적 역량을 과시하기 위한 작업으로서 『카프시인집』(1931)이라는 사화집의 간행을 들 수 있다. 『카프시인집』은 카프 문학부의 이름으로 간행된 김창술, 권환, 임화, 박세영, 안막 등의 합동시집이다. 이 시집의 등장인물들이 대부분 예술운동의 볼셰비키화를 내세웠던 소장파 문인들이라는 점을 놓고 볼 때 카프 지도부 내에서의 소장파에 대한 반발과 계급문학운동에서의 창작의 위축에 대한 비판에 대응하면서, 동시에 제1차 검거사건으로 인한 조직의 위기를 극복하기 위해 카프 맹원의 문단적 결속을 드러내 보여야 한다는 의욕을 쉽게 확인할 수 있다. 둘째는 계급문학운동의 이념노선을 재정비하기 위한 자기비판 형식의 이념투쟁이 새롭게 전개되기 시작한 점을 들 수 있다. 불리해진 정세 변화에 대응하기 위한 적극적인 조직의 단결과 계급적 통일을 요구하기도 하였고, 창작의 침체를 극복하기 위해 도식적이며 교조적인 요구를 벗어나 보다 적극적인 창작방법에 관한 관심을 강조한 경우도 있다. 그런데 이러한 이념투쟁은 뒤에 계급문학운동의 조직적 실천을 위한 미학적 기반의 확립이라든지 새로운 방법론의 탐구로 이어졌다기보다는 계급문학운동의 조직으로부터 이탈하거나 사상적으로 전향하기 위한 빌미로 이용되었다는 점이 특기할 만한 일이다. 셋째는 계급문학운동에서 카프 조직의 지도적 역량을 제고하기 위해 조직의 새로운 개편 작업에 착수한 것이다. 제1차 검거사건 이후 카프의 조직은 동경 소장파의 조직 장악으로 특징지어진다. 그러나 급진적인 소장파들이 계급문학운동의 대중적 지지 기반을 확보하지 못함으로써 카프의 조직은 더욱 위기 상황에 빠져들고 있음을 보게 된다. 동경 무산자사의 소장파들은 이념노선의 진보성에도 국내 문단 기반을 전혀 갖고 있지 못했던 것이다.

그런데 이와 같은 조직 재결속 작업을 주도한 것은 동경 소장파에 속했던 임화였다. 임화는 계급문학운동의 조직적 실천 문제와 연관하여 가장 적극적으로 카프의 재조직에 관심을 기울였다. 그는 「1931년간의 카프예술운동의 정황」(《중앙일보》, 1931. 12. 7), 「1932년을 당하여 조선문학운동의 신단계」(《중앙일보》, 1932. 1. 1~28), 「당면정세의 특질과 예술운동의 일반적 경향」(《조선일보》, 1932. 1. 1~2. 10) 등을 발표하면서 위축된 계급문학의 새로운 조직 정비를 강조하였다. 동경 소장파들의 세력을 기반으로 하는 임화의 문단적 역량이 이 무렵부터 계급문단의 선두에서 발휘되기 시작한 것이다. 임화가 진단하고 있는 계급문학운동의 외적인 상황은 불리해진 객관적 정세론으로 귀결되고 있다. 서구 자본주의 국가들의 횡포와 군국주의적 경향의 확대, 일본의 만주 진출과 군벌의 등장 등은 모두 국제적인 사회주의운동에 새로운 위협이 되고 있다는 것이 임화의 주장이다. 더구나 문단 자체 내에서도 국민문학파를 중심으로 하는 부르주아 문단의 세력화 현상이 두드러지고 있는데다가 해외문학파의 등장으로 인한 자유주의적 경향의 확대가 이루어짐으로써 계급문학의 조직운동이 침체에 빠져들고 있음은 물론이다. 임화는 이러한 정세 진단을 바탕으로 다음과 같은 주장을 내세우고 있다.

> 프로레타리아 예술운동의 금일의 ××적 단계로의 위대한 전향을 위하여 ××적 자기비판을 ××에 한하여 전개하는 것은 현재에 있어 카프 전선의 최긴급의 임무가 아니면 아니 된다. 다음으로 예술운동의 조선에 있어서의 주력부대인 카프로서의 전연 새로운 중대한 역사적 임무는 조선에서의 프롤레타리아 문학운동의 계급적 통일을 위하여 중대한 주의와 노력이 필요한 것이다.
>
> 이 문화사업 통일과 새로운 중앙부의 건설과 문화전선의 편성문제는 우리가 한 번 더 한계를 넓히어 우리들의 ××의 조직화한 문화적 공세를 살펴볼 제 얼마나 그것이 중요한 사업이냐 하는 것은 상식의 범위 내에서도 능히 판단할 수 있는 문제이다. (중략)
>
> 다음으로는 반동적 예술에 대한 ××의 적극적 강화와 그것의 조직화를 위하여 전연 새로운 노력이 필요하다. 여태까지의 이 부분에 있어서의 우리들의 사업은 전연 비조직적이었으며, 또한 갈수록 반동적 역할을 강화하고 있는 문학적 예술적 제반 실천, 특히 통속문학과 신파극 등에 대하여 취해 온 바의 경시적인 묵살적 태도는 근본적으로 개폐되어야 한다.[116]

임화가 결론짓고 있는 계급예술운동의 새로운 방향은 계급문학운동에서 보다 철저한 계급적 통일과 조직의 단결이 요구되며, 반동문예에 대한 적극적이고도 조직적인 비판을 실천해 가야 한다는 당위론적인 요건들이다. 물론 임화는 카프의 조직이 문학운동의 대중적인 확대와 실천을 위해 카프가 구체적인 방안을 모색하기보다는 고식적인 요구만을 되풀이해 왔음을 인정하고 있다. 그렇지만 객관적 정세의 조건을 놓고 볼 때 계급문학운동은 정치적 현실에 대한 무관심을 극복하고 더욱 적극적인 투쟁의욕을 고양해 나갈 때만 오히려 그 입지를 공고히 할 수 있다는 것이다.

---

116 임화, 「당면정세의 특질과 예술운동의 일반적 방향」(조선일보, 1932. 2. 9).

임화의 이러한 주장은 카프가 처하고 있는 위기 국면의 인식에 있어서 비교적 설득력을 지니고 있었으나 카프의 지도부는 이미 조직 운동을 지도할 만한 힘을 갖고 있지 못하였다. 임화를 중심으로 하는 소장파들은 침체된 조직을 재정비하기 위하여 1932년 5월 16일 카프 중앙집행위원회의 임시총회를 개최하고, 몇 가지 당면 과제를 토의한 바 있다. 당시 상황을 한 신문은 다음과 같이 보도하고 있다.

> 지난 16일 하오 다섯 시에 조선프롤레타리아예술동맹에서는 오래 간만에 모든 난관을 헤치고 임시 중앙위원회를 열었다는데, 그날에 결의된 사항은 다음과 같다더라.
>
> 1. 위원 개선의 건
>
> ○사임위원: 안막, 김기진, 박영희, 권환, 한설야
>
> ○신임중앙위원회
>
> 윤기정, 이기영, 신고송, 신영우(申英雨), 이찬, 김용제, 송영, 강호(姜湖), 임화, 백철
>
> ○서기국: 임화, 백철, 신고송
>
> 2. 지부에 관한 건
>
> ○개성 지부 정권 해제
>
> ○유명무실한 지부 정리는 서기국에 일임
>
> 3. 회관 이전에 관한 건(보류)[117]

위의 기사에서 가장 주목해야 할 내용은 카프의 핵심적인 지도부에 해당하는 중앙위원회가 대폭 개편되고 있다는 점이다. 카프의 중앙위원회는 1930년 4월 기술부의 독립을 골격으로 하는 조직개편 당시 박영희, 임화, 윤기정, 송영, 김기진, 이기영, 한설야, 권환, 안막, 엄

117 《조선일보》(1932. 5. 19) 기사에 따름.

홍섭 등 10인으로 구성되었던 바 있다. 그런데 이들 가운데에서 박영희, 김기진 등 카프 초기 구성 단계에서부터 주도권을 쥐고 있던 인물이 중앙위원회의 구성에서 제외되었다. 이러한 중앙위원회 위원 교체는 카프 조직의 중대한 변화를 의미하는 것이라고 할 수 있다. 특히 카프 결성 이후 지도부의 핵심에서 벗어난 적이 없는 박영희가 중앙위원회에서 물러남으로써 카프 조직은 구 카프 계열이 완전히 주도권을 상실하였다.

카프 조직 내부에서의 박영희의 주도권 상실은 1931년 벽두부터 그 조짐이 나타나고 있다. 박영희는 「조선프로레타리아 예술운동의 작금」(《동아일보》, 1931. 1. 1~4)이라는 글을 발표한 후에 동경 소장파들로부터 심각한 도전을 받게 되었다. 예술운동으로서의 계급문학운동의 범위를 염두에 두고 있던 박영희는 소장파들의 정치주의적 성향이 조직과 예술의 관계를 제대로 규명하지 못한 데에서 비롯되었음을 지적하였고, 주관적인 욕망만으로는 객관적 조건을 무시한 채 예술운동을 실천할 수 없다고 주장하였다. 이러한 박영희의 태도는 권환에 의해 우익적인 선회 또는 소부르주아적인 도피로 낙인찍혔고, 그 비투쟁적 태도에 대한 경계[118]를 요구받기에 이르게 되었다.

박영희는 1931년 5월 신간회 해소를 주장하는 소장파의 압력에 따라 신간회 해소운동에 나서게 되었으나, 제1차 검거사건을 거친 후부터는 카프 조직의 재정비를 요구하는 임화에게 모든 것을 위임하였다. 박영희가 카프 내에서의 주도권을 상실한 것은 제1차 검거사건의 충격에서 벗어나지 못한 그의 정신적 위축과도 깊은 관계가 있다. 그의 카프 탈퇴와 전향 문제 등이 모두 제1차 검거사건 이후 행해진 카프 조직의 개편과정 속에서 이루어진 것이고, 그 자신도 조직

118 권환, 「유물변증법의 왜곡화」(동아일보, 1931. 1. 20).

운동으로부터의 이탈을 염두에 두고 있었으리라는 점을 어느 정도 짐작해 볼 수 있다. 계급문학운동의 조직적 실천을 주도하고 있는 카프의 지도부에서 박영희가 퇴진하고 있다는 사실은 지도부의 세대 교체라는 단순 논리로는 설명하기 어려운 여러 가지 문제를 내포하고 있다. 박영희를 중심으로 하는 카프의 초창기 조직 과정에서 주도권을 행사했던 파스큐라 계열은 《백조》를 중심으로 하는 동인지 운동과 《개벽》을 기반으로 하는 대중문화 운동을 통해 기성문단에서의 존재가 분명했던 것이 사실이다. 이들이 염군사를 포괄하여 카프의 조직을 주도하면서 문단적 역량을 발휘한 것은 독특한 문화주의적 성향과도 깊은 관계가 있다. 특히 박영희는 방향전환운동을 주도하는 가운데에서도 언제나 예술운동의 차원에서 계급문학운동의 실천을 내세웠던 것이 사실이다. 그러므로 급진적인 정치투쟁으로 진출할 것을 요구했던 동경 소장파들로부터 박영희의 예술주의적인 소극성이 끊임없이 비판되었다. 결국 박영희의 퇴진은 카프의 조직 내에서 문화주의적 성향이나 예술주의적 색채가 제거되었음을 뜻하는 동시에 카프 조직 자체의 성격을 이념적인 면에서 더욱 분명하게 할 수 있게 되었음을 의미한다고 하겠다.

박영희는 지도부에서 퇴진한 후 카프 조직 자체로부터의 탈퇴를 선언하고 사상적 이념적 전향을 선언하기에 이르렀다. 그의 변신은 계급문학운동의 전체적인 흐름 속에서 카프 조직운동의 해소를 주장한 이른바 '카프 해소파'에 해소 주장과 탈퇴의 명분을 제공하였고, 사상적 전향자들에게는 이념 노선의 이탈을 위한 빌미를 부여했다고 할 수 있다. 카프의 초창기 조직 과정에서부터 그 해체에 이르기까지 전체적인 계급문학운동의 전개 과정에서 볼 때 박영희의 위상은 파스큐라 계열의 문화주의적 계급문화운동가로 분류된다. 조직운동의 전개과정에서 그는 마르크스주의의 이념 노선을 강조하면서도 민족 단일 노선을 따랐고, 뒤에 다시 신간회 해소파의 주역이 되었고, 결국은 카프의 지도부에서 이탈함으로써 사상적 전향파가 되기도 하였다. 그리고 그가 주도했던 계급문학운동의 조직체인 카프의 해체에 동조하는 해소파로도 분류될 수 있음은 물론이다.

동지사와 조선프로예맹 진출

1932년에 계급문학운동의 조직 기반을 재정비하기 위해 시도된 카프의 조직개편은 임화 등의 소장파가 조직의 주도권을 장악한 것으로 특징지어지고 있다. 그리고 이러한 소장파의 등장이 조직운동의 방향 자체를 어떻게 정립시켜 나아갈 것인지가 관심의 대상이 되었던 것은 당연한 일이다. 이미 카프의 지방 조직 가운데 상당수가 제1차 검거사건의 과정에 그 실질적인 활동을 정지해 버린 상태인 데다가 지도부의 맹원들 중에도 일제의 사상 통제하에서 조직운동이 불가능함을 보고 위축상태를 벗어나지 못하고 있던 경우가 적지 않았던 것이다. 임화는 카프 지도부의 개편 과정에 백철, 김용제, 이찬, 신고송 등 일본에서의 프로문예운동에 가담하고 있던 인사들을 대거 끌어들였다. 이 가운데 임화가 주목한 것은 비평가 백철이었다. 백철은 일본 동경고등사범학교 영문과에 재학 중이던 시절부터 일본 계급문단의 중요 잡지인 《전위시인》에 가담하여 시작활동을 전개하였고, 일본 '프롤레타리아 시인회'의 중앙집행위원으로 활동한 바 있다. 백철은 1931년 10월 《조선일보》에 「농민문학문제」를 발표하면서 국내 문단에 진출하였다. 백철의 경우와는 달리 김용제, 신고송, 이찬 등은 당시 일본에서 계속 활동하고 있던 사람들이다. 이들의 카프 조직에의 가담은 자못 복잡한 사정이 얽혀 있다. 이들은 모두 일본 동경을 중심으로 1931년 11월에 결성되었던 '동지사'의 주역이었던 것이다. 동지사란 무엇인가? 이 질문은 1930년대 초반 카프 중심의 계급문학운동이 일본의 계급문학운동과 어떤 연관을 지닐 수 있는가를 확인하기 위한 하나의 단초적인 질문이라고 할 수 있다. 동지사의 조직은 카프 동경 지부의 해체와 함께 등장했던 무산자사의 뒤를 이은 재일 조선인 예술 단체이다. 1931년 공산당 재건운동과 관련하여 고경흠, 김삼규 등이 체포되어 조직의 와해 위기에 빠지게 된 무산자사의 맹원들은 새로이 동지사를 결성하였다.

동지사의 기구 조직

서기국: 박노갑, 홍황(洪荒), 김보현(金寶鉉)
편집부: 신고송, 소성(蘇星), 이찬, 이여수(李如水), 김정한
조직부: 박석정(朴石丁), 최병한(崔丙漢), 임장춘(林將春)
경영부: 신석연(辛石然), 박길문(朴吉文), 오천복(吳天福)

이들 동지사의 구성원들은 대부분 무산자사의 맹원들과 동경의 조선프롤레타리아 연극연구회의 회원들이다. 동지사는 1931년 11월 20일 조직의 부서를 확정하고 창립선언을 발표하였는데, 그 내용은 크게 세 가지로 요약할 수 있다. 첫째는 사회주의 문화 예술의 독자성에 대한 인식을 들 수 있다. 자본주의 체제가 이미 국제 경제의 포괄적인 체제를 대변하지 못한 채 스스로 자체 모순을 드러내고 있는 것처럼 문화 예술의 영역에 있어서도 프롤레타리아 문예의 성장이 부르주아 예술의 붕괴와 함께 확연하게 드러나고 있다는 것이다. 그러므로 프로문예의 역사적 임무와 그 가치가 정당성을 인정받게 되는 것은 당연한 일이다. 둘째는 카프를 중심으로 하는 조선 계급문예운동의 의의에 대한 인식을 지적할 수 있다. 조선에서의 계급문예운동이 카프 조직을 통해 적극 전개되어 왔기 때문에 앞으로는 그 혁

명적 임무의 앙양과 투쟁의 적극성에 더욱 힘써야 한다. 셋째는 동지사의 조직적 위상에 관한 규정을 들 수 있다. 동지사는 마르크스주의의 예술이론을 탐구하고 이를 실천하는 단체로서 일본 프롤레타리아 문화연맹과 카프를 적극 지지하며, 그 확대 강화에 힘쓴다는 것이다.

이러한 창립 목표를 내세운 동지사는 동경의 조선인 유학생 사회로 진출하여 그 조직 기반을 확대하였고, 카프와도 긴밀한 연락을 하게 되었다. 그런데 동지사의 활동 무대가 넓어지면서부터 동경의 좌익예술운동 이론가들 사이에는 동지사의 위상에 대한 논의가 새로운 관심사가 되었다. 그것은 일본프로문예운동과 조선프로문예운동의 공동전선 원칙과 연관된 것으로서 일국 일당의 원칙에 따라 일본 내에서의 프롤레타리아 문예운동은 하나로 통일되어야 한다는 문제가 대두한 것이다. 동지사의 지도부에서는 일본 프롤레타리아 문화연맹과 조선프로연맹의 관계를 고려하여 결국 동지사의 해체와 일본 프롤레타리아 문화연맹에의 흡수를 결의하게 되었다.[119]

1932년도 카프의 조직개편은 바로 이러한 동지사의 해체 결정과 비슷한 시기에 이루어지고 있다. 임화는 동지사에 소속되어 있던 김용제, 신고송, 이찬을 카프 중앙위원으로 영입함으로써 지도부의 붕괴 위기에 놓여 있던 카프의 조직을 개편하고 동경을 중심으로 활동해 온 새로운 동지를 규합한 셈이다. 동지사의 카프 조직 내부로의 진출로 규정할 수 있는 이 과정 속에는 다음과 같은 몇 의미가 담겨 있다.

첫째, 조직운동의 전체적인 과정에서 1932년도의 조직개편의 양상을 보면, 1927년의 제1차 방향전환을 주도했던 박영희가 카프 조직 내부에서 아나키스트와 민족주의자를 추출하고 제3전선파를 영입

119 김정명 편, 『조선독립운동 V — 공산주의운동편』(東京, 原書房, 1967), 241~242면.

했던 것과 유사한 패턴을 보여주고 있다. 당시 박영희는 조직운동의 마르크스주의적 노선 확립을 위해 제3전선파의 이념주의를 선택했던 것이다. 임화는 동지사의 맹원들이 일본프롤레타리아 문화운동가들과 함께 조선에서 이루어지고 있는 혁명적인 프로문예운동을 적극 지원한다는 원칙에 따라 동지사를 해체하고, 일본프로문화연맹 내에 조선협의회를 신설하자 이들을 국내 조직으로 끌어들임으로써 카프의 조직 역량을 과시할 수 있게 되었다.

둘째, 동지사 맹원의 카프 영입은 국내에서 겪고 있는 계급문예운동에 대한 일제의 탄압을 벗어나고자 하는 의도를 담고 있다. 동지사의 해체와 함께 일본프로문화연맹 내에 조직된 조선협의회에서는 카프에 대한 적극적인 지원을 모색하면서 일본 내에서의 조직 활동을 통해 조선인들의 계급문예활동을 더욱 고양시킴으로써 그 지위를 높일 수 있게 되었다. 그러므로 카프 측의 임화는 카프 활동의 부진을 극복하기 위해 동지사 맹원들의 카프 영입에 더욱 적극적일 수밖에 없었다. 이같이 동지사의 맹원들이 카프에 영입됨으로써 결국 카프의 조직과 그 지도부는 대부분 《무산자》 계열의 동경파로 재편성되고 있음을 알 수 있다.

그러나 이 같은 의미에도 1932년도의 카프 조직개편은 계급문예운동의 조직적인 전개를 위한 실질적인 기반 확립에까지 이르지 못하고 있다. 그 이유는 물론 카프 국내 조직이 제1차 검거사건 이후 와해되어 버린 데다가 일본의 사상 탄압이 더욱 강화되는 상황에서 찾을 수 있을 것이다. 하지만 더욱 중요한 것은 《무산자》 계열의 동경파들이 좌익 편향의 이념 성향을 강조하면서도 국내 활동의 기반을 제대로 확보하지 못하고 있으며, 전국적인 카프 조직을 통괄할 만한 지도력을 지니고 있지 않다는 점에 있다고 할 것이다. 게다가 1932년 6월 동경에서 김용제 등이 일본 경찰에 검거되어 실질적인 역할을 담당할 수 없게 되었기 때문에 이 조직개편은 결국 명목상에 불과한 개편이 되어 버리고 만 것이다.

조선문필가협회의 결성과 계급문단의 갈등

1932년의 카프 조직개편은 계급문학운동의 실천을 위한 지도력의 강화로 이어지지 못하였다. 그러므로 조직 기반의 실질적인 확대를 기하지도 못한 채 난항을 거듭하였다. 그런데 카프의 조직 내부에서 야기된 또 다른 하나의 갈등이 이른바 조선문필가협회의 출현으로 노골화되었다. 이 새로운 문단 조직은 1932년 8월 7일에 창립된 것으로서 카프 지도부의 맹원을 포함한 범문단적인 구성원을 망라하고 있다. 엄격한 계급적 이념주의를 표방해 온 카프의 지도부가 부르주아 문단과 야합하고 있는 것처럼 인상 지워진 조선문필가협회의 등장은 카프 맹원들 사이에 적지 않은 파문을 불러일으켰다. 지방 지부 조직에서의 지도부에 대한 불신이 제기되고 조직운동의 지도체제가 균형을 드러내지 못하게 된 셈이다.

조선문필가협회란 무엇인가? 카프의 지도부에서는 왜 이 조직에 가담하고 있는가? 이런 질문은 당시 문단의 화제가 되었던 조선문필가협회의 창립 과정을 보면 쉽게 그 답을 얻을 수 있다. 조선문필가협회에 대한 논의는 유광열, 박일형, 이몽 등에 의해 제기되었고, 1932년 7월 30일 발기인 총회에서 준비위원으로 거명된 이광수, 유광열, 박일형, 김경재, 이몽, 홍효민, 배성룡, 한인택, 홍양명, 함대훈, 박문희, 채만식, 이무영, 신남철, 김동섭, 최의순, 윤백남, 김동인, 임원근, 임화, 이기영, 백철, 윤석중, 김진국, 이흡, 홍문철, 원세훈 등이 가담하여 적극화되었다. 이들은 조선문필가협회의 조직 목적을 첫째, 친목의 도모 둘째, 경제적 이익옹호 셋째, 신진작가 소개 등으로 규정하고 범문단적인 문인 규합에 나섰다. 이 명단 가운데서 카프의 중앙위원으로 임화, 백철, 이기영이 포함되어 있으며 안막, 홍효민, 홍양명, 이흡 등의 카프 계열 문인이 참여하고 있음을 볼 수 있다. 이들 카프 계열의 문인들은 그들이 비판의 대상으로 삼았던 이광수, 김동인, 염상섭 등의 부르주아 문인들과 함께 조선문필가협회를 조직하고자 발기인으로 참여한 것이다. 이들이 조선문필가협회에 참여하게 된 경위를 알아보기 위해 이 조직이 결성되는 과정을 좀 더 살펴보기로 하자.

조선문필가협회는 1932년 8월 7일 정식으로 창립되었다. 당시 《동아일보》 등의 신문기사를 종합해 보면 다음과 같다. 조선문필가협회의 결성을 위해 40여 인의 문사가 회동하였고, 유광열의 사회로 시작된 회의에서 원세훈, 김경재, 임화 등 3인이 임시집행부에 선임되었으며, 창립총회에서는 조직 목적과 그 규약 등을 통과시키고, 특히 원고료 문제에 대한 공동보조를 지켜나가기 위해 원고료의 최저액수를 정하기도 하였다(일반 산문 30전 이상, 잡문 15전 이상, 시 1편당 3원 이상 등으로 규정한 원고료의 액수는 당시 《동아일보》의 월정 구독료가 1원이었음을 생각한다면, 오늘의 경우와 좋은 대조를 이룬다). 창립총회에서 선출한 중앙집행위원은 원세훈, 염상섭, 이광수, 김동인, 유광열, 윤기정, 김경재, 박일형, 홍효민, 안막, 함대훈, 홍양명, 백철, 이몽, 양백화 등이다. 이들 중앙집행위원회의 부서별 조직은 다음과 같다.

조선문필가협회

중앙집행위원회위원장: 원세훈
서무부: 유광렬, 김경재
사업부: 김동인, 함대훈

통제부: 박일형, 윤기정

위원: 홍양명, 염상섭, 안막, 이몽, 이광수, 백철, 홍효민, 양백화[120]

조선문필가협회의 조직은 앞의 중앙집행위원회의 구성으로 일단 매듭 지워졌다. 그러나 이 조직의 구체적인 활동 방향이나 그 내역에 대해서는 더 이상 자세하게 밝혀진 바가 없다. 하지만 이 같은 조직 내용이 신문에 보도되자 카프의 조직 내부에서는 여러 가지 항의와 비판이 제기되었다. 안함광의 「문필가협회의 출현에 제하여」(《비판》, 1932. 10), 조정기의 「문필가협회의 의의와 임무 검토」(《비판》, 1932. 11), 한철호의 「문필가협회에 대한 원칙적 의문」(《신계단》, 1932. 10) 등이 그 대표적인 예에 속한다. 이 밖에도 최장, 이원조 등의 견해도 보인다.

이들 비판적 견해의 내용은 대개 세 가지로 요약된다. 첫째, 조선문필가협회의 조직과 그 성격에 대한 이의 둘째, 조선문필가협회의 결성에 대한 카프 지도부의 공식적 태도에 대한 불만 셋째, 계급문학운동의 조직과 실천방향에 대한 지도부의 확고한 신념을 요구하는 것들이다. 이 중에서도 가장 근본적인 불만은 조선문필가협회의 조직이 이광수, 김동인, 염상섭 등 계급문학을 부정해 온 인사들을 중심으로 하고 있음에도 카프의 맹원들이 원고료 문제 해결과 상호 친목을 내건 채 이에 가담하고 있다는 점에 기인한다. 부르주아문학과는 정치적·경제적 이해관계의 대립 속에서 성장해 온 것이 계급문학임을 생각한다면, 이러한 불만은 오히려 당연한 것임을 알 수 있다. 조선문필가협회를 민족개량주의자들의 조직이라고 비판하고 있는 지방 맹원들의 불만은 결국 카프 지도부의 맹원들이 조직운동의 이

120 《동아일보》, 1932. 8. 11.

념 노선을 확고히 정립하지 못하고, 위기의 현실에 대응하기 위한 방법을 고안하지도 못하면서 타협주의로 빠져드는 것을 비판하는 것으로까지 발전하고 있다.

그러나 카프 지도부의 맹원들은 이러한 조직 내부에서의 비판에 대응하여 일정한 공식적인 견해를 발표하지 못하였다. 이념 노선의 철저한 원칙성을 바탕으로 하는 조직운동의 차원에서 본다면 이 같은 애매한 태도는 지도부에 대한 불신을 야기하지 않을 수 없는 것이며, 조직력의 약화로 이어지게 된다는 것은 쉽게 예상되는 일이다. 다만 백철의 경우 문예시평의 형식을 빌어 자신의 개인적인 의견을 개진한 바 있는데, 그는 조선문필가협회가 어떠한 정치적 임무를 수행하기 위한 정치적 프로그램을 전혀 갖고 있지 않으며, 일정한 문화적 운동 방침을 실현하기 위한 조직도 아님을 강조하고 있다. 그리고 이 조직이, 모든 문필가의 원고료 문제를 타개하기 위한 일종의 직업조합적인 성격을 띨 뿐이라고 말하고 있다.

카프의 조직력이 제대로 정비되기도 전에 조선문필가협회의 등장은 새로운 쟁점을 만들었다. 조선문필가협회가 실제로 어떻게 운영되었든지 간에 카프의 지도부 내에 이미 이념 노선의 이탈 가능성을 노정하고 있으며, 조직운동을 전체적으로 이끌어 갈 수 있는 지도력이 와해되고 있음을 보여준다. 조선문필가협회 문제에 곧바로 뒤이어서 조직 탈퇴와 해체 문제가 맹원들 사이에 거론되기 시작한 점을 보면 당시의 정황을 충분히 짐작할 수 있는 일이다.

1931년의 제1차 검거사건 이후 카프의 조직 재정비 과정에서 두드러지게 드러나는 동지사의 카프 진출 문제와 조선문필가협회 설립 문제는 계급문학운동의 조직적 전개과정에서 조직력의 확대, 강화보다는 카프 지도부의 부족을 단적으로 드러내고 있는 사건으로 기록될 만하다. 우선 동지사의 맹원들의 영입 문제를 카프 조직의 이념 노선과 연관시켜 보면, 그것은 우익적 편향으로 비판받던 박영희 등의 축출과 이어지고 있다는 점에서 계급문학운동의 이념성의 강화를 뜻하는 것으로 이해될 수 있다. 그러나 동지사 맹원의 영입은 카프의 지도부 내에서 경성 본부파와 동경파의 대립, 또는 파스큐라 계열의 구지도부와 《무산자》 계열의 소장파 사이의 갈등이라는 일종의 종파적인 분열상을 노정하는 결과를 초래한다. 또한 《무산자》 계열의 소장파들이 갖고 있던 정치적 감각이 식민지 현실과 상당한 거리를 두고 있기 때문에 그들의 카프 장악이 무산계급의 사회적 기반 확대를 통한 계급문학운동의 실천보다는 관념론적 투쟁의식의 주장에만 머물러 버릴 가능성도 드러내고 있다. 물론 동지사의 맹원들은 카프 조직을 통한 국내 활동을 제대로 전개하기도 전에 동경에서 대부분 검거되었으므로 이들을 중심으로 하는 1932년의 카프 조직개편은 실패한 셈이다. 그리고 경성 본부를 지켜온 박영희 등의 구 지도부 맹원들의 조직 이탈과 노선의 전향을 그대로 방치할 수밖에 없는 상태에 이름으로써 카프는 새로운 조직개편 이후 오히려 조직 자체의 성립 기반을 지켜나가기 어려운 상태에 돌입하게 되는 것이다.

이처럼 동지사 맹원의 카프 영입과정이 이념적 좌익 편향의 종파적인 문제성을 드러내면서 조직개편 자체의 실패로 이어지는 것과 때를 같이하여 조직력의 와해를 불러온 또 하나의 사건이 조선문필가협회의 결성이다. 이 새로운 조직은 여기에 가담하고 있는 카프 지도부의 임화, 백철, 안막 등의 입장에서 볼 때 소부르주아 지식인들의 조직적인 획득 과정으로 설명될 수 있을 것이다. 그러나 이 조직의 목표 자체가 어떤 정치 경제적인 조직화된 프로그램을 갖고 있지 못하였고, 한낱 개인적인 이해관계나 심정적인 친목문제 등에 얽혀 있다는 점에서 그 노선의 우익 편향이 문제시되는 것이다. 새로운 카프의 지도부가 노선의 강화를 기하지 못하고 부르주아문학인들과 조선문필가협회라는 조직을 결성한 것은 우익 편향적 타협주의로 비판될 수밖에 없으며, 계급문학운동의 방향과 노선에 혼선을 자초하는 또 하나의 실례를 자초한 것이라고 할 수 있을 것이다.

그런데 이 같은 조직 문제와 노선의 혼란 과정에서 이를 극복할 수 있는 하나의 가능성을 지닌 것으로 주목된 것이 이른바 동반자작가에 대한 논의이다. 계급문학운동의 조직 확대문제에서 볼 때, 동반자작가의 획득은 카프 조직의 난맥상을 극복해 나갈 수 있는 하나의 새로운 방안으로 쟁점화하고 있다. 당시 채만식, 이갑기 논쟁이라든지 신고송, 안함광의 견해 등은 모두 동반자작가의 새로운 획득을 원칙론의 차원에서 거론하고 있다. 그러나 이미 카프는 조직의 통일노선을 확립할 만한 계급적 규정의 철저성을 제대로 제시하지 못하고 있다. 조선문필가협회 문제 같은 것들이 제대로 해명되지 못한 것이 바로 그 구체적인 증거가 될 것이다.

결국 1932년 카프의 새로운 조직개편은 지도부의 분열, 지도력의 상실, 조직의 이탈 등으로 이어지는 카프 조직의 와해 과정으로 연결되고 있다. 흔히 논의되고 있는 제2차 방향전환이라는 것이 동경소장파의 조직 장악과 관계되는 것이라면 그것은 1929년 카프 동경지부 해체와 《무산자》의 결성, 그리고 신간회 해소운동과 공산당 재건운동 등으로 이어지는 카프의 정치적 진출 과정에 국한된다. 제1차 검거사건은 바로 이러한 카프 조직의 정치적 진출의 좌절을 의미하기 때문에 제1차 검거사건 이후 카프의 계급문학운동은 그 조직운동의 투쟁적인 열기가 이미 꺾여 버린 상태에 놓여 있는 것이다.

(3) 창작방법 논의와 이념 노선의 이탈

창작방법론에 대한 반성

1932년 카프의 조직이 정비되기 시작하면서 새롭게 비평적 관심의 대상이 된 것은 창작방법에 대한 논의이다. 이 문제는 후반기 계급문학운동에서 가장 중요한 쟁점으로서 계급문학운동의 중심축을 이루고 있는 세계관과 창작방법, 다시 말하면 이데올로기와 미학의 상관관계를 새롭게 규정해 보려는 의욕과 연관되어 있다. 카프의 창작방법 논쟁에 가장 직접적인 논의의 출발점을 제공한 것은 백철이다. 그는 1932년 봄부터 카프의 중앙상임위원으로 활약하게 되면서 창작방법 문제에 자연스럽게 접근하여, 이른바 '인간묘사론'으로 요약되어 있는 그 자신의 독특한 창작방법론을 사회주의 리얼리즘에 희석시켜 주장하기 시작하였다. 백철의 인간묘사론은 계급문단에서 야기된 창작방법에 대한 반성과 전망을 함께 포괄하고 있는 비평가로서의 백철 자신의 개인적 신념을 드러낸 것이지만, 카프의 강제 해산을 전후한 시기에 조직운동에서의 전향과 비전향의 축이 분열을 보이기 시작하는 과정에 걸쳐 있다는 문제성을 지니고 있다. 인간묘사론이 당대 비평의 쟁점으로 크게 문제시되었던 이유가 바로 여기에 있다고 할 것이다. 그러나 바로 이러한 문단 상황과 결부됨으로써 오히려 인간묘사론은 창작방법으로서의 자체 논리를 제대로 평가받지 못하고 있다. 백철이 내세운 '인간묘사'라든지 '인간탐구' 등의 주장은 모두 전향론적 성격을 띠는 것으로 이해되어 왔고, 또한 휴머니즘론의 출발점에 해당하는 것으로 취급되었던 것이다. 하지만 이러한 관점은 카프의 전향 문제를 놓고 지나치게 결과론적인 사실에 얽매임으로써 인간묘사론의 비평사적 성격을 제대로 파악하지 못한 한계를 드러내고 있다. 인간묘사론은 그 출발이 창작방법에 대한 논의에서 비롯되었으며, 카프 내부의 창작방법론의 전개과정에서 볼 때 오히려 그 방법론적 의미가 분명히 살아 있음을 확인할 수 있다. 인간묘사론은 유물변증법적인 창작방법에 대한 비판적 인식에 근거하여 새로이 사회주의 리얼리즘으로의 방법론적 전환을 모색하는 단계에 제기된 비평적 명제이기 때문이다.

백철의 인간묘사론은 어디에서 출발하여 어떠한 방향으로 창작방법의 전환을 시도하고 있는가? 백철이 제기한 인간묘사론은 그의 비평 활동이 본격적으로 전개되기 시작한 1932년경부터 그 논의의 단초를 확인해 볼 수 있다. 당시 카프를 중심으로 한 계급문단은 두 가지의 어려움에 직면하고 있다. 그 하나는 카프 내부에서 제기된 정치주의적 경향에 대한 반발과 창작의 고정화와 빈곤 상태에 대한 비판이며, 다른 하나는 객관적 정세론과 관련된 이른바 카프 제1차 검거사건으로 조직활동의 침체와 부진이 심각한 상태에 빠져들게 된 점을 들 수 있다. 이 두 가지 어려움 가운데에서 특히 전자의 경우는 창작방법의 새로운 전환을 시도하면서 사회주의 리얼리즘에 대한 가능성을 타진하는 비평사적 진전을 보여준 계기가 되었지만, 카프 내부의 지도노선에 대한 반발과 갈등을 빌미삼아 조직으로부터의 이탈과 전향을 꾀할 수 있는 명분을 제공해 주기도 한다.

계급문학에서의 창작방법은 계급문학운동의 성격과 방향에 직접 연결되는 중요한 과제로 인식되어 온 바 있다. 계급문학운동의 초기 단계에서부터 문학예술의 창작은 계급문학론자들에 의해 현실에 대한 문학예술가들의 실천적 과정으로 간주되어 왔다. 의식의 내부에서 일어나는 사변적 과정으로 예술창작의 신비성을 강조했던 일체의 예술주의적 태도를 거부하면서, 그들은 계급문학운동이 그 자체의 예술적 형식의 확립보다는 정치 사회운동이 지향하는 정치투쟁의 임무를 담당할 수 있어야 한다는 주장을 점차 확대시켜 나왔던 것이다.

계급문학운동의 이른바 제1차 방향전환은 예술운동의 정치주의적 경향을 분명하게 내세운 목적의식론에 근거하여 이루어진 것인데, 문예의 형상을 통해 대중들에게 투쟁의식을 고양하며 그들을 교화하는 것을 계급문학운동의 지표로 내세우고 있다.

계급문학운동은 제1차 방향전환 이후 사회적 실천운동의 개념으로 문예창작활동의 방향을 고정시켰으며, 이 무렵부터 이미 계급문학운동에서의 예술성과 정치성의 대립이 드러나기 시작하였다. 계급문학운동이 계급문학의 독자적인 형식 요건을 확립하는 데에 우선적으로 주력해야 한다는 김기진 등 일부의 주장은 부르주아적 발상으로 매도되었고, 계급적 이데올로기의 확립을 위한 과감한 이론투쟁과 대중투쟁을 주장하는 과격론자들이 조직운동의 주도권을 장악하게 되는 것이다. 결국 1920년대 말기부터 계급문학운동은 마르크스주의에 입각한 이데올로기와 그 이데올로기에 의거한 세계관에 따라 문학예술을 창작해야 한다는 방법론적 원칙을 고정화하고 있다. 특히 예술운동의 볼셰비키화 과정을 통해 프롤레타리아적 전위의 눈으로 현실을 보아야 한다는 계급문학운동의 조직 요구를 우선시하였다. 그러므로 문학은 개개인의 문학인들의 것이 아니라 '조직의 문학'이 되었고 투쟁적, 집단적인 요건이 더욱 강화되기에 이른다. 이와 같은 계급문학운동의 정치주의 경향은 식민지 지배하에서의 민족해방운동의 촉진 방향과 연결되는 실천적인 의미가 있는 것이지만, 민족사상운동에 대한 일제 총독부의 탄압이 가중되고 1931년 카프 맹원에 대한 제1차 검거사건이 일어나면서 조직운동 자체의 위기를 초래하게 된다. 더구나 이론투쟁이 강화되면서 상대적으로 위축되기 시작한 창작 부분에 대한 반성적 인식과 카프의 창작 지도노선에 대한 반발이 일어나게 된 것이다.

계급문학의 조직운동 전반에 대한 반성은 임화, 신유인, 송영, 한설야 등에 의해 창작방법에 대한 비판적인 논의를 통해 구체화되었다. 이것은 일제 군국주의의 확대와 함께 객관적 정세의 불리, 조직운동의 침체 등 현실적 악조건 속에서 제기된 계급문학운동의 자기비판을 뜻하기도 한다. 임화의 견해[121]로 대변되는 당시의 계급문학운동에 대한 반성론은 계급문학운동에서 보다 철저한 계급적 통일과 조직의 단결이 요구되며, 반동문예에 대한 적극적인 비판이 필요하다는 당위적 결론에 도달하고 있다. 물론 임화는 카프의 조직이 문학운동의 창조적이고도 독자적인 수행을 위해 구체적인 타개책을 제대로 마련하지 못하고 문학운동에 고식적인 요구만을 되풀이해 왔음을 인정하고 있다. 그러나 그는 객관 정세와 현실의 국면으로 볼 때 계급문학운동가들이 정치적 현실에 대해 가진 무관심과 나태를 극복할 수 있는 적극적인 투쟁의욕을 더욱 고양해 나아가야 할 것을 권고하고 있다. 임화는 좌익적 관념의 고정주의와 문학적 주제의 일률성의 위험을 지적하기도 하였지만, 카프 조직 내부의 분규, 제1차 검거사건에 따른 계급문학운동의 사기 저하, 창작의 침체 등에 대한 근본적인 문제점을 대부분 외재적인 요건에서 찾고 있다. 그러므로 실제의 창작 방면에서 신유인, 송영, 한설야 등에 의해 제기된 반성론과는 그 문제 인식의 방향을 달리하고 있는 것이 사실이다.

신유인이 제기한 문학 창작의 고정화에 대한 비판[122]은 계급문학작품이 안고 있는 최대의 결점을 지적함으로써 자기비판의 과감성을 보여준다. 그는 권한, 임화의 계급시와 송영, 한설야, 이기영의 계급노선이 안고 있는 문제성을 현실적 생명력의 상실로 파악하고 있으

121 임화는 「1932년을 당하여 조선문학운동의 신단계」(중앙일보, 1932. 1. 1~1. 28)와 「당면정세의 특질과 예술운동의 일반적 방향」(조선일보, 1932. 1. 1~2. 10)이라는 두 편의 글을 통해 계급문학운동의 전반적인 경향을 비판적으로 점검하고 있다.

122 신유인, 「문예 창작의 고정화에 항하여」(중앙일보, 1931. 12. 1 ~ 12. 8).

며, '우리의 문학적 실천은 완전히 개념화하고 발전의 질곡이 되고, 현실과의 심대한 이율배반으로 표면의 공허한 포말로서 떠 있다.'라고 비판하고 있는 것이다. 작품의 공식적인 유형화, 기계론적인 관념의 주입, 현실과 유리되어 버린 주제의 공허성 등에 대한 신유인의 비판은 새로운 계급문학의 출현을 요구하면서 결국은 창작방법에 대한 비판적인 논의의 가능성을 열어놓고 있는 것이다. 이같이 신유인이 제기하고 있는 창작의 고정화에 대한 비판은 논의의 직접적인 대상이 되었던 송영과 한설야에게 긍정적으로 받아들여지고 있다.

송영은 작가의 입장에서 창작의 실천방법에 대해 기왕의 문제점과 그 타개책123을 제시한 바 있는데, 신유인이 지적한 계급문학의 약점이 유물변증법적 예술창작방법에 대한 이해의 부족과 리얼리즘의 방법적 미확립에 있음을 인정하고 있다. 그러므로 그는 무엇보다도 먼저 유물론에 입각한 확고한 세계관의 확립을 작가에게 요구하고 있으며, 유물론의 관점에서 대상으로서의 현실을 전체로서 파악할 수 있는 능력이 필요하다고 말하고 있다. 그리고 현실 속에서 살아 있는 인간의 모습을 그려내는 리얼리즘의 방법과 함께 예술적 형식의 확립을 강조하고 있는 것이다. 결국 송영은 유물론적 기초와 리얼리즘의 방법을 동시에 문제 삼고 있는 셈이지만, 한설야의 주장은 이와는 그 방향이 다르다. 한설야는 변증법적 척도로서 현실의 내재적·필연적·역사적 노선을 있는 그대로 보아야 한다는 전제를 내세우면서도 계급문학은 언제나 그 주제의 강화와 함께 기교주의의 극복을 위해 노력해야 한다고 주장124하고 있는 것이다.

카프의 내부에서 일기 시작한 이와 같은 계급문학운동에 대한 비

---

123 송영, 「1932년의 창작의 실천 방법」(중앙일보, 1932. 1. 3~1. 15).

124 한설야, 「변증법적 사실주의의 길로」(중앙일보, 1932. 1. 18~1. 19).

판적 반성은 조직으로부터의 이탈과 사상적 전향의 위험스런 징후를 보이기 시작함으로써 더욱 문제가 있는 테마로 확대된다. 백철은 카프의 조직에 가담하여 활동하기 시작한 1932년경부터 카프 내부의 갈등에 관심을 보이면서 창작방법에 대한 새로운 모색을 시도하고 있다. 그는 창작방법 문제의 타결만이 계급문학운동의 이론적 모순을 제거하고, 제1차 검거사건 이후 흔들리기 시작한 카프 조직의 재정비를 꾀할 수 있을 것으로 생각하고 있었기 때문에 카프 맹원들의 작품 자체에 대한 분석을 통해 그 해결방법을 강구하고 있는 것이다. 그가 문제 삼고 있는 창작방법에 대한 실천적인 추구는 기왕에 거론된 창작방법 문제에 대한 모든 논의의 수준을 훨씬 능가하는 본격성을 지니고 있다. 백철은 창작방법을 어디서부터 문제 삼고 있는가? 창작방법의 핵심적 과제를 어디에 두고 있는가? 다음과 같은 백철의 진술을 들어보자.

> 창작방법 문제에 대하여 우리들은 무엇부터 시작하여야 될 것인가? 창작방법 문제에 대하여 우리들은 전면적 의미에서 그것을 추구해 갈 수 있을 것이다. 그러나 우리들이 의미하는 전면적 추구라는 것은 온갖 형이상학자들이 의미하는 추상적 개념적 추구를 의미라는 것이 아니라 구체적으로는 언제나 일정한 현실적 부면에서 그 현실과의 밀접한 관련 밑에서 그 문제를 제기하며 추구해 가는 것을 의미하는 것이다.
>
> 이러한 의미에서 온갖 생각을 출발시킬 때에 이번에 창작방법 문제에 대하여서도 우리들은 여러 가지 현실 면에서 이 문제에 접근해 갈 수 있을 것이다. 그리고 그와 같이 각각 면에서 그것을 문제 삼아 가는 데서만 비로소 이 창작방법 문제의 실천적 추구라는 것이 이해될 것이다. 여기서 우리들이 현 조선 프롤레타리아예술운동, 구체적으로 창작운동을 돌아볼 때에 그것이 제시하는 가장 중요한 현실 면이라는 의미로 창작과 계급적 분석이라는 기축 밑에서 이 창작방법을

> 문제 삼아 갈 수 있는 것이다.
>
> 오늘날의 우리들의 창작행동과 관련하여 생각할 때에 이 계급적 분석이라는 것이 가장 중요한 현실의 한 측면을 제시하고 있다는 것은 우리들이 온갖 예술작품을 대할 때에 '계급사회의 예술은 언제나 계급적—그리고 무조건으로 계급적—인 것이다'라는 것을 생각하는 것을 의미할 뿐만 아니라, 오늘날에는 진정한 의미에서 프롤레타리아 작품은 언제나 정당한 명확한 계급적 분석 위에서 제작되어야 한다는 것을 의미한다. (…) 이 문제를 다시 우리들이 전면적으로 문제 삼고 있는 유물변증법적 창작문제와 관련하여 생각할 때에는 정당한 창조적 방법에 의하여 명확한 프롤레타리아 작품이 제작된다는 말은 무엇보다도 그것이 적확한 구체적 계급 분석을 통하여 제작되어야 한다는 것을 의미하는 것이다.[125]

백철이 문제 삼고 있는 창작방법은 그 논의 자체가 실천적인 의미를 지니고 있다. 문예작품의 고정적 주제와 추상적인 틀에서 벗어나기 위한 창작방법의 새로운 요구는 창작의 실천적 과정을 떠나서는 가능하지 않을 것이다. 백철은 계급문학 작품의 근본적인 요건으로서 정당한 계급적 분석이 작품 창작의 선결 과제임을 분명히 하고 있다. 여기서 말하는 계급적 분석이란 우선 계급 구분의 형식논리를 극복하고 사회발전의 본질을 계급적으로 파악할 것을 요구한다. 다시 말하면 프롤레타리아의 입장에서 다양한 사회변화와 사물의 모든 관계 양상을 유물변증법적으로 파악해야 한다는 것이다. 이러한 전제에 입각하여 모든 문학작품의 창작은 정확한 프롤레타리아적 관점에서 살아있는 혁명적 중심 주제를 포착하는 데에 그 목표를 두어야 한다. 작품 내용의 고정적인 틀을 벗어나기 위해 소재 영역 자체를 계

---

125 백철, 「창작방법 문제—계급적 분석과 시의 창작 문제」(조선일보, 1932. 3. 9).

급투쟁과 혁명에 관계되는 것에만 국한시켜서도 안 된다. 오히려 작품의 소재의 폭을 넓혀 현실의 복잡성과 다양성을 자유롭게 포괄해야만 고도의 문학성을 획득할 수 있을 것이다. 그리고 작품의 대상이 되는 인간과 사물 또한 일정한 계급적 조건에 얽혀 있는 일정한 사회 속에서 구체적으로 생활하고 있는 인간으로 취급되어야 하며, 그 발전의 방향이 전체 생활 속에서 인식될 수 있도록 고려되어야 한다.

백철은 계급문학운동의 활성화를 위해 조직운동에 대한 새로운 반성도 함께 제안하고 있다. 국제적으로 볼 때 가장 불리한 상황에서 이루어지고 있는 계급문학운동이 외부적 정세의 악화로 인해 더욱 곤경에 처해 있음을 인정하면서도 백철은 동맹기관의 불완전한 조직 형태, 대중적 기초의 결여, 노동자·농민의 현장에서의 연계적 활동 부족 등을 조직 내부의 문제로 지적하고 있다. 이러한 문제를 극복하기 위해 백철은 노동자·농민 대중과 함께할 수 있는 문학적 실천 작업의 길을 모색하고 있는데, 그것이 바로 조직활동의 회복과 계급문학운동 자체의 활성화를 기할 수 있는 길이라고 주장하고 있는 것이다.

백철이 강조하고 있는 것은 변증법적 유물론에 입각한 창작방법의 실천적 요구이다. 그는 작가의식의 혁신이라는 것이 자기의 예술적 실천에 의거하지 않을 경우 변증법적 유물론 자체만 가지고 전혀 가능하지 않음을 지적하고 있다. 그러므로 변증법적 유물론을 졸업하지 않고는 이념적으로 무가치한 작품을 쓸 수밖에 없다는 식의 기계주의적 입장을 백철은 거부한다. 그리고 현실에 대한 예술가의 창작적 실천이 무엇인가를 명확하게 제시하지 못한 채 반복적으로 이념의 강요에만 치중해 온 기왕의 논의를 비판하고 있는 것이다. 그는 객관적 현실 자체가 창작에 주는 작용과 영향을 주목하고 있으며, 현실의 모든 문제와 사물의 다양한 관계를 유물변증법적으로 파악하기 위해 계급적 분석이라는 그 나름의 새로운 방안을 제시하고 있는 것이다.

이러한 백철의 주장이 당시 평단에서 구체적인 관심의 대상이 된 것은 유물변증법적 창작방법에 대한 새로운 대안으로 사회주의 리얼리즘이 소련에서부터 논의되기 시작한 것과 때를 같이한다.

> 요즘의 신임될 만한 뉴스에 의하면, 소비에트 러시아에서는 전소비에트작가동맹 조직위원회 제1회 총회에서 지금까지 정당한 창작 슬로간으로서 사용되어 오던 '창작에 있어 유물변증법적 방법의 ××를 위하여'가 비정당한 창작 슬로간으로 정정되고 새로이 사회주의적 리얼리즘으로! 라는 슬로간이 주창되게 된 모양이다.
>
> 적지 아니한 시일 동안 다만 소비에트 러시아뿐이 아니라 전국제적의의에서 정당한 창작 슬로간으로 적용되던 유물변증법적 창작방법이 일단에 비정당한 것으로 정정되고 새로운 슬로간으로 급전되는 사실에 대하여 여기서 우리들은 즉석으로 태도를 결정지을 수는 없는 일이다. 그 중에도 조선의 우리들과 같이 유물변증법적 창작방법을 이론적 활동에서나 더군다나 창작과정으로서 그것을 구현하는 행동으로서는 아직 비교적이라도 충실한 적용을 시행치 못한 경우에 처한 사람들로서는 유물변증법적 창작방법인가 사회주의 리얼리즘인가 그렇지 않으면 전에 사용하던 프롤레타리아 리얼리즘인가에 대하여 주저를 느끼지 않을 수 없다.126

백철의 이러한 견해는 유물변증법적 창작방법의 실천을 요구했던 당시 문단으로 보아서는 당연하다고 할 수 있다. 백철은 소련에서 이루어지고 있는 유물변증법적 창작방법에서 사회주의 리얼리즘으로의 전환이 본질적인 방법론의 변화라고 생각하고 있지는 않다. 유

---

126 백철, 「문예시평」(조선일보, 1932. 3. 2).

물변증법적 창작방법이 비록 이념적 고정성에 얽매여 있었다 하더라도 근본적인 면에서 그 방향의 정당성을 거부할 수 없다는 것이 백철의 생각이다. 그는 유물변증법적 창작방법이 기왕의 창작 영역에서 보여 왔던 오류를 지적하면서도 새롭게 내세워지고 있는 사회주의 리얼리즘이라는 창작 슬로건의 명칭에 대해 거부적인 자세를 나타내고 있다. 모든 사회가 사회주의적으로 건설되고 있는 소련에 있어서 사회주의 리얼리즘의 정당성을 인정할 수 있을지 모르지만, 여타의 다른 국가에 있어서는 유물변증법적 창작방법이 더욱 심각하게 논의되어야 할 과제라고 생각하고 있기 때문이다.

사회주의 리얼리즘론

러시아혁명을 전후하여 계급문학운동에서 내건 창작 슬로건은 프롤레타리아 리얼리즘이다. 부르주아 리얼리즘에 대한 안티테제로서 제기된 프롤레타리아 리얼리즘은 레닌 이전까지 마르크스주의 예술이론의 정통파로 인식되었던 플레하노프(G. V. Plekhanov), 루나찰스키(A. V. Lunacharskii) 등의 예술에 대한 견해로 집약된다. 모든 문학은 그 시대의 반영이라는 플레하노프의 명제는 문학적 개체성에 대한 거부로 널리 알려져 있거니와 모든 예술작품이 사회관계로부터 기인된 현상이거나 그 산물이라는 소박한 반영론의 기반을 이루고 있다. 그러나 플레하노프는 그의 주장 자체에서 엿볼 수 있는 비타협적인 사회 지향적 경향에도 예술과 문학을 정치와 연결시키는 것을 반대하고 있다. 미학이 예술에 대해 어떤 규칙이나 범례를 추종하라는 명령을 할 수 없다는 그의 주장이 당의 정책에 대한 문학예술의 봉사를 거부하는 것처럼 보이는 것도 당연한 일이다. 그러므로 그라드코프(F. Gladkov), 리베딘스키(Y. Libedinsky) 등에 의해 성취된 프롤레타리아 리얼리즘의 문학적 성과에도 소련 사회가 당의 노력을 촉진시키지 않는 어떠한 문학활동도 용납할 수 없는 단계에 이르게 되자 플레하노프의 관점은 멘셰비키적 관념론으로 배척될 수밖에 없게 된다.

프롤레타리아 리얼리즘이라는 창작의 슬로건이 '리얼리즘에 있어서의 유물변증법적 방법(the dialectical materialist method in realism)'으로 전환된 것은 1920년대에 들어서면서 소련에서의 당 지도권의 투쟁과 그에 따라 변화될 수밖에 없었던 지배세력의 역사와 평행적 관계를 이룬다. 혁명 후부터 러시아의 문학예술은 그 표현형태의 변혁과 프롤레타리아적 성격을 분명하게 드러내기 시작했으며, 혁명 직후의 열기가 식어가면서 점차 정치적 규제가 엄격하게 시행되기에 이른다. 문학에 대한 규제의 원칙은 1925년 볼셰비키 당중앙위원회가 채택한 「상상적 문학에 관한 당 정책에 관하여」라는 결의를 통해 이루어지고 있다. 이 결의 속에서 새로운 사회주의 문학의 창조를 강조하게 되었고, 문학은 혁명운동의 안내자로서 봉사할 것을 요구받게 된다. 이러한 주장은 레닌의 유명한 논문 「당 조직과 당의 문학에 관하여」(1905)에서 이미 그 골격이 만들어진 것인데, 러시아프롤레타리아작가동맹(RAPF)이 교조적이고도 선동적인 정치투쟁을 문학의 영역에 그대로 적용시킨 것이다. 이들에 의해 주장된 견해는 플레하노프적인 문학관을 청산하고, 문학의 정치 사회적 기능을 강조하는 방향으로 고정되고 있기 때문에 마르크스주의 미학 자체가 교조주의적 속성과 선전을 위한 기술처럼 인식될 수밖에 없는 통제된 문화생활의 기반을 만들게 된다. 그리고 사회현실에 대한 민중의 의식을 깨우치고 유지하고 고양시키기 위해 문학은 당의 조직적 차원에서 기능할 수밖에 없게 된다. 리얼리즘에 있어서의 유물변증법적 창작방법은 바로 이러한 문학의 기능성을 목표로 하여 제기된 것이다.[127] 그런데 모든 작가를 당의 조직에 복종시켜 변증법적 유물론의 주입을 강요하게 되자 작가는 무엇보다도 먼저 마르크스주의자로서 자신의 작가의식의 혁신을 꾀해야만 하였고 유물변증법적 세계관에 입각하여 창작에 임할 때에 비로소 작품 속에 그 이념적 체계가 반영될 수 있다는 점을 믿지 않으면 안 되었던 것이다.

러시아작가동맹은 이 같은 과정을 거쳐 당의 공식적인 지지를 받는 미학적 견해를 대변하게 되자 작가에 대한 이념적 교육을 내세워 문학계를 장악하게 된다. 그들은 자신들의 견해와 대립되는 모든 다른 기관이나 단체를 무너뜨리면서 문화적 통치력을 강화하였는데, 그것은 곧 레닌의 뒤를 이은 스탈린의 권력 강화를 의미하는 것이다. 그러나 작가동맹의 독재권은 당 자체의 권위마저 무색게 함으로써 당과의 마찰을 드러내기 시작한다. 1932년 당의 압력에 의해 러시아프롤레타리아작가동맹이 해체된 것은 스탈린의 권력 체제가 안정되고 있음에도 이 단체가 당의 기대에 미치지 못하고 있다는 판단에 의해서이다. 당시 러시아에서는 당의 인정을 받고 있는 작가동맹 소속 문학인들이 점차 그 문학적 공헌을 인정받지 못하고 대중에게서 멀어지고 있었으며, 혁신적인 이념과 혁명적인 주제보다는 러시아 문학의 전통에 대한 새로운 인식과 함께 과거 전통과의 접맥이 요구된 바 있다. 그러므로 혁명사업의 성공적인 정착과 함께 사회주의 문화에 대한 재해석이 당면과제로 제기될 수밖에 없었던 것이다.

이러한 상황 속에서 당은 문화의 황폐를 프롤레타리아작가동맹의 책임으로 돌리고 작가동맹을 해체해 버린다. 그리고 사회주의 국가건설에 대한 낙관적 희망을 불어넣고 모든 문학에 대한 새로운 사회주의적 성격을 요구할 수 있게 하려고 과거의 유물변증법적 창작방법을 비판하게 된다. 사회주의 리얼리즘(Socialist Realism)이라는 새로

127 Edward J. Brown, *Russian Literature since the Revolution*(Harvard Univ. Press, 1982), 15면.

운 용어가 재해석된 리얼리즘의 개념을 안고 1932년부터 문단의 관심사가 된 것은 바로 이러한 연유 때문인데, 이것은 창작방법에 있어서의 새로운 전환을 의미하는 것[128]이라고 할 수 있다.

이같이 소련에서 이루어진 창작방법의 전환과 그 당위성을 카프 중심의 문단에서는 어떻게 대응하고 있는가? 창작방법 문제를 중심으로 비평적 논의를 전개했던 백철은 이 같은 소련 문학의 변화를 적극 인정, 수용하기보다는 유물변증법적 창작방법에서 문제시되어야 할 요건을 오히려 다시 새롭게 논의할 것을 주장하고 있다. 그는 공식주의자들이 방법이란 것을 곧 실제에 있어서의 세계관과 동일한 것으로 주장한 바 있지만, 유물변증법적 창작방법이 작가에 대한 유물변증법적 세계관의 요구로 대치되지 않음을 분명히 밝히고 있다. 창작방법은 역사 발전의 전체적 경향을 바르게 파악하면서 현실의 다양한 움직임을 긴밀하게 고찰하고 그것을 진실하게 묘사하는 창작적 실천을 전제하는 것이다. 그러므로 방법은 주어진 이데올로기의 영역에 적합한 세계관에 대한 독자적인 긍정일 수는 있지만, 세계관과 동일한 것으로 취급될 수 없다. 세계관과 창작방법의 관계는 서로 모순될 수도 있으나 양자 사이의 변증법적 통일을 목표로 하지 않으면 안 된다. 계급적 세계관은 예술적 실천을 통해서 새로이 형성·변화하는 살아있는 의식체계인데 여기에 근거하여 현실을 정확하게 묘사하는 것이 창작방법의 근본 조건이다. 그리고 창작에 있어서 대상에 대한 진실한 묘사와 리얼리스틱한 접근만이 올바른 세계관의 확립을 가능하게 할 수 있음은 물론이다.

그런데 세계관과 창작방법의 상호 관계에 대한 이 같은 백철의 태도는 유물변증법적 창작방법의 공식주의적 해석을 거부하는 입장

---

128 C. Vaughan James, *Socialist Realism*(New York: St. Martin's Press, 1973), 84~107면 참조.

에 서 있음을 말해 주는 근거가 된다. 백철은 유물변증법적 창작방법에서 우선적으로 강조되어 왔던 세계관의 확립 문제보다는 방법 자체의 실천적 추구를 내세움으로써 이념 지향의 공식성에서 일단 비켜나고 있음을 볼 수 있다. 그러나 계급문학의 창작방법에서 가장 중요시되었던 이념성을 어떻게 리얼리즘의 표현 방식으로 전환시킬 수 있는가 하는 것은 새로운 쟁점으로 확대될 수밖에 없는 중대한 문제가 되고 있다. 당시 계급문단에서 제기되었던 백철에 대한 비판[129]을 보면, 모두가 백철의 계급적 입장과 계급문학적 논리의 불투명성에 대한 지적과 함께 그 우익적 편향에 대한 우려를 표명하고 있다. 특히 임화는 백철의 국내 문학활동이 조직운동을 통한 훈련을 통해 이루어지지 못한 점을 지적하고 있으며, 조선의 정치 경제적 제반 조건에 대한 인식의 부족을 문제 삼고 있다. 카프의 강경파적 입장에서 본다면, 백철이 예술창작에 있어서의 방법의 문제를 중시하면서 정치적 이념에 무관심을 보이고 있는 것처럼 생각될 수 있음은 당연한 일이지만, 변증법적 창작방법에서 사회주의 리얼리즘으로 이어지는 창작방법의 전환기적 단계를 깊이 있게 검토하지 못하고 있는 계급문단의 현실을 동시에 보여주고 있음을 알 수 있는 것이다.

백철이 내세운 인간묘사론은 유물변증법적 창작방법에서 사회주의 리얼리즘으로의 방법론적 전환을 놓고 새롭게 제안된 창작방법이다. 백철은 현대의 부르주아문학이 신심리주의 경향에 휩싸여 전체로서의 인간을 보여주지 못하고 그 내면적 심리에 편중된 인간의 단면을 제시할 뿐이라고 비판한다. 부르주아문학에서 그려내고 있는 부분적이며 단편적인 인간은 이미 해체되고 미물화한 것이므로 실제의 현실 속에서 살아가고 있는 진실한 인간과는 관계가 없으며, 바로

129 임화, 「동지 백철 군을 논함」(조선일보, 1933. 6. 17).

이러한 인간의 왜곡이 부르주아문학의 붕괴를 가져오게 된다는 것이다. 그러므로 위대한 문학은 현실에서 행동하는 산 인간의 모습을 정확하게 묘사해야 한다는 것이 백철의 주장이다. 백철은 계급문학이 이데올로기의 도구로서 인간을 기계적으로 고정화시켜 온 점도 지적하고 있다. 그는 당시 계급문단에서 논의되고 있는 창작방법 문제에 대한 반성론을 상기하면서 인간의 문제를 현실과의 관계 속에서 구체적으로 파악하지 못할 경우 공식화된 인간형만을 산출할 수밖에 없음을 분명히 밝히고 있다.

백철은 부르주아문학의 단편성을 비판하고, 계급문학의 형상적 서술성을 무시한 기계적 고정화를 극복해야 한다고 주장하고 있다. 그는 시대성과 역사성을 띤 인간, 무엇보다도 경향적으로 묘사된 인간을 작품을 통해 구현해야 한다고 강조하면서, 그러한 인간묘사 방법을 사회주의 리얼리즘의 방법과 동질적인 것으로 간주하고 있다.

> 사회주의적 리얼리즘은 인간을 대상할 때 결코 개인적 심리 가운데 고립시키지 않으며 또한 사회적 실천에서 격리시키지도 않는다. 사회주의적 리얼리즘은 항상 사적인 개인적 인간이 사회적 인간 가운데 병탄되는 것을 경계하면서 '인간들을 사회적이라는 우위 가운데, 계급적 인간과 개인적 인간의 통일 가운데 묘사한다. (킬포틴)' 사회주의적 리얼리즘은 인간을 예술적으로 실현하는 데 있어 일반적 인간과 개인적 인간을 결합시키며, 인간행위의 정치적 의의와 내면적 생활을 통일적으로 묘사하는 것이다. 그것은 인간묘사에 있어 개인주의적 원주를 파괴하고 있으면서도 결코 개인의 개성 행동과 특징을 무시하지 않고 언제나 그것을 통하여 사회관계의 본질과 운동을 표현하는 것이다. 이러한 창작방법에 의해서 현대의 인간은 가장 완전한 타입으로 창조되어 묘사되고 있으며 또 되려고 하고 있다. 여기에 있어 참된 의미에서 인간 묘사 시대가 실현되려고 하는 것이다.130

앞의 인용에서 사회주의 리얼리즘에 대한 백철의 인식 수준이 어느 정도인지를 명확하게 파악하기는 어렵다. 그러나 인간묘사 문제를 사회주의 리얼리즘과 직결시켜 놓고 있는 그의 주장 속에 다음과 같은 몇 가지 문제점이 노출되고 있음을 확인할 수 있다.

백철이 소개하고 있는 사회주의 리얼리즘의 방법은 소련에서 사회주의 리얼리즘이 공식적인 문학의 슬로건으로 채택되기 직전에 단편적으로 제기되었던 '산 인간'의 묘사에 그 관심이 집중되어 있다. 1932년에 그 미학적 개념이 규정되고, 1934년 제1차 소비에트 작가대회에서 공식화된 사회주의 리얼리즘은 당의 정책에 따라 문학예술에 있어서의 당파성의 확장을 꾀하고자 하는 시도에서 이루어진 하나의 개념이다. 사회주의적 조건 아래에서 리얼리즘의 방법을 문제삼고 있는 사회주의 리얼리즘은 혁명적 발전에 대한 낭만적 전망과 현실에 대한 사실적 서술이 어떻게 조화를 이룰 수 있는가에 관건이 놓여 있다. 그러므로 사회주의 혁명을 위한 현실적 투쟁이 바로 리얼리즘의 현실적 토대가 된다. 다시 말하면, 사회주의가 실현되는 구체적 조건들이 표현될 경우에 리얼리즘이라는 용어의 정당성이 인정된다고 할 것이다. 그러므로 사회주의 리얼리즘은 마르크스주의 세계관의 토대 위에서 미래를 결정짓는 요소들을 현재 속에서 발견하고 이를 선택하여 예술적으로 형상화하는 데에 그 일차적인 방법론상의 의의가 주어진다. 물론 여기에서 현실묘사는 당연히 역사 발전의 방향성을 안내해 주는 역할을 해야 한다. 이때 현재 속에서 볼 수 있는 미래에 대한 전망은 살아 움직이는 미래를 가장 잘 보여줄 수 있는 성과와 경향을 의미하며, 전형화의 방법은 언제나 가장 구체적이고도 개체화된 모습으로 보편적인 역사 발전의 법칙을 제시하는 것

130 백철, 「심리적 리얼리즘과 사회적 리얼리즘」(조선일보, 1933. 9. 16).

이기 때문에 객관적 진리를 목표로 하는 예술적 일반화의 방식과도 통하는 것이다.

그런데 이러한 요건의 타당성을 인정한다 하더라도 사회주의 리얼리즘은 사회주의적 전망에 대한 형상화를 목표로 하므로 예술적 활동을 협소하게 제약한다. 그리고 전형적 성격이라는 것도 긍정적 영웅으로 인간을 고정시키거나 도식화할 위험이 적지 않다. 사회주의 리얼리즘이 존재하는 것을 서술하지 않고 존재해야 하는 것만을 서술한다는 비판을 받는 것도 이 때문이다. 사회주의 리얼리즘의 개념과 그 기본적인 요건을 놓고 볼 때에 인간묘사란 사회주의 리얼리즘의 예술적 형상화에 관련된 실천적인 과제의 하나이다. 사회주의 리얼리즘의 예술적 형상화 과정은 개인적인 것에 대한 사회적인 것의 우위로부터 둘 사이의 변증법적 통합을 통해 이루어진다. 인간묘사란 사회적인 것과 개인적인 것의 통합과정에 있어서 제기될 수밖에 없는 개성에 관한 관심을 말하는 것이다. 그러므로 사회주의 리얼리즘에서의 인간묘사는 사회생활이나 계급투쟁에 있어서 주인공의 행위의 확고성, 창의성, 견실성 등에 관한 관심을 바탕으로 이루어지지 않으면 안 된다. 그리고 노동이나 사회주의를 위한 계급투쟁을 보고, 집단에서의 지위와 역할을 고려하면서 사회주의적인 인간을 묘사하는 데에 주력해야 하는 것이다.

사회주의 리얼리즘이 예술적 형상화의 방법으로서 인간의 사회적 관계에 대한 연구를 제기하고 있다는 사실을 전제할 경우, 백철의 인간묘사론은 사회주의 리얼리즘이 의도하고 있는 사회주의적 전망과 그 집단적 이념성을 거의 도외시하고 있음을 확인할 수 있다. 그가 과연 사회주의 리얼리즘을 마르크스주의 미학이라는 차원이나 계급적 이념에 근거하여 이해하고 있는 것인지를 판단할 만한 자료는 별로 없다. 그가 문제 삼고 있는 인간묘사란 온갖 풍부한 창조력과 활동을 통해 인간을 묘사해야 한다는 스탈린적 명제를 보편적인 리얼리즘의 수법으로 한정하고 있는 것이 아닌가 생각되기 때문이다. 그러므로 백철의 인간묘사론은 사회주의 리얼리즘에 근거하고 있긴 하지만 사회주의적 당파성이나 이념성을 도외시하고 있다는 점에서 계급문단의 비판과 공격을 면할 수 없게 된다. 당시 평단에서 이루어진 백철에 대한 비판은 주로 임화[131]에 의해 이루어졌는데, 그 논지는 대개 다음과 같은 두 가지 문제에 집중되고 있다.

첫째는 계급문학이 목표로 하는 계급적 이념성을 희석화시키고 있다는 주장을 들 수 있다. 인간생활의 주관적 방면에 대한 백철의 관심이 인간에 대한 관념적 해석으로 빠져들고 있는 것이 아닌가 하는 우려를 낳고 있음과 동시에 계급문학은 막연한 인간이 아니라 계급적 인간의 묘사에 충실해야 한다는 주장도 나오고 있다.

둘째는 인간묘사론이 개인성에 집착함으로써 집단적인 의미를 도외시하고 있다는 비판을 들 수 있다. 사회주의적 개인성은 오직 집단적인 노동조건에서만 발전된다는 사실을 생각할 때 백철은 이러한 집단적인 사회주의적 질서를 염두에 두지 않고 있음이 틀림없다고 할 것이다.

백철은 인간묘사 자체에 대한 당위론적 주장을 반복하면서도, 전형성의 창조라는 인간묘사의 핵심적 과제에까지 그 논의를 확대하지 못하고 있다. 백철은 발전하는 사회와 성장하는 계급의 관점에서 행동하는 사회적 인간을 구체적으로 묘사해야 한다고 주장함으로써 일단 성격묘사에서의 전형성을 위한 기초를 확립하고 있다. 그러나 무엇이 사회현상의 본질을 위해 묘사되어야 할 것인지를 제대로 설명

131 임화, 「문학에 있어서의 형상의 성질 문제」(조선일보, 1933. 11. 25~12. 2)가 백철에 대한 비판적 견해를 대표한다. 이 밖에도 홍효민의 「인간 묘사와 사회 묘사」(동아일보, 1933. 9. 14)가 있다.

하지 못한다. 사회적 인간묘사라고 해서 그것 자체가 곧바로 전형의 개념이 될 수는 없다. 전형성이란 대상의 표현이 사회적 현실의 총체적 상황 속에 있는 중요한 모순과 갈등을 경유한 것이다. 그러므로 전형성의 입장에서는 모든 현상 혹은 주어진 사회적 현실의 객관적 통일이 전형화의 원리가 된다고 할 수 있다. 이러한 통일적 원리는 복잡하게 얽힌 사물을 표현함에 발전하는 사회현상과 관계되는 현상들을 고려함으로써 만족할 수 있는 것이다. 사회주의 리얼리즘에서의 전형성이라는 개념은 개체화이면서 동시에 보편화라는 점을 생각한다면, 백철이 바로 이러한 전형화의 원리에 도달하기까지 그 논의를 더는 진전시켜 나아가지 못하고 있는 것은 그의 논리적 한계임을 알 수 있다.

백철에 의해 논의가 이루어진 사회주의 리얼리즘의 방법은 1930년대 중반 이후 백철 비평의 테두리를 벗어나고 있다. 그러나 이 문제는 사회주의 예술미학의 확립을 위한 이론적 가능성이 이미 소련에서 상당한 수준에 도달하였고, 일본의 계급문단에서도 비평적 쟁점으로 계속 확대되는 과정에 있었기 때문에 카프의 조직 해체를 전후한 시기에 다시 논의되기 시작한 창작방법 문제는 계급문단의 조직적인 동요와 그 위기를 극복해 나아가기 위한 최후의 논리적 거점으로 자리하게 된다. 당시 문단에서 주목하고 있던 사회주의 리얼리즘은 예술적 창작방법으로서 두 가지 측면에서 그 의미가 강조되고 있음을 확인해 볼 수 있다. 하나는 현실주의적인 측면으로 언제나 사회현실을 전면적으로 예술에 반영한다는 점에 관한 확인이며, 다른 하나는 사회주의 세계관과 사상성에 대한 무장이 사회주의 리얼리즘에서 강조된다는 사실에 대한 재인식이다. 말하자면 모든 예술가는 사회주의를 위해 사는 것이고 당을 위해 투쟁한다는 원칙론이 그 기초를 이루는 것임을 재인식하게 되었다고 할 것이다.

카프의 조직 해체를 전후하여 다양한 논의가 이루어지기 시작한 사회주의 리얼리즘에 대한 문단의 인식은 객관적 정세의 불리를 극복하기 위해 적극적인 수용 태세를 강조하고 있는 한효의 견해[132]와 소비에트 사회와 우리의 현실이 달라서 그 방법론의 일방적 수용에 문제가 있을 수 있다는 안함광, 김두용의 회의론[133]을 통해 상반되게 나타나고 있다. 이들의 논의는 유물변증법적 창작방법에서 사회주의 리얼리즘으로 이행하는 과정상의 문제를 중심으로 이루어지고 있다. 사회주의 리얼리즘의 방법적 수용을 적극 제기하고 있는 한효의 경우를 보면, 기왕의 프로문단이 지향해 온 창작방법으로서 유물변증법적 방법이 노출하고 있는 도식적인 오류를 극복하기 위해 사회주의 리얼리즘의 수용이 불가피함을 주장하고 있다. 그러나 김두용의 견해는 이와 다르다. 그는 문제의 핵심이 유물변증법적 방법을 배척하고 사회주의 리얼리즘을 채택하는 데에 있는 것이 아님을 전제하면서 이 두 가지 방법이 결코 대립적인 입장에 놓일 수 없다고 하였다. 소비에트에서 논의된 사회주의 리얼리즘은 사회주의 국가 건설의 현실을 전제한 것이기 때문에 역사적 현실이 특수할 뿐이지 유물변증법의 원칙이나 사회주의 리얼리즘의 본질이 서로 배척될 수 없다고 하였다. 김두용은 유물변증법적 창작방법이나 사회주의 리얼리즘이 모두 마르크스주의적 전략이라는 점을 강조하면서 그 방법론적 적용의 오류에 더욱 관심을 기울여야 함을 주장하였다. 그 주장의 핵심은 유물변증법적 창작방법이 본질에서 잘못된 것이 아니라 그 실

132 한효, 「문학상의 제문제 ― 창작방법에 관한 현재의 과제」(중앙일보, 1935. 6. 2~6. 12).

133 안함광, 「창작방법론의 발전 과정과 그 전망」(조선일보, 1936. 5. 30~6. 5)과 김두용, 「창작방법 문제에 대하여 재론함」(중앙일보, 1935. 11. 6~11. 10)이 대표적인 글이다.

천에 오류가 있다는 것이다. 그러므로 유물변증법적 창작방법을 배척하고 사회주의 리얼리즘을 다시 내세우는 것은 마르크스주의의 원칙론을 왜곡하는 것이라고 하였다.

이와 비슷한 입장은 안함광의 경우에도 발견된다. 안함광은 우리 문단에서의 창작방법에 대한 논의가 프롤레타리아 리얼리즘, 유물변증법적 창작방법, 사회주의 리얼리즘 또는 혁명적 로맨티시즘 등으로 이어져 오는 동안 언제나 리얼리즘을 전면에 내세운 것은 프롤레타리아의 계급적 조건에서 이루어진 필연이었는데도 불구하고 여기서 구체화된 대부분 문학작품이 로맨티시즘에 채색되어 있다는 점이 문제라고 하였다. 그러면서 그는 대부분 비평가가 사회주의 리얼리즘을 말하면서 과거 프로문학의 도식주의적 편향을 비판하고 있지만, 그 책임과 원인이 모두 창작방법에 있다는 식의 결론을 제기하는 안이한 태도를 경계해야 한다고 주장하였다. 그는 '자본주의적 생산의 미숙한 상태와 미숙한 계급투쟁에 상응하여 생긴 이론은 역시 미숙하다.'는 논리에 근거하여 프로문학 초창기의 창작방법의 도식주의적 편향은 오히려 당연한 것이었음을 인정하고 있다. 사회주의 리얼리즘이 '사회적 발전과정에 있어서 사회적 의식의 반작용을 인식하며, 사회 발전의 객관적 법칙을 정당히 반영하면 할수록 사회적 의식의 역할은 중대하다.'는 유물론적 묘사론을 그 철학적 기조로 하고 있는 것임을 밝혀 놓고 있는 그는, 사회 발전과정에 대한 의식의 능동성이라는 보다 강렬한 사회적 적극성을 위해 제창된 사회주의 리얼리즘이 우리 문단에서 또 다른 도식주의에 빠질 우려가 있음을 경고하고 있는 것이다. 그의 사회주의 리얼리즘에 대한 회의론은, 우리 문단에 사회주의 리얼리즘만 수입되면 소비에트 비평가들이 말하는 바와 같이 최고의 예술적 형상이 나타날 것이라는 환상을 깨뜨려야 한다고 주장하고 있다. 안함광이 우선으로 문제 삼고 있는 점은 새로운 창작방법에 대한 논의에서 조선적 현실에 대한 탐구가 소홀히 이루어지고 있다는 사실인데, 그러므로 더욱 그 수입과 적용이 모두 관념적 형태로 발현될 수밖에 없을 것이라는 우려를 표명하고 있는 것이다. 그는 '조선에 사회주의리얼리즘이라는 것이 있고 나서 조선의 현실, 조선의 예술이 있는 것이 아니라 사태는 그와 정반대라는 사실'을 인식하고 사회주의 리얼리즘이라는 명칭에 집착하기 전에 현실의 제 문제에 대한 과학적 인식이 필요하다고 역설하였던 것이다.

이와 같은 사회주의 리얼리즘의 수용 여부에 대한 논의는 1935년 카프의 해산과 함께 그 집단적 의미가 축소되기에 이른다. 하지만 계급문학론자들은 대체로 사회주의 리얼리즘을 그들이 선택할 수 있는 중요한 마지막 출구라고 생각하고 있었기 때문에 카프 해산과 함께 계급문단의 조직에서 떨어져 나가기 위한 전향의 논리를 추구하는 경우에도 여전히 사회주의 리얼리즘의 방법에 관심을 기울이고 있다. 그렇지만, 이러한 방법론의 문제에 대한 관심에도 불구하고 사회주의 리얼리즘에 대한 논의는 더 이상 진전되지 못하였다. 그 이유는 두 가지로 나누어진다.

첫째는 사회주의 리얼리즘의 개념 자체에 대한 명확한 이해가 부족한 점을 들 수 있다. 사회주의 리얼리즘이 포괄하는 다양한 예술적 개념은 확정되어 있지 않지만 사회주의 공산당이 그들의 필요에 따라 규정한 일종의 예술방법이라고 할 수 있으며, 사회주의의 사상성, 대중성, 당성 등을 그 특성으로 하고 있음을 알 수 있다. 리얼리즘이라는 말이 관용적으로 의미하고 있는 객관적 현실에 대한 충실한 표현이라는 의미를 강조한 경우 사회주의 리얼리즘은 현실과 대응되는 한 쌍으로서의 예술의 성립만을 강조하는 것이 아니다. 예술을 통한 현실에 대한 진술과 판단만이 가능하므로 인간의 정신적 활동의 특수한 종류로서의 예술은 실천적 속성을 지닐 수밖에 없게 된다. 그러므로 사회주의 리얼리즘은 예술을 통해 현실의 의미를 밝혀내고 해석하고자 한다. 하지만 예술가의 주관적 영역은 이미 주어진 인식 범위를 벗어나서는 안 된다. 사회주의 리얼리즘의 방법을 통해 모든 예술가는 사회주의적 당성을 어떻게 리얼리즘이라는 표현형식으로 옮길 것인가를 우선으로 문제 삼아야 하는 것이다. 그리고 이것은 당의 요구이기 때문에 모든 예술가가 필연적으로 추종해야 할 요건이 된다. 예술가는 당의 명령에 복종하고 그것에 따라 창작을 하며, 당의 이상을 실현하고자 해야 한다. 예술이 사회주의적 당성을 가지려면 예술가는 자신의 창작을 통해 당을 위해 투쟁해야 한다. 이미 레닌 시대에서부터 이러한 요구는 사회주의 문화정책의 기조가 되어 왔던 것이다. 사회주의 리얼리즘이 요구하는 현실적 토대는 세계의 사회주의 혁명을 위한 현실적 투쟁이라고 할 수 있다. 그러므로 리얼리즘의 의미 또한 혁명적 발전과정에 대한 낭만적인 전망을 포함하게 된다. 사회주의 리얼리즘에 의해 창조되는 모든 예술은 현실을 통해 구체적이면서도 실현할 수 있는 미래상을 제시해야 한다. 물론 모든 현상은 역사적 발전 경향으로 정의되는 것이다. 이렇게 본다면, 사회주의 리얼리즘의 본질적인 개념은 인식론이면서 가치론적인 측면을 포괄하게 된다고 할 것이다. 그런데 사회주의 리얼리즘의 방법론적인 문제들은 리얼리즘의 원리에 입각해 있다고 하지만, 마르크스주의의 세계관의 토대 위에서 미래를 결정짓는 요소들을 현재 속에서 발견하고 이를 선택하여 예술적으로 형상화시킴으로써 현실의 묘사가 어떤 방향성, 즉 실제적인 발전 가능성의 방향을 드러낼 수 있도록 해야 한다는 것을 그 핵심으로 하고 있다. 이 경우 모든 예술작품은 대상에 대한 구체적인 표현을 통해 총체적인 역사 운동의 본질적 측면을 그 방향성에 비추어 파악해야 한다. 여기서 현재 속에 깃든 미래를 어떻게 형상화하느냐 하는 방법상의 과제가 제기되는데, 이것은 사회주의 예술론자들이 내세우고 있는 이른바 전형성이라는 개념으로 설명되고 있다. 전형적인 것은 물론 일상적인 의미의 평범한 것, 또는 흔히 볼 수 있는 대표적인 것이라는 소박한 의미를 거부한다. 사회주의 예술론자들이 말하고 있는 전형성이란 현재 속에서 끊임없이 충동하고 있는 미래를 가장 잘 보여줄 수 있는 성격과 경향들이다. 객관적 진리를 목표로 하는 예술의 일반적 방식으로서 전형화가 내세워지고 있지만 '사회주의 혁명의 실현'이라는 미래에 대한 전망을 형상화해야 한다는 전제가 예술가의 창작 역량을 결정적으로 억압하는 것이라는 사실을 전혀 도외시할 수 없는 일이다.

둘째는 사회주의 리얼리즘의 방법을 수용하기 위해 필요한 사회적 현실에 대한 구체적인 인식이 결여되어 있다는 점이다. 사회주의 리얼리즘의 방법은 1934년에 소비에트 작가총연맹 제1차 대표자회의를 통해 그 특성과 방법론의 윤곽이 세워진 것이다. 그렇지만 당시 소비에트 사회가 공산주의 운동으로 치닫고 있다는 사실을 전제하면서 적극화된 이 방법론이 소비에트 이외의 다른 사회에 어떠한 방식으로 적용될 수 있는 것인가는 많은 문제를 내포하는 것이다. 사회주의 예술론자들의 견해에 따르면, 사회주의 리얼리즘이 소비에트 사회가 공산주의로 매진하도록 인민과 당에 적극적인 추진력을 불어넣고 신세계 건설에 참여하는 인민대중의 품격을 배양하는 사업의 하나라고 말할 정도이다. 실제로 사회주의 리얼리즘이 제창되던 1930년대의 소비에트 사회는 사회주의 공산국가로 발전하는 제2단계에 돌입하여 사회주의 국가체제를 정비하고 있었던 것이다. 이 같은 실정에 비추어 볼 때 당시 식민지 조선의 현실이 소비에트의 그것과 엄청난 차이가 있음을 알 수 있으며 사회주의 리얼리즘의 적용도 그 같은 현실적 상황의 차이를 인식하지 않고서는 가능하지 않음을 알 수 있다.

이처럼 사회주의 리얼리즘론은 창작방법 문제의 타결을 위해 관심사로 대두된 것이었지만, 근본적으로 이데올로기와 세계관이 전제되고 있다는 점에서 새로운 진전을 꾀하기가 어려웠던 것이다. 물론 사회주의 리얼리즘이 계급문학운동의 최후의 거점이 되었고, 이러한 논의와 함께 1930년대 후반의 다양한 문학론이 새로이 전개될 수 있게 되었다는 것은 창작방법 문제를 중심으로 하는 사회주의 리얼리즘이 차지하고 있던 비중의 크기를 짐작하게 해주는 것이라고 하겠다. 그러한 관점에서 본다면, 1930년대 카프의 해산이 이루어진 뒤까지 지속해서 논의되었던 사회주의 리얼리즘론은 창작방법의 인식의 확대라는 점에서 다음과 같은 두 가지 의미를 지니고 있다고 할 것이다.

첫째, 사회주의 리얼리즘론을 중심으로 하는 창작방법에 대한 논의는 작가와 작품과 그의 세계관 사이의 연관성에 대한 새로운 인식을 가능하게 한 긍정적 측면도 지니고 있다. 카프의 해산 후에 리얼리즘에 대한 논의가 개진되면서 카프 시대, 다시 말하면 유물변증법 시대에 횡행했던 공식주의가 비판적으로 반성될 수 있었다든지, 예술적 표현과 기교 등의 문제가 단순한 방법적 차원을 떠나서 논의될 수 있었다는 것은 사실이다. 이러한 논의의 과정이 카프 해산 후에 문학인들에게 새로운 전향의 촉진제가 되고 새로운 문학적 재출발의 계기를 마련해 주었다는 점에서 더욱 그 의미의 중요성이 인정될 수도 있는 것이다.

둘째, 창작방법에 대한 논의와 함께 기법 문제에 대한 인식이 가능해지면서 1930년대 후반에 본격적인 소설론의 성립을 보게 했다는 점도 주목할 만한 일이다. 물론 변증법적 사실주의를 수정한 사회주의 리얼리즘의 도그마가 뒤를 이어 나타나긴 했으나 1930년대 중반부터 사회주의 리얼리즘의 한편에는 휴머니즘과 행동주의라는 전향적 태도가 놓여 있었고, 다른 한편에는 주지주의와 모더니즘으로 지칭될 수 있는 문학론이 이에 대응해 있었다. 이들이 함께 충돌하는 가운데에서 문학의 각 장르에 대한 새로운 인식이 제기되었고, 1930년대 문학론이 그 면모를 분명히 드러내게 되었던 것이다.

(4) 조선프로예맹 해소론의 등장

계급문학운동과 조직 탈퇴

조선프로예맹의 조직에 대한 가장 심각한 자기비판은 조선프로예맹의 창립 초기부터 이론적인 지도자 역할을 했던 박영희의 탈퇴론이 중심을 이루고 있다. 박영희는 제1차 검거사건 이후 카프 조직의 재편성 과정에서 1932년 5월 카프 중앙위원회 위원을 사임하였으며, 1933년 12월 10일 카프 탈퇴원을 제출하면서 조직으로부터 이탈하였다. 박영희의 카프 조직으로부터의 탈퇴는 당시 문단에서 커다란 관심을 불러일으켰다. 그 이유는 1925년 조선프로예맹의 출범 이후 박영희는 실질적으로 조직을 장악하였고, 방향전환을 전후한 시기부터 계급문학운동을 주도해 온 대표적인 인물이었기 때문이다. 당시 박영희의 카프 탈퇴원 제출을 《동아일보》는 다음과 같이 전하고 있다.

> 예술동맹에 분규, 박영희씨가 탈퇴
>
> 시내 견지동 80번지에 있는 조선프롤레타리아예술동맹에서는 연래 그 단체 안에 조직상의 문제로 분규와 논쟁이 계속되든바 최근에는 더욱 타협이 되지 못하여 중요 간부로 있던 박영희씨도 지난 10일

에 캅프에 탈퇴원을 제출하여 필경 손을 나누게 되었는데 이리하여 캅프의 분규는 표면화하기에 이르렀다 한다.

박영희씨담: 탈퇴한 박씨는 자기의 태도를 아래와 같이 말한다.

여러 해 일하던 곳을 일조에 탈퇴하고 보니 다소 섭섭합니다. 그러나 나 같은 사람은 물러나고 새 사람이 나오는 것이 퍽 좋겠지요. 지금의 상태로 아무 일도 없이 관념 유희만 하고 있으면 앞으로 예술동맹은 자연히 소멸될 것이라고 생각합니다.

임화씨담: 캅프의 분규에 대해 동 간부 임화씨는 아래와 같이 말한다.

박영희씨의 탈퇴원을 받기는 하였습니다. 주장과 견해가 다르다면 하는 수 없는 일지만 오늘날까지 같이 손을 잡고 일하던 동지가 또 하나 줄게 된 것은 매우 섭섭히 생각됩니다.[134]

앞의 신문보도에서 말하고 있는 카프의 조직 분규는 이미 앞장에서 언급한 바 있는 1932년 5월의 카프 중앙위원회 개편과 연관되는 것이다. 당시에 이찬, 신고송, 김용제 등 동경 동지사 계열의 영입과 함께 이루어진 카프 중앙위원회 개편은 박영희, 김기진, 한설야, 권환, 안막 등의 중앙위원 사임으로 이어진 것이었다. 특히 개성 지부의 반카프 음모사건을 놓고 그 처리 과정에 깊이 관여했던 임화는 개성 지부의 권한을 해제하고 난 후에 유명무실한 전국 지부 조직의 정리를 꾀하였던 것이다.

1927년 이후 카프의 지부 조직 확대를 통해 계급문학운동의 사회적 확대를 시도했던 박영희는 이 같은 과정에서 중앙위원을 사임하였고, 결국은 조직으로부터의 탈퇴를 선언하게 된다. 그는 자신의 탈퇴원이 즉시 처리되지 않자, 1934년 1월 《동아일보》에 발표한 「최근 문예 이론의 신전개와 그 경향」을 통해 자신의 탈퇴 이유를 상세히 거

134 《동아일보》, 1933. 12. 13.

론하고 있다. 박영희가 카프를 탈퇴하고자 한 배경은 무엇인가? 그는 자신의 탈퇴 심경을 다음과 같이 토로하고 있다.

> 이 글을 쓰기 전에 나는 나의 탈퇴한 소위(所爲)를 피력하지 않을 수 없다. 그것은 이것이 또한 이 논문에 중요하게 관련되는 문제이며 또한 재료인 까닭이다. 사람의 일동일지(一動一止)가 결코 무의식적 행동은 없다. 프로이트의 무의식론을 예외로 한다면- 나는 탈퇴하기까지 오랫동안 사사(私事)에 분주하면서도 내 주장이 옳은 것인가 옳지 않은 것인가를 생각하고 또 생각하였던 것이다. 그러면 무엇 때문에 생각하였던가? 그것은 진실한 발전을 해야 할 문학이 그의 지도이론과의 현격한 차이와 이 차이로 생기는 이론의 맹주(猛走) 또한 무정견한 이론 상호의 당착으로 생기는 혼란, 그러나 폴리티시안적 기질을 일종의 명문의 표징(表徵)으로 가장하는 허세 속에서, 또는 시시로 명제를 창안하고 시시로 이것의 오류를 자기 스스로 지적하는 그 반면에 온갖 양심 있는 창작가는 정부당국의 행정적 지령장을 손꼽아 기다리는 지방관청과 같이 이 비평가의 온갖 테제를 들고 쩔쩔매다가 침울, 낙망, 질식하지 않으면 이론적 도시에서 빈번한 주장과 강령을 싣고 달아나는 거마 틈에서 진퇴유곡에 서 있는 창작가도 볼 수 있다.
>
> 지도자의 횡포, 독단, 창작의 무기력, 무주장이 현금까지 온 중대한 2개의 논제였다. 현실성을 떠났으나 계급의식과 디아렉틱 매터 리얼리즘을 가지고 자기의 권위를 세우려는 평자, 지도자가 있는 그 반면에 현실을 보고 일정한 형상 속에서 묘출한 자기가 옳기는 한 듯한데 그렇게 하면 비계급적이고 비유물론적이라는 데 기분을 상실한 양심 있는 선량한 작가의 남모르는 비애… 이 틈에서 나는 생각해 보았다.
>
> 지금까지의 카프는 이 양면을 완전히 소유한 일종의 세력이었다. 나는 이 세력을 세밀히 연구해 보기도 하며, 혹은 분석하여 보기도 하였다. 내가 비평가의 한 사람으로 그 점을 고찰하기도 하였으며, 내가 창작자의 한 사람으로서 생각도 하여 보았다. 그러나 내 자신이 한 권

위 있는 정치가로서 예술을 생각해 본 일은 없다. 이것은 확실히 불행이다. 그러나 예술에 관한 것은 예술가만이 이해할 수 있다는 정당한 명언에 의하여 예술의 진정한 진로를 찾기 위하는, 나의 미력(微力)은 이 불행을 대상(代償)하여 줄 것이라고 믿은 바이다.

박영희의 탈퇴의 변에서 가장 주목되는 대목은 '지도자의 횡포 독단과 창작의 무기력 무주장'이라는 두 가지의 논제이다. 이것은 카프가 지니고 있는 속성이기도 하거니와, 박영희는 바로 이 두 가지의 과제를 놓고 예술의 진정한 진로를 찾기 위해 스스로 카프를 탈퇴하게 되었다고 하였다. 그는 스스로 '한 권위 있는 정치가로서 예술을 생각해 본 일이 없다'고 말하면서 이것이 바로 불행이었다고 밝히고 있다.

그는 이 같은 자신의 견해를 뒷받침하기 위해 당시 문단에서 거론되고 있는 계급문학의 창작적 경향에 대한 비판론을 널리 소개하면서 다음과 같이 그 문제점을 요약적으로 제시하고 있다. 여기서 가장 주목되는 것은 전반적으로 창작의 고정화를 벗어나는 길과 정치와 예술의 기계적인 연결 고리를 분쇄한다는 것이다.

1. 지도적 비평가가 창작가에 대한 요구와 창작가의 부조화된 실행에서 생기는 — 즉, 지도부와 작가와의 이반(離反).

2. 그러므로 창작가의 진실한 길은 편파(偏頗)한 협로에서 진실한 문학의 길로 구출할 것 — 즉 진실한 의미에서 프로문학은 부르주아문학의 믿을 만한 계승자가 될 것.

3. 이것을 실행함에는 이론적 동사 상태에서 창작을 정서적 온실 속으로 갱생시킬 것 — 즉 창작의 고정화에서 구출할 것.

4. 그러자면 지금까지 등한히 생각하였던 기술문제에 논급하여 예술적 본분을 다해야 할 것.

5. 또한 계급적 사회생활을 정확히 반영할 수 있는 인간의 제반활동과 그 생활의 복잡성을 자유로 광대한 영역에서 관찰할 것.

6. 집단의식에만 얽매이던 것을 양기(揚棄)하고, 집단과 개인의 원활한 관계에서 오히려 개인의 특성과 그 본성에 정확한 관찰을 할 것.

7. 정치와 예술의 기계적 연락 관념의 분쇄.

8. 따라서 카프의 재인식.

앞의 항목에서 볼 수 있듯이 박영희가 주장하고 있는 카프의 재인식은 무엇인가? 박영희는 30년대 초반에 문단의 일각에서 일고 있는 계급문학에 대한 비판론을 예술의 '문학사적' 경향이라고 말하고 있다. 그는 이 같은 새로운 주장들이 문학적 완성의 길로 기울어지는 한 개의 중요한 경향임을 분명히 하고 있으며, 문학의 진실한 형상의 탐구와 문학이 가져야 할 모든 조건의 완비를 탐색하는 이 경향 속에 문학의 길이 있는 것이라고 하였다. 이 같은 경향을 전제하면서 박영희가 제시하고 있는 카프로부터의 탈퇴 이유는 크게 세 가지 내용으로 요약할 수 있다. 첫째의 이유는 카프가 진실한 예술적 집단이 되지 못했다는 점을 들고 있다. 그리고 그 경위를 다음과 같이 상론하고 있다.

예술에 충분한 기능이 있는 예술가들만이 모였던 것이 카프의 초기적 형태다. 이들은 예술을 논하고 창작의 내용에 관하여 상의하였다. 이러한 의미에서 결코 문학의 영역을 벗어나지 아니하였다. 그러나 이 단체의 사회적 발전은 매우 급속한 템포로 상승하였으니 자체의 무비판적 발전은 최후의 자체의 질곡(桎梏)을 만드는 결과를 가져왔다. 조선의 사회운동이 화려하던 때 예술가 단체는 어느 때든지 예술만을 논하고 있는 것을 일종의 치욕으로 생각하며, 따라서 이들은 점차로 사회생활에 관심을 갖게 되며 또한 사회의 실제 운동에 관한

슬로건에 귀를 기울이기 시작하였던 것이다. (중략)

그러나 그 후의 발전은 예술가 자신이 벌써 폴리티션의 한 사람으로서 등장하여 예술적 창작에 적용하려고 하였다. 이러고 보니 예술가만 모이는 것은 협소함을 느끼었다. 그리하여 문호를 개방한 결과 나도 나도 하고 모인 결과는 1개의 불만족한 사회운동 단체를 형성한 감이 있으니 지방에는 각각 지부를 설치하고 본부에서는 예술적 논의를 떠나서 사회적 슬로건을 검토하며 자기의 신슬로건을 토의하여 건의하였으며 사회단체 협의회에 대표를 파견할 것을 논의하였던 것이다. (중략)

이러는 반면에 예술적·특수적·개별적 성질을 연구하는 것은 점점 멀어졌다. 자기들의 일에 봉사하는 것이라면 선전 삐라도 좋다, 보고서도 좋다는 데까지 이르렀다. 이 점에서 그 과오의 책임은 내 자신도 다분히 져야 할 줄 안다. 목적의식성의 실패에서부터 나는 퇴각을 시작하였다. 일부 신진들에게 공식적이라고 지적을 받고, 또한 그들도 예술의 특수성을 논하였으나 도무지 구체적 발전이 없었다. 이것은 최대의 불행이었다. 상론한 예술가의 사회적·실제적 진출은 조선의 예술가들의 누구보다도 현실적·사회적 진출의 공로가 빛나고 있다. 그러나 그 대신 위축, 고정된 것은 예술이었다. (중략)

그러나 문제는 이만큼 되면 독자도 어느 정도까지 필자의 진의를 규지(窺智)할 줄로 안다. 그런데 내가 말하려는 것은 개인적으로는 현상이 이곳까지 이르렀는데 카프의 지도부는 침묵 그대로를 가지고 있다. 개개의 인원은 현금 문학사적 연구와 발전을 논의하면서 카프만은 아직도 사회사적 견지에 입각한 고각(古殼) 그대로를 가지고 있다. 이것 때문에 필자도 비공식으로 의견을 지시한 바 있었으나 아무 효과 없이 침묵하고 있다. 필자의 퇴맹의 제1이유는 이곳에 있다. 즉 카프는 진실한 예술적 집단이 될 수 없을만치 되어 있는 것을 혁신하지 않으면 예술가로서는 무의미한 것이다.

앞의 인용에서 주목되는 것은 카프의 조직 자체가 예술적 조직에서 사회적 정치적 조직으로 변질되었다는 것이다. 그리고 문학의 본질을 회복하기 위해 새로운 비평적 경향이 일고 있지만, 카프의 조직만은 그 구각을 벗어나지 못하고 있다는 것이다. 박영희는 이 같은 카프가 예술적 집단으로서의 성격을 상실하였기 때문에 자신이 이 조직으로부터 탈퇴하게 된 것이라고 하였다.

박영희가 내세우고 있는 또 다른 이유도 이 같은 문제에서 크게 벗어나지 않고 있다. 그는 카프의 문학적 지도가 무의미한 것이 되었음을 주장하면서 카프 지도부의 사회사적 고립과 그 문학사적 붕괴를 자신이 이 조직으로부터 탈퇴하게 된 또 다른 이유라고 밝히고 있다. 그리고 그는 다음과 같은 이유를 다시 덧붙이고 있다.

> 카프가 검열관이라기는 너무 과도한 말이었으나, 자기 권외의 작가에게는 주의하지 않았다. 그 예술적 재질을 무시하였다. 배척하였다. 자체 스스로가 민중에게 이반되었었다. 심한 데 가서는 글만 여기저기 써도 곧 법규위반자로 문제되고 토의되고, 구명하고 비판하여 눈물을 흘리며 사죄하지 않으면 아니 되었다. 특별히 예술적 명작이 없으나, 최근의 『카프 작가집』, 『농민소설집』, 『카프 시집』이 이 제한과 부자유 틈에서 피어나온 '딱-플라워'다. 그러므로 그 글을 읽으면 그러한 조잡한 흔적이 명백히 드러나 보인다. 지금도 지도부의 의견은 역시 '당파성'의 옹호에 있어 보인다. 다만 다른 것은 잡지나 신문이면 어느 것에나 어떠한 글이나 발표하는 것만 묵인된 모양이다. '당파성'에 어그러지면 자유주의자의 인을 찍히며 비계급적이라 하나 발표제한의 철폐, 내용비판의 철폐, 이것도 무서운 리버럴리즘의 발현이 아니면 아니된다. 이러고 보면 명실공히 파티전십의 붕괴며, 다만 기분적 섹타리아니즘의 공각(空殼)뿐이다. 나는 이러한 분위기를 싫어한다. 그러므로 이곳에서 탈출함이 내 퇴맹의 제3의 이유다.

박영희가 내세우고 있는 카프 조직으로부터의 탈퇴 이유는 결국 두 가지로 요약된다. 하나는 카프의 정치지향적인 속성에 대한 반발이며, 다른 하나는 진정한 문학의 길을 구하기 위한 새로운 선택이다. 카프의 정치적인 속성에 대한 비판은 제1차 검거사건 이후에 박영희가 계급문학의 이념적 지향으로부터 벗어나고 있음을 말해 주는 대목이다. 이것은 사상적 전향의 전주곡이라고 할 수 있다. 그리고 바로 이 조직 이탈과 사상 전향을 통해 새로운 예술의 길을 찾고 있는 것이다. 새로운 예술의 길은 무엇인가? 그것은 두말할 것도 없이 카프라는 조직을 중심으로 전개해 온 계급문학의 길 자체를 포기하는 것에 불과하다.

박영희의 이 같은 주장에 대한 즉각적인 반발은 김기진[135]에 의해 제기된 바 있다. 김기진은 박영희의 주장이 사실에 대한 과장에서 비롯되었음을 지적하고 있다. 그는 카프가 추구해 온 계급문학이 예술 자체를 포기한 것은 아니며, 예술적 형상화를 위해 꾸준한 모색을 계속해 왔음을 지적하면서 작품의 고정화라는 것도 이념이나 비평의 독단에 의해서가 아니라 여러 가지 측면이 함께 연관되어 있다고 하였다. 그리고 카프의 조직 자체도 예술적 조직으로서의 성격을 벗어난 적이 없다고 하였다. 그런데도 불구하고 박영희는 자신의 조직 이탈을 합리화하기 위해 이 같은 여러 가지 이유를 과장하여 제시하고 있다는 것이다.

박영희의 탈퇴원을 처리하지 않고 있던 카프 중앙위원회에서는 《동아일보》 지상에 소개된 박영희의 비판론이 화제에 오르자 1934년 2월 10일 카프 임시 중앙위원회를 개최하고 몇 가지 중요한 결정을 공식적으로 표명[136]하고 있다. 무엇보다도 관심의 대상이 된 것은

135 김기진, 「문예시평」(동아일보, 1934. 1. 27~2. 6).

박영희와 신유인의 탈퇴원을 보류하는 결정을 내린 것이며, 새로이 카프의 조직을 조정하고 있는 점이다. 카프 중앙위원회는 이례적으로 박영희, 신유인에 대한 탈퇴 보류 결정 내용과 부서의 개편 내용을 다음과 같은 중앙위원회 결정서를 통해 발표하고 있다. 이 결정서의 내용은 카프 중앙위원회 자체가 박영희의 견해를 어느 정도 수긍하고 카프 조직의 창조적 활동의 부진과 정치 편향의 폐단을 인정하고 있음을 말해 주는 것이라고 할 수 있다.

> 박영희의 카프 탈퇴 문제 — 신유인까지를 포함한다 — 에 관하여는 도하의 신문에 카프의 내분 분규를 전하고 있으나 본 동맹 내에서는 양군의 탈퇴가 하등 조직인 의미의 분규를 상반치 않고 또 현재 동맹 내에는 조그만 내분이나마도 없다는 것을 본 중앙위원회는 확인하고 또 이것을 천명하는 것을 필요하다고 생각한다.
>
> 신유인이나 박영희나 그들의 탈퇴원에 표시된 이유는 개인적 사정이라고 하나 그 후의 박영희의 언동, 또 동군이 《동아일보》 신년호 지상에 발표한 논문 「최근 문예 이론의 신전개와 그 경향」 등을 중심으로 보건대 그가 카프의 현 지도부와 또 그 일반 방침에 대한 불만과 그것에 대한 일정한 비판적 견지에서 나옴이라는 것은 이미 명확한 일이다. 신유인은 하등 구체적 의견의 표시를 볼 수가 없으나 여러 가지 관계로 보아 본 중앙위원회는 동군의 문제를 박영희와 동일하게 취급하는 것을 정당하다고 인정하므로 이곳에서 동일하게 취급한다. 물론 신유인으로부터 보다 구체적인 의견의 표명이 있을 때는 그것에 준할 것이다. 이 문제에 대하여 본 중앙위원회는 무엇보다 박영희에 있어서와 같이 중앙위원회에 제출한 탈퇴원에는 하등 구체적 원인을 표시치 않고 우선 카프로부터 탈퇴하여 저널리즘 출판 위에 그 견해

136 카프 중앙위원회 소집과 그 결의 내용에 대해서는 《동아일보》, 1934년 2월 19일의 기사에 자세히 소개하고 있다.

를 비로소 발견하고 특히 조직과 그 정책 방침에 대하여 비난하는 것은 우리 운동 또 카프 자신이 여하한 결함과 과오를 가지고 있다고 하더라도 프롤레타리아예술가로서 더욱이 이 운동 조직의 지도적 창설자의 일인으로서 심히 적당하다고 생각할 수 없는 행동이라고 생각한다.

특히 그가 조직을 떠나서 운동에 관한 어떤 비판을 개시하고 또 자기의 탈거 이유를 이곳에 결부하는 것은 운동을 위한 의견과 운동에 적대하는 의견과를 구별치 못하고 또 승려적 참회와 진정한 자기비판을 혼동하는 것이다. 이것은 박영희로 하여금 운동의 약점 결함에 대하여 패배주의적인 인식에로 이끌고 우리들의 사업의 전 성과에 대한 파렴치한 청산주의적 부정에 도달하게 한 최대의 원인이라고 생각한다.

그러나 박영희의 견해가 상기한 것과 같이 그 기본적 방면에 있어 불소한 과오를 지녔음에도 불구하고 그가 의연히 프롤레타리아예술운동에 관하여 이야기하려고 하고 또 그 지도하는 대부분 문제가 카프 및 우리 운동이 가지고 있는 현재의 제 결함, 더욱이 시급한 해결이 요망되고 있는 제 문제—창조적 활동의 전개, 종파주의(조직 및 비판)의 청산, 예술적 방법에 대한 새로운 토의 등—와 불가분의 관계를 가지고 있는 것으로 본 중앙위원회는 그와의 진실한 논쟁의 필요를 인정한다.

왜 그러냐 하면 이 논쟁은 결코 동군과 우리들과의 의견의 접근을 위한다는 그런 소극적인 무의미한 것이 아니라 그것은 우리들의 운동의 진정한 자기비판의 전개를 위하여 운동이 필요로 하고 있는 제 문제를 천명하는 데에 있어 또는 운동의 일반 방침의 수립을 위한 광범한 토론의 촉진과 그 발전을 위하여 유력한 일 계기가 되는 것을 조금도 부정치 않는 때문에— 고로 박영희 신유인 양인의 탈퇴원 처리를 본 중앙위원회는 일시 보류하기로 결정한다. 특히 본 중앙위원회는 논쟁에 대하여 다음의 점을 주의할 것을 필요하다고 생각한다.

논쟁은 우선 우리들의 운동의 제 결함, 특히 종파적 주의의 청산—특히 비평에 있어 예술과 정치의 추상적인 이해, 창조적 활동의 부

> 진의 타개, 창작방법의 재검토와 전운동을 지배하는 정치주의적 편향 등에 대한 진정한 해명과 또 박영희적인 승려적 참회와 적의 있는 비판으로부터 진정한 자기비판을 똑똑히 하고 또 이러한 곤란한 시기에 조직으로부터 이탈한다는 것은 여하히 훌륭한 이론도 그것을 변명할 이유가 될 수 없는 것이며 명확한 패배주의인 것을 천명해야 한다. 더욱이 논쟁은 문학자의 감정 다툼이나 종파적 상쟁에서 명확히 자기를 구별할 수가 있는 것이고 사업의 전진을 위한 진실한 계기가 될 수 있는 것이다.137

이 같은 결정서의 내용 가운데 가장 주목되는 대목은 '종파적 주의의 청산 — 특히 비평에 있어 예술과 정치의 추상적인 이해, 창조적 활동의 부진 타개, 창작방법의 재검토와 전 운동을 지배하는 정치주의적 편향 등에 대한 진정한 해명'을 카프 스스로 요구하고 있는 부분이다.

1934년 2월 10일 카프 임시 중앙위원회에서 처리한 안건 가운데 조직 부서의 문제는 신임 맹원의 소개, 중앙위원회 위원 보선, 그리고 각 부서의 조직 정리로 나누어진다. 조직의 침체를 벗어나기 위해 동경의 동지사를 조직과 연결시켰던 임화는 동지사의 김용제, 신고송, 이찬, 강호 등이 동경에서 일본 경찰에 검거되어 활동하기 어렵게 되자, 이들을 모두 중앙위원회에서 제외하고, 윤기정, 신영을 또한 중앙위원에서 사임시키고 있다. 그 결과 카프 중앙위원회는 임화, 백철, 송영, 이기영 등이 유임하고, 김기진, 이상춘, 나웅, 이동규, 전평, 정청산을 새롭게 중앙위원으로 보임하고 있다. 그리고 문학 부문에서 박일, 김한, 이동규, 윤곤강, 홍구, 정청산 등이 새롭게 카프 맹

---

137 카프중앙집행위원회결의문 「박영희 신유인의 탈퇴 문제에 관한 결의」(우리들, 1934. 3), 2~4면.

원으로 가담하고 있으며, 연극 부문에서는 변효식, 이귀례, 고영, 김욱 등이 전평(영화 부문), 박진명(미술) 등과 함께 맹원이 되고 있음을 확인할 수 있다. 부문별 부서 정리에 대해서 카프 중앙위원회가 발표한 내용은 다음과 같다.

> 카프 각 예술별 부서 정리는 현재에 있어 예술운동 각 부분의 독자적인 성장과 발전을 위하여 각부가 소여의 예술 부문에 있어 조직적 창조적으로 전국적인 운동의 실체로 발전할 전망을 가지고 또 그것을 위한 조직적·창조적 제 조건의 충분한 발전을 보장하는 것이라고 생각한다. 그러므로 본 위원회가 선출한 예술별 부서는 카프 중앙위원회 하에 있는 단순한 일 사무기관이 아니라 조직적으로 우선 다음과 같은 성질의 것이어야 한다.
>
> 본 위원회가 선출한 각 부서 집행위원회와 임시 사무국은 원칙적으로 각부 총회에서 다시 확인될 것이고 이후는 각부 총회가 이를 선출할 것이며 따라서 금반의 선출된 각부 기관은 개조할 수 있는 것이다. 그러나 이것은 모두가 카프 중앙위원회가 승인할 것을 요한다. 그러므로 각부 위원회와 임시 사무국은 소여한 예술 부문에 있어서 전국적 운동의 사실상의 지도부적 부서일 수가 있는 것이다.
>
> 따라서 카프의 일반 방침은 이 각부의 제 결의 의견의 결과를 충실히 통일적으로 체현한 구체적인 것이어야 하며 각부는 소여의 운동 방침에 있어서 완전히 독자적으로 제반활동을 수행할 수 있다. 허나 각부의 일반 방침은 카프 중앙위원회에 보고되고 승인되어야 한다. 그러므로 중앙위원회는 사실상 각부의 제 의견을 완전히 반영하고 또 그것을 체현한 통일적 평가적 기관이 될 것을 요하며, 장래에 있어서는 조직적으로 완전히 이런 방면으로 개조되어야 한다.
>
> 고로 각 예술별 부서는 신속히 각자 부문에서의 구체적인 조직적 창조적 활동방침의 수립을 위한 활동을 개시하여야 한다. 이러한 모든 것을 위한 구체적 제 활동은 물론 신설되는 각 부서 집행위원회와 임

시 사무국에 위임한다.

카프 중앙위원회는 이러한 제 임무의 수행을 가능케 하는 유력한 물질적 보장이라고 생각하는 의미에서 다음과 같은 부서를 결정한다.

A. 문학부

문학부는 문학부 집행위원회를 가질 것으로 그것은 다음 성원으로써 구성될 것을 결정한다. 이기영, 김기진, 송영, 권환, 백철, 이갑기, 이동규 계 7인으로써 인수와 또 부분적인 개조는 문학부에 일임하나 문학부 집행위원회의 최고 항상적 사무기관으로서 서기국을 두고 김기진을 그 책임자로 할 것을 정당하다고 생각한다.

B. 연극부

연극부는 연극부 집행위원회를 가질 것으로 그 구성은 다음의 성원으로서 구성할 것이다. 나웅, 이상춘, 김욱, 고영, 홍구 계 5인으로서 연극부 집행위원회 최고의 항상적 사무기관으로서 서기국을 두고 그 책임자로 이상춘을 정당하다고 본다. 특히 본 중앙위원회는 일체 활동을 연극부 집행위원회에 위임하나 다음에 결정 부가할 것을 필요하다고 생각한다. 연극부에는 개인 이외에 극단의 단체적 가맹을 수락할 수 있다. 이것은 연극부 집행위원회에서 수리할 수 있는 것이다. 사후 중앙위원회 승인을 필요로 한다.

C. 미술부·영화부·음악부

이 3부는 문학 연극에 비하여 비상히 약한 것으로 다른 부에 비하여 특히 최대한의 정력적인 활동을 필요로 한다. 고로 상기 3부에 관하여는 다음과 같이 결정한다.

(1) 미술부는 사실상 집행위원회를 구성할 역량이 없는 것으로 박진명, 이갑기, 이상춘으로 임시 사무국을 구성하고 박진명을 그 책임자로 하여 본 결정 이후 1934년 말까지 적어도 집행위원회를 갖고 정상적 활동을 할 수 있게 제 조건을 획득하기 위한 활동을 할 책임을

가질 것이며 그것을 수행하여야 한다.

(2) 영화부는 미술부와 동일한 상태에 있는 것으로 전평, 나웅, 박완식으로 임시 사무국을 구성하고 전평을 책임자로 하여 미술부와 동일한 임무를 가짐.

(3) 음악부는 완전한 결원으로써 부득이 기관은 없음.

각 부 집행위원회 및 사무국 또 카프 중앙위원은 음악부의 신속한 건설을 위하여 최대한 노력을 할 것을 필요하다고 생각한다.

다음 본 위원회는 각부 집행위원회 서기국과 임시 사무국이 각자의 부문에서의 세밀한 규약을 제정할 것을 요구한다.

본 결의는 결정과 동시에 효력을 유함.[138]

카프 중앙위원회가 이례적으로 공개 보도한 이 부서 개편에 관한 결정은 여러 가지 측면에서 의미 있는 조치였다고 할 수 있다. 이 부서의 조직 자체가 조직적이고 창조적인 계급문학운동을 전개할 수 있었는가를 따지기 전에 이 같은 조직개편이 어떤 의미가 있는 것인지를 주목할 필요가 있다.

첫째, 예술의 각 부문을 부서별로 구분하여 독자적인 조직을 꾀할 수 있도록 하였다는 점이다. 이것은 카프의 조직을 일종의 연맹체로 확대하고자 하였던 동경 소장파의 구상이 실제로 구체화되고 있음을 말한다. 카프의 조직에서 기술부 독립을 시도했던 1930년의 카프 조직에 대한 구상이 비로소 실천되고 있기 때문이다.

둘째, 부서별 운영의 자율성을 인정하고 있는 점이다. 카프의 조직에서 독자적인 활동을 부여받고 있는 부서별 조직은 보다 창조적이고도 조직적인 활동을 전개할 수 있는 근거를 확보하고 있다. 이것

138 카프중앙집행위원회결의문 「부서 정리에 관한 건」(우리들, 1934. 3), 4~6면.

은 카프 지도부의 완고성을 공박했던 비판론에 대한 대응방식으로 생각할 수 있다.

조선프로예맹 해소론의 정체

박영희의 탈퇴 선언은 비록 개인적인 형식을 띠고 있기는 하지만 카프 조직의 내재적인 문제성을 가장 잘 드러내고 있다고 할 수 있다. 그러므로 그의 탈퇴 선언 직후 카프 지도부는 조직 재편을 통해 조직의 와해 위기를 극복하고자 한다. 그러나 지도부의 방침에도 불구하고 이에 정면으로 대응하여 카프 조직 자체 해산의 당위성을 주장하는 견해가 이갑기, 박승극 등에 의해 제기되고 있다. 이 가운데에서도 이갑기의 경우는 객관적 정세의 불리와 함께 조직 내부의 고질적인 문제들을 지적하면서 카프 해소를 강조하고 있다는 점에서 주목할 필요가 있다.

> 현재의 카프는 어떠한 사변과 궤론을 다 하더라도 그 실제에 있어서 이 땅의 프롤레타리아 문학의 실체를 떠나서 있는 것은 부인치 못할 것이다. 그뿐만 아니라 도리어 과거의 모든 오류와 편견을 누적한 조직적 전통의 중압과 천박한 정치지상주의가 일으킨 종파적 편향은 조직 내의 작가에게는 물론 나아가서는 조선 프롤레타리아 문학운동의 전체에 대하여 쓸 곳 없는 장애로 되어 있다. 벌써 카프는 조직적 탄력이 경화하여 목내이(木乃伊)처럼 무능한 데에 그치지 아니하고 그 그릇된 면이 현실의 모든 정세가 주는 압력과 상합하여 새로운 문학의 역사적 발전에 큼직한 해독을 끼치는 질곡으로 화한 이외의 아무것도 아니다.
>
> 물론 이곳에서 말하는 카프의 무능화 질곡화는 그 조직이 나쁜 의미에서 말할 수 있는 다른 조직, 즉 사상적으로 전향한 데서 일어난

것은 아니다. 그러나 원체 한 개의 조직이란 것은 어떠한 운동을 통하여 목적을 달하는 데에 있어서 가장 유효한 수단으로서만 높게 평가된다. 따라서 어떤 의미에서라도 조직이 조직으로서의 유리한 기능을 발휘하지 못할 때에 그것에 대한 종교적 신앙과 기념비화는 절대적 금물이다.

이 땅의 젊은 비평가나 작가는 그릇된 조직지상주의, 즉 사람의 조직을 조직의 사람으로 아는 전도된 관념과는 하루바삐 결별하여야 할 것이다. 카프를 지양해야 할 정세에 달해서는 그것을 해소 또는 어떠한 합리적 수단을 취함으로써 고식과 침체에서 일보 비약할 기민을 보여야 할 것이다. 우리가 사수하여야 할 것은 카프가 아니라 프롤레타리아 문학 그것이다. 프롤레타리아 문학의 발전을 위한 카프라면 현재 실체없는 형해로 화한 도리어 해독을 끼치는 조직을 절대적 기준에다 성화하여 종야 궤배(終夜 跪拜)하라는 중세기식의 기사적 윤리에 구속될 필요가 어디 있을까.[139]

이갑기가 주장하고 있는 카프 해소의 근거는 크게 세 가지로 나누어 볼 수 있다.

첫째, 조직의 경화에 대한 비판이다. 이것은 카프 조직이 보여온 이념적 폐쇄성과 배제의 원칙에 대한 반발이라고 할 수 있다. 그동안 카프는 방향전환 이후 대중적인 정치적 조직체로서의 성격을 강화해 왔고 전국적인 조직의 확대를 꾀하여 온 것이 사실이다. 그리고 볼셰비키화를 주장하면서 이 대중적 조직체를 투쟁 본위의 전문기술자 조직으로 전환하고자 하였던 것이다. 이 과정에서 카프 지도부는 진보적 양심적 작가에게 문호를 개방하지 않은 채 프로 작가의 활동 기반도 되지 못하면서 오히려 외부 작가를 철저히 배격하였고, 작가에 대한 비판적 지도보다 명령적 지배로 조직적 질서를 확보하

139 이갑기, 「예술동맹의 해소를 제의함」(신동아 33호, 1934. 7), 184면.

려고 하였다는 것이다. 이 같은 조직의 경화는 결국 카프 자체의 존재 의미를 상실하게 하였다는 지적이다.

둘째, 창작방법에서의 이데올로기 지상주의에 대한 비판이다. 카프의 지도부는 예술 창작의 방법에서 인간적 현실과 사회적 정세의 다양한 구체성을 간과한 채 정치적 실천을 목적으로 하여 이데올로기를 기계적으로 문학에 강요하는 비속한 정치주의에 빠져들었다는 점이다. 이갑기는 이를 들어 '관념적 이데올로기의 지상주의' 또는 '지식적 종파주의의 극단화'라고 평가하고 있다. 이 같은 주장은 이미 박영희에 의해 지적된 바 있는 문제성과 다를 바 없다.

마지막으로 객관적 정세의 변화에 대한 지적이다. 이갑기는 사회의 모든 진보적 운동을 제압하려는 불안의 시대가 도래하고 있으며, 소비에트에서도 새로운 창작방법을 제시하고 있으며, 관념적 종파주의가 지닌 오류를 인정하고 있음을 제시한다. 특히 그는 카프의 합법적 활동이 전면 폐쇄된 현실에서 조직의 존속 자체가 무의미하다는 점을 지적하고 있다.

이 같은 주장은 비록 카프의 내재적인 문제성을 정면에서 비판하고 있는 것이라고 하더라도 결국 문학주의를 내세운 조직으로부터의 이탈 또는 사상적 전향을 의미한다. 이것은 '이데올로기를 얻은 대신에 예술을 잃었다'고 주장한 박영희의 입장과 다를 바 없다. 특히 이갑기의 이 같은 비판은 극단 신건설의 공연과 연관된 제2차 검거사건이 확대되면서 위기에 처해 있던 카프의 조직 내부에도 작지 않은 충격을 던져놓고 있다. 그러나 이에 대한 내부적 대응이 이루어지지 못한다. 일본 경찰의 조직 맹원들에 대한 검거가 전국적으로 확대되고 있었기 때문이다. 당시의 상황에서 계급문학운동의 실천이 그 조직에 기반을 둔다는 기본적인 입장을 생각한다면, 이갑기의 이 같은 주장은 엄밀히 말하여 조직과 실천의 개념에 대한 인식의 불철저성을 드러내고 있는 것으로 볼 수밖에 없는 일이다. 그러나 이갑기의 해소론과 관련하여 한효와 박승극의 해산론[140]이 비슷한 시기에 제기되고 있는 것으로 보아, 조직 내부의 해소파가 박영희 등의 조직 탈퇴파보다 더욱 넓게 자리하고 있음을 볼 수 있다. 이들은 모두 객관적 정세의 불리, 카프 조직의 형해화에 따라 조직 해소를 부정할 논리가 없음을 강조하였고, 카프의 무조건 해산을 당연시하기도 하였다. 물론 카프 조직의 해소파는 카프 해산이 이루어진 후 그 존재 의미가 사라졌음은 물론이다. 조직 해산 후에는 개인적인 사상 전향의 문제가 관심사로 대두되었기 때문이다.

(5) 극단 신건설 사건과 조선프로예맹의 강제 해체

극단 신건설

일제 식민지 시대 계급문학운동을 주도했던 조선프로예맹의 조직은 이른바 '극단 신건설 사건'으로 불리고 있는 제2차 검거사건을 계기로 강제 해체되었다. 이 사건의 핵심에 놓여 있는 '신건설'은 카프 조직 산하의 극단이었다. 카프를 중심으로 전개된 프로연극운동은 카프 조직에 독립된 연극부가 생기면서 그 운동의 조직적인 실천 기반을 확보하였고, 지방의 프로 극단이 조직, 운영되면서 적극 전개되었다. 1930년 11월 대구에서 최초의 프로 극단인 가두극장이 이상춘을 중심으로 결성되었고, 1931년 개성에도 민병휘를 중심으로 대중극장을 만들기도 한다. 서울에서는 1931년 4월 임화를 중심으로 청복극

140 한효, 「1934년도의 문학운동의 제방향」(조선중앙일보, 1935. 1. 11)과 박승극, 「조선문단의 재건설」(신동아, 5권 6호, 1935. 6) 등이 카프 해산 직전에 조직 해산 문제를 논의했던 대표적인 글이다.

장이 등장한다. 그러나 이들 프로 극단들이 직접 어떤 종류의 연극을 공연하였는지는 확인할 수 없다. 대부분 공연 자체가 일제의 탄압에 의해 중단되거나 취소되었기 때문이다.

극단 신건설은 1932년 8월에 결성된 단체이다. 신건설의 결성은 카프의 조직을 기반으로 하는 본격적인 프로 극단의 등장을 의미한다. 이 새로운 극단에는 프로연극운동에 관심을 지니고 있던 대부분의 연극계 인물들이 모두 참여하고 있다. 당시 극단 신건설의 결성을 보도하고 있는 신문기사를 보면 다음과 같다.

> 프로 극단 신건설 결성, 내 9월 초 공연
>
> 전당한 프롤레타리아 연극 건설을 목표하야 이제까지 소위 좌익적 극단들의 가진 불성실을 배제하고 연극활동을 수행하기 위하야 극단 신건설이 결성되어 9월 하순에는 첫 공연을 중앙에서 가지리라는데 그 관계자는 다음과 같고 시내 숭일동 32번지 집단사(集團社) 안에 사무소를 두고 방금 연수생을 모집 중이라 한다.
>
> 연기부: 이정자, 이귀례, 함경숙, 박태양, 신영호, 안민일
> 미술부: 이상춘, 강호
> 문예부: 송영, 권환
> 연출부: 신고송[141]

극단 신건설의 창립 공연은 1933년 11월 23일과 24일 양일간에 걸쳐 서울 연예관에서 이루어졌다. 공연 작품은 독일의 소설가 레마르크의 장편소설 「서부 전선 이상없다」를 일본인 무라야마[村山知義]가 각색한 것이다. 이 작품은 제1차 세계대전 이후 서구 사회를 중심

141 《동아일보》, 1932. 8. 7.

으로 일기 시작한 반전사상에 하나의 기폭제 역할을 하였던 것으로, 이미 일본에서도 여러 차례 공연되어 상당한 호응을 얻었다. 극단 신건설이 이 작품을 창립 공연 작품으로 선정한 것은 만주사변을 보면서 일본의 군국주의에 대한 비판을 시도했던 것이라고 할 수 있다. 극단 신건설의 첫 공연은 성공적으로 이루어졌으며, 상당한 반향을 불러일으켰다.

카프의 지도부에서는 극단 신건설의 성공적인 공연을 보고, 이 작품의 전국적인 순회공연을 계획하였다. 그리하여 1934년 초봄에 전주 지방 공연을 준비하였다. 극단 신건설의 서울 공연이 성공적으로 이루어지고 지방 순회공연까지 계획되자 일본 경찰은 이 공연을 중단시키고자 했으며, 전주 공연 선전 전단의 문구의 불온성을 빌미 삼아 극단 신건설의 활동을 중지시키고 그 관련자들을 검거하는 한편, 상부 기관인 카프의 조직원 전체에 대한 검거를 시작하였다. 이것이 바로 카프 제2차 검거사건에 해당하는 이른바 신건설 사건이며, 이 사건의 처리 과정에서 카프는 해체의 운명을 맞이하고 있다.

극단 신건설 사건은 그 관련자의 규모에 있어서나 사건 처리의 기간에 있어서나 식민지 시대 문화계의 최대 사건으로 기록될 만하다. 신건설 사건이 처음 세상에 알려진 것은 1934년 5월 17일 신건설 단원인 나웅, 이상춘, 장병창 등이 서울에서 검거되었다는 《조선일보》의 기사에서부터이다. 6월 30일에는 함흥에서 한설야가 검거되었고, 7월 10일에는 프로문단의 단체를 모두 해산 조치할 것이라는 일본 경찰의 방침이 신문에 보도되기도 하였다. 8월 26일 이기영과 송영이 검거되었다. 그 후 10월 말경까지 이 사건에 관련되어 검거된 인물은 거의 백여 명에 이르렀으며, 카프 계열의 문사 38명이 모두 구금되었다. 카프의 서기장을 맡기도 했던 임화의 경우는 경찰에 의해 전주로 이송 도중 경성역에서 졸도하여 쓰러진 후 신병 악화로 수감되지 않았다. 이 사건은 당시 신문에 신건설 사건으로 올랐으며, 일본 경찰의 사상운동에 대한 탄압이 극도에 달해 있음을 말해 주는 상징적인 사건의 하나가 되었다.

카프의 조직에 참여했던 백철은 그 당시의 경위를 다음과 같이 쓰고 있다.

> 1933년 가을에 카프 산하 연극동맹의 전속극단으로서 극단 신건설이 생겼다. 강호(姜湖), 신고송(申鼓頌), 이상춘(李常春) 등이 주요 멤버로 되고 세브란스의전, 치과의전, 보성전문 등의 전문학교 학생들이 단원으로 들어 있었다.
>
> 신건설은 처녀 공연의 레퍼터리를 레마르크의 「서부 전선 이상없다」로 정하고 33년 초의 공연을 서두르고 있었다. 이 「서부 전선 이상없다」는 벌써 전에 일본의 좌익 극단인 '新築地' 극단에서 수차 공연을 가져서 큰 성공을 거둔 작품이다. 또 이 작품은 일본에서만이 아니라 구라파 여러 나라에서 번역되어 베스트셀러가 되고 많이 상연도 되었다. 아마 내 기억에는 제1차 세계대전 뒤에 나온 소설로서 20년대, 30년대에 걸쳐서 이 작품만치 세계적인 센세이션을 일으킨 작품도 없었던 듯하다. 말하자면 소재를 제1차 대전의 비참한 전쟁 장면에서 취재하면서 인도주의적인 반전사상을 주제에 올린 것이었다. (중략)
>
> 그 뒤 신건설은 이 레퍼터리를 들고 지방공연까지 떠났는데 정말 큰 사건은 이 지방공연에서 생겨졌다. 34년 3월인가 전주 공연을 하는 도중에 선전 비라가 발각이 되어 단원 전부가 전주경찰서에 검거당한 일이다. 그리고 5월에 가서 이 일은 확대되어 신건설 극단의 모체인 카프 간부들을 검거하는 데로 불길이 번져갔다. 한 사람 두 사람 붙들려 간 것이 6월 하순까지 박영희를 비롯한 약 25명의 간부급 인물들이 붙들려 내려갔다.[142]

---

142 백철, 『진리와 현실』(박영사, 1975), 300~303면.

일본 경찰은 반년 이상을 끌어온 조사 과정을 마친 후 1935년 1월 25일 신건설 관련 사건 일체를 전주지방법원 검사국으로 송치하였다. 전주지방법원에서는 이들을 상대로 다시 예심 과정을 5개월 이상 끌었다. 이 같은 사건의 처리 과정에서 피의자로 체포 구금된 카프의 맹원에 대한 미결 구금 상태가 상당 기간 연장되었다. 일본 총독부가 개정 발표했던 1924년의 조선 형사령(刑事令)에 의하면 사법 경찰관의 경우, 피의자를 심문하여 금고 이상의 형에 해당된다고 판단되면 최고 10일까지 구금이 가능하고, 검사의 경우에도 인신 구속의 경우 10일간으로 공소 제기 기간이 제한되어 있었다. 그러나 이 같은 제한된 기간에 사건 조사를 제대로 하지 못할 경우 예심에 회부하기 때문에 예심 과정에서 거의 무제한으로 미결 구류가 인정되었다. 실제로 신건설 사건의 처리 과정에서 일본 경찰이 사건을 수사하기 시작하여 관련자들을 체포하기 시작한 것이 1934년 5월(나웅 등의 검거)이었으니, 관련 피의자들이 길게는 8개월 정도를 경찰 또는 검사의 조사를 위해 구금되는 사태를 맞았다. 더구나 일본 경찰은 이 사건을 반년 이상 끌어온 뒤에 다시 이를 예심에 회부함으로써 수십 명의 피의자가 미결 구류로 반년의 세월을 또다시 옥중에서 보내야만 하였다.

일제 식민지 시대의 재판제도 가운데 특이한 성격을 지니고 있는 예심제도[143]는 원래 복잡한 사건 또는 비현행범 사건의 경우, 검사나 사법 경찰관이 충분한 진상 조사를 하기 어려울 경우, 강력한 강제 처분권을 가진 예심 판사에 의해 사건 조사를 충분히 할 수 있도록 하기 위해 만들어진 것이었다. 1924년부터 개정 시행된 일본의 대정

143 신동운, 「일제 하의 예심제도에 관하여」(서울대학교법학연구소, 법학, 제27권 1호, 1986. 4) 참조.

(大正) 형사소송법에는 피고 사건을 공판에 회부할 것인가를 결정하기 위해 필요한 사항을 조사하는 데에 예심 제도의 목적이 있음을 명기하고 있으며, 예심 판사는 공판 과정에서 조사하기 곤란하다고 생각되는 사항에 관해 조사하여 공판 절차에 필요한 증거의 수집과 보전을 꾀하도록 하였다는 것이다. 그러나 이 같은 규정은 명문상의 것이고, 오직 피의자의 미결 구류 기간의 연장 수단으로 예심이 운용되었다. 일단 사건이 예심에 회부되면 피의자들은 다시 3개월 동안 인신 구속되어야 하였고, 필요에 따라 2개월씩 구류 연장도 가능하였다. 실제로 신건설 사건은 1935년 6월 예심 종결이 이루어지기까지 3개월의 예심 기한을 넘기고 2개월 연장되어 총 5개월이 소요되었다.

일 년 가까이 지속된 카프 맹원에 대한 경찰 조사와 전주지방법원의 예심과정이 모두 종결된 것은 정확히 1935년 6월 28일이다. 일본인 예심 판사는 예심 종결 결정에서 박영희, 이기영, 윤기정, 송영, 한설야, 권환, 이갑기, 백철, 이상춘, 박완식, 나웅, 김유영, 정청산, 이동규, 김형갑, 김욱, 홍장복, 김평, 변효식, 추완호, 석일랑, 이엽, 최정희 등 23명은 공판에 회부하고 나머지 38명은 기소 유예로 석방하도록 하였다. 이 과정에서 기소 유예된 38명이 누구인지 그 신상을 정확히 밝혀낼 수 있는 근거가 아무것도 남아 있지 않다. 필자가 공판기록을 입수하기까지 조사한 바로는 사건에 대한 판결문 이외의 자료에 대한 보존 여부를 어디서도 확인할 수 없었다. 다만 카프의 핵심 인물이었던 김기진, 김복진 형제의 보석에 대해서는 백철의 자서전에 기록되어 있고, 이들이 기소 유예 처분을 받았다는 사실만이 널리 알려져 있을 뿐이다. 재판부는 예심 종결 후 수감되어 있던 관련자 전원을 공판에 회부하게 되었는데, 이때 최정희와 석일랑은 신병으로 보석되었다.

다시 백철의 회고담을 보기로 하자.

> 전주에 검거되어 간 카프와 신건설 단원의 수는 근 60명에 달하였다. 그때 카프의 주요 간부로선 박영희, 이기영, 김기진, 윤기정, 한설야, 권환, 신고송, 김유영 등, 그리고 여류로서 최정희와 최옥희(崔玉嬉)라는 여성이 끼어 있었다. 내가 내려갔을 때 전주 경찰국의 유치장은 거의 카프의 멤버로서 만원을 이룰 지경이었다. 내가 유치장엘 들어서니 이 방 저 방에서 손을 들고 반기는 척했다. 여감방에서는 내가 구두를 벗고 허리띠를 풀고 하는 것을 바라보면서 킥킥거리고 야단이었다. 마치 잘 왔다는 환영을 하는 무드였다. 하여튼 이렇게 아는 사람들과 함께 있게 되었다는 것은 끌려 내려올 때의 마음을 한결 덜어주었다. 아마 같은 매라도 여럿이 함께 맞으면 덜 고통을 느끼는 심리와 같은 것이었으리라. 60여 명의 친구가 떼를 지어서 내려왔으니 말이다.
>
> 이 카프 검거사건이 진행되는 동안에 여러 가지 에피소우드 같은 것도 많이 들려 왔다. 우선 주범격으로 끌려 내려온 박영희의 경우이다. 이미 위에서도 이야기한 대로 박영희는 31년의 제1차 검거사건 뒤부터 온건파로서 임화 등과 의견을 달리해 오다가 바로 34년 신년에는 「최근 문예이론의 신전개와 그 방향」이란 일문을 가지고 공식적으로 카프에서 탈퇴하는 성명을 한 바 있다. 이 글에서 그는 프로문학 10년에 있어서 '얻은 것은 이데올로기요 잃은 것은 예술이다'라는 유명한 말을 하였다. 그런데 그해 여름에 검거가 시작된 전주사건에서 아이러니컬하게도 박영희는 주범의 한 사람으로 끌려 온 것이다. 회월의 입장으로선 여간 억울한 것이 아니었다. 하지만 전주의 일경 당국의 견해로선 그런 전향이 문제가 아니었다. 카프의 조직 전체가 문제였다. 1925년 7월에 카프가 결성될 때에 만들어진 반일제적인 강령이 1927년에 생긴 그들의 보안법에 걸린다는 것이다. 애당초 회월은 카프 창립자의 한 사람이니 당연히 주범으로 되어야 한다는 견해였다.
>
> 팔봉이 끌려 내려왔다가 1개월도 못되어 석방되어 올라간 일에 대

> 해서도 이야기가 많았다. 총독부 기관지 격인 《매일신보》의 사회부장을 하고 있었으니 석방되는 것은 당연하다느니, 아니 그 이상의 무슨 비밀이 있다느니 하는 이야기들이 유치장 안에 꾸준히 떠돌고 있었다. 그중에서도 특히 임화가 끌려오지 않은 데 대해서 이야기가 많았다. 참으로 임화는 여러 가지의 재주를 가지고 있는 사람이었다. 임화는 자기 신변이 위급해질 때는 일부러 졸도를 하는 조화를 부렸다. 그때만 해도 일경들이 임화를 검거해 가지고 경성역까지 나왔는데 역전에서 갑자기 쓰러져 졸도를 했기 때문에 연행을 하지 못하고 역전에 있는 세브란스 병원에 입원을 시키고 경관만 전주로 내려왔다는 것이다. 그 밖에도 임화에 대한 이야기가 많았다. 더구나 카프 사건이 있는 동안에 그는 전처인 이귀례(李貴禮)와 이혼을 하고 마산에 가서 이현욱(李現郁)과 결혼을 하여 편안히 지낸다는 이야기 등, 많은 뜬소문을 낳고 있었다. 어쨌든 이 카프 사건에 서기장인 임화가 빠졌다는 것은 세상의 의혹을 살 만한 일이었다.[144]

앞의 백철 회고록에서도 밝히고 있듯이 신건설 사건의 예심 종결 과정에서 임화, 김기진 등이 모두 빠졌다는 것은 납득하기 어렵다. 기소된 문인들 가운데 한 부류는 카프의 조직을 주도해 온 핵심 간부에 속했던 박영희, 이기영, 윤기정, 송영(본명 송무현), 한설야(본명 한병도), 권환(본명 권경완), 이갑기(필명 이형림), 백철(본명 백세철) 등이 있다. 초기 카프의 핵심 인물이었던 김기진과 김복진 형제, 그리고 후반기 카프의 주동 인물이었던 임화, 안막 등이 기소를 면한 것은 특기할 만하다. 예심 종결문이나 판결문에도 자주 이름이 오른 제3전선사 계열의 홍순준(필명 홍효민, 안재좌)도 제외되고 있다. 제1차 검거 사건에 연루되어 구속된 김남천의 경우는 1934년 7월에 가서야 재판이 끝나자 징역형을 마치고 석방되었는데, 그때는 이미 신건설 사건

144 백철, 『진리와 현실』(박영사, 1975), 311~313면.

조사가 진행되고 있던 터였다. 김남천은 조선중앙일보의 임시 특파원 자격으로 1935년 6월의 신건설 언도 공판 장면을 직접 전주지방법원에서 취재하여 보도하기도 하였다.

신건설 사건에 연루된 또 다른 인물들은 직접 극단 신건설에 관여했던 극단원들이다. 이상춘, 박완식, 나웅, 김유영, 정청산, 이동규, 김형갑, 김욱, 홍장복, 김평, 변효식, 추완호. 석일랑, 이엽, 최정희 등이 바로 이에 해당한다. 이들은 문학만이 아니라 연극, 영화, 음악, 미술 등의 예술의 여러 방면에 각각 관심을 가지고 신건설에 합류하였던 것이다. 이 가운데, 이동규는 철아라는 필명으로, 홍장복은 홍구라는 필명으로 1930년대 후반 활발한 창작 활동을 전개한 바 있다.

신결설 사건의 예심 과정은 당시 《동아일보》에 보도된 '예심 종결 결정'에 잘 드러나고 있다. 이 예심의 과정에서 신건설 사건은 당초 문제시되었던 연극 「서부 전선 이상없다」와는 상관없이 카프의 조직운동 자체에 대한 사상적 탄압을 위한 것임을 어느 정도 짐작할 수 있다. 그러므로 카프 조직을 공산주의를 실현하기 위한 정치적 결사체로 규정하고 그 주동적인 문인들에 대해 더욱 엄격한 법적 제재를 가하고 있음을 알 수 있다. 당시 전주지방법원 예심부가 발표한 예심 종결 결정 내용은 다음과 같다.

본적 경성부 천연동 99번지
주거 경성부 천연동 69번지
개벽사 기자 박영희 당 35세

본적 경성부 수창동 60번지
주거 경성부 죽첨정 3정목 334번지
포목상 점원 윤기정 당 33세

본적 충청남도 천안군 천안읍 유량리 269번지
주거 경성부 통의동 104번지
저술업 일명 민촌, 이기영 당 40세

본적 경기도 고양군 은평면 구산리 54번지
주거 경기도 고양군 은평면 부암리 23번지
잡지 기자 일명 송영, 송무현 당 32세

본적 평안남도 평원군 숙천면 당하리 67번지
주거 함흥부 성천정 4정목 31번지
저술업 일명 설야, 한병도 당 36세

본적 평안북도 의주군 의주읍 서부동 133번지
주거 경성부 관수동 161번지
조선일보사 기자 일명 철민, 박완식 당 28세

본적 경상남도 창원읍 진전면 오서리 565번지
주거 경성부 안국동 중앙인서관
서울시보 기자 일명 권환, 권경완 당 32세

본적 경상북도 달성군 수성면 범역동 501번지
주거 대구부 남산정 377번지
저술업 이갑기 당 26세

본적 경성부 적선동 8번지
주거 경성부 권농동 95번지
화가 이상춘 당 26세

본적　경상북도 선산군 고아면 원호리 12번지
주거　경성부 간동 89번지
영화촬영 감독　일명 철 또는 유영, 김영득　당 28세

본적　평안북도 의주군 비현면 찬마동 420번지
주거　경성부 가회동 191번지
저술업　일명 철, 백세철　당 28세

본적　경성부 병목정 194번지
주거　경성부 서사간정 74번지
중앙인쇄소 외교원　일명 녹수, 정청산　당 27세

본적　경성부 부촌동 210번지의 5
주거　경성부 현저동 46번지의 373
무직　일명 철아, 이동규　당 25세

본적　전라북도 익산군 여산면 여산리 471번지
주거　경성부 수창동 186번지
무직　일명 고영, 김형갑　당 25세

본적　경성부 입정동 256번지의 2
주거　경성부 입정동 271번지
무직　일명 김욱, 김귀영　당 24세

본적　경성부 청진동 121번지
주거　경성부 도염동 27번지
중앙인서관 점원　홍장복　당 28세

본적　함경북도 북청군 양천면 중리 965번지
주거　경성부 권농동 95번지
　　　사진사　일명 전평, 전유협　당 25세

본적　평안남도 대동군 금제면 원양리 187번지
주거　평양부 서성리 78번지의 70
　　　무직　일명 녹산, 변효식　당 24세

본적　경성부 청엽정 1정목 156번지
주거　경기도 고양군 용강면 공덕리 114번지
　　　배우　일명 나웅, 나준영　당 27세

본적　경기도 광주군 중부면 산성리 209번지
주거　경성부 숭서동 145번지의 15
　　　조선일일신문 사원　일명 적양, 추완호　당 25세

본적　경기도 광주군 중부면 산성리 590번지
주거　경성부 연정동 92번지의 2
　　　양복지상　일명 일량, 석재홍　당 26세

본적　함경남도 원산부 산제동 25번지
주거　경성부 연정동 2번지의 1
　　　양복상　일명 이엽, 이의백

본적　경상북도 선산군 고아면 원호동 12번지
주거　경상부 순의동 93번지의 1
　　　저술업　최정희　당 26세

위 피고인들에 대한 치안유지법 위반 피고사건에 관한 예심을 마치고 결정하는바 아래와 같다.

주 문

본건을 전주지방법원의 공판에 붙인다.

이 유

제1, 피고 박영희는 사립 공옥소학교를 거쳐 사립 배재고등보통학교를 졸업하는 1919년 봄경, 동경으로 건너가 2년간 정칙영어학교에서 수학하고 귀선하여 1924년 8월부터 1926년 8월까지 잡지 개벽사의 기자였다가 1931년 11월경부터 중앙일보사에 들어가 학예부장 및 사회부장을 역임하고, 1932년 7월경 위 신문사를 사임하였으며, 1934년 11월 다시 전기 개벽사에 입사하여 있던 자이고, 피고인 윤기정은 경성부 수창동 사립 보인학교를 졸업한 후 2년간 서당을 다니며 학문을 배우고는 금융업 협익사에서 근무하다가 1924년 동사의 해산으로 실직하고 1934년 8월경부터 경성부 태평통 포목상 홍경오 집의 점원이었던 자이며,

피고인 이기영은 본적시 소재의 사립 상리보통학교를 졸업하고 1919년 1월부터 천안 군청에서 임시 직원으로 근무하였으며, 1921년 9월 호서은행 천안지점의 행원으로 전직하였다가 익년 이를 사임하고 동경으로 건너가 정칙영어학교에서 수학하던 중 1923년 9월경 동경 대지진으로 면학을 중지하고 귀선하여, 1926년 가을경부터 조선지광사에 잡지기자로 입사하여 1934년 2월 동사가 해산되어 퇴사하였고, 동년 9월경 잠시 신계단사의 잡지기자로 되었다가 곧 이를 퇴사하고, 오로지 소설 및 논문 등의 저작을 해오던 자인 바,

위 피고인 세 명은 모두 약 10년 전부터 경성부 도서관 등에서 프롤레타리아 문학에 관한 서적을 탐독하여 그 사상이 점차 공산주의에 이르렀던 자로, 피고인 박영희는 1925년 8월경 경성에서 최승일, 이호, 박용태, 김기진과 함께 프롤레타리아 문예운동을 행하기 위해 조선프롤레타리아예술동맹을 결성하여 근년 프롤레타리아 문예운동의 보급

발전에 노력하고 있었는데, 당시 동경에서 조중곤, 홍순준 등이 '제3전선사'를 조직하고 그 기관지로 잡지 《제3전선》을 발행하여 조선 무산대중의 계몽운동에 광분하고 있었는데, 마침 조중곤 등이 1927년 7월경 순회강연을 위해 귀선하여 경성중앙기독교청년회관 등에서 문예강연 등을 개최함으로써 조선의 일반대중에 대하여 계급의식을 주입하며, 피고인 박영희에 대해서는 위 동맹은 아나계(아나키스트 — 역자주), 민족계, 볼계(볼셰비키 — 역자주) 등의 각파 분자가 혼교하여 그 통일 운동에 지장을 가져오기 때문에 다른 분자를 배제하고 볼계만이 결속하여 문예를 무기로 한 좌익운동에 몰두해야 할 것이란 뜻을 고취하자, 이에 있어,

피고인 박영희, 동 윤기정, 동 이기영의 3명은 최학송, 김복진, 조명희, 조중곤, 홍순준과 함께 1927년 9월 1일 경성부 견지동 60번지 조선프롤레타리아예술동맹 회관에서 회합하여 협의한 결과 프롤레타리아예술을 무기로 하여 부르주아 예술을 배격하고 마르크스주의를 선전하며 일반 대중에 대해 계급의식을 주입하여 궁극에는 조선에 있어 사유재산제도를 부인하고 공산주의 사회의 실현을 목적으로 한 조선프롤레타리아예술동맹을 조직하고 그 동맹의 강령을 "우리들은 무산계급운동에 있어 마르크스주의의 역사적 필연성을 인식하는 고로 무산계급운동의 일부인 무산계급 예술운동에 의해 봉건적 자본주의의 관념을 철저히 배격하고 전제적 정치에 항쟁하여 계급의식을 고취시키려 한다"고 정함과 동시에 동 결사의 최고 기관인 중앙집행위원회를 설치하는 일, 기관지를 발행하는 일, 동경에 지부를 설치하는 일 등을 협의하고 중앙 집행위원에 박영희, 김복진, 윤기정, 최학송, 한병도, 조명희, 홍순준, 이북만, 홍양명, 조중곤, 한식, 박용태, 이상화 등을 추대하고 나아가 동 5월경 피고인 박영희, 동 윤기정은 최학송 외 수명과 함께 전기 회관에서 회합하고 제1회 중앙집행위원회를 개최하여 위 결사의 부서를,

서무부 위원	윤 기 정
출판부 위원	최 학 송
교육부 위원	박 영 희
조사부 위원	김 복 진
조직부 위원	홍 순 준

으로 정하여 표면 합법단체같이 위장함으로써 당국의 검거를 피하였고, 각 동맹위원이 신문·잡지 등에 위 결사의 목적에 도움이 되도록 교묘하게 계급의식을 자극하는 류의 창작 또는 논문을 게재하였고,

나아가 동 결사의 목적수행을 위하여 1930년 4월경 위 피고 3명은 전기 회관에서 회합하여 위 결사를 카프로 호칭하고, 카프를 1국 5부로 나누어,

서기국 책임자	윤 기 정
문학부 책임자	박 영 희
연극부 책임자	김 기 진
영화부 책임자	윤 기 정
미술부 책임자	결 원
음악부 책임자	결 원

으로 정하여 활동한다는 것을 협의 결정하고, 나아가 전기 피고인 3명은 1930년 12월 말경 경성부 적선동 최승희의 무용 연구소에서, 혹은 1931년 3월 초순경 경성부 소격동 피고인 권경완의 집에서 그 외 수 명과 회합하여 카프의 중앙집행위원회를 열어 전기 각부를 독립시키고, 각 동맹에 조직대체를 하여, 각 동맹 내에 집행부를 설치하고, 각 동맹으로부터 대표자를 1인씩 선출하여 카프의 최고 지도기관인 협의회를 결성한다고 정하고, 즉시

서기국	임 화
작가동맹 대표	이 기 영

연극동맹 대표　　김 기 진
영화동맹 대표　　윤 기 정
미술동맹 대표　　강 　 호

로 결정하였으며, 그 후 1934년 2월 10일경 경성부 이화동 95번지 임인식의 집에서 피고인 이기영은 위 임인식(일명 임화)과 2인으로 중앙집행위원회를 열고 강령 및 부서의 변경, 위원후보 등을 협의함으로써 위 결사를 위하여 여러 가지로 활동하였으며,

1. 피고인 한병도는 일찍이 위 피고인 박영희와 서로 아는 사이로 동인과의 교류에 의해 좌익사상에 기울어져 있던 자인 바, 1927년 봄경, 경성부 내에서 박영희의 권유에 의해 조선프롤레타리아예술동맹에 가입하여 동년 9월 중앙집행위원에 선출되었고 그다음 해 상기 자택에서 당시의 경성언문신문에서 위 결사의 강령을 비판한 기사를 읽어 위 동맹이 전기와 같이 불법의 목적을 가진 결사라는 점을 알면서도 계속 그에 가입하고 있었으며,

2. 피고인 김영득은 1927년 9월경 경성부 황금정 3정목 조선 영화예술협회에서 윤기정의 권유에 의해 전기 결사에 가입하였고 동년 12월 경 윤기정으로부터 위 결사의 강령문을 받아 보아 동 결사가 상기 불법의 목적을 가진 결사임을 알면서도 1930년 4월경까지 계속해서 그에 가입하고 있었으며,

3. 피고인 송무현은 동맹의 창립 당시 박영희, 최수일 등의 권유에 의해 위 동맹에 가입하였고, 그 후 1928년 봄경 상기 자택에서 윤기정으로부터 위 결사의 강령문을 받아 보아 동 결사의 상기 목적을 알면서도 중앙집행위원이 되어 수 회 그 위원회에 참석하는 등 계속 가입하고 있었으며,

4. 피고인 박완식은 박영희 등의 좌익적 논문을 신문 등에서 읽고 위 동맹이 상기 공산주의를 목적으로 하는 결사하는 점을 알면서 1928년 10월 중순경 경성부 서사헌정 서울 열쇠제작소에서 윤기정의 권유에 의해 위 결사에 가입하였으며, 1930년 2월 영화부원이 되어 계속해

서 그에 가입하고 있었으며,

5. 피고인 권경완은 1929년 5월경 동경시 삼병구 고원사 이북만의 집에서 동인의 권유에 의해 위 결사가 상기 불법 목적을 가진 결사임을 알며 이에 가입하였고, 그 후 개선하여 1930년 7월경 중앙집행위원에 선출되었으며 동년 12월 및 그 익년 3월 위원회에 출석하여 위 결사의 볼셰비키화를 일층 강렬하게 해야 할 것 등의 결의에 참가함으로써 그 가입을 계속하였고,

6. 피고인 이갑기는 1932년 1월경 경성부 혜화동 임화의 집에서 동인의 권유에 의해 위 카프가 상기 불법 목적을 가진 것을 알며 이에 가입하고 신문, 잡지 등에 좌익적 논문을 게재하여 대중에게 계급의식을 주입하였으며, 1934년 2월 말 위 카프를 탈퇴하기까지 계속해서 가입하고 있었고,

7. 피고인 이상춘은 1932년 6월 중순경 경성부 이화동 195번지 임인식의 집에서 동인 및 윤기정의 권유에 의해 위 카프가 상기 불법 목적을 가지고 있음을 알면서 이에 가입하였고,

8. 피고인 백세철은 1932년 5월 13일경 전기 임인식의 집에서 동인의 권유에 의해 위 카프에 가입하였고 카프원들의 논설에 의해 카프가 상기 불법 목적을 가지고 있음을 알면서도 가입을 계속하고 있었고,

9. 피고인 이동규는 1932년 7월경 당시 동 피고인의 근무처 경성부 수표정 잡지사 신청년 사무소에서 신고송의 권유에 의해 카프가 상기 불법 목적을 가짐을 알면서 이에 가입하여 1934년 2월부터 문화부의 부원이 되었고,

10. 피고인 정청산은 1932년 8월 23일경, 경성부 영낙정 1정목 동아인쇄소에서 윤기정의 권유에 의해 위 카프가 상기 불법 목적을 가짐을 알면서 이에 가입하였고,

11. 피고인 변효식은 1933년 12월 말경 경성부 수정극장 금천대좌에서 이상춘의 권유에 의해 위 카프가 상기 불법 목적을 가짐을 알면서 이에 가입하였고,

12. 피고인 김규영은 일찍이 피고인 박영희, 임인식 등의 신문, 잡

지 등에 게재되어 있는 논문에 의해서 위 카프가 상기 불법 목적을 가짐을 알면서 1934년 1월 5일 전기 임인식의 집에서 동인 및 이상춘의 권유에 의해 위 결사에 가입하였고,

13. 피고인 홍장복은 일찍이 박영희 등의 좌익적 논문을 읽어 카프의 상기 불법 목적을 알면서 1934년 1월 중 경성부 연건동 공판정 회관에서 이상춘의 권유에 의해 이에 가입하여 연극부원이 되었고,

14. 피고인 김형갑은 1934년 2월 초순 전기 임인식의 집에서 동인 및 이상춘의 권유에 의해 위 카프가 상기 불법 목적을 가짐을 알면서 가입하여 연극부의 부원이 되었고,

15. 피고인 전유협은 1934년 2월 전기 임인식의 집에서 동인의 권유에 의해 위 카프가 상기와 같은 불법 목적을 가짐을 알면서 이에 가입하여 영화부원이 되었고,

16. 피고인 나준영은 1934년 2월 10일경 전기 신건설 회관에서 임인식의 권유에 의해 전기 카프의 강령 및 위 임인식의 언동 등에 의해 위 카프가 상기 불법 목적을 가짐을 알면서 가입하여 그 연극부의 부원이 되어 있던 자이며,

제2. 피고인 추완호, 동 김영득, 동 석재홍, 동 이의백, 동 최정희는 모두 좌익문예에 취미를 가진 자로 1931년 8월경, 경성부 와룡동 시대공론사에서 회합하고 프롤레타리아 연극을 통해서 마르크스주의의 선전을 행하여 궁극에는 조선에 있어 사유재산제도를 부인하고 공산주의 사회의 실현을 목적으로 하는 이동식 소형극장이란 결사를 조직하고 동시에 그 부서를

책임연출부	김 영 득
각본부	최 정 희
미술장치부	추 완 호
출연부	석 재 홍
선전부	이 의 백

으로 정하여 그 후 수 회 회합하여 위 결사의 활동방침을 협의하였던

바, 피고인 김영득, 동 최정희는 곧 타 회원들과 의견을 달리하여 탈퇴하였고 타 회원들은 계속해서 1931년 11월부터 1932년 5월까지의 사이 원산, 함흥, 고원, 경성방면에서 극히 좌익적인 연극을 공연하여 대중에게 계급의식을 주입하였으며, 1932년 6월경, 경성부 외아현리 이천석의 집에서 간부회를 열어 위 결사의 명칭을 메가폰으로 고치고 동 결사를 위해 여러 가지로 활동하였던 바,

위 피고인 박영희, 동 윤기정, 동 이기영, 동 김영득, 동 추완호, 동 석재호, 동 이의백, 동 최정희 등의 위 사유재산제도 부인 목적의 결사 조직, 피고인 김영득, 동 한병도, 동 박완식, 동 송무현, 동 권경완, 동 이갑기, 동 이상춘, 동 백세철, 동 이동규, 동 정청산, 동 변효식, 동 김귀영, 동 홍장복, 동 김형갑, 동 김유협, 동 나준영 등의 동 목적의 결사가입은 모두 치안유지법 제1조 제2항에 각 해당하며, 또한 피고인 김영득의 위 결사조직과 결사가입은 연속범이 됨으로써 형법 제55조를 적용해야 할 것이며, 모두 범죄의 혐의가 충분함으로 형사소송법 제 312조에 따라 이를 공판에 붙여야 할 것으로 한다.

이에 주문과 같이 판정한다.

소화 10년 6월 28일

전주지방법원 예심부
조선총독부 판사 高野彌一郎[145]

앞에 인용된 예심 종결 결정에서 확인할 수 있는 것처럼 일본 총독부는 카프의 예술운동에 대해 두 가지의 문제를 제기하고 있다

첫째는 카프라는 조직의 성격 문제이다. 전주지방법원 예심부에서 문제 삼고 있는 것은 카프의 조직 자체가 지니고 있는 정치 성향이

145 이 예심 종결 결정은 그 원문이 당시 《동아일보》(1935. 6. 29~7. 2)에 수록되어 있다.

다. 예심 종결 과정에 볼 수 있는 것처럼 카프는 조선에 있어 사유재산제도를 부인하고 공산주의 사회의 실현을 목적으로 하는 정치적인 결사 조직임을 분명히 지목하고 있다. 이 같은 판단의 근거는 '무산계급운동에 있어 마르크스주의의 역사적 필연성을 인식하고 무산계급운동의 일부인 무산계급 예술운동에 의해 봉건적 자본주의의 관념을 철저히 배격하며 전제적 정치에 항쟁하여 계급의식을 고취시키려 한다'는 내용의 카프 강령 규정에서 찾고 있다. 이 같은 재판부의 태도와 관점은 카프의 조직 성격에 대한 새로운 해석을 필요로 하는 부분이다. 실제로 재판의 과정에서 이 문제에 대한 논란이 계속되었던 것은 재판부가 카프를 일종의 문단적인 친목 단체가 아니라 정치적 목적의 결사체로 인식하고 있었기 때문이다. 물론 구속된 카프의 맹원들은 대체로 이 사실을 전면적으로 부인하고 있다.

둘째는 카프의 프로예술 운동이 목표로 삼고 있는 계급의식의 선동이다. 카프의 조직을 중심으로 박영희 등의 프로 문사들이 프롤레타리아예술을 무기로 하여 부르주아 예술을 배격하고 마르크스주의를 선전하며 일반 대중에 대해 계급의식을 주입하였다는 것이다. 이들이 카프를 조직하고 계급문학운동을 전개한 것은 사유재산제도를 부인하는 결사조직을 만들고 이에 가담하여 대중 선동에 가담하는 것으로 인정되며, 치안유지법에 위배되고 있다는 것이다. 카프 자체만이 아니라 신건설과 같은 산하 단체의 경우에도 마찬가지의 혐의를 인정하고 있다. 그러나 카프 맹원들은 그들의 활동이 모두 법이 허용하는 범위에서 이루어진 예술활동이었음을 강조하고 있으며, 정치적인 투쟁이 아님을 분명히 주장하고 있다.

이 같은 새로운 쟁점을 내놓고 있는 예심이 종결된 후에 신건설 사건의 공판은 10월 28일부터 전주지방법원에서 시작되었다. 카프의 맹원들은 다시 4개월 동안 공판을 기다리며 수감 생활을 해야만 하였다. 11월 25일 제4차 공판에서 일본인 검사 이케다[池田]는 카프의 맹원들이 강조하고 있는 예술운동은 합법성을 가장하고 공산주의 운동을 전개한 것이며, 그 같은 사실은 이들의 작품과 강연, 선언 등을 통해 충분히 인정된다고 주장하였다. 그러나 카프의 맹원들은 예술운동에 아무런 정치적 목적이 없다고 주장하였고, 카프 조직 자체의 비정치성을 강조하였다.

이 사건의 주동 인물로 지목되고 있는 박영희의 경우 재판장으로부터 "사회주의에 공명하여서 사상의 실현을 획책한 일이 있는가"라는 물음에 대해 "정치적으로는 사상의 실현을 생각한 일이 없다. 다만 경제적으로는 독립되지 않으면 안 되겠다고 생각한 일은 있다. 또 공산사회의 실현은 이상으로는 희망하는 바이나 이상이 반드시 실현되는 것은 아니므로 나는 모든 점에 합법적 행동을 취하고 또 문예에 대하여도 반드시 당국의 인가를 경유하여 발표해 왔다. 장래에는 종교생활을 하겠다"고 대답하였다.[146] 그리고 재판장이 맑스주의 예술이론에 공감하게 된 경로를 물으매 박영희는 정치운동과 예술운동의 차이와 혁명운동과 예술운동이 구별됨을 인정하고 카프운동은 절대로 정치운동이 아니라고 주장하고 자기는 소화 7년부터 카프의 지도에 반대하고 예술의 독자성을 지키기 위하여 탈퇴하였다고 말하였다.[147] 박영희는 자신의 사상경향과 현재 심경을 묻자, 자기는 최초 센티멘탈적인 문학서적을 읽고 있었으나 점점 인도주의적 소설을 읽게 되었으며 이로 말미암아 현 사회의 암흑 면을 알게 되어 그를 파괴하기 위해 노력하기로 프로문학을 연구하게 되었다고 말하였다. 예술과 정치 문제에 대해 예술가와 정치가는 생리학자와 의사와 같은

146 《매일신보》, 1935. 10. 29 기사 보도.

147 《조선중앙일보》, 1935. 10. 29 기사 보도.

격으로 생리학자가 직접 메스를 들지 못하는 것과 같이 예술가는 직접 정치에 참가 못하는 것이라고 하였다. 그는 소화 6년부터 마르크스 문학에 대해 여러 번 토의한 일이 있고 그 후 카프에서 문학의 볼셰비키화가 토의된 때에는 그 당시 카프 정책이 문학의 본질을 무시하고 다만 정치의 도구로 할 뿐이라는 것을 깨닫고 소화 8년에 카프에서 탈퇴하였다고 진술하였다.148

박영희는 사실 심리 과정에서도 카프의 활동범위에 대하여 예술 전문가들의 친목을 도모한 것에 불과하였다고 대답하고 동맹의 강령 "우리들은 무산계급 해방운동에 있어서 맑스주의의 역사적 필연성을 인식하므로 계급투쟁운동의 일 부문인 무산계급 예술운동에 의하여 봉건적 자본주의적 관념을 철저적으로 배격하고 전제적 정치에 항쟁하여 계급의식을 선양할 것임"에 대해서도 당시의 정세가 이 같은 문구를 사용하는 것이 한 개의 유행이었으므로 문자 나열에 불과하고 결단코 모종의 확고한 목적과 계획이 있어서 정한 강령은 아니었다고 대답하였다. 그러나 재판장은 카프 조직의 부서에 대하여 세밀하게 내용을 추궁하였고 카프가 협의회 체제로 개편된 과정에서 문학, 음악, 연극, 영화 등 각 동맹으로부터 대표자를 한 사람씩 선출하여 카프의 최고 기관인 협의회를 결의한 사실이 있지 않으냐 하고 추궁하였다. 박영희는 그 같은 조직개편에 대해 협의했을 뿐이고 결의한 사실은 없다고 진술하였다. 다시 재판장이 조직개편 과정에서 카프의 대표에 박영희가 선출되지 않은 것은 무슨 관계냐고 묻자 박영희는 소화 5년 이후로 문예관이 변하여 즉 단체적으로 문예운동을 하지 아니하야도 좋지 아니한가고 생각하고 단체운동으로부터 자연히 멀어졌으며, 그래서 당시 발표한 자신의 논문에 그 같은 사상이 드

148 《동아일보》, 1935. 10. 29 기사 보도.

러나자 동지들로부터 기회주의자라고 배격을 받은 일까지 있어서 동맹에 있는 사람들도 자기를 대표로 선출치 아니하였고 자기도 관계를 맺고 싶지 않아서 관계하지 않았다고 진술하면서 마르크스주의에 대한 의문을 가졌던 심경을 피력하고 마르크스주의 문학을 청산했다고 답변하였다.[149] 박영희는 대정 12년에 김기진, 최승일 등과 더불어 프롤레타리아예술동맹을 조직하던 때의 목적은 다만 좌익 예술가들의 친목을 도모할 목적만 가지고 있었고 결코 단체적인 좌익운동을 목적한 것이 아니었으며 아울러 정치적인 단체운동은 일체 취한 바 없고, 동맹원들은 신문 잡지에 창작과 평론을 발표하였을 뿐이요 예술운동은 합법적인 것으로 정치운동에는 관련된 일이 조금도 없다는 것을 진술하고 자기는 그 뒤 소화 8년에 동맹을 탈퇴하였다는 것을 말하였다.[150]

제1차 검거사건 이후 후반기 카프 조직에서 두각을 드러내었던 윤기정은 "처음에 부르주아문학 서적을 읽기 시작한 것이 알지 못할 사이에 좌익서적을 읽게 되었다"고 말하고 "이미 4년 전에 사상전향을 하였는데, 그 이유는 맑스주의에 대하여 의문을 가지게 된 것과 가정사정에 의한 것이다."라고 말하였다.[151] 윤기정은 재판장이 일반에게 동맹에 가입권유를 한 적이 있느냐고 신문함에, 그것을 권유한 사실은 없고 자기가 동맹 서기의 책임을 지고 있었던 관계상, 가입신청을 받고서 그 수속을 취한 사실 뿐이며 수년 전부터 상업을 하기 위하여 포목점의 점원이 된 이후로는 깨끗이 카프 방면과 절연하고 정신적으로 청산하였다고 진술하였다.[152]

---

149 《매일신보》, 1935. 11. 12 기사 보도.
150 《조선중앙일보》, 1935. 11. 12 기사 보도.
151 《매일신보》, 1935. 10. 29 기사 보도.
152 《매일신보》, 1935. 11. 12 기사 보도.

소설가 이기영은 "현재에는 과거의 프롤레타리아예술관을 버리고 순수한 예술관을 가지게 되었다. 지금은 종교적 예술관을 가지게 되었다"고 말하고 예술의 사상성과 사회성은 인정하나 카프운동은 비합법운동이 아니며, 예술운동은 정치의 노예가 아니라고 주장하였다.[153] 백철의 경우에는 동경고등사범학교 재학 중에 그 당시 좌익사상 전성시대였으므로 자기도 그 시대에 순응하여 그런 방향으로 끌려간 것이라고 말하였으며, 맑스주의 사상에 공명하였다는 것보다도 사상의 번뇌로 프로문학에 들어갔다고 하였다. 그는 시인은 꿈을 사랑하는 것이므로 그 자신도 공산주의를 꿈으로서 사랑하였노라고 진술하였다.[154] 그리고 카프에 자진하여 가입한 것은 문필로 생활하던 시기였기 때문에 카프에라도 가입하여 글이라도 쓰지 아니하면 문사가 되지 아니할 뿐만 아니라 일반 독자들로부터 환영받지 못할 것을 알고 소위 공명심에 끌려 가입하였다고 진술하였다.[155] 송영은 "좌익사상에 흥미는 가지고 있으나 공명하지는 않았다. 또 민족주의에 대하여서는 관청에서 나쁘게 생각하고 있지마는, 정치적 의식은 가지지 않았다"고 대답하고, 한설야도 "여러 가지 환경으로 심경의 전환을 하기로 되어서 금후 순수한 예술로 살겠다"고 말하였다. 이갑기는 문학청년으로서 문예 이외에는 아무것도 뜻을 둔 일도 없고 생각도 하지 아니하였기 때문에 정치운동에 관여한 적도 전혀 없었다고 대답하였다.[156] 그는 프롤레타리아 문학이 예술성에 있어서 우수한 것이므로 공명했으나 예술에 있어서의 정치주의는 반대하며, 지금은 예술의 독자적 정당성을 주장한다고 말하였다.[157]

153 《매일신보》, 1935. 11. 12 기사 보도.
154 《매일신보》, 1935. 10. 29 기사 보도.
155 《매일신보》, 1935. 11. 23 기사 보도.
156 《매일신보》, 1935. 10. 29 기사 보도.

이처럼 카프 조직의 주동적인 문인들은 모두 카프의 정치적인 목적을 부인하였고, 카프를 기반으로 했던 계급문학운동도 합법적인 것이었음을 내세웠다. 이들은 맑스주의에 대한 동정적인 입장을 인정하면서도 그 정치적인 목적성은 부인하였고, 대부분 계급문학을 포기하겠다는 발언을 한 것으로 보도되고 있다.

카프의 산하 기관이었던 극단 신건설사의 맹원들도 입장은 다를 바가 없었다. 비슷한 시기의 신문기사를 보면, 박완식은 "동무들이 서점을 경영하는 관계상, 한두 책의 팜플렛트를 읽었을 뿐으로 사회주의 사상에 대해서는 하등의 의식한 것도 없고 사유재산제도에 대하여도 아무러한 인식이 없다"고 부인하였다. 이상춘은 연극에 의한 계급의식에 대하여 "일반 대중의 심리가 좌경적을 좋아한 것이 필요하므로 그 실정에 따라 연극도 자연 그 방면에 향하게 된 것이다. 장래에 대하여도 처음부터 애매한 사상이므로 그 후에는 그런 사상을 버리겠다"고 답변하였다. 김유영은 영화에 관한 서적은 읽은 적은 있으나 좌익서적은 읽은 일이 없으며, 자기는 카프에 들기 전에는 나이가 어려서 아무러한 의식도 갖지 아니하였으나 카프에 가입된 후로 다소의 흥미를 느끼고 있었다고 답변하였다. 정청산의 경우 공산주의에 공명하게 된 동기는 오직 영웅의식의 허영심에 의한 것이라고 답변하였고, 이동규는 현재 사회는 결함뿐이므로 그것을 개혁하지 않으면 안 되겠다는 생각으로 공산주의에 관하여 호의를 가졌던 것이나 그 실현을 기대한 것은 아니라고 답변하였다.

이 같은 피고인들의 진술에 대해 재판부에서는 이를 모두 묵살하였고, 이들의 예술 활동을 접한 대중들의 감정이 정치적 결과를 맺게 된다는 이유를 내세워 정치적 의도성을 강조하였다. 이 사건의 조사

---

157 《조선중앙일보》, 1935. 10. 29 기사 보도.

과정을 주도한 일본인 이케다[池田] 검사는 기소된 23명 전원에게 다음과 같이 실형을 구형하였다.

박영희, 윤기정, 이기영 — 징역 2년
송영, 권인갑, 김유영, 전유협 — 징역 1년 6개월
박완식, 이상춘, 정청산, 홍구, 나웅, 이의백 — 징역 1년
한설야, 이갑기, 백철, 이동규, 김형갑, 김귀영, 추완호, 석재홍
— 징역 10개월
변효식, 최정희 — 징역 8개월

이 사건의 변론을 맡은 것은 한국인 변호사 이우식이었다. 이우식 변호사는 피고인들의 진술 과정에서 드러나 있듯이 그들 자신의 의사에 의하여 각각 사상의 전향을 맹서하는 것은 다른 사람들과는 의미가 다른 것임을 특히 참작하기를 바란다고 말하였다. 그는 조선의 정치에 비추어 조선의 모든 문화는 내지에서 유입되어 내지 것을 모방하는 것이 통례이며, 프로예술동맹이라는 것도 내지의 무산예술단체 같은 것을 모방한 것에 불과한 것이므로 피고들에게는 하등 목적의식이 없고 불법적 조직이라 함도 의식한 일이 없고 합법적 의식의 출발로부터 조직되었다는 점을 지적하였다. 그는 이 같은 활동이 내지인 일본에 있어서는 공공연하게 허락되어 있음에 불구하고 같은 국내의 조선에서만 그것이 허락되지 못할 이유가 없다고 주장하였다. 그리고 피고들은 동 동맹 사건으로 일찍이 경성에서 검거되었었지만 전부 불기소처분으로 된 일이 있는데, 같은 국법운영 기관이면서 일방에서는 불기소로 되고 또 일방에서는 유죄로 된다는 것은 매우 유감되는 터이라고 말하였다. 그는 목적의식이 없는 피고를 유죄로 한다는 것은 법률의 정신으로 보아서는 결코 적당한 것이라고 인정할 수 없다고 총괄적 의견을 말하고, 무죄의 판결을 내려달라고 결론

지었다.[158]

일제의 사상 탄압과 계급문학운동의 붕괴

신건설 사건의 1심 판결[159] 언도 공판은 1935년 12월 9일에 이루어졌다. 전주지방법원 판사 우에노[上野]는 박영희 등 19인의 카프 문사에게 검사 구형량을 그대로 언도하고 다만 이들이 재판 과정에서 모두 사상적 전향을 선언한 점을 인정하여 전원에게 집행 유예 3년을 언도하였고, 박완식과 정청산의 경우는 구형량인 징역 1년에 미결 구류 300일을 통산하는 체형을 언도하였다. 그리고 최정희에게는 무죄를 언도하였다. 그 전문 내용을 앞의 예심 종결과 비교하여 보면 사건의 내용을 더욱 분명하게 이해할 수 있다.

판 결

본적 경성부 천연동 99번지
주거 경성부 천연동 69번지
잡지 개벽사 기자 박영희 당 35년

본적 경성부 운창동 60번지
주거 경성부 죽첨정 3정목 334번지

---

158 《매일신보》, 1935. 11. 26 기사 보도.

159 극단 신건설 사건의 전체적인 내용과 성격, 각각의 맹원에게 적용된 법 조항과 형량 등은 법원 판결문이 공개되지 않아 그동안 우리 학계에서 그 내용을 구체적으로 확인할 수 없었다. 필자가 전주지방법원과 대구 복심법원의 신건설 사건에 대한 판결 내용을 확인하기 위해 자료를 찾다가 이 사건의 판결문 전문(일본어)이 현재 총무처 정부기록 보존소에 「형사재판서원본 소화 11년 제3책」(연도: 77, 번호: 4935)으로 보존되어 있음을 확인하였다.

포목상 점원　윤기정　당 33년

본적　충청남도 천안군 천안읍 유량리 269번지
주거　경성부 통의동 104번지
저술업　민촌, 이기영　당 40년

본적　경기도 고양군 은평면 구산리 54번지
주거　경기도 고양군 은평면 부암리 23번지
잡지 기자　송영, 송무현　당 32년

본적　평안남도 평원군 숙천면 당하리 67번지
주거　함경남도 함흥부 사포정 150번지
저술업　한설야, 한병도　당 36년

본적　평안북도 의주군 의주읍 서부동 133번지
주거　경성부 관수동 161번지
조선일보사 기자　박철민, 박완식　당 28년

본적　경상남도 창원읍 진전면 오서리 565번지
주거　경성부 안국동 중앙인서관
서울시보 기자　권환, 권경완　당 32년

본적　경상북도 달성군 수성명 범물동 501번지
주거　경상북도 대구부 남산정 377번지
저술업　이갑기　당 26년

본적　경성부 적선동 8번지
주거　경성부 권농동 95번지
화가　이상춘　당 26년

본적　경상북도 선산군 고아면 원호리 12번지
주거　경성부 간동 89번지
영화촬영 감독　김철 또는 유영, 김영득　당 28년

본적　평안북도 의주군 비현면 체마동 420번지
주거　경성부 가회동 191번지
저술업　백철, 백세철　당 28년

본적　경성부 병목정 194번지
주거　경성부 종로5정목 289번지의 2
중앙인쇄 외교원　녹수, 정청산　당 27년

본적　경성부 행촌동 210번지의 5
주거　경성부 현저동 46번지의 373
무직　철아, 이동규　당 25년

본적　전라북도 익산군 여산면 여산리 471번지
주거　경성부 수창동 186번지
무직　고영, 김형갑　당 25년

본적　경성부 입정정 256번지의 2
주거　경성부 입정동 271번지
무직　김욱, 김귀영　당 24년

본적　경성부 청진동 121번지
주거　경성부 도염동 27번지
중앙인쇄서관 점원　홍장복　당 28년

본적　함경북도 북청군 양천면 중리 965번지

주거 경성부 권농동 95번지
사진사 전평, 전유협 당 25세

본적 평안남도 대동군 금제면 원양리 187번지
주거 평안남도 평양부 서성리 78번지의 70
도서출판사 용인 녹산, 변효식 당 24년

본적 경성부 청엽정 1정목 156번지
주거 경기도 고양군 용강면 공덕리 114번지
배우 나웅, 나준영 당 27년

본적 경기도 광주군 중부면 산성리 209번지
주거 경성부 숭삼동 40번지의 7
조선일일신문 사원 적양, 추완호 당 25년

본적 경기도 광주군 중부면 산성리 590번지
주거 경성부 훈정동 92번지의 2
나사류상 일량, 석재홍 당 26년

본적 함경남도 원산부 산제동 25번지
주거 경성부 훈정동 2번지의 1
양복상 이엽, 이의백

본적 경상북도 선산군 고아면 원호리 12번지
주거 경성부 정동 1번지의 15
저술업 최정희 당 26년

사 유

제1

피고 박영희는 대정 13년 8월경 경성부 내에서 최승일, 이호, 박용태(*박용대의 오기), 김기진과 함께 프롤레타리아 문예운동을 행하기 위해 조선프롤레타리아예술동맹을 조직하게 되었는데, 당시 내지 동경에서 조중곤, 홍순준 등이 제3전선사라는 것을 조직하고 잡지 《제3전선》을 발행하고, 조선 무산대중에 대한 계몽운동을 하기 위해 소화 2년 7월경 귀선(歸鮮)하여 일반대중에 대해 계급의식을 주입하기 위해 경성 기독교 청년회관 등에서 강연회를 개최하였는바, 그때 동인 등은 박, 김, 최, 이 등에 대해 우 동인 등의 조선프롤레타리아예술동맹을 비판하면서 문예를 무기로 하는 계급운동을 해야 할 것이 아닌가를 주장하자, 피고 박영희, 윤기정, 이기영 등은 최승일, 최학송, 김복진, 조명희, 조중곤, 홍순준 등과 함께 소화 2년 9월 1일 경성부 견지동 60번지 조선프롤레타리아예술동맹 회관에서 회합하고 협의의 결과 프롤레타리아예술을 무기로 부르주아 예술을 배격하고 마르크스주의를 선전하고 일반대중에게 대해 계급의식을 주입하고 의식분자를 교양하고 투사를 양성하고 궁극에 있어 조선에서 사유재산제도를 부정하고 공산주의 사회 실현을 목적으로 하는 조선프롤레타리아예술동맹이라는 결사를 조직하고 동맹의 강령으로 '우리는 무산계급운동에 있어서 마르크스주의의 역사적 필요성을 인식하는 고로, 무산계급운동의 일부문인 무산계급 예술운동에 의해 봉건적 자본주의적 개념을 철저히 배격하고 전제적 세력과의 항쟁과 의식 층의 양성운동의 수행을 기함'이라는 요지를 정하고, 동맹의 최고기관으로서 중앙집행위원회를 설치하는 일, 동경에 지부를 설치하는 일, 기관지를 발행해야 할 일 등을 합의하고, 그 후 그 중앙집행위원으로서 피고 박영희, 윤기정, 한병도 외 김복진, 최학송, 조명희, 홍순준, 이북만, 홍양명, 조중곤, 한식, 박용태, 이상화 등을 추천하고, 또 동월 5일 피고 박영희, 윤기정은 최학송 외 수명의 동맹원 등과 함께 앞에서 제시한 회관에서 회합 제1회 중앙위원회를 개최하고 서무부, 교양부, 출판부, 조사부, 조직부의 5부를 설치한 후 피고 윤기정이 서무부, 피고 박영희가 교양부, 최학송이 출판부, 김복진이 조사부, 홍순준이 조직부의 각 위원이 되어 동맹을 표면적으로 합법단체처럼 가장하여 당국의 검거를 피하고 각 동맹원 등은 신문 잡지 등에 좌익문예 혹은 이론 등을 개재하였으며,

또한 소화 5년 4월경 피고 박영희, 윤기정, 이기영은 전시한 회관에서 외 수 명의 동맹원과 회합하고 이 결사의 명칭을 '카프'로 개칭하고 여기에 서기국, 문예부, 연극부, 영화부, 미술부, 음악부를 설치하고 피고 윤기정은 서기국 및 영화부 책임자, 피고 박영희가 문예부 책임자, 김기진이 연극부 책임자가 되어 각각 활동해야 될 것을 합의하고, 또한 소화 5년 12월 말, 소화 6년 3월 초순경 피고 박영희, 윤기정, 이기영은 경성부 적선동 최승희 무용연구소 및 경성부 소격동의 피고 권경완의 집에서 동인 외 수명의 동맹원 등과 회합하여 '카프' 중앙집행위원회를 개최하고 전시(前示) 각부를 각각 독립시켜 각각 동맹으로 하고 각 동맹 내에 집행부를 설치하고 각 동맹에서 대표자 한 명씩을 뽑아 '카프' 최고지도기관인 협의회를 조성하고 서기국을 임인식, 즉 임화가 주도하고, 작가동맹은 피고 이기영이, 영화동맹은 피고 윤기정이, 연극동맹은 김기진이, 미술동맹은 강호가 각각 대표자가 되는 것을 합의하였고, 소화 9년 2월 10일경 피고 이기영은 경성부 이화동 95번지 임인식 집에서 동인과 회합하여 중앙집행위원회를 개최하고 강령 및 부서의 변경, 위원의 보선 등에 대해서 협의를 하였으며,

그러다가 피고 박영희는 소화 8년 10월 중 동맹을 탈퇴하였고,

제2

(1) 피고 한병도는 소화 2년 봄경 경성부 내에서 피고 박영희의 권유로 인해 조선 프롤레타리아예술동맹에 그 목적을 알지 못한 채 가맹하고 소화 3년 2, 3월경에는 동맹의 전시(前示) 목적을 알고도 위 동맹에 계속 가입해 있었으며,

(2) 피고 김영득은 소화 2년 9월경 경성부 황금정 3정목 조선영화

예술협회에서 피고 윤기정의 권유로 인해 위 동맹에 그 목적을 알지 못한 채 가입하고 소화 3년 2, 3월경에는 위 동맹의 전시 목적을 알고도 소화 5년 4월경까지 가맹한 채로 있었으며,

(3) 피고 송무현은 소화 2년 9월 위 동맹의 조직 당시 경성부 현저동 동피고인의 집에서 피고 박영희, 윤기정의 권유로 인해 그 목적을 알지 못한 채 위 동맹에 가입하고 소화 3년 봄 위 동맹의 목적을 알았으며, 당시 동 동맹의 중앙집행위원으로 뽑혀 서무의 사무를 책임지고 수차례 중앙집행위원회에 출석하고 일반대중에 대해 공산주의 의식 주입을 하기 위해 수 회 신문, 잡지에 논설을 발표하고 그 후 계속하여 위 동맹에 가맹해 있었으며,

(4) 피고 박완식은 소화 3년 10월 중순경 경성부 서사헌정 서울키노 제작소에서 피고 윤기정의 권유로 인해 위 동맹에 그 목적을 알고 나서 가입하고 소화 5년 2월 중 그 영화부원이 되어 계속 가맹해 있었으며,

(5) 피고 권경완은 소화 4년 5월경 동경시 스기나미구(杉並區) 고원사 이북만 자택에서 동인의 권유로 인해 위 동맹에 목적을 알고 여기에 가입하고 그 후 귀선하고 소화 5년 5월 중 우 동맹의 중앙집행위원회에 뽑혀서 동년 12월 및 소화 6년 3월 우 동맹 위원회에 출석하고 우 결사의 볼셰비키화를 강화할 것을 결의하고 계속 가맹하고 있었으며,

(6) 피고 이갑기는 소화 7년 1월경 경성부 혜화동 임인식 집에서 동인의 권유로 인해 위 '카프'의 목적을 알고 여기에 가입하고 신문 잡지 등에 좌익논문을 싣고 대중에게 계급의식의 주입을 꾀하고 소화 9년 2월 말 위 결사를 탈퇴하였으며,

(7) 피고 이상춘은 소화 7년 6월 중 경성부 이화동 195번지에서 임인식의 권유로 인해 카프의 목적을 알고 여기에 가입하였으며,

(8) 피고 백세철은 소화 7년 5월 13일 우 임인식 집에서 동인의 권유로 인해 위 카프의 목적을 알고 여기에 가입하였으며,

(9) 피고 이동규는 소화 7년 7월경 당시 동 피고인의 근무지 경성부 수표정 신소년 잡지사 사무소에서 신고송의 권유로 인해 위 카프의 목적을 알고 여기에 가입하고 소화 9년 2월 중 그 문예부 위원이

되었으며,

(10) 피고 정청산은 소화 7년 8월 23일경 경성부 영락정 1정목 동아인쇄소에서 피고 윤기정의 권유로 인해 위 카프의 목적을 알고 여기에 가입하였으며,

(11) 피고 변효식은 소화 9년 2월경 평양부 수정 극성 금천대좌에서 피고 이상춘의 권유로 인해 위 카프의 목적을 알고 여기에 가입하였으며,

(12) 피고 김귀영은 소화 9년 1월 5일 앞의 임인식 집에서 동인 및 피고 이상춘의 권유로 인해 여기에 가입하였으며,

(13) 피고 홍장복은 소화 9년 2월경 경성부 연건 신건설회관에서 피고 이상춘의 권유로 인해 위 카프의 목적을 알고 여기에 가입하고 연극부원이 되었으며,

(14) 피고 김형갑은 소화 9년 2월 초순 임인식 집에서 동인 및 피고 이상춘의 권유로 인해 위 카프의 목적을 알고 여기에 가입하고 연극부원이 되었으며,

(15) 피고 전유협은 소화 9년 2월 중 위 임인식 집에서 동인의 권유로 인해 카프의 목적을 알고 여기에 가입하고 영화부원이 되었으며,

(16) 피고 나준영은 소화 9년 2월 10일 전시(前示) 신건설회관에서 임인식의 권유로 인해 카프의 목적을 알고 여기에 가입하고 그 연극부원이 되었으며,

제3

피고 추완호, 김영득, 석재홍, 이의백 등은 소화 6년 8월경 경성부 와룡동 시대공론사에서 회합 프롤레타리아 극을 통해 마르크스주의 선전을 하고 일반 대중에게 계급의식을 주입하고 궁극에서 조선의 사유재산제도를 부인하고 공산주의 사회 실현을 목적으로 한 이동식 소형극장이라 불리는 결사를 조직하고 연출부, 각본부, 미술장치부, 출연부, 선전부를 설치하고 우 피고인 등이 각자 그 부를 담임하기로 했었으나 피고 김영득은 2, 3개월 후 다른 결사원과 의견 차이가 있었기

때문에 탈퇴하고 다른 우 피고인들은 동년 11월경부터 소화 7년 5월 경까지 원산 외 몇 곳에서 좌익적 연극을 공개하고 소화 7년 6월경 경성부 외 아현리 이천석 집에서 간부회를 개최하고 우 결사의 명칭을 '메가폰'으로 개칭하였으며,

그리하여 피고 김영득의 전시(前示) 소위(所爲)는 동일 범의(犯意)가 계속적으로 연관되어 있는 것으로 볼 수 있으며,

위 판시(判示) 제1 사실에 관해서는 당 공판정에서 피고 박영희, 윤기정, 이기영이 각각 우 판시에 조응하는 사실에 관해 진술함으로써 이를 인정할 수 있으며,

판시 제2의 (1)의 사실에 관해서는 당 공판정에서 피고 한병도가 소화 2년 봄에 경성부 내에서 피고 박영희의 권유로 인해 조선프롤레타리아예술동맹에 가입하고 동년 9월 중앙집행위원에 선출됐다는 요지의 진술, 검사의 동 피고인 제1회 신문조서 중 소화 3년 2, 3월경 우 동맹은 프로 예술을 무기로 해서 마르크스주의를 선전하고 결국 공산주의 사회의 실현을 목적으로 하는 것임을 말해 주는 요지의 진술이 기재된 것으로 이것을 인정할 수 있으며,

판시 제2의 (2)의 사실에 관해서는 당 공정에서 피고 김영득이 소화 2년 9월경 경성부 황금정 삼정목 조선영화예술협회에서 피고 윤기정의 소개로 인해 조선프롤레타리아예술동맹에 가입했다는 요지의 진술, 예심판사의 동 피고인 제1회 신문조서 중 소화 3년 3월경 우 동맹의 강령을 보고 프롤레타리아예술을 무기로 해서 마르크스주의를 선전하고 결국 조선에 공산주의 사회를 실현할 것을 목적으로 함을 알고 소화 5년 3, 4월경 우 동맹을 탈퇴했다는 요지의 진술이 기재된 것으로 보아 이것을 인정할 수 있으며,

판시 제2의 (3)의 사실에 관해서는 당 공판정에서 피고 송무현이 조선프롤레타리아예술동맹의 창립 당시 소화 2년 9월 피고 박영희 및 최승일의 소개로 인해 우 동맹에 가입했다는 요지의 진술, 예심판사의 동 피고인 제1회 신문조서 중 우 판시 사실의 전말에 관한 진술이 기재된 것으로 이를 인정할 수 있으며,

판시 제2의 (4)의 사실에 관해서는 당 공판정에서 피고 박완식이 소화 3년 10월 중 경성부 서사헌정 서울키노 제작소에서 피고 윤기정의 소개로 인해 조선프롤레타리아예술동맹에 가입하고 소화 5년 2월 중 그 영화부원이 되었다는 요지의 진술, 검사의 동 피고인 제1회 신문조서 중 동인의 우 판시에 조응하는 사실에 관한 진술이 기재된 것으로 이를 인정할 수 있으며,

판시 제2의 (5)의 사실에 관해서는 당 공판정에서 피고 권경완이 소화 4년 5월경 동경시 스기나미구 고원사 이북만의 집에서 동인의 권유로 인해 조선프롤레타리아예술동맹에 가입하고 그 후 귀선하고 소화 5년 5월 중 그 중앙집행위원에 뽑혀 동년 12월 소화 6년 3월 중 위원회에 출석했다는 요지의 진술, 검사의 동피고인 제1회 신문조서 중 동인의 우 판시에 조응하는 사실에 관한 전말을 진술 기재한 것으로 이를 인정할 수 있으며,

판시 제2의 (6)의 사실에 관해서는 피고 이갑기가 당 공판정에서 소화 7년 1월경 경성부 혜화동 임인식의 집에서 동인의 소개로 인해 카프에 가입했다는 요지의 진술, 검사의 동 피고인 제1회 신문조서 중 동인의 우 판시의 조응하는 사실에 관한 전말을 진술 기재한 것으로 이를 인정할 수 있으며,

판시 제2의 (7)의 사실에 관해서는 당 공판정에서 피고 이상춘이 소화 7년 6월 중 경성부 이화동 195번지 임인식의 집에서 동인 및 피고 윤기정의 소개로 인해 카프에 가입한 요지의 진술, 검사의 동 피고인 제1회 신문조서 중 동인의 우 판시에 조응하는 사실에 관한 전말을 진술 기재한 것으로 이를 인정할 수 있으며,

판시 제2의 (8)의 사실에 관해서는 당 공판정에서 피고 백세철이 소화 7년 5월 13일경 경성부 이화동 195번지 임인식 집에서 동인의 소개로 인해 카프에 가입한 요지의 진술, 검사의 동 피고인 제1회 신문조서 중 우 판시의 사실에 조응하는 전말을 진술 기재한 것으로 이것을 인정할 수 있으며,

판시 제2의 (9)의 사실에 관해서는 당 공판정에서 피고 이동규가

소화 7년 7월경 당시 동 피고인의 근무지인 경성부 수표정 신소년잡지사 사무소에서 신고송의 권유로 인해 카프에 가입한 요지의 진술, 검사의 동피고인 제1회 신문조서 중 우 판시 사실에 조응하는 전말을 진술 기재한 것으로 이를 인정할 수 있으며,

판시 제2의 (10)의 사실에 관해서는 당 공판정에서 피고 정청산이 소화 7년 8월 23일 영락정 일정목 동아인쇄소에서 피고 윤기정의 권유로 인해 카프에 가입한 요지의 진술, 검사의 동 피고인 제2회 신문조서 중 동인의 우 판시 사실에 조응하는 전말을 진술 기재한 것으로 이를 인정할 수 있으며,

판시 제2의 (11)의 사실에 관해서는 당 공판정에서 피고 변효식이 소화 9년 2월 말경 평양부 수정 극장 금천대좌에서 피고 이상춘의 소개로 인해 카프에 가입한 요지의 진술, 검사의 동 피고인 제1회 신문조서 중 우 판시 사실에 조응하는 전말을 진술 기재한 것으로 이를 인정할 수 있으며,

판시 제2의 (12)의 사실에 관해서는 당 공판정에서 피고 김귀영이 소화 9년 1월 5일 경성부 이화동 195번지 임인식의 집에서 동인 및 피고 이상춘의 소개로 인해 카프에 가입한 요지의 진술, 예심판사의 동 피고인 제1회 신문조서 중 우 판시 사실에 조응하는 전말이 진술기재된 것으로 이것을 인정할 수 있으며,

판시 제2의 (13)의 사실에 관해서는 당 공판정에서 피고 홍장복이 소화 9년 2월경 경성부 연건동 신건설회관에서 피고 이상춘의 소개로 인해 카프에 가입한 요지의 진술, 검사의 동 피고인 제1회 신문조서 중 우 판시의 사실에 조응하는 전말이 진술 기재된 것으로 이를 인정할 수 있으며,

판시 제2의 (14)의 사실에 관해서는 당 공판정에서 피고 김형갑이 소화 9년 2월 초순 경성부 이화동 195번지 임인식의 집에서 동인 및 피고 이상춘의 소개로 인해 우 카프의 가입한 요지의 진술, 검사의 동 피고인 제1회 신문조서 중 동인의 우 판시 사실에 조응하는 전말이 진술 기재된 것으로 이를 인정할 수 있으며,

판시 제2의 (15)의 사실에 관해서는 당 공판정에서 피고 전유협이 소화 9년 2월 경성부 이화동 195번지 김인식 집에서 동인의 소개로 인해 우 카프에 가입한 요지의 진술, 검사의 동 피고인 제1회 신문조서 중 동 피고인의 우 판시 사실에 조응하는 전말이 진술 기재된 것으로 이를 인정할 수 있으며,

판시 제2의 (16)의 사실에 관해서는 당 공판정에서 피고 나준영이 소화 9년 2월 10일경 경성부 연건동 신건설회관에서 임인식의 소개로 인해 카프에 가입한 요지의 진술, 예심판사의 동 피고인 제1회 신문조서 중 동 피고인의 우 판시 사실에 조응하는 전말이 진술 기재된 것으로 이를 인정할 수 있으며,

판시 제3의 사실에 관해서는 당 공판정에서 피고 추완호, 김영득, 석재홍, 이의백이 소화 6년 8월경 경성부 와룡동 시대공론사에서 회합, 이동식 소형극장을 조직하고 그때 연출부, 각본부, 미술장치부, 출연부, 선전부를 정하고 피고 김영득은 연출부, 피고 추완호가 미술장치부, 피고 석재홍이 출연부, 피고 이의백이 선전부를 각각 맡은 요지, 피고 김영득의 우 조직 후 2, 3개월 후 다른 조직원과 의견 차이가 있어서 탈퇴한 요지의 각 진술, 검사의 피고 추완호, 김영득, 석재홍, 이의백에 대한 제1회 신문조서 중 우 판시 사실에 조응한 전말의 각 진술기재 및 당 공판정에서 피고 최정희가 이동식 소형극장 조직 시에 시대공론사에 출입했으나 피고 추완호, 김영득, 석재홍, 이의백 등이 무산자계급을 위한 연극을 한다고 김영득, 추완호 등과 가끔 이야기하는 것을 듣게 되었고, 프로연극을 무기로 해서 공산주의를 선전하고 종극에서 조선에 공산주의 사회의 실현을 목적으로 하는 것을 알았다는 요지의 진술로부터 이를 인정할 수 있으며,

그리하여 피고 김영득의 범의(犯意)가 계속되었다는 점은 단기간에 동일범행을 반복하여 거듭 행한 것으로 보아 이를 인정할 수 있으며,

이에 판시 범행의 증거가 명백하며,

법에 비추어 보건대, 피고 박영희, 윤기정, 이기영, 김영득, 추완호, 석재홍, 이의백이 사유재산제도를 부인하는 것을 목적으로 하는 결사

를 조직한 소위는 치안유지법 제1조 제2항 전단(前段)에 해당하고, 피고 송무현, 한병도, 박완식, 권경완, 이갑기, 이상춘, 김영득, 백세철, 정청산, 이동규, 김형갑, 김귀영, 홍장복, 전유협, 변효식, 나준영의 동일 목적의 결사에 가입한 소위는 동법 제1조 제2항 후단(後段)에 해당하고, 피고 김영득의 소위에 관해서는 형법 제55조 제10조에 비추어 엄중한 조직 죄의 형을 내려야 할 것으로, 각각 우 치안유지법 제1조 제2항 소정의 징역형을 택하고 그 형기 범위 내에서 각 주문(主文)과 같은 형을 언도하며, 피고 박영희, 윤기정, 이기영, 송무현, 한병도, 권경완, 이갑기, 이상춘, 김영득, 백세철, 이동규, 김형갑, 김귀영, 홍장복, 전유협, 나준영, 추완호, 석재홍, 이의백에 대해서는 모두 전항을 서약하였으므로 형법 제25조에 의해 3년 기간 각각 위 형의 집행을 유예하고, 피고 변효식에 대해서는 같은 이유로서 같은 조항에 따라 2년의 기간 그 형의 집행을 유예할 것, 피고 박완식, 정청산에 대해서는 형법 제21조에 따라 3백일을 각각 두 피고인의 본형에 산입해야 하며, 다만 피고 최정희가 판시 제3사실의 조직범행을 했다고 하는 공소사실은 그 증거가 없기 때문에 형사소송법 제362조에 따라 무죄를 언도하며,

이에 주문(主文)과 같이 판결함.

소화 10년 12월 9일
전주지방법원 형사부
재판장 조선총독부 판사 上村義淸
조선총독부 판사 金光根
조선총독부 판사 褌田秀雄

위의 판결문에서 가장 주목되는 것은 예심 종결 결정과 같이 카프의 조직 성격을 정치적인 결사체로 규정하고 있는 대목이다. 이것은 매우 중요한 의미가 있는 법적인 판단이라고 할 수 있다. 그 이유는 카프라는 문단조직이 단순한 문학 단체인가 정치적 결사체인가에

따라 일본 총독부가 정한 치안유지법이나 형법의 적용 가능성이 달라지기 때문이다. 이 판결문에서는 카프의 조직 활동과 그 내용에 대해 세 가지의 요소를 중시하고 있다.

첫째, 카프가 프롤레타리아예술을 무기로 부르주아 예술을 배격하고 마르크스주의를 선전하였다는 점이다. 이 같은 사실은 1927년 카프의 방향전환을 전후하여 마르크스주의의 이념적 성격을 공고히 하였다는 점을 통해 그 사실이 인정된다. 방향전환에 관한 논쟁이 계급문단에서 확대되기 시작할 무렵 박영희는 김기진의 형식주의적 성향을 비판하였고, 김화산의 아나키즘론을 공박하면서 계급문학운동의 이념적 성격을 마르크스주의로 고정시키고, 카프 조직 내부에서 아나키스트들을 모두 축출하였다. 그리고 동경의 제3전선사와 합동으로 조직의 전환을 꾀했던 것이다. 박영희 등은 공판정에서 이 같은 사실을 부인하거나 변명하였고, 변호인도 이 사실을 하나의 사조적 유행에 대한 모방 정도로 설명하였다. 물론 그러한 변명이나 부인은 판결문의 내용으로 보아 전혀 재판정에서 인정받지 못하였다는 것을 알 수 있다.

둘째, 카프가 일반대중에 관해 계급의식을 주입하고 의식분자를 교양하며 투사를 양성하였다는 점이다. 문예를 통한 계급의식의 선전과 주입은 계급문학운동의 기본적인 목표로 내세워지고 있었던 것이 사실이다. 프로시가 지니는 선동성과 프로소설이 보여주는 계급적 주체에 대한 강조는 모두 계급문학운동에서 빼놓을 수 없는 요건이 되었음은 물론이다. 농민문학론에서도 농민에 대한 계급의식의 직접적인 주입 문제가 논쟁의 대상이 되었던 것도 이 같은 요건과 관련된다. 그러나 문예를 통해 투사를 양성한다는 것은 가능한 일은 아니다. 정치적인 투쟁의 전선에 진출한다는 것은 정치적인 조직에 기반을 둬야 한다. 여기서 말하는 정치적 조직이란 물론 당적 조직을 의미한다. 당시 조선에서 공산당 조직은 일제의 탄압에 의해 번번이 와해되었기 때문에 그 대중적인 조직투쟁이 가능한 상태가 아니었던 것이다. 그럼에도 카프의 조직을 통해 투사를 양성했다고 판단하고 있는 것은 실제의 근거가 박약하다.

셋째, 카프가 궁극적으로는 조선에서 사유재산제도를 부정하고 공산주의 사회 실현을 목적으로 하고 있다는 것이다. 이것은 논리의 비약에 의해 얻어진 결론으로 볼 수 있다. 카프의 계급문학운동은 일제의 식민지 지배라고 하는 민족 모순과 봉건적인 사회 구조의 잔재로 인한 계급 모순을 동시에 타개할 것을 목표로 하고 있다. 그러므로 사유재산제도의 부정이나 공산 사회의 실현 이전에 일본제국주의의 지배 예속으로부터의 해방이 필수적이었던 것임을 알 수 있다. 그럼에도 일본 총독부가 일본제국주의의 지배에 대한 저항 문제를 전혀 건드리지 않고 철저히 마르크스주의의 사상성만을 문제 삼고 있는 것은 지배 세력으로서의 일본제국주의의 존재를 드러내지 않으려고 했던 것임을 짐작할 수 있다.

그런데 이 같은 요소를 입증하기 위해 재판부는 동맹의 강령을 '우리는 무산계급운동에 있어서 마르크스주의의 역사적 필요성을 인식하는 고로 무산계급운동의 일 부문인 무산계급 예술운동에 의해 봉건적 자본주의적 개념을 철저히 배격하고 전제적 세력과의 항쟁과 의식층의 양성운동의 수행을 기함'이라는 요지로 정하고 있다는 점을 근거로 내세우고 있다. 그리고 카프의 모든 맹원들이 동맹을 표면적으로 합법단체처럼 가장하여 당국의 검거를 피하고 각 동맹원 등은 신문 잡지 등에 좌익문예 혹은 이론 등을 개재하였다는 것이다. 이 같은 판단은 예심 과정에서부터 이미 이루어진 것인데, 극단 신건설 사건을 카프 조직에 대한 강제적 해체와 계급문학운동가들에 대한 강압적인 전향 유도를 위한 빌미로 이용하고 있음을 알 수 있다.

이 판결에서 각각의 피고인들에게 공통으로 적용되고 있는 치안유지법은 일본이 1925년에 제정한 것으로 1945년 패전으로 인해 이 법을 폐기하게 될 때까지 사상에 대한 통제와 사회운동에 대한 강력한 탄압 수단으로 이용되었다. 이 법은 일본 내에서도 적용되었을 뿐만 아니라 '치안 유지법을 조선, 대만 및 사할린에 시행하는 건'(칙령 제175호, 1925)에 따라 식민지 조선에도 시행하게 되었다. 물론 식민지 조선 내에서는 일제에 대항하는 모든 행위가 치안유지법의 대상이 되었기 때문에 그 실행 방식이 일본 국내의 경우와는 전혀 다른 것이 되고 말았다.

1928년에 개정된 치안유지법 제1조는 "국체를 변혁할 것을 목적으로 결사를 조직한 자 또는 결사의 역원 기타 지도자적인 임무에 종사하는 자는 사형, 무기 혹은 5년 이상의 징역 또는 금고에 처하고, 그 정을 알고 결사에 가입한 자 또는 결사의 목적 수행의 행위를 하는 자는 2년 이상의 유기징역 혹은 금고에 처한다. 사유재산제도를 부인할 것을 목적으로 결사를 조직하는 자, 결사에 가입하는 자, 또는 결사의 목적 수행을 위한 행위를 하는 자는 10년 이하의 징역 또는 금고에 처한다."라고 규정되어 있으며, 제2조는 "전조(前條) 제1항 또는 제2항의 목적으로 가지고 그 목적하는 사항의 실행에 관하여 협의를 하는 자는 7년 이하의 징역 혹은 금고에 처한다."라고 규정하고 있다. 이 두 가지 조항이 앞의 판결문에서 카프 맹원들에게 주로 적용하고 있는 법률 조항이다.

제1조의 내용은 국체 변혁 문제가 제1항으로 다루어지고 있으며, 사유재산제도 문제를 제2항으로 분리하여 다루고 있다. 여기서 말하는 국체 변혁이란 일본의 통치권자인 천황의 절대성에 변혁을 가하려는 일체의 행위를 말한다. 물론 일본 천황의 지배를 받고 있는 조선 식민지에서는 식민지 독립운동 자체가 국체 변혁에 해당한다. 사유재

산제도 문제는 공산주의에 대한 규제를 목적으로 하고 있다. 결국 제1조는 천황제의 절대주의적 국가체제를 방어하기 위해서 아주 강력한 제재 방식을 규정한 것이며, 자본주의 체제를 부인하는 공산주의 혁명운동을 분쇄하기 위한 것임을 알 수 있다. 형량의 경우 사형, 무기 등의 처벌 조항이 들어 있으며, 결사의 목적 수행을 위한 행위를 한 자를 처벌하도록 함으로써 결사의 조직원이든 아니든 간에 공산주의 사상과 관련되는 모든 행위를 처벌할 수 있도록 그 범위를 확대해 놓고 있음을 알 수 있다.

일제가 카프의 맹원을 구속하고 치안유지법에 의해 처벌하는 과정에서 특히 주목되는 요소의 하나는 사상 전향 정책을 강력하게 병행하고 있다는 사실이다. 여기서 말하는 전향이란 반정부적인 사상이 있던 과격분자가 자기비판을 하고 국가 정책을 지지하는 입장으로 변화하는 것을 말한다. 실제로 일제는 카프의 조직 자체를 해체시키고 모든 맹원들에게 치안유지법을 엄격하게 적용하면서 사상 전향을 서약하게 한 후 이에 대한 관용을 베푸는 것처럼 재판 절차를 진행하고 있는 것이다. 실제로 박영희, 윤기정, 이기영, 김영득, 추완호, 석재홍, 이의백에게 치안유지법 제1조 제2항의 전단(사유재산제도를 부인하는 것을 목적으로 하는 결사를 조직한 소위)을 적용하고, 송무현, 한병도, 박완식, 권경완, 이갑기, 이상춘, 김영득, 백세철, 정청산, 이동규, 김형갑, 김귀영, 홍장복, 전유협, 변효식, 나준영 등에게는 제1조 제2항 후단(동일 목적의 결사에 가입한 소위)을 적용하면서도 전향 서약을 한 것을 인정하여 형의 집행유예를 선고한 것은 바로 이 같은 절차를 그대로 말해 준다.

그러나 이 재판은 전주지방법원의 판결로 끝나지 않는다. 일본인 검사 이케다[池田]는 박영희, 윤기정, 이기영, 송영, 이상춘, 전평, 나웅에게 집행유예를 언도한 것에 불복하여 공소하였고, 박완식의 경우는 자신에게 내려진 체형 언도에 불복하여 공소하였기 때문이다. 정청산의 경우만 이 판결대로 형량을 복역하였을 뿐이다. 당시 신문 기사를 보면, 검사에 의해 공소된 피고인들도 모두 보석으로 석방되어 나온 후 1936년 2월 12일 대구 복심 법원(현재의 고등법원에 해당함)에서 이루어진 복심 공판을 치렀던 것이다.

대구 복심 법원의 공판 과정에서도 문제가 된 것은 전주지방법원에서의 경우와 대개 비슷한 조목들이다. 복심 공판에서 박영희는 카프 조직의 동기에 대해 인도주의적 예술을 연구하기 위하여 프롤레타리아예술동맹이라는 것을 조직한 것이며, 정치적 목적 또는 사유재산제도를 부인하고 공산주의적 사회를 건설하려는 것은 아니었지만, 반자본주의의 감정은 농후하였다는 것을 진술하고, 조직 당시의 강령은 너무나 공산주의적 색채가 농후하였다는 점을 인정하면서 예술가인 자기는 소화 8년 전향한 것을 역력히 진술하였다. 윤기정은 맑스주의에 의문을 품게 되어 역시 전향할 의사를 표명하였다. 이기영은 프로문학을 연구하기 위해 카프에 가맹하였고 소설가로서 현 사회의 모순을 여실히 표현하려고 한 것뿐이라는 점을 진술하고 송영 등도 이구동성으로 전향한다는 것을 역설하였다.[160]

피고인들의 사실 심리가 끝난 후에 일본인 검사 에가미[江上]는 1심의 판결보다 무겁게 박영희, 이기영, 윤기정에게 징역 3년, 송영, 전평, 이상춘에게는 징역 2년, 나웅, 박완식에게는 징역 1년을 각각 구형하였다. 그리고 2월 19일에 열린 판결 공판에서 박영희, 윤기정, 이기영 징역 2년 집행유예 3년, 송영 징역 1년 8개월 집행유예 3년, 이상춘, 전평 징역 1년 6개월 집행유예 3년, 나웅 징역 1년 집행유예 3년을 언도하였다. 박완식의 경우 전에 받은 집행유예 기간이 끝

160 《조선중앙일보》, 1936. 2. 14 기사 보도.

나지 않은 상태라서 징역 1년의 체형을 그대로 언도하였다. 대구 복심법원의 판결 형량은 결국 전주지방법원의 판결과 일치되고 있는데, 이번 자료 발굴 과정에서 확인된 복심 판결문의 전문은 다음과 같다.

판 결

본적 경성부 천연동 99번지
주거 경성부 천연동 69번지
저술업 박영희 당 36년

본적 경성부 수창동 60번지
주거 경성부 죽첨정 3정목 334번지
포목상점원 윤기정 당 34년

본적 충청남도 천안군 천안읍 유량리 269번지
주거 경성부 누하동 197번지의 2
저술업 이기영 당 34년

본적 경성부 현저동 산2번지의 5
주거 경기도 고양군 은평면 부암리 23번지
잡지기자 송무현 당 34년

본적 경성부 적선동 8번지
주거 경성부 동숭동 130번지의 7
화가 이상춘 당 27년

본적 함경남도 북청군 양천면 중리 965번지

주거　우동
　　　사진사　전유협　당 27년

본적　경성부 청엽동 1정목 156번지
주거　경기도 고양군 용강면 공덕리 115번지의 12
　　　배우　나준영　당 28년

본적　평양북도 의주군 의주읍 남문동 286번지
주거　경성부 관수동 161번지
　　　조선일보사 기자　박완식　당 30년

우(右)의 자들에 대한 치안유지법 위반 피고사건에 관하여 소화 10년 12월 9일 전주지방법원에서 언도한 유죄판결에 대해 박완식의 경우에는 피고인이 그 외의 경우에는 원심검사가 모두 공소(控訴)를 신립한 것으로, 당원은 조선총독부 검사 江上綠轉 관여 심리를 마치고 판결한 결과는 좌와 같다.

主文

피고인 박영희 동 윤기정 동 이기영을 모두 징역 2년에 처함
피고인 송무현 징역 1년 8개월에 처함
피고인 이상춘 동 전유협을 모두 징역 1년 6개월에 처함
피고인 나준영을 징역 1년에 처함
다만 우 피고인 7명 모두에 대해 3년간 형의 집행을 유예함
피고인 박완식을 징역 1년에 처함
원심에 있었던 미결 구류 일수 중 300일을 피고인 박완식의 우(右) 본형(本刑)에 산입함

박영희, 이기영에 대해 본형에 통산해야 할 법정 미결 구류 일수 3일

있음

대구복심법원검사

윤기정에 대해 본형에 통산해야 할 법정 미결 구류 일수 1일 있음

대구복심법원검사

송무현에 대해 본형에 통산해야 할 법정 미결 구류 일수 4일 있음

대구복심법원검사

이상춘, 전유협, 나준영에 대해 본형에 통산해야 할 법정 미결 구류 일수 5일 있음

대구복심법원검사

이 유

제1

조선프롤레타리아예술동맹이라는 것은 대정(大正) 13년 8월경 피고인 박영희, 최승일, 이호, 박용태, 김기진 등에 의해 프롤레타리아예술에 연구를 겸해서 프롤레타리아 문사의 사교단체로서 결성된 것으로 동경에서 제3전선사라는 것을 조직하여 잡지 《제3전선》을 발행하고 조선 무산대중의 계몽운동에 종사해 온 조중곤, 홍순준 일파가 소화 2년 7월경 귀선하여 경성에서 강연회 등을 개최한 적이 있는바 동인 등 일파가 피고인 박영희에 대해 조선프롤레타리아예술동맹의 행동이 미온적이고 또 비(非)프로적이라고 비판하고 마땅히 문예를 무기로 해서 좌익운동을 하지 않으면 안 된다는 요지를 고취한 바가 있었으므로 이에 따라

(1) 피고인 박영희 동 윤기정 동 이기영은 조중곤, 홍순준, 최학송, 김복진, 조명희 등과 함께 소화 2년 9월 1일 경성부 견지동 60번지 조선프롤레타리아예술동맹 회관에서 회합 협의한 결과 표면상 전서(前敍) 조선프롤레타리아예술동맹의 재조직에 가탁(假託)하여 프롤레타리아예술을 무기로 하여 부르주아 예술을 배격하고 마르크스주의를 선전하여 일반대중에 대해 계급의식을 주입 고취함으로써 필경 조선에

있어 사유재산제도를 부인하고 공산제도의 실현을 목적으로 한 결사를 조직하고 조선프롤레타리아예술동맹의 명칭을 답습하였으며, 강령으로 "우리는 무산계급운동에 있어 마르크스주의의 역사적 필요성을 인식함으로써 우리는 무산계급운동의 일부문인 무산계급 예술운동으로 봉건적 자본주의 관념의 철저적 배격하고 전제적 세력과 항쟁하며 계급의식을 관념화(觀念化)함"을 그 취지를 정하고 중앙집행위원회를 설치하여 동맹의 통제기관으로 하고, 피고인 박영희 동 윤기정, 한병도, 김복진, 최학송, 조명희, 홍순준, 이북만, 홍양명, 조중곤, 한식, 박용태, 이상화 등을 뽑아 동 위원으로 하였고 또한 기관지의 발행을 결의하였으며, 동월 5일 피고인 박영희 동 윤기정은 최학송 외 수명의 동맹원과 함께 전기(前記) 회관에서 회합 제1회 중앙집행위원회를 개최하고 서무, 교양, 출판, 조사, 조직의 5부를 설치하여 피고인 윤기정이 서무부 피고인 박영희가 교양부 최학송이 출판부 김복진이 조사부 홍순준이 조직부의 각 위원이 되어 활동하였으며, 더 나아가서 소화 5년 4월경 피고인 박영희 동 윤기정 동 이기영은 다른 수명의 동맹원과 함께 전기 회관에서 회합하고 동맹을 카프라 약칭할 것과 동맹에 서기국, 문예, 연극, 영화, 미술, 음악의 5부를 설치하고 피고인 윤기정이 서기국 및 영화부, 피고인 박영희가 문예부, 김복진이 연극부를 각 책임자가 되는 것을 결정하였고, 또 동년 12월 말경 경성부 적선동 최승희 무용연구소에서 또한 소화 5년 3월 초순경 동부 소격동에 있는 원심상 피고인 권경완 집에서 각각 회합 중앙집행위원회를 개최하고 전서 각 부를 독립시켜 각 동맹으로 하고 여기에 각 집행부를 설치할 것과 각 동맹에서 대표자 한 명씩을 뽑고 협의회를 조직하여 각 동맹의 통제지도기관으로 삼기로 하고 그 인선 등에 대해서도 협의했지만, 아직 어떤 결정을 보는 데는 이르지 못했으며

(2) 피고인 박영희 동 윤기정은 소화 2년 9월경 경성부 현저동에 있는 피고인 송무현의 집에서 동 피고인에게 권유하여 전기 동맹에 가입시켰고

(3) 피고인 이기영은 소화 9년 2월 10일경 경성부 이화동 195번지

임인식 집에서 동인과 회합 중앙집행위원회를 개최하고 종종 협의를 하였으며,

(4) 피고인 윤기정은 소화 2년 9월경 경성부 황금정 3정목 조선영화예술협회에서 원심상 피고인 김영득에게, 소화 3년 10월 중순경 동부(同府) 서사헌정 서울키노 제작소에서 피고인 박완식에게, 소화 7년 8월 23일 동부 영락정 1정목 동아인쇄소에서 원심상 피고인 정청산에게 모두 권유하여 전기 동맹에 가입시켰으며

이로써 전기 동맹의 목적 수행을 위한 행위를 하였고, 피고인 박영희는 소화 8년 10월 중 동맹을 탈퇴하였으며,

제2

(1) 피고인 송무현은 소화 2년 9월경 경성부 현저동에 있는 동 피고인 집에서 피고인 박영희 동 윤기정의 권유로 인해 그 목적을 알지 못한 채 전기 동맹에 가입하고 소화 3년 봄경 동 동맹의 목적을 인지하기에 이르렀으며 중앙집행위원회에 뽑혀 서무의 사무를 담당하였고

(2) 피고인 박완식은 소화 3년 10월 중순경 경성부 서서헌정 서울키노 제작소에서 피고인 윤기정의 권유로 인해 전기 동맹에 가입하고 소화 4년 10월 중 동 동맹에 전기 목적을 인지하고 나서 동 동맹에 남아 소화 5년 2월 중 그 영화부원이 되었으며

(3) 피고인 이상춘은 소화 7년 중 전기 임인식 집에서 동인의 권유로 인해 전기 동맹의 목적을 인지하고 여기에 가입하고 소화 9년 1월 5일 전기 임인식 집에서 동인과 함께 원심상 피고인 김귀영에게, 동년 2월경 평양부 수정극장 금천대좌에서 원심상 피고인 변효식에게, 동년 2월경 경성부 연건동 신건설회관에서 원심상 피고인 홍장복에게 모두 권유하여 동 동맹에 가입시키고 그 목적 수행을 위한 행위를 했으며

(4) 피고인 전유협은 소화 9년 2월 중 전기 임인식 집에서 동인의 권유로 인해 전기 동맹의 목적을 인지하고 여기에 가입하고 영화부원이 되었으며

(5) 피고인 나준영은 소화 9년 2월 10일 전기 신건설회관에서 임인식의 권유로 전기 동맹의 목적을 인지하고 여기에 가입 연극부원이 되었으며

그리고 또한 피고인 박완식은 소화 4년 12월 13일 신의주 지방법원에서 보안법 위반죄로 인해 징역 1년에 4년간의 집행유예, 소화 6년 5월 29일 동법원에서 출판법 위반죄로 벌금 50원의 각 판결을 받은 바 있으며,

증거를 보면 판시 제1 중 모두(冒頭) 게재의 결사 조선프롤레타리아예술동맹이 조직되기까지의 경위 및 (1)의 사실은 결사(結社) 조선프롤레타리아예술동맹이 단체 조선프롤레타리아예술동맹의 재조직에 가탁하여 조직하게 되었다는 점과 결사 조선프롤레타리아예술동맹이 판시 목적을 가지고 있다는 점을 제외시킨 피고인 박영희의 당 공판정에서의 진술 가운데 여기에 조응하는 부분, 그리고 판시 결사 조직에 대해서는 당국에 계출(屆出)했던 부분에 대한 여러 진술, 피고인 박영희에 대한 검사 제1회 신문조서 중 그가 진술한 바 있는 "우리들 동맹원이 프로예술을 통해서 마르크스주의를 조선 대중에 선전하고 그 의식을 심화시켜서 동 대중을 단결시킴으로써 현재의 조선에서 사유재산제도를 파괴하고 공산주의 사회를 거쳐 계급이 없는 평등한 사회건설에 도달하기를 바랐다"는 판시 동맹의 조직에 대한 취지, 판시 결사 조선프롤레타리아예술동맹이 판시 단체 조선프롤레타리아예술동맹의 명칭을 답습하게 되었다는 취지에 대한 여러 기재를 종합적으로 고찰하여 이를 인정하며, 제1의 (2)의 사실은 피고인 박영희의 당 공판정에서의 판시 동 취지에 대한 진술에 의해, 제1의 (3)의 사실은 피고인 이기영의 당 공판정에서의 판시 동 취지에 대한 진술에 의해, 제1의 (4)의 사실은 피고인 윤기정의 당 공판정에서의 판시 동 취지에 대한 진술에 의해 각각 이를 인정하고, 판시 제2의 (1)의 사실은 피고인 송무현이 당 공판정에서 동 피고인이 결사 조선프롤레타리아예술동맹의 창립 당시 피고인 박영희 외 한 명에게 권유받고 여기에 가입하였으며 소화 3년 봄에 판시 목적을 알고 중앙집행위원에 선임되어 서무의 일

을 하게 되었다는 취지 및 피고인 박영희의 당 공판정에서 진술 중 전시 피고인 송무현이 결사 조선프롤레타리아예술동맹에 가입하게 된 경위에 관한 부분을 종합하였으며, 제2의 (2)의 사실은 피고인 박완식이 당 공판정에서 동 피고인이 판시 일시 장소에서 피고인 윤기정의 권유로 인해 조선프롤레타리아예술동맹에 가입했다는 요지 및 소화 5년 2월 중 동 피고인이 피고인 윤기정으로부터 영화부원이 되었다는 통지를 받았다는 진술, 동 피고인에 대한 검사 제1의 신문조서 중 그의 진술로서 동 피고인이 카프는 프로예술을 무기로 하여 마르크스주의를 선전하고 궁극에는 조선에 공산주의 사회를 수립하는 것이라는 점을 카프의 첨예분자인 박영희의 극좌적 논문이 조선언문신문 등에 실린 것을 가입 전후에 보았기 때문에 대략 알고 있었다는 취지, 동 피고인에 대한 사법경찰관 제4회 신문조서 중 그의 진술로써 동 피고인은 소화 4년 10월경 결사 조선프롤레타리아예술동맹은 사유재산제도를 인정하지 아니하는 공산주의 사회를 조선에 실현할 수 있도록 노력하는 것을 목적으로 한다는 점을 인식했다는 취지의 각 기재를 종합하고 이를 인정하며, 제2의 (3)의 사실은 피고인 이상춘이 당 공판정에서 동 피고인이 결사 조선프롤레타리아예술동맹에 가입 당시 판시 목적을 알고 있었다는 점을 제외한 판시에 조응하는 진술, 동 피고인에 대한 검사 제1회 신문조서 중 그의 진술로서 동 피고인이 결사 조선프롤레타리아예술동맹에 가입 당시 동 결사가 판시 목적을 지니고 있는 것을 알고 있었다는 취지의 기재를 종합하고, 제2의 (4)의 사실은 피고인 전유협에 대한 검사 제1회 신문조서 중 그의 진술로서 판시에 조응하는 기재에 의해, 제2의 (5)의 사실은 피고인 나준영에 대한 검사 제1회 신문조서 중 그의 진술로서 판시의 조응하는 기재에 의해 각 이를 인정하고 또 피고인 박완식의 전과 사실은 동 피고인의 당 공판정에서의 그 요지에 대한 진술에 의해 이를 인정할 수 있으며,

좌(左)의 판시 사실은 모두 그 증거가 분명함으로,

법에 따라 피고인 박영희 동 윤기정 동 이기영의 판시 사유재산제도 부인의 목적을 지니는 결사를 조직하고 그 목적 수행을 위한 행위

에 대해서는 치안유지법 제1조 제2항에, 피고인 송무현 동 박완식 동 이상춘 동 전유협 동 나준영의 소위는 동법 제1조 제2항 후단에 해당되는 것으로 모두 소정 형벌 중 징역형을 택하여 형기 범위 내에서 각 피고인 등에게 각각 주문에 기재한 형에 처하며, 피고인 박완식을 제외한 피고인 등에 대해서는 모두 범죄 후의 전향 서약을 인정하여 형법 제25조에 따라 3년간 형의 집행을 유예하고, 피고인 박완식에 대해서는 동법 제21조에 따라 원심에 있었던 미결 구류 일수 중 300일을 본형에 산입하도록 하며

이에 형사소송법 제401조 제1항에 따라 주문과 같이 판결한다.

피고인 박완식의 공소(控訴) 및 나머지 피고인들에 대한 원심 검사의 공소는 모두 이유 없음.

소화 11년 2월 19일

대구복심법원 형사 제2부
재판장 조선총독부 판사 增村文雄
조선총독부 판사 谷口武
조선총독부 판사 三幣直次

극단 신건설의 공연과 관련하여 카프의 맹원 전원과 관련자들을 검거하였던 이른바 신건설 사건은 1934년 여름 사건의 발단에서부터 1936년 2월 최종 판결이 내려질 때까지 2년 가까운 시일을 끌면서 일단 정리되었다. 박완식은 이 같은 판결에 불복하여 다시 고등법원에 상고하였지만, 1936년 4월 30일 고등법원에서 이유가 없다고 이를 기각하여 결국 원심판결이 확정되었다. 이 사건은 식민지 시대 계급문학운동의 전개 과정에서 다음과 같은 몇 가지의 의미를 지닌다.

첫째, 카프 조직 해체와 계급문학운동 자체가 종말을 고하게 된다는 사실을 주목할 수 있다. 신건설 사건이 완결되기 전에 이미 임

화 등에 의해 카프 해산서가 정식으로 경찰에 제출되었다. 조직운동으로서의 계급예술운동은 카프의 해산과 함께 중단되지 않을 수 없게 되었다. 일본 경찰은 이 사건의 조사 과정에서 카프의 해체를 종용하였다. 경찰 당국에서는 신병으로 구속을 모면한 임화, 1차 검거 사건의 종결로 2년이 넘는 투옥 생활을 마친 김남천, 그리고 전주지방법원의 예심과정에서 기소유예로 풀려난 김기진을 상대로 카프의 해체를 요구하였다. 임화는 김기진 등과 함께 1935년 5월 20일 일본 경찰 당국에 카프의 조직 해산서를 제출하게 되었다. 당시 《조선일보》는 이 사실을 다음과 같이 보도하고 있다.

> 조선프롤레타리아예술동맹(카프) 서기장 임화 씨는 지난달 11일에 동대문 경찰서 고등계로부터 그 동맹 해체 권고를 받고 그간 서울에 남아있는 동지들과 협의한 결과 드디어 해체키로 결정하고 지난 이십일 동대문 경찰서 고등계를 거쳐 경기도 경찰부에 그 동맹 해산계를 제출하였다. 이 카프는 지금으로부터 팔구 년 전 1927년경 박영희 등 프로문사들로 조직된 예술 단체로서 일시에는 기관지로 《집단》이라는 잡지까지 발간하여 노동계급의 문학과 연극 및 영화 운동을 하여 오던 중 4, 5년 이래 객관적 정세의 변경됨을 따라 다만 그 잔해만 남기고 있던바, 이즈음 강경한 해체 권고를 받고 드디어 해체되고 만 것이다. 이와 동시에 같이 해체 권고를 받은 극단 신건설도 불원간 해체될 모양으로 이로써 종래 조선프롤레타리아예술을 위하여 악전고투하던 이 두 단체도 드디어 해산되고 말게 되었다.[161]

카프의 공식적인 해산서 제출 과정은 대부분의 맹원들이 전주의 유치장에 수감되어 있던 동안에 임화, 김남천, 김기진 등에 의해 이

161 《조선일보》, 1936. 6. 6.

루어졌다는 점에서 상당한 의구심을 가지게 하는 대목이다. 특히 후반기 카프의 조직을 주도하였던 임화가 끝내 이 사건의 재판 과정에서 제외되었고, 그의 손으로 카프 해산서가 제출되었다는 것은 임화의 행적과 관련하여 납득하기 어렵다. 임화의 이 같은 행동은 당시 수감되어 있던 동료에게 일종의 배신적인 행위로 비쳤을 가능성도 없지 않은 것이다. 해방 직후 임화가 조선문학건설본부를 결성했을 때 이기영, 한설야, 송영, 이동규 등이 이에 반발하고 다시 조선프롤레타리아문학동맹을 결성한 것은 바로 여기서 문제 되는 카프 해소파와 비해소파의 갈등과 무관하지 않음을 짐작할 수 있다.

둘째, 신건설 사건은 일제의 사상 탄압이 만주사변 이후 더욱 가중되고 있음을 말해 주는 증거가 되고 있다. 신건설 사건은 카프의 국내 조직을 근거로 하여 신간회 해소운동과 공산당 재건운동에 나섰던 카프 맹원들에 대한 제1차 검거사건의 처리 내용과 상당한 차이를 드러내고 있다. 제1차 검거사건 당시에는 카프 관련 문인 가운데는 유일하게 김남천이 실형을 언도받았을 뿐 다른 문인들은 모두 조사 후 방면되었다. 그러나 신건설 사건의 경우는 연극 공연 선전 자료를 빌미삼아 카프 맹원 전원을 체포하고 이들에게 모두 치안유지법을 적용하여 실형을 언도하고 있는 것이다. 카프 맹원들은 카프의 조직이 문예 단체임을 주장했지만, 일본 총독부는 이 같은 주장을 묵살하고 카프를 공산주의 사상 선정을 위한 정치적 결사체로 규정하여 치안유지법을 매우 엄격하게 적용하고 있는 것이다. 이 같은 현상은 이른바 객관적 정세의 불리로 설명되었던 1930년대 중반의 시대적 상황과 관계되는 것이며, 일제의 군국주의 강화를 말해 주는 것으로 볼 수 있다.

셋째, 신건설 사건의 처리 과정에서 카프 맹원들에 대한 사상 전향이 강요되었음을 알아야 한다. 일제는 사상범에 대한 보호 관리를 목적으로 1936년 사상범보호관찰법을 제정하였다. 이 법안은 기소 유예 또는 형기 만료 등으로 출옥하는 사상범들을 격리시켜 보호 관리하는 것이지만, 궁극적으로는 사상 범죄의 재발 방지를 위한 사상 전향의 강요에 큰 의미를 두고 있는 것이라고 할 수 있다. 일제는 「조선 사상범 보호 관찰령」(제령 제16호, 1936)을 통해 식민지 조선 내에서 이를 적극 시행하고자 하였다. 결국 카프의 맹원들은 집행유예의 판결을 받고 사회에 복귀했지만, 모두가 사상범으로 보호 관찰의 대상이 되었고, 그 사상적 전향을 요구받았다. 특히 이들은 국체 명징, 국민정신 함양 등과 같은 주장에 동조하도록 강요받고 내선일체의 논리까지 동참하게 됨으로써, 상당수가 일제 식민지 시대 말기에 친일적인 행위에 빠져들었던 것을 확인할 수 있다.

조선프로예맹의 조직 해체

조선프로예맹이 정식으로 해산된 것은 1935년 5월 20일이다. 대다수의 맹원이 극단 신건설 사건에 연루되어 전주에 수감되어 있는 동안 일본 경찰은 이 사건의 진행 절차와는 관계없이 카프의 해산을 강요하기 시작하였다. 경찰 당국에서는 신병으로 구속을 모면한 임화가 서울 탑골승방에서 요양하고 있을 때, 그를 찾아가 카프 해산을 강권[162]하였다. 임화는 이 같은 경찰의 강압에 의해 카프 해산서를 제출하지 않을 수 없었다. 그는 1차 검거사건의 종결로 2년이 넘는 투옥 생활을 마친 김남천, 그리고 전주지방법원의 예심과정에서 기소유예로 풀려난 김기진을 상대로 카프의 해산 절차를 논의하였고, 카

---

162 당시 《조선일보》(1935. 5. 15)의 기사에 의하면, 1935년 5월 11일 동대문 경찰서의 도미타[富田] 주임과 경기도 경찰부 고등계원이 탑골승방에서 요양 중인 카프 서기장 임화를 방문하고 카프 해산을 강권했던 것으로 보도하고 있다.

프의 각 지부에도 해산에 대한 의견을 묻는 서신을 보내기도 하였다. 그리고 김기진 등과 함께 일본 경찰 당국에 카프의 조직 해산서를 제출하게 되었다. 이 같은 해산 절차는 물론 전체 맹원의 합의에 의해 이루어진 것은 아니지만, 일본 경찰은 카프의 해산서가 제출되자 이 조직의 해산을 정식으로 인정하였다. 그리고 카프의 해산이 확인되자 거의 반년 이상을 끌어온 극단 신건설 사건의 예심을 종결하고 이 사건을 정식으로 기소하게 되었다. 당시 《조선일보》는 카프의 해산 소식을 다음과 같이 보도하고 있다.

> 조선프롤레타리아예술동맹(카프) 서기장 임화 씨는 지난달 십 일 일에 동대문 경찰서 고등계로부터 그 동맹 해체 권고를 받고 그간 서울에 남아있는 동지들과 협의한 결과 드디어 해체키로 결정하고 지난 이십 일 동대문 경찰서 고등계를 거쳐 경기도 경찰부에 그 동맹 해산계를 제출하였다. 이 카프는 지금으로부터 팔구 년 전 1927년경 박영희 등 프로문사들로 조직된 예술 단체로서 일시에는 기관지로 《집단》이라는 잡지까지 발간하여 노동계급의 문학과 연극 및 영화 운동을 하여오던 중 4, 5년 이래 객관적 정세의 변경됨을 따라 다만 그 잔해만 남기고 있던바, 이즈음 강경한 해체 권고를 받고 드디어 해체되고 만 것이다. 이와 동시에 같이 해체 권고를 받은 극단 신건설도 불원간 해체될 모양으로 이로써 종래 조선프롤레타리아예술을 위하여 악전고투하던 이 두 단체도 드디어 해산되고 말게 되었다.[163]

이 같은 기사의 내용을 통해 확인할 수 있는 사실은 카프 해체의 과정에 일본 경찰의 강경한 권고가 있었다는 것, 임화가 동료들과 협의하여 해체를 결정하고 해산계를 경찰에 제출했다는 정도이다. 그

---

163 《조선일보》, 1936. 6. 6.

러나 이 같은 내용으로는 카프 조직 해체의 자세한 과정을 정확히 이해하기 어렵다. 무엇보다도 전주 사건에서 제외된 임화의 입장과 그의 역할에 대해서는 논의가 분분하다. 임화는 백철의 증언대로 전주 사건에 연루되었을 때 경찰에 끌려가던 경성역에서 졸도하여 병원으로 후송되었고, 이후 계속 건강이 악화된 상태에 있었다. 그는 평양의 구호자 병원에서 요양하였고, 부인 이귀례와의 사이에 이혼설도 나돌았다.[164] 카프의 해산 과정에서 임화는 어떤 역할을 수행하였는가? 이에 대해서는 다음과 같은 보다 자세한 진술이 나와 있다.

> (1) 5월 중순에 임화로부터 경찰 당국에서 예술동맹의 해산을 말해왔으니 그에 대한 회답을 하라는 서신 한 장을 받았다. 나는 즉시 수원 지부가 해체되었다는 것 및 이의 없다는 간단한 회답을 발송했다. 또 얼마 안 되어 5월 21일로 조선프롤레타리아예술동맹(약칭 카프) 중앙위원회 서기국 명의의 해체통지서를 받았다. 거기에는 '발송한 통지서 11통중 해체 동의 7, 무회답 2, 반대 2'라는 추신이 써 있었다.
>
> 이러한 순서로 조선프롤레타리아예술동맹은 해산케 된 모양인데 6월 초순에 와서야 도하의 각 부르 신문은 예맹의 해체를 흥미있게 전하고 또 《조선중앙일보》에서는 「카프 해산과 문단」이라는 명목하에 소위 수인의 감상을 실었다. 그러나 그것들은 하나도 적중한 것이 없었다.
>
> 과연 나는 예술동맹의 해산에 대하여 감개무량하였다. 전일 내가 관계하던 다른 단체를 해체할 때도 역연했지만 이번에 또한 그랬던 것이다. 그러나 시체를 매장하는 그런 감개였고 또 환생치 못할 해체를 하루바삐 파묻자는 주장을 해 온 나이었으므로 해체만은 당연한 일이라고 생각했지만, 그 수단 방법에 있어 도리어 불쾌를 느끼었다.[165]

---

164 김윤식, 『임화연구』(문학사상사, 1989), 541면.

(2) 내가 《매일신보》에 입사해 가지고 두 달쯤 다니고 있을 때 카프의 문학부 책임자로 있던 김남천은 병도 낫고 해서 평양서부터 서울에 올라와 있었는데, 경기도 경찰부의 호출을 받고서 그가 출두했더니 조선프롤레타리아예술동맹이라는 단체를 정식으로 해산하겠다고 서류를 제출하라더라고 나한테 찾아와서 의논이었다. 임화는 아직도 평양에 드러누워 있고 다른 사람은 죄다 전북 감옥에 있고, 몸 성히 서울에 있는 사람이라곤 김기진과 남천뿐인데 김기진은 이미 매일신보사 기자로 있으니까 카프의 책임자 자격은 없어졌다. 그러니까 남천이 네가 책임자의 자격을 가진 유일한 사람이다. 경기도 경찰이 이렇게 말하면서 해산계를 내라는 것이라 한다. 해산계를 안 낸다손치더라도 감옥에 있는 사람들이 나오기 전엔 집회 한번 못해 볼 것이고 맹원이라곤 한 사람도 받을 수도 없고 들어올 사람도 없고 사실상 해산된 거나 다름없는 조직체이고 보니 저놈들이 하라는 대로 할밖에 별수 없지 않겠는가? 남천과 나는 의논 끝에 이렇게 합의하고서 저놈들의 주문대로 김남천 명의로 '조선프롤레타리아예술동맹 해산계'라는 서류를 경기도 경찰부에다 제출해 버렸다. 이것이 1935년 6월인가 7월인가의 일이었으니 그동안 꼭 10년의 세월을 두고서 이 땅에 좌익 문학의 바람을 일으켜 오던 카프는 명실과 함께 사라져버린 것이다. 남천이 경찰부에 가서 계출한 다음에 매일신보사로 나를 찾아왔을 때 두 사람은 서로 얼굴을 바라보며 쓸쓸히 웃었지만 두 사람의 얼굴 근육은 웃음 짓는 모양이 아니고 우는 모양이었던가 싶다.[166]

앞의 (1)은 당시 카프 수원지부에서 활약하고 있던 카프 해소론자 박승극이 카프 해산 직후에 발표한 글이며, (2)의 경우는 김기진의 회고록의 한 부분이다. 이 두 글에서 카프 해산의 과정은 서명의 형식으로 각 지부의 의견 수렴과정을 거친 것으로 되어 있다. 박승극

165 박승극, 「예술동맹 해산에 제하여」(신조선, 제4호, 1935. 8), 86~87면.

166 김기진, 「나의 회고록(12) — 카프의 자연소멸」(세대, 제26호, 1965. 9).

의 글에서처럼 전국의 11개 지부에서 나온 해산에 대한 각 부 의견은 찬성이 압도적으로 나와 있다. 이 같은 형식적인 절차는 이미 앞의 《조선일보》에서도 임화가 '서울에 남아있는 동지들과 협의한 결과'에 따라 해산계를 제출한 것으로 보도하고 있는 것으로 보아 사실임을 알 수 있다. 그러나 이 의견 수렴의 과정은 글자 그대로 하나의 형식적인 절차에 불과하다. 이미 카프의 주역들은 대부분 전주에 수감되어 있는 상황이었기 때문에 각 지부의 의견이라는 것이 특별한 의미가 있는 것이 아님을 쉽게 짐작할 수 있다. 더구나 카프는 이미 기술자 위주의 재조직을 꾀하면서 대중적인 사회운동 조직의 성격을 유지하였던 지부의 역할을 별로 중시하지 않게 되었던 것이다. 실제로 극단 신건설 사건의 경우에도 카프의 지방 지부 맹원들은 비교적 자유로웠던 것이 사실이다.

카프의 실질적인 해산의 주역이 누구였는가 하는 점도 관심사가 아닐 수 없다. 앞의 김기진 회고록에서 본다면 해산계의 제출을 담당한 것은 김남천이었을 가능성도 인정할 수 있다. 그러나 김기진의 회고록은 그 내용을 신뢰하기 어렵다. 김기진은 카프 해산서 제출 당시 '임화는 아직도 평양에 드러누워 있고'라고 기록하고 있지만, 분명히 일본 경찰이 서울 탑골승방에서 요양 중인 임화를 방문했다는 《조선일보》 기사로 보아 김기진의 회고록이 사실을 왜곡하고 있음을 알 수 있다. 더구나 카프 해산 직후에 발표된 앞의 박승극의 글에서도 카프의 해산 과정에서 임화가 자신의 명의로 된 의견서를 각 지부에 보냈다는 것을 밝히고 있다. 그러므로 임화가 당시 투병 중이었음에도 카프 해산 과정을 주도했었다는 점은 분명하다. 그렇지만, 후반기 카프 조직을 주도했던 임화에 대한 일본 경찰의 태도에 대해서는 여전히 의문이 남아 있다. 일본 경찰은 카프의 중요 인물들을 모두 수감한 채 조직으로부터의 탈퇴와 사상의 전향을 약속받은 뒤에야 극단 신건설 사건을 마무리했지만, 임화를 끝까지 수감하지 않았다. 과연 일본 경찰이 임화가 투병 중이었기 때문에 그에게 관대했던 것인지에 대해서는 당시 일본 경찰의 사상 탄압의 실상으로 보아 납득하기 어려운 점이 많다.

그런데 카프의 공식적인 해산은 전주 사건 직전 계급문단의 일각에서 제기되었던 카프 조직의 해소론과는 별도의 과정에서 이루어진 것임을 주목할 필요가 있다. 이형림과 같은 해소론자들이 주장했던 카프 조직의 '해소'는 어디까지나 그 주체를 계급문단 내부에 한정하고 있는 것이다. 그러나 카프의 '해산'은 경찰의 강권에 의한 강제 해체의 의미를 지닌다. 그러므로 문단 일각에서 문제가 되는 이른바 카프 해소파와 비해소파의 갈등은 카프 강제 해산과는 직접적인 관계가 없다고 말할 수 있다. 실제로 카프의 강제 해산을 놓고 해소론에 동조했던 박승극조차도 카프 강제 해산의 수단과 방법에 대해서는 '불쾌를 느꼈다'고 기록하고 있을 정도이다. 그러므로 카프 해산은 하나의 공식적인 절차일 뿐이며, 조직 내부에서 제기되었던 해소론과는 다른 차원에서 논의될 수 있는 과제라는 점을 인식할 필요가 있다.

카프의 해산이 갖는 문단적인 의미는 어떻게 규정할 수 있는가? 카프의 해산은 한국 문단에서 문학적 경향의 동질성을 이념적인 것에 근거하여 공유하고 있던 동지적 결합체가 일본 경찰의 강압에 의해 해체되고 있음을 의미한다. 다시 말하면 문학적 경향과 이념적 지향이 결합되어 있던 문단조직의 해체를 의미하는 것이다. 카프의 해산을 놓고 당시 문단의 반응을 세 가지의 표정으로 유형화하고 있는 다음 글은 그 내용이 의미심장한 바 있다.

> 무엇보다도 먼저 상상할 수 있는 얼굴의 하나는 해산을 누구보다

도 환영하는 형으로서 이것은 주로 금년 초에 《조선일브》에 논필을 든 모 전문학교의 영어 교사와 최근 본보 학예란에서 가장 문학적(!)인 괴론을 토로한 춘사(春士)의 양인으로서 그의 대표자를 삼을 수 있는 일군의 표정이니 이 얼굴에는 우리는 문학의 엄연한 당파성과 카프의 해산이 결코 프로문학의 ××을 의미하지 않는다는 사실을 첨예하게 대립시킬 필요가 있을 것이다. 실로 이 얼굴의 표정에는 자기의 싸움 상대가 다른 곳으로 이사를 하였거나 혹은 불의의 병으로 육체적 고난을 받을 때 흔히 가지는 골목대장의 적요와 위문까지를 찾을 수 없을 뿐만 아니라 오히려 이 육체적 고난의 앞에 축배를 들리고 상대의 소멸이 자기의 승리를 역사적으로 증명한 것 같은 우매한 만족까지를 표시하고 있는 것이며 이리하여 그들은 문학의 당파성의 소멸, 그리고 아예 당초부터 프롤레타리아 문학이란 한 개의 유파로서도 존재할 이유가 없었다는 증좌 또는 프로문학의 영원의 소멸까지를 예언하는 지극히 귀여운 환상으로 충만되어 있는 것이 사실인 것이다.

그러나 문학의 당파성이란 한 개의 예술적 단체의 존재의 여부에 의하여 결정되는 것은 아니며, 이것은 실로 카프가 생겨나기 전의 기백년 기천년의 세계사 위에 뚜렷한 획선을 가지고 있는 것이다. 어느 나라의 문학적 역사의 위에서도 우리는 항상 문학의 당파성을 볼 수 있는 것이니 카프의 소멸이 당파적 문학의 소멸 내지는 문학의 당파성의 거부가 되리라고 생각하는 두뇌야말로 그 자신 당파성의 부정이라는 의미에서 또한 한 개의 정치적 당파성 위에 서 있는 것이다. 그럼으로써 카프의 해산이 조직을 떠난 운동이란 있을 수 없다는 의미에서 운동으로서 프로예술의 순간적인 정지는 의미할지언정 프로문학이 ××되리라든가 문학의 당파성이 거부된다든가를 의미하지는 못하는 것이다. (중략)

다음으로 상상할 수 있는 한 개의 얼굴은 구 카프원 중에서 찾아볼 수 있는 표정이니 이것은 박영희 신유인을 대표로 하는 탈퇴단의 일군과 이갑기, 한효, 박승극 등을 이론적 대표자로 하는 해소 내지는 해체론자들의 일군일 것이다. 물론 이 양군을 동일한 면고와 얼굴로서 개괄하는 데에 대하여는 여러 가지 불만과 반대가 있을 것이오 사실에 있어서 이 양자의 간에는 거의 천양간 차이를 그의 정치적 문학적 태도에서 발견할 수 있는 것이로되 그들이 패배주의라는 색채의 공통성과 동일에 의해 이번 해산을 앞에 놓고 응당 가졌을 표정은 우리로 하여금 동일한 전형 속에서 찾아봄에 대하여 하등 주저도 가지지 않게 하는 것이다. 자기네들이 선견의 명을 가지고 주장하는 이론이 틀림없이 증명당할 날을 가질 수 있었다는 만족에 넘친 얼굴, 이 꼴 당할 줄 알았길래 자기네는 그 시기를 스스로 초래하지 않고 일보 앞서서 오늘의 이 꼴을 회피한 것에 대한 자위와 자기변명에 가득 찬 그들의 얼굴, 이 표정에 대하여는 조금이라도 풍부한 상상력을 가진 사람의 누구나 모두 한가지로 생각할 수 있는 일견 양심적인 것 같으면서도 기실은 패배주의적 색채가 농후한 면모인 것이다.

물론 이들의 면모와 표정을 충분히 설명하기 위하여는 박영희의 탈퇴 이론의 중심이 되어 있는 문학의 정치로부터의 분리의 사상에 대한 상세한 비판이 있어야 할 것이오, 또 '나프' 해산의 모방에 조선적 색채를 가미한 이갑기의 해소론, 카프 성원의 대부분이 육체적 고난 속에 있어 카프는 사실상 무능력하게 되어 오히려 작가적 창조의 자유에 대한 구속으로 되었으나 그것에 대신할 조직 결성이 없이는 해소는 부당하다는 이갑기 이론의 보충적인 절충안의 제창자인 한효의 주장, 또는 상기 양론을 명쾌(!)하게 비판하면서 이랬거나 저랬거나 대책은 해산해 놓은 뒤에 스스로 생길 것이니 위선 무조건적으로 백지적 해산을 하자는 박승극적 주장 등등을 세밀하게 분석하지 않고는 불가능한 것이로되, 이미 해산되어진 지금 그에 관한 약간의 수감을 적은 이 마당에서는 그들이 한가지로 카프라는 간판을 단순한 간판으로만 해석하였다는 점 또는 형해만의 카프가 형해만을 의미하지는 않으리라는 데 대한 무이해, 지금 모든 성원이 부재하는 중에서 그대로 해산을 해버린다는 데 숨어 있는 패배적 특징 또는 카프의 과거의 공과의 타산에서 응당 비판의 중심이 되는 카프의 정치주의적 종파적 경향 등등도 작년 2월 카프 중앙위원회 서기국이 발표한 결의에서 엄정히 청산되었다는 제사실… 이런 것만을 추려서 보면서 그들의 얼굴의 특징을 그치지 않아서는 아니 될 것이다. 그리하여 우선 자기만족과 자위에 찬 얼굴을 향하여 맨 처음 던져야 할 것은 실로 이번의 해산은 이들 누구의 주장에 의하여 시행된 것도 아니고 해산 이후에 대한 이들 해소 해체론자들이 가지고 있던 문학적 환상까지를 부숴버릴 별별의 힘에 의하여 실행되었다는 사실일 것이다. 해소 이후에는 별다른 훌륭한 길이 마치 천계(天啓)에 의해 열리듯이 스스로 개척되리라고 생각하던 이들의 환상, 카프를 때려 부수고 나면 갑자기 프로문학의 개화기를 가져오게 할 듯한 전혀 부도(不渡) 수형(手形)적 약속, 이러한 것은 지금의 해산에 하등의 보수도 받을 수 없을 것이다. 이리하여 그들의 앞에는 지금 두 번째의 선견의 명을 이야기할 임무가 가로놓여 있으며, 그들의 예언과 암간 조명의 계획이 한가지 패배적 색채와 거만스러운 자위를 동반하고 등장할 것을 우리로 하여금 상상케 하는 것이다. (중략)

마지막으로 우리가 생각할 수 있는 얼굴은 이 해산의 통고를 안고 암담 초연하여 낙망과 애상에 젖어서 자기의 주위에서 오직 깜깜한 암흑만을 발견하고 장차 자기가 나가야 할 길의 개척을 위하여 들었던 괭이조차 던져버리는 나머지는 종래 자기가 가지고 있던 문학적 정치적 태도에까지 회의적으로 되어 드디어는 예술가적 파멸의 길로 문을 열기에 이르는 일군의 표정일 것이니 이들의 간면 신경은 객관적 조건에 대한 과대적인 측정과 주관적 역량에 대한 과소의 평가가 그의 특징일 것이다. 신굴성과 탄력은 상실되고 남은 것은 '자라 보고 놀란 자'의 과민한 신경과 예술 지상주의적인 속호와 안이화에 대한 유혹뿐이어서 낙망, 회의, 참회, 개종의 길을 자기의 앞에 열리는 유일의 행로로 아는 이들에게 있어서는 10년의 예술운동사에 대한 평가에서뿐 아니라 지금 전 세계가 당면하고 있는 모든 비상시 풍경에 대하여도 하등의 과학적인 태도도 찾아볼 수 없음이 특징일 것이다. 현재의 이 순간에 있어서 탄시과 낙망이 아무러한 지시치 못할 뿐만 아니라 그것이 10년의 예술적 재산에 대한 부정확한 과소평가를 매개로 하여 곧 과거의 문학적 ××적 주장, 10년의 전통적 주장에 대하여 회의하고 참회하는 길로 연결될 것임은 자명한 것으로 이런 의미에서 이 얼굴의 위험성에 대하여는 이제부터 예상 이상으로 혼란한 형극의 소로일 것을 생각할수록 가일층의 경계를 우리들로 하여금 강요할 것이다. 자위와 자만의 환상 이상으로 이 절망적인 얼굴은 미약한 등잔불조차를 상실한 우리들의 암야 행로에서 가공할 거역자일 것이다.[167]

이 글에서 카프의 해산에 대한 문단의 관심은 세 가지 관점으로 설명되고 있다. 첫째는 카프의 조직과는 관계없이 계급문학운동에 대해 부정적 입장을 취해 온 문단 일각의 태도이다. 순수문학적 입장에서 계급문학의 존재를 부정했던 사람들이 카프의 해산을 환영하고 있음을 지적하고 있다. 조직의 해체가 곧 문학의 당파성 자체를 부정할 수 있는 근거가 되지 못한다는 점을 내세워 카프 해산을 환영하는 부류에 대해 비판하고 있다. 둘째는 카프 내부에서 조직의 해소파 또는 탈퇴파들이 보여주고 있는 태도이다. 이 글에서는 이갑기 등의 해소파와 박영희 등의 탈퇴파를 나누고 있지만, 카프의 해산이 이들의 입장을 강화하거나 옹호하기 위해 이루어진 것이 아니라 오히려 이들의 주장조차도 묵살할 수 있는 더 큰 힘에 의해 강제되었다는 사실을 주목해야 함을 역설하고 있다. 셋째는 카프 비해소파들의 입장이다. 이들은 대부분 극단 신건설 사건에 연루되어 수감되어 있는데, 이들이 보여줄 절망과 좌절 그리고 사상적 전향 등을 이 글에서는 미리 예견하고 있다.

일본 경찰은 카프의 조직 해산계를 정식으로 접수한 뒤에 그동안 1년 이상을 끌어온 극단 신건설 사건에 대한 조사를 끝내고 구속된 카

167 학령산인, 「카프 해산과 문단—해산에 관한 약간의 수감」(조선중앙일보, 1935. 6. 9~12).

프 맹원들을 정식으로 기소하고 있다. 카프의 맹원들은 경찰에서의 조사와 법원의 예심 절차를 거치는 동안 모두가 카프의 정치적 성격을 대체로 부인하였고, 카프를 통해 추구하고자 했던 마르크스주의의 이념에 대해서도 모두가 이를 부정하였다. 특히 이들은 일본 검찰의 요구대로 전향을 약속함으로써 이들이 속해 있던 카프는 조직으로서의 결속력을 모두 상실하게 되었다. 일본 총독부 재판부는 이들이 모두 좌익적 사상에 동조하고 그 사상에 근거하여 정치적인 결사체인 카프에 가담하여 계급문학운동을 전개하였지만, 재판부에서의 전향 서약을 인정하여 모두 형의 집행을 유예한다는 판결을 내렸다. 카프의 조직 해산만이 아니라 맹원들의 사상 전향까지도 모든 신건설 사건의 처리 과정을 통해 강요하였던 것이다.

제3부

계급문학의 창작적 실천

1. 계급소설과 계급의식
2. 시적 형상과 계급적 이념
3. 연극운동과 무산계급운동

1. 계급소설과 계급의식

(1) '경향소설'과 소설의 이념성

'신경향파' 소설의 등장

한국 근대소설에서 식민지 현실 문제에 대한 적극적인 관심이 제기되기 시작한 것은 1920년대 중반부터이다. 3·1운동을 전후하여 예술을 통한 개성의 발견이라든지 민족적 자각 등이 강조되고 식민지 현실에 대한 비판적인 의식이 확대되자, 일본의 식민지 지배와 경제적 착취에서 비롯된 삶의 궁핍화 현상이 이 시기 소설의 중요한 소재가 된다. 도시를 배경으로 가난한 지식인의 삶과 좌절을 보여주거나 궁핍한 노동자의 고통을 그린 작품들도 있고, 농민들이 겪는 가난을 집중적으로 조명하면서 착취를 견디지 못하고 농촌을 떠나는 농민들의 고통스러운 삶을 그려낸 작품도 많이 있다. 이러한 소설들은 대체로 '빈궁의 문학'이라는 이름으로 지칭되기도 하였는데, 계급문학에 관한 관심이 확대되고 계급적 이념에 대한 소설적 추구작업이 적극화되는 과정에서 새로운 문학적 경향으로 자리 잡게 되었다.

이와 같은 1920년대 소설의 새로운 경향을 임화는 크게 두 가지 조류로 나누어 설명한 바 있다. 그는 김기진, 박영희로부터 송영, 김영팔 등에 이르는 주관 의식이 강한 소설적 경향을 들어 작가의 요구가 작품의 전면에 드러나 있는 예로 지목하였다. 그리고 김동인, 염상섭 등의 자연주의적 경향의 영향 속에서 성장한 최서해, 이기영 등의 경우는 주관의 표현보다 대상의 객관적 묘사가 위주가 되는 예로 거명하였다. 임화는 이 같은 두 가지 조류를 각각 '박영희적 경향'과 '최서해적 경향'이라 부르고 있다.[1] 임화가 지적하고 있는 소설의 두 가지 경향을 보다 면밀하게 검토해 보면 '최서해적 경향'으로 분류되고 있는 작품들은 대개 개별적인 주인공의 빈궁한 삶의 현실 문제를 직접 다루고 있기 때문에 풍부한 묘사와 표현의 직접성을 특징으로 하고 있다. 그러나 비판적 현실 인식을 계급의식의 단계로까지 적극 이끌어가지 못하고 있기 때문에, 무산계급의 미래에 대한 전망은 결여되어 있다. 이와는 달리 '박영희적 경향'으로 분류되고 있는 작품들은 사회주의 이념에 대한 의식적인 자각을 내세우면서도 현실의 삶에 대한 구체적 탐구와 객관적인 묘사가 약화되어 있다. 말하자면 이념을 강조하면서도 현실의 구체성을 살려내지 못하고 있는 것이다. 임화가 지적한 소설의 두 가지 부류는 소설의 내적 형식 자체에서 확인해 볼 수 있는 사실성과 이념성의 지향을 각각 드러낸다. 이것은 계급문단의 조직이 이루어지기 직전의 소설의 전반적인 경향을 설득력 있게 설명한 것이지만 동시에 그 소설적 한계로 지적할 수 있는 요건을 말해 주기도 한다. 이 무렵의 소설이 주로 단편적 양식을 벗어나지 못한 채 계급적 상황의 제시에 집착하고 있었던 것도 이러한 소설적 한계성과 관련된다.

임화의 주장과는 달리 박영희는 이 시기의 소설적 전개 양상에서 가장 두드러지게 드러나는 새로운 현실지향적인 특징을 주목하고 있

1 임화, 「소설문학의 20년」(동아일보, 1940. 4. 16).

다. 그는 이러한 현상을 두고 '신경향파 소설'의 등장이라고 설명하고 있다.

> 일반으로 그 창작의 내면을 보면 유탕(遊蕩)을 떠나고 정서 지상을 떠나고 압박과 착취적 기분을 떠나 생활에, 사색에, 해방에, 민중으로 나아오려고 하는 새로운 경향은 전무(前無)한 신현상이라고 아니 볼 수 없다. 그 작품에 나타난 주인공은 모두가 새 사회를 동경하는 개척아였으며 그가 부르짖는 선언은 모두가 생활에 대한 진리의 계시(啓示)였다. 그들은 스스로가 현사회 제도에서 고민하여 그곳에서 생기는 불법과 폭행에 대한 파괴와 또는 불평을 절규하며, 따라서 그들은 무산적 조선을 해방하려는 의지의 백열을 볼 수 있었다.
>
> 우에서 말한 바와 같이 그들의 작품이 신경향을 보여준 것은 사실이다. 그러나 더 세밀하게 분석하여 보면 아직껏 그 중의 혹자는 전형적 형식에서 해방되지 못하고 자연주의나 낭만주의 시대의 묘사법이 많이 보인다. 그러나 그들은 형식에는 불만(不滿)한 그만큼 본질에 충실하려 하였다. 또한 형식에 매몰되었던 그만큼 그 주인공의 최종은 파괴, 살인, 조소, 선전 … 등의 답변이 있었다.[2]

앞의 인용에서처럼 박영희에 의해 '신경향'이라고 명명되고 있는 새로운 문단적 경향은 이미 3·1운동 이후 소설의 흐름 속에서 드러나고 있는 현실에 관한 관심의 확대 현상과 맥락을 같이하고 있다. 예컨대 현진건의 「운수좋은 날」(1924), 김동인의 「감자」(1925) 등과 같은 작품에서 볼 수 있었던 궁핍한 현실에 관한 관심이 보다 비판적인 주제 의식을 담는 새로운 경향의 소설로 이어진 것으로 볼 수 있다. 물론 1925년 조선프로예맹이 결성된 후 현실 상황에 대한 저항과 비판

---

2 박영희, 「신경향파 문학과 그 문단적 지위—금년은 문단에 있어서 새로운 첫걸음을 시작하였다」(개벽, 1925. 12), 4~5면. 원문을 현대어 표기로 고침.

의식을 계급적 이념으로 고양시키고자 했던 경향소설은 계급문학운동의 조직적 실천을 기반으로 새로운 국면으로 돌입하게 된다. 경향소설은 농민소설과 노동소설이라는 두 가지 부류로 구분되면서 그 실천적 가능성을 확보하게 된 것이다.

김기진과 박영희의 초기 경향소설

한국의 계급문학운동에서 경향소설의 등장과 계급 이념의 소설적 구현을 문제 삼고자 할 때 우선으로 논의해야 할 인물은 김기진과 박영희이다. 김기진은 초기 계급문학의 형성 과정에서 가장 적극적으로 식민지 현실의 계급적 인식을 강조하였다. 김기진의 문학활동은 1923년 《백조》 동인에 합류하면서 시작되었다. 그는 일본 유학 과정에서 수학한 바 있는 사회주의 문학 이론에 근거하여 문학에 있어서의 사회 현실에 대한 비판적 인식을 강조하고, 문학을 통한 계급의식의 고취를 주장하였다. 이 같은 주장은 현실 도피적인 성향과 낭만적 이상에 사로잡혀 있던 《백조》 동인의 붕괴를 촉발했으며, 뒤에 조선프로예맹의 조직과 계급문학운동의 한 방향을 설정하는 기본적 요건이 되었음은 물론이다.

김기진이 《백조》 동인에 참가하면서 자신의 평문을 통해 강조한 것은 예술이 곧 생활 자체여야 한다는 주장이다. 그는 한국 문단이 3·1운동의 좌절과 함께 현실의 고뇌를 외면하고 삶으로부터 도피하여 예술이라는 이름의 환상 속에 빠져들고 있음을 지적하면서, 현실을 떠나서 낭만적 이상을 추구하면 추구할수록 비극적인 현실이 더욱 크게 부각될 수밖에 없다는 점을 강조하였다. 그리고 현실주의의 예리한 사상을 가지고 현실 생활 속에서 문학을 찾고 그 속에서 문학을 창조해야 한다고 주장하였다. 그는 「떨어지는 조각 조각」(1923)이라는 수필에서 '생활을 인도할 사람은 누구냐? 예술가이다. 예술가의 할 일이다. 예술가는 모든 의미의 창조자이다. 생활에 대한 선각자이다. 생활은 예술이오, 예술은 생활이어야만 할 것이다.'라고 하면서 생활의 예술화를 내세웠다. 김기진의 이 같은 견해는 비록 산만하게 서술되고 있지만, 미감의 원칙이 실재적 현실 그 자체에 있다고 하는 반영론의 미학에 기대어 있다. 그는 수필의 형식을 빌려 쓴 「마음의 폐허」(1923) 이후 1924년에는 「눈물의 순례」, 「지배계급교화, 피지배계급교화」, 「금일의 문학, 명일의 문학」 등의 논설을 통해 거듭 생활의 문학을 주장하면서 계급적 이념에 대한 자신의 주장에 논리성을 덧붙이고 있다. 그는 자본주의의 발달 아래에서 예술이 장식품으로 전락되고, 유희만을 위해서 생산되고 있음을 비판하고, 예술을 그 본연의 위치로 살려내기 위해 프롤레타리아와 손을 잡고 새로운 의식 세계에 눈을 떠야 한다고 주장하였다. 그리고 신흥 문학, 즉 프로문학의 성립을 위해 '감각의 혁명'을 감행할 것을 역설하였다.

김기진이 내세운 프로문학, 계급을 위한 문학이 커다란 쟁점으로 부각된 것은 「계급문학시비론」(《개벽》, 1925. 2)을 통해서였다. 이 특집에는 김기진, 김석송, 김동인, 박종화, 박영희, 염상섭, 나도향, 이광수 등이 동원되었는데, 기성 문단의 주류를 형성하고 있던 이광수, 김동인 등은 계급을 초월한 예술, 예술가의 개인적인 욕구를 내세워 프로문학의 부당함을 말하였고 박영희, 박종화, 김석송 등은 프로문학의 의미를 적극 지지하였다. 팔봉은 계급문학과 부르주아문학의 상이점을 첫째, 부르주아문학은 사회악을 긍정한 위에 모든 것을 시작함에 반해 프로문학은 사회악을 부정하고 출발하며 둘째, 부르주아문학은 기교적 말초신경적 유희적임에 반해 프로문학은 열정적, 본질적, 전투적인 문학이라고 하였다. 「계급문학시비론」을 통해 타진된 몇몇 문인들의 견해는 결국 프로문학에 대한 적극적 지지와 그 반대라는 상반된 주장으로 분리되어 드러났다. 그러나 당시의 사회적 상황과 시대적 분위기는 문학의 사회적 경향성을 더욱 부채질했으며, 이 새로운 문학의 등장을 누구도 거부할 수 없게 되었다.

김기진은 자신의 주장을 구체화하기 위해 소설의 창작에도 관심을 보였다. 단편소설 「붉은 쥐」(1924)가 그 첫 작품이다. 이 소설의 주인공은 사회주의를 공부하는 친구들과 함께 지내면서도 자신이 직접 운동에 뛰어들지는 않고 방관하고 있던 나약한 인물이다. 그는 이러한 태도 때문에 동료의 비판을 받는다. 이념적 지식과 행동적 실천 사이에서 갈등하던 주인공은 어느 날 우연히 길가에서 먹이를 찾아 헤매다 소방차에 치여 죽은 붉은 쥐를 보고 강렬한 생명의 욕구를 느끼게 된다. 주인공은 눈에 보이는 가게에 들어가 닥치는 대로 물건을 훔치고 달아나면서, 자신의 행동이 살기 위한 적극적인 행위라고 생각한다. 이 소설에서 우유부단하고 회의적인 인물로 그려져 있던 주인공이 차에 치여 죽은 쥐를 보고 갑자기 생명의 소중함을 느끼며 절도 행위를 벌이는 태도의 변화는 각성된 의식을 표출하고 있다고 보기 어렵다. 자신의 소극성을 벗어나기 위해 절도라는 왜곡된 형태의 행동을 표출하는 것은 계급의식과는 거리가 멀다. 이 작품에 이어 발표한 「젊은 이상주의자의 사(死)」(1925) 역시 빈궁한 현실에서 겪는 여러 가지 고난 때문에 괴로워하던 한 젊은이가 양잿물을 먹고 자살하는 내용이다. 이 두 편의 작품 이후에도 김기진은 「몰락」(1926), 「본능의 복수」(1926) 등의 작품을 발표했지만, 추악한 현실에 대해 저항하는 젊은이의 행동을 과장적으로 묘사하고 있다. 현실적인 조건과 상황을 구체적으로 제시하지 못하고 관념에서 비롯된 성급한 행동만을 내세우고 있는 것이다. 김기진은 모순된 현실에 적극적으로 반항하는 새로운 인물 유형을 창조하기는 했지만, 이 인물들의 행동과 실천이 구체적인 현실에 근거하지 못한 채 관념에 머두르고 말았다는 한계를 드러내고 있다.

박영희는 《백조》의 동인 가운데 김기진의 새로운 문학적 주장에 가장 적극적으로 동조했던 인물이다. 그는 《백조》 창간호를 통해 퇴폐적인 시편들을 발표하다가 1924년 이후부터 평론과 소설을 발표하면서 보다 적극적인 현실주의적 방향으로 자신의 문학적 태도를 전환하기 시작하였다. 그의 초기 작품으로는 「사냥개」(1925), 「전투」(1925), 「철야(徹夜)」(1926), 「지옥순례(地獄巡禮)」(1926) 등을 들 수 있다. 이 가운데 「사냥개」는 신경향파 소설의 대표적인 작품으로 널리 논란의 대상이 된 바 있다. 돈을 인생의 목적으로 생각하는 주인공이 자신의 재산을 지키기 위해 사냥개를 집에 데려다 놓는다. 인간을 믿지 못하기 때문이다. 그러나 주인공은 오히려 자신의 돈을 지켜주기 위해 데려온 사냥개에 물려 죽는다. 여기서 주인공은 부르주아계급을 표상하며 사냥개가 프롤레타리아계급을 대표한다. 프롤레타리아계급의 자유와 해방은 결국 부르주아계급을 타파하는 데에서만 이루어질 수 있다는 것이 이 작품이 전달하고자 하는 내용이다. 그러나 이 작품은 소설이라기보다는 우화에 가깝다. 작가의 이념만이 있을 뿐 리얼리티가 배제되어 있기 때문이다. 이 같은 경향은 소설 「철야」와 「지옥순례」에서도 비슷하게 나타나고 있다.

그런데 초기 경향소설이 빠져들었던 관념적인 이념 편향은 최서해, 조명희, 이기영 등의 소설적 작업을 통해 서서히 극복되고 있다. 이들은 김기진, 박영희 등이 구호처럼 내세웠던 계급 이념의 관념적 경향과는 달리 극도로 빈궁했던 자신의 생활 체험을 바탕으로 계급적 현실의 문제성을 구체화한 작품들을 발표하여 문단의 주목을 받은 바 있다. 이들이 소설을 통해 발견한 현실의 문제성은 주로 궁핍한 삶을 모면하지 못하고 있는 농민들의 삶이다. 그리고 이 같은 문제성은 개별적이라기보다는 사회 구조적인 계급적 차별과 식민지 지배 구조의 모순에서 비롯된 것으로 파악되고 있다. 계급문학의 창작적 실천 과정에서 농민문학 또는 농민소설이 보다 적극적으로 현실 문제에 접근하고 있는 구체적인 성과로서 주목되기에 이른 이유가 여기 있다.

(2) 농민소설과 농민문학론

농민소설의 성격

계급문학운동의 창작적 실천에서 가장 중요한 자리를 차지하고 있는 것은 농민소설이다. 농민소설의 등장은 일본 식민지 지배와 왜곡된 근대화 과정에서 배태된 농업 문제에 대한 민중의 인식 변화와 밀접한 연관성을 지니고 있다. 한국사회에서 농업 문제는 절대다수를 차지하고 있는 농민계층의 구성만이 아니라 생산의 기반을 이루는 토지 소유 문제와 직결되어 있다. 일본 총독부는 1910년 강점 이후부터 전국적으로 실시한 토지조사사업을 통해 농민들로부터 토지를 수탈하기 시작했으며, 전통 사회에서부터 지속된 봉건적 토지 소유관계로서의 지주/소작인의 관계를 일본의 제국주의적 자본주의의 요구에 맞게 재편하고 있다. 그 결과로 토지 관계를 둘러싼 농민들의 갈등이 더욱 고조되었고, 상당수의 농민계층이 농촌으로부터 유리되어 객지를 떠돌게 된다. 이 같은 농촌 문제를 중심으로 농민들의 삶을 그들의 계급적 성격과 관련지어 구체적으로 형상화한 것이 바로 이 시기의 농민소설이라고 할 수 있다.

1920년대 중반 이후 계급문단의 농민소설은 농촌의 현실과 농민의 삶이 얼마나 비참한 상황에 놓여 있는가에 우선 주목한다. 이 같은 경향은 농민소설의 전개 양상 가운데 주로 1920년대 말까지의 전반기 농민소설에서 쉽게 확인된다. 최서해, 조명희 등의 작품과 이기영의 초기 소설들이 이에 속한다고 할 수 있다. 그러나 농민소설은 1920년대를 넘어서면서 새로운 변화를 드러내기 시작한다. 농촌의 당면 문제에 대한 농민들의 계급적 연대와 조직적인 투쟁의 과정을 농민의 계급의식 성장 과정에 맞춰 형상화하고 있는 작품들이 늘어나고 있는 것이다.

농민소설의 이 같은 단계적 변화는 물론 계급문학에서 추구했던 리얼리즘의 가치를 인식하는 방법과도 서로 관련되어 있다. 전반기의 농민소설은 대체로 농업 문제를 둘러싼 자연 발생적인 농민들의 행동을 다룬다. 이것은 개별적이며 분산적인 것이 특징이다. 그러나 예술운동의 볼셰비키화를 주도했던 시기의 후반기 농민소설은 개별적인 소작농들이 빈농의 자작인들과도 서로 연대하여 조합운동을 전개하고 농민의 대중적 조직을 바탕으로 투쟁하는 집단적인 계급적 성격의 행동을 주로 다룬다. 이것은 농민의식의 성장과 농민운동의 발전과정에 대한 계급문단의 이념과 요구를 그대로 반영하는 것이다.

최서해와 빈궁의 문학

최서해는 궁핍한 현실과 삶의 문제를 적극 형상화하여 식민지 조선의 참담한 민중의 삶을 그려내고 있다. 그의 첫 소설 「탈출기」(1925)에 이어 「박돌의 죽음」(1925), 「기아(飢餓)와 살육(殺戮)」(1925), 「홍염(紅焰)」(1927) 등과 같은 작품들은 극도로 궁핍한 삶에 허덕이고 있는 주인공의 모습을 사실적으로 묘사하면서, 그와 같은 불합리한 삶의 조건을 만들어낸 사회적 계급과 제도를 저주하며 이에 저항하는 민중의 투쟁적 의지를 보여준다. 그의 작품 속에 등장하는 인물들은 대체로 상층부의 지주와 하층부의 노동자·농민으로 양분된다. 그러나 이야기의 주인공들은 노동자·농민들이며, 이들은 경제적 빈궁과 계급적 억압에 적극 대응한다. 이들의 행동이 궁핍한 생활 체험을 풍부하게 반영하고 있는 구체적 현실로부터 출발하고 있다는 점은 한국 근대소설에서 볼 수 있는 리얼리즘적 성과의 하나로 평가할 수 있다.

최서해의 소설 가운데 작가 자신의 간도 체험을 직접 그려내고 있는 「탈출기」, 「기아와 살육」, 「홍염」과 같은 작품이 대표작으로 손꼽힌다. 이 작품들의 무대가 되고 있는 간도라는 공간은 식민지 조선의 현실과 대응하는 또 다른 시련의 땅이다. 일본의 착취를 견디지 못하고 간도로 떠난 한국인들이 중국인 지주들의 횡포에 시달리며 고통 속에서 새로운 삶을 개척하고 있기 때문이다.

단편소설 「탈출기」는 두 가지 유형의 탈출을 하나의 이야기 속에서 보여준다. 이 작품은 궁핍을 이기지 못하고 가족을 버린 채 집을 뛰쳐나온 주인공이 독립단에 가담하게 된 과정을 친구에게 고백하는 편지 형식으로 되어 있다. 소설의 주인공이 결행하는 첫 번째의 탈출은 식민지 조선을 벗어나는 일이다. 주인공은 식구들과 함께 먹고 살 수가 없어 고향을 버린다. 그리고 간도로 이주한다. 하지만 그곳에서도 농사를 지을 땅을 얻지 못하고 할 일을 구하지 못한다. 그가 할 수 있는 일이라고는 나무를 해다 팔거나 아니면 두부를 만들어 파는 일뿐이다. 그러나 그것으로는 가족을 제대로 먹여 살릴 수가 없다. 그는 자신과 가족이 겪는 가난과 고통이 한 개인의 삶에 대한 충실성과는 무관하게 험악한 사회 제도 그 자체로부터 비롯된다는 것을 깨닫는다. 그리고 이 같은 불합리한 사회 제도의 변혁이 우선되어야 한다고 생각한다. 그는 노모와 처자를 버리고 집을 나와 독립단에 가담함으로써 두 번째의 탈출을 결행한다. 이 작품에서 그려낸 두 가지의 탈출 과정은 모두가 경제적인 문제의 한계에 대한 인식으로부터 출발한다. 말하자면 가난한 삶에서 벗어나고자 하는 욕망에서 비롯된 것이라고 할 수 있다. 그러나 이 개인적 욕망을 이루기 위해서는 근본적인 사회적 변혁을 필요로 한다는 것이 주인공의 생각이다. 그러므로 두 번째의 탈출은 또 다른 삶의 가능성을 향한 가족의 이주가 아니라 주인공의 개인적 결단에 의해 정치조직 속에 가담하는 것으로 나타난다. 그리고 바로 이 같은 탈출의 의미로 이 작품의 담론적 성격이 계급적인 문제성을 지니게 되는 것이다.

이 작품에서 주인공이 가족을 버리고 독립단에 가담하는 탈출 행위는 비장한 개인적 선택이라고 할 수 있다. 이러한 결단은 경제적인 궁핍이라는 현실적인 조건이 개인의 문제가 아니라 사회 구조적 모순에서 기인하는 것이라는 자각에 의해 가능해진 것이다. 개인적인 생존이나 욕망의 실현이라는 것이 모순된 사회 구조 속에서는 불가능하다는 인식은 근대적인 주체의 확립을 근본적으로 문제 삼는 새로운 담론의 공간을 요구한다. 따라서 「탈출기」는 현실적인 삶과 그 조건에 대한 노예적인 순응적 태도에서 벗어나는 자기 변혁의 의미까지 내포한다. 이 작품에서 개인의 욕망을 민족 해방의 길로 확대시켜 나가는 과정이 설득력 있게 해명되고 있다고 평가할 수 있는 이유가 여기 있다.

「기아와 살육」에서도 강조하고 있는 것은 주인공이 처해 있는 궁핍한 현실이다. 작품의 주인공은 어머니와 처자식을 부양하면서 남의 집을 얻어 빈궁하게 살아간다. 그는 땅이 없어 농사도 지을 수 없고, 돈이 없어 장사도 할 수 없다. 집주인은 집세를 독촉하고, 병든 아내는 목숨이 위태롭다. 기껏 찾아간 의사는 주인공이 돈이 없다는 것을 알고 한 달 내에 진료비를 못 갚으면 일 년간 머슴살이를 하겠다는 계약서를 쓰도록 한 후 겨우 아내에게 침을 놓아준다. 그러나 의사에게서 받아낸 처방전을 가져가도 약국에서는 돈이 없다고 약을 지어주지 않는다. 게다가 늙은 어머니가 자신의 머리카락을 팔아서 겨우 좁쌀 한 줌을 사오다가 중국인 개에게 물려 인사불성이 되자 마침내 주인공의 분노가 폭발하고 만다. 그는 집안 식구들을 몰살하고 밖으로 뛰어나와 '모두 죽여라! 이놈의 세상을 부수자! 복마전 같은 이놈의 세상을 부수자! 모두 죽여라!' 하고 외치면서 닥치는 대로 살인을 저지르며 중국 경찰서까지 파괴한다. 이 작품의 결말에서 볼 수 있는 주인공의 자기 파괴적인 행동은 극단적이라고 할 수 있다. 그러나 주인공이 겪어야 했던 고통스러운 여러 상황을 매우 사실적으로 묘사함으로써 당대 현실의 궁핍상과 사회적 모순 구조를 반영한다. 이 작품은 개인적인 힘으로는 도저히 감당할 수 없는 궁핍한 현실에 대한 분노를 형상화하기 위해 살인과 파괴라는 극단적인 반인간적인 비윤리적 행위를 동원하고 있는 것이다. 이 같은 개인적 복수극과 살인 행위는 물론 사회적으로 용납될 수 없는 일이지만, 주인공이 마지막으로 선택할 수밖에 없었던 길이라는 점에서 그 비극성을 인정할 수 있다. 그러나 당대의 계급문단에서는 이 작품에서 볼 수 있는 파괴 행위가 계급의식의 각성에까지 이르지는 못하고 있다는 점을 지적하여 신경향파적 소설의 한계를 드러내는 것이라고 평가하고 있다.

소설 「홍염」의 경우에도 간도 유민들의 궁핍한 삶의 실상이 침울하게 묘사되어 있다. 이 작품의 주인공은 중국인 지주에게 빚진 소작료 대신으로 무남독녀를 빼앗긴다. 그의 아내는 딸의 얼굴을 한 번 만이라도 보게 해 달라고 중국인 지주에게 애걸하다가 그 청을 거절당한 채 죽게 된다. 이 같은 비극적인 상황에서 주인공은 울분에 쌓여 지주의 집에 불을 지르고 딸을 도로 찾아온다. 이 작품 속에서 강조되고 있는 것은 간도 유민들의 궁핍한 생활상과 절망적인 고통, 그리고 지주의 횡포에 대한 울분이다. 특히 딸이 중국인 지주에게 끌려가자 빼앗긴 외동딸을 그리다가 그 아내가 발광하고서 피를

토하고 죽는 장면은 사실적이면서도 비극의 극한을 보여준다. 이 작품의 결말은 원한에 찬 주인공의 방화와 살인으로 맺어진다. 이 같은 개인적 복수는 외동딸을 빼앗기고 아내를 잃은 극단적 상황 속에서 저질러지기 때문에 어느 정도 그 개연성을 인정할 수가 있다. 그러나 이 같은 살인과 방화가 한 충동적 개인의 보복 수단에 그치고 있다는 점에서 구성상의 한계를 보인다. 특히 주인공의 비극적인 삶과 그 고통을 극복하는 방법으로 개인적인 보복을 제시한 것은 본질적인 사회 구조적 모순의 극복과는 거리가 있는 것이다. 이 같은 해결 방식은 주인공의 삶의 고통이 결국 파편화된 개인적 체험으로만 국한된다는 한계를 가지는 것이다.

조명희와 계급적 자각

조명희는 1920년대 중반 이른바 신경향파 소설의 특징과 그 한계가 극복되는 과정에서 가장 주목되었던 작가이다. 그는 3·1운동 직후부터 시와 희곡을 발표했지만, 1925년 8월 조선프로예맹의 결성에 참가하면서 현실 문제에 대한 적극적인 관심을 보여주는 여러 가지 경향의 소설 작품을 발표하였다. 그의 초기 소설은 크게 두 가지 경향으로 구분된다. 하나는 궁핍한 현실 속에서의 지식인의 생활고와 삶에 대한 환멸을 그린 「땅 속으로」(1925), 「R군에게」(1926), 「저기압(低氣壓)」(1926) 등이며, 다른 하나는 농토를 잃고 고향에서 쫓겨나 간도나 일본 등지로 이주하거나 도시 빈민으로 전락하는 농민들의 가혹한 현실을 문제 삼은 「농촌 사람들」(1926), 「마음을 갈아먹는 사람」(1926) 등이 그것이다.

이 같은 두 가지 경향의 작품들 가운데 전자의 경우는 작가 자신의 자전적인 체험을 바탕으로 하는 것들이다. 이 작품들은 대체로 지식인 주인공이 겪는 이상과 현실 사이의 엄청난 괴리에서 오는 내면적인 갈등을 중심으로 이야기가 전개되고 있지만, 그 초점은 현실의 궁핍상과 지식인의 좌절에 두고 있음을 확인할 수 있다. 그러나 후자의 경우를 보면, 농촌에서 이루어지고 있는 농민들의 참담한 삶의 과정이 사실적으로 묘사되고 있다. 대체로 농민들은 지주의 횡포와 수탈이라는 인위적인 수난과 홍수와 가뭄으로 인한 자연적 재해에 이중적으로 고통을 당한다. 이 과정에서 농촌의 삶의 공동체가 붕괴되고 농민들은 농촌으로부터 유리되어 비극적인 삶의 전락을 경험하게 된다. 예컨대 「농촌 사람들」에서 볼 수 있는 주인공의 삶과 죽음의 과정이 바로 그 단적인 사례라고 할 것이다. 결국 조명희의 초기 소설들은 궁핍한 삶의 현실 속에서 겪는 지식인의 좌절과 농민들의 수난을 사실적으로 그려냄으로써 당대 현실의 문제성을 비판적으로 추구하고 있다고 할 수 있다.

그런데 조명희의 작품 경향은 「낙동강(洛東江)」(1927)을 발표하면서 계급적인 이념의 구현이라는 분명한 지향점을 드러내기 시작한다. 「낙동강」은 농촌의 현실을 변혁시키고자 하는 인물을 극적으로 부조해 내는 성과를 거두고 있거니와 그 밖에도 「동지」(1927) 「한여름밤」(1927), 「춘선이」(1927), 「이쁜이와 용이」(1928), 「아들의 마음」(1928) 등을 통해 계급의식의 구현을 위한 작가적 노력을 잘 보여주고 있다.

「낙동강」은 식민지 현실의 곤궁한 삶을 극복하기 위한 지식인의 이념적 대응과 그 실천 과정을 극적으로 제시하고 있는 작품이다. 이 작품은 특히 매개 인물로서의 지식인 주인공을 내세워 계급투쟁의 실천 과정을 구체화함으로써 이른바 방향전환론이 대두되기 시작한 새로운 투쟁의 단계에서 목적의식에 입각한 방향전환을 소설적으로 형상화한 문제작으로 평가된 바 있다. 소설 「낙동강」에서 주목되는 것은 지식인 주인공 박성운이라는 인물의 형상이다. 소설 속에서 요약해 제시된 박성운의 사회운동은 그 자신의 의식변화 과정과 밀접하게 연결되어 있다. 그는 낙동강 하구인 구포에서 농민의 아들로 태어나 보통학교, 도립 간이 농업학교 등에서 근대적인 교육을 받았으며, 군청 농업 조수 생활을 하기도 한다. 3·1운동이 일어나자 그는 자신의 안일한 생활을 박차고 독립운동에 적극 뛰어들게 되었으며, 1년 6개월간의 옥살이를 끝낸 후 서북간도로 이주하여 해외에서의 독립운동에 적극 참여한다. 그가 다시 5년 만에 귀국하게 되었을 때, 그는 이미 사회주의자로 변모해 있었던 것이다. 실천적 사회주의자가 되어 고향에 돌아온 박성운은 야학 등을 통해 농촌 계몽 활동을 펼치기도 하고 소작조합운동을 주도하기도 한다. 농민들과 함께 국유지인 낙동강 기슭 갈밭을 일본인에게 넘겨준 조처에 항의하다 연행된 후 두어 달 동안 유치장에서 일본 경찰의 고문으로 몸을 망쳐 죽고 만다. 그러나 박성운의 비극적인 죽음은 그 자체로 종결되지 않는다. 그의 계급투쟁 의지는 그의 애인인 로사와 농민들에 의해 그대로 계승된다. 로사는 그의 장례를 치른 후 그가 추구했던 투쟁의 길을 좇아 대륙으로 떠난다.

이처럼 이 작품은 당대 현실의 모순에 눈뜨고 그 모순의 타개를 위해 실천적으로 투신하는 한 개인의 변모 과정을 그려내고 있다. 여기서 주목해야 할 것은 이 같은 주인공의 변모 과정이 당대 사회운동의 전개 과정에서 볼 수 있는 보편적인 특성에 대응된다는 점이다. 예컨대 주인공 박성운의 귀향과 그 투쟁적 활동은 현실의 모순에 눈뜬 한 인물의 개인적 실천에 머무르지 않고, 그것을 매개로 하는 계급의식의 확대와 그 투쟁적 실천이라는 역사적 현실의 발견을 전형적으로 반영하고 있는 것이다. 그러나 「낙동강」에서 주인공 박성운이 보여주는 실천적 투쟁은 계급해방이라는 사회주의적 이념의 구현을 위한 것으로 국한되지 않고 반식민주의적 민족투쟁의 성격을 내포하고 있다. 그 이유는 이 작품이 계급해방이라는 목표를 추구하면서도 일본의 수탈과 잔인성을 폭로하고 있기 때문이다. 따라서 이 작품은 계급 간의 대립을 극복하고자 하는 투쟁 의지를 강조하는 사회주의적 이념을 드러내고 있으면서도 일본제국주의와 식민지 조선 사이의 민족적 대립을 전면에 내세우고 있는 것으로 판단할 수 있다. 이 작품에서 주인공 박성운의 삶의 궤적에 이어져 있는 농민들의 강인한 투쟁 의욕과 생명력은 끊임없이 흐르는 낙동강의 표상과 연결됨으로써 비극적인 현실을 넘어서는 낙관적 전망을 새로이 제시하고 있는 것이다.

이기영과 농민소설의 성과

이기영은 계급문학운동의 전개 과정에서 한국 민중의 황폐한 삶의 문제성을 식민지 시대 농촌의 현실에서 찾아보고자 했으며, 농민문학의 확대를 위해 꾸준한 노력을 기울였다. 그의 소설이 식민지 시대 농민문학의 최대 성과로 평가되고 있는 것은 농민들의 삶의 다양한 문제성을 총체적으로 형상화함으로써 리얼리즘의 소설적 성취를 스스로 체현하고 있기 때문이다. 이기영의 작품 활동은 1924년 잡지 《개벽》의 현상문예에 입선한 소설 「오빠의 비밀 편지」에서부터 이루어지고 있다. 그러나 그의 작가적 태도와 성격이 분명하게 드러나기 시작한 것은 「가난한 사람들」(1925)에서부터이다. 이 작품은 이기영의 문학 세계를 이끌어가고 있는 두 가지의 중요한 모티브를 동시에 포함하고 있다. 우선 식민지 지배하에서 빈궁을 모면하지 못하고 있는 농민들의 고통과 절망적인 삶에 사실적으로 접근하고 있는 작가 의식을 들 수 있다. 가난한 농민들의 삶은 이기영의 문학적 주제를 형성하고 있는 가장 중요한 요건으로서 거의 모든 작품에 걸쳐 반복적으로 문제시되고 있는 영역이다. 이 작품의 경우에는 관동 지진으로 일본 유학을 중도에 포기하고 고향에 돌아온 지식인 청년이 등장한다. 그러나 주인공은 취직이 되지 않아 소작농사로 연명하는 아우의 집에 얹혀살게 된다. 끼니를 제대로 잇지 못하고 있는 곤궁을 직접 겪으면서도 아무런 방책을 세우지 못하는 절망의 삶이 계속된다. 또 하나의 특징은 봉건적 인습에 대한 저항과 그 비판이다. 가난 속에서도 모든 것을 운명으로 받아들이고 있는 농민들의 체념적인 삶의 태도는 각성된 지식인에 의해 거부된다. 그리고 삶의 고통과 현실의 모순을 극복하기 위한 계급의식의 자각과 그 투쟁을 요구하고 있다.

이기영의 소설이 현실의 계급적 조건과 그 상황의 문제에 주목하면서 전형적인 성격의 창조에 주력하고 있는 경우는 「쥐 이야기」(1926), 「민촌(民村)」(1925), 「농부 정도룡」(1926) 등을 들 수 있다. 이 작품들을 발표할 무렵 이기영은 조선프로예맹에도 참가하여 계급운동의 문학적 실천에 적극성을 보이게 된다. 이 작품들 가운데 소설 「민촌」은 이기영 소설에서 볼 수 있는 서사 구조의 패턴을 가장 잘 형상화하고 있다. 이 작품은 제목 그대로 평범한 상민들이 살아가는 농촌의 생활공간을 배경으로 하고 있다. 그러나 이 공간은 지역성의 문제만이 아니라 역사적 사회적 맥락에서 간과할 수 없는 변화를 드러낸다. 식민지 지배체제 아래에서 자본의 침식으로 인해 농촌은 궁핍화 과정에 빠져든다. 그리고 농민들의 생활 자체도 봉건적인 인습의 붕괴 속에서 새로운 사회 윤리적 가치를 확립시키지 못한 채 혼란을 거듭하고 있다. 바로 이 같은 상황 속에서 서로 다른 이해관계에 얽혀있는 두 세력 집단이 등장한다. 그 하나는 일본의 지배 세력에 의존해 있는 친일 지주들이며, 다른 하나는 착취와 횡포에 시달리는 소작농민들이다. 소설 「민촌」은 지주들의 야만적인 횡포와 소작농민들의 예속과 굴종을 보여주면서, 이 두 세력이 지배 예속의 관계에서 벗어나 계급적 대응의 가능성을 확보하는 과정을 새로이 모색한다. 그것은 바로 두 계층의 사이에 설정되는 중간적인 존재의 매개적인 활동이다. 이 소설에서는 중학 과정을 교육받은 지식인 청년의 등장으로 인해 농민들의 계급적 각성이 가능해진다. 지주의 착취를 알면서도 이에 대응하지 못하고 굴종을 거듭해 온 농민들은 자신들의 계급적 위치를 자각하고 지주와 소작농의 관계에 내재해 있는 착취 구조의 모순을 계급적인 것으로 인식하게 된다. 이 같은 농민의 의식적 성장을 놓치지 않고 있는 것이 바로 소설 「민촌」의 성과라고 할 수 있을 것이다.

하지만 「민촌」에서의 중간적인 매개항으로 등장하는 지식인 청년의 존재는 작가 자신의 계급적 이념을 대변하기 위해 설정된 인물이기 때문에, 관념적일 수밖에 없는 한계를 갖고 있다. 물론 이 같은 중간적 존재의 설정은 농민들의 계급적 각성을 위해 계몽의 필요성을 강조하는 예술대중화론의 한 측면을 그대로 보여주는 것이다. 그러나 농민문학의 참다운 위상을 정립하기 위해서 농민 스스로 자기 자신의 계급적 기반을 딛고 일어서는 적극성을 발견해야만 한다. 중간적 인물의 매개기능 없이 스스로 성장하는 의식을 보여줄 수 있는 인물이 요구된다는 말이다.

이기영은 바로 이 같은 소설적 요구를 외면하지 않고, 새로운 인물의 성격을 형상화하는 데에 주력한다. 그는 자신이 채택하고 있는 소설적 상황을 민촌이라는 무대로 상징되는 농촌의 생활로 고정시키고, 그 위에 새로운 인물을 배치한다. 그 결과로 나타난 것이 바로 「쥐 이야기」, 「농부 정도룡」 등이다. 이들 작품에 등장하는 주인공들은 모두 땅을 파면서 땅에 기대어 사는 농민들이다. 다만, 삶의 건강성이라는 차원에서 볼 때, 이들은 모두 강인한 의지로서 경제적 궁핍과 인습적인 고통에 저항하는 인물로 형상화되어 있다. 물론 여기에도 문제가 없는 것은 아니다. 이들 작품에 등장하고 있는 농민들의 모습을 주인공의 역할과 비교할 경우, 엄청난 격차를 확인할 수 있다. 말하자면, 소설의 주인공들이 예외적으로 그 성격이 과장되어 있음을 지적할 수 있는 것이다.

그렇지만 이기영은 농촌의 현실과 그 계급적 모순 구조를 지속해서 파헤치면서 거기에 부응하는 인간형의 창조에 노력한다. 소설 「홍수(洪水)」(1930)에서 「서화(鼠火)」(1933)에 이르는 과정이 바로 그것이다. 「홍수」에서 새로이 창조해낸 주인공은 지식층의 청년도 농민도 아니다. 그는 일본의 방직공장으로 팔려갔다가 7년 만에 고국에 돌아온 노동자이다. 노동운동의 경험자가 되어 농촌의 현실 속으로 돌아온 주인공은 농민들의 집단적 의식을 불러일으켜 홍수에 대비하고, 조합을 결성하여 지주에게 대항하도록 농민들의 세력을 조직화한다. 농민들은 자신들의 단합된 힘을 바탕으로 비로소 삶에 대한 의욕과 새로운 전망을 보이게 된다. 「서화」의 경우는 농민 스스로 주인공이 되어 피폐한 농촌 생활의 모습을 보여준다. 노름으로 찌들어 가는 농민들의 생활 감정을 새롭게 불태우는 쥐불놀이의 상황적 설정은 작품의 분위기를 압도하고 있으며, 그 속에서 살아 움직이는 인물의 형상을 그려내고 있는 것이다.

이기영이 「가난한 사람들」에서부터 「서화」에 이르기까지 보여준 소설적 성과는 경향소설의 전체적인 수준과도 통하는 것이다. 이것은 또한 단편적 양식을 통해 가능한 모든 방법을 동원하고 있는 셈이다. 이기영은 이러한 단편소설 양식의 부분적 성과를 기반으로 하여 더욱더 확장된 소설의 세계를 설계한다. 그것은 부분성을 통합함으로써 접근할 수 있는 전체성의 세계이며, 삶의 역사성을 충분히 감당할 수 있는 소설적 공간이다. 계급소설의 장르적 확대를 가능하게 만든 장편소설 「고향(故鄕)」(《조선일보》, 1933. 11~1934. 9)은 계급문학운동의 전개 과정에서 거둔 단편적 성과들을 한데 모아 총체적으로 형상화해낸 문제작이라고 할 수 있다. 이 작품을 이기영 문학의 최대의 성과로 지목하고 있는 것도 이 때문이며, 계급문학으로서의 농민문학의 대표작으로 손꼽는 이유도 여기에 있다.

장편소설 「고향」은 궁핍한 생활 속에서 허덕이는 농민들의 고통과 이들을 착취하는 일본과 지주세력의 횡포를 대조적으로 제시한 작품이다. 이 소설의 중심에는 일본 유학에서 돌아온 지식인 청년 김희준이 문제의 인물로 자리 잡고 있다. 그의 등장과 함께 농민들은 점차 계급적 자각에 이르게 되고 자기 존재에 대한 인식에 눈을 뜬다. 그리고 자신들이 처해 있는 계급적 모순구조를 극복하기 위해 서로 단합하여 지주 세력에 대응하게 된다. 이 같은 소설적 구조를 통해 작가는 1920년대 농촌의 정황과 농민들의 의식 성장 과정을 동시에 보여주고 있는 것이다.

소설 「고향」에서 그려지고 있는 농촌은 농민들의 경제적인 몰락 과정으로 그 특징이 드러난다. 일본 침략 이후 지배 세력의 자본 독점으로 인해 농촌의 경제는 파탄을 보이기 시작한다. 물가의 급격한 상승에도 미곡의 가격이 거의 제자리걸음을 하는 사이에 농민들은 빚을 지고 결국은 토지를 잃게 된다. 자작농의 몰락은 바로 이 같은 형세를 그대로 반영한다. 원터 마을의 농민들이 대부분 토지를 잃고 소작농으로 전락한 것이라든지, 농촌으로부터 유리되어 떠돌이 노동자로 전락하면서 계층적 분화를 낳고 있는 것도 바로 이 같은 현상을 말해 주는 것이다.

그러나 작가 이기영은 몰락하는 농촌의 현실 속에서 새로이 성장하는 농민의 계급적 의식을 중요시한다. 이 과정에서 매개적 인물로 등장하는 것이 소설의 주인공 김희준이다. 희준은 읍내에서 객주업을 하던 조부의 경제적 능력으로 중학을 졸업하고, 일본 유학까지 마친 지식인 청년이다. 하지만 그가 귀국할 무렵에는 이미 집안이 몰락하여 원터 마을에서 소작을 부치고 살아가는 어려운 형편에 놓여 있다. 농민들의 삶의 한가운데로 들어서게 된 희준은 궁핍한 현실과 모순된 사회 구조에 부딪히면서 발전과 변화를 가져오게 된다. 이 소설에서 주인공 희준의 성격은 두 가지 단계로 나누어 그 변화를 설명할 수 있다. 첫 단계에서 희준은 일본으로부터 귀국한 직후 한때 방황과 갈등을 겪고 있다. 농촌 생활의 고통을 자신의 능력으로 도저히 어찌할 수 없다는 자포자기에 빠지기도 하고, 아내와의 사이에 내재해 있는 거리를 두고 고심한다. 그리고 청년회원들의 무의지에 좌절을 느끼기도 한다. 그러나 희준은 스스로 농민의 입장이 되어 농민들의 삶에 더욱 가까이 접근하면서 농민들의 이해관계를 대변할 수 있는 입장에 서게 된다. 이것이 바로 희준이 보여주고 있는 두 번째 단계의 성격 변화와 발전이다. 희준은 청년회와 결별하고 농민들의 삶에 깊숙이 파고 들어가기 위해 원터 마을에 야학을 열고 두레를 조직하고 농민을 계몽한다. 이 같은 희준의 노력은 자기 내부의 심각한 갈등을 극복하고 나서 더욱 구체화된 것으로 그 실천적 노력이 그만큼 설득적이다. 자기 삶의 고통의 원인을 제대로 이해하지 못하고 자신들의 계급적 존재를 제대로 이해하지 못했던 원터 마을 사람들은 희준의 지도에 따라 힘을 합친다. 농사를 폭풍우로 망친 후에 소작료를 탕감하여 달라고 요구하는 농민들의 투쟁이 이 소설의 말미를 장식하고 있으며, 그 단합된 힘으로 자신들의 주장을 관철시키고 있음을 보게 되는 것이다. 이러한 농민 의식의 성장은 결국 희준의 성격 발전 과정과 같은 맥락으로 이어지는 것으로써, 농민들의 계급적 연대성의 확립 가능성을 예견케 하는 것이라고 하겠다.

소설 「고향」은 농민계층의 삶의 고통과 그 면모를 사실적으로 재현하고 있다. 소설적 공간으로 제시되어 있는 원터 마을은 전형적인 식민지 시대 농촌의 형상을 그대로 갖추고 있다. 읍내에는 근대화의 물결에 따라 철도가 새로 놓이고 공장이 새로 들어서지만, 원터마을은 이와 일정한 거리를 두고 있다. 이러한 원터 마을의 공간적 위치 자체가 이미 근대화의 와중에서 그 전통적 사회 기반이 무너지고 있는 농촌임을 실감이 나게 한다. 원터 마을 구성원들의 계층적 구조 역시 지주를 등에 업은 마름 안승학을 중심으로 하는 착취 세력과 가난한 농민들이 대립적으로 그려지고 있다. 이들은 모두 원터 마을을 중심으로 하여 운명적으로 묶여 있다. 작가는 이들의 삶의 태도와 다양한 면모를 제시하기 위해 삽화의 처리에 파노라마적 수법을 활용하기도 하고, 디테일의 창조에도 관심을 기울인다. 그 결과로 소설 「고향」은 식민지 시대 농민들의 삶과 그 풍속적 재현을 가능하게 하고 있으며, 농민들의 삶의 터전이 되고 있는 농촌의 현실을 전형적으로 포착할 수 있게 되었다고 할 것이다. 물론 이 같은 성과는 소설적 공간의 구체성을 가능하게 하고 있는 인물의 설정과 깊은 관계가 있으며, 바로 거기서 리얼리즘의 정신이 강조되고 있는 것이다. 그렇지만 소설 「고향」은 신문 연재소설로서의 한계를 동시에 지니고 있다. 통속적인 에피소드의 중첩으로 인해 소설의 전체적인 흐름이 차단되는 경우도 적지 않으며, 부분과 전체의 균형을 제대로 유지하지 못하고 있는 대목도 눈에 띈다. 특히 악덕 마름의 딸 안갑숙의 인물 설정과 그녀의 공장 노동자로의 변모 과정은 필연성을 지니지 못한 채 과장되어 있다는 지적을 면하기 어렵게 되어 있다.

소설 「고향」 이후 이기영의 문학 세계는 1935년 조선프로예맹의 강제 해체와 함께 새로운 고비를 맞이한다. 그는 '신건설사 사건'으로 지칭되기도 하는 제2차 카프 맹원 검거사건에 연루되어 전주형무소에 수감되어 일 년이 넘도록 고통을 받았다. 그가 형무소에서 나왔을 때는 이미 카프의 해산으로 말미암아 계급문학운동의 조직적인 실천이 불가능한 상태에 놓이게 된다. 이 무렵에 그는 현실의 인정세태에 풍자적인 시각으로 접근하면서 장편소설 「인간수업」(1936)을 내놓았으며, 장편소설 「어머니」(1937), 「신개지(新開地)」(1938) 등에 이어 자전적인 성격이 강한 「봄」을 내놓고 있다. 조선 말기의 시대적 격동 속에서 일본의 침략으로 이어지는 시기를 소설적 무대로 잡아놓고 있는 이 작품은 봉건적인 사회구조가 무너지고 새로운 질서가 확립되기 시작하는 과정을 한 소년의 성장 과정에 맞추어 보여주고 있다. 그러나 「봄」은 제1부로 끝난 채 뒷이야기가 이어지지 않음으로써 완결된 소설적 형식을 갖추지는 못하고 있다.

농민문학론의 이론적 성격

계급문학운동에서 농민소설이 거두고 있는 일정한 성과는 그 창작적 실천 과정에서 제기되었던 농민문학론을 통해 양식과 그 방법에 관한 비평적 논의를 더욱 활발하게 진전시켰다. 농민문학은 식민지 시대 농민들의 궁핍한 삶을 통해 계급적 현실 문제에 가장 예각적으로 대응할 수 있었던 창작의 소재였다. 일본의 식민지 지배 이후 농민생활의 궁핍화와 농촌 경제의 파탄이 사회적 관심사로 제기되고 있었던 점이라든지, 농민운동에 대한 일본 총독부의 탄압이 가중되면서 농민운동의 성격이 정치운동으로 변질되고 지하 적색 농민단체가 출현하게 된 점 등은 모두 농민문학에 관한 관심의 확대를 뒷받침하는 사회적 배경이라고 할 것이다. 농민문학은 계급문학운동의 대중적 진출과정에서 그 중요성이 적극 강조되었지만, 계급문학운동의 대표적인 창작적 성과가 농민문학임을 부인할 수 없는 일이다.

계급문단에서 농민문학에 대한 문제를 놓고 구체적인 견해를 내세운 사람은 안함광이다. 그의 주장을 따르면 당시 사회의 최대 문제는 도시 근로자와 실업 노동자에 있다기보다 농촌의 궁핍화 현상에 있다는 것이다. 농산물 가격의 대폭락으로 풍년 기근의 현상이 농민생활을 압박하고 있으며, '산미증산계획'이라는 일본의 식민지 정책이 극도로 불리한 조건을 농민에게 부여하고 있기 때문이다. 이처럼 농촌의 경제가 위축과 피폐의 과정을 걷고 있는데도 불구하고 당시의 프롤레타리아 운동은 농촌의 현실을 외면하고 있다는 것이 안함광의 지적이다. 안함광은 한국사회의 현실 자체가 농민문학에 대한 절실한 요구를 외면할 수 없도록 하고 있다는 점에서 농민문학의 필요성을 주장하면서 그 범위와 주제, 그리고 그 방법 등의 개요를 제시하고 있다. 우선 농민문학의 대상과 그 범위는 농민 전반을 포괄하는 것이 아님을 분명히 하고 있다. 그는 자본주와 결탁하여 빈농을 착취하는 토착 부르주아를 배격하고 프롤레타리아계급의 입장에서 농민계층에 관심을 두는 농민문학이 필요하다고 하였다.

안함광의 농민문학론은 농민문학을 프로문학의 발전과정과 관련시켜 파악하고자 한 점에 그 특징이 있다. 이것은 농민문학론의 쟁점으로 제기된 것인데 농민문학에서 노동자·농민의 유기적인 제휴, 그리고 이에 따른 빈농계급에 대한 프롤레타리아 이데올로기의 적극적 주입을 농민문학의 중요한 기능으로 내세우고 있다. 농민문학을 노동계급과 분리된 상태에서, 즉 농촌에서의 계급관계를 고려하지 않고 단지 독립적인 형태로 생각할 경우 그것은 진정한 의미에서 농촌문학의 질적 양적인 면에서의 강화를 가져오지 못할 것이라는 점이 그 이유이다. 안함광은 농촌사회를 가장 뒤떨어진 경제조직으로 파악하였고 그러한 농촌공동체가 어떤 사회적 단계에 일약 도달할 수 없음을 천명하면서 거듭 노동자·농민의 제휴를 강조하였던 것이다.3

이와 같은 노농제휴와 농민에 대한 프롤레타리아 이데올로기에 대한 적극 주입의 방법은 계급문학론자들이 고심하고 있던 당면 과제라는 면에서 볼 때 적극적인 관심을 야기할 수 있는 것임이 틀림없다. 그러나 안함광은 농민문학을 주장하면서도 농민문학이 농민의 문학이면서 동시에 농민을 위한 문학이 되어야 한다는 사실을 간과하고 있다. 그는 프롤레타리아 이데올로기의 주입이라는 문제에 급급함으로써 농민의 주체적인 문학활동에의 참여 문제를 외면해 버리고 있는 것이다.

그런데 이 같은 안함광의 농민문학론은 백철에 의해 비판되면서 계급문단의 쟁점으로 부각되고 있다. 백철은 안함광의 농민문학론을 중심으로 국내 계급문단의 움직임과 일본 문단에서 일어나고 있는 농민문학에 대한 논쟁을 지켜본 후 농민의 계급적 위치와 그 특수성에 대한 논의에서 출발하고 있는 「농민 문학 문제」(1931)를 발표한다. 그는 자본주의 사회에서 농민이란 토지소유의 봉건적 관습으로 인해 아무런 혁명적 역할을 담당할 수 없다고 전제한다. 그러므로 농민은 프롤레타리아의 정당한 지도 아래에서만 그 계급적 역할을 인식할 것이며 프롤레타리아의 헤게모니 아래 들어오게 된다고 밝히고 있다. 물론 사회적 존재로서 농민계급은 근본적으로는 프롤레타리아계급과 동일한 조건에서 생활하고 있기 때문에 궁극에는 프롤레타리아 계급과의 혁명적 동맹 아래 동일한 궤도를 밟는 역사적 필연성을 지니게 된다는 것이다. 하지만 이러한 조건에도 실제의 생활기반에서 생각할 때에 거기에는 역사적으로 사회적으로 토지소유와 연관된 여러 가지 특수한 조건들이 잠재되어 있다. 그러므로 프롤레타리아계급 운동에서 그 운동의 전위에 서서 주도권을 쥐고 나아갈 것도 도시의 프롤레타리아이며 농민은 그 영도하에서 동맹군의 위치에 설

---

3 안함광, 「농민문학에 대한 일고찰」(조선일보, 1931. 8. 12~13).

수밖에 없다.

이러한 현실적 조건을 전제하면서 백철은 농민문학이 프롤레타리아 문학의 한 분야가 아니라 프로문학과는 별개의 동맹문학이어야 함을 강조하고 있다. 백철은 안함광이 강조한 바 있듯이 '빈농계급에 대한 프롤레타리아 이데올로기의 적극 주입'을 농민문학의 목표로 내세운 것은 경계해야 할 기계주의적인 좌익 편향이 잠재해 있는 것이라고 비난하고 있다. 그는 프롤레타리아 운동에 있어 빈농계급에 대한 견해와 정책은 결국 빈농계급에 프롤레타리아 이데올로기를 기계적으로 명령적으로 주입시키는 것이 아니라 일정한 구체적 실천 내용에 관철된 프롤레타리아의 감화력에 의하여 빈농계급에 일정한 방향을 가르치며 행동을 제시함으로써 자발적으로 그 영향권으로 들어오도록 함을 의미하는 것이라고 주장하였던 것이다.[4]

백철은 농민문학에 대한 실천방안으로서 그 제재 문제와 표현형식 문제를 나누어 설명하고 있다. 백철이 제시하고 있는 농민문학의 제재 첫 번째는 주제의 계급성을 제재의 혁명성으로 대치시켜서는 안 된다는 원칙에 따라야 한다는 점이다. 농민문학의 주제는 언제나 혁명적이지만 그 작품의 제재는 농민 대중의 일상생활에서 광범하게 취급되지 않으면 안 된다. 일상생활 가운데서 혁명성을 살려낼 수 있는 것이다. 참된 농민문학 작가는 필요한 범위 내에서 농촌의 일상생활과 환경을 취급하면서 자연적으로 농민이 지니고 있는 세계관을 이용할 수도 있는 것이다. 농민문학의 제재 문제에서 두 번째로 생각해야 할 문제는 어떤 이론의 지시를 내세울 것이 아니라 농민 대중의 실질적인 생활 가운데에서 구체적인 행동을 통해 드러날 수 있도록 해야 한다는 점이다. 작품 전체에 대한 이해와 감상이 농민 대

4 백철, 「농민문학문제」(조선일보, 1931. 10. 10).

중들에 의해 자발적으로 유도될 때에 더욱 효과를 거둘 수도 있다. 셋째로는 농촌생활을 제재로 다루고자 할 경우에는 그것에 대한 역사적 지리적 여건을 충분히 이해하고 연구할 수 있어야 한다는 점이다. 농민문학의 표현형식 문제도 직접 농민 대중의 요구를 들으며 감정과 의식을 알아보는 데에서 더욱 절실한 방법이 제기될 수 있을 것이라는 점이 백철의 견해이다. 이러한 백철의 농민문학론은 프로문학운동의 실천적인 방안으로서 프로문학에 대한 동맹문학으로서의 농민문학의 가능성을 제기한 점에 그 의의를 둘 수 있다.

백철의 농민문학론이 발표된 후 당시 계급문단에서는 농민의 계급적 특성과 역사적 위치에 주목하여 프롤레타리아의 문학과 농민문학은 엄격하게 구별된다는 백철의 견해를 지지하였다. 노동계급의 계급투쟁 의식과는 달리 농민은 전통적으로 토지에 대한 소유욕이 근성으로 자리 잡고 있으므로 계급투쟁 의식이 약하기 때문에, 프롤레타리아트의 지도적 영향 아래에서 동맹군으로서 힘을 발휘할 수밖에 없다는 것이다. 이러한 이유 때문에 농민문학은 빈농계층의 의식을 표현한 문학으로서 프롤레타리아문학과는 구별된다는 논리를 승인하였다. 그리고 농민의 계급적 상황과 현실적 요구를 정당히 인식하는 것만이 농민문학의 출발점이 될 것임을 주장하였다.

농민계층의 심리와 감정을 예술적으로 표현하여 자신을 해방시킬 수 있도록 한다는 목표를 내세운 농민문학이 농민의 현실과 그 상황을 충분히 인식해야 한다는 것은 당연한 일이다. 특히 농민의 보수적인 정착성을 현실 문제에 적극 결합시켜 보는 것도 필요함은 물론이다. 그러기 위해서는 농민 대중을 문학의 세계로 끌어들이기 위한 여러 가지 노력이 요청되는데 그 가장 커다란 과제는 작품의 창작방법에 귀결되는 것이다. 농민문학론은 농촌의 현실과 농민의 계급적인 위상을 문학의 관심사로 부각시킬 수 있었다는 점에서 그의의를 평가할 수 있다. 특히 계급문단에서 『농민소설집』(1933)의 간행을 통해 농민문학론의 구체적인 실천작업을 보여주고 있는 것도 농민문학론의 진폭을 말해 주는 근거가 된다.

(3) 노동소설과 이념적 진보성

계급소설로서의 노동소설

계급문학의 창작적 실천 과정에서 농민소설의 전개와 함께 주목되었던 또 다른 성과는 노동소설의 등장과 노동문학의 성장이라고 할 수 있다. 노동문학은 노동의 현장에서 노동자들이 자신들에게 부여되는 노동 조건과 노동 환경 등에 조직적으로 대응하는 투쟁적 과정을 주된 소재로 다루고 있다. 이 경우 일반적으로 문제가 되는 것은 물론 노동자와 지배 자본가의 계급적 대립이다. 그리고 이 대립의 현실을 극복하기 위해 투쟁하는 전위적 성격을 창조하는 작업이야말로 소설의 주된 목표라고 할 수 있다. 1920년대 말기에 계급문단에서 내세워진 예술운동의 볼셰비키화의 방침은 주로 소설에서의 투쟁적인 전위의 형상에 대한 창조에 초점을 두고 있다.

1920년대 중반 이후의 노동소설은 식민지 상황 속에서 왜곡된 자본주의의 발전 과정과 그 속에서 등장한 노동자의 계급적 성장 과정이 서로 충돌하는 양상을 보여준다. 이 계급적 대립은 물론 노동자계급의 주체적인 의식의 성장과 역사 발전에 대한 전망의 획득이라는 목표를 향해 고양된다. 그러므로 노동소설은 농민소설의 경우보다도 현실적 구체성이 뒤지는 경우가 많지만, 그 투쟁 의식은 보다 진취적이며 치열하다고 할 수 있다. 이 시기의 노동소설에서 주목되는 것은 노동자계급의 등장과 그 성장 과정에 대한 문학적 해석이다.

이것은 노동소설만이 지니고 있는 사회적 가치의 영역이다. 대체로 노동소설은 농촌 공동체의 붕괴와 농민계층의 유리, 그리고 노동자로의 전락이라는 인물의 형상적 유형화를 벗어나는 경우가 많지 않다. 그러나 이 같은 인물의 유형화는 그 자체가 하나의 전형성을 지니고 있음을 말해 주는 것이다. 그러므로 노동문제는 언제나 그 배후에 농촌문제 또는 농업문제를 숨겨둔다. 노동소설이 그 결말에서 노농의 연대를 주장하거나 농민소설이 또한 공장노동자들과의 연대투쟁을 강조했던 것도 이와 같은 문제의식에서 비롯된 것이라고 할 수 있다.

송영의 소설과 노동계급의 현실

노동문학의 성장 과정에서 먼저 주목해야 하는 작가는 송영이다. 송영의 문학활동은 그 자신의 노동체험을 바탕으로 전개된다. 그의 소설 속에는 노동의 현장과 노동자의 삶의 모습이 언제나 중요한 제재로 등장하고 있다. 이런 특징은 자기 체험을 문학의 세계에서 그려보고자 하는 개인적인 욕구에서보다는 노동계급의 삶에 대한 당대적 인식과 그 사회적 요구에 철저하고자 했던 태도와도 연관된다.

송영이 노동계급을 소설의 대상으로 끌어들인 작품은 그의 실질적인 등단 작품인 「느러가는 무리」(1925)인데, 이 소설은 노동자의 고된 삶과 고통을 그리고 있으면서도 궁극적으로는 노동자들의 승리를 의도적으로 내세우고자 한다. 그리고 「용광로」(1926), 「석공조합대표(石工組合代表)」(1927), 「인도병사(印度兵士)」(1928) 등에서는 어느 정도 묘사의 치밀성과 구성의 긴장을 살리면서 계급적 투쟁을 강조하고 있다.

소설 「용광로」는 일본 동경의 철공장을 배경으로 하여 이 공장에서 일하고 있는 조선인 노동자들이 겪는 인종적 차별과 계급적인 박대를 동시에 보여준다. 이야기 속의 문제 인물은 직공 견습을 하고 있는 조선인이다. 그는 어떤 굴욕에도 참고 견디며 묵묵히 일만 해서 벙어리라는 별명을 가지게 된다. 그러나 사장이 노동자들에게 부당하게 벌금을 매기고 휴일을 줄인 것에 대해 노동자들이 동요하면서도 아무도 나서서 항의하지 못하자, 주인공이 앞장서서 그 같은 부당한 벌칙을 못 받겠다고 저항한다. 다른 노동자들이 두려워하기도 하면서 이에 동조하자, 경찰이 들이닥쳐 그를 연행한다. 이 작품에서 극적인 장면화에 성공하고 있는 부분은 결말의 장면이다. 소설의 주인공은 공장 식당에서 일하고 있는 일본인 여성 노동자에게 연민의 정을 느끼던 중이었는데, 그는 연행되던 순간 용광로 앞에 그 일본인 여성 노동자가 서 있음을 보게 된다. 그때 그녀의 등 뒤에 있는 용광로가 보수했던 시멘트의 균열로 무너져 내리며 불꽃이 쏟아지자, 불길 속에 그녀가 쓰러진다. 이것을 본 주인공은 경찰을 뿌리치고 불 속에서 그녀를 끌어내어 병원으로 옮긴다. 공장의 불길이 잡히고 사태가 수습되었지만, 경찰은 병원에서 주인공을 연행한다. 그가 문밖으로 끌려나갈 때 병실에 누워 있던 일본인 여성 노동자가 눈을 뜬다. 이 작품에서 그려내고 있는 주인공의 인간미는 계급적 차별이라든지 조직적 투쟁이라든지 하는 문제와는 그 성격이 전혀 다르다. 주인공의 인간미를 강조함으로써 오히려 악덕 사장의 반인간적인 행패의 부당성을 대조적으로 부각시키고 있다고 할 수 있다.

이와 유사한 성격의 창조는 소설 「석공조합대표」에서도 확인된다. 작품의 주인공은 자신이 일하는 석공장에서 노동자들과 함께 조합을 결성하고 그 대표로 선출된다. 그리고 서울에서 열리는 전국 석공조합 대표 모임에 평양 대표로 참석할 자격을 얻는다. 그는 대표 참석을 기다리며 동지들과 함께 투쟁의 열기를 만끽할 즐거운 상상을 하지만 석공장의 공장주는 대회 참석을 포기하도록 요구한다.

공장주의 권유를 거역할 경우에는 공장주의 과수원을 관리하며 살고 있는 식구들이 모두 쫓겨날 판이다. 아버지마저도 그에게 공장주의 말을 듣도록 대회 참석 포기를 권고하자 주인공은 석공조합 대표로서의 자신의 책임과 아버지와 처자식에 대한 의무 사이에서 심각한 고민에 휩싸인다. 그렇지만 주인공은 조합 대표로서의 자신의 책임을 다하기 위해 결국 대회 참석을 결행하게 되는데, 그 대가로 악질적인 공장주는 주인공의 가족들을 모두 길바닥으로 쫓아내게 된다.

「용광로」나 「석공조합대표」와 같은 작품들은 작가 자신의 이념과 의욕을 직접 드러내고 있기 때문에 소설의 주인공들이 진정한 자기의식의 변혁과 성장을 조직적으로 확대시키는 투쟁적인 실천을 제대로 표출시키지는 못하고 있다. 이러한 경향은 초기 계급소설이 가진 일반적인 속성이라고 할 수 있는 것인데, 이 작품들은 계급적 대립 구조에만 집착하지 않고, 노동자의 순순한 인간미와 강인한 의지를 형상화함으로써 유형화의 위험을 어느 정도 벗어나고 있다.

송영의 소설 가운데에는 농민계층의 몰락과 도시 노동자로의 전락 과정을 추적하고 있는 것도 있고, 농민과 노동자의 연대적 투쟁을 문제 삼고 있는 경우도 있다. 소설 「군중정류(群衆停留)」(1927), 「석탄 속에 부부들」(1928), 「지하촌」(1930), 「교대 시간」(1930), 「호미를 쥐고」(1930) 등이 모두 이에 속한다. 이 작품들에 등장하는 농민들은 착취의 희생자로 그려지기보다는 자신들의 삶의 조건에 반항하고 모순의 현실을 파괴하기 위한 투쟁자로 나타난다. 이러한 방법은 삶에 대한 인식의 변화를 적극화하기 위한 작가의 의욕을 말하기 위한 것이라고 할 수 있다. 「군중정류」의 소설적 소재가 농민들의 쟁의를 바탕으로 한 것이고, 「호미를 쥐고」의 경우도 역시 농민투쟁의 현장을 목도하고 그려낸 것임을 생각한다면, 투쟁적인 농민의 형상을 통해 작가 송영이 추구하는 것은 농민의 계급적인 성장과 그 사회적 진출을 염두에 둔 것임을 알 수 있다. 이와는 달리 소설 「교대 시간」의 경우는 「용광로」의 연장 선상에서 주목해 볼 수 있는 노동소설이다. 「교대 시간」은 일본의 탄광을 배경으로 조선인 노동자들이 여러 가지 갈등을 겪은 뒤에 일본인 노동자와 연대하여 결국은 부당한 차별과 박해에 대항한다는 이야기를 담고 있다. 이 작품에서 작가가 강조하고 있는 것은 조선인 노동자들이 탄광주들에 의해 착취당하고 있을 뿐만 아니라 민족적 차별까지 심하게 받고 있는 점이다. 일본 노동자들까지도 조선인 노동자들을 홀대하기 때문에 갈등이 계속된다. 그러나 탄광주들의 횡포와 일본 경찰의 강압적인 태도에 대응하기 위해 일본인 노동자와 조선인 노동자들은 서로의 반목을 벗어나 연대 투쟁을 벌이게 된다. 노동계급의 국제적 연대라는 새로운 슬로건을 소설적으로 실현한 하나의 사례라고 할 것이다.

1935년 카프 해체 이후 송영은 소설의 영역에서 별다른 문학적 진전을 보여주지 못한 채 극작과 연극 활동으로 그 무대를 옮기고 있다. 그의 소설적 소재가 계급적 인식구조를 지탱할 만한 긴장을 수반하지도 못하고 있는데다가 투쟁적인 작가적 의욕도 더 이상 진전될 수 없었기 때문이다. 그러나 송영의 소설적 세계는 자신의 노동자 생활을 바탕으로 하여 체험적 구체성을 소설적으로 구현할 수 있었다는 점을 주목해야 할 것이다. 노동현장의 면밀한 인식과 그 사실적인 재현으로 인해 송영의 작품은 계급문학이 빠져들고 있던 관념적인 도식성을 어느 정도 극복하고 있다. 특히 노동자들의 내면 풍경과 공장 주변의 선명한 인상의 포착은 송영의 작품에서 확인할 수 있는 소설적 미덕이다. 그러나 유사한 상황 설정의 반복으로 말미암아 이야기의 내용이나 인물의 행동이 유형화되고 있다는 점은 약점으로 남아 있다.

노동작가로서의 이북명

계급문단에서 노동작가로 주목되었던 인물은 이북명이다. 그는 흥남 질소비료 공장에서 3년간 노동자 생활을 체험하였으며, 공장 내 친목회 사건으로 해고당한 뒤부터 본격적인 문단 활동을 하였다. 그의 등단 작품 「질소비료공장」(1932)은 작가 자신의 비료공장 체험을 바탕으로 하고 있다. 이 작품의 주인공은 나쁜 작업 환경 때문에 폐병에 걸려 공장에서 쫓겨난다. 주인공은 자신의 부당한 해고에 대해 일본인 감독에게 대항하다가 결국 죽고 만다. 그러나 남은 동료가 더욱 단합하여 싸움을 계속한다. 뒤이어 발표한 「암모니아탱크」(1932), 「출근정지」(1932), 「여공(女工)」(1933) 등은 공장이라는 제한된 노동 현장에 대한 생생한 묘사로 인해 문단의 주목을 받았다. 이 작품들은 노동자들의 비참한 삶을 통해 식민지 자본주의의 문제점을 뚜렷하게 부각시키고 있으며, 작가 자신의 노동체험에 기반을 둔 사실적인 상황의 묘사에 힘입어 계급소설이 빠져들었던 관념성이나 공식성을 뛰어넘을 수 있게 된다.

이북명의 노동소설은 열악한 노동 환경과 부당한 노동 조건에 대한 비판을 주제로 삼고 있는 작품들이 대부분이다. 「암모니아 탱크」에서는 유독 가스가 가득 찬 탱크 속을 아무런 방비도 없이 소제해야 하는 노동자가 등장한다. 직경이 다섯 자나 되고 높이가 마흔 자나 되는 탱크에는 조그마한 출입구가 있을 뿐이다. 탱크 안은 두껍게 앉은 녹 냄새와 독한 가스가 가득 차 있다. 감독은 그 가스 냄새를 맡으면 폐가 튼튼해진다고 거짓말을 한다. 그러나 작업하던 노동자가 쓰러져 업혀 나가자, 노동자들이 분노하며 감독을 그 속으로 들여보내라고 아우성친다. 「출근정지」에 등장하는 노동자들도 비료공장의 변성 탱크에서 나오는 독한 가스로 병을 얻게 된다. 그러나 노동자들은 가난한 생계를 이어가기 위해 병을 숨기고 일하는 수밖에 없다. 공장에서는 불경기를 이유로 월급의 일부만 주고 노동자들에게 출근정지를 시키기도 한다.

그런데 이북명이 제기하고 있는 이 같은 열악한 노동 환경은 전혀 개선될 여지를 보여주지 않는다. 공장주들은 노동자들을 독려하여 생산을 증대시키는 데에만 급급하고, 공장의 감독은 노동자들을 강제로 동원하기에만 힘을 쓴다. 그러므로 노동의 현장에서는 사고가 잇달아 일어나고 노동자들이 귀중한 목숨을 잃게 된다. 이 같은 노동 문제에 대해 이북명이 제시하고 있는 유일한 해결책이 바로 노동자들의 연대투쟁이다. 「질소비료공장」이나 「암모니아 탱크」에서도 이야기의 결말은 부당한 대우에 대해 분노한 노동자들의 집단적인 투쟁으로 이어진다. 「여공」(1933)에서도 공장 감독이 부당하게 작업량을 증대시키고 노동자들을 구타하며 작업을 재촉하자 이에 격분한 노동자들이 합세하여 경비를 뚫고 사무실로 돌진한다. 그렇지만 이 같은 소설적 결말이 곧 문제의 해결을 의미하는 것은 아니다. 식민지 시대의 노동 문제는 당대 사회의 여러 조건과 구조적으로 연결되어 있기 때문이다.

이북명의 소설 가운데 식민지 시대 노동자의 삶과 그 현실 문제를 가장 적나라하게 제시하고 있는 것이 「민보(閔甫)의 생활표」(1935)이다. 이 작품에서는 생활고 때문에 공장을 떠나 다시 농촌으로 돌아갈 수밖에 없는 노동자의 처지를 세밀하게 그리고 있다. 이 과정에서 주인공의 봉급명세와 지출명세서가 구체적으로 제시됨으로써 공장 노동자들의 생활 모습이 실감 나게 그려진다. 흉년을 견디지 못하고 농촌을 떠나 공장 노동자가 된 주인공은 형편없는 급료를 받으면서도 공장에 다니지만, 공장의 일거리가 없어지게 되자 공장을 그만두고 다시 농촌으로 돌아가지 않을 수 없게 된다. 그러나 그의 고향에서도 지주의 횡포가 계속되고 야학을 하던 친구마저 경찰에 잡혀간다. 이 작품은 비참한 노동자 생활과 고된 농촌의 삶을 서로 연계시킴으로써 식민지 시대 노동자의 공장과 농부의 농촌이 똑같이 나누어 가지고 있는 문제성을 비판적으로 제시하고 있다.

이북명의 소설은 노동자 출신 작가로서의 자신의 특수한 경험을 바탕으로 살려내고 있는 일종의 현장 소설적 특성을 지니고 있다. 그의 존재는 동경 유학을 거친 소시민적 지식인들이 중심을 이루고 있던 당시 문단에서 매우 유별난 것이었으며, 그가 만든 문학 역시 그 소재 내용의 현장감과 사실성으로 인해 신선한 충격을 던져주고 있다. 그러므로 그가 자신의 공장 노동 체험에 근거하여 만들어낸 소설들은 종래의 계급소설이 빠져들었던 정치적 공식성으로부터 상당 부분 벗어나고 있다고 할 것이다.

한설야와 노동소설의 성과

한설야는 조선프로예맹에 가담하면서 적극적인 문필활동을 시작하였다. 그는 계급문학운동이 방향전환 과정에 접어드는 동안 노동계급의 예술적인 참여와 그 투쟁적 의식의 고양에 적극적인 관심을 기울였다. 그가 노동자계층의 사회적 형성 과정과 그 의식의 추이를 집중적으로 조명하기 시작한 작품으로 「그 전후(前後)」(1927), 「뒷걸음질」(1927) 등을 들 수 있다. 이 작품들은 모두 일본 식민지 지배 아래에서 몰락하는 농민들의 삶과 그 고통을 그려놓고 있는데, 특히 농촌을 떠난 농민들이 공장노동자로 전락하면서 노동자라는 새로운 사회계층으로 편입되고 있는 과정을 주목하고 있다. 소설 「그 전후」의 여주인공을 통해 이러한 특징을 쉽게 확인할 수 있다. 이 소설의 여주인공은 토지개간사업이라는 간판을 내건 일본 총독부의 허울 좋은 농지 수탈 정책에 의해 토지를 빼앗긴 뒤에 집안이 몰락하자 자신의 과거 생활에서 벗어나 방직공장의 직공이 되어 생활전선에 나서고 있다. 가난과 멸시와 고통 속에서 모든 것을 운명적으로 체념했던 주인공은 공장생활 속에서 비로소 새로운 노동의 삶을 체득하며 노동의 의미를 깨닫게 된다. 이 작품에서 작가는 결국 수탈 정책에 토지를 빼앗기고 몰락해 가는 농촌의 현실을 보여주면서 동시에 몰락 농민을 중심으로 새로이 형성되고 있는 노동자계층의 확대를 그려놓고 있는 것이다. 물론 농민의 몰락과 노동자로의 전락이라는 패턴 자체가 반드시 당대적 현실의 총체적인 문제를 형상하고 있다고 말하기는 어려운 일이다. 특히 주인공의 계급적 각성과 새로운 노동체험에 대한 인식이 주체적인 입장에서 획득된 것이라기보다는 작가의 개입에 의해 강요되고 있다는 점에서 관념적 도식성이 완전히 제거되지 못한 상태에 놓여 있음을 인정해야 할 것이다.

한설야의 소설 세계가 이념적 고정성에서 벗어나게 된 것은 조선 한설야는 「그 전후」에서 보여주고 있는 새로운 사회계층으로서의 노동계급의 성립 과정을 「과도기」(1929), 「씨름」(1929) 등과 같은 작품을 발표함으로써 더욱 구체적으로 형상화해낸다. 이 작품들에서 작가는 농촌으로부터 유리되어 버린 농민들이 도시 노동자로 전락해 가는 과정에서 비탄과 환멸에 빠져들지 않고 계급적 자기 각성에 이르는 과정을 주목한다. 「과도기」의 경우는 몰락 농민이 노동자가 되는 과정을 전형적으로 제시한다. 간도에서 귀향한 주인공에게 고향은 이미 간 곳 없이 변한 채 커다란 공장지대가 들어서 있다. 마을 사람들은 누대를 살아온 땅과 집을 몰수당한 채 흩어졌고, 보상을 약속한 공장주는 온갖 거짓말로 농민들을 회유하고자 한다. 소설의 주인공은 대책이 없는 저항보다 차라리 공장 노동자로의 길을 택한다. 시대적 상황을 적극 수용하고 자기의식의 변혁을 통해 새로운 노동계층으로 거듭나는 것이다. 「씨름」은 보다 직접적으로 노동현장에 접근하고 있다. 「씨름」의 주인공은 노동자들의 권익을 보호하기 위해 내부적 결속을 꾀하고, 농민들의 소작쟁의를 지원하기 위해 노동자회를 조직하기도 한다. 노동자와 농민의 계급적 연대의식의 확보를 의도함으로써 그 투쟁 역량을 시험하고 있는 이 작품은 예술운동의 정치적 진출에 집중적 관심을 표명했던 계급문예운동의 실천적 방향을 제시하고 있다고 할 것이다. 그리고 이 같은 소설적 작업은 「사방공사(砂防工事)」(1932), 「소작촌」(1933)에 이르러 더욱 강렬한 계급투쟁의식을 강조하는 방향으로 고정되고 있다.

한설야의 소설 세계가 이념적 고정성에서 벗어나게 된 것은 조선프로예맹의 강제 해산과 때를 같이한다. 계급문단의 지도적 위치에 서 있던 한설야는 '신건설사 사건'으로 전주 감옥에 투옥된 후 2년에 가까운 구속 상태에서 이념의 전향을 강요받게 된다. 그가 감옥에서 풀려나왔을 때는 이미 조직의 해체가 이루어진 뒤이며, 계급문학운동의 실천적 기반도 와해되기 시작하는 단계이다. 이 시기에 한설야가 발표한 것이 장편소설 「황혼」(1936)이다. 이 작품은 조선프로예맹의 조직 해체 후 그 맹원에 의해 쓰인 본격적인 장편소설이라는 점에서 그 문단사적 의미가 주목될 수도 있지만, 계급문학운동의 기존의 성과를 바탕으로 하여 노동계급의 조직화 과정을 총체적으로 구현하고자 하는 의욕을 담고 있다는 점에서도 중요한 의미를 지닌다. 이 작품의 배경 자체가 일본 군국주의의 확대 과정과 맞물려 있고, 그러한 현실적 상황 속에서 성장하고 있는 노동계급의 조직적 실체를 확인하고 있다는 것은 특기할 만하다.

소설 「황혼」은 방직공장을 운영하고 있는 자본가계층의 생활과 의식이 그 전반부의 줄거리를 형성한다. 후반부에서는 이러한 자본가들의 행태에 반발하는 노동자들의 생활상이 중심이 되고 있다. 물론 이 같은 상반되는 소설적 내용은 작품의 여주인공 려순의 삶의 과정을 통해 자연스럽게 구조화되고 있다. 려순은 농촌 터생으로 서울에 올라와 가정교사 생활로 고학하면서 여학교를 졸업한다. 그러고는 가정교사 노릇을 하던 주인집에서 경영해 온 방직공장이 새로운 자본주를 사장으로 맞게 된 뒤에, 그 사장실의 비서르 취직하게 된다. 하지만 려순은 사장의 탐욕의 손길을 벗어나기 위해 결국은 회사를 뛰쳐나온다. 이러한 전반부의 내용은 려순을 접점으로 하여 식민지 지배논리에 순응하면서 자신들 삶의 안위만을 위해 재산을 모으고 탐욕스런 생활을 꾸려나가는 자본가들의 행태를 비판적으로 제시하고 있다고 할 수 있다.

「황혼」의 후반부는 려순이 노동자로 변신하면서 방직공장 노동자들의 삶과 투쟁이 이야기의 중심을 이룬다. 사장실 비서직을 내던져버린 려순은 고향 농촌에서 함께 서울로 올라온 청년 노동자의 권유를 받아 다시 방직공장의 직공으로 노동 현장에 뛰어든다. 그리고 자신의 신분적 변화를 계급적인 각성으로 더욱 고양시키면서 열악한 노동조건의 개선에 앞장선다. 회사 측에서 노동조건 개선을 앞세워 직공들의 건강진단을 한 후 이들을 집단으로 해고하려고 할 때 노동자들은 조직적 연대성을 유지하면서 파업투쟁으로 이에 대응하기도 한다. 자신들의 권익을 위해 조직적인 노동운동의 실천에 나서게 되는 것이다.

이처럼 「황혼」은 당대적 현실의 계급적 모순 구조를 자본가계층의 모리배적 속성과 노동자계층의 참담한 삶을 극단적으로 대조하고 있다. 물론 이러한 수법은 다분히 도식적인 측면도 없지 않다. 작가는 식민지 종속 자본가들의 타락과 이에 맞선 노동자계층의 계급적 성장을 대비시키고자 했으나 그것이 궁극적인 결론이 되기에는 미흡하다는 주장도 가능할 것이다. 이미 일본제국주의의 확대과정에서 민족자본의 위축과 그 예속화 현상이 일반화되었던 점을 생각한다면,

노동계급의 성장과 연관되는 계급모순은 식민지 지배체제의 모순을 극복하지 않고서는 타결될 수 없는 일이다. 그러나 이 소설은 비록 작위적인 요소가 없지 않다고 하더라도, 주인공의 변모 과정을 통해 소시민적 지식인의 자의식 청산 가능성을 포착하고 있다는 점을 주목할 필요가 있다. 주인공이 소시민적 생활 속에서의 방황과 갈등을 떨쳐버리고 노동자로의 자기 변혁을 꾀함으로써 새로운 삶의 가능성을 열어 보이고 있기 때문이다.

한설야가 추구해 온 계급문학의 이념적 지향을 생각할 경우 「황혼」은 한설야 문학이 도달한 하나의 정점에 해당된다고 할 수 있다. 한설야는 식민지 암흑기적 상황을 거치면서 「청춘기」(1937)를 발표하고 「이녕(泥濘)」(1939)을 쓰고 「탑」(1940)을 완성하고 있다. 「청춘기」와 「탑」은 자전적인 색채가 강한 작품들이다. 특히 가족사소설의 구조를 지탱하고 있는 「탑」의 경우는 한설야 자신의 소년기 체험이 감동적으로 서술되어 있다. 그러나 이 작품들은 소설 「황혼」의 문제의식에서 상당한 거리를 빗겨나 있으며 계급문학의 이념과 가치에서 벗어나 있는 것임을 알 수 있다.

(4) 계급문학운동과 동반자소설

동반자문학의 가능성

1920년대 후반 계급문학운동이 대중적으로 확대되는 과정에서 새로운 과제로 부각되었던 것이 동반자문학이다. 동반자작가란 계급적 이념 성향을 보여주면서도 계급문단 조직이었던 조선프로예맹에는 가맹하지 않은 작가들을 의미한다. 그렇지만 동반자소설은 계급문단의 조선프로예맹이라는 구체적인 조직에 의해 그 존재 의미가 확보된다. 계급문단에서는 그 조직의 확대와 강화 문제를 동반자작가를 들어 논의했기 때문이다.

> 근자의 조선의 예술적 활동의 경향은 그 대부분이 프롤레타리아 의식을 전취하면서 있는 것은 무엇보다도 명확한 사실이다. 즉 다시 말하면, 카프의 예술적 활동에 수반자가 날로 증가되어 가는 사실이다. 카프의 작가가 아니면서도 카프의 예술적 활동 강령에 추종하려는 경향을 가진 작가를 나는 위선 카프의 수반자라고 이름하였다. 이 이름이 수반자 자신의 처지로 보든지 카프의 입장으로 보든지 상호 불명예의 것은 결코 아닐 것이다. 그러나 이 수반자는 어느 때든 수반자로서만 그 존재의 의의를 갖게 될 때에 물론 그는 계급적 견지에서 불명예로울 것이다. 그는 카프의 작가가 됨으로써 더욱 큰 진전이 있을 것이다.5

동반자작가 문제가 계급문단의 중요 쟁점으로 부각된 것은 계급문학운동의 조직 확대라는 당면 과제와 결부되어 있음을 알 수 있다. 그러므로 이 문제는 공산당 재건운동과 연관된 제1차 조선프로예맹 검거사건으로 조직 자체가 와해의 위기를 맞게 된 시기에도 여전히 의미를 가지게 된다. 계급문단 조직을 기반으로 하는 예술의 실천에서 동반자의 획득과 그 조직이 중시될 수밖에 없었던 것이다.

동반자문학에 관한 관심은 계급문학운동에 동정적 입장에 서 있던 작가들을 대상으로 정치성을 옹호하는 조직의 입장을 내세워 그들을 계급문학운동 속으로 끌어들이고자 하는 의도를 지니고 있다. 그러나 조선프로예맹의 조직 자체가 지니고 있는 좌익적 편향과 지도력의 문제로 인해 실제로 동반자의 획득 문제가 조직적 차원으로

5 박영희, 「카프 작가와 그 수반자의 문학적 활동」(중외일보, 1930. 9. 18).

실천되지는 못하였다. 당시 문단에서 동반자문학이라는 영역 속에 유진오, 이효석, 이무영, 채만식, 박화성, 전무길 등을 포함[6]시킨 예도 있지만, 이것은 계급문단의 조직과 무관하게 이루어진 문단적 분류에 불과한 것이다.

유진오와 이효석의 초기 소설

계급문단과 직접적인 관계가 없이 진보적인 성향의 작품 활동을 실천했던 문인들 가운데 동반자작가로 지칭되었던 대표적인 인물로 유진오와 이효석을 들 수 있다. 이들은 1920년대 말기에 문필 활동을 시작하면서 현실에 대한 계급적 인식에 근거한 여러 작품을 발표한 바 있다. 유진오의 경우, 그의 초기 소설이 사회주의에 이념적 기반을 두고 있다는 것은 「오월의 구직자」(1929), 「밤중에 거니는 자」(1931), 「여직공」(1931)과 같은 작품들을 통해 확연히 드러난다. 「오월의 구직자」의 주인공은 고양된 계급의식을 지니고 있는 지식인이다. 그는 메이데이에 시내에 넘치는 노동자들의 시위행렬을 꿈꾸지만, 자신은 그러한 계급 이념을 실천에 옮기기 전에 생활의 요구를 따르고 만다. 취직을 해야만 가족의 생계를 꾸릴 수가 있다는 엄연한 현실 앞에서 그는 번민한다. 그리고 일본인에게 잘 봐달라는 부탁과 함께 과자 상자를 들이밀게 되지만 취직에 실패한다. 그는 현실이라는 것이 개인적 타협으로 변화되는 것이 아님을 깨닫는다. 삶의 토대가 변화해야만 그 상층부가 바뀐다는 진리도 다시 확인한다. 그리고 노동자의 길을 택함으로써 이론으로만 알고 있었던 운동을 스스로 실천할 것을 결심한다. 이 소설에서 지식인 주인공은 계급의식을 이

6 백철, 『신문학사조사』(신구문화사, 1992), 404면.

론적으로 선취하고 있었지만, 현실 생활의 요구에 굴복하고 타협의 길을 택했다가 결국은 좌절을 맛본다. 그리고 다시 운동 전선에 참여함으로써 자신이 선취했던 계급의식을 현실 속에서 실천할 수 있는 가능성을 보여준다. 이 같은 좌절과 실천의 과정에서 주인공이 겪는 고뇌와 갈등이 작품의 내면을 형성한다. 이 때문에 유진오는 지식인의 고뇌와 내면적 갈등을 예리하게 그려내고 있다는 평가를 받았던 것이다. 「여직공」의 경우에도 작중 인물의 의식 변화를 추적하고 그 내면을 드러내는 일에 역점을 두고 있다. 그는 이 같은 방법을 택함으로써 소설의 전체적인 지향성으로 볼 때 계급운동의 대의에 동조하면서 동시에 소설 속의 인물 내면을 드러냄으로써 근대적인 인간으로서의 개인에 대한 탐구에도 관심을 기울이게 되었던 것이다.

그렇지만 유진오의 소설이 계급의식과 소설의 근대성을 얼마나 조화롭게 추구했는지를 판단하는 일은 간단하지 않다. 그가 파악한 사회주의나 마르크스주의라는 것도 자본과 노동의 대립적인 관점으로 현실을 파악하고자 하는 계급적 세계관의 구현과는 거리가 멀다. 그의 작품에는 계급투쟁을 위해 현실 속으로 뛰어든 노동자나 농민의 모습이 별로 나타나 있지 않다. 오히려 현실과 이념의 격차 때문에 머뭇거리며 고뇌하는 지식인의 모습이 자주 등장한다. 그러므로 유진오 문학에서 마르크스주의는 계급적인 기반이나 조직적 역량에 의해 획득된 것이라기보다는 지식인 의식의 소산이며 정신 영역의 차원임을 알 수 있다. 실제로 당대 현실 속에서 지식인들 사이에 마르크스주의는 일종의 시대적 보편성을 지닌 사상적 흐름이었다는 점, 그것이 근대적인 것의 한계를 새로이 극복해낼 수 있는 이념으로 인식되었다는 점을 주목할 필요가 있다.

물론 유진오는 계급문학의 조직에 직접 가담하지 않고 마르크스주의운동을 강압적으로 부정하고자 했던 식민지 현실 속에서 좌절하거나 시대를 한탄하며 개인적 무력함을 토로하는 정도에서 크게 벗어나지 못한다. 이것은 당시 계급문단의 작가들이 계급투쟁의 적극적 실천을 구가하면서 현실에 대응했던 태도와 상당한 거리가 있는 것임은 물론이다. 그의 대표작으로 거론되고 있는 단편소설 「김강사와 T교수」(1935)는 이미 동반자문학의 시대를 건너서고 있는 작가 자신의 모습을 잘 보여주고 있다.

이효석의 초기 문학활동을 전체적으로 조망할 수 있게 해 주는 단편집 『(露領近海)』(1931)는 그의 문학적 관심과 태도가 프롤레타리아 문학으로 상당 부분 경도되어 있음을 말해 준다. 물론 그의 문학은 제1차 카프 검거사건 이후부터 점차 좌익적 이념 성향에서 벗어나게 된 것이 사실이다. 그가 보여준 좌익적 이념에 대한 믿음이 현실적 상황과 계급적 조건을 기반으로 하는 실천적인 단계로 구체화되기 어려웠던 것은 『』에 수록된 단편들에서 이미 그 한계가 드러나고 있다. 대부분 작품이 계급 이념을 생경한 구호로 제창하고 있을 뿐이며, 계급적 투쟁 의지의 소설적 구현이라는 것도 그 기법적 처리의 미숙성을 벗어나지 못하고 있다.

단편소설 「도시와 유령」(1928)의 주인공은 미장이로 일하고 있는 노동자이다. 이 주인공의 시각에 따라 일상생활 속에서 마주치게 되는 빈한한 노동자의 삶의 참상을 제시하는 데에 작품의 핵심이 놓여 있다. 뜨내기 일꾼으로 일정한 거처도 없이 사는 주인공의 삶 자체도 간단한 문제가 아니다. 그러나 더욱 충격적인 것은 우연히 동묘에서 발견하게 되는 도깨비처럼 산발한 거지 모자의 밑바닥 인생이다. 어느 재산가의 자동차에 치여 다리 병신이 된 채 제대로 구걸조차 못하고 동묘 구석에 누워 연명하고 있는 거지의 모습을 보면서 주인공은 자신의 주머니에 들어 있는 돈을 모두 털어 주고 그곳을 빠져나오며 궁핍과 빈한에 빠져 있는 모순된 현실의 삶에 분노하며 절규하기에 이른다. 이 작품에서 볼 수 있는 가장 중요한 현실 문제는 노동자의 궁핍한 삶과 그 고통이다. 특히 소설의 결말에서 볼 수 있는 주인공의 절규는 현실에서 철저히 소외된 무산대중의 삶의 고통과 사회의 병리에 대한 분노의 표시라고 할 수 있다. 낡은 사회 질서를 통박하면서 새로운 계급적 이념을 구현하기 위해 투쟁할 것을 역설하고 있기 때문이다. 그러나 이 같은 경향성에도 이 작품은 당대 현실의 문제성을 계급적 관점에서 깊이 있게 파악하거나 분석하고 있는 것은 아니다. 오히려 궁핍한 현실 자체에 대해서도 피상적인 인식을 벗어나지 못하고 있으며, 계급적 이념에 대해서도 관념적인 인식 수준에 머물고 있다. 투쟁과 실천을 위한 어떤 행동적 구체성도 그려내지 못한 채 주제 의식의 과잉 노출로 작품으로서의 긴장도 지탱하지 못하고 있는 것이다.

이효석의 초기 작품 가운데 경향성을 드러내고 있는 작품으로 평가된 「노령근해」(1930)의 경우에도 비슷한 한계가 드러나 있다. 이 작품은 단편소설 「상륙」(1930)과 「북국 사신(私信)」(1930)으로 이어지는 일종의 연작 형식을 취하고 있다. 러시아로 향하는 배의 석탄고 속에 숨어서 밀항을 꾀하던 청년이 드디어 꿈에 그리던 나라에 상륙하여 거기서 자신을 기다리기로 한 인물과 접선하는 데 성공하는 과정을 단편소설 「상륙」에서 읽어낼 수 있다. 신흥국가 소비에트에서 겪는 여러 가지 삶의 이야기를 단편적으로 보여주는 것이 「북국 사신」이다. 이렇게 본다면 「노령근해」는 「상륙」의 바로 앞 단계에 해당하는 이야기를 담고 있다고 할 수 있다. 이 작품의 무대가 되고 있는 여객선의 선실이라든지, 석탄고 속에 숨어든 청년 투사가 서사적인 맥락을 이어주는 역할을 하고 있기 때문이다.

물론 소설 「노령근해」는 성격의 초점을 이루고 있는 주인공이 설정되어 있지 않다. 소비에트 러시아로 향하는 여객선을 배경으로 하여 다양한 승객들의 행태를 조명한다. 일등 선실에는 호화로운 식탁과 향기로운 술이 있고, 주권(株券)과 미두(米豆) 이야기로 흥취에 젖은 상인들이 들어서 있다. 일본 경찰의 고등계 형사는 비밀스럽게 사람들을 정탐한다. 삼등 선실은 이와 대조적이다. 돈벌이를 위해 떠나는 노동자, 큰돈을 만질 수 있다는 꿈을 안고 떠나는 항구의 창녀, 그리고 러시아어를 중얼거리며 연습하는 청년, 이별의 감상에 눈물 젖어 있는 처녀 등 모두가 새로운 공화국에 꿈을 걸고 고달픈 항해를 계속한다. 선체의 갑판 아래 기관실에는 용광로 같은 불아궁이 앞에서 땀 흘리면서 일하는 화부들이 있고, 그 옆 석탄고 속에는 일본 경찰의 눈을 피해 몸을 숨기고 새로운 땅으로 탈출하고자 하는 젊은 투사가 있다. 이 같은 선상의 모든 장면은 삶의 현실을 축도로 보여주는 듯하다. 일등 선실의 흥청대는 풍경에서 느낄 수 있는 부르주아적 분위기와 삼등 선실에서 펼쳐지는 무산계급의 찌든 모습을 의도적으로 대비시켜 놓고 있는 이 작품은 현실적인 삶의 계급적 모순 구조를 상징적으로 제시하고 있다고 할 수 있는 것이다.

그러나 이 같은 의도에도 「노령근해」는 계급적 현실에 대한 인식이나 계급적 조건에 대한 분석을 바탕으로 이야기를 구성하고 있는 것은 아니다. 이 작품은 장면과 정황의 묘사만을 주축으로 하고 있으며, 계급적 현실의 모순을 극복해 갈 수 있는 유일한 길로 소비에트 러시아라는 새로운 나라를 암시하고 있다. 말하자면 여객선의 모든 장면이 계급적 차별이 없는 새로운 나라에 들어서는 순간 결국 하나로 통합될 것이라는 막연한 환상만을 심어주고 있을 뿐이다. 이 같은 환상은 선상에서 벌어지고 있는 여러 장면 가운데 등장하는 러시아인에 대한 각별한 관심과 호의를 통해서도 쉽게 느낄 수가 있다. 결국 「노령근해」는 삶의 현실에 대한 계급적인 분석이나 비판을 통해 그 모순을 극복할 수 있는 구체적인 접근 방법을 제시하고 있다기보다는 이상적이고 관념적인 계급인식을 전제하고 있다. 이러한 현실적 접근 방법으로 인해 이 작품은 성격의 구체성과 소설적 리얼리티를 결여하고 있다고 할 것이다.

계급문학운동에서 등장한 동반자문학의 본질은 계급문단의 조직과 관계없이 이루어진 지식인 작가의 문학적 실천에 대한 하나의 모색이라고 할 수 있다. 여기서 동반자라는 개념 자체가 조직의 동맹과 연합해야 할 대상으로 위치 지워진다는 것은 당연한 논리이다. 그러나 계급문학운동의 정치적 진출과 볼셰비키화를 강조하였던 계급문학운동가들의 종파주의적인 태도가 동반자로 지목된 작가들의 소부르주아성과 여전히 상당한 격차를 두고 있었다는 점을 주목하지 않을 수 없는 일이다. 특히 동반자문학 자체가 가지는 관념적인 속성이 계급적 투쟁이라는 실천적 태도로 이어질 수 없음을 인식하지 않으면 안 된다. 결국 계급문학운동에서 논의되었던 동반자문학은 조직과 실천의 문제가 아니라 지식인 작가들이 보여준 심정적 선택의 문제였음을 알 수 있다.

2. 시적 형상과 계급적 이념

(1) 계급시와 이념적 경향

김기진과 '생활'의 시

일본 식민지 시대 한국 근대시가 계급적 이념과 대응하게 되는 과정은 계급문학운동의 전개 과정에서 자연스럽게 드러난다. 1920년대 초기의 시적 경향을 보면, 근대적인 형태의 자유시가 성립되면서 민족어와 그 정서의 가치를 시적 형식을 통해 구현하고자 하는 노력이 지속되고 있음을 확인할 수 있다. 이 시기의 시문학에서 현실을 초월하거나 삶의 문제를 넘어서고자 하는 낭만적인 시 정신이 주조를 이루고 있었음에도 대부분 시인은 그들의 시 속에서 피폐한 삶의 현실과 고통스러운 식민지 상황을 외면할 수 없었던 것이 사실이다.

1920년대 초기 문단에서 예술의 가치를 현실 생활에 연관시켜 구체적으로 문제를 제기하기 시작한 것은 김기진이다. 그는 일본 유학 체험을 통해 사회주의 이념과 계급문학에 대한 새로운 인식을 가지게 되자 생활의 예술을 주장하면서 예술가는 생활에 대한 선각자가 되어야 한다고 역설[7]하기도 하였다. 이 같은 소박한 반영론적인 관점의 예술관은 개성의 표현으로서의 예술을 강조했던 초기 문학론의 표현론적 성격과 대립된다. 그는 박종화, 박영희, 이상화 등의 《백조》 동인들이 보여주고 있던 시와 낭만적 열정이 현실 생활에 밀착되지 못한 채 퇴폐성에 경도되고 있는 것을 비판하면서 생활을 이끌어 갈 수 있는 예술의 힘을 강조하였다.

김기진의 생활문학, 힘의 예술이라는 개념은 초창기 경향문학의 성격을 말해 주는 가장 중요한 요건이다. 예술에서의 생활이라는 것은 구체적인 삶의 현실에 대한 인식을 문제 삼는 개념이다. 이것은 현실적인 삶의 문제에서 비롯되는 것이므로, 낭만적인 열정이나 추상적인 관념의 세계와 대별된다. 시적 주체로서의 시인이 자신의 삶에 기초하여 대면하게 되는 생활은 구체적인 개인의 경험에서부터 역사적인 현실 체험으로 그 영역이 확대될 수 있다. 그러므로 예술에서의 생활의 발견은 예술적 토대로서의 현실에 대한 인식이란 점에서 계급문학의 출발점에 해당된다. 김기진은 생활의 예술을 출발점으로 하여 생활의 의식을 결정하는 사회 조직의 개혁을 주도할 수 있는 예술의 힘을 내세우고 있다. 그가 문제 삼고 있는 생활이란 물론 일본의 식민지 지배를 받고 있는 조선의 현실이며, 조선의 모순된 계급적 현실이다. 그는 문학이나 예술이 보여주는 수동적인 태도에서 벗어나 적극적이고도 능동적인 실천적 자세를 강조한다. 그것이 바로 계급운동으로서의 예술운동이다. 이처럼, 김기진이 내세우고 있는 예술과 생활에 대한 인식 문제는 주관적 관념 세계로 빠져든 문학과 예술의 본질 문제를 객관 세계와 현실적 토대의 문제로 끌어내린 것이라는 점에서 그 새로운 의미가 강조될 수 있다. 초창기 한국 문단에서 가장 중요한 담론 구조를 형성하고 있던 주체의 정립

7 김기진의 이 같은 태도는 「프로므나드 상티망탈」(개벽, 1923. 7), 「떨어지는 조각조각」(백조, 3호, 1923. 9) 등을 통해 드러나고 있다.

문제가 객관 세계의 인식 문제로 전환된 것이다.

김기진은 《백조》 동인으로 참여하면서 「한 갈래의 길」, 「한 개의 불빛」과 같은 경향적 색채가 강한 시 작품을 선보이고 있다. 이 작품들은 모두 생활 문학으로서의 시의 새로운 가능성을 타진해 볼 수 있는 근거가 된다. 그가 주관적인 관념의 세계에서 벗어나 객관적인 현실의 문제를 어떻게 시적 주제로 형상화하고 있는지는 다음의 두 작품을 통해 쉽게 확인할 수 있다.

(1)
아모말업시오래동안을
나는이길을더듬어왓다
오래동안을이가슴속의
다만하나인한갈래길을.

가슴속에서울리어오는
늣기어우는가만한소리…
아아, 아모말업시오래동안을
업어가지고온나의마음아!

어느쌔부터
버러지들이모여들어서
너의몸속에집지엇는지
나는도모지알수가업다

—그러나 어느날
섯달의 맵고찬바람
네몸을어니듯이맨드던것을
나는지금것잇지안핫다.

싸뜻한날 양지짝으로
네몸을쏘이려고나올째에는
심술의구름 날개를펼치어
해를감추어버리엇섯다 —

아아, 불상한나의자식아
어느째까지가엽슨네가
싸뜻한빗을보지못하고
이세상에셔간단말이냐…

너를파먹는버러지들이
너의몸속에가득히찰쌘
오오마음아! 너와나와는
죽지안니면안되는구나!

오래동안을아모말업시
추움, 괴로움, 싸워가면서
버레에게파먹혀가면서
여긔까지더듬어왓다

아모말업시오래동안을
나는이길을더듬을터이다
한량도업는이가슴속의
한갈래인 오즉이길을.

—「한 갈래의 길」8

8 김기진, 「한 갈래의 길」(백조, 1923. 9), 61~63면.

(2)
저자바닥에박여잇스면서
연못아! 얼마나오래
너는말업시 지내여왓느냐
오오 얼마나오래
너는色色아것을
긁어모으며지내여왓느냐!

— 나온지며칠안되는
피투성이의간난아이를
몃개나 몃개나
먹고왓느냐

— 가난한젊은 수접은계집애를
너는몃번이나 네속으로 뛰어들게하얏다!
그러고그계집애의 늙은어머니의
설어서술어서毒먹고죽은모양을
너는네가슴에다 박어가지고왓다!

— 네우에걸친다리우에서
몸을굽히고속살거리는
사내와계집의그림자도
너는마시어가면서지내어왓다.

— 계집과씨안고情死한사내
— 눈보라치는어느날밤에 빠져어죽은불상한거지,
— 主人에게쫓기어난젊은이, 그러구는
스트라익크가禍가되어서 집업시된사람들의눈물,
— 主權者에게反抗한勇士의부르지즘,

— 그러구는나가튼밥벌러지의
古今을생각하고내뱃는한숨 —
이것들의形象과그림자들을
너는쏙가티싸가지고왓다
그러고그위를 흐르는달빗은
아아 몃百年이나오래인동안을
밟고넘어서지내어갓느냐

연못아!오래동안너는담을고왓다!

아아 그러나, 지금에이르러
너는얼마나큰이약이를하너냐
— 오늘이밤에
　건너편에서잇는 한 개의불빗이
　너에게열쇠를준 것이다! —
오오, 너는얼마나 큰이약이를하고잇느냐.
지금
나는너에게귀를기울여 —

아아, 들어라 이크나큰부르지즘을!

— 「한 개의 불빗」[9]

이 두 편의 시 작품은 김기진의 시적 지향과 그 가능성을 엿볼 수 있는 중요한 자료가 된다. 이 작품들에서 시적 자아의 형상은 '나'라는 일인칭 화자의 목소리를 통해 구체적으로 형상화되고 있다. 그리고 시적 자아의 존재 의미를 가능하게 하는 '너'라는 시적 대상이

9 김기진, 「한 개의 불빗」(백조, 1923. 9), 63~65면.

정서적인 통합을 이루고 있다. 앞의 (1)의 경우, 시적 자아는 '오직 하나의 길'이라는 시적 명제와 결부되어 있는데, 이것은 거의 피할 수 없는 운명적인 생의 도정으로 그려진다. 가난과 질시에 빠져들어서 겪어야만 했던 모든 고난에 굴하지 않고 걸어온 이 생의 도정은 오히려 운명적이라기보다는 실천적인 당위를 드러내기도 한다. 그러므로 여기서 시적 자아의 자기 정체가 더욱 강하게 부각될 수 있게 된다. 그런데 이 작품에서 시적 대상으로 설정되고 있는 '너'의 존재는 구체적인 형상을 띠고 있는 것이 아니다. 그것은 모든 문제적 상황이 가능하게 된 역사적 과정이기도 하고 현실적 조건이 되기도 한다. 역사와 현실이라는 문제의 영역을 들고 나올 수 있다면 '너'는 쉽게 민족과 국가라는 함의로 확대될 수 있다. 이렇게 본다면, 이 작품은 결국 서정적 주체와 대상으로서의 현실 세계를 문제 삼고 있는 것임을 알 수 있다. 물론 도식적인 구도에도 이 작품이 주관적인 정조에 탐닉하지 않고 있다는 것은 당대의 다른 시인들과 구별되는 특징이라고 할 것이다.

(2)의 경우에도 시적 정황은 유사하다. 그러나 '너'라는 시적 대상을 '연못'이라는 구체적 대상으로 한정하고 있는 점이 특징이다. 즉 물적인 대상으로서의 '연못'이라는 소재에 인격을 부여하는 이 같은 접근법은 물론 새로운 것은 아니다. 그러나 '연못'에 대한 시적 자아의 인식 태도가 문제가 된다. 자연물로서의 '연못'은 대체로 맑고 아름다운 것으로 인식됨으로써 '거울'이라는 자기 반영성의 심상을 드러내는 것이 보통이다. 그러나 이 작품은 '연못'을 모든 고통과 암울과 탄식의 총체로 등치시킨다. 그러므로 그것은 바로 '연못'에 투영되는 자아의 어두운 형상을 의미하는 것으로 볼 수 있다. 이 작품의 말미에 설정된 '건너편에 서 잇는 한개의 불빗'이야말로 시적 자아가 도달하고자 하는 유토피아이다. 선명한 심상의 대조를 통해 극적으

로 형상화되어 있는 시적 유토피아를 우리는 이 시인이 다듬하게 인식하기 시작한 역사에 대한 전망이라고 말할 수 있을 것이다. 결국 김기진의 시적 출발은 현실과 역사에 대한 전망을 찾아 나서는 고행의 길을 의미한다. 김기진은 이 같은 새로운 시적 인식을 계급의식이라는 관념과 결부시킴으로써 시적 실천보다 앞서 가는 이념투쟁의 선봉에 나서게 되는 것이다.

계급시와 계급이념

초창기 계급문단에서 경향적인 색채를 드러내고 있는 이른바 계급시의 가장 중요한 특징은 시 정신의 지향 자체가 개인적인 서정의 세계를 상당 부분 벗어나고 있다는 점이다. 이 같은 특징은 이 시기의 계급문학이 지니고 있던 일반적인 경향에 해당하는 것이지만, 특히 무산계급이라는 계급적인 주체를 강조하는 집단적인 이념 성향을 강하게 드러내는 것이 계급시의 일관된 성격이었음을 알 수 있다. 이 시기의 계급시를 통해 확인해 볼 수 있는 무산계급에 대한 인식은 물론 당대 사회에서 일어나고 있던 자연 발생적인 계급운동의 경향성과 무관하지는 않다. 대체로 시를 통해 형상화하고 있는 현실에 대한 인식이 계급적 각성이나 계급이념에 대한 요구보다는 궁핍한 현실 자체에 대한 비판을 앞세우고 있기 때문이다. 일본의 강점과 식민지 지배에서 비롯된 민족의 핍박과 경제적 궁핍을 더 큰 문제로 인식하고 있으며 이 같은 모순 구조를 계급적인 관점에서 파악하게 된 것이라고 할 수 있다. 그러므로 계급시에서 시인이 노래하고자 하는 것은 무산계급으로 전락해 버린 궁핍한 민중의 삶이며 고통스러운 현실임을 쉽게 알 수 있다.

살을에이는듯한바람은
都市의 밤거리에헤매이는
불상한무리를위협하는데
서편한울에기울러진
이지러진겨울달은
눈물을먹음은 듯
찬빗은 떠는령우에
고요히 흐르고잇서라

거리의한모퉁이 약한숫불에
어린군밤장사의떨리는 가는목소리—
골목골목에도라 다니는
만두장사의웨치는소리—
오! 목숨의착함이여!

늙은어머니 어린동생은
친구들에 주림을안고
떨고잇나니 이제나저제나기다리며—

바람찬거리우를걷는
안마장이의 쇠피리소리—
두터운벽돌담밑에 쪼구리고안저
「추어라!」 덜덜떠는 거지의 울음소리—
아! 얼마나 구슬픈소리이냐?
겨울달아래 都市의모양은
저쓸쓸한墓地보다더하여라

오! 겨울밤都市의 참혹한光景이여!
긴밤이다—새이도록

오즉흐르는찬달빗알에
고닯흔그쉬흔소리만이
밤한울공기를 흔드러노흘뿐이로구나!

—「都市의 겨울달」10

초창기 계급시에 속하는 이 작품은 그 의미 구조가 단순하게 짜여 있다. 그러므로 그 시적 형상 자체도 단조롭다. 그러나 시적 형상성이라는 차원에서 본다면 이 같은 작품은 어느 정도의 정서적 균형을 갖추고 있는 것으로 판단된다. 이 작품에서 그려내고 있는 것은 차디찬 겨울 도시의 밤 풍경이다. 시적 주체가 비교적 일정한 거리를 두고 그려내는 겨울 도시의 밤 풍경 속에서 감각적으로 포착되고 있는 것은 가난한 사람들의 고달픈 쉰 목소리이다. 어린 군밤장사, 만두장사, 안마장이, 그리고 추위에 떨고 있는 거지들이 밤 도시의 풍경 속에 내뱉는 소리는 모두 자신들의 삶을 갈구하는 고통의 소리이다. 이들은 모두가 소외된 계층이며, 춥고 어두운 겨울밤 도시의 거리를 헤매며 자신들의 고통스러운 삶을 위해 호소하며 구걸하고 있는 것이다. 이 도시의 어두운 풍경 속에 굶주림에 떨고 있는 늙은 어머니와 어린 동생의 모습이 자리 잡고 있다. 이 같은 겨울밤 도시 풍경을 시인은 쓸쓸한 묘지보다 더 참혹한 것으로 판단하고 있다. 주검이 묻혀 있는 묘지보다 더욱 참담한 도시의 삶을 시인은 이 작품에서 말하고자 했던 것이다.

다음에 예시하는 두 개의 작품은 계급시로서의 선언적 성격이 강하다. 계급적 차원에서 요구되는 집단적 이념 성향과 진보적인 태도 등이 강조되고 있다.

---

10 김해강, 「都市의 겨울달」(조선일보, 1926. 11. 28).

(1)

1

풀이 무성한 청기와ㅅ장우엔 나는새가 깃을들이고
丹靑이 가시어가는 아람들이 기둥미텐
좀이 긁어먹은가루가 다북히 싸히지안햇나?
— 집은다 — 기울어가거늘
— 집은다 — 기울어가거늘
귀돗치고 탕건쓴 千年묵은 구렁이는
그래도 넷껍질만 쓰고안저
밤나무 등걸만 끌어안ㅅ고 잇고나

2

썩어버린 조상의 뼉다구를 팔어
때낀망건에 玉관자를 부치면 무슨榮光이냐?
땅에무친 질그릇조각을 차저내며
몬지가 길로안즌 책장을 뒤적인들
쫓기는 막단골목에 자랑될것이 무엇일것이냐?

3

차라리福德房도령님이 될지언정 —
너무나櫓를 거슬러 저어올라가기에
피는말러 神經은 구더짐이냐?
瞳子에錯覺이 생겨
둥근 것은 모나게봄이냐?
오 — 빗두러짐도分數가잇지
귀먹은四八눈들이여!

4

비틀거리는 걸음에
뒤ㅅ걸음질을 칠 것은 무엇인가?
눈은 압흐로 박혓나니
살ㅅ길은 압헤서 차즈라
九尾狐의작란은
이날의鍾路에서 벌서멀어젓나니
오! 거리로 뛰어나와
새벽바람을 마시라
그리고 땀내나는 묵어온 곰팡일랑
모조리 떨어버려라

5

오! 이사람들아! 그대들은
지금 칼날을 밟고섯나니
기울어져가는 집일랑
쾌히 불살으라!
뚜드려부스라!
— 벌서부터 鎔鑛爐엔
붉은쇠ㅅ물이 끌코잇나니
— 뚜다려
— 부시어
鎔鑛爐에 부서너흐라
오! 새벽ㅅ바람에
鎔鑛爐의불ㅅ길은 더욱猛烈하여진다.

6

바위인들 안녹으랴?
물인들 끌 수 잇스랴?

鎔鑛爐에 이는불ㅅ길은
아모것도 두려워함이 업다
오! 이불ㅅ길은
새로운宇宙를創造할힘이다
— 님이여!
— 날의얼골이여!
— 마음이여!
썩 물러가라
휘돌으는 칼날은
털억까지도容納치안는다

— 「용광로(鎔鑛爐)」[11]

(2)

行列! 푸로레타리아의 行列!
家庭에서 田園에서 工場에서 또學校에서
街頭로街頭로흗더져나온다
營養에주리여蒼白한얼골 — 그러나熱에띠인거름거리
그들은 그들의 뛰노는心臟의鼓動을듯는듯하다

비웃느냐? ×××무리들
— 그늘에 자라날享樂의날이아즉도멀엇다고
그러나 그거름거리를보라! 大地를울리고 新生으로新生으로다름질하는 그거름거리를

그들은인재는 너에의覺醒을 더바라지도 안는다

11 김해강, 「용광로(鎔鑛爐)」(조선일보, 1927. 6. 2).

— 赤道가北쪽으로기울어지기를 — 事實以外에 더큰힘이깃기를 — 바라지 안는다
다만힘으로써힘을익이고 힘으로써힘을어드랴할따름이다
그곳에새롭은世紀가創造되고 ××××××를 맛볼수잇스리니 —

빗켜라! ××들!
그들의行列을더럽히지말라! 굿세게前進하는그들의압길을

行列! 푸로레타리아의 行列!
家庭에서 田園에서 工場에서 또學校에서
街頭로街頭로흘러져나온다
하날에는눈보라감돌아오르고 따에는모진 바람휩쓰러三는데
— 돼지무리살가지우슴웃고…

—「民衆의 行列」12

앞의 두 작품에서 강조하고 있는 것은 무산계급의 진보적인 태도와 집단적인 결속이다. 이 같은 계급의식은 1920년대 중반을 넘어서면서 나타나고 있는 이념 지향적인 계급시의 공통적인 특징이라고 할 수 있다. 앞의 시 (1)의 경우는 시적 진술의 전개 과정 자체가 이분화되어 있다. 전반부의 경우는 퇴영적인 봉건적 유습에 대한 비판적 제시로 일관되어 있으며, 후반부의 경우는 '용광로'라는 대상물을 통해 내부적인 사회적 변혁의 필요성을 역설하고 있다. 이 같은 시적 진술의 대조적인 전개는 이 작품 자체의 시적 긴장을 해치는 설명적 진술의 남용으로 인해 정서적 효과를 거두지는 못한다. 그러나 계급시가 빠져들었던 이념 중심의 경향이 생경한 구호나 주장을 남발하는 이 같은 작품을 양산케 하였다는 것을 부인하기 어렵다.

12 유완희, 「民衆의 行列」(조선일보, 1927. 12. 8).

(2)와 같은 작품의 경우에도 문제는 마찬가지이다. 민중의 단합된 힘과 그 투쟁적인 전진을 강조하고 있는 이 작품에서 시적 묘사의 구체성이나 정서적 균형 감각 등은 고려의 대상이 되지 않고 있다. 시인은 이 작품에서 성장하는 계급의식과 그 필연적인 역사적 과정을 의도적으로 과장하고 있는데, 그것은 당대의 명제로 제기된 바 있는 민족단일당 노선의 확립이라든지 민중 세력의 단합이라든지 하는 사회운동의 노선과 무관하지 않은 것이다. 그러나 이 같은 당위적인 요청에도 불구하고 객관적 상황은 결코 무산계급에 유리하지 않은 것으로 그려져 있다. '하날에는눈보라감돌아오르고 따에는모진바람휩쓰러드는데 / ㅡ돼지무리살가지우슴웃고…'라는 마지막 구절이 이를 암시하고 있는 것이다.

(2) 계급시의 창작적 성과

박세영과 계급시의 이념성

박세영의 시작 활동은 1938년 간행된 시집 『산제비』를 통해 그 성과가 집약되고 있다. 이 시집에는 1920년대 중반 이후에 발표하였던 그의 대표적인 작품들이 수록되어 있다. 그가 주된 관심을 보여주었던 시적 대상은 일본의 강압적인 식민지 지배와 함께 궁핍에서 벗어나지 못하고 있는 농민들의 삶의 참상이다. 그는 초기작에 속하는 「타작」이나 「산골의 공장」 같은 작품을 통해 착취에서 신음하고 있는 농민들의 삶의 고통을 그려 보이고 있으며 「향수」, 「최후에 온 소식」과 같은 작품에서는 고향을 상실한 채 곤궁한 삶을 꾸리면서 만주 벌판을 떠도는 한국인들의 비극적인 삶의 모습을 보여주기도 한다. 박세영의 시들은 1930년대 초기 작품에 해당하는 「화문보(花紋

裸)로 가린 이층」, 「산제비」 등에서 시인의 이념적 지향을 고양된 시정신으로 승화시키고 있다. 이 작품들은 초기 계급문단의 이념적 열정보다는 계급문학운동 자체가 조직적인 분열과 이념적 와해를 겪게 되는 시기에 등장하기 시작한 내성적(內省的) 어조를 바탕으로 하고 있다. 그러므로 시적 진술 자체가 서술적이며, 긴장도 다소 이완되어 있다. 하지만 계급문학운동의 대중적 진출을 위한 투쟁적 열기를 직설적으로 그려내지 않고 오히려 그것을 내밀한 언어로 서술하고 있다는 점이 특히 주목된다.

(1)
으스름 달밤, 호젓한 길을 나는 홀로 걷는다.
얕으막한 담장을 끼고 이 밤중에 나는 여호냄새를 맡으며,
옛 보금자리가 그리운지, 단잠을 깨는 물새소리를 들으며 軌度를 가로 지른다.

車도 끝이고, 사람의 자취 없건만, 홀로 깨어 껌벅이는 담배광고
너 붉은 네온은 지난날과 같구나!
그러나 마즌편 이층 젊은이들의 소식은 모르리라.
나는 한밤중 이 길을 지날 때마다 한번씩 안스곤 못견디겠구나.

그전날, 내가 이 길을 지날 때는 二層의 젊은이들의 우렁찬 소리가 하늘을 쩡쩡 울렸드니라.
헬멧트가 비스듬이 창에 비치고, 芭蕉잎같은 창이 저 쪽 벽에 비쳤드니라.
그러면 나는 용감한 兵士 짜-덴을 그려보면서,
먹물을 풀어 휘정거린 듯, 저 하늘로 휘파람을 날렸다.

그 번화스러웠든 때를 누가 다- 아서갔느냐?
지금은 바람만 지동치듯 문앞엔 빠리켙과 같이 겻섬이 둘이었고,
깨어진 창문으론 바람만이 기여 드는데.

바람찬 꽃紋이褓가 들먹일 때 마닥 보이는 건 장농,
어느 새살림이 이곳을 차지했는가?
늬들의 단잠은 여기라 깨어질이 없건만.

지친 나의 거름은 여기서 이밤을 새우고싶다.

나의 동무여! 늬들은 탈주병은 아니언만,
한번들 가선 소식이 없구나.
아— 문어진 참호를 보는 나의 마음이여!

나는 다만 부상병같이 다리를 끌며
지금은 폐허가 된 터를 헤매이며 전우를 찾기나 하듯,
그리하여 허무러진 터를 쌓으며
나는 늬들이 돌아오기를 기둘르겠다.
늬들이 올때까지 지키고야 말겠다.

—「花紋褓로 가린 二層」13

(2)
南國에서 왔나,
北國에서 왔나,
山上에도 上上峰
더 올를수 없는 곳에 깃드린 제비.

---

13 박세영, 『山제비』(별나라사, 1946), 19~22면.

너이야 말로 自由의 化身 같고나,
너이 몸을 붓들者 누구냐,
너이 몸에 아른체할者 누구냐,
너이야 말로 하늘이 네것이요, 大地가 네것 같구나.

綠豆만한 눈알로 天下를 내려다보고,
주먹만한 네몸으로 화살같이 하늘을 꾀여
魔術師의 채쭉같이 가로 세로 휘도는 山꼭대기 제비야
너이는 壯하고나.

하로아침 하로낮을 허덕이고 올라와
天下를 내려다보고 느끼는 나를 웃어다오,
나는 차라리 너이들같이 나래라도 펴보고 싶고나,
한숨에 내닷고 한숨에 솟치어
더날을 수없이 神秘한 너이같이 돼보고 싶고나.

槍들을 꽂은듯 히디힌 바위에 아침 붉은 햇발이 비칠제
너이는 그꼭대기에 앉어 깃을 가다듬을것이요,
山의 精氣가 뭉게뭉게 피여 올를제,
너이는 마음껏 마시고, 마음껏 휘정거리며 씻을것이요,
原始林에서 흘러나오는 世上의 秘密을 모조리 드를것이다.

멧돼지가 붉은 흙을 파헤칠제
너이는 별에 날러볼 생각을 할것이요,
갈범이 배를 채우려 약한 짐승을 노리며 어슬렁거릴제,
너이는 人間의 서글픈 소식을 傳하는,
이 나라에서 저 나라로 알려주는
千里馬일것이다.

山제비야 날러라,
화살 같이 날러라,
구름을 휘정거리고 안개를 헤쳐라.

땅이 거북등 같이 갈러졌다.
날러라 너이들은 날러라,
그리하여 가난한 農民을 위하여
구름을 모아는 못 올까,
날러라 빙빙 가로 세로 솟치고 내닫고,
구름을 꼬리에 달고 오라.

山제비야 날러라,
화살 같이 날러라,
구름을 헤치고 안개를 헤쳐라.

—「山제비」[14]

박세영의 대표작의 하나로 손꼽히는 시 「화문보로 가린 이층」은 시적 정황의 설정 자체가 매우 극적이다. 이 작품에서 시적 자아의 형상은 치열했던 계급투쟁의 현장을 일정한 거리로 비켜서서 바라보고 있는 시인의 태도를 통해 극적으로 묘사된다. 그리고 그것은 회고적인 진술의 방식으로 택함으로써 더욱 분명한 거리를 유지하고 있는 것이다. 이 작품에서 '화문보로 가린 이층'과 '야트막한 담장을 끼고' 걸어가는 길은 그 이미지의 구조 자체가 공간적으로 위와 아래라는 층위를 구획할 수 있게 한다. 그리고 시간상으로 과거와 현재 상황이 대비되고 있다. 이 같은 대조적인 이미지는 작품 속에서 유리창을 통해 비쳤던 열띤 젊은이들의 모습과 그 헬멧이 모두 자취

14 앞의 책, 4~8면.

를 감춘 뒤에 꽃무늬 커튼 사이로 내비치는 장롱을 통해 구체화되고 있다. 계급투쟁의 열기에 가득 차 있던 과거의 이념적 공간이 현재는 화문보로 가려진 채 일상적 삶의 공간으로 변해 버린 상황을 대조적인 이미지를 통해 제시하고 있는 것이라고 할 수 있다.

이 작품에서 강조되고 있는 것은 참담하게 짓밟힌 투쟁의 현장과 그 현장에서 다시는 볼 수 없게 된 젊은이들이다. 이것은 1930년대 계급문학운동의 방향전환 이후 일본 경찰이 보여준 사상 탄압의 실상을 그대로 재현하고 있는 셈이다. 일본 경찰은 계급문학운동의 조직적 기반을 와해시키면서 그 대중적 진출을 강압적으로 탄압했으며, 수많은 사회운동가를 투옥시켰던 것이다. 그러나 이 같은 암울한 상황에도 시인은 자신의 울분과 격정을 내면으로 억제하면서 '나는 다만 부상병같이 다리를 끌며 / 지금은 폐허가 된 터를 헤매며 전우를 찾기나 하듯, 그리하여 허물어진 터를 쌓으며 / 나는 늬들이 돌아오기를 기다리겠다. / 늬들이 올 때까지 지키고야 말겠다'라고 다짐한다. 이 다짐 속에서 이념적 요구를 개인적인 정서의 영역으로 통합하여 보다 높은 시 정신으로 고양시키고자 하는 시적 자아의 욕망을 읽어낼 수 있는 것이다.

앞에 인용된 (2)의 「산제비」는 시집 『산제비』의 표제작이다. 1936년에 발표한 이 작품에서 시적 대상은 산 정상에까지 날아오르는 산제비이다. 이 산제비에서 가장 중시되는 특징은 자유로운 비상이며, 그것은 다시 시적 자아가 꿈꾸는 이상을 말해 주는 것이기도 하다. 그러므로 이 작품은 산제비를 통해 시적 자아의 내적인 열망을 적절하게 표출하고 있는 것이라고 할 수 있다. 그런데 여기서 한 가지 지적해야 할 것은 이 작품이 조선프로예맹의 강제 해산 직후에 발표된 것이라는 점이다. 일본의 사상 탄압 강화와 객관적 현실의 악화를 두고 이같이 활달한 시적 정신을 구가할 수 있었다는 것은 특기할 만한 일이다.

이 시에서 볼 수 있는 시적 표현은 언어 구사의 활달함이다. 산제비라는 구체적인 대상을 놓고 그것을 형상화하는 데에 있어서도 일체의 관념을 배제하고 있으며, "빙빙 가로 세로 솟치고 내닫고"와 같은 구체적인 묘사를 동원하고 있다. 그리고 이 같은 묘사의 적절성이 시적 대상의 형상화에 성공함으로써 보다 진취적이면서도 적극적인 의지와 행동을 정신적으로 추구하는 데에까지 이르게 하고 있는 것이다. 결국 이 작품은 시적 자아의 내적 열망을 표출하는 데에서 그치지 않고, 당대의 정신사적 과제이자 열망이기도 한 불안한 객관적 정세에 대한 정신적 극복을 강렬하게 주창한 것이라고 할 수 있다. 「산제비」가 박세영의 대표작일 뿐만 아니라 1930년대 중반을 대표하는 진보주의적인 시의 하나임을 말할 수 있는 근거가 바로 여기에 있다.

박팔양과 계급시의 현실성

박팔양은 초창기 계급문단에 관여하면서도 대체로 서정적인 시편들을 발표함으로써 당대의 계급시들과는 일정한 거리를 두고 있는 것처럼 보이기도 한다. 그러나 그의 시 가운데에는 식민지 조선의 현실을 예리하게 관찰하면서 그 비극적 상황을 진단하고 있는 「밤차」, 「태양을 등진 거리우에서」와 같은 작품들도 적지 않다. 물론 그는 계급의식의 고취를 위해 투쟁적 구호를 전면에 내세우거나 무산대중의 삶의 문제를 계급적 시각에서 분석하고 있지는 않다. 그의 시들이 지식 계급으로서의 시인이 지니고 있던 현실 인식의 한계를 가지고 있는 것으로 평가되기도 하는 이유가 여기 있다.

박팔양이 보여준 현실적 관심은 주로 궁핍한 현실의 고통이거나 왜곡된 근대 도시 문명의 어두운 그림자들이다. 그는 어두운 조선의 현실 앞에 무기력한 지식인으로서의 시인의 형상을 그려냄으로써 시적 자아의 내면을 치밀하게 표출하고 있다. 이러한 시적 경향은 진취적인 계급의식이나 투쟁적인 자세와는 일정한 거리가 있는 것이지만, 계급문단에 관여하였던 그가 「1929년의 어느 도시의 풍경」, 「점경(點景)」, 「하루의 과정」과 같은 시에서 보여주고 있는 도회의 일상과 권태와 우울은 매우 특이한 성과라고 할 수 있다. 그런데 이 시인이 1930년대 후반 이후 오히려 도시적 체험에서 벗어나 삶의 의미를 자연 속에서 구하며 전원을 예찬하는 시를 쓰기도 했다는 것은 이 같은 시적 경향과 대조적인 특징을 나타내는 것이라고 할 수 있을 것이다. 그의 첫 시집 『여수시초(麗水詩抄)』(1940)는 이 같은 다양한 그의 시적 경향을 잘 보여주고 있다.

(1)
流浪하는 백성의 고달핀 魂을 싣고
밤車는 헐레벌떡거리며 달아난다.
도망군이 짐싸가지고 솔밭길을 빠지듯
夜半 國境의 들길을 달리는 이 怪物이여!

車窓밖 하늘은 내 답답한 마음을 닮았느냐?
숨매킬듯 가슴터질듯 몹시도 캄캄하고나.
流浪의 짐우에 고개 비스듬이 눕히고 생각한다.
오오 故鄕의 아름답던 꿈이 어디로 갔느냐?

비들기집 비들기장같이 오붓하던 내 동리,
그것은 지금 무엇이 되었는가?
車바퀴소리 諧調맞혀 들리는 중에

희미하게 벌려지는 뒤숭숭한 꿈자리여!

北方 高原의 밤바람이 車窓을 흔든다.
(사람들은 모다 疲困히 잠들었는데)
이 寂寞한 訪問者여! 문두드리지 마라.
의지할곳 없는 우리의 마음은 지금 울고 있다.

그러나 汽關車는 夜暗을 뚫고 나가면서
「돌진! 돌진! 돌진!」 소리를 질른다.
아아 털끝만치라도 의롭게 할일이 있느냐?

疲勞한 백성의 몸 우에
무겁게 나려 덥힌 이 지리한 밤아,
언제나 새이랴나? 언제나 걷히랴나?
아아 언제나 이 답답함에서 깨워 일으키려느냐?

—「밤車」15

(2)

나는 오늘도
단 하나밖에 없는 나의 단벌 「루바시카」를 입고
황혼의 거리 위로 걸어간다.
굵은 줄로 매인 나의 허리띠가
퍽도 우악스러워 보이는지
〈뿔떡〉 獨逸種 강아지가
나를 보고 쫓아오며 짖는다.
「짖어다오! 짖어다오!」
내 가슴의 피가 너 짖는 소리에

15 박팔양, 『여수시초(麗水詩抄)』(박문서관, 1940), 91~93면.

조금이라도 더 뛰놀 것이다.

나는 또 걷는다
다 떨어진 兵丁구두를 끌고
太陽을 등진 이 거리 위를
휫파람을 불며 걸어간다.
내가 쓸쓸한 가을 하늘을 치어다보고
말없이 휫파람만 불고 가는 것은
이 都城의 黃昏이
몹시도 寂寂한 까닭이라.

그리하되 몇 時間 後에
우리가 친구들로 더부러 모여앉어
기나긴 가을밤을 우리 일의 토론으로 밝힐 것을 생각하매
나의 가슴은 젊은 피로 인하야 두근거린다.
「나는 젊은 사나이다!」
하고 주먹이 쥐어진다.

凋落의 가을이 梧桐나무 잎에
쓸쓸한 바람을 불어 보낸다.
「오오! 옛 都市 서울의 寂寥한 저녁 거리여!」
그러나 이는
感傷的 詩人의 글투!
우리는 센티멘탈하게 울지 않기로 作定한 사람이다.

그렇기는 하나 역시 우리 눈에도
시멘트로 깔린 人道 위에
소리 없이 지는 버드나무 落葉이 보인다.
울기 잘하는 우리 친구가 보았든들

그는 부르짖었으리라,
「오오! 낮 모르는 사람 발밑에 짓밟힌
이 거리의 落葉이여!」 하고—
그러나 지금은 이 고장 詩人들이 넋이 빠져
붓대를 던지고 앉었으니
울 사람도 없다. 노래할 사람도 없다.
(아아, 나는 모른다.)
이 땅이 疲勞한 잠에 깊이 잠겨 있음이라.

나는 고개를 숙이고 생각한다.
그저 걸어가자
설움과 希望이 뒤범벅된
알지 못하게 뻐근한 이 가슴을 안고
가는 데까지 가보자고…
崇禮門— 가을의 崇禮門이여,
그대는 무엇을 默默히 생각만 하고 있느뇨?

—「太陽을 등진 거리우에서」16

앞의 인용은 박팔양의 작품 가운데 비교적 경향적 색채가 강하게 드러나 있는 예들이다. (1)에서 볼 수 있는 「밤차」의 경우 작품의 시적 정조에는 비극적인 현실 인식이 기저를 이루고 있다. 그것은 이 작품에서 그려내고 있는 시적 정황 자체가 일본 식민지 시대의 수탈과 압제를 피해 멀리 북국을 향해 도망하듯 떠나는 유이민들의 모습을 그리고 있다는 점과 무관하지 않다. 그러나 이 시에서 시적 자아가 추구하고 있는 것은 고달픈 민중들의 모습도 아니며 차디찬 어둠의 밤도 아니다. 오히려 그 어둠과 고통을 뚫고 나아가는 기차의 모습

16 앞의 책, 64~68면.

이다. 그러므로 이 시에는 역동적인 기차의 이미지와 어두운 밤의 이미지가 상반되게 작용하고 있으며, 지친 민중의 형상과 돌진하는 기차의 힘이 서로 대조적으로 나타나 있는 것이다. (2)의 경우에는 시적 자아의 형상은 '쫓아오며 짖는 독일종 강아지'라든지 '낯 모르는 사람 발밑에 짓밟힌 이 거리의 낙엽'이라는 대상물의 설정에서 그 존재가 분명하게 드러나고 있다. 현실을 외면하고 있는 일체의 낭만적 감상을 거부하고 스스로 더욱 강인한 의지를 갖으라고 요구하는 이 시의 주제 의식은 단순한 이념적 열정만은 아니다. 그 이유는 '지금은 이 고장 시인들이 넋이 빠져 / 붓대를 던지고 앉았으니 / 울 사람도 없다. 노래할 사람도 없다'라고 진술하고 있는 현실 상황의 문제성에 대한 인식과도 관련된다.

날더러 진달래꽃을 노래하라 하십니까?
이 가난한 詩人더러 그 寂寞하고도 가냘핀 꽃을,
일은 봄, 산골째기에 소문도 없이 피였다가
하루아침에 비바람에 속절없이 떨어지는 꽃을,
무슨 말로 노래하라 하십니까?

노래하기에는 너무도 슬픈 사실이외다.
百日紅같이 붉게붉게 피지도 못하는 꽃을,
국화같이 오래오래 피지도 못하는 꽃을,
모진 비바람 만나 흩어지는 가엾은 꽃을,
노래하느니 차라리 부뜰고 울것이외다.

친구께서도 이미 그 꽃을 보셨으리다.
화려한 꽃들이 하나도 피기도 전에
찬바람 오고가는 산허리에 쓸쓸하게 피어있는

봄의 先驅者! 연분홍 진달래꽃을 보셨으리다.

진달래꽃은 봄의 先驅者외다.
그는 봄의 消息을 먼저 傳하는 豫言者이며
봄의 모양을 먼저 그리는 先驅者외다.
비바람에 속절없이 지는 그 엷은 꽃닢은
先驅者의 不幸한 受難이외다.

어찌하여 이 가난한 詩人이
이같이도 그 꽃을 부뜰고 우는지 아십니까?
그것은 우리의 先驅者들 受難의 모양이
너무도 많이 나의 머리 속에 있는 까닭이외다.

노래하기에는 너무도 슬픈 사실이외다.
百日紅같이 붉게붉게 피지도 못하는 꽃을
국화같이 오래오래 피지도 못하는 꽃을
모진 비바람 만나 흩어지는 가엾은 꽃을
노래하느니 차라리 붙들고 울 것이외다.

그러나 진달래꽃은 오랴는 봄의 모양을 그 머리속에 그리면서
찬바람 오고가는 산허리에서 오히려 웃으며 말할것이외다.
「오래 오래 피는 것이 꽃이 아니라, 봄철을 먼저 아는 것이 정말
꽃이라」고—

—「너무도 슬픈 사실—봄의 선구자 진달래를 노래함」[17]

박팔양의 시 「너무도 슬픈 사실—봄의 선구자 진달래를 노래함」은 정서적으로 고양된 시적 의지를 확인할 수 있는 작품이다. 이 시에

17 앞의 책, 76~79면.

서 시적 대상이 되고 있는 진달래는 서로 다른 두 가지의 의미를 상징한다. 하나는 찬바람 오고 가는 산허리에 피어나는 진달래꽃을 봄을 알리는 선구자의 형상으로 묘사하고 있는 점이다. 여기서 진달래는 희망과 이상과 열정의 표상으로 등장한다. 그리고 다른 하나는 하루아침에 비바람에 속절없이 떨어지는 진달래꽃을 선구자의 희생과 수난으로 설명하고 있는 부분이다. 이 같은 의미의 중첩성을 설득력있게 전달하기 위해 시인은 '노래하기에는 너무도 슬픈 사실이외다. / 百日紅같이 붉게붉게 피지도 못하는 꽃을 / 국화같이 오래오래 피지도 못하는 꽃을 / 모진 비바람 만나 흩어지는 가엾은 꽃을 / 노래하느니 차라리 붙들고 울 것이외다.'라고 말함으로써 진달래꽃의 이미지를 다시 통곡의 의미로까지 변용하고 있다. 물론 이 작품의 결말에서 가장 먼저 봄을 알리는 진달래꽃의 존재 의미를 본질적인 것으로 규정함으로써 시인이 기다리는 것이 시대의 봄이라는 것을 암시해 주고 있다.

임화와 계급시의 대중성

임화의 시작 활동에 대해서는 계급문단의 시적 창작과 그 실천 과정에서 가장 많은 논의의 대상이 되었다. 그의 작품 가운데 사화집 형태로 출간된 『카프시인집』(1931)에 수록된 「네거리의 순이」, 「우리 오빠와 화로」 등은 계급문학운동의 정치적 진출과 대중화에 대한 논의가 본격적으로 전개되기 시작한 1920년대 말에 발표된 것으로 계급시의 대표적인 형태로 손꼽힌다. 임화는 이 작품들을 발표하면서 대표적인 프롤레타리아 시인으로 부상하게 되었고, 이 작품들이 보여주고 있는 계급적 현실에 대한 시적 인식 방법은 계급시의 일정한 성과를 의미하는 것으로 평가되고 있다. 임화가 조선프로예맹이 해체된 이후에 쓴 1930년대 후반의 시들은 『현해탄』(1938)에 수록되어 있는데, 이 시집의 작품들은 앞의 계급시와는 달리 민족의 운명과 식민지 현실에 대한 초극의 의지를 노래한 서정적 경향을 드러내고 있다.

임화의 계급시는 김기진에 의해 명명된 단편 서사시라는 명칭으로 널리 알려져 그 시적 장르의 속성 자체가 크게 주목되기도 하였다. 근래에는 시적 리얼리즘의 가능성에 대한 논의가 그의 시에 관심을 둔 몇몇 연구자들에 의해 제기되기도 하였다. 그러나 단편 서사시라든지 리얼리즘시라든지 하는 것은 임화 시의 수사적인 특성을 지나치게 과장적으로 해석한 데에서 비롯된 것이다. 임화의 시는 넓은 의미의 서정시의 범주를 벗어나지 않는다. 다만, 식민지 시대의 계급적 상황에 대한 시적 인식을 강조하기 위해 구체적인 계급적 조건을 서사적으로 제시하거나 그 정황 자체를 사실적으로 묘사하고 있는 것이 특징이다. 이 같은 특징으로 인해 단편 서사시라는 전혀 새로운 장르 문제를 특별한 인식이 없이 제기하게 되었으며, 시에 있어서의 리얼리즘이라는 기법과 정신의 변화로 오해되기도 하였던 것이다. 임화의 시는 시적 기법의 면에서 반복적인 표현과 시적 정서의 과잉 노출이 문제가 되기는 하지만, 계급적 이념과 투쟁에 대한 낭만적인 열정을 강조하고 있다고 할 수 있다.

임화의 계급시가 지니고 있는 가장 중요한 특징은 그 시적 진술 방법과 형태적 특성에서 찾아볼 수 있다. 그의 계급시가 지니고 있는 방법과 형태는 그 이전에 김기진, 김창술, 유완희 등이 발표한 계급시라는 것이 가지는 시적 한계를 한꺼번에 극복할 수 있는 가능성을 보여주고 있다. 주관적인 이념의 직설적인 표현에 매달려 있던 초기의 경향시 또는 계급시는 그 생경한 이념 자체가 구체적인 형상성을 드러내지 못함으로써 시적 감응력을 발휘하지 못하였던 것이다. 임화의 계급시에서 볼 수 있는 시적 진술 방법은 「우리 오빠와 화로」에서 쉽게 확인할 수 있듯이 매우 특징적인 대화적 공간을 형성하고 있다. 그리고 이 대화적 공간 속에서 시적 화자가 구체적인 상대방을 향해 토로하는 고백적인 진술이 시적 어조의 근간을 형성하고 있다. 이러한 진술 방법은 물론 새로운 것은 아니다. 이미 한용운의 「님의 침묵」에서 시적 화자가 대상으로서의 님을 노래하던 방식에서 그 감응력을 인정받았던 방법이다. 임화는 실체가 분명하지 않았던 시적 대상으로서의 님을 거부한다. 그는 경험적인 현실 공간에서 서정적 주체와 시적 대상을 구체적으로 설정하고 있는데, 그것이 바로 핍박받는 가난한 노동 일가의 오빠와 누이동생이다. 이같이 시적 화자와 그 대상을 구체적인 계급적 조건과 인간관계로 얽어 놓음으로써 임화의 시는 계급적 현실에 존재하는 서정적 주체와 대상의 관계에 근거하여 그 상황에 대한 풍부한 진술에 접근할 수 있게 되는 것이다.

(1)

사랑하는 우리 옵바 어적게 그만 그러케 위하시든 옵바의거북紋이 질火爐가 깨여 젓서요
언제나 옵바가 우리들의 〈피오니ㄹ〉 족으만 旗手라 부르는 永男이가
地球에 해가비친 하로의 모든 時間을 담배의 毒氣속에다
어린몸을 잠그고 사온 그 거북紋이 火爐가 깨여 젓서요

그리하야 지금은 火젓가락만이 불상한 永男이하구 저하구처럼
똑 우리 사랑하는 옵바를 일흔 男妹와 가치 외롭게 壁에가 나란히 걸렷서요

옵바…
저는요 저는요 잘 알앗서요

웨 그날 옵바가 우리 두 동생을 떠나 그리로 드러가실 그날 밤에
연겁히 말는 卷煙을 세개식이나 피우시고 계셧는지
저는요 잘 알앗세요 옵바

언제나 철업는 제가 옵바가 工場에서 도라와서 고단한 저녁을 잡수실때 옵바 몸에서 新聞紙 냄새가 난다고 하면
옵바는 파란얼골에 피곤한우슴을 우스시며
… 네 몸에선 누에똥내가 나지 안니 하시든 世上에 偉大하고 勇敢한 우리 옵바가 웨그날만
말한마듸 없시 담배 煙氣로 房속을 메워 버리시는 우리 우리 勇敢한 옵바의 마음을 저는 잘 알엇세요
天穽을 向하야 기여 올라가든 외줄기 담배연기 속에서 옵바의 鋼鐵 가슴속에 백힌 偉大한 決定과 聖스러운 覺悟를 저는 分明히 보앗세요
그리하야 제가 永男이의 버선한아도 채못기엇을 동안에
門지방을 때리는 쇳소리 마루로 밟는 거치른 구두소리와함께 가버리지 안으셧서요

그러면서도 사랑하는우리 偉大한 옵바는 불상한 저의 男妹의 근심을 담배煙氣에 싸두고 가지 안으셧서요
옵바! 그래서 저도 永男이도
옵바와 또 가장 偉大한 勇敢한 옵바 친구들의 이야기가 세상을 뒤줍을 때
저는 製絲機을 떠나서 百장의 一錢짜리 封筒에 손톱을 뚜러 뜨리고
永男이도 담배냄새 구렁을 내쫓겨 封筒 꽁문이를 뭅니다
只今 萬國 地圖 가튼 누덕이 미테서 코를 고을고 잇습니다

옵바! 그러나 염려는 마세요
저는 勇敢한 이나라 靑年인 우리 옵바와 핏줄을 가치한 계집애이고
永男이도 옵바도 늘 칭찬하든 쇠가튼 거북紋이 火爐를 사온 옵바

의 동생이 아니에요

그리고 참 옵바 악가 그 젊은 남어지 옵바의 친구들이 왓다 갓습니다

눈물 나는 우리 옵바 동모의 消息을 傳해주고 갓세요

사랑스런 勇敢한 靑年들이 엇습니다

世上에 가장 偉大한 靑年들이 엇습니다

火爐는 깨어져도 火적갈은 旗ㅅ대처럼 남지 안엇세요

우리 옵바는 가셧서도 貴여운 〈피오니ㄹ〉 永男이가 잇고

그리고 모든 어린 〈피오니ㄹ〉의 따뜻한 누이품 제 가슴이 아즉도 더웁습니다

그리고 옵바…

저뿐이 사랑하는 옵바를 일코 永男이뿐이 굿세인 兄님을 보낸 것이겟습닛가

슬지도 안코 외롭지도 안습니다

세상에 고마운 靑年 옵바의 無數한 偉大한 친구가 잇고 옵바와 兄님을 일흔 數업는 계집아희와 동생

저희들의 貴한 동무가 잇습니다

그리하야 이다음 일은 只今 섭섭한 憤한 事件을 안꼬잇는

우리 동무 손에서 싸와질 것입니다

옵바 오늘밤을 새어 二萬장을 부치면 사흘뒤엔 새음 옷이

옵바의 떨니는몸에 입혀질 것입니다

이러케 世上의 누이동생과 아우는 健康히 오늘날 마다를 싸홈에서 보냅니다

永男이는 엿해 잡니다 밤이 느젓세요

—「우리 옵바와 화로」18

(2)
내가 지금 간다면 어듸를 간단 말이냐
그러면 내 사랑하는 젊은 동무
너 내 사랑하는 오즉 한아뿐인 누이동생 順伊 너의 사랑하는
그 貴重한 산아히
勤勞하는 모든 女子의 戀人…
그 靑年인 용감한 산아히가 어듸서 온단 말이냐

눈바람 찬 불상한 都市 鐘路 복판의 順伊야!
너와 나는 지나간 꽃피든 봄에 사랑하는 한 어머니를 눈물나는 가난 속에서 여의엇지!
그리하야 너는 이 밋지못할 얼골 하얀 옵바를 염녀하고 옵바는 너를 근심하는 가난한 날 속에서도
順伊야! 너는 네 마음을 둘 미덤성 잇는 이나라 靑年을 가젓섯고
내 사랑하는 동무는…
靑年의 戀人 勤勞하는 女子 너를 가젓섯다

그리하야
찬 눈보라가 유리窓을 때리는 그날에도 機械소리에 지워지는 우리들의 참새 너희들의 콧노래와
눈길을 밟는 발소리와 함께 가슴으로 기여드는 靑年과 너의 귓속에서 우리들의 젊은 날은 흘러갓으며
또 언밥이 가난을 울니는 그날에도
우리는 바람과 가치 거리에서 맛나 거리에서 헤며
골목 뒤에서 의론하고 工場에서 ××하는 그때가
그중 즐거운 젊은날의 行進이 엇다

18 임화, 「우리 옵바와 화로」(『카프시인집』, 집단사, 1931), 60~67면.

그러나 이 가장 貴重한 너 나의 사이에서 ○○ 우리들 동무를 잡어간 ×은 누구며 그 일은 웬 일이냐

順伊야! 이것은…
너도 잘 알고 나도 잘 아는 멀정한 사실 아니냐
보아라! 어늬 ×이 도××인가
이 눈물 나는 가난한 젊은날의 가진 이 ○○한 즐거움을 노리는 ×하구
그 조그만 風船보다 딴 꿈을 안깨치려는 간지런 마음하구
말하여 보아라 이나라에 가득 찬 고마운 젊은이 들아!

順伊야! 누이야!
勤勞하는 靑年 勇敢한 산아히의 戀人아…
생각해 보아라 오늘은 네 貴重한 靑年인 勇敢한 산아히가
젊은날을 싸홈에 보내든 그 손으로
지금은 검은 피로 벽돌 담에다 달력을 그리겟구나
그리고 이 추운밤 가느다란 그 다리가 피아노줄 가치 떨니겟구나

또 여봐라 어서
이 산아히도 네 크다란 옵바를 …
남은 것이라고는 때무든 넥타이 한아뿐이 아니냐

오오! 눈보라는 도락구 처럼 길거리를 다라나는 구나
자 조타 바루 鐘路 네거里가 아니냐!
어서 너와 나는 번개가치 손을 잡고 또 다음일 計劃하리
또 남은 동모와 함께 거문 골목으로 들어가자
네 산아히를 찻고 또 勤勞하는 모든 女子의 戀人인 勇敢한 靑年을 차즈러 …

그리하야 끄니지 아는 새롭은 用意와 계획으로 젊은 날을 보내라

—「네거리의 순이」19

임화의 시에는 계급적 조건으로 얽힌 모순된 현실 상황에 대한 서사적 설명과 묘사가 시적 진술 내용의 핵심을 차지하고 있다. 앞의 작품들에서 공통적으로 노래하고 있는 것은 빈곤과 압제 속에 사는 노동자들이 겪어야 하는 차갑고 매서운 현실의 고통이다. 그리고 열악한 현실의 고통을 극복하기 위해 의지를 다지며 노동자들의 계급적 결속을 촉구하는 일이다.

「우리 옵바와 화로」의 경우에는 노동 일가의 남매가 겪고 있는 수난을 여동생의 목소리를 통해 시적으로 형상화하고 있다. 노동 운동을 하다가 경찰에 끌려간 오빠의 이야기와 함께 깨어진 오빠의 질화로가 시적 정황의 구체성을 드러내는 요소가 된다. 집에 남겨진 동생 남매의 모습을 벽에 걸린 화젓가락으로 표상하고 있는 대목에 이르러서는 짙은 정감마저 불러일으키고 있다. 이 작품에서 이루어지고 있는 이 같은 시적 정황은 그 내용이 곧바로 노동계급이 직면하고 있는 계급적 현실 모순과 직결된다는 점에서 호소력을 더하고 있다. 특히 모순의 현실에 굴하지 않고 오빠를 기다린다는 동생 남매의 굳은 다짐을 보여줌으로써 시적 주체의 의지가 잘 드러나고 있는 것이다.

「네거리의 순이」의 경우는 여동생을 향한 오빠의 목소리를 부각시키고 있지만, 어머니를 잃고 노동에 종사하면서 살아가고 있는 남매의 삶의 모습을 시적 정황으로 삼고 있다는 것이 「우리 옵바와 화로」의 경우와 비슷하다. 이 작품에서 가장 강조되는 대목은 두 남매와 함께 노동하던 청년 동지가 어떤 사유로 구속된 상황에 놓여 있는 점이다. '지금은 검은피로 벽돌 담에다 달력을 그리겟구나'라는 표현에서처럼 청년은 감옥에 갇혀 석방될 날만을 기다리고 있는 것

19 앞의 책, 54~59면.

으로 암시되고 있다. 시적 화자는 고통 속에서도 서로 힘을 합쳐 함께 일했던 지난날을 상기하면서, 구속된 청년 동지를 위해 다시 힘을 모아야 한다고 절규하고 있는 것이다.

임화의 계급시는 계급적 정황에 대한 시적 진술의 구체성을 통해 독자들의 관심을 촉발하고 있다. 그리고 강렬한 호소력이 담긴 시적 어조를 바탕으로 대중적 독자들을 끌어들여 그들의 투쟁의지와 행동적 실천을 촉구하고 있다고 할 수 있다. 그러므로 이 같은 특징을 지닌 시에서 정서의 과잉과 과장적인 수사는 시적 성과이면서 동시에 그 한계가 된다고 할 수 있을 것이다. 물론 임화의 시들은 당시의 계급문단에서 적지 않은 반응을 불러일으킨 바 있다. 당시 계급문단은 계급문학운동의 정치적 진출을 위해 대중성의 확보가 무엇보다도 먼저 요청되었다. 계급문단의 조직 자체가 소시민계층의 문학인들이 중심을 이루고 있었고, 그들의 문학 자체가 계급이념에 대한 관념적인 이해의 수준에서 벗어나지 못하고 있었던 점을 생각한다면, 계급문학운동이 여전히 대중과 괴리되어 있었다는 것은 사실이다. 실제로 임화의 등장 이전에 계급문단에는 계급이념과 투쟁의지를 노래한 계급시들이 많았으나 대부분이 관념적 구호를 그대로 노출하여 시적 형상성을 제대로 구현하지 못하였다. 그러나 임화의 시에는 계급적 현실과 그 경험적 구체성을 드러내는 여러 가지 정황이 그려짐으로써 시적 주제의 관념성을 넘어설 수 있게 된 것이다. 물론 임화의 시들은 시적 정황 자체가 노동계급의 인물을 중심으로 설정되어 그 경험적 구체성을 살려내고 있음에도 시적 진술 내용이 그 인물의 정서에 그대로 함몰되는 경향을 드러내기도 한다.

임화의 시작 활동은 1930년대로 이어지면서 시집 『현해탄(玄海灘)』(1938)으로 집약되고 있다. 이 시집에는 조선프로예맹의 강제 해체와 함께 계급문학운동이 일본의 탄압으로 극도로 위축되기 시작했던 암울한 현실 속에서도 투쟁의지를 다짐하는 시인의 내면세계가 그려져 있다. 특히 「다시 네거리에서」, 「암흑의 정신」, 「주리라 네 탐내는 모든 것을」 등과 같은 작품들은 계급문단의 조직 해체에서 비롯된 패배의식을 극복하고자 하는 시인의 의지를 담고 있다. 그러나 이 같은 주관적 정서의 강렬한 표현에도 임화의 후기 시들은 이른바 낭만적 열정이라는 이름으로 요약할 수 있었던 계급시의 특성과는 일정한 거리를 가지게 된다. 이것은 계급문단의 해체와 사상 전향 이후 계급소설이 후일담 형식의 개인적인 회고 형식으로 변화한 과정과 유사하다. 말하자면 고양되어 있던 계급투쟁의 의지와 그 투쟁의 과정 자체를 회고하는 입장으로 후퇴한 시적 주체가 현실과의 거리를 둔 채 자기 내면의 표출에 머물러 있다고 할 수 있을 것이다.

임화의 두 번째 시집 『현해탄』에 수록된 작품들 가운데 새롭게 주목할 수 있는 것은 「현해탄」, 「해협의 로맨티시즘」, 「눈물의 해협」 등과 같은 바다를 소재로 한 시들이다. 이 작품들에서 현해탄은 단순한 자연물로서의 시적 대상이 되는 바다가 아니다. 그것은 식민지 지배를 받고 있는 낙후된 조선과 식민지 조선을 경영하고 있는 일본의 근대 문화와의 차별성을 부각시키는 경계를 뜻한다. 이 경계를 넘어서는 것이 시인의 사명이라고 할 수 있지만, 그것은 간단한 일이 아니다. 식민지 조선의 현실에서 볼 때, 일본은 이상의 땅이며 동경의 세계이지만, 또한 극복해야 할 대상이 되기도 한다. 이 같은 양가적인 특성은 근본적으로 식민지 지배의 현실이 가지는 모순 구조에서 비롯되는 것이다. 임화는 이 같은 현실 상황을 시적 정황으로 끌어들이면서 식민지 조선과 일본을 오가며 현해탄을 건너는 한국 청년의 운명을 노래하고 더 나아가서는 한국 민족의 역사적 운명을 펼쳐 보이고자 하는 의욕을 드러낸다. 그러므로 언어의 압축과 정서의 절제보다는 상황의 제시와 심정의 토로에 더욱 큰 관심을 보이고 있으며, 시적 의지의 구현이라는 주제 의식의 형상성을 바탕으로 그 정서의 진폭을 느낄 수 있다.

이 바다 물결은
예부터 높다.

그렇지만 우리 靑年들은
두려움보다 勇氣가 앞섰다.
山불이
어린 사슴들을
거친 들로 내몰은 게다.

對馬島를 지내면
한가닥 水平線 밖엔 티끌 한 점 안 보인다.
이곳에 太平洋 바다 거센 물결과
南進해 온 大陸의 北風이 마주친다.

몬푸랑보다 더 높은 파도,
비와 바람과 안개와 구름과 번개와,
亞細亞의 하늘엔 별빛마저 흐리고,
가끔 半島엔 붉은 信號燈이 내어걸린다.

아무러기로 靑年들이
平安이나 幸福을 求하여,
이 바다 險한 물결 위에 올랐겠는가?

첫번 航路에 담배를 배우고,
둘쨋번 航路에 戀愛를 배우고

그 다음 항로에 돈맛을 익힌 것은,
하나도 우리 靑年이 아니었다.

靑年들은 늘
希望을 안고 건너가,
결의를 가지고 돌아왔다.
그들은 느티나무 아래 傳說과,
그윽한 시골 냇가 자장가 속에,
장다리 오르듯 자라났다.

그러나 인제
낯선 물과 바람과 빗발에
흰 얼굴은 찌들고,
무거운 任務는
고든 잔등을 농군처럼 굽혓다.

나는 이 바다 위
꽃잎처럼 흩어진
몇 사람의 가여운 이름을 안다.

어떤 사람은 건너간 채 돌아오지 않았다.
어떤 사람은 돌아오자 죽어갔다.
어떤 사람은 永永 生死도 모른다.
어떤 사람은 아픈 패북(敗北)에 울었다.
—그中엔 希望과 결의와 자랑을 욕되게도 내어 판 이가 있다면,
나는 그것을 지금 기억코싶지는 않다.

오로지
바다보다도 모진

大陸의 삭풍 가운데
한결같이 사내다웁던
모든 靑年들의 名譽와 더불어
이 바다를 노래하고 싶다.

비록 청춘의 즐거움과 希望을
모두 다 땅속 깊이 파묻는
悲痛한 埋葬의 날일지라도,
한번 玄海灘은 靑年들의 눈앞에,
검은 喪帳을 내린 일은 없었다.

오늘도 또한 나젊은 靑年들은
부지런한 아이들처럼
끊임없이 이 바다를 건너가고, 돌아오고,
來日도 또한
玄海灘은 靑年들의 海峽이리라.

영원히 玄海灘은 우리들의 海峽이다.

三等船室 밑 깊은 속
찌든 寢床에도 어머니들 눈물이 배었고
흐린 불빛에도 아버지들 한숨이 어리었다.
어버이를 잃은 어린아이들의
아프고 쓰린 우름에
대체 어떤 罪가 있었는가?
나는 울음소리를 무찌른
외방 말을 歷歷히 기억하고 있다.

오오! 玄海灘은, 玄海灘은,

우리들의 運命과 더불어
永久히 잊을 수 없는 바다이다.

靑年들아!
그대들은 조약돌보다 가볍게
玄海의 큰 물결을 걷어찼다.
그러나 관문해협 저쪽
이른 봄바람은
果然 半島의 北風보다 따사로웠는가?
情다운 釜山 埠頭 위
大陸의 물결은,
정녕 玄海灘보다도 얕았는가?

오오! 어느 날
먼먼 앞의 어느 날,
우리들의 괴로운 歷史와 더불어
그대들의 不幸한 生涯와 숨은 이름이
커다랗게 記錄될것을 나는 안다.

一八九0年代의
一九二0年代의
一九三0年代의
一九四0年代의
一九백××年代의
…
모든것이 過去로 돌아간
廢墟의 거칠고 큰 碑石 위
새벽 별이 그대들의 이름을 비칠 때,
玄海灘의 물결은

우리들이 어려서
고기떼를 쫓던 실내처럼
그대들의 一生을
아름다운 傳說 가운데 속삭이리라.

그러나 우리는 아직도
이 바다 높은 물결 위에 있다.

—「현해탄」20

앞의 작품에서 볼 수 있는 것처럼 임화가 노래하고 있는 현해탄이라는 바다의 형상은 이 시기의 지식인들이 빠져들었던 이른바 '현해탄 콤플렉스' 자체만을 반영하고 있는 것은 아니다. 시 정신과 그 지향 자체가 일본 편향성에 매몰되어 있지 않기 때문이다. 현해탄의 높은 물결과 그 위에 서 있는 지식인 청년의 모습을 통해 형상화하고자 하는 것은 감당하기 어려운 왜곡된 근대화의 물결과 거기에 대응하는 청년의 의지이다. 착취를 강요하는 일본의 지배력과 참담한 식민지 조선의 현실이 바다의 '높은 물결'을 통해 대조적으로 부각되고 있다. 물론 이러한 현실적 자각과 그 극복을 위한 노력은 숭고한 의지이기도 하지만 비극적인 표정을 담고 있는 것도 사실이다.

이처럼 임화의 후기 시들은 대체로 현실의 절망과 패배를 벗어나 미래의 승리로 나아가고자 하는 낭만적 열정을 내포하고 있다. 그러므로 그 의식의 치열성은 전반기의 시들보다 약화되고 있으나 정서적인 절제와 균형을 회복하고 있다고 할 수 있다. 임화 자신도 1930년대 말기의 그의 시의 변화를 두고 「바다의 찬가」와 같은 작품을 들어 새로운 경향의 첫 출발점이라고 술회한 바 있다. 「바다의 찬가」를

20 임화, 『현해탄(玄海灘)』(동광당서점, 1938), 215~225면.

보면 「현해탄」에서 역사적 상징 공간으로 인식되었던 바다 대신에 자연으로서의 바다 자체의 심원함이 더 강조되고 있다. 임화의 시가 역사적인 전망을 노래하는 낭만적 열정에서 벗어나게 되는 것도 이러한 작품들을 통해서라고 할 수 있다. 물론 이러한 변화는 식민지 말기의 객관적 현실이 가지는 한계성과도 무관하지는 않을 것이다.

3. 연극운동과 무산계급운동

(1) 프로연극운동의 성격

1920년대 한국의 연극운동과 극문학은 민족 사회운동의 대중적 확대 과정에서 그 계몽적 역할이 강조되었다. 특히 조선프로예맹의 조직을 전후하여 연극 활동을 통한 계급이념의 구현이 중시되면서 이른바 경향극 또는 프로연극이 등장하였다. 이러한 연극운동을 도모한 문예 단체는 1922년 조직된 염군사(焰群社)로 알려져 있다. 송영, 이적효 등이 중심이 되었던 이 단체는 《염군》이라는 제호의 잡지 출간을 준비하면서 창작 희곡을 수록하였던 것으로 알려져 있지만, 일본총독부의 검열로 인해 빛을 보지는 못하였다. 1920년대 후반 계급문학운동의 방향전환이 이루어지면서 본격적인 프롤레타리아 극단인 '불개미극단'(1927)이 조직되었고, 각 지방에도 비슷한 성격의 극단들이 등장하기 시작하였다. 1930년 3월 평양의 '마치극장'(1930)을 선두로 대구의 '가두극장'(1930), 개성의 '대중극장'(1931), 해주의 '연극공장'(1931), 원산의 '조선연극공장'(1931) 등이 연이어 창립되었다. 그러나 이들 극단은 그 조직을 통해 제대로 공연활동을 전개하지는 못하였다. 각 극단이 공연을 준비할 수 있는 경제력도 부족한데다가 일본

경찰의 감시와 탄압으로 모두가 제대로 된 연극 공연을 이루기 어려웠다. 서울에서는 1931년 '청복극장'이 결성되었으나 공연 활동은 불가능하였다. 그런데 이동식소형극장 형태로 재조직된 극단 '메가폰'(1932)이 적극적인 활동을 전개하기 시작하였다. 이 극단은 1932년 6월 유진오(兪鎭午)의 「박첨지」, 김형용(金形容)의 「지옥」, 송영(宋影)의 「호신술」, 메가폰 문예부의 「메가폰 슈프레히콜」, 「깨어진 장한몽」 등의 레퍼토리로 서울, 평양, 인천 등지에서 공연하였다. 1932년 8월에는 조선프로예맹 조직 내부에 극단 '신건설'사가 설립되어 레마르크 원작의 「서부 전선 이상없다」, 송영의 「신임이사장」 등을 서울에서 공연하였다. 극단 '신건설'은 전주에서 순회공연을 준비하다가 일본 경찰의 검열에 걸려 1934년 6월 소위 '신건설사 사건'을 당하여 맹원들이 모두 검거되는 사태를 맞이하였다. 그리고 1935년 6월 조선프로예맹이 강제 해산되면서 극단 자체도 해체되고 말았다. 이로써 식민지 시대 프로연극운동은 그 막을 내리게 되었다.

한국의 프로연극은 계급이념의 대중적 확대를 위한 목적극으로서의 성격을 지니고 있다. 당시의 프로연극은 계급투쟁을 대중적으로 선동하기 위해 조직적 차원에서 모든 공연 활동이 기획된 것이다. 그러므로 식민지 현실에 대응하여 정치적인 성격을 강하게 드러내고 있지만, 노동자·농민을 위하여 그들 자신이 주체가 된 연극 공연을 실현시키고자 한 점은 높이 평가하지 않을 수 없다. 프로연극의 가장 중요한 구성적 특징은 노동자·농민을 대상으로 계급적 현실 문제를 소재로 하는 단막극이라는 점이다. 특히 노동자·농민들로 하여금 직접 연극에 참여하게 하려고 관객 조직과 연극 서클의 방법을 시도한 점도 주목된다. 이러한 방법은 극예술연구회를 중심으로 한 지식인 연극이 주로 외국의 번역극을 통해 민중교화를 시도한 것과는 뚜렷이 구별되는 점이다. 프로연극은 식민지 지배 상황 자체의 민족 모순을 계급적 모순의 틀 속에서 새롭게 인식하고 식민지 지배 세력에 대해 저항적 색채를 강하게 드러내고 있었다. 그러므로 연극의 준비 단계에서부터 공연 과정 중에도 일본 경찰의 검열과 탄압을 감수해야만 하였다.

(2) 프로극과 계급의식

김영팔의 프로극과 계급이념

한국 프로연극 운동에서 우선적인 논의의 대상이 되는 극작가가 김영팔이다. 김영팔은 동경 유학생 김우진, 조명희 등과 함께 '극예술협회'를 조직하여 연극운동에 가담한 바 있다. 그는 창작희곡 「미쳐가는 처녀」(1924)를 발표한 후 「싸움」(1926), 「불이야」(1926), 「여성」(1927), 「부음」(1927), 「마작」(1931) 등을 내놓았다. 그의 작품들은 대체로 그 구성 자체가 멜로드라마의 성격을 띠고 있지만, 경향극의 이념성을 구현하기 위한 계급적 갈등 문제를 과장하여 강조한 경우가 많다. 「미쳐가는 처녀」는 전형적인 멜로드라마로 전통적 인습에 대한 신세대의 정신적 갈등을 극화한 것이다. 「싸움」은 생활에 대한 차이로 말미암아 부부 사이에 벌어지는 갈등을 다루고 있는데, 아내는 이른바 부르주아 근성을 가진 여성으로 남편은 프롤레타리아 청년으로 설정되어 있다. 「부음」에는 프롤레타리아계급을 위해 싸우는 청년과 그를 사모하는 여성 사이의 사랑과 사회적인 과제가 취급되어 있다.

김영팔의 희곡 가운데 계급적 이념의 문제를 다루고 있는 첫 번째 작품으로 「싸움」을 들 수 있다. 이 작품에서 다루고 있는 극적 갈등은 생활에 대한 태도의 차이로 말미암아 부부 사이에 벌어지는 대립 문제가 중심을 이룬다. 아내는 부르주아 근성을 지닌 여성으로, 남편은 프롤레타리아 청년으로 설정하여 극의 갈등을 조성하고 있다. 작중 주인공인 남편은 신문사 직공으로 근무하면서 밤에는 집에 돌아와 아내와 함께 술장사를 한다. 어느 날 신문에 주인공의 아내가 술장사를 한다는 기사와 사진이 보도된다. 이 소문에 아내는 심한 수치심과 모욕을 느끼고, 술장사를 그만두자고 한다. 그러나 남편은 그러한 기사에 대해서 수치심을 느끼고 있는 아내를 심하게 비판하면서 노동의 신성함을 강조한다. 그리고 아내가 지니고 있는 낡은 사상을 지적하면서 자기 혁명의 필요성을 역설한다. 이 작품의 마지막 장면에서 남편은 사상과 주의가 서로 다른 사람과는 부부로서 함께 살 수 없다고 하면서 집을 나간다. 그는 아내와 같은 어리석은 인간을 구하기 위한 투쟁을 전개할 것을 선언한다. 단막극의 형식으로 구성된 이 작품은 개인의 일상생활 속에서 흔히 볼 수 있는 부부싸움으로부터 계급의식의 각성이라는 대의를 끌어내고 있다. 그리고 더 나아가 개인이 지녀야 할 자기 혁명을 주창하고 있다. 이 같은 주제의식은 계급의식의 일방적인 요구를 담고 있다는 한계에도 계급문학운동의 초창기에 등장하고 있는 희곡의 경향성을 잘 보여주고 있다.

「부음」은 김영팔의 대표적인 경향극으로 꼽히는 작품이다. 무산계급을 위해 싸우는 청년과 그를 사모하는 여성 사이의 사랑을 배경으로 계급투쟁을 향한 투철한 사명 의식을 강조하고 있다. 작품의 주인공은 계급운동에 투신하였다가 일본 경찰에 쫓기는 신세가 된다. 그는 병든 어머니를 돌보지도 못하고 가족들과도 함께 생활하지 못하게 된다. 이 주인공을 애절하게 사랑하는 여인이 정숙이다. 정숙은 쫓겨 다니는 주인공을 사랑하는 애틋한 감정을 억제하지 못해 괴로워한다. 그런데 주인공이 계급투쟁을 위해 북쪽으로 먼 길을 떠나게 된다. 그는 정숙을 찾아가서 자기 대신 노모와 어린 여동생을 돌봐 달라고 당부한다. 이때 정숙은 주인공에게 자신의 사랑을 고백하게 되고 두 사람은 서로의 사랑을 확인하고는 결혼을 약속한다. 주인공이 가족들을 당부하며 길을 떠나려 할 때에 마침 그의 여동생이 찾아와 노모의 부음(訃音)을 알린다. 주인공은 발길을 돌려 집으로 달려가려 하나 정숙은 뒷일을 걱정하지 말고 길을 떠나도록 종용한다. 주인공은 어머니의 임종도 보지 못하고 정숙의 권유대로 '어머니의 원수를 갚기 위해서' 길을 떠난다. 이 작품은 그 이념적 지향 자체가 지니는 계몽적 의미 때문에 1930년 12월에 경성 '이동식소형극장'의 제1회 공연 레퍼토리로 채택된 바 있다. 실제로 작품의 극적 주제를 강조하기 위해 목적의식이 보다 구체적으로 드러나도록 행위를 배치하고 있는 점이 두드러지게 나타난다. 물론 이러한 주제 의식의 무장 자체가 다소 작위적이고 관념적이라는 점은 부인할 수 없다. 그러나 극적 갈등의 중심을 이루고 있는 혁명 투쟁이라는 명분을 강조하기 위해 자식으로서의 부모에 대한 마지막 효도라는 임종도 물리치게 하고 있다.

송영의 프로극과 계급 갈등

송영의 희곡 창작은 염군사 시절부터 시작된다. 잡지 《염군》의 창간호에 「백양화(白洋靴)」(1923)라는 희곡을 발표했던 송영은 1920년대 중반 이후 소설 창작에도 관심을 기울이다가 계급문단의 연극운동에 관여하면서 희곡 창작에 힘쓰게 된다. 그가 발표한 「일체의 면회를 사절하라」(1931), 「호신술」(1932), 「신임이사장」(1934), 「황금산(黃金山)」(1936) 등은 모두 현실의 세태를 풍자한 작품들이다. 송영의 희곡에 나타나 있는 가장 중요한 소재는 그의 소설에서와 마찬가지로 노동자들의 삶의 고통이다. 일본의 착취와 농촌의 궁핍화, 그리고 농민들의 몰락, 노동자로의 변신과 끊임없는 삶의 고통 등이 모두 계급 모순의 차원에서 희곡의 소재로 다루어진다. 그러나 이러한 비극적인 삶의 현실을 처절하게 묘사하고 있으면서도 그 극적 결말에 희극적인 요소가 가미됨으로써 풍자라는 새로운 의미가 있게 되었다는 점이 특이하다. 그는 극 중의 부정적인 인물이 자신의 결함을 스스로 폭로하는 방식의 풍자 기법을 활용한다. 그가 부르주아 계층의 허위성을 고발하기 위해 자주 동원한 극적 기법이 바로 그것이다.

희곡 「신임이사장」의 경우에는 신임 이사장의 형상과 특이한 어투를 통해 몰지각한 자본계급의 인물을 희화시켜 놓았고, 「호신술」의 경우에도 여직공들이 임금투쟁을 벌이고 파업을 하기까지의 역경을 사실적으로 제시하면서, 그 결말을 희화적으로 맺고 있다. 공장주의 가족들이 직공들의 파업과 쟁의에 대비하여 호신술을 연습한다든지, 노동자들의 강력한 요구에 뒷걸음만 치면서 일시적으로 사태를 모면하기 위해 허둥댄다든지, 그러면서도 결국은 노동자들에게 손을 들고 만다는 식의 극적 전개가 이루어지고 있다. 「일체의 면회를 사절하라」에서도 사장은 자신만이 조국과 민족을 위해 봉사하고 있다고 자부하며, 자기만이 굶주리는 백성을 구제하고 있다고 믿는다. 그는 조국과 민족을 위해 일한다고 하면서 사실은 노동력을 착취하고 노동자들을 핍박한다. 이 같은 행태에 반발하여 쟁의가 일어나자 사장은 문을 걸어 잠근 채 낙심에 빠지고 몹시 당황한다. 노동자들의 외침에 질려버린 사장의 행색에는 이미 민족을 위한 우국지사의 풍모도 사장으로서의 위엄도 모두 없어지고, 한낱 속물적인 왜소한 인간의 모습만이 돋보이고 있다.

송영의 희곡 작품 가운데 「호신술」은 촌극에 가까운 단막극으로 비도덕적인 자본가의 행태를 풍자한 희극이다. 작중 주인공은 여러 공장을 거느리고 있는 재산가이지만, 자신의 개인적인 이익만을 추구한다. 그는 노동자들을 부당하게 착취하여 재산을 모으고 있었기 때문에 노동자들이 이에 항의하여 파업을 일으킬까 늘 두려워한다. 그는 파업한 노동자들이 자신에게 덤벼들까 걱정하면서 이에 대비한 방책을 생각하다가 호신술을 배우기로 한다. 그러나 가족들과 함께 호신술을 배우려 하지만 몸이 제대로 말을 듣지 않아 낭패를 겪는다. 극 중에서는 이러한 과정 자체가 희화적으로 묘사됨으로써 관객의 호응을 유도하거니와, 호신술을 가지고 노동자들의 항의를 막아낼 수 없음을 분명하게 보여준다. 이 작품에서 가장 특기할 사항은 노동 문제를 다루고 있으면서도 노동자들을 무대 위에 직접 등장시키지 않는다는 점이다. 노동자들을 전면에 내세우지 않으면서도 극적 효과를 올리기 위해, 작가는 작품의 갈등구조를 약화시킨 대신 부정적 인물들이 스스로 자신의 결점을 드러내어 관객의 조롱거리가 되게 하고 있다. 그리고 극의 말미에 노동자들의 공격적인 함성을 삽입하여 그 이후의 상황에 대해서는 관객들이 마음껏 상상할 수 있도록 배려하고 있다. 1920년대 대부분의 노동극이 노동자들의 어려운 노동환경과 그 속에서의 고통을 직접 보여주었기 때문에 검열에 번번이 걸려 공연이 무산되었던 점을 고려한다면, 「호신술」에 나타난 이러한 실험적 성과는 연극을 통한 계급투쟁 의식의 대중적 실천이라 할 수 있다.

「황금산」은 계급문단의 조직 해체 직후에 발표된 작품이다. 당대의 인정과 세태를 잘 풍자하고 있는 이 작품은 돈 많은 실업가가 세 딸을 출가시키는 이야기를 중심으로 극이 이루어진다. 맏딸은 독립운동가에게 시집갔다가 혼자 되었고, 둘째도 사기꾼에게 걸려 역시 결혼에 실패한다. 아버지는 막내딸을 시집보내기 위해 이리저리 사윗감을 고르다가 고리대금업자의 외동아들이면서 바보인 황금산에게 출가시키기로 결정한다. 그러나 막내딸은 아버지의 결정에 저항하고 주위에서도 모두 이에 반발한다. 결국 신랑감인 누자가 찾아온

날 집안의 식모를 딸로 분장시켜 신랑의 바보스러운 행동을 여지없이 폭로시키는 것으로 극의 결말이 이루어진다. 이 작품에서 활용하고 있는 변장 모티프와 극적 결말은 뒤에 오영진의 「맹진사댁 경사」에서도 유사한 패턴으로 활용되고 있다.

송영의 희곡은 모순의 현실을 희화적으로 그려냄으로써 그 계급적 모순의 의미를 역전시키고 있다. 계급적인 구조의 모순과 그 모순에 근거하여 노동자를 착취하는 자본 계급의 무모한 욕심을 비판하기보다는 오히려 그 비리와 모순의 실상을 보여주고 그것을 제대로 인식하지 못하고 있는 가진 자들의 우둔함을 날카롭게 풍자하고 있는 것이다. 그의 희곡에 등장하는 인물들 가운데 사장, 공장주, 자본가들은 모두 속물적인 인간들로서 자기기만에 빠져 현실을 바르게 이해하지 못하는 희극적인 인물로 나타나 있다. 송영의 희곡이 희화적 성격을 지니고 있는 것은 송영 자신의 현실 풍자 의식을 구현하기 위한 극적인 장치라고 할 수 있다. 송영이 문제 삼고 있는 극적 갈등이 계급적인 요건에 의거해 있다는 것은 당연한 일이지만, 적대적인 관계에 놓여 있는 노동자·농민계층과 자본가·지주계층 사이에서 극적인 효과를 드러내고 있는 것은 자본가·지주계층이다. 작가는 이 계층의 인물들을 부정적인 인물로 간주해 증오하고 규탄하며 풍자한다. 그의 소설이 노동계급을 긍정적 인물로 내세워 계급투쟁의 상황성을 그려내고 있던 것과는 달리 희곡은 자본가 등의 부정적 인물이 오히려 현실 속에서 그럴듯하게 행세하며 위엄을 드러내고 있는 점을 조소한다. 바로 이러한 관점의 방향에 의해 송영의 희곡은 강한 풍자성을 지닐 수 있게 된다. 특히 희극적인 구성에 뒷받침되고 있는 풍자의식은 해학으로서의 미적 가치에 도달할 수 있는 하나의 가능성을 보여주고 있는 것이다. 송영의 희곡은 결국 희극적 구성과 풍자정신으로 그 문학적 의미가 규정된다. 그가 해방 직전 「김삿갓」을 쓰면서 역사적 인물의 극적 설정을 통해 현실을 풍자하고, 삶의 갈등을 해학적으로 처리해 보고자 하는 시도를 보인 적도 있고, 이기영의 장편 「고향」을 희곡으로 각색한 적도 있지만, 그의 희곡문학은 현실적 세태와 풍속을 희화하고 그것을 풍자하는 것으로 그 중요한 기능을 다하고 있는 것이다.

제4부

결론

일본 식민지 시대의 민족사회운동

한국근대문학에서 계급문학운동의 위상은 일본 식민지 시대 민족사회운동의 이념적 분화과정과 그 조직적 전개 양상에 따라 큰 변화를 보였다. 일본의 식민지 지배 상태를 벗어나기 위한 한국 민족의 반(反)식민운동은 1919년 3·1운동 이후부터 한국 근대사의 전환을 가능하게 하는 새로운 민족사회운동으로 확대되었다. 이것은 민족의 실력을 양성하고 정치·경제·사회·문화 등의 모든 부문에서 최대한으로 민족의 역량을 발휘하여 결국은 민족적 동등권을 실현하고 독립을 쟁취하고자 하는 데에 그 목표를 두었다. 이를 통해 한국사회 전반에 걸쳐서 폭넓은 반제국주의 사상이 확산되었으며, 민족사회 내부의 모순을 극복하기 위한 반봉건 의식도 함께 자연스럽게 촉발하게 되었던 것이다.

당시 민족사회운동의 전개 과정에서 먼저 주목해야 할 것은 3·1운동 이후 민족을 대변할 수 있는 《동아일보》, 《조선일보》 등의 일간지와 《개벽》과 같은 잡지의 출현을 통해 가능해진 언론 계몽운동이다. 일본은 을사조약 이후 통감부 설치와 함께 광무신문지법(1907) 제정을 기점으로 민족 언론을 탄압하기 시작하였고, 1910년 한국을 강점하여 식민지 상황에서 무단통치를 자행하면서 모든 민간 언론을 강제로 폐간시켰다. 그러므로 식민지 초기에는 한국의 현실과 한국인들의 삶을 대변하여 줄 수 있는 아무런 수단도 없었다. 3·1운동 직후 일본 총독부가 민간 신문과 잡지의 간행을 허가하자 새로이 등장한 이들 민간 언론이 중심이 되어 일제의 식민지 정책에 대한 비판을 시작하였고, 민족의식을 각성시키기 위한 각종 계몽운동도 일어나게 되었다.

이러한 언론을 기반으로 전개된 계몽운동은 한국 민족의 자기 각성과 민족문화에 대한 새로운 인식을 가능하게 하였으며, 신교육운동의 전개로 더욱 구체적인 실천적 양상을 드러낼 수 있었다. 일제는 한국인의 교육을 제한하기 위해 사립학교의 설립을 억제하였고, 교육의 기회를 박탈하였다. 그러나 3·1운동 이후 민족운동가들은 교육의 중요성을 널리 대중에게 계몽하고 민립대학운동, 야학설립운동을 활발하게 전개하여 독자적인 교육운동을 실천하였다. 그 결과 전국적으로 각 지방의 청년단체 기독교회 등에 의해 야학이 설립되어 계몽활동이 이루어졌다. 한국 민족의 언어와 역사에 관한 관심이 커졌으며, 교육열도 고조되어 일본 유학생도 많이 늘어나 새로운 지식층이 형성되기 시작한 것이다.

일본제국주의 자본 침략에 대응하기 위한 민족경제자립운동도 이 시기에 활발하게 진행되었다. 일본은 한국을 발판으로 대륙 진출을 꿈꾸고 있었기 때문에 한국을 그들의 경제 시장으로 장악하여 농산물과 원료를 싼값으로 조달하고 공업 생산품을 판매하여 한국 내의 경제권을 지배하게 되었다. 이 같은 상황 속에서 한국 민족의 경제적 실력을 배양하여 민족 자본을 보호하고 기업을 일으켜 경제적 자립을 도모해야 한다는 경제참여운동이 일어나기 시작하였다. 민족산업을 보호하고 기업을 육성하며 물산을 애용하자는 물산장려운동이 일어났고, 민중을 계몽하고 협력을 도모하기 위해 전국적으로 조합운동이 일어나게 되었다. 그리고 노동자·농민들이 일제의 자본 침략과 그 횡포에 대항하며 자신들의 생존권을 지켜나가기 위해 임금

투쟁, 소작쟁의 등의 투쟁 활동을 점차 치열하게 전개하게 되었다. 당시 민족사회운동의 사상적 기조는 물론 민족의식의 고취, 신교육의 확대, 민족 산업의 육성 등 폭넓은 민족주의적 성격에 근거하고 있었다. 민족사회운동을 이끌었던 대부분 지도자가 소시민적인 지식층, 민족 자본가들이고 그들에 의해 주도되는 민족운동의 성격 또한 그만큼 보수적일 수밖에 없었다.

그런데 이 같은 민족사회운동이 폭압적인 일본의 식민지 통치 아래에서는 민족의 실력 양성을 통한 민족 동등권을 실현하기 어렵다는 사실을 확인하게 되면서, 보다 진취적이고도 개혁적인 운동이 요구되기 시작하였다. 바로 이 같은 이유 때문에 민족사회운동 내부에서 사상적 분화가 이루어지게 되었고, 일제의 제국주의적 침략과 그 식민지 지배논리에 적극 대응할 수 있는 사회주의 계급사상이 등장하게 되었다. 한국의 민족사회운동이 민족주의적 경향과 사회주의적 경향을 분파적으로 나타내기 시작한 것은 1922년을 넘어서면서부터였다. 당시 일부 지식층의 청년들은 국내에서의 활동을 통해서만이 아니라 일본, 중국, 만주 등지에서 민족의 독립과 해방을 위한 여러 가지 방안을 모색하는 과정에서 레닌주의적 혁명사상에 접근하게 되었다. 그들은 러시아혁명 이후 하나의 시대사조로 유행하게 된 사회주의 사상을 바탕으로 신사상 연구, 노동문제 연구 등에 관심을 기울이면서 그들이 학습한 새로운 사상을 국내에 유포시키고자 하였다. 이 새로운 사상은 무산자동맹회(1922)의 등장 이후 대중적인 관심을 끌기 시작하였고, 북성회(1923), 신사상연구회(1923), 조선노동당(1924), 북풍회(1924), 화요회(1924), 사회주의자동맹(1924) 등으로 분열 통합을 거듭한 여러 조직을 통해 점차 그 영향력을 확대하게 되었다. 그리고 결국은 1925년 조선공산당의 출현을 보게 됨으로써 사회주의적 경향의 민족사회운동이 정치적 조직으로 변모하게 되는 것이다.

계급문학운동의 전개 양상

일본 식민지 시대의 한국 민족사회운동은 문학의 영역에도 많은 영향을 미치고 있다. 3·1운동 이후 한국 근대문학은 자아의 발견이라는 근대 의식의 발현에서부터 출발하여 민족적 자기 발견과 현실 인식이라는 구체적인 주제를 문학적으로 형상화하는 데에 앞장섰다. 당시 한국의 근대시는 폐허의 현실을 비통해하면서 어둠의 시대가 물러나기를 기도하였고, 소설은 방황하는 지식인들의 고뇌를 시대고와 그 아픔으로 그려내었다. 그리고 황폐한 농촌의 현실도 소설의 소재가 되었으며 비참한 도시 노동자들의 생활도 외면하지 않았다. 그런데 민족적 저항의식을 자연스럽게 표출하기 시작한 문학의 경향은 민족의식의 추구방식 자체가 집단적인 계급적 성향을 드러내기 시작하면서 변화를 가져오게 되었다. 3·1운동 직후 현실 지향적인 문학의 경향은 쉽게 사회주의 사상과 접맥되어 이른바 '신경향파문학'을 낳았고, 계급문학운동으로 발전하게 되었던 것이다. 그러므로 1920년대 중반은 한국 근대문학사에서 계급문학운동의 성립기로 인식되고 있다. 실제로 1923년 무산계급 문화의 연구 보급을 목표로 하는 '염군사'라는 새로운 조직이 송영, 박세영, 이적효 등에 의해 결성되었으며, 김기진의 합류와 동시에 와해된 《백조》의 동인들도 계급문학운동에 상당수가 관심을 두게 되었다. 식민지 현실에 대한 계급적 인식이라는 점에서 볼 때 이 같은 변화는 문학운동과 이념의 대응이라는 정신사적 과제를 제기하고 있다고 할 수 있으며, 민족사회운동의 사상적 분화 과정에서 그 전체적인 성격이 규정되고 있다고 할 것이다.

일본 식민지 시대의 계급문학운동은 문학의 성쇠와 그 운명이 사회적 현실과 직결된다고 하는 소박한 '경향성의 문학'에서부터 출발하고 있다. 그러나 민족운동의 사상적 기반의 하나가 되었던 사회주의 이념과 결합되면서 계급적 투쟁의식을 강조하는 행동 실천의 문학으로 변화하였다. 계급문학운동은 1925년 조선프롤레타리아예술동맹의 결성과 함께 조직적인 예술운동으로 확대되었으며, 1927년 이후 조직전환에 근거하여 과감한 이론투쟁과 대중조직, 그리고 정치투쟁으로의 진출을 시도하기도 하였다.

계급문학운동의 이념적 지침이 되고 있는 사회주의 사상은 변증법적인 유물사관에 근거하여 역사 발전의 단계를 계급 간의 투쟁 과정으로 파악하는 계급의식을 주축으로 삼고 있다. 한 사회의 발전이라는 것도 사회주의로 향하는 하나의 단계에서 또 다른 단계로 이어지는 변증법적 진보를 뜻하는 것으로 설명하고 있다. 그리고 이 과정에서 주도적인 기능을 행사하는 것이 무산계급이며, 무산계급은 현실 사회의 계급적 모순을 극복하기 위해 끊임없이 계급투쟁에 앞장서야만 하였다. 계급문학운동을 주도했던 문학자들은 바로 이러한 사회주의 사상에 따라 한국의 식민지 현실을 일본제국주의의 침략과 자본주의적 지배라는 계급적 지배 논리로 파악하게 되었다. 계급문학운동의 목표가 무산대중으로 하여금 계급적 각성을 하게 하고 계급투쟁에서 자신의 역할을 인식할 수 있도록 선동하는 것으로 규정될 수밖에 없었던 근거가 바로 여기에 있다. 계급문학운동에 가담하고 있던 문학가들은 무엇보다도 먼저 스스로 무산계급의 일원으로서 계급적 세계관을 지녀야만 하였고, 계급투쟁의 효과를 문학을 통해 직접 혹은 간접으로 보여줌으로써 독자로 하여금 묘사된 현실의 투쟁 대열에 자신이 참여하고 있다고 느낄 수 있도록 작품을 만들지 않으면 안 되었다. 이러한 요건 때문에 계급문학운동가들은 기왕의 모든 문학적 성과를 거부하고 기존의 문학적 방법을 파기하고자 하였다. 문학을 통한 예술적 가치의 구현이라든지 민족의식의 추구 문제를 간단히 거부하였고, 계급의식을 내세우면서 일체의 문학적 관념을 부정하기에 이르게 된 것이다. 더구나 문학을 통해 계급 혁명을 위한 투쟁 전선에 진출하고자 함으로써 일제 식민지 지배 세력의 혹독한 탄압의 대상이 되었으며, 계급문학운동의 조직 내부에서도 이데올로기를 얻은 대신에 예술 그 자체를 잃게 되었다는 자기비판이 제기되기도 하였던 것이다.

계급문학운동은 식민지 조선의 현실인식을 문학의 영역에서 적극화시킬 수 있는 계기를 만들어 주었으며, 그 사상적인 편향성에도 불구하고 반식민주의적 민족문학운동의 넓은 범주를 절대 벗어나지 않고 있다. 식민지 체제에 대한 문학적 대응 방식이 민족주의적 색채를 강하게 드러낸 국민문학운동과 사회주의적 이념을 지향하는 계급문학운동으로 양분되었다 하더라도, 그것은 피식민지 민족으로서의 한국 민족의 정신사적 실체를 보여주는 구체적인 근거가 될 수 있다. 그러므로 계급문학운동의 정신사적인 의미는 이데올로기적 지향 자체만을 문제 삼을 수 없는 복합적인 속성을 지니고 있다. 계급문학운동이 한국근대문학사에서 어떤 의미가 있는가 하는 문제는 계급문학운동이 보여준 이념적 경향과 사회적 충격을 통해 어느 정도는 해명할 수 있다. 그러나 이 문제는 3·1운동 직후 민족사회운동의 전반적인 추세와 식민지 현실에 대한 문학의 대응 방법을 동시에 파악하지 않고서는 그 성격을 제대로 이해하기 어렵게 되어 있다. 계급문학운동은 한국 민족사회운동의 성격과 그 구조를 함께 이해할 수 있을 때 그 명확한 범주가 드러나게 되지만 무엇보다도 먼저 계급문학운동의 조직과 그 이념적 실체에 대한 규명이 선결 과제임은 물론이다. 계급문학운동은 조선프롤레타리아예술동맹이라는 조직이 그 실천적인 주체가 되었고 이 조직을 근거로 하여 민족사회운동과 조직적으로 연결되어 있었기 때문이다.

계급문학운동은 마르크스주의의 이념적 요구를 근거로 하는 하나의 조직적 실천운동이라고 할 수 있다. 조선프로예맹이라는 조직을 통해 이론투쟁, 조직 확대, 창작적 실천을 도모하였고, 그 조직의 전환을 바탕으로 정치적 진출을 시도하기도 하였다. 그리고 바로 그 조직에 대한 일제의 탄압과 와해 공작으로 인해 조직이 붕괴된 후에 계급문학운동의 실천이 불가능하게 되었던 것이다. 조선프로예맹의 조직운동 자체가 계급문학운동의 본질을 이해하는 데에 있어 가장 중요한 요건이 되는 이유가 여기에 있다. 조선프로예맹의 조직과 함께 구체적으로 전개되기 시작한 계급문학운동은 식민지 지배 세력인 일본의 침략을 서구적인 제국주의의 논리에 따른 자본주의의 침략으로 규정하였다. 그리고 이와 같은 식민지 노선에 대한 비판적인 인식을 기반으로 반제·반식민사상을 강조하고 무산계급의 역사적 사명과 그 투쟁의식을 제고해 나아간다는 데에 역점을 두게 되었다. 물론 계급투쟁의 궁극적인 목표는 프롤레타리아 국제주의의 확립이지만, 식민지 지배 상황에서 계급해방은 피지배계급에 해당되는 한국 민족의 해방을 의미하는 것임은 논의의 여지조차 없다. 실제로 조선프로예맹에서 내세웠던 계급문학운동의 목표는 무산대중에 속하는 한국 민족으로 하여금 식민지 지배계급에 대항하는 계급투쟁을 전개함에 있어 자기 역할을 명확히 인식할 수 있도록 선도하는 것이었다. 그리고 궁극적으로는 계급투쟁과 혁명의 전위로서의 임무를 수행하도록 한다는 데에 그 목표를 두었다. 따라서 계급문학은 계급투쟁의 효과를 직접 또는 간접으로 보여주어야 하며, 독자로 하여금 작품에 묘사된 현실 속에 자신이 참여하고 있다고 느낄 수 있도록 해야만 하였다. 작가 자신도 무산계급의 일원으로서 선구적인 시각을 갖추어야 함은 물론이다. 계급문학운동의 실천 과정은 우선 기존의 모든 문학적 현상에 대해 그 부르주아적 속성을 비판하는 한편 계급의식에 치중한 투쟁적인 문학운동을 조직적으로 전개하고자 했던 점에 그 특징이 있다. 계급문학운동은 방향전환론이 제기되면서 문학에 대한 이념적 규정을 강화하고 조직 활동의 확대를 기하면서 정치적 투쟁의식을 더욱 강조하였다. 그러나 예술운동의 볼셰비키화를 내걸었던 이러한 투쟁적이고도 정치적인 활동은 일제의 사상 탄압에 의해 그 실천적인 활동을 지속해서 전개하지는 못하였다. 두 차례에 걸친 조직 맹원에 대한 집단적인 검거 사태와 혹심한 언론 탄압으로 조선프로예맹의 조직은 와해의 위기를 맞으면서 그 방향성을 제대로 유지할 수 없게 되었다. 1935년에 이루어진 조선프로예맹의 강제 해체는 한국 민족의 사상운동에 대한 일제의 탄압이 얼마나 혹독했던가를 단적으로 드러내 주는 사건이라고 할 것이다.

조직운동으로서의 계급문학운동

일본 식민지 시대 계급문학운동은 조선프로예맹이라는 문단 조직을 기반으로 하는 조직적 실천운동이라는 점에 그 특징이 있다. 계급문학운동은 진보적인 작가 개인의 예술활동도 아니고 유사한 성향의 문예동인 활동도 아니다. 이것은 집단적 조직운동으로서 그 이념과 목표를 명백하게 내세웠고 그 조직 확대를 통해 대중적인 진출을 꾀하였다. 조선프로예맹의 결성과 그 하부 조직의 정비는 문학운동의 집단적인 실천과 그 공동체적인 연대 의식의 확보에 결정적인 기반을 제공하였다. 조선프로예맹은 지방마다 지부를 두고, 동경에 동경지부를 결성할 수 있을 정도로 그 조직력을 발휘하였다. 이러한 조직 활동은 개별적인 예술활동으로서의 성격이 강한 문학창작을 집단적 이념으로 고정시켰으며, 식민지 상황에서 모든 문학 예술인들에게 공동체적 운명에 대한 인식을 가능하게 함으로써 그 주체적인 사상적 대응을 적극화할 수 있게 하였다.

그렇지만 조선프로예맹은 전국적인 지부 조직에도 계급문학운동의 대중적인 확대를 위한 실천적인 활동을 지속해서 전개하지 못하였다. 그 이유는 물론 객관적인 정세의 변화와 일본의 사상탄압 때문이었다. 조선프로예맹의 조직이 조선공산당과 어떤 관련을 맺고 있었는지 확인할 수 있는 자료는 없다. 그러나 조선프로예맹의 맹원이었던 이호, 김복진, 이우적, 이북만, 김두용 등이 당적 조직과 직간접적으로 연계되어 있었고, 일본 경찰의 공산당 탄압이 계급문학운동 자체에도 커다란 영향을 미쳤다. 계급문학운동이 방향전환 이후 그 조직을 대중적으로 확대하는 동안 1928년 2월과 7월에 연이어 대대적인 공산당 검거사건이 일어났다. 제3차 공산당 사건과 제4차 공산당 사건으로 각각 지칭되기도 하는 이 두 차례의 검거사건은 민족사회운동의 모든 활동을 위축시켜 놓았다. 그리고 이 사건 이후 조선공산당의 신간회에 대한 전략의 변화도 조선프로예맹에 영향을 미쳤다. 신간회는 민족단일당으로서의 조직 확대를 이루었지만, 조직 내부에서 주도적인 세력을 유지하고 있던 공산당 계열이 대부분 검거되자 그 활력을 잃게 되었다. 조선프로예맹 동경 지부의 이우적이 제3차 고려공산청년회의 선전부장으로 활약하다가 검거되었고, 프로예맹 경성 본부의 김복진은 제4차 고려공산청년회 중앙집행위원으로 활약하다가 7월에 검거되었다.

일본 경찰이 1931년 조선공산당 재건운동에 관여했던 계급문학운동가들을 일제히 검거했던 제1차 검거사건은 예술운동의 볼셰비키화를 주장하던 계급문학운동의 급격한 좌경화에 강력한 제동을 걸었다. 그리고 극단 신건설사의 공연을 빌미로 1934년 제2차 검거 사태를 일으켰다. 이 같은 두 차례의 검거사건을 통해 조선프로예맹의 조직 활동은 모든 동력을 잃게 되었으며, 결국 그 조직 자체도 강제 해체당하였다. 조선프로예맹의 조직 해체는 곧 계급문학운동의 종말을 의미하였다. 이것은 계급문학운동에서 조직 문제가 얼마나 중요한 것이었는지를 짐작할 수 있도록 하는 결정적 근거였다. 특히 조선프로예맹의 대중적 조직 확대가 신간회의 민족사회운동 노선과 조선공산당 재건운동에 연관되었기 때문에 계급문학운동의 실천 과정에서 그 정치 사회적 연대의 가능성을 확인할 수 있다는 점은 식민지 현실에서의 민족문화운동의 성격을 이해하는 데에 하나의 중요한 요건을 제공하고 있다.

계급문학운동은 피지배계급으로서의 한국 민족의 삶을 식민지적 조건 속에서 적극 문제 삼으면서 일본제국주의의 지배에 대응하였다. 그러므로 계급문학운동이 반제국주의 운동으로서 식민지 시대 민족사회운동의 전체적인 흐름 속에서 차지하고 있는 위치와 성격은 의미심장하다. 계급문학운동의 반제국주의적 이념은 그 프롤레타리아 국제주의를 표방했던 방향전환 이후의 변화에서 확인된다. 계급문학운동은 당시 사회주의운동 노선에 동조하면서 국제주의적 원칙을 따라 코민테른의 지침을 따르고자 하였다. 일본의 식민지 지배와 피지배민족으로서의 한국 민족의 현실 문제는 당시 국제적인 관심사가 되지 못하였다. 그런데 1928년 7, 8월에 걸쳐 모스크바에서 개최된 코민테른 제6차 대회에서 「식민지 반식민지 국가들에서의 혁명운동에 대하여」라는 이른바 '식민지 테제'를 발표하였다. 이 테제 속에 식민지 지배하의 한국의 공산주의운동에 대한 결의도 포함시켜 놓고 있었다. 이 결의에서 가장 강조한 것은 공산주의운동을 보다 좌경화의 방향으로 고정시키고 있다는 점이다. 공산주의자가 프롤레타리아 진영에서 활동을 강화하고 노농동맹의 적극성을 전면적으로 향상시키며 노동조합의 재조직과 함께 정치적 요구를 내건 경제투쟁의 전개 등이 강조되었다. 특히 노동자·농민들을 민족 개량주의자들의 지도로부터 분리시키고 혁명적인 대중조직에서 공산주의적 영향력을 강화하도록 요구하고 있다.

일본제국주의의 식민 지배를 당하고 있던 한국에서의 반제국주의 운동이라든지 반식민주의 운동이 공산주의운동을 통해 국제적인 관심사를 이끌게 된 것은 주목을 요구한다. 1928년 코민테른 제6차 대회 이전까지만 하더라도 식민지 상황의 한국 공산주의 운동에 대한 코민테른의 결의는 대개 노동자·농민, 그 밖의 소부르주아지를 망라하여 민족혁명운동을 전개한다는 것이었다. 그리고 모든 민족적 단체와 그 지도자들까지도 좌익화하여 혁명투쟁에 끌어넣어야 한다는 점을 강조하였다. 1925년 조선공산당이 처음 창당된 후, 공산주의 운동가들은 일제의 조직적인 탄압에도 제4차 공산당에 이르기까지 코민테른의 움직임과 한국의 상황에 대한 결의를 주목했고 이를 실천하고자 노력하였다고 볼 수 있다. 특히 제3차 공산당의 출현 후 정우회를 내세워 민족 단일전선의 결성에 앞장섰으며, 1927년 신간회의 결성으로 민족주의 진영과 공산주의 진영의 협동전선이 가능해지기도 하였다. 그렇지만, 신간회의 결성 이후 한해가 지나기도 전에 제3차 공산당과 제4차 공산당의 검거사건이 연이어 일어나게 되었다. 신간회 내부의 조직에서 제대로 주도권을 잡기도 전에 조직적인 임무 수행을 이루지 못한 채 당 조직의 와해를 초래하게 되었던 것이다. 그런데 1928년 12월에 코민테른 집행위원회 서기국에서는 앞서 발표한 「식민지 반식민지 국가들에서의 혁명운동에 대하여」에 기초하여 조선공산당의 재조직에 대한 결정서를 채택하였다. 이 결정서는 '조선 농민 및 노동자의 임무에 관한 테제'로서 흔히 '12월 테제'라고 불리기도 하는데, 당시 조선사회의 상황에 대한 분석과 함께 공산주의자의 임무를 규정하고 있다. 이 테제에서 한국사회에서 프롤레타리아트와 농민이 반제 혁명의 주체 세력으로 성장하였다고 규정하고 부르주아 연합전선에 대한 배제를 결정한 것은 이후 사회운동의 방향에 결정적인 영향을 미쳤다. 특히 민족협동전선으로서의 신간회의 존재에 대한 부정과 그 해소에 관한 주장이 12월 테제의 내용에 근거하여 제기되었다는 것은 널리 알려진 사실이다. 이러한 코민테른의 결정에 따라 조선공산당의 재건운동을 목표로 활동했던 공산주의 운동가들은 조선프로예맹 동경 지부를 근거로 하여 국내활동을 시작하였다. 신간회 해소론도 동경 지부에서 가장 먼저 제기하였고, 국내 각 지역에서의 노동투쟁에 동경 지부 소장파 문인들이 은밀하게 가담하였다. 일본 경찰이 공산당 재건운동과 관련하여 조선프로예맹 맹원을 일제히 검거했던 제1차 검거사건은 일제 식민지 시대의 계급문학운동이 당적 조직운동과 일정하게 연계되어 있었음을 말해 주는 것이라고 하겠다.

계급문학운동과 탈식민운동

계급문학운동은 식민지 상황에 대응한 문학예술의 조직적인 탈식민운동이라고 할 수 있다. 문학예술의 사회적 가치와 그 기능에 대한 적극적 확대 실천은 계급문학운동이 획득한 가장 구체적인 성과의 하나이다. 사회 현실에 대한 문학의 대응 방식은 여러 가지가 있을 수 있지만, 그것이 실천의 구체성을 드러내지 않을 경우 공론에 지나지 않음을 쉽게 확인할 수 있다. 계급문학운동은 민족주의적인 색채를 부인하며 민족의식을 부정하고 있는 것처럼 인식되었으나 그 문학적 실천 과정에서 민족의 독자성과 주체성에 대한 신념을 표출하고 있다. 이러한 특징은 식민지 상황에서의 피지배계급의 문제가 곧바로 피지배민족의 문제로 이어진다는 사실을 통해 확인할 수 있다. 식민지적 상황을 가장 철저하게 비판하고자 했던 당시의 계급문학이 가장 주체적인 문학으로 자리 잡고 있었다는 점은 부인할 수 없는 사실이다.

문학예술의 대중화를 내세운 계급문학운동의 실천 방략에서 노동자·농민을 문학예술의 수용 계층으로 끌어들이고자 했던 노력은 문학예술의 현실적 기반 확대라는 측면에서도 중요한 의미를 지닌다. 특히 농민문학론과 그 실천 결과로서의 농민문학 작품은 식민지시대 문학의 성과로서 손꼽을 수 있을 것이다. 물론 도식주의적인 이념의 주입과 정치적 선동을 내세워 예술적 형상성을 도외시했다는 비판이 없는 것은 아니지만, 대중의 획득을 위한 문학적 실천 작업이 오늘의 문학 현실에서도 여전히 문제가 있는 것임을 알아야 할 것이다. 더구나 계급문학운동이 문학예술에 있어서의 민중적 형식의 창출에 큰 관심을 보였던 점은 주목할 만하다. 노동자·농민 계급을 상대로 하는 계급문학운동은 노동자·농민들의 의식 수준과 생활 방식에 적합한 문학 형식의 발견에 주력했으며, 그 결과로 이른바 단편서사시, 농민시, 농민소설 등의 형식을 창안해 내고 있다. 더구나 대중과의 직접적인 소통을 위해 이동극장을 통한 프로연극의 공연을 수없이 실천하였고, 영화운동에도 가담하여 직접 영화 제작과 출연에도 힘썼던 점을 간과해서는 안 된다. 문학예술의 실천이란 새로운 형식의 창조와 적극적 참여 없이는 가능하지 않다는 사실이 오늘의 문학운동에서도 여전히 주목되고 있다는 점을 생각한다면, 계급문학운동가들이 보여준 실천적 작업의 의미를 새롭게 이해할 수 있을 것이다.

계급문학운동은 이론적 투쟁을 통해 근대 비평의 논리성을 확보하게 되었다는 점도 주목을 요한다. 계급문학운동은 이론투쟁이 그 실질적인 선도 기능을 담당하고 있다. 한국 근대문학사에서 비평의 논리화는 계급문학운동 가운데에서 본격적으로 이루어진 셈이며, 많은 새로운 쟁점이 여기서 비롯되고 있다. 소설의 내용형식 문제에 대한 논의가 예술의 본질 문제로 확대되고, 창작방법에 대한 새로운 인식을 가능케 한 것도 모두 계급문학의 논쟁을 통해 이르어진 성과이다. 하지만 이 같은 성과에도 계급문학운동은 계급의식과 문학의 사회적 기능성에 대한 강조에 치중함으로써 문학의 예술성에 대한 무관심을 드러내고 있다는 평을 받고 있다. 그러나 문학의 사회적 실천을 통해 식민지적 상황에 대한 인식의 철저성에 눈드게 했다는 사실을 간과할 수는 없다. 문학의 사회적 실천은 오늘의 현실에서조차 여전히 주목되고 있는 과제의 하나이며, 이념적인 개방성을 전제할 경우 계급문학운동이 지니고 있는 현 단계적 의의를 결코 부인하기 어려울 것이다.

일제 식민지 시대의 계급문학운동은 더욱 넓은 의미의 탈식민주의 운동이라는 범주 안에서 새롭게 검토될 필요가 있다. 그 이유는 계급문학운동이 이념적인 성격을 강하게 나타내고 있었다 하더라도 그것이 식민지 상황을 극복하기 위한 실천적 노력에 속하기 때문이다. 실제로 1920년대의 민족운동이 이념적인 지표에 따라 민족주의적인 지향과 사회주의적인 지향을 각기 드러내었지만, 식민지 지배세력에 대한 대응이라는 더욱 높은 차원의 민족의식을 요구했던 것이 사실이다. 그러므로 계급문학운동은 식민지 시대에 이루어진 넓은 의미의 반제국주의, 반식민주의 운동의 범주에서 그 역사적 성격을 재조명할 수 있을 것이다.

부록

1. 계급문학운동사 연표(1923~1936)
2. 조선프롤레타리아예술동맹 관련 문인 약전
3. 계급문학운동 관련 중요 문건
4. 중요 참고문헌

1. 계급문학운동사 연표(1923~1936)

***중요 사항 및 작품 목록**

1923년

• 중요 사건 일지

01.01	남대문역, 경성역으로 개칭
01.09	조선청년회연합회관에서 조선물산장려회 발기준비회 개최
01.15	흑도회를 이탈한 60여 명이 동경에서 북성회 조직 (1925.01.03 일월회로 개칭) 〈회원〉 金若水, 卞熙鎔, 金鍾範, 宋奉禹, 金章鉉, 李如星 外
01.16	경성지방법원에서 《신생활》 필화사건 공판 〈선고형량〉 朴熙道 징역 2년 6개월, 李時雨 징역 2년 6개월, 金明植 징역 2년, 金思民 징역 2년, 辛日鎔 징역 1년 6개월, 俞鎭熙 징역 1년 6개월
01.20	경운동 협성학교에서 조선물산장려회 발기총회 및 창립총회 개최
01.22	경성지방법원에서 잡지 《신천지》 사건 공소공판 〈구형량〉 白大鎭 징역 1년
01.25	조선물산장려회 이사회 개최 및 이사 선출

〈이사장〉 兪星濬
〈경리부〉 薛春熙, 鄭魯湜, 金喆壽, 金潤秀, 白寬洙
〈조사부〉 羅景錫, 金東赫, 崔淳鐸, 朴鵬緖, 金德昌
〈선전부〉 李鍾麟, 李甲成, 朴東完, 李得秊, 韓仁鳳, 李時琓,
崔敬鎬, 高龍煥

01.-- 申采浩, 「조선혁명선언」 작성

02.04 일본공산당 제2회 대회 개최(코민테른 제4회 대회 보고 및 규약 개정)
〈집행위원장〉 堺利彦
집행위원 佐野學 등 10명

02.05 서대문 민우회관에서 토산애용부인회 창립총회 개최
〈회장〉 沈貞澤, 〈부회장〉 洪鈺卿, 〈간사장 겸 재무〉
崔英牙, 〈부간사장〉 朴英子

02.09 종로 중앙청년회관에서 조선학생회 창립총회 및 제1회 집행위원회 개최

02.23 전조선청년당대회 준비회 구성

02.-- 셰익스피어 작, 玄哲 역, 『햄릿』 간행

03.09 미술단체 동현사 조직
〈창립회원〉
盧壽鉉, 李象範, 卞寬植, 李用雨 外

03.16 동경에서 어린이단체 색동회 조직
〈회원〉
方定煥, 孫晉泰, 曺在浩, 尹克榮 外

03.17 언론계 및 서적조합인사 25명이 신문지법·출판법 개정 기성회 조직

03.24 종로청년회관 등지에서 전조선청년당대회 개최(03.24~03.30)

03.29 종로중앙청년회관에서 민립대학기성회 발기총회 및 창립총회 개최

03.-- 천도교소년회에서 소년잡지 《어린이》 창간
〈주요 인물〉
方定煥, 馬海松

04.02 종로중앙청년회관에서 조선청년회연합회 제4회 정기총회 개최(04.02~04.05)

04.05 일본공산당 청년총동맹 창립
〈위원장〉 川合義虎

04.08 수송동 각황사에서 조선노동공제회 제4회 정기총회 개최

04.14 서울청년회에서 기관지《청년당》창간

04.17 러시아 공산당 제12회 대회 개최(04.17~04.25)
(스탈린과 트로츠키간의 대립)

04.25 진주에서 조선형평사 창립대회 개최
〈발기인〉
姜相鎬, 李榮贊, 張志弼, 千錫九, 申鉉壽

04.27 견지동에서 조선노동연맹회 제2차 정기총회 개최

04.30 천도교당에서 조선물산장려회 제1회 정기총회 개최

04.-- 동경에서 무정부주의단체 不逞社 조직(기관지《不逞鮮人》발간)
〈회원〉
朴烈, 金子文子, 小川武 外

04.-- 민립대학기성회 중앙부 조직
〈위원〉
李商在, 李昇薰, 韓龍雲, 姜仁澤, 崔麟, 曺晩植, 宋鎭禹, 鄭魯湜, 白南雲, 兪鎭泰, 李甲成, 南宮薰, 玄相允, 許憲, 金炳魯, 金性洙

04.-- 타고르 작, 金億 역,『기탄잘리』간행

04.-- 崔承一 등이 劇文會 조직

05.01 종로중앙청년회관에서 조선노동연맹회 주최 메이데이기념 기념강연회 개최

05.20 서울에서 토요회 조직
〈회원〉
閔泰興, 玄七鍾, 李浩 外

05.21 대전에서 열린 형평사 남선대회에서 형평사 대전분사 설치 결의

〈분사장〉 李鳳孫

05.21 제2인터내셔널과 제2반인터내셔널, 함부르크 합동대회에서 사회주의노동인터내셔널 결성(05.21~05.25)

06.11 중동학교에서 조선에스페란토협회 주최 에스페란토연구회 개최

06.12 코민테른 집행위원회 제3회 확대총회에 26개국 대표 75명 참석 (06.12~06.23)

06.30 金億 시집『해파리의 노래』(조선도서주식회사) 발간

06.-- 일본공산당 제1차 검거사건 발생

06.-- 꼬르뷰로 국내부 조직
〈조직원〉
李鳳洙, 金若水, 金燦, 金在鳳, 辛鐵, 申伯雨, 元友觀 外

06.-- 일본 프로문학잡지《文藝戰線》창간

06.-- 고학생동우회, 극예술협회에서 하기 순회극단 형설회 조직

07.04 토월회에서「吉植이」(朴勝喜 작),「오로라」(G. B. 쇼오 작),「곰」(체호프 작) 공연

07.07 낙원동에서 신사상연구회 조직
〈발기인〉
洪命熹, 尹德炳, 金燦, 洪增植, 金炳僖, 李載誠, 趙奎洙, 李昇馥, 李準泰, 姜相熙, 具然欽, 洪悳裕, 元友觀, 朴敦緒, 朴一秉, 金鴻爵 外

07.07 수송동 각황사에서 조선노동대회 제4차 정기총회 개최
〈집행위원〉
安鍾英, 吳相俊, 金完圭, 李敎鴻, 徐萬石, 孫和鳳, 崔晉萬, 吳然淑, 李丙儀, 姜禹, 趙仁植, 洪起澤, 金賢濟, 金成圭, 徐廷基

07.20 조선노동연맹회 간부 尹德炳, 李準泰 등이 고무공장 여직공 동맹파업 전말서 배부 문제로 피검

08.06 金復鎭, 安夕影 등이 正則講習院에 토월회 미술연구소 설치

08.24 노동공제회 위원장 朴珥圭 등, 서울청년회 金榮高 등에게 피격[낙양관 사건]

08.25 서울청년회원 崔昌益, 북성회원들에게 피격[장안여관사건]

08.하 민중사 조직
〈발기인〉
李星泰, 鄭栢, 崔昌益, 朱鍾建

08.-- 홍난파 창작집『향일초』발간

09.01 서울청년회원 張彩極 등 13명이 국제청년데이선언문 배포 문제로 피검(10.05 석방)

09.01 관동대지진 발생

09.02 천도교청년회를 천도교청년당으로 개칭

09.03 朴烈, 金子文子 등이 日王을 살해하려 했다는 혐의로 동경에서 피검

09.12 견지동 조선노동연맹회관에서 조선노농총연맹 결성준비회 개최 시도 실패

09.16 견지동 신생활사에서 朝鮮勞農大會 準備會 발기
〈발기인〉
姜宅鎭, 崔甲春, 李星, 李光震, 朴衡秉, 鄭栢, 徐廷夔, 李星泰, 朴允德, 朱鍾建, 金炳僖, 李允植 外

09.25 고려미술회 조직
〈회원〉
姜振九, 金奭永, 羅蕙錫, 丁圭益, 李秉直 外

09.29 고려미술회 洋畵展 개최(09.29~10.01)

10.03 평양 조선노동동맹회 간부 陳秉基, 安永基 등 10여 명 피검

10.03 조선노농대회 준비회 姜宅鎭, 張日煥 등 핵심인물 피검

10.23 경성에서 건설사 조직
〈회원〉
金若水, 金鍾範, 馬鳴, 李憲, 金在明 外

11.07 대전에서 전국형평사대표자대회 개최

11.20 문예지《금성》창간
〈동인〉
梁柱東, 李章熙, 孫晉泰, 柳葉, 白基萬 外

11.21 李丙觀, 李寅榮 등이 친일단체 조선혁신당 조직

11.30 總督府圖書館官制 공포 시행

12.03 《염군》 제1집 불허가
경운동 70번지에 임시사무소를 두고 '무산계급의 문화를 연구'하고자 창간되는 《염군》이 2개월 전에 신청한 원고 검열에서 불허가 처분

〈목차〉
시 金斗銖, 李浩, 朴世永, 金仁淑
소설 金紅波 — 어두운 마을
李赤曉 — 지새는 새벽에 어린애 죽었어요
희곡 宋 影 — 白洋靴
동화 宋 影 — 姉妹

12.15 서울중앙예배당에서 혁청단 발기
〈발기인〉
金治明, 李啓亨, 沈相汶, 劉承復, 彭興烈 外

12.17 혁청단 발기총회 개최

12.-- 白大鎭이 잡지 《신세기》 창간

12.-- 경성에 고려미술연구원 설립

• 중요 작품

시	이상화	독백	동아일보	1923.04.07
시	김형원	샛검은 사람	개벽	1923.05
평론	김기진	Promenade Sentimental	개벽	1923.07
평론	임노월	사회주의와 예술	개벽	1923.07
평론	이익상	건설 도중에 있는 우리 문단을 위하여	매일신보	1923.07.17~19
평론	임정재	문사제군에게 여(與)하는 일문	개벽	1923.07~09

시	김기진	가심의 별	백조	1923.09
시	김기진	권태	백조	1923.09
시	김기진	비오는 날	백조	1923.09
시	김기진	연못에 서서	백조	1923.09
시	김기진	한 갈래의 길	백조	1923.09
시	김기진	한 개의 불빛	백조	1923.09
소설	박영희	생	백조	1923.09
평론	김기진	떨어지는 조각 조각	백조	1923.09
평론	김기진	클라르테운동의 세계화	개벽	1923.09~10
시	김형원	큰물 뒤에	개벽	1923.11
평론	김기진	또다시 「클라르테」에 대하여	개벽	1923.11
희곡	조명희	파사(婆娑)	개벽	1923.01
평론	김기진	마음의 폐허	개벽	1923.12

1924년

• 중요 사건 일지

01.01	형사소송법 및 형사령 개정 실시 (경찰서와 검사국의 피고인 미결구류일수를 10일로 제한)
01.02	《동아일보》 사설 「민족적 경륜」 발표(01.02~01.05)
01.20	중국국민당 제1회 전국대표대회 개최(국공합작 정책을 채택)
01.20	중국공산당 제1차 전국대표대회를 광주에서 개최 (정강, 당규 결정 및 중앙집행위원 24명 선출)

01.21 레닌 사망

01.30 조선노농대회 주최 단체총회 개최

02.01 문예지 《폐허이후》 창간
〈동인〉
金億, 南宮璧, 廉想涉, 吳相淳, 黃錫禹 外

02.01 문예지 《신문예》 창간

02.10 부산에서 형평사 전조선임시총회 개최(02.10~02.11)
〈의장〉 姜相鎬

02.11 서울청년회와 조선청년회연합회가 연합하여 조선청년총동맹 발기준비회 개최

02.11 토요회와 무산자청년회가 통합하여 신흥청년동맹 결성
〈집행위원〉
金燦, 朴一秉, 閔泰興, 李浩, 辛鐵, 金斗銖, 金潤植, 金昊性

02.13 대전에서 형평사 혁신동맹준비회 개최
〈회원〉
張志弼, 吳成煥 外

02.하 조선청년총동맹 발기선언, 강령, 가맹규정 발표

02.하 일본공산당 해산(3월 초 설도 있음)

02.-- 코민테른 극동총국에서 인데르슨 주재로 꼬르뷰르 해체, 오르그뷰로 조직

02.-- 《염군》 제2호 발행금지 처분

〈목차〉
시 金斗銖, 鄭華秀, 李浩, 韓黑濤
소설 李赤曉 — 끌려가는 婦人
宋影 — 侍女 五月

03.01 金敎臣, 무교회주의 성서연구집회 창립

03.09 대구에서 남선노농동맹 창립대회 개최
〈중앙상임집행위원장〉 徐廷禧
〈중앙상임집행위원〉
韓圭錫, 趙東赫, 鄭雲海, 金正奎, 金夏鼎, 金庚成, 鄭仁瑛, 朴台弘, 權泰容, 崔元澤, 金明奎

03.상 金燦 등 20여 명이 신흥청년동맹의 기관지 발간을 위한 신흥 청년사 발기

03.12 천안에서 형평사 혁신동맹 창립총회 개최

03.25 재경친일단체 국민협회 유민회 등 서울 경성호텔에서 각파 유지연맹 창립대회 개최
〈집행위원〉
高義駿, 蔡基斗, 李昌煥, 李豊載, 姜麟祐 外

03.31 《시대일보》 창간
〈사장 겸 주간〉 崔南善

04.09 대한민국임시정부 국무총리 盧伯麟 해임

04.14 관수동에서 신흥청년동맹 임시총회 개최
〈집행위원〉
閔泰興, 崔鉉, 全無, 鄭慶昌, 李炳立, 魚龜善, 金文壽

04.17 전조선노농대회, 남선노동동맹, 조선노동연맹회의 182개 단체대표 200여 명이 서울에서 전조선노농총동맹 발기

04.18 광무대에서 전조선노농총동맹 창립대회 개최(04.18~04.20)
〈중앙위원〉
鄭雲海, 李學洙, 金鍾範, 尹德炳, 徐廷禧, 姜宅鎭, 徐邰晳, 崔泰熙, 姜達永, 申東浩, 申伯雨, 金東弼, 朴桂春, 白光欽, 鄭雲永, 鄭鶴源, 金永輝, 金灝桓, 金富坤, 文贊斗, 趙東爀, 金裕昌, 朴秉鎬, 張彩極, 車今奉, 金大鳳, 崔重彌, 兪龍穆, 南潤九, 韓海, 崔圭弘, 馬鳴, 朴泰善, 鄭淳鍾, 鄭仁暎, 權五卨, 金炳曦, 呂海, 朴炳斗, 崔元澤, 崔享天, 張埈, 金瓊植, 趙容寬, 林鍾桓, 李榮珉, 李丙儀, 徐丙翼, 李炳觀, 鄭晉武

04.20 광무대에서 조선노농총동맹 임시대회 개최
〈강령〉(초안)
1. 吾人은 노농계급을 해방하여, 완전한 신사회의 실현을 목적한다.
2. 吾人은 단결의 위력으로서 최후의 승리를 얻는 데까지 철저히 자본계급과 투쟁한다.
3. 吾人은 노농계급의 현생활에 비추어 복리 증진 및 경제적 향상을 도모한다.

〈상무위원〉
姜宅鎭, 金鍾範, 朴炳斗, 金炳曦, 張彩極, 文贊斗, 徐廷禧,
尹德炳, 俞龍穆, 權五卨

04. 20 조선여자강습원에서 조선여자고학생상조회 제2회 정기대회 개최
〈집행위원장〉 鄭鍾鳴
〈위원〉 韓善化, 裵赫秀, 朴根實, 姜仁盤

04.21 종로 중앙청년회관에서 224개 단체가 모여 조선청년총동맹 창립총회 개최
〈중앙집행위원〉
崔昌燮, 韓宗揄, 辛泰嶽, 朴元熙, 鄭栢, 崔昌淳, 崔奉巖, 金燦,
印東哲, 卞熙鎔, 延在濬*, 金斗洙, 全濤, 趙紀勝, 金丹冶,
咸演浩, 安浚, 李雲赫, 金敎英, 任鳳淳, 李英, 宋奉禹, 崔昌益,
李吉用
〈중앙검사위원〉
韓愼敎, 朴憲永, 崔順澤, 姜齊模, 朱鍾建

04.23 대한민국임시정부 국무총리에 李東寧 취임

04.24 진주에서 형평사 진주본사 주최, 형평사 전조선대회 개최 (04.24~04.25)

04.25 천도교당에서 형평사 혁신동맹 주최,
형평사 전조선대회 개최(04.25~04.26)
〈의장〉 張志弼

05.01 조선노농총동맹 주최 메이데이기념 강연회

05.04 《조선지광》 속간. 발행 즉시 압수
〈발행인〉 金東淋

05.04 재동 조선여자강습원에서 조선여성동우회 발기총회 개최
〈발기인〉
朴元熙, 鄭鍾鳴, 金弼愛, 丁七星, 金賢濟, 洪順瑁, 高遠涉,
禹鳳雲, 池貞信, 朱世竹, 崔聖三, 許貞淑, 李春壽 外

05.23 러시아공산당 제13회 대회 개최(05.23~05.31)

05.23 경운동 천도교당에서 조선여성동우회 창립총회 개최
〈강령〉
1. 본회는 사회진화 법칙에 의하여 신사회의 건설과 여성해

	방운동에 立할 일군의 양성과 훈련을 기함. 2. 본회는 조선 여성해방운동에 참가할 여성의 단결을 기함. 〈간부〉 朴元熙, 鄭鍾鳴, 丁七星, 禹鳳雲, 朱世竹, 崔聖三, 許貞淑, 吳壽德 外
06.07	수표동 조선교육협회관에서 31개 단체대표 100여 명이 언론집회압박탄핵회 조직
06.10	李學仁 시집 『무궁화』(희망사) 발간
06.15	趙明熙 시집 『봄 잔디밧 위에』(춘추각) 발간
06.17	코민테른 제5회 대회에 49개국 60개 조직의 대의원 504명이 참석(06.17~07.08) (일본대표 片山潛, 佐野學, 近藤榮議가 참석, 일본문제위원회에서 일본공산당의 해당 결정을 취소하고 당 재건을 결정)
06.20	경운동 천도교당에서 언론집회압박탄핵대회를 개최했으나 일경이 강제해산(실행위원 李鍾麟, 徐廷禧 등 피검되어 06.22 석방)
06.25	朴鍾和 시집 『흑방비곡』(조선도서주시회사) 발간
06.28	언론집회압박대회 제2차 각 단체대표회의 개최
06.--	일본인 실업가 조선시네마주식회사 설립
07.08	프로핀테른 제3회 대회 개최(07.08~07.21)
07.09	전남 무안군 암태면 농민들이 소작쟁의로 구속된 13명의 석방을 위해 목포지방법원 지청 앞에서 아사동맹 결성
07.10	《시대일보》 발행권이 보천교로 넘어감(10일간 휴간)
07.12	코민테른 집행위원회 제4회 확대총회 개최(07.12~07.13)
07.20	일본 최초로 마르크스 『자본론』 완역 출간
07.20	해방운동사 조직
07.--	친일단체 국민협회의 金明濬 외 3인, 회원 17,000명이 서명한 참정권 획득 건의서를 휴대하고 동경에 감.
08.15	대전에서 형평사 통일대회 개최 〈의장〉 金慶三

08.16	조선형평사 중앙총본부 임시대회 개최 〈중앙상무집행위원〉 사교부 李祉永, 재무부 趙貴容, 교육부 李利奎, 조사부 吳成煥, 서무부 白松溪, 산업부 李學贊
08.17	운니동에서 조선노동당 조직 〈발기인〉 金一, 李南斗, 李鳳吉, 李正洙, 李忠模, 李極光, 金寅羲 〈강령〉 무산 노동자의 단결을 도모하여 공산주의적 신사회의 건설을 기도함.
08.22	卞榮魯 시집 『조선의 마음』(평문관) 발간
08.--	문예지 《영대》 창간(1925.01 폐간) 〈동인〉 金東仁, 朱耀翰, 金素月, 金億, 金觀鎬, 林長和 外
08.--	廉想涉 창작집 『견우화』 발간
09.13	《조선일보》 경영권이 宋秉畯에서 申錫九, 李相協, 愼九範 등으로 이관됨.
09.--	대한민국임시정부 국무총리 李東寧을 대통령 직무대리로 선임
09.--	오르그뷰로 조직원 鄭在達, 李載馥 서울에서 피체
10.06	서울청년회 4주년 기념식이 일경에 의해 강제 해산 (鄭栢, 李星泰 등 4명 연행)
10.08	盧子泳 시집 『처녀의 화환』(청조사) 발간
10.27	경운동 천도교당에서 조선학생총연합회 창립총회 개최
10.31	황해도 재령군 북율면 동양척식회사 소작인들이 소작료불납동맹 조직
10.--	서울계 조선공산당 조직 〈책임비서〉 金思國 조직부 金思國, 선전통신부 李英, 교양부 金裕寅, 鄭栢, 청년부 李廷允, 사회부 朴衡秉, 노동부 李丙儀, 민족부 金榮萬, 연락부 李恒發, 검사부 姜宅鎭
10.--	문예지 《조선문단》 창간

〈발행인〉 方仁根

11.09 재동에서 赤雹團 조직
〈회원〉
金榮萬, 許一, 李雷, 金鐵 外

11.19 신사상연구회를 화요회로 개칭

11.23 《조선일보》 조석간제 실시

11.25 경성에서 북풍회 조직
〈집행위원〉
金若水, 金鍾範, 馬鳴, 鄭雲海, 南廷哲, 徐廷禧, 朴昌漢, 朴世熙, 辛鐵, 金章鉉, 金利奎, 裵德秀

11.26 혁청단 임시총회 개최
〈임원개선〉 曺奉巖, 金漢卿, 權泰彙, 金石然, 金若泉, 朱秉瑞, 曺秉珍, 崔浣, 沈相汶, 李世榮, 文若山

11.27 북풍회 제1회 집행위원회 개최
〈강령〉
1. 사회운동이 본질적으로 무산대중 자체의 운동인 이상 우리는 어디까지든지 현실에 입각한 대중의 실제적 요구에 응하여 종국의 이상으로 향하여 매진하기를 기함.
2. 우리는 대중운동 부문이 되는 노농, 청년, 여자, 형평운동의 지적 교양과 계급적 훈련과 아울러 모든 현상타파의 운동을 지지하는 동시에, 경제문제에 치중하고 과학사상을 보급하여 도시와 농촌의 협동을 기함.
3. 우리는 아직까지 界線이 불분명한 상태에 在한 운동을 정돈하여, 그 유별을 확정할 조직을 면밀히 하여, 써 종래의 소극적 부인의 태도를 許치 않고 일층 질서적으로 정진하기를 기함.
4. 우리는 계급관계를 무시한 단순한 민족운동을 부인한다. 그러나 조선 현하에 있어 민족운동도 피치 못할 현실에서 발생한 이상, 우리는 양대 운동, 즉 사회운동과 민족운동의 병행에 대한 시간적 협동을 기함.

12.05 북풍회 조직으로 건설사 해체

12.06 경운동 서울청년회관에서 사회주의자동맹 창립

〈집행위원〉
李廷允, 朴衡秉, 李英, 姜宅鎭, 鄭栢, 韓愼敎, 李赫魯, 李丙儀, 金榮萬, 趙紀勝, 李樂永, 張彩極, 崔昌益, 崔昌燮, 元世萬, 林政鎬, 金裕寅, 金思國, 金繡準, 任鳳淳, 安秉禧
〈강령〉
농민단체와 노동단체를 결합하고 단체 위력에 의한 지주 및 자본가에 대항하여 노동계급사회의 실현을 기한다.

12.09 조선문인회 총회 개최

12.11 북풍회관에서 경성청년회 창립총회 개최

12.12 적박단 단원이 북풍회 사무소 습격

12.15 朱耀翰 시집 『아름다운 새벽』(조선문단사) 발간

12.16 북풍회 집행위원 12명 연서로 한·일 무산계급의 제휴와 원조를 바라는 요지의 유인물 발송

12.30 프로문사 간담회 개최(예정)
조선 혁명 예술을 위시하여 계급문예전선에 선 동지의 간담과 단결 목적으로 프로작가 망년회 개최
〈준비위원〉
朴容大, 金穩, 金柱遠, 尹基鼎, 李浩, 崔承一

12.-- 玄哲, 李龜永 등이 조선배우학교 설립

• 중요 작품

시	김기진	누구나 왓스면	동아일보	1924.01.06
시	김형원	개성의 미소	폐허이후	1924.01
시	김형원	나는 어디로	폐허이후	1924.01
시	김형원	탈선	폐허이후	1924.01
소설	김영팔	해고사령장	매일신보	1924.01.01
소설	최서해	토혈(吐血)	동아일보	1924.01.28~02.04
평론	김기진	눈물의 순례	개벽	1924.01

평론	김기진	지배계급교화, 피지배 계급교화	개벽	1924.01
평론	이익상	고언(苦言) 이삼(二三)	금성	1924.01
시	김형원	그게 누구인가	개벽	1924.02
평론	김기진	금일의 문학, 명일의 문학	개벽	1924.02
평론	박영희	자연주의에서 신이상주의에 기우러지는 조선문학 최근 경향	개벽	1924.02
평론	박영희	체호프 희곡에 나타난 노서아 환멸기의 고통	개벽	1924.02
평론	박영희	특별히 극에 유명하다할 현시의 아메리카문학	개벽	1924.02
시	박팔양	가을 바람 낙엽	동아일보	1924.04.09
시	김형원	이생, 저생, 이몸	개벽	1924.04
소설	이익상	연(戀)의 서곡	개벽	1924.04
평론	김기진	환멸기의 조선을 넘어서	개벽	1924.04
평론	박영희	남루한 봄	개벽	1924.04
평론	이익상	생활의 괴뢰(傀儡)	개벽	1924.04
소설	박영희	결혼전일	개벽	1924.05
시	김기진	백수(白手)의 탄식	개벽	1924.06
시	김기진	신록	개벽	1924.06

시	김기진	화강석	개벽	1924.06
평론	박영희	악(惡)의 화(花)를 심은 쌛드레르론	개벽	1924.06
소설	이기영	옵바의 비밀편지	개벽	1924.07
평론	박영희	7월에 회상되는 해외문인	개벽	1924.07
시	김형원	쏠리는 농부의 무리여	개벽	1924.08
소설	최승일	떠나가는 날	신여성	1924.08~10
평론	김기진	너희의 양심에 고발한다	개벽	1924.08
평론	임노월	예술지상주의의 신자연관	영대	1924.08
시	박팔양	망각	조선일보	1924.10.27
소설	최서해	고국	조선문단	1924.10
평론	김기진	이해(利害) 위에서	조선일보	1924.10.20
평론	이익상	동화에 나타난 조선정조	조선일보	1924.10.13~20
희곡	김영팔	미쳐가는 처녀	개벽	1924.10
시	김창술	여명의 설음	조선일보	1924.11.03
시	김형원	아 지금은 새벽 네시	개벽	1924.11
시	박팔양	동지	조선일보	1924.11.01
소설	김기진	붉은 쥐	개벽	1924.11
소설	박영희	이중병자	개벽	1924.11
평론	박영희	한담	조선일보	1924.11.01
평론	이익상	11월의 창작개평	조선일보	1924.11.10,17

평론	김기진	당래(當來)의 조선문학	매일신보	1924.11.16.
평론	김기진	「본질」에 관하야	매일신보	1924.11.23
시	김창술	허무	조선일보	1924.12.08
소설	이익상	젊은 교사	조선일보	1924.12.02~
소설	최승일	김첨지의 죽엄	매일신보	1924.12.07
평론	박영희	조선을 지내가는 베너스	개벽	1924.12
평론	최서해	근대 노서아 문학개관	조선문단	1924.12.01
평론	김기진	조선어의 문학적 가치	매일신보	1924.12.07
평론	김기진	지식계급의 임무와 신흥문학의 사명	매일신보	1924.12.07

1925년

• 중요 사건 일지

01.01 신생활사 사장 朴熙道, 함흥형무소에서 만기 출옥

01.03 동경 북성회를 일월회로 개칭하고 기관지 《척후대》 발행

01.03 돈의동에서 재경사회운동자간친회 개최

01.17 시천교당에서 여성해방동맹 발기총회 개최
〈발기인〉
李貞淑, 崔貞淑, 李道, 金貞淑, 金淑瓊, 金賢濟, 崔花將月 外

01.18 관철동에서 경성여자청년동맹 발기회 개최
〈발기인〉
朴貞德, 鄭達岳, 韓東竹, 趙寶嬉, 金隱谷, 許貞淑, 禹鳳雲,

金弼順, 朱世竹

01.21 수표동 조선교육협회관에서 경성여자청년동맹 창립총회 개최

〈강령〉

1. 무산계급 여자청년의 투쟁적 교양과 조직적 훈련을 기함.
2. 무산계급 여자청년의 단결력과 상부상조의 조직력으로 여성의 해방을 기하고 당면의 이익을 위하여 투쟁함.

〈집행위원〉

朴貞德, 鄭達岳, 許貞淑, 金弼順, 朱世竹, 金隱谷, 裵赫秀

01.-- 일본 프로문학잡지《文藝戰線》일시 휴간

01.-- 영화사 윤백남프로덕션 설립

02.08 천도교기념관에서 파스큘라 주최 문예강연회 개최

〈강연제목 및 연사〉

閔泰瑗 — 쩌널리즘과 文藝
朴英熙 — 체호프의 研究
金炯元 — 書籍 以前, 書籍 以後
李益相 — 文藝의 時代性
延鶴年 — 月出
金基鎭 — 雜感 斷片
朴鍾和 — 연제 미정
安夕影 — 연제 미정
金　億 — 연제 미정
李相和 — 이별하느니

02.16 경성에서 전조선민중운동자대회 준비위원회 조직

〈준비위원〉

崔元澤(대구), 朴炳斗(순천), 鄭雲海(대구), 李準泰(안동), 鄭晋武(광양), 金南洙(안동), 張東燮(예천), 申東浩(광주), 朴寅玉(상주), 文泰坤(광주), 姜達永(진주), 曺利煥(당진), 趙佑濟(진주), 曺克煥(목포), 白光欽(동래), 曺景敍(화순), 李榮珉(순천), 朴昌漢(인천), 柳順根(인천), 崔允鈺(평양), 曺龍煥(개성), 金裕昌(평양), 朴吉陽(강화), 吳基周(진남포), 鄭順命(해주), 姜偉情(진남포), 金璟載(황주), 許亨(안주), 李根浩(사리원), 林亨寬(신의주), 金秉植(사리원), 金鴻爵(장연), 李蒙瑞(북률), 延在濬(남천), 金元浩(재령), 方應模(정주),

陳秉基(평양), 李鳳夏(철원), 金大鳳(양양), 金在奎(경성),
嚴仁基(함흥), 金尙震(경성), 崔昌極(온성), 全無(경성),
李在夏(경성), 具然欽(경성), 陳景琓(회령), 金漢卿(경성),
李憲(동경), 金在鳳(경성), 徐炳河(고원), 金隱谷(경성),
洪悳裕(경성), 朱世竹(경성), 張志弼(경성), 許貞淑(경성),
閔泰興(경성), 權泰彙(경성), 尹德炳(경성), 安基成(경성),
金丹冶(경성), 李奭(경성), 朴憲永(경성), 林元根(경성),
金燦(경성), 曺奉岩(경성), 朴一秉(경성), 權五卨(경성)

02.21 서대문 노동학원에서 京城女子靑年會 창립총회 개최

〈강령〉
1. 우리는 부인의 독립 자유를 확보하고 모성 보호와
남녀평등권인 사회 제도의 실현을 기함.
2. 우리는 부인해방에 관한 사회과학상의 교의를 천명하고
그 보급을 도모함.
〈집행위원〉
金繡準, 朴元熙, 朴春子, 金淑貞, 文貞愛, 朴淑子, 李貞淑

02.-- 오르그뷰로 해체

03.01 서울청년회 주최 조선청년총동맹위원 간친회 개최
(전조선민중운동자대회에 대한 반대 결의)

03.08 경운동 서울청년회관에서
재경조선해방운동자단체연합간친회 개최
〈의장〉 金榮萬, 〈서기〉 洪淳起

03.10 만주 영안현에서 신민부 조직
〈중앙집행위원장〉 金赫, 〈총사령〉 金佐鎭

03.15 조선노동대회의 이름을 경성노동회로 개칭
〈집행위원〉
金思國, 李恒發, 李珖, 金榮萬, 李丙儀, 金成圭, 徐鼎基,
柳寅元, 趙龍九, 李民濟, 張基榮

03.20 金東煥 시집 『국경의 밤』(한성도서주식회사) 발간

03.21 코민테른 집행위원회 제5회 확대총회에 34개국 대표 244명
참석

03.24 종로 중앙청년회관에서 조선노농총동맹 중앙집행위원회 개최

〈상무집행위원〉
총무부 尹德炳, 鄭雲海, 재무부 金富坤, 편집부 鄭雲海,
조사부 崔元澤, 노동부 金裕昌, 소작부 張埈

03.28 윤백남프로덕션 작품 「심청전」(조선극장) 상영

03.-- 토월회, 광무대극장과 1년간 전용계약 체결

04.03 조선총독부, 중앙도서관 개관(장서 12,000권)

04.05 金明淳 시집 『생명의 과실』(한성도서주식회사) 발간

04.07 경성에서 조선사회주의자동맹 발기
〈상무위원〉
서무부 韓愼敎, 辛哲鎬, 金利龍, 愼杓盛, 金榮萬, 李廷允,
선전부 張彩極, 禹起波, 洪淳起, 연구부 金思國, 朴衡秉, 鄭栢,
愼杓盛, 李廷允

04.15 천도교당에서 700여 명이 참석한 가운데 조선기자대회 개최
(04.15~04.17)
(신문지법과 출판법의 개정을 요구)
〈의장〉 李商在
〈서기〉 車相瓚, 朴昌漢, 呂海, 金炳鉉
〈사찰〉 元達鎬, 李乙, 李憲, 姜炅, 金東轍, 孫永極

04.17 경성 아서원에서 조선공산당 창립
〈책임비서〉 金在鳳
〈중앙집행위원〉 金若水, 金燦, 俞鎭熙, 朱鍾建, 趙東祜,
鄭雲海, 金在鳳
〈중앙검사위원〉 尹德炳, 曺奉岩, 宋奉禹

04.18 훈정동에서 고려공산청년회 조직
〈책임비서〉 朴憲永
〈중앙집행위원〉 申哲洙, 權五卨, 金丹冶, 金燦, 洪增植,
曺奉岩, 朴憲永
〈중앙검사위원〉 林亨寬, 曺利煥, 金東明

04.18 조선공산당 제1회 중앙집행위원회 개최
〈책임비서〉 金在鳳
조직부 金燦, 정경부 俞鎭熙, 인사부 金若水, 조사부 朱鍾建,
선전부 趙東祜, 노농부 鄭雲海

04.19 전조선민중운동자대회 금지

04.20 일본 경찰의 전조선민중운동자대회 개최금지에 항의하여 200여 명이 赤旗를 들고 종로에서 시가행진[적기사건]

04.23 조선공산당 제2회 중앙집행위원회 개최

04.23 이화학당 대학과, 이화여자전문학교로 승격

04.24 시천교당에서 전국형평사대회 개최

04.-- 천도교, 宗理社 총회를 계기로 신·구파 분열

05.08 치안유지법 공포

05.12 치안유지법 시행

05.15 〈역사와 민족성 연구〉를 목적으로 조선사정연구회 조직
〈회원〉
白南薰, 白寬洙, 金俊淵, 安在鴻 外

05.18 姜邁·金鎭浩 공저, 『잘 뽑은 조선말과 글의 본』 간행

05.24 일본노동조합평의회 조직

05.30 중국 상해에서 일본제국주의의 파업노동자 학살에 항의하는 노동자·학생 시위에 영국경찰이 발포하여 11명 사망 (5·30사건)

05.-- 프로핀테른 극동부 대표와 일본의 뷰로 대표가 상해에서 협의하여 노동조합운동 방침(5월 테제) 발표

06.08 조선총독부에서 조선사편수회 설치

06.27 김기진, 시대일보사에 입사

06.-- 山田清三郎 등 《文藝戰線》 복간

06.-- 金思國 등이 서울청년회계 전위조직으로 고려공산동맹 조직

07.-- 영화필름검열규칙이 공포되어 영화검열제 실시

07.-- 화요회, 북풍회, 무산자동맹회, 조선노동당의 결합으로 4단체 합동위원회 조직
〈합동상무위원〉
金演義, 金忠模, 金若水, 李奎宋, 朴一秉, 金璟載, 金燦

08.01 《개벽》 8월호 압수와 함께 발행정지 처분(10.15 정간 해제)

08.07 견지동 동아학교에서 경성청년연합회 창립총회 개최

08.14	4단체합동위원회 주최 일본 작가 中西伊之助 초청강연
08.23	파스큐라와 염군사의 동인들이 中西伊之助 환영 간찬에서 조선프롤레타리아예술동맹 발기 선언 〈발기 참가자〉 김영팔, 이량, 송영, 이호, 김온, 박용대, 이적효, 김기진, 이상화, 김복진, 박영희, 최승일 등
08.--	金春嵐, 安鍾和 등 무대협회 조직
09.08	《조선일보》, 「朝鮮과 露西亞의 정치적 관계」(사설)를 게재하여 제3차 무기정간 처분(10.15 정간 해제)
09.12	鄭在達, 李載馥 등 공산당사건 치안유지법 적용 3년 징역 언도
09.20	李正洙 등이 4개 단체 합동에 반대함으로써 조선노동당 분열
09.20	일본공산당 재건을 위한 확대 뷰로의 합법기관지로 《無産者新聞》 창간
09.28	金億 시집 『봄의 노래』(매문사) 발간
09.29	金俊淵, 金顯哲, 柳光烈 등 12명이 조선농민사 창립 《朝鮮農民》 창간
09.--	홍난파, 《음악계》 창간
10.03	관훈동 동덕여학교에서 조선물산장려회 정기총회 개최
10.10	서대문 조선청년총동맹회관에서 전진회 조직 〈집행위원〉 李廷允, 金思國, 金瓊植, 韓愼敎, 申載貞, 林鍾萬, 愼杓晟 〈검사위원〉 李英, 鄭鶴源, 朴衡秉
10.30	동경에서 조선프로극협회 창립 〈발기인〉 金南斗, 崔丙漢, 宣烈, 金錫鎬 外
11.01	朴殷植, 상해에서 사망(1859~1925)
11.13	원산 산제동 천도교당에서 문예강연회 개최 〈강사〉 朴英熙
11.19	조선노농총동맹, 조선노동총동맹과 조선농민총동맹으로 분립할 것을 결의
11.22	신의주 신만청년회 사건으로 조선공산당 조직 발견

	[제1차 조선공산당 사건] (12.13까지 전국에 걸쳐 朴憲永, 林元根 등 간부 대다수 피검)
12.18	러시아공산당 제13회 대회 개최(12.18~12.30) (일국사회주의론의 채택 및 당명을 전러시아연방공산당으로 개칭)
12.19	조선공산당 책임비서 金在鳳 체포
12.중	제2차 고려공산청년회 조직 〈책임비서〉 權五卨 〈중앙간부〉 廉昌烈, 李炳立, 朴珉英, 李智鐸, 金璟載, 權五卨
12.25	金東煥 시집 『승천하는 청춘』(시문학사) 발간
12.26	金素月 시집 『진달내꼿』(매문사) 발간
12.하	제2차 공산당 조직 〈책임비서〉 姜達永
12.하	金燦, 상해에서 조선공산당 해외부를 설치
12.--	일본프롤레타리아문예연맹 결성

• 중요 작품

시	김창술	그립은 달	조선일보	1925.01.01
시	김형원	러시아 빵과	생장	1925.01
시	김형원	백골의 난무	생장	1925.01
시	김형원	생장찬미	생장	1925.01
시	이상화	가장 비통한 祈慾	개벽	1925.01
소설	김기진	불이야! 불이야!	개벽	1925.01
소설	김영팔	불상한 사람들	매일신보	1925.01.25
소설	박영희	동정	신여성	1925.01
소설	박영희	전투	개벽	1925.01

소설	이익상	남극의 가을밤	신여성	1925.01
소설	한설야	그날밤	조선문단	1925.01
평론	박영희	공상적 고통과 현실화한 고통	동아일보	1925.01.01
평론	박영희	문학상으로 본 이광수	개벽	1925.01
평론	박영희	창작비평과 평자	개벽	1925.01
평론	이익상	사상문예에 대한 편상	개벽	1925.01
평론	임노월	예술과 인격	영대	1925.01
평론	최서해	근대영미문학 개관	조선문단	1925.01
시	김창술	대도행	개벽	1925.02
시	김창술	거문고	조선일보	1925.02.23
시	김창술	그이의 눈	조선일보	1925.02.23
시	김창술	야공	조선일보	1925.02.23
시	김형원	감사	생장	1925.02
시	김형원	고무신	생장	1925.02
시	김형원	그대들은 나이다	생장	1925.02
시	김형원	병아	생장	1925.02
시	박팔양	가난으로 십년	생장	1925.02
시	박팔양	저자에 가는 날	생장	1925.02
시	박팔양	향수	생장	1925.02
소설	조명희	땅속으로	개벽	1925.02~03
소설	박영희	정순이의 설움	개벽	1925.02
소설	최서해	십삼원	조선문단	1925.02
평론	김기진	1월창작계총평	개벽	1925.02
평론	김기진	감각의 변혁	생장	1925.02

평론	김기진	내가 본 염상섭 씨—〈특집〉 염상섭론	생장	1925.02
평론	김기진	평생소원—문단시평	개벽	1925.02
평론	김기진	피투성이 된 「푸로」 혼의 표백	개벽	1925.02
평론	김형원	계급을 위함이냐 문예를 위함이냐	개벽	1925.02
평론	김형원	소개일언—「염상섭론」	생장	1925.02
평론	박영희	독자문예를 발표하면서	개벽	1925.02
평론	박영희	문단시평—문단을 넘어선 문예	개벽	1925.02
평론	박영희	문학상 공리적 가치여하	개벽	1925.02
평론	이익상	문예의 영원성	생장	1925.02
평론	이익상	중학시대추억	생장	1925.02
평론	이익상	친절이 적은 문단—문단시평	개벽	1925.02
평론	최서해	근대독일문학 개관	조선문단	1925.02.01
시	김창술	성숙기의 마음	조선일보	1925.03.09
시	김창술	아—지금은 첫겨울	조선일보	1925.03.22
시	김형원	상사(相思) 소곡(小曲)	생장	1925.03
시	김기진	고대하는 마음	생장	1925.03

시	이상화	이별을 하느니	조선문단	1925.03
시	이상화	폭풍우를 기다리는 마음	개벽	1925.03
시	이상화	바다의 노래	개벽	1925.03
소설	이익상	광란	개벽	1925.03
소설	최서해	탈출기	조선문단	1925.03
평론	김기진	미정고—〈특집〉 처녀작 발표 당시의 감상	조선문단	1925.03
평론	김기진	현시단의 시인	개벽	1925.03~04
평론	김형원	서적이전·서적이후	생장	1925.03
평론	박영희	2월 창작총평	개벽	1925.03
평론	박영희	시의 문학상 가치	개벽	1925.03
평론	박영희	재현의 희열과 반성의 비애	조선문단	1925.03
평론	박영희	환멸기에 잇는 체홉의 일면	생장	1925.03
평론	이익상	3호실의 반신상	조선문단	1925.03
시	박팔양	거리로 나와 해를 겨누라	생장	1925.04
시	박팔양	물결 높은 황해바다 칠백리를…	생장	1925.04
시	김형원	잠고대	생장	1925.04
시	김형원	눈오는 저녁 때	생장	1925.04
시	김기진	애욕시 3편	생장	1925.04
소설	박영희	산양개	개벽	1925.04

소설	이기영	가난한 사람들	개벽	1925.05
소설	주요섭	인력거군	개벽	1925.04
소설	최서해	살려는 사람들	조선문단	1925.04
소설	최서해	향수	동아일보	1925.04.06~13
평론	이상화	문단측면관	개벽	1925.04
평론	이익상	문단산화—천박한 선입견	시대일보	1925.04.27
시	김창술	푸른 하늘	조선일보	1925.05.04
시	김창술	기원	생장	1925.05
시	김창술	나무장사의 한탄	생장	1925.05
시	김창술	촛불		1925.05
시	박팔양	실망과 후회	생장	1925.05
시	김형원	형제들아 싸우지 말자	생장	1925.05
시	이상화	구고(舊稿) 이장	개벽	1925.05
소설	이익상	흙의 세례	개벽	1925.05
소설	이기영	가난한 사람들	개벽	1925.05
소설	최서해	박돌의 죽엄	조선문단	1925.05
소설	한설야	동경	조선문단	1925.05
평론	김기진	신춘문단총관	개벽	1925.05
평론	김기진	십자교 우에서	개벽	1925.05
평론	김형원	평론 김형원	생장	1925.05
평론	김기진	파인시집 「국경의 밤」에 대하야	동아일보	1925.05.20
시	김창술	문 열어라	조선일보	1925.06.08
시	김창술	실제	조선일보	1925.06.17
시	김창술	여명	조선일보	1925.06.21

시	김창술	침통	조선일보	1925.06.05
시	이상화	가상	개벽	1925.06
시	이상화	금강송가	여명	1925.06
시	이상화	청량세계	여명	1925.06
소설	김기진	젊은 이상주의자의 사(死)	개벽	1925.06~07
소설	주요섭	살인	개벽	1925.06
소설	최서해	기아와 살육	조선문단	1925.06
소설	최서해	방황	시대일보	1925.06.29
소설	최서해	보석반지	시대일보	1925.06.30.~07.01
평론	김기진	조선문단합평 인상기	개벽	1925.06
평론	박영희	문예비평론	조선일보	1925.06.14~18
평론	박영희	진실을 일어버린 합평	개벽	1925.06
평론	이상화	시의 생활화	시대일보	1925.06.30
평론	이익상	극화하는 합평회	개벽	1925.06
평론	이익상	착오된 비평	조선일보	1925.06.08~12
시	김창술	긴밤이 새여지다	개벽	1925.07
시	김창술	촛불	개벽	1925.07
시	김창술	단장	조선일보	1925.07.27
시	김창술	불꺼진 방안	조선일보	1925.07.27
시	김창술	수포	조선일보	1925.07.27
시	박팔양	서름으로 십년	개벽	1925.07
시	박팔양	여명(黎明) 이전	개벽	1925.07
시	이상화	오늘의 노래	개벽	1925.07
소설	송 영	느러가는 무리	개벽	1925.07
평론	김기진	문단최근의	개벽	1925.07

		일경향		
평론	박영희	고민문학의 필연성	개벽	1925.07
평론	최서해	전생명의 요구는 아니다	조선문단	1925.07.01
시	김해강	한낮(정오)	조선일보	1925.08.21
소설	이익상	구속의 첫날	개벽	1925.08
평론	김기진	시가의 음악적 방향	조선문단	1925.08
평론	박영희	문단의 투쟁적 가치	조선일보	1925.08.02~04
소설	최서해	기아(棄兒)	여명	1925.09
소설	주요섭	첫사랑 값	조선문단	1925.09~1927.03
시	박팔양	시냇물 소리 들으며	조선문단	1925.10
시	이상화	몽환병	조선문단	1925.10
소설	주요섭	영원히 사는 사람	신여성	1925.10
평론	김기진	정복자의 꿈	조선문단	1925.10
평론	김화산	설명에서 감각으로	조선일보	1925.10.23
시	김동환	우리 사남매	조선문단	1925.11
시	김창술	과거편상	조선일보	1925.11.06
소설	박영희	피의 무대	개벽	1925.11
평론	김동환	근래의 신문예—방위전환에 대한 소고찰	시대일보	1925.11.01
평론	박영희	화염속에 잇는 서간철	개벽	1925.11

평론 이상화	잡문횡행관	조선일보	1925.11.10~11
시 김동환	사체를 안고	개벽	1925.12
소설 최서해	큰물진 뒤	개벽	1925.12
평론 김창술	을축문단개관	조선일보	1925.12.16~19
평론 김화산	잡문에 대한 일고찰	조선일보	1925.12.03~05
평론 박영희	신경향파의 문학과 그 문단적 지위	개벽	1925.12
평론 박영희	준비시대에 잇는 바사로푸의 부정적 정신	개벽	1925.12
평론 유지영	현실에 대한 반역	시대일보	1925.12.07

1926년

• 중요 사건 일지

01.03 수운동 조선노동당회관에서 프로여성동맹 창립총회 개최
〈집행위원〉
玄愛羅, 林松治, 金成玉, 金永信, 張寶華, 宋惠園

01.03 수양동맹회와 동우회구락부가 연합하여 수양동우회 조직

01.12 조선농회령, 조선산업조합령 공포

01.하 《문예운동》 1호(白熱社) 발간

01.-- 卞基鍾 등 10여 명이 민립극단을 조직(조선극장에서 「눈물의 指環」, 「운명의 종소리」, 「不如歸」 등 공연)

02.03 경성청년회 교양부, 러시아식 벽신문 발간

02.17	코민테른 집행위원회 제6회 확대총회에 32개국 대표 130명 참석(02.17~03.15)
02.18	조선노농총동맹 상무집행위원회, 노농총동맹 서면대회 개표(노동, 농민총동맹 분립안 통과)
02.중	제2차 조선공산당 중앙집행위원회 구성 〈중앙집행위원회〉 비서부 姜達永, 李準泰, 조직부 金綴洙, 洪南杓, 선전부 李鳳洙
02.26	朴烈, 金子文子의 특별공판을 동경대심원에서 개정 (03.25 사형 언도, 04.05 무기징역 감형. 07.23 金子文子 자결, 45년 박열 출옥)
02.27	조선도량형법 공포
03.01	동경유학생학우회 주최 03.01 기념회 일경시청에 의해 강제해산(20여 명 검거)
03.02	劉道順 시집 『혈흔의 묵화』(청조사) 발간
03.05	《동아일보》가 모스크바 국제농민조합 본부가 보낸 3·1운동 기념일 축전을 게재
03.06	《동아일보》 제2차 무기정간 및 주필 宋鎭禹, 발행인 金鐵中 피검(04.21 정간 해제)
03.09	프로핀테른 제4회 중앙평의회 개최(03.09~03.15)
03.15	조선공산당(제2차당) 제8회 집행위 개최
03.21	시천교당에서 조선印工동맹 창립총회 개최
03.04	《동아일보》 국제농민협회 서간게재 사건, 경성지방법원에서 공판 개정
03.--	『레닌저작집』(레닌저작집 간행회, 백양사)(전10권) 출판
03.--	염상섭 소설집 『금반지』(글벗사) 발간
03.--	현진건 소설집 『조선의 얼굴』(글벗사) 발간
04.01	조선도량형법 시행
04.01	경성제국대학 개설(의학부, 법문학부) 〈총장〉 服部宇之吉

04.01	조선총독부에서 산미증식계획을 변경 실시 (제2차 산미증식계획, 12개년간 쌀 약 820여만 석 증산계획)
04.06	조선공산당 만주부 책임비서로 金燦을 지명
04.10	토월회 해산
04.14	화요회, 북풍회, 무산자동맹회, 조선로동당 등 4개 단체 합동으로 정우회 창립
04.22	전진회 발기로 조선사회단체중앙협의회 창립 준비
04.24	시천교당에서 형평사 전국대회 개최
04.25	정우회, 전진회, 청년총동맹, 노농총동맹 등 4단체 대표, 메이데이 준비를 위해 견지동 노농총회관에서 회합
04.26	隆熙 황제, 창덕궁에서 승하(상오 6시 10분)
04.--	코민테른에서 조선공산당을 승인
04.--	조선공산당 만주부 寧古塔에 설치
04.--	조선공산당 일본연락부 책임비서에 金正奎 임명
04.--	조선총독부, 사립고보에서도 修身, 日語,地理, 歷史科에 일본인 교원을 채용토록 지시
04.--	월간지 《신인간》 창간
04.--	《문예운동》 2호 발간
05.01	경성제국대학 수업 시작
05.13	조선박람회 개최
05.15	제5회 조선미술전람회, 총독부 구청사에서 개최(05.15~06.05)
05.16	조선공산당 만주총국 설치 〈책임비서〉 曺奉岩
05.20	朱耀翰이 종합지 《동광》 창간(1933.01 통권 40호로 폐간)
05.20	韓龍雲 시집 『님의 침묵』(회동서관) 발간
05.20	조선프로극협회 제2회 정기총회 개최
05.--	李浩, 裵德秀, 朴容大 등에 의해 《해방운동》 속간 2호 발간
06.06	6·10만세운동 계획 탄로

(종로서, 천도교회 등을 급습하여 200여 명을 검속)

06.07 6·10만세운동 관계 만주 대동단 선언서 1만여 장 압수, 노농총간부 權五卨 피검

06.08 종로서, 서울 시내 사상단체를 수색, 이화동에서 격문과 인쇄기 압수

06.10 6·10만세운동 발생

06.15 종로서, 權五卨 검거와 관련해 정우회원 洪悳裕, 《동아일보》 기자 李鳳洙 검거

06.21 제2차 조선공산당이 탄로되어 李準泰(노농총동맹), 趙元淑(여성동우회), 趙斗元, 金昌俊, 沈恩淑, 李秀燁, 全海, 趙玉花, 趙錫龜 등 9명 피검

06.22 조선공산당 관계자 金璟載, 具然欽, 洪南杓, 李道別, 孫永極, 鄭鍾鳴 피검(趙元淑, 趙錫龜는 석방)

06.하 조선사회단체중앙협의회에 300여 단체가 가입원 제출 (제1회 심사완료단체 133개 단체)

07.01 사회문제연구단체 적성회 창립

07.05 활동사진필름검열규칙 공포(08.01 시행)

07.11 元勳, 李浩, 동경에서 흑색청년연맹 주최 무산정당비판박멸회에 한인 대표로 참석했다가 불온 언사로 검속

07.15 明濟世 등 조선민악회 준비위원회 조직

07.17 조선공산당 책임비서 姜達永, 종로서에 피검

07.27 무명회·천도교청년회 등 24개 단체 '아세아민족대회' 개최 반대 결의문을 각국 대표에 전송

07.27 전주공회당에서 전주시회의 문예강연회 개최
〈연사〉
金昌述, 尹光重, 吳昌南, 柳春燮 外

07.30 재일한인동포 23단체, 아세아민족대회 반대 결의

07.-- 동경 프로극협회 기관지 《극성》 1호(劇星社) 발간

08.01 활동사진필름검열규칙 시행

08.01 잡지 《개벽》 72호, 朴春宇의 「모스크바에 신설된 국제농촌학

원」 게재로 발행금지 처분(11.01 속간)

08.04 金祐鎭, 尹心悳, 현해탄에서 투신자살

08.13 경성복심법원, 6·10만세운동 관련자 劉載鳳, 洪鍾顯 등에 징역 10월~8월 선고

08.23 무정부주의자 徐東星, 대구에서 파괴단 조직 활동 중 13명 피검

08.26 소설가 羅稻香 사망

09.02 제3차 조선공산당 조직
〈책임비서〉 金綴洙

09.13 경성지방법원에서 제1, 2차 조선공산당 사건 공판 개정 (1927.02.12. 언도공판, 金在鳳·姜達永 각 징역 6년, 權五卨 징역 5년)

09.20 安光泉, 조선공산당 입당

09.-- 羅雲奎 감독 각본 주연의「아리랑」상영

10.14 조선공산당 중앙집행위원회, 金俊淵, 權泰錫 등을 입당시켜 중앙간부로 선출

10.23 지노비에프·트로츠키, 소련공산당 중앙위원회 정치국 집행위원직에서 해임당함.

10.-- 민립극단을 중심으로 조선극우회 조직
(단성사에서「신카르멘」,「생명의 관」공연)

11.04 조선어연구회에서 훈민정음 반포 480주년 기념식을 新民社 주최로 개최(훈민정음 반포기념일을 '가갸날'로 제정하고 농촌의 문맹타파운동을 결의)

11.09 훈민정음 반포기념회에서 훈민정음 반포기념일을 정음날, 한국어의 명칭을 우리글로 결정

11.14 羅雲奎 감독 주연「풍운아」, 조선극장에서 상연

11.15 정우회, 사상단체의 운동방향전환 선언서(정우회선언) 발표(자세한 내용은 부록 1. 참조)

11.15 李相協 등이 일간지《중외일보》창간

11.22 코민테른 집행위원회 제7회 확대총회에 19[illegible]명의 대표 참석

(11.22~12.16)

11.22 총독부 경무국, 조선사상단체수 발표(1926년 9월 말 청년단체 1,092, 정치사상단체 338, 노동단체 182, 형평단체 130)

11.28 일월회 해체

11.-- 일본프롤레타리아문예연맹 제2회 대회 개최(아나키스트와의 결별 및 일본프롤레타리아예술연맹으로의 개칭 결정)

11.-- 제3차 고려공산청년회 조
〈책임비서〉 高光洙

11.-- 형평사 총연맹 중앙집행위원회, 일본 수평사와의 제휴 필요성 결의

11.-- 개벽사《별건곤》창간

12.01 崔南善 시조집『백팔번뇌』(동광사) 발간

12.04 일본공산당 제3회 대회 개최(일본공산당 재건)
〈중앙위원장〉 佐野文夫
중앙위원 佐野學 外 7인

12.06 조선공산당, 당대회를 개최하고 安光泉을 책임비서로 선출

12.15 전진회, 11월 15일 자 정우회선언에 대한 반대 결의문과 검토문 발표

12.18 종로청년회관에서 문예운동사 주최 문예강연회 개최
〈연사〉
趙明熙, 朴八陽, 李亮, 朴英熙, 崔承一, 金基鎭, 方定煥, 金東煥, 洪起文, 李益相 外

12.중 梁明, 고려공산청년회 책임비서로 선출
〈책임비서〉 梁明
조직부장 安春成, 조직부원 林炯日, 선전부장 高俊, 선전부원 河弼源

12.24 조선프로레타리아예술동맹 임시총회 개최
〈동맹원〉
金基鎭, 金復鎭, 朴英熙, 李亮, 金京泰, 崔承一, 安碩柱, 趙明熙, 洪起文, 任鼎宰, 梁明, 李浩, 金韞, 朴容大, 權九玄, 李赤曉, 李相和, 崔鶴松, 朴八陽, 金東煥

〈위원〉
金基鎭, 金復鎭, 朴英熙, 李亮, 金京泰, 崔承一, 安碩柱
〈강령〉
1. 우리는 團結로서 黎明期에 있는 無産階級文化의 樹立을 期함.
〈규약〉
1. 本會의 名稱은 〈朝鮮프로레타리아藝術同盟〉이라 稱함.
2. 本會의 位置는 京城에 置함.
3. 本會의 會員은 本同盟의 綱領 及 規約을 承認하는 者로 함.
(단, 委員 1人 以上의 推薦에 對하여는 委員會에서 決定함)
4. 本同盟은 本同盟의 綱領을 完成키 爲하여 左記의 4部를 置하고 事業을 實行함.
庶務部, 教養部, 出版部, 調査部
5. 左記 4部의 責任委員은 各 委員의 協議로써 職務를 分擔함.
6. 本同盟은 7人의 委員을 選定하여 事業의 實務에 當함.
(단, 委員이 辭職하는 時에는 委員會에서 補選함을 得함)
7. 委員의 任期는 滿 1年으로 함.
8. 本同盟은 1年 1次의 總會를 開하고 隨時 必要에 依하여 盟員 3分의 1 以上의 要求에 依하여 又는 委員會에서 召集함을 得함.
9. 本同盟員은 經常費 1個月 20錢을 納入할 事
(단, 每月 5日 이내로)
10. 本同盟員은 同盟員으로서의 綱領 及 規約에 背反하는 者는 委員會의 결정으로 除名함을 得함(자세한 결정사항은 부록 2. 참조)

12.24 종로청년회관에서 개최하려던 문예가협회 창립대회
〈발기인〉
金基鎭, 金東煥, 金炯元, 金億, 朴八陽, 朴英熙, 李益相, 李箕永, 崔獨鵑, 崔曙海, 玄鎭健 연기

02.28 의열단원 羅錫疇, 식산은행과 동양척식회사에 폭탄 투척 후 일본경찰과 교전 중 자결(1892~1926)

12.-- 《문예운동》 제3호 발간

• 중요 작품

시	김동환	어떤 항의	신민	1926.01
시	김창술	賣罰	조선일보	1926.01.01
시	김창술	夜迫	조선일보	1926.01.02
시	김창술	전선으로	조선일보	1926.01.02
시	김해강	屠獸場	조선일보	1926.01.22
시	김해강	아츰날	조선일보	1926.01.31
시	이상화	조선병 외	개벽	1926.01
시	이상화	도쿄에서	문예운동	1926.01
시	이상화	본능의 노래	시대일보	1926.01.04
소설	김기진	몰락	개벽	1926.01
소설	김기진	본능의 복수	문예운동	1926.01
소설	김기진	약혼	시대일보	1926.01.02~06.28
소설	박영희	사건	개벽	1926.01
소설	이기영	농부 정도룡	개벽	1926.01~02
소설	이기영	쥐 이야기	문예운동	1926.01
소설	이익상	위협의 채쭉	문예운동	1926.01
소설	이익상	쫒기어가는 이들	개벽	1926.01
소설	주요섭	천당	신여성	1926.01
소설	최서해	오원칠십오전	동아일보	1926.01
소설	최서해	의사	문예운동	1926.01
소설	최서해	폭군	개벽	1926.01
소설	최승일	걸인 덴둥이	조선일보	1926.01.02
평론	김복진	주관강조의 현대미술	문예운동	1926.01
평론	김우진	구미현대극작가	시대일보	1926.01~05

평론	박영희	동해안을 끼고서	문예운동	1926.01
평론	박영희	문예쇄담을 읽고	개벽	1926.01
평론	박영희	속사	문예운동	1926.01
평론	박영희	신흥문학의 내용	시대일보	1926.01.04
평론	박영희	신흥예술운동의 초기 — 문예운동의 창간	조선일보	1926.01.26
평론	박영희	푸로문예의 초기	개벽	1926.01
평론	이상화	무산작가와 무산문학	개벽	1926.01~02
평론	이상화	문예의 시대적 변위와 작가의 의식적 태도	문예운동	1926.01
평론	이상화	신년의 문단을 바라보면서	개벽	1926.01
평론	이익상	현실생활을 붙잡은 뒤에	개벽	1926.01
평론	임 화	근대문학상에 나타난 연애	매일신보	1926.01.01
평론	홍명희	신흥문예의 운동	문예운동	1926.01
시	김창술	넷날의 꿈	조선일보	1926.02.22
시	김창술	조선을 차저서	조선일보	1926.02.22
시	김해강	넷들	조선일보	1926.02.19
시	김해강	님이 오기를	조선일보	1926.02.21
시	김해강	위선자	조선일보	1926.02.24
시	김해강	蜘蛛網	조선일보	1926.02.11
소설	조명희	R군에게	개벽	1926.02
소설	최승일	바둑이	개벽	1926.02
소설	최서해	백금(白琴)	신민	1926.02

평론	김기진	2월의 창작— 두사람의 작가	시대일보	1926.02.01
평론	박영희	숙명과 현실	개벽	1926.02
평론	박영희	신흥예술운동의 이론적 근거를 논하여…	조선일보	1926.02.03~19
평론	임 화	잡지문학의 해설	매일신보	1926.02.07
평론	정순정	기성문단의 파열	매일신보	1926.02.14.
시	김동환	사군	신여성	1926.03
시	김동환	단시(短詩) 6편	개벽	1926.03
시	김창술	홍수 후	조선문단	1926.03
시	김해강	흙	조선문단	1926.03
시	김해강	겨울달	조선일보	1926.03.01
시	김해강	단말	조선일보	1926.03.14
시	김해강	물방아	조선일보	1926.03.16
시	김해강	봄비	조선일보	1926.03.28
시	김해강	생의 요동	조선일보	1926.03.11
시	김해강	저무러가는 山路에서	조선일보	1926.03.11
시	이상화	원시적 읍울(悒鬱)	개벽	1926.03
시	이상화	이 해를 보내는 노래	개벽	1926.03
시	임 화	밤이면	매일신보	1926.03.28
소설	송 영	선동자	개벽	1926.03
소설	최서해	소쇄(笑殺)	가면	1926.03
소설	최서해	해돋이	신민	1926.03
소설	한설야	주림	조선문단	1926.03

평론	임 화	문학사상의 2월 25일	매일신보	1926.03.07
시	김창술	병아리의 꿈	조선문단	1926.04
시	김창술	1926년 3월 19일 야심	조선일보	1926.04.23
시	김창술	번열	조선일보	1926.04.30
시	김창술	자전차의 민치(敏馳)	조선일보	1926.04.30
시	김해강	나의 선언	조선일보	1926.04.07
시	김해강	쪼각달	조선일보	1926.04.19
시	유완희	성자	개벽	1926.04
시	유완희	아오의 무덤에	개벽	1926.04
시	유완희	여직공	개벽	1926.04
시	이상화	시인에게	개벽	1926.04
시	이상화	통곡	개벽	1926.04
시	임 화	무엇찻니	매일신보	1926.04.14
소설	윤기정	오남매 둔 아버지	개벽	1926.04
소설	최승일	봉희	개벽	1926.04
평론	박영희	실증미학의 기초	개벽	1926.04~07
평론	이상화	무산작가와 무산작품의 종고(終稿)	개벽	1926.04
평론	임 화	플레스 派의 선언	매일신보	1926.04.04~10
시	김창술	반항	조선일보	1926.05.30
시	김해강	불타버린 촌락	조선일보	1926.05.01
시	김해강	조선의 거리	조선일보	1926.05.30
소설	유완희	영오(英五)의	개벽	1926.05

		사(死)		
소설	이익상	망령의 난무	개벽	1926.05
소설	최서해	그믐밤	신민	1926.05
평론	권구현	무산계급의 예술	시대일보	1926.05.03~09
평론	권구현	무산계급의 심미감	시대일보	1926.05.24
평론	김기진	4월의 창작론	조선문단	1926.05
평론	김기진	5월의 창작계 — 「조문(朝文)」 당선작 기타	시대일보	1926.05.09~16
평론	김우진	이광수류의 문학을 매장하라	조선지광	1926.05
평론	김우진	자유극장이야기	개벽	1926.05
평론	박영희	문학의 초월의식과 현대적 의의	문예운동	1926.05
평론	박영희	반월성을 떠나면서	개벽	1926.05
평론	박영희	향락화한 고통 고통화한 현실	문예운동	1926.05
평론	유지영	신흥문학의 예술적 가치	문예운동	1926.05
평론	이 량	문예시장에 대한 편언	개벽	1926.05
평론	이익상	「예술쟁이」와 「아편쟁이」	문예운동	1926.05
평론	임 화	근대문학잡감	매일신보	1926.05.23
평론	홍명희	예술기원론의 일절	문예운동	1926.05
희곡	김영팔	불이야	문예운동	1926.05
시	김해강	무너진 옛	조선문단	1926.06

		성터에서		
시	김해강	나는 우노라	조선일보	1926.06.27
시	김해강	님이 그리워!	조선일보	1926.06.24
시	김해강	무서운 힘	조선일보	1926.06.22
시	김해강	어린 죽엄을 눈압헤 그리고	조선일보	1926.06.24
시	김해강	우부의 설음	조선일보	1926.06.28
시	김해강	첫녀름의 들빗	조선일보	1926.05.01
시	이상화	동안심초	신여성	1926.06
시	이상화	빼앗긴 들에도 봄은 오는가	개벽	1926.06
시	이상화	비 갠 아침	개벽	1926.06
시	이상화	달밤 도회(都會)	개벽	1926.06
시	이상화	달아	신여성	1926.06
시	이상화	파란 비	신여성	1926.06
시	이 호	우울이 탈 째	문예운동	1926.06
시	이 호	전시	문예운동	1926.06
소설	송 영	용광로	개벽	1926.06
소설	이상화	숙자	신여성	1926.06~07
소설	최서해	금붕어	조선문단	1926.06
소설	최서해	방황	시대일보	1926.06.29
평론	박영희	번뇌자의 감상어	개벽	1926.06
평론	이 량	허구의 불평	조선일보	1926.06.28
평론	임 화	위기에 임한 조선영화계	매일신보	1926.06.13
희곡	김우진	두더기 시인의 환멸	학조	1926.06
시	김해강	나비의 난무	신여성	1926.07

소설	최서해	누가 망하나?	신민	1926.07
소설	최서해	만두	시대일보	1926.07
평론	김우진	우리 신극운동의 첫길	조선일보	1926.07.25~08
평론	안석주	태아의 선언	시대일보	1926.07.05
평론	김복진	파스큐라	조선일보	1926.07.01~02
시	김해강	농촌으로	신여성	1926.08
시	김해강	아츰날의 찬미자	조선일보	1926.08.30
시	이 호	도피를 가는 쉶	개벽	1926.08
시	이 호	행동의 시에서	개벽	1926.08
소설	이기영	부흥회	개벽	1926.08
평론	김우진	축지소극장에서 '인조인간'을 보고	개벽	1926.08
평론	조중곤	노자영군을 박함	조선일보	1926.08.22~26
평론	최서해	7, 8월의 소설	동아일보	1926.08.07~17
평론	최서해	8개월	동광	1926.09
시	김해강	한줄기 광명	신여성	1926.10
시	임 화	서정(抒情) 소시	매일신보	1926.10.10
소설	최서해	저류	신민	1926.10
소설	송 영	싸홈	동아일보	1926.10.16~19
평론	임 화	환멸의 철인	매일신보	1926.10.03
평론	한설야	계급문학에 관하여	동아일보	1926.10.25
평론	한설야	예술적 양심이란 것	동아일보	1926.10.23
희곡	김영팔	술파는 시악시	매일신보	1926.10.09~11
시	권구현	시조 6장	조선지광	1926.11
시	김동환	고(告) 지령(地靈)	조선지광	1926.11

시	김동환	주천자(朱天子)	조선지광	1926.11
시	김창술	출진의 노래	조선일보	1926.11.10
시	김창술	효(曉)	조선일보	1926.11.20
시	김해강	도시의 겨울 달	조선일보	1926.11.28
시	박팔양	그누가 저 시내가에서	신여성	1926.11
시	이상화	병적 계절	조선지광	1926.1[illegible]
시	이상화	지구 흑점의 노래	별건곤	1926.0[illegible]
소설	심 훈	탈춤	동아일보	1926.1[illegible].09~12.16
소설	박영희	지옥순례	조선지광	1926.1[illegible]
소설	박영희	철야	별건곤	1926.1[illegible]
소설	이기영	박선생	별건곤	1926.11
소설	이기영	천치(天痴)의 논리	개벽	1926.11
소설	조명희	저기압	개벽	1926.11
소설	최서해	이역(異域) 원혼	동광	1926.11
소설	최서해	동대문	문예시대	1926.11
평론	김기진	월평적 산문— 문예시평	조선지광	1926.11
평론	박영희	문예는 사회에 뒷떠러지려는가?	조선일보	1926.11.04
평론	임 화	정신분석학을 기초로 한 계급문학의 비판	조선일보	1926.[illegible]1.22~24
평론	한설야	프로예술의 선언	동아일보	1926.[illegible]1.06
희곡	김우진	산돼지	조선지광	1926.[illegible]1~1927.01
시	권구현	추방	중외일보	1926.[illegible]2.20
시	김해강	눈나리는 대지	조선일보	1926.12.16

시	김해강	묵도	조선일보	1926.12.17
시	김해강	빈처	조선일보	1926.12.26
시	김해강	새벽은 왓도다	조선일보	1926.12.11
시	김해강	설월 정경	조선일보	1926.12.23
시	김해강	싸에 무친 주초도 썩는 것인가	조선일보	1926.12.05
시	김해강	진두에서	조선일보	1926.12.26
시	임 화	향수	조선일보	1926.12.17
소설	송순일	병신	동아일보	1926.12.07~23
소설	이익상	다시는 안본다	별건곤	1926.12
소설	최서해	돌아가는 날	신사회	1926.12
소설	최서해	무서운 인상	동광	1926.12
소설	최서해	안해의 자는 얼골	조선지광	1926.12
소설	최승일	경매	별건곤	1926.12
평론	권구현	문단촌언 — 신년을 맞으며	중외일보	1926.12.27~29
평론	권구현	포석군의 「직업·노동·문예작품」을 읽고	동아일보	1926.12.10~12
평론	김기진	문예시평	조선지광	1926.12
평론	김기진	병인세모문단 총평	중외일보	1926.12.11~25
평론	김동환	횡설수설 — 출판업자에게	중외일보	1926.12.29~30
평론	임 화	무산계급문화의 장래와 문예작가의 행정	조선일보	1926.12.27~28

평론 임 화	무산계급을 주제한 세계적 작가와 작품	조선일보	1926.12.[illegible]~24
평론 정순정	문예와 현세	조선일보	1926.12.[illegible]1
희곡 권 환	광(狂)!	신민	1926.12

1927년

• 중요 사건 일지

01.01	《조선일보》 한글란을 신설
01.07	'조선문예 향상과 문필가 생활 보장'을 목적으로 문예가협회 창립대회 중앙청년회관 개최
01.08	조선 형평운동과 일본 수평운동의 제휴를 위해 수평사 집행위원 高丸義雄 방문
01.12	대한민국임시정부, 約憲개정안을 임시의정원에 제출 (01.15 부결)
01.19	신간회 창립 발표 〈강령〉 1. 우리는 정치적 경제적 각성을 촉진함. 2. 우리는 단결을 공고히 함. 3. 우리는 기회주의를 일체부인함. 〈발기인〉 金明東, 金俊淵, 金鐸, 權東鎭, 鄭在龍, 李甲成, 李錫薰, 鄭泰奭, 李昇馥, 李淨, 文一平, 朴東完, 白寬洙, 申錫雨, 申采浩, 安在鴻, 張志暎, 曺晩植, 崔善益, 崔元淳, 朴來泓, 河載華, 韓基岳, 韓龍雲, 韓偉健, 洪命熹, 洪性熹
01.20	崔正益, 呂運弘 등 20여 명이 농촌계발과 문맹퇴치 목적으로 조선농민사 조직
01.하	河弼源, 고려공산청년회 책임비서로 선출

〈책임비서〉 河弼源
조직부장 金哲, 조직부원 高俊, 趙紀勝, 선전부장 林炯日,
선전부원 宋彦弼, 溫樂中

01.-- 일본공산당 佐野文夫, 德田球一, 渡邊政之輔, 福本和夫 등이 코민테른과 협의하기 위해 출발

01.-- 월간지 《현대평론》 창간

02.01 정우회 집행위원회, 해체결의 및 해체성명서 발표

02.10 혁청단 임시대회에서 해체 선언

02.10 브뤼셀의 식민지억압반대·제국주의반대 세계대회에 37개국 137개 조직의 대의원 174명 참석하여 반제국주의동맹 조직 (02.10~02.23)(許憲, 金法麟 참석)

02.10 조선일보사에서 월간지 《신조선》 창간

02.10 조선어연구회에서 기관지 《한글》 창간
(1928.09 휴간, 1932.05 속간, 1942.05 통권 93호로 폐간)

02.12 신간회 발기인 총회를 개최하고 조선민흥회 흡수를 승인

02.15 서울 YMCA에서 신간회 창립총회 개최
〈회장〉 李商在, 〈부회장〉 洪命熹

02.15 대한민국임시정부 의정원에서 임시약헌 통과(제3차 개헌)
(수반제를 집단지도제로 개편, 의정원의 권한을 제고)

02.16 경성방송국, 정동에서 호출부호 JODK로 방송 시작
(한국어/일본어 혼합 단일 방송)

02.19 중국 상해 총파업에 80만 명 참가

02.21 기독교청년회관에서 신간회 총무간사회 개최
서무부 權泰錫, 재무부 朴東完, 정치문화부 申錫雨, 조직부 洪命熹, 선전부 李昇馥, 출판부 崔善益, 조사연구부 安在鴻

02.-- 남경에서 동방피압박민족연합회 조직

02.-- 신극운동단체 불개미극단 창립대회 개최
〈위원〉
金基鎭, 趙明熙, 朴英熙, 金東煥, 金復鎭, 安碩柱

03.05 대한민국임시정부, 임시약헌 50조 공포(04.10 발효)

03.상	조선프로예맹, 문예운동사 회관 견지동 8번지로 이전
03.14	조선총독부에서 조선농회 설치
03.25	동경에서 제3전선사 창립 〈책임동인〉 洪陽明, 韓植, 洪曉民
03.30	李商在 사망, 72개 단체 회의에서 社會葬 집행 결의 (04.07 사회장 거행)
03.30	權九玄 시집『흑방의 선물』(영창서관) 발간
03.31	조선공산당 예심 종결 (105명 기소, 1명 옥사, 5명 면소, 99명 공판 회부)
03.31	학교교과목 중 일본역사의 명칭을 國史로 개정(04.01 실시)
03.--	형평사 연맹본부, 일본 수평사 운동 시찰을 위해 집행위원 李東煥 일본에 파견
03.--	동경유학생 잡지 《동정》을 《개척》으로 개칭
03.--	《文藝運動》 원고 압수
04.12	상해에서 장개석의 반공쿠데타 발생
04.15	총독 齋藤實의 3국군축회의 참가로 宇垣一成이 임시대리총독이 됨(4.15~8.30)
04.24	서울에서 형평사 제5회 정기총회 개최
04.--	신민부·정의부·참의부 대표, 삼부통합과 유일당 조직을 위해 新安屯에서 회합(5월 하순 와해)
04.--	동경에서 조선공산당 일본부 조직 〈책임비서〉 朴洛鍾 선전부장 金漢卿, 선전부원 韓林, 조직부장 崔益翰, 조직부원 姜小泉
05.02	일본 형설회, 동흥노동동맹회, 조선노동일심회 등이 통합하여 조선민중회 창립
05.05	중앙청년회관에서 문예시대사 주최 문예강연음악회 〈연사〉 金基鎭, 崔曙海, 朴八陽, 李益相, 金東煥, 金永八

〈악사〉
文銀淑, 安洙敏, 金永淑, 朴慶浩, 崔虎永

05.07 신간회 동경 지회 창립
〈임원〉
지회장 趙憲泳, 서무부 錢鎭漢, 재무부 尹吉鉉,
출판부 吳熙秉, 정치문화부 宋昌濂, 조직부 姜小泉,
선전부 林泰虎, 조사연구부 金俊星
간사 金荒波, 崔丙漢, 張志衡, 朴炯採, 咸尙勳, 洪陽明,
鄭憲台, 柳元佑, 鄭益鉉, 安炳洙, 劉榮俊, 金源碩, 全富一,
林鐘雄

05.16 조선사회단체중앙협의회 창립대회 개최
(총 가입단체 874, 총 회원 수 32만 5,600여 명)

05.18 코민테른 집행위원회 제8회 확대총회에 25개국 대표 71명 참석(05.18~05.30)

05.20 중국 한구에서 프로핀테른 지도로 제1회 범태평양노동조합회의 개최(05.20~26)

05.27 YMCA회관에서 신간회 자매기관으로 근우회 조직
〈회장〉 金活蘭
〈부회장〉 俞珏卿
〈서기〉 劉英俊, 崔恩喜, 車士百
〈사찰〉 李德耀, 朱世竹, 玄德信, 姜貞熙, 林順分

05.28 신간회 부산 지회 창립대회 금지
(창립준비위원 裵憲, 林赫根, 林燦澤 등 구속)

05.-- 코민테른, 김철수의 제3차 조선공산당 승인과 함께 11개건 지령 전달(6월설도 있음)

05.29 현대평론사에서 지방순회 학술강연회 개최
〈연사〉 李寬求, 洪起文 外

05.-- 洪思容, 朴珍 등 山有花會를 조직(洪思容의 「향토심」, 李素然 번안의 「소낙비」 공연 후 해산)

06.15 신소설 작가 李海朝 사망

06.18 천도교기념관에서 별나라사 주최, 전국소년소녀 작품전람회 개최

06.19	별나라사 음악가극회 개최
06.--	일본프롤레타리아문예연맹에서 青野季吉, 林房雄, 黑島傳治 등《文藝戰線》동인 제명(기관지《프롤레타리아예술》발간)
06.--	일본프롤레타리아예술동맹에서 제명당한 青野季吉, 林房雄, 黑島傳治, 藏原惟人 등 일본노농예술가연맹 결성 (기관지《문예전선》발간)
06.--	李慶孫, 羅雲奎, 申一仙 등 백양회 조직
07.09	종로청년회관에서 제3전선사 주최 문예강연회 개최 〈연사〉韓植, 趙重滾, 洪曉民, 金斗鎔
07.10	신간회 경성 지회 창립 〈회장〉韓龍雲,〈부회장〉許憲
07.15	코민테른과 渡邊政之輔 등 일본공산당과 협의하여 「일본문제에 관한 결의」(27년 테제) 발표
07.15	국민당 좌파의 무한정부, 중국공산당과의 절연을 결정함으로써 국공합작 마감
07.23	신간회 동경 지회, 월간《신간신문》발간
07.26	조선소년문예연맹 결성
07.28	함흥 동명극장에서 제3전선사 하기 프로예술 강연회 〈연사 및 연제〉 韓　植 — 국민문학의 현실적 의무와 무정부주의 배격 蔡奎燁 — 독창 金斗鎔 — 새 연극과 영화운동에 대하여 韓　植 — 시 낭독 趙重滾 — 무산계급문예의 사적 고찰 급 현 계급의 이론
07.--	조선공산당 일본부 책임비서 金正奎 체포로 자연 해산
08.03	동경 高田會館에서 재일한국노동총동맹, 신간회 동경 지회 등이 총독정치 탄핵
08.16	現代舞兒劇 연구를 위한 극성회 발기 〈발기인〉 文一, 金昌善, 李應錫, 朴提杓, 尹鼎, 洪一星, 劉應鍾, 鄭鳳喆, 金炯玉, 裵聖基, 金鍾喆, 韓熙俊 外

08.21 적박단 해산 결의

08.27 청년예술가 30여 명이 '민주예술의 고조'를 목적으로 창광회 발기

08.31 창광회 창립대회 개최
〈간사〉 金復鎭, 金昌燮, 金殷鎬, 申用雨, 任學善

08.-- 동경유학생 잡지 《개척》(東京 開拓社) 혁신호 발행

09.01 조선프로예맹 회관에서 조선프로예맹 임시총회 개최
綱領 及 規約 改正
〈강령〉
우리는 無産階級運動에 있어서 맑스主義의 歷史的 必然을 正確히 認識한다.
그럼으로 우리는 無産階級運動의 一部門인 無産階級藝術運動으로써
1. 封建的 及 資本主義的 觀念의 徹底的 排擊
2. 專制的 勢力과의 抗爭
3. 意識層 調成運動의 遂行을 期함
〈규약〉
제1장 總則
제1조 本同盟은 朝鮮프롤레타리아藝術同盟이라 稱함
제2조 本同盟 本部는 京城에 置함
제3조 本同盟은 同盟의 綱領 及 規約의 實踐을 期함

제2장 構 成
제4조 本同盟은 同盟의 綱領 及 規約을 遵守하는 個人으로 構成함

제3장 機關
제5조 本同盟은 同盟의 決議指導機關으로써, 中央常務委員會, 中央委員會, 定期 臨時大會를 置함
제6조 定期大會는 年1次 (每年8月)로 中央委員會에서 召集하고 大會臨時執行部를 大會에서 選出함
제7조 臨時大會는 中央委員會에서 召集하거나 同 會員 3分의 1 以上의 要求가 有할時는 開함을 得함
제8조 中央委員은 定期大會에서 此를 選擧함
(但, 委員 中 缺員이 有할 時에는 中央委員會에서 補選함을

得함)
제9조 中央委員會는 中央常務委員會에서 此를 召集함
(但, 中央委員會 3分의 1 以上의 要求가 有할 時에 開함을 得함)
제10조 中央常務委員은 中央委員會에서 選擧함
제11조 中央常務委員會는 庶務部 委員의 名義로 隨時 此를 召集함
제12조 中央常務委員會 中央委員會 定期臨時大會는 半數 以上의 出席이 아니면 開會함을 不得함

제4장 部門
제13조 本同盟은 同盟 綱領及決議를 實踐하기 爲하여 左記 各部를 置하고 中央常務委員이 部務를 處理함
1. 庶務部, 2. 出版部, 3. 組織部, 4. 調査部, 5. 教養部

제5장 支部
제14조 5人 以上의 本同盟員이 있는 地方에는 支部를 設置함
제15조 本同盟의 支部는 中央委員의 指導로써 行動의 統一을 期함
제16조 支部 規約 及 主張은 中央委員會의 承認을 要함

제6장 附則
제17조 本同盟員은 1個月 10錢의 義務金을 納入할 事
제18조 本同盟員으로서 本同盟의 綱領 及 規約을 遵守치 아니하거나 또는 本同盟의 統制를 紊亂케 하는 者는 定期, 臨時大會 또는 中央委員會에서 除名함
제19조 本同盟의 綱領 及 規約은 大會에서 增删함
門戶開放 及 支部 設置
本同盟은 今後 門戶를 開放하는 同時 各 地方 支部를 設置하기로 함
委員 改選
金復鎭, 朴英熙, 趙明熙, 韓雪野, 崔曙海, 尹基鼎(경성)
李北滿, 洪陽明, 趙重滾, 韓植, 洪曉民(동경)
李相和(대구)
朴容大(원산)

(자세한 내용은 부록 3. 참조)

09.03 적박단, 최종 정기총회 개최하고 해체선언 발표

09.04 조선프로예맹 제1회 중앙위원회 개최
〈결의사항〉
1. 기관지 《예술운동》을 동경 지부에서 제1호 발행하기로 하고 일체 사무는 동경 지부에 일임함.
2. 사무 분담에 관한 건
서무부 尹基鼎, 교양부 朴英熙, 출판부 崔曙海,
조사부 金復鎭, 조직부 洪曉民

09.04 극성회 창립총회

09.13 조선공산당 사건 경성지방법원에서 공판개정

09.17 신간회 동경 지회 등 동경 각 단체가 총독정치탄핵동맹회 조직

09.20 제3차 조선공산당 책임비서 金俊淵으로 교체
〈책임비서〉 金俊淵
선전부장 韓偉健, 선전부원 安光泉, 梁明,
조직부장 崔益翰, 조직부원 河弼源, 金世淵

09.27 스탈린, 코민테른 집행위원회 간부회·통제위의 합동회의에서 중국 소비에트혁명의 전망을 주장

09.-- 조선노농총동맹이 조선노동총동맹과 조선농민총동맹으로 분립

10.02 신간회 동경 지부 회관에서 조선프로예맹 동경 지부 창립대회 개최
〈결의사항〉
1. 支部 規約 通過
2. 新幹會 支持의 件
3. 朝鮮 總督 ××政治 反對 同盟에 加盟의 件
4. 檢閱制度 改正 期成同盟에 加盟의 件
5. 機關紙 發行의 件
6. 會館 問題의 件
〈당선위원〉
상무위원 5인
서무부 趙重滾, 교육부 韓植, 출판부 李北滿, 재정부 金斗鎔,

기술부 洪陽明
전문부장 4인
문학부 張準錫, 연극부 崔丙漢, 미술부 李暻鎭,
음악부 蔡奎燁

10.04 암스텔담에서 반제국주의동맹 제1회 세계대회 개최

10.05 간도공산당 사건 발각

10.16 조선소년연합회 창립총회 개최

10.27 화동에서 조선전위기자동맹 창립
〈회원〉
金南植, 柳完熙 外

10.31 천도교기념관에서 무산아동야학 유지비를 얻기 위한 가나다회 동요가극회 개최

10.-- 李雪影, 李奎煥, 金昌鎭 등, 무대예술연극협회 조직

10.-- 延鶴年, 綜合藝術協會 조직
(11월 안드레에프의「뺨맞은 그 자식」공연 후 해산)

11.상 金哲, 고려공산청년회 책임비서가 됨
〈책임비서〉 金哲
조직부장 金剛, 조직부원 南天祐, 선전부장 金炳一

11.상 제3차 조선공산당 책임비서 金世淵으로 교체

11.12 조선공산당 사건 사실심리 종료

11.14 소련공산당 중앙위·통제위의특별합동회의에서 트로츠키 제명 결의

11.17 조선프로예맹 긴급위원회에서 교육주간반대성명 발표
(성명서 내용은 부록 4. 참조)

11.20경 조선공산당 책임비서 金世淵, 崔益翰 동경 파견
코민테른으로부터 일화 3,300원 보조금 수령

11.-- 《예술운동》 1호(조선프로예맹 동경 지부) 발간

12.02 소련공산당 제15회 당대회 개최(12.02~12.19)
(제1차 5개년계획 결정 및 반대파 제명)

12.04 조선프로예맹 함흥 지부 설립대회 금지

12.09 安光泉 스파이사건을 이유로 제3차 조선공산당 해산 결의

12.09 安在鴻, 申錫雨 등 전국 각 단체 대표들이 회합하여 재만동포옹호동맹 조직

12.10 조선총독에 山梨半造 임명

12.10 재만동포옹호동맹에서 부서 및 성명서 발표
〈위원장〉 安在鴻

12.상 조선동요연구협회 주최 소년문예강연회 개최
(조선소년연합회·조선소년문예연맹·조선프로예맹 후원)

12.11 중국 광주에서 노동자·농민 봉기 발생, 광주소비에트정부 수립

12.12 조선프로예맹 해주 지부 창립대회 연기. 해주경찰서의 집회 금지로 무기연기되고, 鄭順貞 등 가맹원만 제출하기로 결의

12.15 코민테른, 광동폭동에 대한 지원 호소

12.17 조선프로예맹 재만동포옹호동맹에 정식으로 참가

12.17 조선프로예맹 동맹원 權九玄 제명 처분

12.18 조선공산당 사건 비밀리에 구형, 최고 7년으로 추측

12.20 間島 龍井市 勞動學院 대강당에서 조선프로예맹 간도 지부 설립대회 개최

12.21 李英, 李樂永, 李丙儀 등 서울에서 조선공산당 조직
(세칭 춘경원당)

12.27 신간회 지회 100개 돌파 기념식 개최

12.28 조선토지개량령 공포(1928.07.01 시행)

12.-- 일본공산당 山川均, 界利彦 등 합법적 맑스주의자가 잡지 《勞農》을 발간

• 중요 작품

시	김동환	첫날밤	조선문단	1927.01
시	김동환	민요 6편	조선문단	1927.01
시	김창술	도시의 얼골	조선일보	1927.01.03
시	김해강	오아시쓰	조선일보	1927.01.23
시	김해강	단애	조선일보	1927.01.05
시	김해강	대지순례	조선일보	1927.01.12
시	김해강	혼	조선일보	1927.01.04
시	니콜라이	윤전기와 사층집	조선문단	1927.01
시	박세영	농부 아들의 탄식	문예시대	1927.01
시	박세영	해빈(海濱)의 처녀	문예시대	1927.01
시	박세영	어머니의 사랑	문예시대	1927.01
시	박세영	산협에서	문예시대	1927.01
시	박팔양	남대문	동광	1927.01
시	임 화	설(雪)	조선일보	1927.01.02
시	임 화	혁토(赫土)	조선일보	1927.01.02
시	임 화	초상	조선일보	1927.01.31
시	임 화	선시(宣詩)	조선일보	1927.01.31
소설	송 영	석공조합대표	문예시대	1927.01
소설	윤기정	새살림	새살림	1927.01
소설	이기영	농부의 집	조선지광	1927.01
소설	이기영	실진(失眞)	동광	1927.01
소설	이기영	어머니의 마음	현대평론	1927.01
소설	이기영	유혹	조선일보	1927.01.05~

소설 이익상	어엽븐 악마	동광	1927.01
소설 이익상	키 잃은 범선	조선일보	1927.01.01~07.19
소설 조명희	농촌사람들	현대평론	1927.01
소설 조중곤	아이쓰크림	문예시대	1927.01
소설 주요섭	개밥	동광	1927.01
소설 최서해	낙혼불우	문예시대	1927.01
소설 최서해	서막	동아일보	1927.01.11~15
소설 최서해	전아사(餞迓辭)	동광	1927.01
소설 최서해	쥐 죽인 뒤	매일신보	1927.01.01
소설 최서해	홍염	조선문단	1927.01
소설 최승일	이 살림을 보아라	매일신보	
소설 최승일	콩나물과 소설	별건곤	1927.01
평론 권구현	일월창작평	동아일보	1927.01.29~31
평론 김기진	문단일년	동광	1927.01
평론 김기진	문단침체의 사회적의의와 신흥문예의 구도	조선지광	1927.01
평론 김기진	문예사상과 사회사상	조선문단	1927.01
평론 김영팔	문단대풍년	문예시대	1927.01
평론 김영팔	문단침체의 원인과 그 대책	조선문단	1927.01
평론 김형원	문단침체의 원인과 그 대책	조선문단	1927.01
평론 박영희	기성문학의 자연성과 계급문학의 필연성	조선일보	1927.01.02
평론 박영희	신흥문예건축의	중외일보	1927.01.01

		여명적 운동		
평론	박영희	투쟁기에 있는 문예비평가의 태도	조선지광	1927.01
평론	박팔양	문필노동자 잡감	문예시대	1927.01
희곡	김영팔	부음	문예시대	1927.01
희곡	김영팔	여성	조선문단	1927.01
희곡	박길수	그날밤	문예시대	1927.01
시	김창술	쫓기어가는 어둠	조선문단	1927.02
시	김해강	직공의 노래	조선일보	1927.02.06
시	박아지	나가지 안으려나?	조선지광	1927.02
시	박아지	농부의 시름	조선지광	1927.02
소설	권구현	폐물	별건곤	1927.02
소설	권 환	앓고 있는 령	학조	1927.02
소설	김화산	악마도 — 엇던 따따이스트의 일기 발췌	조선문단	1927.02
소설	이기영	아사(餓死)	조선지광	1927.02
소설	이 량	세 사람	조선지광	1927.02
소설	조중곤	산파역	조선문단	1927.02
소설	최서해	가난한 안해	조선지광	1927.02
소설	최승일	무엇?	조선지광	1927.02
소설	한설야	평범	동아일보	1927.02.16~27
평론	권구현	계급문학과 그 비판적 요소	동광	1927.02
평론	김기진	무산문예작품과 무산문예비평	조선문단	1927.02
평론	김기진	문단상 조선주의,	조선지광	1927.02

		문예가협회에 대하여		
평론	박영희	신경향파 문학과 무산파의 문학	조선지광	1927.02
평론	박팔양	문예시평	조선문단	1927.02
평론	한설야	작품과 평	조선일보	1927.02.13~24
평론	임 화	무산계급을 주제로 한 세계적 작가가 작품	조선일보	1927.02.23~28
희곡	권 환	인쇄한 러브레타	신민	1927.02
시	김동환	배천가(背天歌)	동광	1927.03
시	김동환	동지(同志)	동광	1927.03
시	김동환	농부가	동광	1927.03
시	김창술	병환자가티 조잔한 이 세기의 심장을 파자	조선일보	1927.03.21
시	김해강	목숨	조선일보	1927.03.30
시	김해강	밤길을 것는 마음	조선일보	1927.03.15
시	김해강	산촌야경	조선일보	1927.03.14
시	김해강	주린자의 「설」노래	조선일보	1927.03.16
시	박아지	농부의 선물	조선문단	1927.03
시	임 화	혼광의 아들	조선일보	1927.03.08
소설	김영팔	엇던 광경	조선지광	1927.03
소설	송 영	군중정류	현대평론	1927.03
소설	이기영	호외	현대평론	1927.03
소설	이 량	새로 차저낸 것(세사람 속편)	조선지광	1927.03

소설	조명희	동지	조선지광	1927.03
평론	권구현	선사시대 회화사	동광	1927.03~05
평론	권구현	전기적 프로예술	동광	1927.03
평론	김기진	내용과 표현	조선문단	1927.03
평론	김기진	문예시평	조선지광	1927.03
평론	김화산	계급예술론의 신전개	조선문단	1927.03
평론	박영희	무산예술운동의 집단적 의의	조선지광	1927.03
평론	박영희	문학비평의 형식파와 맑스주의	조선문단	1927.03
평론	윤기정	「계급예술론의 신전개」를 읽고	조선일보	1927.03.25~30
평론	이익상	그렇게 문제 삼을 것은 없다	신민	1927.03
평론	임 화	자본주의사회에 재한 문학운동의 전개경향	조선일보	1927.03.30~04.02
평론	한설야	계급대립과 계급문학	조선지광	1927.03
소설	이기영	비밀회의	중외일보	1927.04
평론	박영희	문예운동의 방향전환	조선지광	1927.04
평론	한설야	무산문예가의 입장에서 김화산 군의 허구문예론 관념적 당위론을 박함	동아일보	1927.04.15~27
시	김동환	오월의 향기	조선지광	1927.05
시	김동환	술회(述懷)	조선지광	1927.05

시	김동환	해안(海岸)	조선지광	1927.05
시	김창술	군산 해안에서	조선일보	1927.05.20
시	김해강	기다림	조선일보	1927.05.30
시	김해강	백일가	조선일보	1927.05.19
시	김해강	봄을 맞는 폐허에서	조선일보	1927.05.10
시	김해강	첫녀름	조선일보	1927.05.22
시	이응수	단음수장	중외일보	1927.05.28
시	임 화	화가의 시	조선일보	1927.05.08
시	임 화	영춘부(迎春賦)	조선일보	1927.05.08
소설	조명희	한여름 밤	조선지광	1927.05
소설	한설야	그 전후	조선지광	1927.05
평론	김기진	문단시평 — 4월의 창작	현대평론	1927.05
평론	김기진	문단시평 — 4월창작평	조선지광	1927.05
평론	김동환	애국문학에 대하여	동아일보	1927.05.12~19
평론	박영희	예술과 사회생활의 일절	조선지광	1927.05
평론	송순일	근대문학 사상진화의 일관견	중외일보	1927.05.11~14
평론	임 화	분화와 전개	조선일보	1927.05.16~21
시	김창술	무덤을 파는 무리	조선일보	1927.06.26
시	김창술	지형을 쓰는무리	조선일보	1927.06.22
시	김해강	기우	조선일보	1927.06.21
시	김해강	승천하는 목숨	조선일보	1927.06.19
시	김해강	용광로	조선일보	1927.06.02

시	김해강	초하 석영(夕咏)	조선일보	1927.06.25
시	김해강	화병을 깨트리며	조선일보	1927.06.11
시	이응수	단음(短音) 수장	중외일보	1927.06.15
소설	윤기정	미치는 사람	조선지광	1927.06~07
소설	이기영	밋며누리 — 금순의 소전	조선지광	1927.06
소설	이 양	고진동	조선지광	1927.06
평론	김동환	시조배격소의	조선지광	1927.06
평론	김화산	뇌동성문예론의 극복	현대평론	1927.06
평론	박영희	문예의식구성과 계급문학의 진출	조선지광	1927.06
평론	윤기정	상호비판과 이론확립	조선일보	1927.06.15~20
평론	조중곤	비맑스주의 문예론의 배격	중외일보	1927.06.18~23
시	김창술	진전	조선일보	1927.07.21
시	김해강	여수	조선일보	1927.07.16
시	유도순	농촌	조선일보	1927.07.16
소설	장준석	거듭남	개척	1927.07
소설	조명희	낙동강	조선지광	1927.07
소설	조중곤	동모의 편지	개척	1927.07
소설	최승일	죄	별건곤	1927.07
평론	김동환	현대작가과 작품순례	동아일보	1927.07.09~11
평론	김화산	속·뇌동성문예론의 극복	조선일보	1927.07.19~23
평론	박영희	문예운동의 목적의식론	조선지광	1927.07

평론	장준석	방향전환기에 입각한 문예가의 직능	개척	1927.07
평론	최서해	문단시감	현대평론	1927.07
평론	한 식	현계단의 예술운동	개척	1927.07
평론	홍효민	문예시평	개척	1927.07
시	김창술	전개	조선일보	1927.08.12
시	김해강	도시의 녀름날	조선일보	1927.08.27
시	김해강	목숨의 노래	조선일보	1927.08.23
시	김해강	욱일승천	조선일보	1927.08.24
시	임 화	지구와 『쌕테리아』	조선지광	1927.08
소설	김영팔	사직단	조선지광	1927.08
소설	한설야	뒤걸음질	조선지광	1927.08
평론	김기진	도향을 생각한다	현대평론	1927.08
평론	김기진	시감이편	조선지광	1927.08
평론	김동환	망국적 가요 소멸론	조선지광	1927.08
평론	김동환	신문기자 나도향	현대평론	1927.08
평론	김영팔	나의 일과 창작 두 편	조선일보	1927.08.18~19
평론	박영희	문예시평과 문예잡감	조선지광	1927.08
평론	박팔양	나도향군의 죽엄	현대평론	1927.08
평론	송순일	추종문학 부인	중외일보	1927.08.02~03
평론	이북만	예언자의 잠월(潛越) — 송순일군을 소함	중외일보	1927.08.11~13

평론	홍효민	팔월의 문단	조선일보	1927.08.24
시	김해강	가을 물소리	조선일보	1927.09.07
시	김해강	가을 색시	조선일보	1927.09.07
시	박팔양	밤차	조선지광	1927.09
소설	윤기정	딴길을 것는 사람들	조선지광	1927.09
평론	김동환	신흥민중과 문과 검(劍)	동아일보	1927.09.23~27
평론	박영희	문예시평과 문예잡감	조선지광	1927.09
평론	윤기정	생활·의식·동지	조선일보	1927.09.28
평론	이북만	최근일본문단조감	조선일보	1927.09.08~17
평론	이익상	현하 출판과 문화	동아일보	1927.09.13~15
평론	임 화	착각적 문예이론	조선일보	1927.09.04~
평론	최서해	문예시감	현대평론	1927.09
시	김해강	어머님묘 전에서	조선일보	1927.10.29
소설	이 량	또 어대로 가오	조선지광	1927.10
평론	김동환	단상잡기	조선지광	1927.10
평론	윤기정	무산문예가의 창작적 태도	조선일보	1927.10.09~20
평론	윤기정	최근 문예잡감	조선지광	1927.10~12
평론	조중곤	「낙동강」과 제2기 작품	조선지광	1927.10
희곡	김두용	걸인의 꿈	조선지광	1927.10
시	김해강	가을의 향기	조선지광	1927.11
시	박아지	도라가세	조선지광	1927.11
시	박아지	우리는 바다에서 사는 사람	조선지광	1927.11

시	유완희	가두의 선언	조선일보	1927.11.20
시	유완희	나의 행진곡	조선일보	1927.11.05
시	임 화	담(曇) 1927	문예운동	1927.11
시	홍효명	불근 처녀지에 드리는 공가	문예운동	1927.11
소설	윤기정	앞날을 위하야	예술운동	1927.11
소설	이기영	해후	조선지광	1927.11
소설	조중곤	빼앗기고만 살가	예술운동	1927.11
평론	김기진	문예시감 단편	조선지광	1927.11
평론	김기진	소비에트 문학 10년	동아일보	1927.11.04~05
평론	김동환	시가와 상상력	동아일보	1927.11.19
평론	김동환	학생문예에 대하여	조선일보	1927.11.19
평론	박영희	무산계급문예운동의 정치적 역할	예술운동	1927.11
평론	본부초안	무산계급 예술운동에 대한 논강	예술운동	1927.11
평론	이북만	예술운동의 방향전환론은 과연 진정한…	예술운동	1927.11
평론	이우적	청년운동과 예술투쟁	예술운동	1927.11
평론	中野重治	일본프롤레타리아예술연맹에 대하여	예술운동	1927.11
평론	이익상	문단 사의(私議)에 대한 시비	중외일보	1927.11.16
평론	임 화	미술영역에 재한	조선일보	1927.11.20~24

		주체이론의 확립		
평론	장준석	10월혁명과 예술	예술운동	1927.11
평론	최서해	조선문학 개척자	중외일보	1927.11.15
평론	한설야	문예의 비평의 과학적 태도	조선일보	1927.11.22~12.02
시	박아지	나가지 안으려나?	조선지광	1927.12
시	박아지	농가구곡 1	중외일보	1927.12.24
시	박아지	농가구곡 2	중외일보	1927.12.25
시	박아지	농가구곡 3	중외일보	1927.12.27
시	유완희	민중의 행렬	조선일보	1927.12.08
소설	이익상	대필(代筆) 연서	동아일보	1927.12.05~17
평론	김기진	감상을 그대로 — 약간의 문제에 대하여	동아일보	1927.12.10~15
평론	박영희	문예운동과 기관지	조선일보	1927.12.03
평론	이북만	당연히 양기해야 소위 목적의식성	조선일보	1927.12.11~16
평론	최서해	데카단의 상징	별건곤	1927.12.20
평론	한설야	예술의 유물사관이론	조선지광	1927.12~1928.03

1928년

• 중요 사건 일지

01.01 《조선일보》에서 최초의 신춘현상문예작품모집 입선작품 발표

01.03 중국공산당 중앙임시정치국회의 개최(광동폭동 실패 총괄)

01.03 낙원동 修文社에서 조선자유예술연맹 창립발기대회 개최
〈발기선언〉(개요)
우리는 과거의 일체 ○파적 기성예술과 맑스주의의 선전 삐라식 사이비예술운동을 철저적으로 배격하고 신사회의 건설을 합리화할 정통 무산계급의 예술을 강조하지 않으면 아니 된다.
여기에 조선자유예술연맹의 창립발기의 의의가 있다.
〈준비위원〉
權九玄, 李鄕, 李弘根 外

01.11 조선프로예맹 개성 지부 서면으로 창립
〈위원〉
서무부 閔丙徽, 교양부 權晶輪, 선전조직부 南千石, 金鎭治
〈결의사항〉
1. 문예동호자로 조직된 文波會 해체 가부의 건
2. 본부 동지를 청하여 문예강연 개최의 건
(사정에 의하여서는 간담회로 될 듯)
3. 가맹서 전부는 서무부에서 본부에 수속할 일
4. 동지 모집의 건

01.14 조선공산당 공판 1심 종료

01.18 조선프로예맹 본부사무소 계동 73번지 6호로 이전

01.25 신민부 중앙위원장 金赫 등 9명 하얼삔역에서 일본경찰에 피검

01.25 《조선일보》 1월 20일 자 「보석 지연의 희생」이란 사설로 安在鴻(발행인 겸 주필)과 白寬洙(편집인) 구속(04.28 안재홍 금고 4월 언도)

01.25 신간회 동경 지부 회관에서 조선프로예맹 동경 지부 제1회 임시총회 개최
〈결의사항〉
1. 조직체 변경에 대하여 본부에 건의의 건
2. 재정 확립에 관한 건
3. 기관지에 관한 건
4. 연극 공연 ×××에 관한 건
5. 청총 해금데- 에 관한 건

6. 본 동맹의 내지 지부 설치 ××에 관한 건
7. 조선××××××××에 관한 건
8. ××공산당 사건의 절대 무죄 주장에 관한 건
9. 대중 ××간섭을 절대반대의 건
10. 세계 ×××민족 ×××××결에 관한 건
11. 대중신문 적극적 지지에 관한 건
12. 일본프롤레타리아예술동맹, 전위예술연맹, 투쟁예술가동맹 지지에 관한 건

〈피선 신임원〉
집행위원장 張準錫
정치부 辛國柱(상임), 李友狄, 李相祚
조직부 韓植(상임), 李承和, 李撤
교육부 韓植(상임), 曺喜淳
출판부 李北滿(상임), 朴炳浩, 李現旭
재정부 李炳燦(상임), 成耆伯, 金錫庠
기술부 金斗鎔(상임)
전문부 연극부 崔丙漢, 문학부 李基昌, 미술부 李圓, 음악부 李鍾泰

01.-- 林房雄, 藏原惟人 등, 일본노농예술가연맹에서 탈퇴하여 전위예술가동맹 조직(기관지 《前衛》 발간)

02.01 일본공산당중앙기관지 《赤旗》 창간 (월 2회 발행, 등사판 인쇄, 발행부수 600~800부)

02.02 종로서, 조선공산당 검거에 착수

02.06 조선프로예맹 해주 지부 설립대회 재차 금지

02.06 평양천도교당에서 조선프로예맹 평양 지부 창립대회
〈준비위원〉
金得煥, 李寅燁, 柳永春, 朴英華, 金德彬, 張元燮

02.07 종로서, 신간회대회소집 금지 명령

02.09 코민테른 집행위원회 제9회 확대총회에 27개국 대표 92명 참석(02.09~02.25)

02.13 조선공산당 언도공판 개정(최고 6년 최저 8월, 무죄 12명, 집행유예 2명, 14명 출감)

02.15 천도교기념관에서 신간회 창립 1주년 기념식 거행

02.15 조선자유예술연맹 창립대회(예정)

02.16 盧子泳 시집 『내 혼이 불탈 때』(청조사) 발간

02.17 금산 청년동맹회관에서 조선프로예맹 금산 지부 창립대회 개최
〈결의사항〉
1. ○○案에 關한 件
2. 機關紙 發行에 關한 件
3. 盟員 募集에 關한 件

02.22 계동 회관에서 조선프로예맹 본부 중앙위원회 개최
〈결의사항〉
1. 서울청년회 질의문에 대한 건
가) 충분한 답변서를 발송할 것
나) 과반 제 신문지에 보도된 홍양명 군의 제명 리유에 대한 정오를 요구할 것
2. 연구회 개최의 건
가) 제반 사항을 교양부에 일임함
3. 연구반 조직의 건
가) 객관적 정세에 의하여 보류하기로 함
4. 자유예술연맹 박멸의 건
가) 성명서를 발표할 것
나) 기관지를 통해 투쟁할 것
5. 《예술운동》 개인 독자 모집의 건
가) 동맹원은 전부 독자가 될 것
나) 동맹원은 1인 이상의 독자를 모집할 것
다) 각 지부에 지령을 발할 것
6. 일본프롤레타리아예술동맹, 전위예술동맹, 투쟁예술동맹에 메시지를 보낼 것
7. 조직체 변경의 건
8. 중앙위원회 보선의 건
가) 張準錫 군이 피임되다
9. 각 지방 지부 설립 촉진의 건
10. 노농예술가동맹 급 《문예전선》의 건

02.27 조선공산당 전국대회 개최

02.27 《조선지광》을 제4차 조선공산당 기관지 《대중신문》,

《현계단》을 일본 내 당 및 공청 기관지로 지정
《조선지광》 책임자 李星泰
《대중신문》, 《현계단》 책임편집위원 韓林, 李友狄, 宋彦弼

02.29 조선프로예맹 중앙집행회 개최
(조선자유예술연맹에 대한 성명서는 부록 5. 참조)

02.-- 조선공산당 일본부간부 朴洛鍾, 崔益翰 검거

03.13 藏原惟人, 武田麟太郎 등 일본좌익문예가총연합 결성

03.15 일본공산당에 대한 전국적 대검거
(1,600여 명의 당원 및 지지자 검거)

03.17 프로핀테른 제4회 대회에서 중국 노동운동 신방침 결정

03.18 진주에서 金炳昊, 秦雨村 등이 신시단사 창립

03.중 제4차 고려공산청년회 중앙집행위원회 제1회 회의 개최
〈책임비서〉 金在明
조직부장 姜珍, 조직부원 李啓心, 元泰熙, 선전부장 高光洙,
선전부원 朴文秉, 金復鎭

03.25 일본프롤레타리아예술연맹과 전위예술가동맹이 합동하여
전일본무산자예술연맹 결성

03.25 천도교기념관에서 조선소년총동맹 개최
〈강령〉
1. 본 총동맹은 조선 소년의 권리와 이익의 주장을 대표한다.
2. 본 총동맹은 신사회를 건설하기 위한 역군의 고양과 훈련의 철저를 기함.
3. 본 총동맹은 전소년대회의 공고한 조직의 완성을 기함.

03.28 총독부 경무국, 동아일보사의 문맹퇴치운동을 금지

03.하 제4차 조선공산당 제1회 중앙집행위원회 개최
〈책임비서〉 車今奉
정치부장 安光泉, 정치부원 梁明, 韓明燦, 조직부장 金漢卿,
조직부원 韓海, 李星泰, 尹澤根, 청년회 책임비서 金在明

04.07 조선프로예맹 개성 지부 임시대회 개최
〈결의사항〉
1. 신춘문예 강연회 개최의 건
2. 金東煥 군의 입장을 들어 비맑스주의인 것을 논부에

건의할 것
3. 동지 모집에 관한 건
4. 예술운동 선전에 관한 건
5. 공식주의자 배격의 건
6. 아나키즘 박멸의 건
7. 반동적 예술운동 배격의 건
8. 회비에 관한 건
9. 신간회 지지의 건
10. 근우회 지지의 건
11. 검열제도개정동맹 지지의 건
12. 대중신문 지지의 건

04.상　무대예술연극협회 창립공연(공연작, 尹白南 번안, 「영겁의 처」, 李雪影 작, 「눈보라 치는 밤」)

04.24　경성 천도교기념관에서 형평사 제6회 전조선대회 개최

04.30　간도공산당 사건 예심 종결

04.--　조선공산당 일본부, 일본총국으로 개칭
〈책임비서〉 韓林
선전부장 李友狄, 선전부원 宋昌濂, 조직부장 姜小泉,
조직부원 金相赫

05.01　조선프로예맹 임시사무소 계동 5번지 4호로 이전

05.01　조선프로예맹 평양 지부원 柳永春 외 1인 검거
(목포 지부 발회식에 보낸 축문 때문에 평양서에 피검)

05.09　《조선일보》, 일본군 山東 출병을 논평한
「濟南事件의 壁上觀」 게재로 무기정간(09.20 정간 해제)

05.상　조선프로예맹 공평동 121번지로 이전

05.27　일본농민조합과 전일본농민조합이 통합하여 전국농민조합 결성

05.28　토지개량등기규칙 공포

05.--　전일본무산자예술연맹 기관지 《戰旗》 발간

05.--　제3회 고려공산청년회 중앙집행위원회, 《청년조선》을 일본 총국 기관지로 결정
〈책임자〉 印貞植

06.상	조선공산당 일본총국 조직개편 〈책임비서〉 金天海 선전부장 朴得鉉, 선전부원 李學淳, 조직부장 徐仁植, 조직부원 印貞植
06.29	李容愚, 元正常, 韓洛敍, 李明元 외 10여 명이 조선프로예맹 원산 지부 발기 〈준비위원〉 韓洛敍, 權丙斗, 李明元, 金永涉, 李亮
06.29	치안유지법 개정 공포 시행
06.--	일본어판 『맑스·엥겔스 전집』(改造社) 간행 개시
07.04	조선프로예맹 원산 지부 발기대회 금지
07.14	조선공산당 사건 탄로 각처에서 수명 검거
07.16	천도교기념관에서 근우회 전국임시대회 개최
07.17	코민테른 제6회 대회(모스크바)에 75개국 대의원 532명 참석 (07.17~09.01) (59개국 대표 참가, 반전투쟁 테제, 식민지문제 테제·강령 채택)
07.--	梁明, 韓海, 모스크바에서 개최된 코민테른 세계대회 참가
07.--	모스크바에서 코민테른 제6회 대회에서 「일본공산당 당면의 임무에 관한 테제」(10월 테제) 결정
07.--	모스크바에서 열린 코민테른 제6회 대회에서 조선공산당 승인 취소
08.	조선프로예맹 경성 지부 창립대회 금지
08.08	조선프로예맹 전국대회 준비위원회 개최 〈결의사항〉 1. 대회준비위원회 위원장 金基鎭 동 서무부 尹基鼎, 朴英熙, 林和 동 재정부 崔曙海, 趙重滾, 李箕永 2. 대회 장소 천도교기념관 3. 대회 시일 8월 26일 오후 1시
08.20	공산주의청년인터내셔널(KIM) 제5회 대회에서 「공산청년인터내셔널 일본 지부의 임무에 관한 테제」 결정

08.20	조선프로예맹 전국대회 종로경찰서 금지 공평동 회관 준비위원회 개최
09.02	간도 일대 공산당 재조직 혐의로 청년 300여 명 검거
09.22	한인청년동맹 상해에서 지부대회
09.--	동양척식회사의 일본인 이민 폐지
10.01	朴勝喜 등이 토월회 재조직
10.06	일본공산당 위원장 渡邊政之輔, 대만에서 체포되자 자살
10.08	경성에서 열린 전국변호사대회에서 보안법 폐지를 결의
10.10	모스크바공산대학 출신 박무(朴武) 등 제3국제공산당의 밀명으로 공산당 진영 정비차 잠입
10.13	문예가협회 주최로 관동수재 동포를 위한 문예강연과 영화 상영 〈연사〉 朴八陽, 朱耀翰, 鄭寅燮, 廉想涉 外 〈상영영화〉「貪慾」(기신양행 제공, 미국 메트로골드윈사)
10.--	코민테른 참석 후 귀국한 市川正一을 중심으로 일본공산당 중앙 재건
10.--	월간 《신생》 창간 〈주필〉 柳瑩基
11.02	조선문예영화예술협회 창립
11.--	제1차 공산당 간부 박헌영 보석 귀향 중 탈주
11.--	朴珍, 화조회를 조직
12.01	목포청년동맹회관에서 조선프로예맹 목포 지부 창립준비위원회 개최 〈토의사항〉 1. 경비에 관한 건 2. 규약 초안 작성의 건 3. 설립대회 시일 장소 확정의 건 4. 맹원 모집에 관한 건 5. 부서작정의 건
12.06	《중외일보》, 「職業化와 醜化」란 사설을 게재하여 무기정간

	당함(1929.02.18. 정간해제).
12.07	코민테른 본부, 조선공산당에 대한 재건을 지령(12월 테제)(자세한 내용은 부록 6. 참조)
12.10	일본공산당 기관지 《赤旗》(제24호) 복간
12.20	일본대중당 결성
12.22	노동자농민당 창립대회 개최(12.22~12.24)
12.25	일본노동조합전국협의회 결성, 프로핀테른 가맹
12.--	전일본무산자예술연맹 제2회 대회 개최(문학부·연극부·미술부 등의 부서를 작가동맹·연극동맹·미술가동맹·음악가동맹·영화동맹으로 독립시켜 전일본무산자예술단체협의회로 재조직)

• 중요 작품

시	김동환	기는 ᄭᅩ첫다	중외일보	1928.01.01
시	김해강	출범의 노래	조선지광	1928.01
시	김해강	폐도(廢都)의 팔경	조선일보	1928.01.20
시	박아지	농가행진곡 1~5	중외일보	1928.01.08~01.10
시	박팔양	최초의 은인	조선지광	1928.01
시	여 성	약자의 송가	사상운동	1928.01~02
시	유완희	오즉 전진하라!	조선일보	1928.01.19
소설	이기영	고난을 뚤코	동아일보	1928.01.15~24
소설	이기영	채색 무지개	조선지광	1928.01
소설	조명희	춘선이	조선지광	1928.01
소설	최서해	갈등	신민	1928.01~02
소설	최서해	먼동이 틀 때	조선일보	1928.01.01~02.26

소설	한설야	합숙소의 밤	조선지광	1928.01
소설	한설야	홍수	동아일보	1928.01.02~06
평론	김기진	1년간의 평론	조선일보	1928.01.01~03
평론	김기진	사회의식과정에 순응한 예술	조선지광	1928.01
평론	김기진	정묘문단총관	매일신보	1928.01.01
평론	김기진	창작계 일년	동아일보	1928.01.01~03
평론	김동환	문학상의 긴급문제	조선일보	1928.01.01
평론	김동환	특수감정을 포착한 문학	조선지광	1928.01
평론	박영희	문예운동의 과거 1년간의 과정	중외일보	1928.01.01
평론	박영희	문예운동의 과거와 장래	조선일보	1928.01.01~08
평론	박영희	문예운동의 이론과 실제	조선지광	1928.01
평론	박팔양	금년의 문예운동은 여하히 전개될까?	조선일보	1928.01.01
평론	박팔양	포도주와 같은 문학	조선지광	1928.01
평론	유지영	조선의 신문과 민중	조선지광	1928.01
평론	윤기정	1927년 문단에의 총결산	조선지광	1928.01
평론	윤기정	문학 아닌 문학	조선지광	1928.01
평론	윤기정	실천적 행위	조선일보	1928.01.01
평론	윤기정	이론투쟁과 실천과정	중외일보	1928.01.10~12

평론	이기영	집단의식을 강조한 문학	조선지광	1928.01
평론	이익상	생활을 위한 예술	조선지광	1928.01
평론	이익상	읽히기 위한 소설	중외일보	1928.01.01~03
평론	임 화	시단의 현상과 희망	조선일보	1928.01.01~03
평론	임 화	신건설 과정에 오르는 1928년의 문단	조선일보	1928.01.01
평론	임 화	효용을 위한 문학	조선지광	1928.01
평론	최서해	문예시감	조선일보	1928.01.08~11
평론	한설야	한계단의 조선사람은 어떠한 예술을 요구…	조선지광	1928.01
평론	홍효민	문예시사감 단편 —관념의 우상화	중외일보	1928.01.26~28
희곡	김영팔	아버지와 딸	조선일보	1928.01.01.03
시	김해강	오월의 노래	조선일보	1928.02.24
시	박팔양	봄비	조선일보	1928.02.14
시	유영춘	지나간 그 밤	조선일보	1928.02.23
시	유완희	바람	조선일보	1928.02.25
시	유완희	어둠에 흩으는 소리	조선지광	1928.02
소설	김영팔	어여쁜 노동자	동아일보	1928.02.16~26
소설	송 영	인도병사	조선지광	1928.02
소설	조명희	「이쁜이」와 「룡이」	동아일보	1928.02.07~15

소설 한설야	인조폭포	조선지광	1928.02
평론 민병휘	반동적 착란의 배격	중외일보	1928.02.20~21
평론 이 향	빈천계급 문단 산평	중외일보	1928.02.22~27
평론 장준석	괴이한 문예론—양주동군을 박함	조선일보	1928.02.07~16
평론 장준석	문예운동의 이론과 실제는 여하히 귀결…	조선지광	1928.02
평론 정순정	「이견」에 대한 변해—동지 민군에게 답함	중외일보	1928.02.27~28
평론 한설야	문예운동의 실천적 근거	조선지광	1928.02~03
희곡 김영팔	여사무원	별건곤	1928.02
시 김해강	어대로 가나!	조선일보	1928.03.08
시 김해강	천하의 시인이여!	조선지광	1928.03.04
시 박팔양	묵상 시편	조선지광	1928.03~04
소설 김영팔	적심(赤心)	생(生)의 성(聲)	1928.03
평론 민병휘	아나키스트의 망론	중외일보	1928.03.01~02
평론 윤기정	이기영씨의 창작집 「민촌」을 읽고	조선일보	1928.03.20~23
평론 임 화	「판토마임」을 숭내낸 지하실의 소식	조선일보	1928.03.30
평론 정순정	소위 예술의 일익적 임무란 어떤 것인가?	조선일보	1928.03.22~30
평론 조중곤	예술운동당면의	중외일보	1928.03.30~04.04

		제문제		
시	김동환	봄의 서울밤	조선일보	1928.04.12
시	김동환	春咏集	조선일보	1928.04.08
시	김영수	두만강	중외일보	1928.04.05
시	김창술	봄의 서울밤	조선일보	1928.04.12
시	김해강	성묘우 길에서	조선일보	1928.04.13
시	니콜라이	봄의 서울밤	조선일보	1928.04.12
소설	김기진	삼등차표	동아일보	1928.04.15~25
소설	김영팔	쓸 수 없는 소설	조선지광	1928.04
소설	송 영	깃븐 날 저녁	조선지광	1928.04
소설	유완희	현실	조선지광	1928.04
소설	윤기정	의외	조선지광	1928.04
소설	최서해	폭풍우시대	동아일보	1928.04.04~12
평론	김영팔	소설 비소설	조선일보	1928.04.12~13
평론	이북만	소부르조아의 난무에 대하여	중외일보	1928.04.30~
소설	송 영	석탄 속에 부부들	조선지광	1928.05
소설	이기영	원보(일명 서울)	조선지광	1928.05
평론	장준석	웨 우리는 작품을 쉽게 쓰지 안흐면 안되는가	조선지광	1928.05
평론	장준석	현계단에 있어서 조선무산계급예술운동의 실천적 임무	중외일보	1928.05.18~06.06
시	김해강	오월의 태양	조선지광	1928.07
시	김해강	해변 모영(暮影)	조선지광	1928.07
시	박팔양	데모	조선지광	1928.07

시	박팔양	도시정취	조선지광	1928.07
시	박팔양	인천항	조선지광	1928.07
시	박팔양	태양을 등진 거리에서	조선지광	1928.07
시	박팔양	새로운 도시	조선지광	1928.07
시	이상화	비를 다고	조선지광	1928.07
시	이상화	저므는 놀 안에서	조선지광	1928.07
평론	이북만	사이비 변증법의 배격	조선지광	1928.07
평론	장준석	당면임무와 수행	중외일보	1928.07.25~26
소설	최서해	용신난(容身難)	신민	1928.08
평론	최서해	제재선택의 필요	동아일보	1928.08.02
시	박팔양	오후 여섯시	조선문단	1928.09
소설	조명희	아들의 마음	조선지광	1928.09
평론	김기진	조선문학의 현단계	한빛	1928.09
평론	홍명희	무엇이 조선문학이냐?	한빛	1928.09
시	김동환	가을	조선일보	1928.10.16
시	김창술	다리 우에서	조선일보	1928.10.25
소설	최학송	부부	매일신보	1928.10.06~21
평론	김기진	노예의 문자	조선일보	1928.10.02~11
평론	김기진	문예시사감	동아일보	1928.10.27~11.01
평론	박영희	최근문예소감	조선일보	1928.10.28~11.06
평론	엄흥섭	문단전망—「조선문단」 이후	조선일보	1928.10.09~11
평론	임 화	연애의 종말	조선일보	1928.10.19~21
평론	홍효민	금년 소년문예	조선일보	1928.10.28~11.04

		개평		
시	박세영	타적	조선지광	1928.11
시	유완희	단장	조선일보	1928.11.13
소설	심 훈	기남의 모험	새벗	1928.11
소설	홍명희	임거정전	조선일보	1928.11.21~
평론	김기진	「통속소설고」	조선일보	1928.11.09~20
평론	김기진	관념론적 예술관의 파탄	조선지광	1928.11
평론	김영팔	어느 의미로든지 소생	조선시단	1928.11
평론	박팔양	조선시단에 대한 기대	조선시단	1928.11
평론	유진오	진리의 이중성	조선지광	1928.11
평론	윤기정	문예시감	조선지광	1928.11
평론	임 화	토월회 57회 공연을 보고	조선지광	1928.11
시	김해강	동천강	조선시단	1928.12
시	김해강	추소(秋宵) 병음	조선시단	1928.12
시	박아지	새로운 약속	신생	1928.12
평론	박영희	문학의 취미와 예술운동의 임무	조선일보	1928.12.27~28
평론	박영희	예술운동에 대하여 — 약간의 오보를 보고서	조선일보	1928.12.21~26

1929년

• 중요 사건 일지

01.13	조선프로예맹 목포 지부 설립대회 금지 〈설립준비위원〉 金相萬, 吳聖德, 朴龍雲
01.14	원산 문평석유공장 직공 및 운수노동자 1,400여 명 노동조건 개선 요구 총파업(01.14~04.06)
01.20	일본프롤레타리아미술가동맹 결성
01.25	총독부, 1面 1校 계획 하달(04.01 실시)
01.26	조선어업령 공포(05.01 시행)
02.01	崔承喜, 경성공회당에서 제1회 무용발표회 개최
02.02	일본프롤레타리아영화동맹 결성
02.04	일본프롤레타리아연극동맹 결성
02.10	일본프롤레타리아작가동맹 결성
02.상	함흥에서 南宮雲이 신흥영화공장 설립
02.11	별나라 오산지사 설치 기념 동화동요음악대회 개최
02.11	별나라 楊甘지사 주최 동요동화회 개최 〈강사〉 安俊植, 宋影, 朴世永
02.15	재일본조선노동총동맹, 원산제네스트에 응원단을 파견키로 결의
02.22	조선가요협회 창립
02.--	봉천 길림 등지의 20여 개 청년단체가 통합하여 남만한인청년동맹 창립
02.--	朴勝喜, 태양극단 조직
03.06	공평동 회관에서 조선프로예맹 중앙집행위원회 개최 〈결의사항〉 1. 위원보선 (보선된 위원) 李箕永, 金基鎭, 朴八陽, 林和

2. 재정문제에 관한 건
3. 기관지에 관한 건
4. 예술운동의 금후 방침
(이상 次回 위원회까지 보류)
5. 부서 결정
교양부 朴英熙, 출판부 金基鎭 李箕永, 서무부 尹基鼎, 林和, 조직부 朴八陽, 조사부 崔曙海

03.07	원산노동연합회 집행위원회 개최 (집행위원 총사퇴 및 강령과 마크 개정 결의)
03.10	車今奉, 서대문 형무소에서 옥사
03.11	총독부에 의해 3월 18~19일 개최예정이던 신간회 전국대회가 금지당함
03.15	小倉進平 저, 『鄕歌及吏讀の研究』 발간
03.22	《조선일보》에서 생활개신운동 전개(03.22~05.16)
03.25	경성제대, 제1회 졸업식 거행(한인 26명)
03.28	R. 타고르 《동아일보》에 「朝鮮은 亞細亞의 燈燭」 기고 (04.02 동아일보 발표)
03.--	경성 도시계획사업 착수
03.--	정의부, 참의부, 신민부, 길림성에서 제2차 통일회의 개최, 국민부 조직 〈위원장〉 玄益哲
03.--	李昌鉉, 張翼, 朴廣鎭 등 미술단체 녹향회를 조직
04.01	조선총독부, 1面 1校 계획 실시
04.01	金億 시집 『안서시집』(한성도서주식회사) 발간
04.04	일본프롤레타리아음악동맹 결성
04.06	원산총파업, 82일간의 총파업이 실패하고 복업 결정
04.13	崔鉉培 저, 『우리말본』 간행
04.16	일본공산당에 대한 전국적 대검거 (300여 명의 당원 및 지지자 검거, 市川正一 도 검거)
04.18	별나라 沿江지사 주최 동요동화회 개최

04.19 조선교육령 개정 공포 시행
(사범학교 특과 폐지, 尋常科 설치, 도립 사범학교 점차 폐지)

05.07 수원경찰서, 출판 허가 없이 규약을 등사하였다는 이유로
조선프로예맹 수원 지부 규약 압수
(수원 지부 집행위원 朴勝極 소환 조사)

05.11 수원공회당에서 조선프로예맹 수원 지부 창립기념
문예강연회 개최
〈연사 및 연제〉
金基鎭 — 雜感(예정)
朴英熙 — 藝術의 效用(예정)
朴八陽 — 近代 文藝思潮에 對하여
林 和 — 시 「우리 옵바와 화로」(낭독)
尹基鼎 — 當面의 藝術活動

05.-- 《朝鮮文藝》 1호(조선문예사) 발간

05.-- 梁柱東 등이 문예지 《문예공론》 창간
〈편집 발행인〉 方仁根

05.-- 《무산자》 발매 금지

06.01 경북지방 기근 구제를 위한 문예가협회 주최
문예강연회 개최
〈연사〉 李益相, 崔獨鵑, 朴八陽, 李殷相, 金基鎭 外

06.04 천도교기념관에서 新友 경성 지회 주최
소년문예강연회 개최
〈연사〉 李益相, 方定煥, 方仁根, 李鍾麟, 金基鎭, 邊成玉,
金東煥

06.07 코민테른, 농민문제와관련하여 중국공산당 중앙에
반부농투쟁강화를 지시

06.09 朴勝極, 孔錫政 등, 수원에서 수원청년동맹 조직

06.24 총독부 瀆職事件 발생(07.29. 총독 山梨半造의 심복 肥田理吉
체포, 08.17. 총독 山梨半造 파면)

06.21 일본, 만주 등지에서 입국해 조선공산당을 재건하려던
인정식 등 50여 명 피검

06.30 평양노총연맹회관에서 조선프로예맹 평양 지부

제2회 간사회 개최
〈결의사항〉
1. 정기대회 개최의 건
來 14일 오후 평양노동연맹회관 내에서 개최
준비위원 朱英화, 黃만봉
2. 맹원 사상 경향 조사의 건
3. 규약개정에 관한 건
4. 기타

06.-- 월간지 《삼천리》 창간
〈주재〉 金東煥

07.01 중앙기독교청년회관에서 新幹會 全國復代表全體代行大會를 개최(07.01~07.40)
(理事制에서 執行委員制로 직제 개편)
〈중앙집행위원장〉 許憲
〈서기장〉 黃尙奎, 〈회계〉 金炳魯
〈중앙상무집행위원〉
洪命熹, 金恒圭, 朴文熺, 金東鮮, 安喆洙, 李周淵, 林瑞象, 金明東, 李春塾, 金長煥, 趙致基, 韓相駿
서무부장 黃尙奎, 재정부장 金炳魯, 조직부장 金恒圭, 선전부장 李鍾麟, 조사부장 李春塾, 교육부장 趙炳玉, 출판부장 朴熙道

07.03 코민테른 집행위원회 제10회 총회에 30개국 대표 108명 참석(07.03~07.19)

07.09 李始榮 사망

07.10 呂運亨, 상해에서 일본영사관 경찰에 피검

07.상 田中淸玄, 佐野學 등, 일본공산당 중앙뷰로 재건

07.15 평양노동회관에서 조선프로예맹 평양 지부 제2회 정기대회 개최
〈토의사항〉
1. 문예강연회 개최의 건
2. 반기독운동에 관한 건
3. 기관지 《무산자》 지지의 건
4. 평양사회운동자간담회 참가에 관한 건
5. 각 지부 연락에 관한 건

6. 전국대회 개최 촉성의 건
7. 평양두량노동조합장 千○河 공로표창건비에 관한 건
8. 기타

07.15 일본공산당 기관지 《赤旗》(제28호) 복간

07.19 해주 민영회 주최 문예강연회 개최
〈연사〉 宋影, 金喆, 閔丙徽

07.24 의주청년동맹회관에서 조선프로예맹 의주 지부 설립대회 개최

07.28 천도교기념관에서 열릴 예정이었던 조선프로예맹 동경 지부 프로극장 공연 취소
(각본 「어머니를 求하자」, 「炭坑夫」의 불허)
〈연출 및 연사〉 朴英熙, 林和, 尹基鼎, 李炳燦, 安漠, 韓在德

07.-- 《조선일보》, 「아는 것이 힘이다. 배워야 산다」를 표어로 문맹퇴치운동 전개

08.01 제1회 국제반전데이

08.04 종로서, 신간회의 언론탄압비평대연설회 금지

08.10 조선노동총동맹, 서대문정 회관에서 중앙집행위원회 간담회 개최(12월에 대회소집 위원 보선 결정)

08.12 조선프로예맹 수원 지부 제1회 정기대회 개최
〈집행위원〉
위원장 朴勝極
서무부 權舜會, 교양부 孔錫政, 조직부 嚴翼鴻,
조사부 黃應善
〈결의사항〉
1. 본부 대회 촉성의 건
2. 연극 공연의 건
3. 자체 내 개량주의자 속출의 건
4. 평양사건 상세 조사의 건

08.17 조선총독에 齋藤實 재임명

08.24 조선프로예맹 수원 지부 주최의 연극 공연이 각본 검열 문제로 연기

08.31 서울청년회, 시천교당에서 해체식을 거행하고 중앙청년동맹

	에 흡수
09.08	백선행기념관에서 조선프로예맹 평양 지부 주최 프로극 공연(예정)
09.12	경복궁에서 조선박람회 개최(09.12~10.30)
09.30	충청북도, 아나키즘계 문예운동 사건, 경성지법에서 유죄판결(權五淳 등 합의부 공판에 회부)
09.30	일본공산당, 水野成夫 등 옥중에서 굴복한 해당파 제명
09.--	국민부의 핵심조직으로 조선혁명당 조직 〈위원장〉 玄正卿
10.10	평양에서 대중예술사를 창립하고 기관지 《대중예술》 발행 〈발기인〉 許文日, 韓元彬
10.24	뉴욕 주식시장에서 주가 대폭락. 세계경제공황의 개시
10.28	조선공산당 사건 金俊淵 등 32명, 경성지법에서 예심 종결
10.30	金東煥, 李光洙, 朱耀翰 시집 『삼인시가집』(조선문단사) 발간
10.31	조선어연구회의 兪鎭泰 외 107명, 조선어사전편찬회 조직
10.--	《별나라》 10월호 원고 압수
10.--	조선프로예맹 평양 지부 주최 반기독교강연회 개최 예정
11.01	일본공산당 《프롤레타리아科學》 발간
11.03	광주학생운동 발생
11.04	신간회에서 광주학생운동 조사를 위해 긴급 간부회의를 개최(金炳魯, 許憲 등을 광주에 파견)
11.07	신간회의 광주학생운동보고대연설회가 일경의 금지로 좌절
11.10	소련공산당 중앙위원회 총회에서 부하린 등이 정치국에서 배제
11.19	黃錫禹 시집 『자연송』(조선시단사) 발간
12.상	신간회에서 광주학생운동 진상 보고를 위한 민중대회 개최 및 민중선언서 발표를 비밀리에 결의
12.13	일본경찰이 신간회 간부 44명, 근우회 간부 47명을 검거(民衆大會事件)

12.14	재일유학생, 신간회 회원 등이 동경에서 광주학생운동 비판 연설회 개최, 일본경찰에 의해 강제 해산
12.16	프로핀테른 집행위원회 제6회 회의 개최
12.중	신흥영화예술가동맹 결성 〈회원〉 金幽影, 羅雄, 林華, 尹基鼎, 白河路, 石一良, 崔星兒, 南宮雲
12.22	조선농민총동맹 중앙위원회 개최
12.--	《별나라》 12월 소년농민호 불허로 신년호 준비

• 중요 작품

시	김해강	동방서곡	조선지광	1929.01
시	박아지	이루어주소서	신생	1929.01
시	박팔양	새로운 도시	조선지광	1929.01
시	유완희	태양과 지구	신생	1929.01
시	임 화	네거리의 순이	조선지광	1929.01
소설	송 영	우리들의 사랑	조선지광	1929.01
소설	최서해	전기(轉機)	신생	1929.01
소설	최서해	먼동이 틀 때	조선일보	1929.01.01~02.26
소설	최승일	종이	조선지광	1929.01
평론	김기진	10년간 조선문예 변천과정	조선일보	1929.01.01~02.02
평론	김기진	회고와 전망	조선지광	1929.01
평론	김동환	조선문예의 특질과 그 장래	조선지광	1929.01
평론	김동환	조선예술운동의 당면문제 — 작품부터 내놓자	조선지광	1929.01

평론	박영희	우리들의 긴급한 문제는	조선지광	1929.01
평론	박영희	조선예술운동의 전개책	조선일보	1929.01.02
평론	박팔양	작가의 의식과 검열문제	조선지광	1929.01
평론	박팔양	조선신시운동 개관	조선일보	1929.01.01~02.07
평론	윤기정	문예시감	조선지광	1929.01
평론	임 화	기술적 능력의 확충과 조직	조선지광	1929.01
평론	한설야	조선문단운동의 당면문제	조선지광	1929.01
희곡	김영팔	곱장칼	조선지광	1929.01
희곡	이기영	그들의 남매(월희)	조선지광	1929.01~1930.01
희곡	이 량	흑해의 밤	조선지광	1929.01
시	김동환	눈 녹기 전후	조선지광	1929.02
시	박아지	마을의 봄	신생	1929.02
시	임 화	우리 옵바와 화로	조선지광	1929.02
소설	송 영	다섯 해 동안의 조각편지	조선지광	1929.02
소설	최서해	인정	신민	1929.02
평론	김기진	변증적 사실주의 — 양식문제에 대한 초고	동아일보	1929.02.25~03.07
평론	박영희	2월 창작평	조선일보	1929.02.22~26
평론	박영희	문예시평	조선일보	1929.02.21~30
평론	박영희	신춘·가두·취미	조선일보	1929.02.12~15

평론	박팔양	조선신시운동 개관	조선일보	1929.02.28~03.01
평론	박팔양	최근조선문예운동의 정세	조선일보	1929.02.28~03.01
평론	임 화	최근 세계 영화의 동향	조선지광	1929.02
평론	한설야	소설을 쓰랴다가	조선일보	1929.02.08~12
평론	한설야	신춘창작평	조선지광	1929.02
희곡	이 량	산 기적 [시나리오]	조선지광	1929.02
시	김해강	어머님	동아일보	1929.03.19
소설	김기진	미인 꼴불견	조선일보	1929.03.06
소설	김영팔	어머니편지	조선일보	1929.03.14
소설	박영희	춘몽	조선일보	1929.03.01
소설	유완희	탈몽	조선일보	1929.03.23
소설	이기영	자기희생	조선일보	1929.03.12
소설	이익상	남자없는 나라	조선일보	1929.03.16
소설	최서해	경계선	중성	1929.03
소설	최서해	물벼락	조선일보	1929.03.05
평론	김기진	농민문학에 대한 초고	조선농민	1929.03
평론	박영희	문예시평	조선일보	1929.03.21~24
평론	이기영	관념론적 유심론	조선일보	1929.03.16.30
평론	정순정	여성과 예술	조선일보	1929.03.02~05
시	임 화	어머니	조선지광	1929.04
소설	박영호	활무의 밤	조선지광	1929.04
소설	최서해	수난	학생	1929.04
소설	최서해	젊은 시절의	조선일보	1929.04.15~22

		로맨스		
소설	최학송	주인아씨	신생	1929.04
소설	한설야	과도기	조선지광	1929.04
평론	김기진	4월의 시가	중외일보	1929.04.16~26
평론	김기진	대중소설론	동아일보	1929.04.14~30
평론	박영희	만춘창작평 — 문예시평과 기타	조선일보	1929.04.23~26
평론	송완순	시상단편	조선문단	1929.04
평론	윤기정	영화시평	조선지광	1929.04
평론	한설야	2월 창작 및 기타	조선지광	1929.04
시	김해강	연춘곡	조선문예	1929.05
시	김해강	열도(熱濤)	조선문예	1929.05
시	김해강	봄밤의 정조	동아일보	1929.05
시	박아지	농촌의 봄	문예공론	1929.05
시	박팔양	나를 부르는 소리 있어 가로되	조선문예	1929.05
시	유완희	암해의 등대	조선문예	1929.05
시	임 화	봄이 오는구나	조선문예	1929.05
시	정용산	이길을 닥거서	무산자	1929.05
시	혁포탄	「메-데-」는 준비되엇느냐!	무산자	1929.05
시	혁포탄	동무들아!	무산자	1929.05
소설	이 량	와우리	신민	1929.05
평론	김기진	교육계명사의 조선문단관	문예공론	1929.05
평론	김기진	단편서사시의 길로	조선문예	1929.05

평론	김기진	문예사상문답 — 이광수·염상섭 씨와 일문일답기	문예공론	1929.05
평론	김기진	신춘 창작평	중성	1929.05
평론	김기진	프로문예의 대중화문제	문예공론	1929.05
평론	김두용	정치적 시각에서 본 예술투쟁	무산자	1929.05
평론	김형원	신춘시단	중성	1929.05
평론	송순일	문예시감 편린	조선문예	1929.05
평론	심 훈	문예작품의 영화화문제	문예공론	1929.05
평론	윤기정	문예시평	조선문예	1929.05
평론	이기영	부인의 문학적 지위	근우	1929.05
평론	임 화	라인할트 극장 — 신흥극장소개	조선문예	1929.05
희곡	송 영	정의 칸바스	조선문예	1929.05
시	권 환	이꼴이되다니!	무산자	1929.06
시	김해강	대도상으로!	조선지광	1929.06
시	김해강	동방의 처녀	조선문예	1929.06
시	김해강	오월의 음향	조선문예	1929.06
시	박아지	봄 아침에	문예공론	1929.06
시	이상화	哭子詞	조선문예	1929.06
시	이응수	고목안의 비밀	문예공론	1929.06
시	임 화	병감에서 죽은 여석	무산자	1929.06
소설	박승극	농민	조선지광	1929.06
소설	송 영	꼽추 이야기	조선문예	1929.06

소설	한설야	한길	문예공론	1929.06
평론	김기진	사실주의문제	조선일보	1929.06.23~25
평론	김기진	시평적 수언	조선지광	1929.06
평론	김기진	프로 시가의 대중화	문예공론	1929.06
평론	김영팔	본질적으로 양 문학은 빙탄의 관계	삼천리	1929.06
평론	박영희	예술이란 무엇인가?	조선문단	1929.06
평론	유지영	조선문예운동의 당면문제	조선문예	1929.06
평론	유지영	평에 대한 문제	조선문예	1929.06
평론	윤기정	문학적 활동과 형식문제	조선문예	1929.06
평론	윤기정	민족은 보수적 푸로는 세계주의적	삼천리	1929.06
평론	임 화	박태원 초기창작평	동아일보	1929.06.12~18
평론	임 화	영화적 시평	조선지광	1929.06
평론	임 화	제1회 〈녹향회〉 전의 비판	조선지광	1929.06
평론	임 화	표현주의의 예술	조선문예	1929.06
평론	정순정	창작선행설은 오류인가	조선일보	1929.06.26~28
평론	한설야	문예시평—주로 '콘트'에 대하야	조선지광	1929.06
평론	홍명희	조선일보 「임거정전」에 대하여	삼천리	1929.06

평론 김두용	우리는 어떻게 살까?	무산자	1929.07
평론 김두용	우리는 어떻게 싸울 것인가?	무산자	1929.07
평론 무산자사	문예공론을 배격함	무산자	1929.07
평론 박영희	변증법적 제2명제와 그 발전과정	조선지광	1929.07
평론 박영희	부란의 와중에서	조선일보	1929.07.20~25
평론 이북만	6월 10일을 마지면서	무산자	1929.07
평론 최서해	내용과 기교	동아일보	1929.07.04
평론 최서해	농촌대중과 문예운동	동아일보	1929.07.05~10
평론 최서해	문예와 시대	동아일보	1929.07.02~03
평론 최서해	조선의 특수성	동아일보	1929.07.12~14
시 김동환	손톱으로 색인 노래	조선지광	1929.08
시 임 화	병감(病監)에서 죽은 녀석	조선지광	1929.08
시 임 화	다 업서젓는가	조선지광	1929.08
소설 이 량	연련	조선지광	1929.08
소설 최서해	무명초	신민	1929.08
소설 한설야	씨름	조선지광	1929.08
평론 윤기정	문단시언	조선지광	1929.08
평론 임 화	탁류에 항하야	조선지광	1929.08
시 김창술	오월의 훈기	조선지광	1929.08
시 김해강	귀로	조선지광	1929.09
시 임 화	우산밧은「요꼬하	조선지광	1929.09

	마」의 부두		
소설 김기진	전도양양	조선지광	1929.09.27~ 1930.01.23
소설 김기진	예술운동에 대하여	동아일보	1929.09.20~22
소설 김기진	조선프로 문예운 동의 선구자	삼천리	1929.10.01~09
소설 김기진	문예적 평론의 평론 — 소위 춘추필법과 기타	중외일보	1929.10.01~09
평론 박팔양	9월의 시단	중외일보	1929.10.09~16
평론 신고송	「동심에서부터」	조선일보	1929.10.20~29
시 김해강	폭치(暴馳)시대	조선지광	1929.11
소설 김영팔	송별회	조선지광	1929.11
소설 송 영	백색여왕	조선지광	1929.11~1930.01
평론 김유영	영화가에 입각하여	조선지광	1929.11
평론 박영희	관념형태의 현실적 토대	조선지광	1929.12~30.01
평론 유완희	인식의 착오? 의식적 교란?	조선일보	1929.11.13~17
평론 임 화	김기진군에게 답함	조선지광	1929.12
평론 홍효민	소년문예가일언	조선일보	1929.11
시 김창술	가신 뒤	조선강단	1929.12
시 김해강	애송	조선강단	1929.12
시 박팔양	목숨	조선강단	1929.12
시 이 환	아츰의 어느 시악씨에게	조선강단	1929.12

소설 이익상	유산	신소설	1929.12
소설 최서해	같은 길을 걷는 사람들	신소설	1929.12
평론 김기진	1년간 창작계	동아일보	1929.12.27~1930.01.04
평론 유진오	민족적 신화와 사회적 문화	신흥	1929.12
평론 정순정	인생·자연·예술의 삼각관계를 논함	조선일보	1929.12.13~17
평론 홍효민	반동의 일년	소년세계	1929.12

1930년

• 중요 사건 일지

01.08 광주고보생 17명, 제3차 봉기계획 발각으로 퇴학당함.

01.14 원산노동조합연합회, 원산제네스트 1주년 기념으로 당일 오전 11시에 5분간 파업 단행

01.17 서울시내 전학생, 만세운동으로 인한 검거에 항의하여 일제히 동맹휴학

01.18 광주고보, 만세운동 관계 학생 48명을 퇴학시킴.

01.24 金佐鎭, 북만주 山市驛前에서 공산주의자 朴尙實, 金一星에게 암살당함

02.09 신흥영화예술가동맹 평양 지부 설치
〈집행위원〉
鄭今山, 張元燮, 高昶道, 玄益謙, 金均河

02.18 코민테른 집행위원회 확대간부회의 개최(2.18~2.28)
(세계공황 및 실업문제 토의)

02.21 원산제네스트사건 관계자 공판 개시

02.24 일본공산당에 대한 대검거 개시

02.26 광주학생운동 주동자 黃南玉(광주고보) 등 50여 명, 광주지방법원에서 징역 4~8월 언도

02.-- 野呂榮太郎,『일본자본주의발달사』간행

03.01 경성방송국, 한국어/일본어 혼용방송제를 폐지하고 한국어방송시간을 오후 9~11시까지로 정함.

03.16 이동영화제작단 제1회 작품으로 李赤曉의「지지 마라 순희야!」 촬영 개시
〈총지휘〉 金昌善,〈각색 감독〉 南宮雲,〈촬영〉 加藤淸,
〈출연〉 李圭卨, 金斗玉, 金靜淑, 鄭甲順, 崔判泳, 金形容,
尹逢春, 朱三孫

03.20 조선공산당 만주총국, 코민테른의 일국일당원칙에 따라 해체 선언하고 중국공산당에 흡수

03.23 평양에서 마치극장 창립
〈임원〉 邊河, 金五, 崔光泉, 高國園

03.29 수원 화성학원에서 조선프로예맹 수원 지부 주최르 제1회 프로미술전람회 개최(03.29~03.30)
〈준비위원〉 朴勝極, 金奎煥, 朱奉出, 孔錫政, 車在[illegible]

03.-- 鄭芝溶, 朴龍喆, 金永郎 등이《시문학》창간
〈편집〉 朴龍喆

04.08 종로서, 근우회 전국대회 개최를 금지

04.16 《동아일보》, 미국 빌라즈 기고 논문「朝鮮의 現狀下의 貴紙의 使命은 重大하다」게재로 제3차 무기정간(09.01 정간해제)

04.23 洪蘭坡 작곡『조선동요백곡집』발간

04.24 총독부 학무과, 규장각 도서를 경성제대도서관에 보관키로 결정

04.26 재동 100번지에서 조선프로예맹 중앙집행위원회 개최
〈결의사항〉
1. 회관의 건: 견지동 80번지로 함.
2. 회비의 건: 월 20전, 연 2원

3. 회원 정리의 건재 경성 회원으로 5월 10일까지 회신 없으면 자격 상실로 간주함
4. 기술부 위원 설치의 건
기술부 權煥(상임)
문학부 權煥(상임), 李箕永, 韓雪野, 朴英熙, 宋影
영화부 尹基鼎(상임), 林和, 金南天, 李應鍾, 朴完植
연극부 金基鎭(상임), 崔承一, 安漠, 韓澤鎬, 申英
미술부 李相大(상임), 安夕影, 鄭河普, 姜湖
서기 洪宰植 (增選)
5. 서기대회 소집의 건
준비위원은 서기국에 일임함. 기일(회답예정일) 5월 15일
6. 신흥영화예술가동맹의 건
(절대 배격)
7. 중앙위원회
金基鎭, 朴英熙, 林和, 李北滿, 李箕永, 韓雪野, 李相和, 朴容大, 尹基鼎, 權煥[新], 宋影[新], 嚴興燮[新]

04.25 근우회 제2회 중앙집행위원회 개최
(중앙상무위원 보선)

04.-- 金幽影, 徐光霽, 金基鎭의 알선으로 서울키노 부활

04.--- 평양 마치극장 제1회 공연

05.07 광주학생운동 담당 변호사 李仁이 사상변론 불온을 이유로 6개월간 정직당함.

05.09 李昇薰 사망

05.16 조선프로예맹 동경 지부 해체로 동경 무산자 극장이 독립하여 임시총회를 개최하고 당면문제를 결의

05.20 동경제국대학 경제학과 교수 山田盛太郎, 법학부 조교수 平野義太郎, 철학과 교수 三木清 등 피검

05.-- 韓龍雲이 항일비밀결사 卍黨을 조직

06.03 인천 축항 확장공사의 기공식 거행

06.08 별나라 오산지사 주최 동화대회 취소

06.10 金東鳴 시집 『나의 거문고』(신생사) 발간

06.11 중국공산당, 중앙위원회 정치국 회의에서 李立三 노선이

당을 장악

06.20 코민테른 극동국, 중국공산당 정치국 앞으로 서한을 보내 06.11 결의 비판

06.21 별나라 용산지사 주최 동화대회가 용산청년회관에서 개최

06.25 제3차 조선공산당사건 공판 개시

06.26 소련공산당 제16회 당대회 개최(06.26~07.13)

06.-- 金小浪, 삼천가극단 조직

06.-- 서울키노에서 趙明熙의「낙동강」촬영
〈개작〉 金基鎭
〈각색〉 石一良
〈감독〉 金幽影
〈출연〉 徐光霽, 秋赤陽, 白河路

6.-- 《무산자》 폐간

07.19 申采浩, 大連법원에서 치안유지법 위반으로 징역 3년을 언도받음.

07.중 평양영화공장 창립

07.23 코민테른 집행위원회의「중국문제에 관한 결의」에서 소비에트공작의 강화 등을 지시

07.26 만주 길림성에서 대한독립군 조직
〈중앙위원장〉 洪陣, 〈군사위원장〉 李靑天

07.28 중국, 장사소비에트 수립(07.28~08.05)

08.02 張志暎 저,『조선어철자법강좌』간행

08.04 대한민국임시정부 국무원 개편
〈국무령〉 金九
내무 車利錫, 재무 宋秉祚, 학무 金奎植, 외무 趙素昂,
법무 梁起鐸, 군무 柳東說, 교통 崔動旿, 선전 尹起燮

08.15 모스크바에서 프로핀테른 제5회대회 개최(08.15~08.30)

08.-- 安光泉, 북경에서 金元鳳과 무산자전위동맹(의열단 개칭) 조직

09.08 박영희 평론집『소설평론집』(민중서관) 발간

09.20 중국공산당 3중전회, 周恩來 등에 의해 李立三노선의 오류를

비판하고 코민테른의 06.20 결의를 접수

09.-- 프로핀테른 서기국, 「한국의 혁명적 노동조합운동의 임무에 관한 결의」 발표(프로핀테른 9월 테제의 자세한 내용은 부록 7. 참조)

09.-- 洪海星, 신흥극장을 조직

10.상 서울키노에서 조선씨나리오작가협회 작 「화륜」 촬영
〈편집〉 李孝石, 徐光霽, 〈감독〉 金幽影, 〈자막〉 姜湖,
〈촬영〉 閔又洋, 金容泰, 〈출연〉 金蓮實, 石金星, 石一良,
李葉, 廉烈, 金岳, 金義鎭

10.20 朱耀翰 시집 『봉사꽃』(세계서원) 발간

10.25 신간회 상무위원회, 일제 당국의 집회금지에 대해 임시 규정 제정하고 중앙집행위원회로 대회대행함.

10.-- NAPF 기관지 《戰旗》를 독립시키고 기관지 《NAPF》 창간

10.-- 코민테른 집행위원회에서 李立三노선을 전면비판하는 서한을 중국공산당에 보냄.

10.-- 창극공연장 미나도좌 건립

11.01 일본반제동맹 기관지 《반제신문》 창간

11.05 金桂林, 李載裕 등 제4차 조선공산당 사건 경성지방법원에서 언도공판

11.06 소련 하리코프시에서 국제혁명작가동맹 제2회 대회 개최 (11.06~11.15)

11.09 신간회 제3회 중앙위원회를 소집하여 임원 개선
〈중앙집행위원장〉 金炳魯

11.11 단성사에서 극단 신흥극장 제1회 공연으로 「牧丹燈記」(「전등신화」 번안) 상연
〈번안〉 李箕永, 〈연출〉 洪海星, 〈무대장치〉 元雨田,
〈출연〉 李白水, 李素然, 洪到無, 李啞笑, 廉唯一, 朴齊行,
石金星, 金蓮實, 姜石齋, 姜石鷺

11.17 金復鎭, 李載夏 등 20명, 경성지방법원에서 제1회 공판 개정

11.중 프로아동지 《새기차》 발행

11.25 중국공산당 중앙정치국회의에서 09.20 3중전회를 보충하는

	결의 채택
11.28	당인리 발전소 건설공사 완성
11.28	개성 고려청년회관에서 깃발사 주최 음악/시낭독회 개최
11.하	청복키노 창립 〈임원〉 朱日秀, 玄海, 申應植, 姜湖, 朴完植, 姜椿熙, 鄭寅喆, 申英, 李晶愛, 崔英順, 金宗鎬, 南陽敏, 鄭河普, 姜潤熙, 閔又洋, 黃一鉉, 姜公熙
11.--	극단 극성회 기관지 《극성》 발간(예정)
11.--	李一 등이 '프로연극운동의 전국적 통일'을 위해 대구 가두극장 조직
12.상	조선프로예맹 기관지 《군기》(군기사) 창간호 발행
12.13	조선어연구회에서 한글맞춤법통일안 제정을 결의
12.18	천도교기념관에서 근우회 확대위원회 개최
12.27	신간회 평양 지회에서 신간회해소운동 비판건에 관해 표결한 결과 찬성 18, 반대 13으로 해소 가결
12.--	조선질소비료(주) 흥남공장 제2기 공사 완성 (유안 연간 40만 톤 생산 가능)
12.--	미술단체 백만회 조직 〈창립회원〉 沈英燮, 朴廣鎭, 吳之湖, 金周經 外

• 중요 작품

시	김해강	광명을 캐는 무리	조선지광	1930.01
시	김해강	마녀의 노래	조선시단	1930.01
시	박세영	농부 아들의 탄식	문예시대	1930.01

시	박팔양	여인	조선지광	1930.01
시	이정구	나아갈지어다	조선일보	1930.01.06
시	이 찬	기다리는 동모	조선시단	1930.01
시	이 찬	병상통정	조선시단	1930.01
소설	김기진	해조음	조선일보	1930.01.25~07.25
소설	김영팔	모던껄의 최후	조선강단	1930.01
소설	엄흥섭	흘러간 마을	조선지광	1930.01
소설	이기영	향락귀(享樂鬼)	조선일보	1930.01.02~18
평론	권구현	김동인씨의 예술전당을 파쇄	조선일보	1930.01.11~14
평론	권 환	무산예술운동의 별고(瞥顧)와 장래의 전개책	중외일보	1930.01.10~31
평론	김기진	1929년 문예계 총관	중외일보	1930.01.01~22
평론	김기진	반동예술의 사상과 극복	조선강단	1930.01
평론	김기진	예술운동의 1년간	조선지광	1930.01
평론	김기진	예술의 대중화에 대하여	조선일보	1930.01.01~14
평론	김창술	평론 김창술	조선강단	1930.01
평론	박영희	1929년 예술논전의 귀결로 보아 신년의…	조선일보	1930.01.01~10
평론	박완식	프로레타리아시가의 대중화 문제소고	동아일보	1930.01.07~10
평론	신고송	시단만평 — 기성시인·신흥시인	조선일보	1930.01.05~12

평론	유완희	반동문예를 구축하자	조선강단	1930.01
평론	유지영	1930년도 문단에 대한 희망과 건의	조선강단	1930.01
평론	유진오	문예시감	조선지광	1930.01
평론	윤기정	나의 희망과 건의	조선강단	1930.01
희곡	김영팔	세 식구	조선지광	1930.01
시	김해강	나의 시는	동아일보	1930.02.02
시	김해강	서(誓)	동아일보	1930.02.05
시	박로아	누이야 도라오라	학생	1930.02
시	박영호	죽기 전의 수기	조선일보	1930.02.05
시	이병윤	서울을 쪼기는 이에게	조선일보	1930.02.11
시	포영생	거리의 젊은이	조선일보	1930.02.05
소설	최서해	누이동생을 따라	신민	1930.02
평론	양우정	부적확한 입론의 위험성—아동작가에게	중외일보	1930.02.05~06
시	권 환	가랴거든 가거라	조선지광	1930.03
시	김해강	태양을 등진 무리	대중공론	1930.03
시	유도순	빈고	대중공론	1930.03
시	이 찬	기계가튼 산아히	대중공론	1930.03
시	임 화	양말 속의 편지	조선지광	1930.03
소설	김영팔	모던 부부	대중공론	1930.03
소설	송 영	교대시간	조선지광	1930.03~06
소설	안석영	여사무원	대중공론	1930.03~06
평론	권구현	우상문제에 대하	조선일보	1930.03.25~31

		여 — 재론으로써 강군에 답함		
평론	박영희	문예적 소감	조선지광	1930.03
평론	박영희	예술학의 과학적 가치	대조	1930.03
평론	신고송	공정한 비판을 바란다	조선일보	1930.03.30~04.02
평론	신고송	동심의 계급성 — 조직화와 제휴함	중외일보	1930.03.07~09
평론	신고송	시단 일첨언	조선일보	1930.03.28~29
평론	안 막	프로예술의 형식문제 — 프로레타리아리 아리즘의 길로	조선문학	1930.03~06
희곡	송 영	아편쟁이	대조	1930.03
희곡	한설야	총공회	조선지광	1930.03
시	김해강	백멸하는 육의 홍수시대	대조	1930.04
시	박팔양	너머도 슬픈 사실	학생	1930.04
시	송 영	봄비	학생	1930.04
시	유완희	무성읍	조선일보	1930.04.09
시	유완희	묵서(黙誓)	대중공론	1930.04
시	이 찬	고향에 도라와서	조선일보	1930.04.16
시	이 찬	일꾼의 노래	학지광	1930.04
시	이 찬	해질녁의 내 감정	학지광	1930.04
소설	이기영	조희 뜨는 사람들	대조	1930.04

평론	권 환	평범하고도 긴급한 문제	중외일보	1930.04.10~18
평론	박영희	유물론고	대조	1930.03
평론	안 막	「맑스」주의 예술비평의 기준	중외일보	1930.04.19~05.30
평론	양우정	동요와 동시의 구별	조선일보	1930.04.04~06
시	김해강	정진(精進)	대조	1930.05
소설	송순일	쑥	대조	1930.05
소설	송 영	지하촌	대조	1930.05
소설	최승일	거리의 여자	대조	1930.05
평론	권구현	문학작품의 방법론적 연구	조선일보	1930.05.02~07
평론	권 환	실천적 객관주의 문학으로	대조	1930.05
평론	박영희	조선의 문예이론 의 귀결은 필요 한가	대조	1930.05
평론	송순일	문학적으로도 공동진용	대조	1930.05
평론	신고송	최근 시작 개평	조선일보	1930.05.06~14
평론	엄흥섭	조선의 문예이론 은 어데로 귀결될가?	대조	1930.05
평론	이익상	내 소설과 모델 —「짓밟힌 진주」 와 내 심경	삼천리	1930.05
평론	임 화	노풍 시평에 항의함	조선일보	1930.05.15~19
시	권 환	우리를 가난한 집 여자이라고	조선지광	1930.06

시	박팔양	백일몽	조선지광	1930.06
시	양우정	농부의 노래	조선일보	1930.06.14
시	임 화	제비	조선지광	1930.06
소설	송 영	호미를 쥐고	대중공론	1930.06~09
소설	엄흥섭	꿈과 현실	조선지광	1930.06
소설	엄흥섭	파산선고	대중공론	1930.06
소설	윤기정	양회굴둑	조선지광	1930.06
평론	권 환	시평과 시론	대조	1930.06
평론	김남천	영화운동의 출발점 재음미	중외일보	1930.06
평론	박영희	객관적 존재와 주관적 의지의 상호관계	대조	1930.06
평론	유진오	예술파의 대두·기타	대중공론	1930.06
평론	윤기정	문예시평—5월 창작개평	대조	1930.06
평론	임 화	시인이여! 일보전진하자!	조선지광	1930.06
평론	임 화	조선 프로예술의 당면의 중심적 임무	중외일보	1930.06.28
희곡	서광제	뻐스 걸 [시나리오]	대중공론	1930.06
시	김해강	누나의 임종	대중공론	1930.07
시	김해강	훈풍에 날리는 오월의 기폭	대조	1930.07
시	유재형	나의 노래	조선일보	1930.07.01
시	이정구	아버지시여	조선일보	1930.07.19

시	이정구	어머니시어!	조선일보	1930.07.22
시	이정구	흑점	조선일보	1930.07.23
소설	엄흥섭	지옥탈출	대중공론	1930.07
소설	이기영	홍수	조선일보	1930.07.30~08.08
평론	김유영	영화술에 입각하여	조선일보	1930.07.03~06
평론	박영희	예술이란 무엇인가	삼천리	1930.07
평론	박팔양	신문 문장과 시관	철필	1930.07
평론	임 화	기사 대탈선 대혼선	철필	1930.07
평론	최서해	작가가 본 평론가	삼천리	1930.07.01
평론	홍효민	변증적 사실주의와 변증적 표상주의의 차이	신민	1930.07
시	권 환	머리를 짱짜지 숙일 째짜지	음악과 시	1930.08
시	김병호	그러케 내가 뭐라 하든가	음악과 시	1930.08
시	김창술	앗을대로 앗으라	음악과 시	1930.08
시	김해강	귀심(歸心)	대조	1930.08
시	김해강	6월의 만경강반	음악과 시	1930.08
시	박세영	바다의 여인	음악과 시	1930.08
시	박팔양	백일몽	조선지광	1930.08
소설	최승일	누가 익이었느냐?	대조	1930.08
평론	김기진	문예시사감	대조	1930.08

평론	박영희	예술사회학의 출발점	조선일보	1930.08.20~09.05
평론	안 막	조선 프로예술가의 당면의 긴급한 임무	중외일보	1930.08.16~22
평론	안 막	조직과 문학	중외일보	1930.08.01~02
평론	이기영	반동적 비평을 매장하자	대조	1930.08
시	김동환	월광과 자장가	대중공론	1930.09
시	김해강	해돗는 북방의 황원	대중공론	1930.09
시	박팔양	탄식하는 사람들	대중공론	1930.09
시	이정구	자루 빠진 호미	조선일보	1930.09.03
소설	안석영	그 녀자의 딸	대중공론	1930.09
소설	안석영	불구자	대중공론	1930.09
소설	엄흥섭	출범전후	대중공론	1930.09
소설	조중곤	소작촌	대조	1930.09
소설	최서해	호외시대	매일신보	1930.09.12~1931.08.01
평론	권 환	조선예술운동의 당면한 구체적 과정	중외일보	1930.09.02~16
평론	박영희	「캅푸」작가와 그 수반자의 문학적 활동	중외일보	1930.09.18~26
소설	심 훈	동방의 애인	조선일보	1930.10.29~12.10
평론	김태준	조선소설사	조선일보	1930.10.31~12.30
평론	박영희	유물론고	대조	1930.10
시	김해강	승천하는 욱일을 가슴에 안흐며	조선시단	1930.11

시	안필승	동산 우에 서서	조선일보	1930.11.09
평론	김태준	문학혁명후의 중국문예관 — 과거 10년간	동아일보	1930.11.12~12.08
평론	안함광	계급문학의 자유성 — 김성근씨를 박함	조선일보	1930.11.08~13
평론	이갑기	예술의 성립과 그 해체	조선일보	1930.11.16~30
평론	김해강	건실한 작가, 권위 있는 평가	조선강단	1930.12
평론	이갑기	소설삽화와 삽화제가	조선일보	1930.12.12~18

1931년

• 중요 사건 일지

01.08　제3차 조선공산당 관련자 鄭栢, 李廷允, 金應洙 출감

01.09　신간회 중앙상무집행위원회에서 경성 지회원 31명의 회원권 정지처분을 결정

01.10　조선어연구회, 조선어학회로 개칭

01.17　전조선농민사, 전조선농조로 개칭

01.17　청복키노에서 「地下村」 촬영 개시
〈감독〉 姜湖
〈출연〉 姜椿熙, 林華, 李圭高, 李鶴來, 李晶愛, 白英, 南陽敏, 金元順, 李桂順

01.21　동아일보사, 신춘문예 공모에 의해 「조선의 노래」 제정

01.24　외래어표기법 및 부수문제 협의회의 결의에 따라

조선어학회에 외래어표기법 제정을 일임
〈책임위원〉 李熙昇, 鄭寅燮

01.25 일본공산당 기관지 《赤旗》(제34호) 복간

01.28 조선혁명당 간부 李鍾洛 등 3명 장춘역에서 일경에 검거

01.-- 文秀一, 林署防, 연극시장을 조직

02.05 柳葉 시집 『님께서 나를 부르시니』(자가본) 발간

02.25 군기사 주최 예술강연회를 천도교기념관에서 개최
〈연사〉
李北滿, 朴英熙, 林和, 金基鎭, 宋影, 嚴興燮, 李箕永, 尹基鼎, 梁昌俊, 權煥, 姜湖, 申英

02.-- 高景欽, 金南天 일본에서 경성으로 돌아와서 조선공산당 재건운동 시작

02.-- 曺奉岩 등, 중국 革命互濟會 上海韓人分會 조직, 기관지 《혁명의 벗》 창간

02.-- 《군기》 2월호 발행

03.중 청복키노 작, 「지하촌」 촬영 완료

03.21 천도교기념관에서 별나라사 주최 동극대회 개최

03.22 金一洙, 尹滋暎, 趙德進 등 조선좌익노동조합 전국평의회 조직준비회 개최(좌익노동조합의 전국통일기관 결성 결의)

03.26 코민테른 집행위원회 제11회 총회에 25개국 대표 180명 참석 (03.26~04.11)

03.27 조선프로예맹 확대위원회(전국대회 대행) 개최 금지

03.28 조선프로예맹 수원 지부 주최 제2회 프로미술전람회 개최 금지

03.29 安昌浩, 趙尙燮, 車利錫 등 상해 흥사단 내에서 공평사 조직
〈이사장〉 安昌浩

03.30 미곡법 개정(07.01 시행)

03.-- 《군기》 3월호 압수

04.06 조선프로예맹 중앙집행위원회 금지
〈토의사항〉(예정)

1. 맹원 정리의 건
2. 회비에 관한 건
3. 신춘예술강연 개최에 관한 건

04.10경	李宗林, 高景欽, 權大衡 등 郭福萬 집에서 조선공산주의자협의회 조직
04.14	신간회 경성 지회 해체 결의
04.22	일본공산당, 「31년 정치 테제 초안」을 《赤旗》(제39, 42, 43, 44호)에 발표(04.22~06.15)
04.24	민중대회사건의 허헌, 조병옥 등 5명, 경성지방법원에서 각각 1년 6월~1년 4월을 언도받음.
04.28	조선프로예맹 개성 지부의 중앙간부 불신임 결의와 관련, 중앙위원회 서기국에서 성명서 발표(성명서 전문은 부록 8. 참조)
04.--	일본공산당의 정치강령 초안에서 기본 슬로건으로 조선, 대만의 완전독립 제시
04.--	형평사 제8회 정기대회 개최 (급진소장파에 의해 제출된 조선형평사 해소건의안 부결)
04.--	만주 하얼빈에서 金燦 피검
05.05	李允宰 저, 『한글철자법일람표』 발간
05.15	중앙기독청년회관에서 신간회 전국대회 개최
05.23	曺晩植, 尹致昊, 安在鴻 등 유적보존회 조직
05.하	우리들劇場 공연
05.--	조선청년총동맹 해소
05.--	일본공산당 중앙상임위원회, 조선·대만인의 공산주의운동과의 제휴 및 일본 내 조선인·대만인을 위한 민족부 설치 결의
05.--	종합지 《批判》 창간
06.초	서울키노 농촌영화부에서 趙明熙의 「낙동강」 촬영 〈감독〉 秋赤陽, 金海雄 〈촬영〉 閔又洋, 金容泰 〈출연〉 黃河石, 金示燦, 河西鄉, 姜石燕, 林琴姬
06.초	서울키노 가두영화부에서 「어머니」(고리키 작) 촬영

〈감독〉 石一良, 黃烈
〈촬영〉 金容泰, 鄭作案
〈출연〉 金義鎭, 延五峰, 金蓮實, 梁惠淑 外

06.17	조선총독 齋藤實이 사직하고 宇垣一成이 총독으로 선임
06.19	曺晩植, 梁柱東 등 한글연구회 조직
06.--	《전선》 창간호 원고 압수
06.--	韓龍雲이 종교지 《불교》를 인수하여 속간
07.01	길림성 만보산에서 수로공사 문제로 한·중 농민 충돌 (만보산사건)
07.02	《조선일보》, 장춘지국기자 金利三의 전문에 따라 한인이 만보산에서 피살되었다는 호외 발행
07.06	길림성 만보산 수로공사, 한인의 강행으로 완료
07.08	徐恒錫, 金晉燮, 張起悌 등이 극예술연구회 조직
07.15	《조선일보》 金利三 기자, 길림에서 피살
07.16	《동아일보》에서 브나로드운동에 참가할 학생대원을 모집
07.23	方定煥 사망
07.25	權大衡, 徐寅植, 金洪善 등 대구에서 조선공산주의자협의회 조직
07.25	전국 27개 도시에서 조선일보사 주최 제1회조선어강습회 개최 〈강사〉 申明均, 權悳奎, 李秉岐, 崔鉉培 외 9인
07.26	동아일보사, 독자 헌금으로 현충사 보수공사 착공
07.27	동양척식주식회사, 토지개량사업의 대행 사무를 토지개량주식회사에 이관
07.30	朴勝彬, 『조선어학강의요지』 발간
07.--	《군기》 7월호 발행
07.--	《이러타》 제2호 압수
08.초	종로경찰서 고등계 공산당 재건운동과 관련 카프 맹원 朴英熙 검거
08.05	공산당 재건운동과 관련 카프 맹원공산당 재건운동과 관련

카프 맹원 林和 검거

08.10 공산당 재건운동과 관련 카프 맹원 安漠, 宋影, 李箕永, 權煥, 尹基鼎 등 5인을 검거

08.중 공산당 재건운동과 관련 카프 맹원 金南天, 朴勝極 검거

09.18 일본제국주의의 중국침략 개시

09.-- 《현대공론》 창간

09.-- 단성사, 전속극단 신무대 조직

10.05 미곡의 수입 및 수출의 제한에 관한 미곡법 시행 규칙 공포

10.14 《中外日報》 해산되고 《中央日報》로 개칭

10.15 '조선공산주의자협의회사건' 관계자 17명 치안유지법, 출판법 위반으로 경성지방법원 검사국에 송국(권경완, 박영희는 불구속 송국, 권태용은 10.06 송국)

〈관계자 성명〉

전남 제주도 제주정 일도리 1447	高景欽(22)
전남 영암군 영암면 서남리 23	金三奎(24)
경성부 당주동 130 일명 林和	林仁植(24)
황해도 해주군 검단면 지남리 서동 1027	黃鶴老(20)
평남 성천군 성천면 하부리 27	金壽植(21)
평남 성천군 영천면 유동	韓載德(21)
경북 영일군 오해면 용한동 519	宋演壽(24)
경성부 팔판동 88 일명 安漠	安弼承(22)
경남 창원군 진전면 오서리	權景完(28)
경성부 천연동 69	朴英熙(31)
경성부 귀창동 60	尹基鼎(29)
고양군 은평면 구산리 54	宋武鉉(29)
경성부 운니동 45	金基鎭(29)
충남 천안군 천안면 유량리 39	李箕永(36)
경기도 고양군 숭인면 숭인동	李平山(22)
경성부 교남동 37	權泰用(26)
전남 광주군 광주읍 양림정	崔逸淑(26)

10.15 '조선공산주의자협의회사건' 관계자 중 불기소처분을 받은 13명 중 이미 석방된 권경완과 박영희를 제외한 11명 석방 〈기소〉(4명)

高景欽, 金三奎, 黃鶴老, 金孝植
〈불기소〉(13명)
林仁植, 韓載德, 宋演壽, 安弼承, 權景完, 朴英熙, 尹基鼎, 宋武鉉, 金基鎭, 李箕永, 李平山, 權泰用, 崔逸淑

10.25 《중앙일보》 창간호 발행

10.26 조선어학회에서 훈민정음 반포 기념일을 10월 29일로 변경

10.27 尹致昊, 安在鴻, 宋鎭禹 등 중앙기독교청년회관에서 만주조난동포문제협의회 조직

10.-- 코민테른 범태평양노동조합 비서부, 「조선에서의 범태평양노동조합 비서부 지지자에 대한 동 비서부의 비격」[태로10월서신] 발표

10.-- 조선공산당 일본총국 및 고려공산청년회 일본부, 코민테른의 일국일당원칙에 따라 해체하고 일본공산당에 합류

10.-- YMCA 농촌사업부, 제1차로 崔容信을 수원 부근 샘골강습소 교사로 파견

10.-- 《군기》 10월호 발행

10.-- 《집단》(집단사) 창간호 압수

11.01 동아일보사, 《신동아》 창간(1936.06 통권 59호로 폐간)

11.08 극예술연구회 산하단체로 실험무대 조직

11.20 일본에서 재일한인 좌익예술단체 '동지사' 창립선언 발표 (1932.02.02 해체)
〈회원〉
金斗鎔, 李北滿, 李燦, 朴魯甲, 金廷漢

11.중 함흥에서 韓雪野, 南宮雲, 李圭卨이 조직한 '길안든영화사' 제1회 작품 「도로」 제작

11.중 조선공산주의자협의회 조직부문 담당 간부 金鐵煥 검거

11.23 일본공산당 기관지 《적기》, 조선공산당 일본총국 및 고려공산청년회 일본부 해체 성명서 게재

11.24 일본프롤레타리아문화연맹(KOPF) 결성 (기관지 《프롤레타리아문화》 발간)

11.25 《중앙일보》 창간호 발행

11.27	조선프로예맹 문학부 편, 『카프시인집』(집단사) 발간
11.30	경북 경산군 자인공립노동학교에서 한국어 사용을 금지 (최초의 일본어 전용)
11.--	경성제대 학생이 중심이 된 반제동맹 사건으로 다수 검거
11.--	異河潤, 朴龍喆, 金永郎 등이 《문예월간》 창간
12.04	조선공산주의자협의회 조직부문 담당 간부 金鐵煥 치안유지법 위반으로 경성지방법원 예심에 회부
12.10	朴勝彬, 조선어연구회 조직
12.22	『카프시인집』 출판기념회 개최 〈발기인〉 尹基鼎, 朴英熙, 宋影
12.--	동경에서 일본반제동맹 제1회 전국대회 개최
12.--	《이러타》 32년 1월호 원고 압수

• 중요 작품

시	권 환	타락	조선지광	1931.01~02
시	박팔양	정성스러운 마음으로	조선일보	1931.01.01
소설	강경애	파금(破琴)	조선일보	1931.01.27~02.03
소설	송 영	오수향(吳水香)	조선일보	1931.01.01~26
소설	이기영	시대의 진보	조선지광	1931.01~02
소설	최정희	명일의 식대	시대공론	1931.01
평론	박영희	1930년 조선프로 예술운동	조선지광	1931.01
평론	박영희	자본론입문	조선지광	1931.01
평론	박영희	조선 프롤레타리아 예술운동의 작금(昨今)	동아일보	1931.01.01~04

평론	박팔양	신춘문예현상 작품선후감	조선일보	1931.01.05
희곡	김유영	출범시대	동아일보	1931.01.29~02.03
소설	송 영	노(老) 인부(人夫)	조선지광	1931.02
평론	홍명희	조선문학원류 약론	청구학총	1931.02
시	김해강	변절자여! 가라	동광	1931.02
평론	김태준	중국구극에 나타난 조선취미	신생	1931.02
평론	민병휘	연극 비판에 대한 태도	조선일보	1931.03.01
평론	박팔양	「쩌낼리쓤」의 공과	조선일보	1931.03.12
평론	안함광	조선 푸로예술 운동의 현세와 혼란된 논단	조선일보	1931.03.19~29
평론	임 화	〈화륜〉에 대한 비판(영화평)	조선일보	1931.03
시	함효영	여직공의 죽엄	조선일보	1931.04.20
평론	김동환	「문예시평」에 대하야—한설야 씨에 답함	조선일보	1931.04.21~24
평론	임 화	농촌 개선책 (농촌문제 특집)	동광	1931.04.
평론	한설야	문예시평—삼천리사 근대 문학 전집 발간…	조선일보	1931.04.15~20
소설	한설야	공장지대	조선지광	1931.05
평론	권 환	예술의 유포 문제와 기타	조선지광	1931.05
평론	권 환	하리코프	동아일보	1931.05.14~17

		대회성과에서 조선 프로 예술가가 어든 교훈		
평론	안함광	무산연극운동의 촉진	조선일보	1931.05.09~10
평론	한설야	사실주의비판	동아일보	1931.05.17~07.25
희곡	김영팔	우는 아내와 웃는 남편	혜성	1931.05
시	적 파	젊은이의 왯침	비판	1931.06
소설	이기영	현대풍경	중외일보	1931.06.27
평론	윤기정	반 카푸 음모사건의 진상	이러타	1931.06
시	김명순	노동자인 나의 아들아	비판	1931.07~08
시	김명순	알 수 업는 세상	비판	1931.07~08
시	황철암	요놈의 빈대	비판	1931.07~08
소설	권 환	목화와 콩	조선일보	1931.07.16~24
소설	김남천	공장신문	조선일보	1931.07.05~15
소설	박승극	재출발	비판	1931.07~08
소설	이적효	총동원	비판	1931.07~10
평론	김태준	이조의 한문학원류	신흥	1931.07
소설	강경애	어머니와 딸	혜성(개제 제일선)	1931.08~1932.12
소설	심 훈	불사조	조선일보	1931.08.16~12.29
소설	조벽암	건식의 길	조선일보	1931.08.01~21
평론	안함광	농민문학에 대한 일고찰	조선일보	1931.08.12~13
시	김창술	끓는 유황	시대공론	1931.09

시	박세영	반동기	시대공론	1931.09
시	박팔양	나가 흙을	시대공론	1931.09
소설	이기영	부역	시대공론	1931.09
소설	최서해	만두	실생활	1931.09
평론	김남천	반「카프」음모 사건의 계급적 의의	시대공론	1931.09
희곡	김영팔	그 후의 대학생	혜성	1931.09
희곡	김영팔	싸구료 박사 [시나리오]	동아일보	1931.09.12~10.26
희곡	서광제	백치[시나리오]	시대공론	1931.09
희곡	송 영	호신술	시대공론	1931.09~1932.01
시	김해강	황파 만경에 익어가는 가을	동광	1931.10
시	송순일	가을을 등진 무리	조선일보	1931.10.24
시	이정구	가두로 그들이	조선일보	1931.10.22
시	조벽암	굴속! 굴속! 굴속갓구나!	조선일보	1931.10.05
시	조벽암	벗아! 동무야!	조선일보	1931.10.07
시	조벽암	어부의 딸	조선일보	1931.10.09
소설	이익상	그들은 어디로	매일신보	1931.10.03~
소설	최정희	정당한 스파이	삼천리	1931.10
평론	김남천	경제적 파업에 관한 멘셰비키적 견해	이러타	1931.10
평론	백 철	농민문학문제	조선일보	1931.10.01~20
평론	안함광	농민문학문제 재론	조선일보	1931.10.21~11.05

희곡	김영팔	마작	삼천리	1931.10
시	권 환	그대	카프시인집	1931.11
시	권 환	소년공의 노래	카프시인집	1931.11
시	김창술	기차는 북으로 북으로	카프시인집	1931.11
시	박세영	누나	카프시인집	1931.11
시	박팔양	가로등하 풍경	신여성	1931.11
시	안 막	백만중의 동지	카프시인집	1931.11
시	안 막	삼만의 형제들	카프시인집	1931.11
시	임 화	다 업서젓는가	카프시인집	1931.11
평론	권 환	최근 감상의 편린―톨스토이 일기 독후감	중외일보	1931.11.28
평론	신남철	혁명시인 하이네	동광	1931.11~12
평론	한설야	가치판단과 기술비평	조선일보	1931.11.11~13
시	강경애	옵바의 편지 회답	신여성	1931.12
시	박노아	눈오는 밤	신여성	1931.12
시	송순일	의인을 따르는 눈동자	신여성	1931.12
평론	김우철	아동문학에 관하야	중앙일보	1931.12.20~23
평론	박영희	비판·소개―1931년판 「캅푸시인집」을 읽고	중앙일보	1931.12.15
평론	백 철	농민시인 에세닌 6주기에 제하야	조선일보	1931.12.05~32
평론	백 철	문예시평―11월호를 중심으로	혜성	1931.12

평론 송 영	1931년간의 조선문단 개관— 회고와 비판	조선일보	1931.12.16~24
평론 신고송	아동문학부흥론	중앙일보	1931.12.20~23
평론 신남철	이데올로기론	비판	1931.12
평론 안함광	농민문학의 규정문제	비판	1931.12
평론 이기영	문예시감— 1931년 「캅푸 시인집」을 읽고	중앙일보	1931.12.15
평론 한설야	생활과 작품	중앙일보	1931.12.01~02
희곡 송 영	일체 면회 거절하라	조선강단	1931

1932년

• 중요 사건 일지

01.08	한인애국단원 李奉昌, 일왕에게 수류탄 투척(9.30 동경대심원에서 사형 언도, 10.10 동경 市谷형무소에서 사형당함)
01.중	동지사, 조선프로예맹에 존폐여부를 상신 (일본프롤레타리아문화연맹으로의 흡수 지시)
01.22	민중대회사건 관계자 許憲, 趙炳玉 등 6명, 서대문형무소에서 가출옥
01.--	일본프롤레타리아작가동맹 기관지 《프롤레타리아문학》 창간
01.--	《이러타》, 《별나라》 신년호 원고 압수
02.02	安漠, 동지사 해체선언 발표
02.23	최대 농민조합인 용천소작조합 강제 해체됨.

02.26	梁柱東 시집 『조선의 맥박』(문예공론사) 발간
02.--	만주국 건국선언 발표
02.--	토월회 후신으로 태양극장 창립
02.--	《이러타》 2월호 원고 압수
02.--	일본프롤레타리아문화연맹 산하에 조선협의회 발족
02.--	만주 일본 중국 충돌 화보를 문제 삼아 《집단》 창간호 압수
02.--	이동식 소형극장 제1회 공연 준비 중 각본 불허로 공연 연기 (각본 李孝石의 「다난기」, 石一良의 「작년」)
02.--	함흥에 근로대중을 위한 이동극단 동북극장 창립
03.13	간도 일본영사경찰, 공산당 혐의로 용정 부근에서 청년 10여 명 검거
03.19	소형극장 함흥 동명극장에서 출연
03.31	조선총독부 『조선사』 38권 간행 시작(1932.03.31~1938.03.25)
03.하	일본프롤레타리아문화연맹에 대한 검거 시작
03.--	만주국 수립
03.--	평양 명일극장 창립
03.--	《集團》 3월호 원고 압수
04.02	『카프작가7인집』 출판기념의 밤을 청량사에서 개최
04.04	천도교, 신구양파로 완전 분열
04.07	사단법인 한국방송협회 창립
04.17	『카프시인집』 再版 기념의 밤을 청량사에서 개최 〈발기인〉 尹基鼎, 宋影, 金基鎭, 李箕永, 李燦, 李常春, 申鼓頌, 申應植
04.18	李殷相 시조집 『노산시조집』(한성도서주식회사) 발간
04.22	兪鎭泰 《조선일보》 제7대 사장에 취임(04.22~06.14)
04.29	한인애국단원 尹奉吉, 상해 홍구공원 일왕생일축하식장에 폭탄 투척 일본군사령관 白川義則 등 10여 명을 사상하고 피검(11.20 군법회의에서 사형 언도, 12.19 일본 金澤육군 형무소에 사형당함)

04.30	安昌浩, 상해 홍구공원사건 관련 혐의로 불란서 조계 경찰에 피검(12.26 경성지방법원에서 징역 4년 언도, 1935.02.10 대전형무소에서 출옥)
04.--	일본프롤레타리아문화연맹 간부 藏原惟人 피검
04.--	《집단》 4월호 원고 불허가로 임시호 준비
04.--	《연극운동》 창간호 원고 불허가로 추가원고 제출
05.1	조선어학회, 기관지 《한글》 속간
05.16	조선프로예맹 중앙위원회 개최 〈결의사항〉 1. 위원 개선의 건 *사임위원 安漠, 金基鎭, 朴英熙, 權煥, 韓雪野 *신임중앙위원 尹基鼎, 李箕永, 申鼓頌, 申英, 李燦, 金龍濟, 宋影, 姜湖, 林和, 白鐵 *서기국 林和, 白鐵, 申鼓頌 2. 지부에 관한 건 가. 개성 지부 정권 해제 나. 유명무실한 지부 정리는 서기국에 일임 3. 회관 이전에 관한 건(보류, 서기국에 일임)
05.20	코민테른, 片山潛, 野城參三, 山本懸藏 등 일본공산당 대표의 참가 「일본 정세와 일본공산당의 임무에 관한 테제」(1932년 테제) 결정
05.--	대한민국임시정부, 상해에서 항주로 이전
05.--	극단 메가폰 제1회 공연하고자 「부르짖는 티끌」 준비 〈단원〉 宋峰, 俞鎭午, 金形容, 李相春, 金承一, 申榮, 秋赤陽, 李葉, 高尙峰, 鄭朱燮, 李八龍, 崔燦, 羅鐵, 金義植
05.--	이동식 소형극장 해소
06.01	일본반제동맹, 반제팸플릿 14집(6·10만세운동 기념호) 발간

06.14	일본 중의원 만주국 승인
06.15	曺晩植, 《조선일보》 제8대 사장에 취임(1932.06.15~1933.07.18)
06.--	영화지 《신흥영화》 창간
06.--	《별나라》 창간 6주년 기념호 원고 불허가로 임시호를 준비
07.10	일본공산당 「32년 테제」를 《赤旗》 특별 팸플릿으로 발표
07.10	《조선일보》, 주식회사로의 수속 완료(자본금 30만 원) (07.15 총 5천 주 중 1천 주를 일반에게 공모 공고)
07.20	尹石重, 『윤석중동요선』(신구서림) 발간
07.26	조선총독부, 토지개량부를 폐지
07.27	총독부관제를 개정 공포(산림부 폐지, 농림국 신설)
07.--	신무대와 예술좌, 협동신무대로 개편
08.01	《조선일보》 경영난으로 임시 휴간(08.01~11.22)
08.27	국제반전대회(암스텔담)에 30개국 대표 2,000여 명 참석 (08.27~08.29)
08.27	코민테른 집행위원회 제12회 총회에 35개국 대표 174명 참석 (08.27~09.15)
08.--	경성메가폰 창립
09.06	일본각료회의, 만주국 승인을 결정
09.15	만주국·일본 협정서 조인
09.16	만주국·일본 군사협정 조인
09.30	조선총독부, 농림진흥위원회 설치
10.07	중국공산당 중앙위원회, 반제투쟁 강화 및 아래로부터의 통일전선에 관한 결의
10.10	李奉昌 의사 동경 市谷형무소에서 사형당함.
10.11	조선총독부, 자작농지설정사업요강 발표
10.23	의열단 외 8개 단체, 반일전선통일동맹 조직
10.30	일본공산당, 전국대표자회의를 소집하여 野呂榮太郎을 중심으로 당재건활동 개시

10.--	조선총독부, 전국에서 자력갱생운동 전개
11.10	金奎植, 崔東旿 등, 상해에서 한국대일전선통일동맹 조직
11.17	독립운동가 李會榮, 대련경찰서에서 고문으로 사망
11.29	한국독립당, 五常縣 沙河子에서 중앙대회를 열고 중국구국군과 합작하기로 결의
12.10	조선소작조정령 공포
12.19	尹奉吉 의사가 일본 金澤육군형무소에서 사형당함
12.22	제4차 조선공산당사건 李載裕, 3년 6개월 복역 후 출옥
12.25	조선어학회, 개성에서 한글맞춤법 회의원안 제1독회 개최

• 중요 작품

소설 엄흥섭	그대의 힘은 약하다	비판	1932.01
소설 이기영	묘(猫)·양(養)·자(子)	조선일보	1932.01.01~30
소설 최정희	명일의 식대(食代)	시대공론	1932.01
평론 김기진	朝鮮に於るフロレタリア藝術運動の過去 現在	사상월보	1932.01
평론 박승극	푸로문화운동에 대한 감상	비판	1932.01
평론 박영희	노동자경제학 입문	집단	1932.01
평론 백 철	조선문단의 신전망	혜성	1932.01

평론 송 영	1932년의 창작의 실천방법	중앙일보	1932.01.03~15
평론 안 막	1932년 문학활동의 제과제	중앙일보	1932.01.11
평론 안 막	朝鮮フロレタリア藝術運動略史	사상월보	1932.01
평론 유진오	문예계에 대한 신년희망	문예월간	1932.01
평론 윤기정	문화운동의 통일적 조직	비판	1932.01
평론 이갑기	문단촌침	비판	1932.01
평론 이갑기	예술운동의 전망 ㅡ푸로 예맹을 중심하야	비판	1932.01
평론 이갑기	프로문예운동 작금의 회고와 전망	시대공론	1932.01
평론 이동규	소년문단의 회고와 전망	중앙일보	1932.01.11
평론 임 화	1932년을 당하야 조선문학운동의 신단계	조선중앙일보	1932.01.01~28
평론 임 화	당면정세의 특질과 예술운동의 일반적 성향	조선일보	1932.01.01~02.10
평론 임 화	전후 자본주의 제3기	조선지광	1932.01
평론 임 화	소위 해외문학파의 정체와 임무	조선지광	1932.01
평론 최정희	문인인상기	문예월간	1932.01

평론 한설야	변증법적 사실주의의 길로	중앙일보	1932.01.18~19
시 김해강	어대로 가나	비판	1932.02
시 김해강	오월의 노래	비판	1932.02
소설 김남천	공우회	조선지광	1932.02
소설 박노아	룸펜시대	혜성	1932.02
소설 송 영	야학선생	집단	1932.02
소설 이동규	게시판과 벽소설	집단	1932.02
평론 김태준	연암소설연구	조선어문학회보	1932.02.04
평론 백 철	5개년계획의 달성과 쏘베트 문학	혜성	1932.02
평론 이갑기	채만식군에—약간의 준비적 질문에 답함	중앙일보	1932.02.24~03.08
평론 최정희	문인초인상기	삼천리	1932.02
평론 홍효민	문예시평	비판	1932.02
평론 홍효민	조선 푸로레타리아 문화연맹에의 결성방략	삼천리	1932.02
희곡 한설야	전기	조선지광	1932.02
시 김해강	려인의 노래	비판	1932.03
시 안함광	의식적 비약이엇거라	비판	1932.03
소설 엄흥섭	온정주의자	비판	1932.03~05
소설 최정희	룸펜의 神經線	영화시대	1932.03~05
평론 백 철	「비판」지의 안재좌군의 소론을 읽고	중앙일보	1932.03.02~12

평론	백 철	창작방법문제ㅡ계급적 분석과 시의 창작문제	조선일보	1932.03.09~10
평론	유진오	문예시평	문예월간	1932.03
평론	이갑기	문단 S.O.Sㅡ「혼란 저조의 문단」을 읽고서	조선일보	1932.03.13
평론	이갑기	문예시평ㅡ두가지의 이야기	비판	1932.03
평론	홍효민	문제의 소재와 논쟁의 요점	중앙일보	1932.03.21~22
시	김해강	동방여명	비판	1932.04
시	안함광	자식은 유황불을 들엇다	비판	1932.04
소설	최서해	K화상(和尙)의 눈	동방평론	1932.04
평론	김태준	배뱅이 굿 [평안도민속극]	한글	1932.04~05
평론	김태준	한국철자에 대한 신이론 검토	동광	1932.04
평론	송완순	농촌예술문제ㅡ개별적 사안 기타	조선일보	1932.04.05
평론	안함광	문예시평ㅡ두 가지의 이야기	중앙일보	1932.04.18~21
평론	유진오	침통한 문학 기타	동방평론	1932.04
평론	홍효민	조선 푸로레타리아의 문화운동의 신전개	삼천리	1932.04
시	이 찬	가구야 말려느냐	조선일보	1932.05.06

소설	이북명	질소비료공장	조선일보	1932.05.02~31
소설	최정희	푸른 지평선의 쌍곡선	삼천리	1932.05
평론	홍효민	조선문학과 해외 문학파의 역할	삼천리	1932.05.07
시	김해강	북풍이 노호할 때	비판	1932.06
시	김해강	조춘 애가	제일선	1932.06
시	윤곤강	황야에 움돗는 새싹들	비판	1932.06
소설	박화성	백화	동아일보	1932.06.08~11.22
시	김해강	더위먹은 도회의 밤아	비판	1932.07
시	김해강	오월의 노래에 합창을 하며	제일선	1932.07
시	김화산	동지	제일선	1932.07
소설	조벽암	벽촌	동방평론	1932.07
시	김해강	부탁	신여성	1932.08
평론	민병휘	문예시감	비판	1932.08
평론	안함광	문예시평	비판	1932.08
시	권 환	삼십분간	제일선	1932.09
시	윤곤강	아츰	비판	1932.09
소설	강경애	부자(父子)	제일선	1932.09
평론	민병휘	조선푸로작가론	삼천리	1932.09
평론	백 철	문예시평	제일선	1932.09
평론	신고송	동반자 작가문제 ―정당한 이해를 위하야	제일선	1932.09
평론	안함광	조선 푸로 연극	비판	1932.09

		운동의 신전개		
평론	윤기정	이광수씨의 조선 문학에 대하야	신조선	1932.09
시	박세영	산골의 공장	신계단	1932.10
시	백 철	가을 밤	제일선	1932.10
시	백 철	염천 아래서	제일선	1932.10
시	백 철	이제 오분	신여성	1932.10
시	이 찬	사과	제일선	1932.10
시	이 찬	지구야말다니!	신계단	1932.10
시	주영섭	절눔바리공사	비판	1932.10
소설	서광제	그들의 청산	비판	1932.10
소설	서광제	모던 껄의 최후	여인	1932.10
소설	주요섭	진남포행	신동아	1932.10
평론	백 철	멸망하는 문학과 우월성 있는 문학	제일선	1932.10
평론	안함광	문예시평	비판	1932.10
평론	한설야	싸베-트 석유의 세계적 진출	신계단	1932.10
시	김해강	전원에 숨은 가을의 노래	신여성	1932.11
시	백 철	날은 추워오는데	제일선	1932.11
시	윤곤강	폭풍우를 기다리는 마음	비판	1932.11
시	이 찬	안해의 죽엄을 듯고	신여성	1932.11
시	이 찬	잠 안오는 밤	제일선	1932.11
소설	이북명	기초공사장	신계단	1932.11~12
소설	조벽암	구인(蚯蚓)몽	비판	1932.11~1933.01

소설	주영섭	기적이 울 때	비판	1932.11
소설	한설야	사방공사	신계단	1932.11
평론	박영희	스피노자 철학과 현대유물론	신계단	1932.11
평론	백 철	문예시평— 독서와 창작, 창작의 부진	신계단	1932.11
평론	백 철	창작계 총평	신동아	1932.11
평론	이기영	꼬리키의 문단생활 사십년 기념제	신계단	1932.11
평론	임 화	국제 스파이 이야기	신계단	1932.11
평론	임 화	제2 트로츠키 사건	신계단	1932.11
평론	한설야	영화이론에 대한 관견	영화부대	1932.11
시	권 환	아버지 김첨지 어서갑시다! 쇠돌아 간난…	문학건설	1932.12
시	김동환	제야	조선일보	1932.12.01
시	김창술	우리는 엇지 헤젓는가	문학건설	1932.12
시	김해강	기대리는 그밤	조선일보	1932.12.22
시	백 철	일억 이천만	신계단	1932.12
시	윤곤강	가을 바람 불어올 때	비판	1932.12
시	이 찬	너이들을 보내구	문학건설	1932.12
소설	이기영	양잠촌	문학건설	1932.12
소설	이동규	우박	문학건설	1932.12
소설	이동규	자유 노동자	제일선	1932.12

소설 이북명	인텔리	비판	1932.12
소설 이북명	출근정지	문학건설	1932.12
소설 한설야	삼백육십오일	문학건설	1932.12
평론 김태준	조선의 여류문인평	조선일보	1932.12.24~30
평론 박영희	문예월평	문학건설	1932.12
평론 박영희	파스큐라시대	문학건설	1932.12
평론 백 철	1932년도 기성신흥양문단의 동향	조선일보	1932.12.21~25
평론 백 철	1932년도 문예평론계 회고	조선일보	1932.12.27
평론 백 철	1932년도 프롤레타리아 시의 성과	문학건설	1932.12
평론 송 영	무언의 인 이기영군	문학건설	1932.12
평론 송 영	염군사 시대	문학건설	1932.12
평론 안함광	문예시평	비판	1932.12
평론 윤기정	창작가로서의 김남천군의 인상	문학건설	1932.12
평론 이갑기	동반자작가 문제	삼천리	1932.12
평론 이기영	「적막한 예원」의 일절을 읽고	문학건설	1932.12
평론 이기영	송영군의 인상과 작품	문학건설	1932.12
평론 임 화	전쟁과 종교	신계단	1932.12
평론 한설야	1932년도 문예창작계 총평	문학건설	1932.12
평론 한설야	농업공황과 과잉생산	신계단	1932.12

평론 한설야	윤기정 인상기	문학건설	1932.12
희곡 백 철	국민당 제이육로군	제일선	1932.12

1933년

중요 사건 일지

01.12	李秉岐, 張志暎, 權悳奎 등 한국문화연구단체 문흥회 창립
01.17	조선형사령 개정 공포(03.01 시행)
01.27	조선소작조사령 공포(02.01 시행)
01.30	독일에서 나찌스가 정권 장악
01.--	일본공산당, 野呂谷口, 山本正美 등이 당중앙 재건
01.--	동아일보사, 여성지 《新家庭》 발간
01.--	민속학회 《조선민속》 창간 〈편집 발행인〉 宋錫夏
01.--	《동광》 통권 40호로 폐간
02.01	조선소작조사령 시행
02.04	경성여자기독청년회·직업여성구락부, 중앙기독청년회관에서 여성대토론회개최
02.09	임정사무협의회, 화전민의 신규 입산을 금지하기로 결정
02.17	조선무역협회 창립
02.20	조선총독부, 면화증식계획을 발표 (10년간 植/府면적 25만 정보, 생산고 42억 근 목표)
02.20	小林多喜二, 築地서에서 고문에 의해 학살됨(03.15 노농장 거행)
02.27	나찌스에 의한 국회의사당 방화사건 발생
02.--	《중앙일보》, 《조선중앙일보》로 게재

02.--	조선중앙일보사, 《소년중앙》 창간
03.05	코민테른집행위원회, 반파시즘투쟁을 위해 사회주의 노동인터내서널에 행동통일을 호소했으나 거부당함
03.07	경성주식시장, 미국 공황으로 휴장
03.08	조선교육령 개정(04.01 시행)(사범학교 수업연한을 1년 연장)
03.28	미곡통제법 공포(미곡의 수량, 시가 조절 및 통제를 위해 미곡의 매입 매도를 허용)
03.--	李相春, 姜潤熙, 金兌鎭, 《연극운동》 창간
04.01	조선교육령 시행
04.01	동아, 조선, 중앙 3개 신문사 '조선어 맞춤법 통일안'의 어문규정에 따라 발행 시작
04.20	조선공산주의자협의회 사건, 경성지방법원에서 언도공판
04.26	申明均, 『한글역대선』 간행
04.--	일본 반제동맹 제2차 전국대회 개최
04.--	경성방송국, 이중어 방송 실시(제1방송 900KC 일본어, 제2방송 610KC 한국어)
05.10	각 도, 道制 실시 이후 최초의 도회의원 총선거 실시
05.16	이은상 작사, 홍난파 작곡, 『조선가요작곡집』(한성도서) 발간
05.18	金泰午, 『설강동요집』(한성도서주식회사) 발간
05.23	조선공산주의자협의회사건 예심 종결 〈피고 주소 성명〉 전남 제주도 제주정 일도리 1447　高景欽(24) 황해도 해주군 검단면 지남리 [보석 중]　黃鶴老(22) 경성부 창신동 651-5 [보석 중]　金孝植(23) 전남 영광군 영광면 서남리 23　金三奎(26) 경성부 관훈동 69　金鐵煥(24)
05.--	《연극운동》 원고 압수
06.07	일본공산당원 佐野學, 鍋山貞親 등 「전향성명서」 제출
06.15	해주청년동맹 주최 문예강연회 금지 〈연사〉 安德根, 白鐵, 安含光, 李甲基

06.16	일본공산당, 佐野學, 鍋山貞親 등 제명
06.18	조선총독부, 압록강 두만강 연안에 독립군 출입용 국경감시소 설치
06.--	《전선》 6월호 원고 압수로 임시호를 준비
07.01	소년잡지 《별나라》 창간기념 '동요 동화 음악의 밤' 개최
07.16	일본공산당원 三田村四郎, 高橋貞樹 등 전향선언
07.25	조선어학회, 화계사에서 한글맞춤법 회의 원안 제2독회 개최
07.--	《전선》 7월호 원고 압수
08.05	코민테른, 세계노동자의 반파쇼통일전선에 관해 호소
08.11	미국, 소련을 승인(미·소 외교 회복)
08.25	재만교포, 新京에서 《만선일보》 창간
08.30	조선일보사, 주필제 신설
08.--	李孝石, 鄭芝溶, 李無影, 李泰俊, 金起林 등 '구인회' 조직
09.03	중국 상해에서 극동반전반파쇼대회개막(09.03~09.30)
09.09	조선총독부 도서과, 정기간행물의 교본검열제 실시 발표 (보통간행물은 원고 검열)
09.21	라이프찌히에서 독일 국회의사당 방화사건 재판 개시 (09.21~12.23)
10.15	毛允淑 시집『빛나는 지역』(조선창문사) 발간
10.19	조선어학회 임시총회에서 한글 맞춤법 통일안을 가결
10.28	별나라사 주최 '동요의 밤'이 중앙청년회 강당에서 개최
10.--	都相鳳 등 한국인 및 일본인 서양화가, 미술단체 청구회 조직
11.04	南宮檍, 한국역사사업과 십자당사건으로 피검 (1935.01.31 경성지방법원에서 징역 20월 언도)
11.04	조선어학회에서 한글반포 487회 기념식을 개최하고 '조선어 맞춤법 통일안'을 발표
11.10	연예관에서 극단 신건설 제1회 공연「서부전선 이상없다」 (11.10~11.11) 〈연출〉 羅雄

	〈출연〉 金龍七, 李民聲, 張鐵基, 崔泰峰, 趙玄七, 金旭, 趙春光, 朱永涉, 李貴禮, 崔英淑, 白銀順, 徐靜子, 法九, 白鐵, 林和, 金承一, 俞日俊, 金雲浩
11.28	코민테른 집행위원회 제13회 총회 개최(11.28~12.12)
11.--	조선중앙일보사, 《월간중앙》 창간
12.17	종로경찰서, 조선프로예맹 간부 李箕永, 신생각서점 주인 洪英裕, 전 형평사간부 鄭喜燦, 李汗 등 검거
12.27	신의주지방법원에서 조선단일공산당 사건 曺奉巖 징역 7년 언도받음.

• 중요 작품

시	김병호	안해의 영전에	전선	1933.01
시	김해강	새날의 기원	동아일보	1933.01.08
시	김해강	젊은 맥박을 울리라	조선일보	1933.01.24
시	김해강	소녀의 적은 설음	신여성	1933.01
시	박노아	겨울밤의 시위	제일선	1933.01
시	유완희	태양으로 가는 무리	삼천리	1933.01
시	이 흡	바다를 주저하는 어부	전선	1933.01
시	이 흡	피에로의 노래	전선	1933.01
소설	이기영	김군과 나와 그의 안해	조선일보	1933.01.02~15
소설	이기영	박승호	신계단	1933.01
평론	권구현	신춘문예개관	매일신보	1933.01.29~02

평론	김기진	조선문예사조론 — 선후평	조선일보	1933.01.01~03
평론	김태준	고 노정 김재철군을 곡함	조선일보	1933.01.31
평론	김화산	1933년을 맞는 조선시단의 전망	중앙일보	1933.01.01~02
평론	박팔양	김광섭군의 극단제언을 박함	조선일보	1933.01.29~02.15
평론	백 철	1933년도 조선문단의 전망	동광	1933.01
평론	백 철	문학운동에 대한 단상 이삼	조선일보	1933.01.05
평론	백 철	조선문단에 대한 희망	신동아	1933.01
평론	안석주	문단 메리꼬- 라운드	조선일보	1933.01.18~02.21
평론	안함광	1932년 창작계총평	비판	1933.01
평론	유진오	문단에 대한 희망 이삼	조선일보	1933.01.01~08
평론	이갑기	문단의 퇴폐와 문예운동과 민족주의문학	조선일보	1933.01.10
평론	이갑기	민족의식의 역사성과 민족주의문학	조선일보	1933.01.15~02.04
평론	이갑기	양주동씨의 계급적 이반	조선일보	1933.01.25~26
평론	정순정	난삽문장을 배격하자	신동아	1933.01
평론	한설야	경제적으로 본	신계단	1933.01

	일미관계		
평론 한설야	민족개량주의 비판	신계단	1933.01
평론 한설야	천도교의 정치적 의의	신계단	1933.01
평론 홍효민	푸로레타리아 문화와 세계문학의 동태	동광	1933.01
희곡 백 철	재건에	제일선	1933.01
희곡 이서향	제방을 넘은 곳	동아일보	1933.01.31~02.19
시 박팔양	무제음	제일선	1933.02
소설 강경애	월사금	신동아	1933.02
소설 최정희	성좌	형상	1933.02
평론 백 철	문학시평	신여성	1933.02
평론 백 철	小林多喜二의 요절을 조함	조선일보	1933.02.25
평론 백 철	신춘문단의 신경향	제일선	1933.02
평론 백 철	최근의 잡감 이삼	조선일보	1933.02.10
평론 신남철	철학과 문학	조선일보	1933.02.23~03.01
평론 안함광	여성과 문화문제	신여성	1933.02
평론 이갑기	해외문학파와 그의 기본적 동향	조선일보	1933.02.18
평론 임 화	정신문화의 위기와 천도교적 문화운동	신계단	1933.02
평론 한설야	일본 경제현실의 분석	신계단	1933.02
희곡 신불출	양산도	삼천리	1933.02

희곡	이기영	인신교주	신계단	1933.02~04
시	임 화	오늘밤 아버지는 퍼렁 이불을 덥고	제일선	1933.03
시	주영섭	밤차	비판	1933.03
소설	김남천	나란구(蘿蘭溝)	조선일보	1933.03.02~
소설	서광제	그 여자와 13	삼천리	1933.03
소설	서광제	지하도—짧은 서막	비판	1933.03
소설	이북명	여공	신계단	1933.03
소설	조벽암	농군	비판	1933.03
평론	백 철	문예시평	조선중앙일보	1933.03.02~08
평론	백 철	문학에 대한 「맑스」의 유화와 교훈	동아일보	1933.03.14~22
평론	백 철	신춘문예평	신동아	1933.03
평론	백 철	인테리의 명예—동반자 작가에 대한 감상	조선일보	1933.03.02~03
평론	백 철	조선의 문학을 구하라	제일선	1933.03
평론	송순일	문예시평	조선중앙일보	1933.03.02~08
평론	임 화	세계경제공황의 발전과 노동자계급의 신상태	신계단	1933.03
평론	임 화	수운주의 문화철학 비판	신계단	1933.03
희곡	백 철	隧道를 것는 무리	제일선	1933.03
시	백 철	봄·S지구	동아일보	1933.04.20

소설	김남천	남편 그의 동지 (긴 수기의 일절)	신여성	1933.04
소설	한설야	교차선	조선일보	1933.04.27~05.02
평론	이기영	「혁명가의 안해」와 이광수	신계단	1933.04
평론	이기영	변절자의 안해	신계단	1933.05~06
평론	이기영	서화	조선일보	1933.05.30~07.01
평론	김남천	문학시평—문화적 공작에 관한 약감의 시감	신계단	1933.05
평론	김태준	조선학의 국학적 태도와 사회학적 태도	조선일보	1933.05.01~02
평론	백 철	총괄적으로 본 해체기의 일본문학	조선일보	1933.05.05~12
평론	백 철	히틀러와 독일문학의 참화	조선일보	1933.05.17~23
평론	임 화	농업집단화의 발전과 국방	신계단	1933.05
평론	임 화	세계공황과 자본주의 제국의 예산위기	신계단	1933.05
시	권 환	간판	동아일보	1933.05.22
시	김해강	회색에 물들여진 정서	비판	1933.05
소설	김남천	물!	대중	1933.05
소설	한설야	추수 후	신계단	1933.05
평론	김남천	잡지문제를 위한 각서	신계단	1933.06
평론	김우철	민족문학의 문제—백철의 논문을	조선일보	1933.06.05~07

		읽고		
평론	안함광	문학적 형식의 탐구와 그 태도에 관하야	비판	1933.06
평론	임 화	동지 백철군을 논함	조선일보	1933.06.14~17
평론	임 화	영인 기사중심의 반 싸베트 음모의 의의	신계단	1933.06
평론	임 화	중국에 있어서의 장개석 지배의 새로운 동요	신계단	1933.06
평론	한설야	작가가 본 작가 —이북명을 논함	조선일보	1933.06.22~24
소설	송 영	그 뒤의 박승호	신계단	1933.07
평론	김남천	임화에게 주는 나의 항의	조선일보	1933.07.29~08.04
평론	김우철	동화와 아동문학 —동화의 지위 및 역할	조선중앙일보	1933.07.06~07
평론	김태준	성씨, 문벌, 족보의 연구	조선어문학회보	1933.07
평론	박승극	문필가의 당면한 부분적 임무	조선중앙일보	1933.07.11~13
평론	박팔양	신간독후유감	조선중앙일보	1933.07.02~06
평론	백 철	연극은 어데로?	조선일보	1933.07.29
평론	백 철	현대문학의 신경향	매일신보	1933.07.12
평론	이기영	작가가 본 작가 —현민 유진오론	조선일보	1933.07.02~09
평론	임 화	6월중의 창작	조선일보	1933.07.12~19

평론	임 화	나치스의 문화폭압과 파시즘의 파도	신계단	1933.07
평론	임 화	아메리카 금본위제 붕괴의 정치적 의의	대중	1933.07
희곡	한설야	저수지	신계단	1933.07
평론	김우철	농민문학에 대한 과거의 오류	조선일보	1933.08.12
평론	김우철	농촌생활을 기초로 농민문학을 수립	조선일보	1933.08.15
평론	김우철	동맹자적 문학인 농민문학의 필연성	조선일보	1933.08.13
평론	김태준	조선가요의 여성관	증명	1933.08
평론	백 철	「투르게넵흐」의 문학사적 지위 재음미	조선일보	1933.08.22
평론	백 철	문단시평 — 인간묘사시대	조선일보	1933.08.29~9.01
평론	백 철	투르게넵흐의 문학유산과 그 평가	조선중앙일보	1933.08.22~26
평론	임 화	카톨릭 문학비판	조선일보	1933.08.11~18
평론	홍효민	투르게넵흐 그의 생애와 예술	조선일보	1933.08.22~25
소설	권구현	인육시장점경	조선일보	1933.09.28~10.10
평론	김우철	맑스주의자 비평가의 임무	조선중앙일보	1933.09.12~16

평론 박승극	창작의 기술문제 — 이기영의 「서화」를 계기로	조선일보	1933.09.06
평론 박승극	최근문단의 일별 — 문인들의 활동 상태	조선일보	1933.09.07
평론 박승극	최근의 푸로 시단 — 권환의 시편들	조선일보	1933.09.30
평론 박승극	푸로 작가의 동향 — 김남천의 과오에 대하여	조선일보	1933.09.03
평론 박승극	푸로 작가의 동향 — 소부르적 망동을 경계함	조선일보	1933.09.05
평론 박승극	푸로 작가의 동향 — 임화의 문예시평을 논함	조선일보	1933.09.02
평론 박영희	문단의 그 시절을 회상한다	조선일보	1933.09.13~15
평론 백 철	문예시평	조선일보	1933.09.16~19
평론 백 철	비평의 옹호 — 비평무용론비판	조선중앙일보	1933.09.29
평론 백 철	사악한 예원의 분위기	동아일보	1933.09.29~10.01
평론 안함광	최근조선문단의 동향	조선중앙일보	1933.09.23~30
평론 홍명희	장편소설과 작자 심경 — 「임거정전」을 쓰면서	삼천리	1933.09
평론 홍효민	문학의 기근 — 문단시평	동아일보	1933.09.12

평론 홍효민	인간묘사와 사회 묘사 — 문단시평	동아일보	1933.09.[illegible]4
평론 홍효민	카톨릭문학의 대두 — 문단시평	동아일보	1933.09.[illegible]3
시 권 환	동복	조선중앙일보	1933.10.22
소설 조벽암	구직과 고양이	신동아	1933.10
소설 최정희	다난보(多難譜)	매일신보	1933.10.10~11.23
평론 김기진	나의 문학에 대한 태도	동아일보	1933.10.08
평론 김남천	문학적 치기를 웃노라 — 박승극의 잡문을 박함	조선일보	1933.10.10~12
평론 김우철	잡지 「농민」 일파의 농민문학론 비판	조선중앙일보	1933.10.05~08
평론 김유영	문예시평 — 비평이 가져야 할 이유	조선일보	1933.10.05
평론 김유영	문예시평 — 순이와 나와의 심리	조선일보	1933.10.08
평론 김유영	문예시평 — 한 개의 자유주의 작품	조선일보	1933.10.07
평론 김태준	조선가요개설 — 가요와 조선문학	조선일보	1933.10.20~11.14
평론 김해강	저급한 평단	조선문학	1933.10
평론 박승극	최근의 창작평	조선일보	1933.10.04~06
평론 박영희	혼란된 평론의 정리는 어떻게	조선일보	1933.10.31~11.05
평론 백 철	문예시평	조선중앙일보	1933.10.13~21

평론	안함광	동반자작가문제를 청산함	조선문학	1933.10
평론	안함광	창작평 — 조용만씨작 「배신자의 편지」	조선중앙일보	1933.10.23~29
평론	유진오	문예의 옹호 — 문단시평	동아일보	1933.10.07
평론	유진오	장혁주씨의 근작	동아일보	1933.10.06
평론	유진오	해외문학파의 재출현	동아일보	1933.10.05
평론	유진오	문단시평	동아일보	1933.10.03~04
평론	이기영	문단인의 자기고백 — 나의 문학에 대한 태도	동아일보	1933.10.10
평론	이기영	문예적 시감 수감	조선일보	1933.10.25~29
평론	임 화	다사하던 30년 전후의 「예술동맹」	조선일보	1933.10.08
평론	임 화	막을 다친 제1기의 문학운동	조선일보	1933.10.06
평론	임 화	자연생장에서 목적의식에 방향전환	조선일보	1933.10.07
평론	임 화	평정한 문단에 거탄을 던진 신경향파	조선일보	1933.10.05
평론	홍효민	문예비판에 대하야 — 작가와 평가	동아일보	1933.10.05~11

시	박팔양	점경	중앙	1933.11
소설	김남천	생의 고민	조선중앙일보	1933.11.01
소설	송 영	기도	조선문학	1933.11
소설	엄흥섭	숭어	비판	1933.11
소설	이기영	고향	조선일보	1933.11.15~ 1934.09.21
소설	조벽암	처녀촌	조선문학	1933.11
평론	권구현	맑스주의 문학 음미	조선문학	1933.11
평론	김태준	조선가요개설—근대가요론	조선일보	1933.11.15~16
평론	김태준	조선가요개설—시조론	조선일보	1933.11.18~12.05
평론	백 철	비평의 신임무	동아일보	1933.11.15~19
평론	백 철	창작시평	조선중앙일보	1933.11.19~23
평론	백 철	현대문학의 신심리주의적 경향	중앙	1933.11
평론	안 막	창작방법문제의 재토의를 위하여	동아일보	1933.11.29~12.07
평론	임 화	문예좌담회	조선문학	1933.11
평론	임 화	문학에 있어서의 형상의 성질문제	조선일보	1933.11.25~12.02
평론	임 화	비평의 객관성의 문제	동아일보	1933.11.09~10
평론	정순정	문학 수감	매일신보	1933.11.05~07
평론	정순정	문학의 비극	조선중앙일보	1933.11.01
평론	한설야	문예시평—11월 창작평	조선일보	1933.11.10~23
평론	홍효민	문학의 협동성과	비판	1933.11

		개별성		
시	박팔양	겨울달	신동아	1933.12
시	박팔양	하루의 과정	중앙	1933.12
시	박팔양	또다시 임을 그리움	호외	1933.12
시	유완희	마을과 백성들	삼천리	1933.12
소설	강경애	축구전	신가정	1933.12
평론	김기진	1933년도 단편창작 76편	신동아	1933.12
평론	김우철	재토의에 오른 창작방법문제	조선일보	1933.12.15~16
평론	김태준	조선가요개설—가사론	조선일보	1933.12.20~21
평론	김태준	조선가요개설—별곡편	조선일보	1933.12.16~17
평론	김태준	조선가요개설—현대가요론	조선일보	1933.12.17
평론	박승극	농촌소설집—농민문학문제와 관련하여	조선일보	1933.12.10~14
평론	백 철	1933년도 신문소설계 연재소설과 신인작가	신동아	1933.12
평론	백 철	사조중심으로 본 33년도 문학계	조선일보	1933.12.17~26
평론	안함광	작금 문예진 총검—금년하반기를 주로	비판	1933.12
평론	안함광	조선문예비평계의 동향	조선중앙일보	1933.12.13~23
평론	유진오	창작의 위기 기타	중앙	1933.12

평론	임 화	비평에 있어 작가의 실천의 문제	동아일보	1933.12.19~21
평론	최정희	1933년도 여류문단총평	신가정	1933.12
평론	한설야	12월 창작평	조선일보	1933.12.14~16
평론	한설야	1933년 창작계총평	신계단	1933.12
평론	홍효민	한개의 개괄적 검토인 과거 1년간의 평론	신동아	1933.12

1934년

• 중요 사건 일지

01.01	일본 반제동맹 《반제신문》 한국어판 발행
01.20	대한민국임시정부, 남경에서 국무위원 회의 개최 〈의장 겸 재무장〉 宋秉祚 외무장 金奎植, 내무장 趙素昻, 군무장 尹琦燮, 법무장 崔東旿
01.22	李載裕, 서대문서에 피체(04.14 탈출)
01.23	상해 교포 제작의 영화 「양자강」, 제일극장에서 상영
01.--	朴龍喆 문예지 《문학》 창간
02.10	은사령 발표. 총독부령으로 퇴·정학생 6천여 명과 사법처분생 300여 명 복교 결정
02.10	조선프로예맹 중앙집행위원회 소집 〈토의사항〉 1. 위원보선 2. 사임원 수리

3. 신입맹원 수리
4. 부서 정리
5. 재정 확립
6. 회관의 건

02.13	朴貴松 시집 『애송시집』(자가본) 발간
02.15	조선어학연구회에서 기관지 《정음》 발간
02.19	일본공산당원 野呂榮太郎, 경찰의 고문으로 사망
02.22	일본프롤레타리아작가동맹 해체 성명 발표
03.01	한국독립당 金澈, 金枓奉, 宋秉祚, 신한독립당 洪震, 申翼熙, 尹琦燮, 조선혁명당 崔東旿, 의열단 金斌 등 남경에서 한국대일전선통일동맹 제2차 대회 개최(대동단결체의 조직 및 실현을 강령으로 채택)
03.--	간도항일유격대, 조선인민혁명군으로 개편
04.11	조선농지령 공포
04.12	한국대일전선통일동맹, 각 독립단체 통합을 위한 대회소집에 관한 건의서 발송
04.14	李載裕, 서대문서 탈출
04.26	극단 신건설 지방순회 인천 공연 〈출연〉 張鐵基, 玄丙柱, 金旭, 趙鐵, 李貴禮, 崔英淑, 金龍七, 俞日俊, 李文咸, 徐貞子, 文鍾浩, 趙春光, 朴松, 朴貴漢, 金應天, 洪哲, 朴黑, 洪九, 羅雄
04.--	경성제국대학 예과, 수학연한을 2년에서 3년으로 연장 (입학자격, 중학 졸업에서 중학 4년 수료로 변경)
04.--	《형상》 4월호 원고 압수
04.--	극예술연구회 기관지 《극예술》 창간호(입센 기념호) 발간
05.01	극단 신건설 광무극장에서 공연
05.11	李丙燾, 金允經, 李秉岐 등 진단학회 창립
05.15	전북경찰부 고등과, 신건설사 단원 羅雄, 李常春, 張哲基, 張秉昌 등 8명을 검거

05.17 李載裕와 함께 조선공산당 재건활동을 벌이던 경성제국대학 조수 鄭泰植 피검

05.21 李載裕, 鄭泰植, 權榮台 등과 함께 활동하던 경성제국대학 교수 三宅鹿之助 피검

05.30 조선총독부, 산미증식계획에 의한 토지개량사업의 중지를 성명

06.21 평양경찰서, 극단 신건설의 임시사무소에서 단원 李常春, 洪九, 金旭, 仝平, 李素雄, 林正煥, 韓曉 검거

06.22 朴勝彬, 조선문기사정리기성회를 조직, 새 철자법 반대운동 전개

06.27 전북경찰부, 함흥에서 韓雪野 검거 경성으로 압송

06.29 조선일보사, 문자보급반 가입자 5,478명의 동원식 거행

06.30 동아일보사, 학생계몽대원 2,400명의 동원식 거행

06.30 종로중앙청년회관에서 '구인회' 주최 '시와 소설의 밤' 개최
〈연사〉
鄭芝溶, 李泰俊, 朴泰遠, 金起林

06.-- 《문학창조》(별나라사) 창간호 발행

06.-- 경성여자기독청년회, 「유령」(입센 작) 공연

07.02 경기도, 학생의 문맹퇴치운동 참여 금지

07.24 張貞心 시집 『금선』(한성도서주식회사) 발간

07.28 경성지방법원에서 조선공산주의자협의회사건 관계자 4명 공판 (黃鶴老는 보석 중 사망)
高景欽 징역 4년(800일 미결통산)
金鐵煥 징역 3년(700일 미결통산)
金三奎 징역 2년(700일 미결통산), 집행유예 5년
金南天 징역 2년(200일 미결통산), 집행유예 5년

08.17 활동사진영화취체규칙 공포(09.01 시행)

08.17 이탈리아에서 공산당과 사회당의 행동통일협정 체결

08.18 홍원노조 사건 鄭濂守 등, 경성복심원에서 공소공판 개정

08.25 전북경찰부, 李箕永, 宋影, 李貴禮, 白鐵 등을 검거하여 종로서에 유치

08.26	李貴禮를 전북경찰부로 압송, 金幽影 검거
08.27	石一良, 金大淵, 李相璧 등 4인을 검거(石一良 외 3명 석방, 白鐵 등 8명 전북으로 압송)
08.--	《신인문학》 창간 〈주간〉 盧子泳
09.18	소련, 국제연맹에 가입
10.20	조선농지령 시행
10.--	《청년조선》 창간 〈주재〉 金基鎭
11.01	《개벽》 복간(통권 4호로 종간)
11.25	황순원 시집 『방가』(동경 학생예술좌 문예부) 발간
11.28	진단학회에서 《진단학보》 창간
11.--	산미증식계획 중지
12.12	전북경찰부, 金基鎭, 金復鎭 및 ML당 관계자 崔昌益 검거
12.13	전북경찰부, 金基鎭 주재의 청년조선사를 수색하여 원고와 서신 등을 압수
12.14	전북경찰부, 朴英熙 검거
12.15	전북경찰부, 洪曉民 검거(李貴禮, 崔恩淑 등 2인은 석방)
12.27	경성지방법원에서 제1차 朝鮮共産黨 사건의 朴憲永이 징역 6년을 언도받음.

• 중요 작품

시	김대봉	무능한 아버지	조선문학	1934.01
시	김해강	우화	조선문학	1934.01.02
시	김해강	원조금	조선일보	1934.01.02
시	박아지	명랑한 삶	조선문학	1934.01

시	박팔양	병상	조선문학	1934.01
시	박팔양	실제	조선문학	1934.01
시	이 찬	눈나리는 보성의 밤	조선문학	1934.01
시	이 흡	오늘과 내일	조선문학	1934.01
시	이 흡	弔悼曲	신동아	1934.01
소설	김남천	문예구락부	조선중앙일보	1934.01.25~02.02
소설	김우철	총알과 기병	조선문학	1934.01
소설	박팔양	정열의 도시	조선중앙일보	1934.01.11~05.06
소설	엄흥섭	절연—안해에게 주는 편지	조선문학	1934.01
소설	이기영	가을	조선문학	1934.01
소설	이북명	병든 사나희	조선문학	1934.01
소설	조벽암	결혼전후	신가정	1934.01
소설	조벽암	수심고	조선문학	1934.01
소설	최정희	질투	신여성	1934.01
평론	김기진	문예시평—박군은 무엇을 말했나	동아일보	1934.01.27~02.06
평론	김기진	조선문학의 현재수준	신동아	1934.01
평론	김남천	창작의 태도와 실제— 당면과제의 인식	조선일보	1934.01.09
평론	김유영	현대영화의 동향	매일신보	1934.01.20
평론	김태준	시조기원에 대한 재고— 이희승씨에게 답함	학등	1934.01
평론	김해강	대중의 감정을 기조로	조선일보	1934.01.19

평론	박승극	객랍서거한 노문호〈루나찰스키〉의 추억	동아일보	1934.01.13~14
평론	박영희	최근문예이론의 신전개와 그 경향	동아일보	1934.01.02~11
평론	박영희	학문과 생활	학등	1934.01
평론	백 철	1933년 창작계 총결산	조선중앙일보	1934.01.01~10
평론	백 철	1934년도 조선비평계의 전망	신동아	1934.01
평론	백 철	문단천기상보—34년도 문단예상기	중앙	1934.01
평론	백 철	작가와 현실과 작품	조선일보	1934.01.24
평론	송 영	1934년도 문학건설—현실의 본질을 파악	조선일보	1934.01.01~25
평론	신남철	이상이란 무엇이냐	학등	1934.01
평론	엄흥섭	1934년도 문학건설—취재와 실사적 묘사	조선일보	1934.01.14
평론	이기영	문학을 이해해라	동아일보	1934.01.16
평론	이기영	사회적 경험과 수완	조선일보	1934.01.25
평론	임 화	1933년의 조선문학의 제경향과 전망	조선일보	1934.01.01~14
평론	임 화	33년을 통하야 본 현대조선의	조선중앙일보	1934.01.01~12

		시문학		
평론	한설야	흑인 문학	조선일보	1934.01.01~21
평론	홍효민	1934년과 조선문단	동아일보	1934.01.01~10
평론	홍효민	세계 저널리즘의 전망	신동아	1934.01
시	박세영	도시를 향하야	형상	1934.02
시	박아지	숙아	형상	1934.02
시	이 흡	도시의 방랑자	신동아	1934.02
시	이 흡	무산자의 노래	동아일보	1934.02.04
소설	최정희	가버린 미례	중앙	1934.02
소설	최정희	성좌	형상	1934.02
평론	김기진	금춘의 문단적 수확	동아일보	1934.02.18~20
평론	김기진	푸로문학의 현재수준	신동아	1934.02
평론	김태준	가사론	조선일보	1934.02.25~03.04
평론	김태준	고려가사의 일종 —「만전춘」 별사에 대하여	조선일보	1934.02.20
평론	박영희	問題相異點의 재음미	동아일보	1934.02.09~16
평론	백 철	조이스에 관한 노트	형상	1934.02
평론	안함광	평론의 단순화에 항하야	조선중앙일보	1934.02.08~13
평론	엄흥섭	문예비평가론— 공정한 비평의 길	조선일보	1934.02.13~14
평론	이기영	문학평론가와 창작비평가	조선일보	1934.02.03~04

평론	임 화	신춘창작개평	조선일보	1934.02.18~25
평론	임 화	현대의 문학에 관한 단상	형상	1934.02
평론	한설야	문예시평 ― 투고작품의 일반적 경향	형상	1934.02
시	박아지	나는 떠날수 업소	형상	1934.03
시	윤곤강	「트러크」	우리들	1934.03
시	윤곤강	눈보라치는 밤	중앙	1934.03
소설	김기진	봄이 오기 전	신가정	1934.03
소설	엄흥섭	유모	중앙	1934.03~04
평론	김남천	창작방법에 있어서의 전환의 문제	형상	1934.03
평론	김태준	擲柶 소고	학등	1934.03
평론	박승극	조선에 있어서의 자유주의사상	조선중앙일보	1934.03.13~15
평론	박영희	나의 아호, 나의 이명	동아일보	1934.03.22
평론	안함광	문예의 발생론적 근거와 그 사회적 기능	중앙	1934.03
평론	안함광	시사문학의 옹호와 타합 나이브리아리즘	형상	1934.03
평론	안함광	평론의 단순화에 항하야	조선중앙일보	1934.03.02~13
평론	이갑기	2월 창작의 별견	형상	1934.03
평론	임 화	집단과 개성의 문제	조선중앙일보	1934.03.13~20

갈래	저자	제목	발표지	발표일
희곡	송 영	신임이사장	형상	1934.03
희곡	이북명	그래도 나는 가야 한다	우리들	1934.03
소설	이기영	돌쇠	형상	1934.04~
평론	김태준	조선의 가요는 어디로	조선일보	1934.04.26~29
평론	박영희	심미적 활동의 가치 규정	동아일보	1934.04.[illegible]2~20
평론	박영희	창작방법과 작가의 시야	중앙	1934.04
평론	이갑기	작가와 비평가의 문단—문예시감	신동아	1934.04
평론	이동규	카프의 새로운 전환과 최근의 문제	동아일보	1934.04.06~08
평론	임 화	낭만적 정신의 현실적 구조	조선일보	1934.04.19~25
평론	정순정	조선문학의 발생과 그 생산과정에 대한 검토	조선중앙일보	1934.04.07~11
평론	정순정	프로예맹에 일언	조선중앙일보	1934.04.07~11
평론	홍효민	형상의 성질과 그 표현	동아일보	1934.04.27~05.01
소설	김기진	심야의 태양	동아일보	1934.05.03~09.19
평론	김우철	아동문학의 문제	조선중앙일보	1934.05.15~18
평론	김태준	시경연구	학등	1934.05~11
평론	김태준	조선한문학사방법론	학등	1934.05
평론	박영희	민속학자 그로세의 예술	조선일보	1934.05.01~04

		방법론의 음미		
평론	백 철	문학, 인간, 자연, 현실	동아일보	1934.05.24~6.02
평론	이기영	창작방법문제에 관하여 ― 문예적 시사감	동아일보	1934.05.30~06.04
시	권 환	비오는 봄밤	문예창조	1934.06
시	김해강	태양가튼 나의 사나이여!	문예창조	1934.06
시	박세영	강남의 봄	문예창조	1934.06
시	박아지	봄을 그리는 마음	문예창조	1934.06
시	박팔양	夏夜 풍경	조선중앙일보	1934.06.11
시	송순일	여공	중앙	1934.06
시	유완희	오월의 태양	문예창조	1934.06
시	임 화	세월	문예창조	1934.06
소설	송 영	오마니	중앙	1934.06
소설	엄흥섭	방울 속의 참소식	문학창조	1934.06
소설	이기영	진토기	문학창조	1934.06
소설	이동규	B촌삽화	문학창조	1934.06
평론	김우철	문예시평	조선일보	1934.06.01~15
평론	박승극	문예와 정치 ― 정치의 우월성 문제	동아일보	1934.06.05~09
평론	박승극	문학유산의 계승과 창조적 활동에 대하야	문학창조	1934.06
평론	박영희	문학의 이상과 실천	조선일보	1934.06.30~07.05

평론	백 철	인간탐구의 정열과 문예부흥의 대망 시대	조선중앙일보	1934.06.30~07.13
평론	송 영	신흥예술이 싹터 나올 때	문학창조	1934.06
평론	안함광	창작방법문제	조선중앙일보	1934.06.17~30
평론	안함광	창작방법문제의 토의에 기하야	문학창조	1934.06
평론	엄흥섭	교훈의 총화	문학창조	1934.06
평론	이기영	문학과 현실	문학창조	1934.06
평론	이동규	창작방법의 새 슬로-간에 대하야	조선중앙일보	1934.06.10~13
평론	임 화	선배에게—공초 오상순씨에게	조선중앙	1934.06.17~19
평론	임 화	언어와 문학—특히 민족어와의 관계에 대하야	문학창조	1934.06
시	박팔양	길손	조선중앙일보	1934.07.30
소설	강경애	인간문제	동아일보	1934.08.01~12.22
소설	이기영	노예	동아일보	1934.07.24~29
평론	김태준	조선민요의 개념	조선일보	1934.07.24~08.04
평론	박승극	조선에 있어서의 자유주의사상	조선중앙일보	1934.07.14~31
평론	유진오	평론 유진오	동아일보	1934.07.04~07
평론	이갑기	예술동맹의 해소를 제의함	신동아	1934.07
평론	이기영	문리·문장·수법	조선일보	1934.07.06~11
평론	한 효	우리의 새 과제	조선중앙일보	1934.07.07~12
평론	김기진	신문장편소설 시감	삼천리	1934.08

평론	박영희	상반기 단편소설총평	신동아	1934.08
소설	이기영	B씨의 치부술	중앙	1934.09
평론	김태준	침체는 비약의 전조 — 타인비판보다 자기청산	조선일보	1934.09.21
평론	박승극	문예시평	조선일보	1934.09.11~13
평론	박영희	나의 문학청년시대	신동아	1934.09
평론	박영희	문학과 고뇌의 향연	중앙	1934.09
평론	박영희	초추의 문단 — 9월 창작평	조선중앙일보	1934.09.14~26
평론	홍효민	흑두건과 백남의 예술	삼천리	1934.09
시	조명희	무제	조선문학	1934.10
소설	강경애	동정	청년조선	1934.10
소설	엄흥섭	좀먹는 단층	청년조선	1934.10
소설	엄흥섭	허무러진 미련탑	신동아	1934.10
소설	이기영	「남생이」와 「병아리」	청년조선	1934.10
소설	조벽암	불멸의 노래	조선일보	1934.10.24~11.03
소설	조벽암	수심고	신가정	1934.10~12
평론	김기진	청년조선의 출발	청년조선	1934.10
평론	김태준	조선문학의 역사성	조선일보	1934.10.27~11.02
평론	박영희	문학영역에서 보는 생활의 창조와 인식	신동아	1934.10
평론	신남철	조선연구의	청년조선	1934.10

		방법론		
평론	이기영	문예시평	청년조선	1934.10
희곡	민병휘	재출발	신인문학	1934.10
소설	김기진	장덕대	개벽 속간	1934.11
소설	최정희	낙동강	삼천리	
평론	박승극	문예시평	신인문학	1934.11
평론	박승극	문예시평 — 창작에 대하여	조선일보	1934.11.03~04
평론	박영희	문예시감 — 과장과 실제의 분기선	개벽복간	1934.11
평론	박영희	문체와 형식의 요소	학등	1934.11~12
평론	백 철	인간묘사론 기삼	개벽	1934.11
시	김해강	연서를 태우며	개벽	1934.12
시	김해강	흰 모래 우를 것는 처녀의 마음	개벽	1934.12
소설	김남천	어린 두 딸에게	우리들	1934.12
소설	엄흥섭	안개 속의 춘삼이	신동아	1934.12
소설	엄흥섭	우울의 궤도	개벽 속간	1934.12
소설	최정희	여인	중앙	1934.12
평론	박영희	1934년도 조선문단의 동향	신동아	1934.12
평론	박영희	발자크 예술관의 편린	개벽복간	1934.12
평론	박영희	조선문화의 재인식	개벽복간	1934.12
평론	이북명	연극인 김승일을 조함	조선중앙일보	1934.12.27~28

평론 정순정　　　문단의 돈키호테　조선중앙일보　　1934.12.14~17
　　　　　　　　— 현실에 칙하라

1935년

• 중요 사건 일지

01.02　조선어표준어사정위원회 개최
〈조선어사정수정위원〉 李熙昇, 李允宰 외 16명

01.14　신건설사사건 관계자 30여 명 전주지방법원 검사국으로 송국

01.23　여성농촌운동가 崔容信 사망

01.24　신건설사사건 관계자 중 24명 기소
〈기소자〉
李箕永, 羅雄, 宋影, 韓雪野, 朴英熙, 權景完, 金幽影, 白鐵, 鄭青山, 洪九, 全平, 邊孝植, 秋赤陽, 張秉昌, 金旭, 李東珪, 朴完植, 尹基鼎, 李相天, 金炯甲, 李甲基 外

01.25　신건설사사건 관계자 14명 형무소에 수용
〈수용자〉
金旭, 李東珪, 朴完植, 白鐵, 尹基鼎, 金炯甲, 李相天, 李甲基

01.27　전북경찰부, 石一良, 李葉, 崔貞姬 등 3명을 검거

01.28　石一良, 李葉, 崔貞姬 등 3명 전주로 압송

01.31　石一良, 李葉, 崔貞姬 등 3명을 검사국으로 송국하여 형무소에 수용

02.10　安昌浩, 대전감옥에서 가출옥

02.13　대한민국임시정부 전 국무총리 李東輝, 블라디보스토크에서 사망

02.18　경성보육학교 대강당에서 구인회 주최 문예강좌 개최
〈강사〉
李光洙, 金東仁, 朴八陽, 李箱, 鄭芝溶, 李泰俊, 朴泰遠,

金起林

02.20 일본공산당 기관지 《赤旗》 제187호로 정간

03.04 일본공산당, 田里見이 검거되고 당 중앙위원회 파괴

04.20 조선신문 주최, 조선산업박람회가 경복궁에서 개최 (04.20~06.10)

04.24 金尙鎔, 金善琪, 金性洙 등, 조선음성학회 창립

05.11 형사소송법 개정 공포 (구류기간은 2월로 하되, 필요한 경우 1월마다 갱신)

05.11 동대문경찰서 고등계 富田주임 및 경기도 경찰부 고등계원 1명, 탑골승방에서 요양 중인 카프 서기장 林和를 방문하여 카프 해산을 권고

05.20 林和, 카프 해산계를 동대문경찰서를 경유 경기도경찰부에 제출하고 해산수속 완료

06.04 신건설사 해산계를 동대문경찰서에 제출하여 해산수속 완료

06.20 한국대일전선통일동맹의 주창으로 남경에서 민족혁명당 창당을 위한 민족주의단체대표대회 개최

06.28 신건설사사건 관계자 중 石一良, 崔貞姬 등 2명, 신병으로 보석 출감

06.29 신건설사사건 관계자 23명 예심 종결

06.-- 종합지 《사해공론》 창간

06.-- 삼일극장을 조선예술좌로 개칭, 일본프롤레타리아연극동맹 가입

06.-- 동경학생예술좌 창립공연 (柳致眞 작, 「소」와 朱永涉 작, 「나루」 공연)

07.02 朴勝彬 《조선어학》 발간

07.05 한국독립당, 조선혁명당 등 각 독립운동단체 대표, 남경에서 민족혁명당 조직

07.06 민족혁명당 제1회 중앙집행위원회 개최

07.08 저작권법 시행에 관한 령 공포(07.15 시행)

07.25 민족혁명당 창당으로 의열단, 한국독립당, 신한독립당, 조선혁명당, 대한독립당 등 각 당 진행사업을 신당에 인계

07.25 코민테른 제7차 대회에 65개국 대의원 513명 참석(07.25~08.20)

07.31 조선토지개량주식회사 해산

07.하 대한민국임시정부 국무위원 梁起鐸, 柳東說, 金奎植, 趙素昂, 崔東旿의 민족혁명당 입당으로 임시정부 운영 정체상태

08.01 중국공산당, 항일구국통일전선을 호소(8·1선언)

08.02 신원보증령 공포 시행

08.13 심훈의 「상록수」, 《동아일보》 창간 15주년 기념 현상소설에 당선(09.10 연재 시작)

08.-- 고등보통학교에 현역장교를 배속하여 군사교육 실시

09.상 민족혁명당 분열(趙素昂, 文逸民 등 한국독립당계 이탈)

09.25 朴昌世, 文逸民, 趙素昂 등 한국독립당 재건선언 발표

09.-- 조선총독부, 각 학교에 신사참배를 강요

10.04 최초의 발성영화 「춘향전」 단성사에서 개봉 상연
〈감독〉 李明雨, 〈출연〉 文藝峰, 韓一松 外

10.17 조선일보사에서 종합지 《조광》 창간호 발행(1945 봄 폐간)

10.20 李載裕, 李觀述 등 조선공산당재건경성준비그룹 조직, 기관지 《적기》 발간

10.25 함흥지방법원에서 제1, 2차 조선공산당 사건의 鄭泰玉, 鄭璟德 등이 징역 10년과 8년을 언도받음.

10.27 鄭芝溶 시집 『정지용시집』(시문학사) 발간

10.28 전주지방법원 1호 법정에서 신건설사사건 제1회 공판(羅雄, 朴英熙, 尹基鼎, 李箕永, 宋影 심리)

11.01 연극전용의 동양극장 신축 개관

11.03 대한민국임시정부 제1회 국무회의 개최
〈주석〉 李東寧
학무장 趙琬九, 재무장 金九, 군무장 曺成煥, 법무장 李始榮, 내무장 宋秉祚, 외무장 車利錫

11.05 김영랑 시집 『영랑시집』(시문학사) 발간

11.11 전주지방법원에서 신건설사 사건 제2회 공판
(朴英熙, 尹基鼎, 韓雪野, 宋影, 朴完植, 金幽影 심리)

11.25 전주지방법원에서 신건설사사건 구형 공판
〈구형량〉
朴英熙 3년, 尹基鼎 3년, 李箕永 3년, 宋影 3년, 金幽影 2년, 權煥 2년, 朴完植 1년 반, 李常春 1년 반, 鄭靑山 1년 반, 洪長福 1년 반, 羅雄 1년 반, 李義百 1년 반, 韓雪野 1년, 李甲基 1년, 白鐵 1년, 李東珪 1년, 金炯甲 1년, 金貴泳 1년, 秋完鎬 1년, 石一良 1년, 邊孝植 10개월, 崔貞姬 8개월

11.-- 李東寧, 李始榮, 金九 등, 중국 항주에서 애국단을 중심으로 한국국민당 조직

11.-- 대한민국임시정부, 江蘇城 嘉興으로 이전

12.09 전주지방법원에서 신건설사사건 선고 공판
〈재판장〉 上野
〈선고량〉
朴英熙 징역 2년 집행유예 3년
尹基鼎 징역 2년 집행유예 3년
李箕永 징역 2년 집행유예 3년
金榮得 징역 2년 집행유예 3년
宋 影 징역 1년 8개월 집행유예 3년
全 平 징역 1년 6개월 집행유예 3년
李義百 징역 1년 6개월 집행유예 3년
秋完鎬 징역 1년 집행유예 3년
韓雪野 징역 1년 집행유예 3년
權 煥 징역 1년 8개월 집행유예 3년
李甲基 징역 1년 집행유예 3년
李常春 징역 1년 6개월 집행유예 3년
白 鐵 징역 1년 집행유예 3년
李東珪 징역 1년 집행유예 3년
邊孝植 징역 10개월 집행유예 1년
金貴泳 징역 1년 집행유예 3년
洪長福 징역 1년 집행유예 3년
金炯甲 징역 1년 집행유예 3년

羅　雄　징역 1년 집행유예 3년
石一良　징역 1년 집행유예 3년
朴完植　징역 1년(미결 구류 300일 통산)
鄭靑山　징역 1년(미결 구류 300일 통산)
崔貞姬　무죄

12.13　시인 金素月 사망

12.25　李載裕 피검

12.--　崔象德, 동양극장 전속의 청춘좌 조직(1935~1936)

• 중요 작품

시	박세영	교(橋) (슈프레히콜)	예술	1935.01
시	박팔양	밤차	삼천리	1935.01
소설	엄흥섭	순정	신동아	1935.01
소설	엄흥섭	악희	개벽 속간	1935.01
평론	김기진	구각에서의 탈출	신가정	1935.01
평론	김기진	조선문학의 현단계	신동아	1935.01
평론	박영희	골키의 문학적 보고에 관련하여	개벽 속간	1935.01
평론	박영희	조선지식계급의 고민과 기방향	개벽 속간	1935.01
평론	박팔양	신시선후유감	조선중앙일보	1935.01.11~22
평론	유진오	당래문학의 특징은 침통의 일색일까	동아일보	1935.01.01
평론	유진오	창작자와 무대	예술	1935.01

평론	임 화	언어와 문학	예술	1935.01
평론	한 효	1934년도 문학운동의 재동향	조선중앙일보	1935.01.02
평론	홍효민	과학적 미학의 근본문제의 단편적 연구	신조	1935.01
평론	홍효민	조선문단 및 조선문학의 전망	신동아	1935.01
희곡	박향민	금일의 여성	조선중앙일보	1935.01.0[illegible]~15
시	이 흡	만가를 타는 비파	신동아	1935.02
시	임 화	가을 바람	중앙	1935.02
소설	엄흥섭	고민	신동아	1935.02~08
평론	박승극	문예시평	신인문학	1935.02
평론	박영희	조선어와 조선문학	한글	1935.02
희곡	신불출	사생결단	삼천리	1935.02
소설	엄흥섭	윤락녀	신가정	1935.03
소설	이기영	원치서	동아일보	1935.03.03~17
평론	박승극	리얼리즘 소고	조선중앙일보	1935.03.11~30
평론	박승극	조선문단의 회고와 비판	신인문학	1935.03
평론	엄흥섭	문예비평의 기본개념 — 평가의 교양문제	조선일보	1935.05.01~05
평론	한 효	조선문단의 현대적 제상	조선일보	1935.03.01~08
시	이 찬	陽春: 偶吟六章	조선일보	1935.04.30
소설	이북명	공장가	중앙	1935.04
평론	김우철	신춘문단에 대한 잡감	예술	1935.04

평론	박승극	2월 창작평	조선문단	1935.04
평론	박승극	김동인씨의 난평을 박함	조선문단	1935.04
평론	안함광	조선 푸로문학의 현단계적 위기와 그의 전망	예술	1935.04
평론	한 효	소화 9년도 문학 운동의 제경향	예술	1935.04
희곡	박영호	원앙	신인문학	1935.04
시	이 찬	녹음방초	조선일보	1935.05.19
시	이 찬	독소	조선문단	1935.05
시	이 찬	동무의 회상	조선중앙일보	1935.05.23
평론	김남천	창작과정에 관한 감상—작품이전과 비평	조선일보	1935.05.16~20
평론	박승극	중국여류작가 정령에 대하야	조선문단	1935.05
평론	홍효민	문예적 생산과 생산적 문예	조선문단	1935.05
시	박세영	화문보로 가린 이층	신동아	1935.06
시	이 찬	면회	중앙	1935.06
시	이 찬	월야	조선일보	
시	이 찬	특망	중앙	1935.06
시	이 찬	해후	중앙	1935.06
소설	박승극	풍진	신인문학	1935.06~07
소설	이북명	오전3시	조선문단	1935.06
평론	김남천	지식계급전형의 창조와 「고향」 주인공	조선중앙일보	1935.06.28, 07.04

평론 김두용	전형기와 명일의 조선문학	동아일보	1935.06.05~07
평론 박승극	조선문학의 재건설	신동아	1935.06
평론 안함광	창작방법문제 재검토를 위하여	조선중앙일보	1935.06.30~07.04
평론 엄흥섭	6월 창작평	조선중앙일보	1935.06.13~28
평론 엄흥섭	조벽암군에게 보냄	신동아	1935.06
평론 엄흥섭	카프 해산의 생물학적 의의	조선중앙일보	1935.06.09
평론 임 화	조선적 비평의 정신	조선중앙일보	1935.06.25~29
평론 정순정	문단 교우록—지나간 단상을 모아서	조선중앙일보	1935.06.08~16
평론 한 효	문학상의 제문제	조선중앙일보	1935.06.02~12
희곡 민병휘	밤에 우는 새	신인문학	1935.06
시 이 찬	귀향	조선문단	1935.07
시 이 찬	월야	조선문단	1935.07
시 이 흡	破調의 노래	신동아	1935.07
시 임 화	다시 네거리에서	조선중앙일보	1935.07.27
소설 신고송	임신	조선중앙일보	1935.07.10~16
소설 이북명	어리석은 사람	조선문단	1935.07
소설 조벽암	파종	신동아	1935.07
평론 김두용	문단동향의 타진—「구인회」에 대한 비판	동아일보	1935.07.28~08.01
평론 김우철	아동문학에 관하여—이헌구씨	조선중앙일보	1935.07.15

	소론을 읽고		
평론 안함광	최근 창작평	조선문단	1935.07
평론 엄흥섭	「리알」과 「로맨」의 융합	조선중앙일보	1935.07.13
평론 엄흥섭	세계관의 확립과 조선적 특수성의 파악	조선일보	1935.07.09
평론 엄흥섭	조그만 체험기	동아일보	1935.07.05~06
평론 이북명	사실주의 절대기술	조선중앙일보	1935.07.11
평론 임 화	역사적 반성에의 요망	조선중앙일보	1935.07.05~16
평론 한 효	신창작방법의 재인식을 위하여	조선중앙일보	1935.07.23~27
평론 홍효민	행동주의문학의 검토	조선문단	1935.07
희곡 주영섭	나루	신동아	1935.07
시 김해강	새벽의 유방	조선문학	1935.08
시 임 화	꼴푸장	조선중앙일보	1935.08.04
시 임 화	낫(午)	삼천리	1935.08
시 임 화	야행차속	동아일보	1935.08.11
소설 박승극	그 여인	신인문학	1935.08
소설 엄흥섭	노학자	신조선	1935.08
평론 김남천	문예시감	조선중앙일보	1935.08.31~09.10
평론 김두용	창작방법의 문제 — 리얼리즘과 로맨티시즘	동아일보	1935.08.24~09.03
평론 박승극	예술동맹해산에 제하야	신조선	1935.08

평론 안함광	풍자문학론 비판	조선중앙일보	1935.08.07~11
평론 임 화	질풍노도를 초극하는 위대한 정세	조선일보	1935.08.24~09.01
평론 한 효	문학비평의 신임무	조선중앙일보	1935.08.15~16
희곡 송 영	어서 막을 다더라	조선중앙일보	1935.08.08~22
시 박세영	자화상	신동아	1935.09
시 임 화	옛책	신동아	1935.09
소설 이북명	민보의 생활표	신동아	1935.09
평론 김동환	생전의 서해 사후의 서해	신동아	1935.09
평론 김우철	예술가의 자존심—최형에게 드림	조선중앙일보	1935.09.07~08
평론 박승극	문화옹호 국제작가회의의 경과	조선중앙일보	1935.09.08~11
평론 엄흥섭	문단시감	신동아	1935.09
평론 엄흥섭	문학의 옹호—정열·양심·행동	조선일보	1935.09
평론 이북명	아관문학	신동아	1935.09
평론 한 효	창작방법의 논의	동아일보	1935.09.27~10.05
평론 홍효민	문학의 진보적 사상	신동아	1935.09
희곡 안석영	춘풍[시나리오]	조선중앙일보	1935.09.17
시 이 찬	국경일절	시건설	1935.10
시 이 찬	백산령토부감도	조선일보	1935.10.10
소설 박승극	색등 밑에서	신인문학	1935.10
평론 김남천	공식과 문학사	조선중앙일보	1935.10.04
평론 김남천	조선은 과연	조선중앙일보	1935.10.18~27

		누가 천대하는가		
평론	김복진	예술관념과 윤리관념은 공간의 양단이다	조선중앙일보	1935.10.05~06
평론	박승극	문예시평 — 「마음의 기사」여 눈초리를 돌리라	신인문학	1935.10
평론	박승극	이북명씨의 「초진」에 대하야	조선중앙일보	1935.10.13~16
평론	임 화	비평의 시대	비판	1935.10
평론	임 화	조선신문학사론 서설	조선중앙일보	1935.10.09~11.03
시	김해강	오빠의 영전에 엎드려	비판	1935.11
시	박세영	심향강	신동아	1935.11
시	박아지	독보 추야	신동아	1935.11
시	이 찬	북관천리	조선일보	1935.11.04
시	임 화	최후의 염원	조선지광	1935.11
평론	김두용	로맨티시즘론 — 창작방법문제 재론의 계속	동아일보	1935.11.30~12.09
평론	김두용	문학의 조직상문제	조선중앙일보	1935.11.26~12.05
평론	김두용	창작방법문제에 대하여 재론함	동아일보	1935.11.16~29
평론	박승극	문예시평 — 전환기의 문학	조선중앙일보	1935.11.02~08
평론	신고송	카프 해산후의 문단협조와 문예가협회	조선중앙일보	1935.11.14~22
평론	신고송	톨스토이 사후	조선중앙일보	1935.11.20

		25주년		
평론	안함광	인간묘사론 시비에 관하야	조선중앙일보	1935.11.29~12.03
평론	안함광	작금문예진총평 — 금년하반기를 주로	비판	1935.11
평론	임 화	거울로서의 톨스토이	조광	1935.11
평론	임 화	혁명가로서의 두옹	조광	1935.11
평론	한 식	두옹의 예술에 있어서 영원한 것에 대하야	동아일보	1935.11.20
평론	한 효	인간 톨스토이와 예술가 톨스토이	조선중앙일보	1935.11.20~21
평론	홍명희	대 톨스토이의 인물과 작품	조선일보	1935.11.23~12.04
시	김해강	오오 나의 모악산아	조선문학	1935.12
시	임 화	버러지	신동아	1935.12
시	임 화	일년	조선지광	1935.12
소설	박승극	항간사	신인문학	1935.12
소설	박승극	화초	신조선	1935.12
소설	엄흥섭	새벽바다	조광	1935.12
소설	이북명	편지 — 가난한 안해의 수기에서	신인문학	1935.12
평론	김남천	금년 조선문단 수확	신동아	1935.12
평론	박승극	창작방법의 확립을 위하여	조선중앙일보	1935.12.14~22

평론	박팔양	시가강좌—조선신시운동사	삼천리	1935.12
평론	박팔양	정지용시집에 대하야	조선중앙일보	1935.12
평론	백 철	출감소감—비애의 성사	동아일보	1935.12.22~27
평론	엄흥섭	을해년의 창작결산—조선의 작가는 어디로	조선일보	1935.12.08~13
평론	임 화	담천하의 시단일년	신동아	1935.12
평론	임 화	조선문학을 어떻게 규정할 것인가	신동아	1935.12
평론	최정희	조선문학의 발전을 위하여 비평의 임무를—	조선일보	1935.12
평론	한 효	금년도 창작계 개관	동아일보	1935.12.14~22
평론	한 효	금년에 있어서의 문학상의 제문제에 대하야	신동아	1935.12

1936년

• 중요 사건 일지

01.20	白石 시집 『사슴』(자가본) 발간
02.12	조선소작조정령 개정 공포
02.12	대구 복심법원에서 신건설사사건 항소심 공판

〈구형량〉

李箕永 징역 3개월　　朴英熙 징역 3개월
尹基鼎 징역 3개월　　李常春 징역 2개월
全裕協 징역 2개월　　宋　影 징역 2개월
朴完植 징역 1개월　　羅　雄 징역 1개월

02.19　대구 복심법원에서 신건설사사건 항소심 선고 공판
朴英熙 징역 3년　집행유예 3년
尹基鼎 징역 3년　집행유예 3년
李箕永 징역 3년　집행유예 3년
宋　影 징역 1년 8개월　집행유예 3년
李常春 징역 1년 6개월　집행유예 3년
金幽影 징역 1년 6개월　집행유예 3년
羅　雄 징역 1년 6개월　집행유예 3년
朴完植 징역 1년 (미결 통산 300일)

03.10　《조선농민》 창간

03.14　申采浩, 여순감옥에서 옥사

03.19　조선어사전편찬회를 해산하고 사업 전체를 조선어학회에서 인수

03.20　조선어사전 전임 편찬위원 李允宰, 鄭寅承, 李重華, 李克魯 선출

03.23　코민테른 집행위원회 간부회의에서 반파시즘·반전투쟁을 구체화

03.25　칠레에서 인민전선 성립

04.01　조선어학회, 조선어사전편찬사업 착수

05.04　일본노동무산협의회 결성(반파쇼인민전선 제창)

05.05　남만주에 조선조국광복회(항일민족통일전선) 결성

05.29　黃順元 시집 『골동품』(자가본) 발간

06.04　프랑스 인민전선정부 수립(1936.06.04.~1937.06.21)

06.--　《신동아》 폐간

07.07　「일본자본주의발달사 강좌」에 참가한 小林盛太郎 등 학자 30여 명 치안유지법 위반 피검

07.08	金起林 시집 『기상도』(창문사) 발간
07.11	일본 6대 도시 상인들의 조선미 불매동맹으로 조선백미가 폭락
07.18	스페인에서 파시스트의 쿠테타로 내란 발발
07.27	보천교, 조선총독부의 명령으로 해산 선언
08.04	조선불온문서임시취체령 공포 시행
08.05	南次郎, 조선총독에 취임
08.09	孫基禎, 제11회 베를린올림픽 마라톤경기에서 우승
08.19	소련, 지노비에프·카메네프 등 16명 처형
08.25	《동아일보》, 孫基禎 마라톤 제패 사진의 일장기를 말소하여 게재
08.26	南次郎, 조선총독에 부임
08.27	《동아일보》, 일장기말소사건으로 무기정간 (1937.06.02 정간해제)
08.27	鄭寅燮, 코펜하겐에서 개최된 세계언어학회에 참석하여 「조선어문과 구미어문과의 비교」 발표
08.--	극예술연구회 탈퇴파와 예술좌 합동으로 조선연극협회 창립
09.03	브뤼셀 세계평화대회에 790개 조직 대표 4,500여 명 참석 (09.03~09.06)
09.05	孫基禎의 마라톤우승 사진의 일장기를 말소 게재한 《조선중앙일보》 휴간
09.--	희극좌와 동극좌 합동으로 호화선 조직
10.1	월간 《조선영화》 창간
10.21	조선총독부, 사상범관찰을 위해 경성, 평양, 광주 등 주요 도시 7개소에 감찰소와 출장소 설치 결정
10.--	명치좌(현 명동예술극장) 준공
10.--	미술단체 後素會 조직
10.--	李箕永 소설집 『고향』(한성도서) 발간

• 중요 작품

갈래	작가	작품	발표지	발표일
시	김해강	광명을 뿌리는 기사야	비판	1936.01
시	박노갑	밤	조선중앙일보	1936.01.12
시	박아지	기워서 지은 시는 피 덧을 이 바이업네	신동아	1936.01
시	박팔양	승리의 봄	문학	1936.01
시	송순일	송덕비	동광	1936.01
시	임 화	들	조광	1936.01
소설	박승극	추야장	신인문학	1936.01
소설	박승극	풍경	신조선	1936.01
소설	엄흥섭	가책	신동아	1936.01
소설	엄흥섭	조그만 시련	예술	1936.01
소설	이기영	인간수업	조선중앙일보	1936.01.01~07.23
소설	이기영	흙과 인생	예술	1936.01
소설	이북명	구제사업	문학	1936.01
소설	이북명	현대의 서곡	신조선	1936.01
평론	김남천	건전한 사실주의의 길	조선문단	1936.01
평론	김두용	세계문예사조	조선중앙일보	1936.01.01~16
평론	김두용	프로문학의 전도	동아일보	1936.01.07
평론	박팔양	지용과 임화 시	중앙	1936.01
평론	백 철	현대문학의 과제인 인간탐구와 고민의 정신	조선일보	1936.01.12~21
평론	송 영	조선말 문학의	조선일보	1936.01.12~21

	세계적 수립		
평론 신고송	아동문학부흥론	조선일보	1936.01.01~02.07
평론 안함광	쏘시아리스틱리얼리즘 제창후의 조선문단…	조선일보	1936.01.03~10
평론 엄흥섭	작가의 기본임무와 조선현실의 파악	조선일보	1936.01.01~03
평론 이북명	주제의 적극성 기타	동아일보	1936.01.04
평론 임 화	당래할 조선문학을 위한 신제창	동아일보	1936.01.01~04
평론 임 화	문학과 행동의 관계	조선일보	1936.01.08~10
평론 임 화	문학의 비규정성의 문제	동아일보	1936.01.28~02.04
평론 임 화	시의 시인과 그 명예	학등	1936.01
평론 임 화	조선문학의 신정세와 현대적 제상	조선중앙일보	1936.01.26~02.13
평론 한 식	자유주의의 본질, 특히 문학과 관계하야	동아일보	1936.01.01~07
평론 한 효	조선문단협조문제	예술	1936.01
평론 홍효민	신춘 조선문단 전망	예술	1936.01
평론 홍효민	철학사상과 문학사상	학등	1936.01

희곡	이서향	어머니	조광	1936.01
희곡	박영호	인간 일번지	문학	1936.01
희곡	남궁만	데릴사위	조선중앙일보	1936.01.0 ~28
시	유완희	새해를 맞으며	삼천리	1936.02
시	이 찬	일년	신동아	1936.02
시	이 찬	국경의 밤	조광	1936.02
시	임 화	강가로 가자	조광	1936.02
소설	송 영	월파	조선일보	1936.02.23~03.10
소설	이기영	유선형	중앙	1936.02
소설	이북명	요양원에서	사해공론	1936.02
소설	한설야	태양	조광	1936.02
소설	한설야	황혼	조선일보	1936.02.05~10.28
평론	김두용	일본문단ㅡ 극단 의 동향	동아일보	1936.02.28~03.10
평론	김우철	「리얼」의 탐구와 방법	동아일보	1936.02.22
평론	김우철	낭만적 정신과 재능	동아일보	1936.02.25~26
평론	김우철	산문 假構와 묘사	동아일보	1936.02.23
평론	김우철	생활의 진실과 체험 ㅡ 김동리씨의 「산화」	동아일보	1936.02.21
평론	박승극	1936년을 맞은 각국 문단 개황고	조선중앙일보	1936.02.25~03.01
평론	박팔양	조선신시발달사	삼천리	1936.02
평론	백 철	문예월평	조선일보	1936.02.13~22
평론	안함광	인상에 남은	조선일보	1936.02.01~15

		신인작품		
평론	임 화	기교파와 조선시단	중앙	1936.02
평론	임 화	문예산책— 최근작품 독후감	조선중앙	1936.02.15~26
평론	한설야	포석과 민촌과 나	중앙	1936.02
평론	한 식	풍자문학에 대하야	동아일보	1936.02.21~27
평론	한 효	예술이론의 일반법칙	동아일보	1936.02.05~20
평론	홍효민	신춘문예 수감	학등	1936.02
시	박아지	신인	신동아	1936.03
시	이 찬	불안	신동아	1936.03
소설	송 영	능금나무 아래서	조광	1936.03
소설	송 영	아버지	중앙	1936.03
소설	이기영	도박	조광	1936.03
소설	이북명	어둠에서 주은 스켓취	신인문학	1936.03
소설	한설야	임금	신동아	1936.03
평론	김남천	꼴키에 대한 단상	조선중앙일보	1936.03.13~17
평론	김우철	작가와 기술문제 —작품이전의 고민상	조선중앙일보	1936.03.03~06
평론	김형원	시심불멸	조광	1936.03
평론	박승극	문학의 일보전진을 위하야— 신년의 전망	비판	1936.03
평론	백 철	금일창작의 음미 「낭만인가? 진실	조선일보	1936.03.18~28

	인가?」		
평론 백 철	문예왕성을 기할 시대	중앙	1936.03
평론 백 철	신춘창작평	사해공론	1936.03
평론 송 영	문예쇄담	매일신보	1936.03.05~17
평론 안함광	문예평단의 이상타진	비판	1936.03
평론 이갑기	문인과 생활문제	조선중앙일보	1936.03.05~07
평론 이갑기	창작의 방법론에 항하야	조선일보	1936.03.10~21
평론 임 화	언어의 마술성	비판	1936.03
평론 임 화	조선어와 위기하의 조선문학	조선중앙일보	1936.03.08~24
평론 한설야	최근문단의 동향	고려시보	1936.03
평론 한 식	인류의 교사로서의 「로망롤랑」	동아일보	1936.03.[illegible]1~13
평론 한 효	1월 창작평—양적 풍잔과 질적 흉산	비판	1936.03
평론 한 효	박화성 여사에게	신동아	1936.03
희곡 남궁만	산막	조선중앙일보	1936.03.02~21
시 임 화	달밤	신동아	1936.04
소설 송 영	「솜틀거리」에서 나온 소식	삼천리	1936.04
소설 엄흥섭	과세	조광	1936.04
소설 한설야	딸	조광	1936.04
평론 김두용	조선문학의 평론확립의 문제	신동아	1936.04
평론 김우철	낭만적 인간탐조	조선중앙일보	1936.04.15~28

		― 문학의 빈곤과 작가개성		
평론	박승극	노동자에 서는 작가들	조선중앙일보	1936.04.09~10
평론	백 철	고민과 문학 ― 문학한담집	조선일보	1936.04.23~24
평론	백 철	극단주의 제창	조선일보	1936.04.25
평론	백 철	문학과 부도덕	조선일보	1936.04.26~28
평론	백 철	문학의 성림 ― 인간으로 귀환하라	조광	1936.04
평론	백 철	문화의 조선적 한계성	서해공론	1936.04
평론	백 철	정치와 문학 ― 문단일제	중앙	1936.04
평론	안함광	작가 유진오씨를 논함	신동아	1936.04
평론	이기영	작가와 위생	사해공론	1936.04
평론	임 화	그 뒤의 창작노선 ― 최근작품을 감상	비판	1936.04
평론	임 화	창작기술에 관련하는 소감	사해공론	1936.04
평론	한설야	조선문학의 새 방향	조선일보	1936.04.17~23
평론	한 식	최근노문단의 제문제	동아일보	1936.04.02~09
시	김해강	마음에 새기는 묘지명	조선문학	1936.05
시	박노갑	마을의 봄	조선중앙일보	1936.05.09
소설	송 영	숙수치마	조선문학 속간	1936.05

소설	엄흥섭	힘	조광	1936.05
소설	이기영	배낭	조광	1936.05
소설	조벽암	노승	조선문학 속간	1936.05
소설	한설야	홍수	조선문학 속간	1936.05
평론	김남천	춘원 이광수씨를 말함	조선중앙일보	1936.05.06~08
평론	박영희	문학적 창조성의 제한과 분석	신동아	1936.05
평론	박영희	헨릭·입센의 사회극	조선일보	1936.05.22
평론	백 철	문학한담집—작품의 성실성 문제	조선일보	1936.05.01~03
평론	백 철	창작에 있어서의 개성과 보편성	조선일보	1936.05.31~6.11
평론	안함광	창작방법론문제 논의의 발전과정과 그 전개	조선일보	1936.05.30~06.06
평론	엄흥섭	문예시평	조선일보	1936.05.03~10
평론	이갑기	문예시평—3월 창작을 중심으로 하야	조선문학	1936.05
평론	임 화	언어의 현실성	조선문학	1936.05
평론	임 화	작가에게 보내는 편지—송영형께	신동아	1936.05
평론	임 화	진보적 문학의 당면적 과제	조선중앙일보	1936.05.01~06
평론	한 효	예술과 정치와의 관계와 인간형의 문제에…	조선문학	1936.05
평론	홍효민	건설도상의	조선문학	1936.05

		조선문학		
시	박아지	춘궁 이제(二題)	조선문학	1936.06
시	이 찬	가라지의 설움	조선문학	1936.06
소설	송 영	승군	삼천리	1936.06
소설	엄흥섭	그들의 간 곳	조선문학 속간	1936.06
소설	이기영	십년후	삼천리	1936.06
소설	이북명	소설 이북명	조선문학 속간	1936.06
소설	한설야	철로교차점	조광	1936.06
평론	김남천	꼴키를 곡함	조선중앙일보	1936.06.22~24
평론	김동환	문예운동의 모태인 한글 어학의 장래를…	삼천리	1936.06
평론	김두용	조선문학 향상의 길	동아일보	1936.06.12~18
평론	박승극	창작방법론고	조선중앙일보	1936.06.03~07
평론	박영희	6월 창작평	조선일보	1936.06.07~17
평론	박영희	작가 엄흥섭씨에게	신동아	1936.06
평론	백 철	4월 창작 개평	조선문학	1936.06
평론	백 철	조선문학	조선일보	1936.06.28~07.03
평론	백 철	인간탐구의 문학	사해공론	1936.06
평론	안함광	문단으로서의 일고언	신동아	1936.06
평론	안함광	작가 한설야의 근업	조선문학	1936.06
평론	이기영	막심 꼴키에 대한 작가적 인상초	조선중앙일보	1936.06.22
평론	이북명	공장문학과 농민	중앙	1936.06

	문학—문단일제		
평론 임 화	밀림에의 일고언	신동아	1936.06
평론 임 화	현대적 부패의 표정인 인간탐구와 고민의 정신	조선중앙일보	1936.06.10~19
평론 한설야	요계몽의 평자	신동아	1936.06
평론 한 식	문학의 진실한 발전을 위하여	조선중앙일보	1936.06.19~07.05
평론 한 식	문호 막씸 골키의 문학사상의 지위	동아일보	1936.06.20~26
평론 한 효	비판이란	신동아	1936.06
평론 한 효	사회주의 리얼리즘 재검토	조선문학	1936.06
평론 한 효	이갑기, 백철 양씨의 논을 박함	신동아	1936.06~07
희곡 박향민	머슴과 죄	조선중앙일보	1936.06.06~27
시 박아지	인생행로	신동아	1936.07
시 송순일	21일	조선문단	1936.07
시 임 화	하늘	신인문학	1936.07
소설 송 영	여사무원	조광	1936.07
소설 엄흥섭	구원초	부인공론	1936.07
소설 이기영	유한부인	사해공론	1936.07
소설 이기영	적막	조광	1936.07
소설 이북명	우울을 싣고	부인공론	1936.07
평론 김남천	비판하는 것과 합리화하는 것과	조선중앙일보	1936.07.26~8.02
평론 박영희	문단잡감—권태에 지친	조선일보	1936.07.18~24

	근래평단		
평론 박팔양	요람시대의 추억	중앙	1936.07
평론 이북명	불살라버린 청춘 ABC	신동아	1936.07
평론 임 화	7월의 창작월평	조선중앙	1936.07.18~29
평론 임 화	문단논단의 분야와 동향	사해공론	1936.07
평론 임 화	예술적 인식 표현의 수단으로서의 언어	조선문학	1936.07
평론 한설야	잃어버린 여주인공	신동아	1936.07
평론 한설야	통속소설에 대하야	조선일보	1936.07.03~08
평론 홍효민	작가 장혁주씨에게	신동아	1936.07
희곡 남궁만	청춘	조선문학	1936.07~08
시 김해강	따르릉 따르릉	조선문학	1936.08
소설 김우철	뽄아미	조선문학 속간	1936.08
소설 송 영	인왕산	중앙	1936.08
소설 윤기정	자화상	조선문학 속간	1936.08
평론 박영희	조선사람 읽는 것만이 — 조선문학의 정의	삼천리	1936.08
평론 박영희	현역 평론가 군상 — 문장으로 본 그들의 인상	조선일보	1936.08.28~09.02
평론 송 영	평론 송영	매일신보	1936.08.06
평론 송 영	희곡작법	삼천리	1936.08
평론 이갑기	여기문학	조선문학	1936.08

평론	이기영	문예적 시감	조광	1936.08
평론	임 화	시의 일반개념	삼천리	1936.08
평론	임 화	조선문학의 정의	삼천리	1936.08
평론	한설야	고향에 돌아와서 — 문예시감	조선문학	1936.08
평론	한설야	세계적 작가인 '고리키'옹의 생애와 작품	신동아	1936.08
평론	한 식	이민문학의 과거와 현재	조선일보	1936.08.29~09.05
평론	한 식	최근문단에 대한 수감수삼	동아일보	1936.08.[illegible]5~19
평론	한 효	진정한 리얼리즘에의 길	조선문학	1936.08
평론	홍효민	문학의 사회적 성격	조선문학	1936.08
시	박아지	꼴키의 영전에	조선문학	1936.09
시	박팔양	가을밤	조선문학	1936.09
시	송순일	상혼(傷魂)	조선문학	1936.09
소설	박승극	백골	비판	1936.09
소설	송 영	춘몽	조선문학	1936.09
소설	윤기정	사생아	사해공론	1936.09
소설	이기영	야광주	중앙	1936.09
평론	백 철	개성과 보편성	동아일보	1936.09.10~11
평론	백 철	비평과 중상 — 최근의 비평적 경향	조선일보	1936.09.16~23
평론	백 철	작가 한설야에게	신동아	1936.09
평론	송 영	창작의 신주제	매일신보	1936.09.04~11

평론 안함광	7월 창작계	조선문학	1936.09
평론 임 화	조선문학의 개념규정에 반하는 소감	조선문학	1936.09
평론 임 화	학예자유의 옹호	사해공론	1936.09
시 김해강	전등불 꺼진 포도 위에는	조선문학	1936.10
시 박아지	먼곳에 간 벗들에게	신인문학	1936.10
시 이 찬	유폐	조선문학	1936.10
소설 송 영	성묘	여성	1936.10
소설 윤기정	적멸	조선문학 속간	1936.10
소설 이동규	여름	비판	1936.10
소설 이북명	한 개의 전형	조선문학 속간	1936.10
소설 엄흥섭	구원초	사해공론	1936.10
평론 김태준	「구운몽」의 연구	조선문학	1936.10
평론 임 화	문학상의 지방주의문제	조광	1936.10
평론 한 효	현대조선작가론	조선문학	1936.10
시 김해강	오오 나의 옛 요람이여	낭만	1936.11
시 양우정	계절의 선율	낭만	1936.11
시 이 찬	바리우는 이 없는 정거장	낭만	1936.11
시 이 찬	어화(漁火)	낭만	1936.11
시 이 찬	기원	시건설	1936.11
시 임 화	단장(斷章)	낭만	1936.11
소설 김우철	양류촌	조선문학 속간	1936.11

소설	엄흥섭	정열기	조광	1936.11~1937.02
소설	윤기정	차부	조광	1936.11
소설	이동규	어느 노인의 죽엄	조선문학 속간	1936.11
소설	조벽암	호박꽃	조선문학 속간	1936.11
평론	백 철	문학어 일제	조선일보	1936.11.05~06
평론	백 철	문화의 옹호와 조선의 문제	사해공론	1936.11
평론	백 철	예술의 한계성	조선일보	1936.11.08
평론	엄흥섭	11월창작평	조선일보	1936.11.11~17
평론	이기영	신문과 작가	사해공론	1936.11
평론	임 화	나의 묘지명	삼천리	1936.11
평론	임 화	암흑기의 문예는 융성하는가	조선문학	1936.11
평론	한 식	비평문학의 수립과 그 방법	조선일보	1936.11.29~12.08
희곡	송 영	난	사해공론	1936.11
희곡	송 영	황금산	조선문학	1936.11
소설	윤기정	이십원	풍림	1936.12
소설	이동규	전차타는 여인	풍림	1936.12
평론	박영희	민촌의 역작 「고향」을 읽고서	조선일보	1936.12.01
평론	백 철	평론 백철	여성	1936.12
평론	백 철	우리 문단과 휴매니즘	조선일보	1936.12.23~27
평론	유진오	문학청년에게 주는 말	풍림	1936.12
평론	이갑기	문예비평에 대한	풍림	1936.12

	견해의 상대성		
평론 한 효	휴맨이즘의 현대적 의의	조선문학	1936.12~1937.04

2. 조선프롤레타리아예술동맹 관련 문인 약전

고경흠(高景欽, 1910~1963)

사회주의 운동가. 이명 김민우(金民友), 차석동(車石東), 남해명(南海明), 김영두(金榮斗), 牧野啓夫.

제주도 제주 출신. 서울 정동공립보통학교를 졸업하고 1923년 4월 경성중학에 입학했다. 1926년 2월 경성중학을 중퇴한 후 그해 보성전문학교에 입학하여 1년간 수학했다. 1927년 3월 일본 도쿄로 건너가 고학하면서 5월 재동경조선청년동맹에 가입하여 집행위원으로 활동했다. 이 무렵 김두용, 조중곤, 홍효민, 이북만과 함께 제3전선사(第三戰線社)를 설립하고 기관지 《제3전선》을 발간했다. 1927년 여름방학을 이용한 제3전선사 하계 전국순회 강연이 끝난 후 박영희 등을 만나 9월에 조선프롤레타리아예술동맹(KAPF) 개편에 참여했으며, 조선프로예맹 동경 지부를 결성하고 사회주의 문예운동을 전개했다. 10월 재일본조선노동총동맹과 신흥과학연구회에 가입했다. 1928년 9월 니혼대학[日本大學] 전문부 법학과에 입학했으나 중도 퇴학했으며, 10월 신간회 도쿄 지회에 가입했다가 일본 경찰의 지명수배를 피해 중국 상해(上海)로 망명했다. 1929년 3월 상해에서 ML파 공산주의 그룹의 지도자들과 만나 코민테른 「12월 테제」에 의거한 조선공산당 재건운동방침을 협의했다. 그 후 일본으로 들어가 고려공산청년회 일본부 재건에 참여했으며, 출판부에 배속되어 기관지인 《노동자농민신문》, 《현계단》의 발간 업무에 종사했다. 그리고 조선프로예맹 동경 지부를 당재건운동에 활용하기 위해 합법적인 출판사 무산자사(無産者社)에 참여했다. 1930년 4월 도쿄에서 《전기(戰旗)》, 《인터내쇼날》, 《무산자》 등의 잡지 발간을 주관했다. 이 무렵 「조선공산당 볼셰비키화의 임무」, 「조선문제를 위하여」, 「조선에 있어서 혁명적 앙양과 공산당의 임무」, 「민족개량주의의 반동적 도량을 분쇄하라」, 「평양파업의 의의와 공산당의 활동 임무」, 「조선공산당의 당면문제」, 「조선에 있어서 반제국주의 협동전선의 제 문제」, 「조선에 있어서의 농민문제」 등을 집필하여 당재건운동과 조선혁명에 관한 방침을 천명했다. 그해 11월 북경(北京)으로 가서 한위건(韓偉健)을 만나 당재건운동의 방침을 협의했으며, 1931년 2월 조공재건설동맹을 결성하고 중앙집행위원과 선전부원이 되었다. 4월 조공재건설동맹 제2차 중앙집행위원회를 열어, 조선공산주의자협의회로 조직을 변경하고 출판위원으로 선정되었고, 도쿄에서 무산자사를 근거지로 삼아 《코뮤니스트》, 《봉화》 등의 기관지 출판사업에 종사했다. 8월 하순 일본경찰에 검거되어 김남천, 한재덕 등과 함께 1933년 5월 경성지법에서 예심에 회부되었으며, 4년형을 받고 법정에서 사상전향을 선언했다. 그 뒤 출옥하여 여운형(呂運亨)이 사장으로 있던 《조선중앙일보》 편집부원이 되었으며, 1938년 7월 전향인사들을 중심으로 조직된 시국대응전선사상보국연맹(時局對應全線思想報國聯盟) 경성 지부 간사가 되었다. 1945년 8월 세칭 장안파 조선공산당 결성에 참여했으며, 9월에는 조선건국준비위원회에 참여하여 조사부 위원으로 활동했다. 1946년 5월 이후 《독립신보》의 논설위원, 주필로 여운형, 백남운(白南雲) 등 중도좌파의 노선을 대변했다. 1946년 조선인민당 당수 여운형의 특사로 평양에 가서 김일성(金日成)과 회담했으며, 1946년 10월 사회노동당 결성에 참여하여 중앙위원이 되었다가 11월 탈당했다. 1947년 5월에는 근로인민당 결성에 참여했으며, 같은 해 7월 19일 여운형의 암살 당시 함께 동승하고 있었다. 이후 월북하여 1948년 최고인민회의 대의원이 되었고, 1956

년 4월 조선노동당 중앙후보위원이 되었으나 1963년 숙청되었다.

권구현(權九玄, 1902~1937)

시인, 시조시인, 문학평론가.

충북 영동 출생. 1926년 11월 《조선지광》에 「시조 6장」을 발표하면서 문단에 등단했다. 전통 시가 형태인 시조의 창작에 관심을 기울였고, 하층계급의 빈궁을 소재로 하고 사회체제에 대한 반항의 감정을 담은 경향적인 작품을 많이 창작했다. 1927년에 간행한 시집 『흑방의 선물』에는 시조와 단형시가 등 97편이 수록되어 있는데, 응축된 표현미를 보이기는 하지만 추상적인 현실인식에 머물렀다. 박영희(朴英熙)와 김기진(金基鎭)의 내용형식 논쟁이 벌어졌을 때 '장검(長劍)과 백인(白刃)'이라는 비유를 들고서 논쟁에 가담한 것으로 유명하다. 프로문학으로서의 효용을 일차적으로 중시해야 한다는 주장이었지만, 비유에 그쳤을 뿐 이론적인 깊이를 갖추지는 못했다. 1926년 12월 조선프로예맹에 가담했으나, 이후 아나키즘운동에 참여하여 1927년 12월 17일 조선프로예맹으로부터 제명되었다. 1928년 3월에 이향(李鄕)과 함께 아나키즘 잡지 《문예광(文藝狂)》을 내기도 했으며, 이광수(李光洙)와의 친분으로 흥사단의 국내단체 동우회의 기관지 《동광》에 평론을 기고하기도 했다. 1932년 이후 낙향하여 시작활동을 했다.

권환(**權煥**, 1903～1954)

시인. 본명 권경완(權景完). 이명 권윤환(權允煥), 권찬(權燦).

경남 창원 출신. 일본에서 야마가따[山形]고등학교를 거쳐 1929년 3월 교토제대[京都帝大] 독문학과를 졸업하고 5월 도쿄에서 조선프롤레타리아예술동맹에 가입했다. 조선프로예맹 동경 지부가 해체되고 무산자사가 설립되자 여기에 참여했으며, 임화, 김남천 등과 함께 귀국하여 1930년 6월 《중외일보》에 「조선예술의 구체적 과정」이란 논문을 발표했다. 1930년 4월 조선프로예맹의 기술부 책임자가 되었고, 카프 중앙위원회 위원이 되어 임화, 안막 등과 함께 계급문학운동의 볼셰비키화를 주장하면서 제2차 방향전환을 주도했다. 카프를 기반으로 하는 공산당 재건운동과 연루된 '제1차 카프 사건'으로 검거되었으나 불기소 처분을 받았다. 그 후 《서울시보》 기자로 재임 중 1934년 7월 '제2차 카프 사건'으로 일본경찰에 검거되었으나 1935년 12월 징역 1년 8개월 집행유예 3년을 언도받았다. 이후 《중외일보》, 《중앙일보》, 《조선일보》 기자, 조선여자의학강습소 강사를 지냈다. 1945년 해방 직후 조선문학건설본부에 가담하여 12월 전국문학자대회 준비위원으로 활동했다. 1946년 2월 민주주의민족전선 결성대회에 문학가동맹 측 대의원으로 참가하고 중앙위원으로 선출되었으며, 제1차 전국문학자대회에 참가했다. 1954년 7월 30일 마산에서 사망했다.

김기진(**金基鎭**, 1903～1985)

비평가, 소설가. 호 팔봉(八峰), 동초(東初). 창씨명 김촌팔봉(金村八峯). 이명 여덟뫼, 구준의(具準儀).

충북 청원에서 지주의 둘째 아들로 태어났으며, 영동공립보통학교를 거쳐 1916년 4월 배재고등보통학교에 입학했다. 배재고보를 졸업하고 1920년 2월 일본으로 건너가 릿쿄대학[立敎大學] 영문학부에 입학했다. 1922년 5월 일본 유학생 박승희, 김복진, 이서구, 김을한 등과 극단 토월회(土月會) 결성에 참여하고 1923년 5월 토월회의 귀국공연 준비를 위한 대표로 선발되어 귀국했다. 그해 박영희 등이 참여한 문인 동인지 《백조》에 가담했으며, 《백조》의 폐간 후 새로운 문인 단체 파스큘라(PASKULA) 결성에 참여했다. 1924년 조선총독부 기관지인 《매일신보》에 취직했다가 1925년 《시대일보》로 직장을 옮겼다. 1925년 8월 송영, 이적효 등의 염군사와 합동으로 조선프롤레타리아예술동맹(KAPF)을 창설하는 데에 주도적인 역할을 했다. 1926년 12월 조선프로예맹의 7인 중앙위원이었으나 1927년 9월 방향전환 직후 조선프로예맹 중앙위원회에는 그의 명단이 빠졌다. 1926년 조선공산당 기관지 《조선지광》에서 일하다가 10월 《중외일보》, 《조선일보》 사회부장을 역임했다. 1928년 8월 조선프로예맹 전국대회 준비위원장이 되었으나 8월 26일로 예정되어 있던 대회가 경찰에 의해 금지되자 전국대회를 해체했으며, 1929년 3월 조선프로예맹 동경 지부를 중심으로 일어난 예술운동의 볼셰비키화 운동이 확대될 무렵 중앙집행위원회 위원으로 보선되었다. 1930년 4월 조선프로예맹 중앙위원회에서 기술부 독립을 논의했을 때 연극부 상임위원으로 결정되었으며, 중앙위원회 위원직을 계속 유지했다. 1931년 10월 조선공산당 재건운동과 연관된 공산주의자협의회 사건(제1차 카프 검거사건)에 연루되어 종로경찰서에 검거되었고 치안유지법 위반으로 경성지방법원으로 송국되었으나 불기소 석방되었다. 1932년 5월 조선프로예맹의 중앙위원을 사임했으며, 1934년 형 김복진과 함께 애지사(愛智社)를 창립하고 《청년조선》 창간호를 발행했으나 일본 경찰에 의해 러시아의 지원을 받은 혐의로 구금되기도 했으며, 다시 극단 신건설 사건으로 인한 카프 맹원에 대한 검거 과정에서 체포되었다가 80여 일 만에 보석되었다. 1935년 5월 극단 신건설 사건의 재판 도중에 일본 경찰의 강요로 임화, 김남천 등과 함께 경기도 경찰부에 카프 해산계를 제출했다. 1938년 7월 친일단체인 시국대응전선사상보국연맹(時局對應全鮮思想報國聯盟) 결성 준비위원이 되었으며, 《매일신보》에 친일적인 문학 작품을 발표했다. 1944년 문인보국회 상무이사에 취임하여 이광수(李光洙)와 함께 상해(上海) 대동아문학자대회(大東亞文學者大會)에 참가했다. 1945년 애지사를 재창립하여 인쇄·출판업에 종사했으나 한국전쟁이 일어나자 애지사의 인쇄·조판공들에 의해 고발당해 인민재판에 회부되었다. 1951년 대구로 피난하여 종군작가로 입대했다. 1958년 민권옹호투쟁위원회 부위원장이 되었고, 1960년 《경향신문》 주필을 지냈다. 1961년 5·16 군사쿠데타 이후 재건국민운동 중앙회장직을 맡기도 했다. 1985년 5월 8일 지병으로 사망했다.

김남천(金南天, 1911~1953)

소설가, 비평가. 본명 김효식(金孝植).

평남 성천 태생. 중농 집안에서 자라나서 1929년 3월 평양고보를 졸업하고 4월 도쿄 호세이대학[法政大學] 예과에 입학했다. 도쿄에서 유학 생활 중인 1929년 7월 조선프롤레타리아예술동맹(KAPF) 동경 지부에 가입했으며, 12월 반제국주의민족독립지지동맹, 적색구원회(赤色救援會)에도 관여하여, 사회주의운동에 가담했다. 반제국주의민족독립지지동맹 호세이대학 C반 책임자로 활동했다. 이북만, 김두용 등이 주동하여 무산자사를 창설하고 조선프로예맹 동경 지부를 해체하자 무산자사에 가담했으며, 무산자사를 중심으로 하는 공산당 재건운동에 앞장서서 1930년 8월 평양에서 고무직공 파업이 일어났을 때 격문을 작성, 배포했다. 이 같은 실천 운동을 소재로 소설 「공장신문」(1931), 「공우회」(1932) 등을 발표했다. 카프 제1차 사건에 관련되어 1931년 10월경 검거되었으며, 1934년 7월 경성지법에서 징역 2년, 집행유예 5년을 언도받았다. 출감 후에 소설 「물!」

(1933)을 발표하면서 임화 등과 논쟁을 벌이기도 했으며, 1934년 극단 신건설 사건으로 카프의 맹원들이 대부분 검거되었을 때 제1차 검거사건의 집행 유예 상태에서 검거를 모면했다. 일본 경찰의 강요에 따라, 1935년 5월 임화(林和), 김기진(金基鎭)과 함께 카프 해산계를 경기도 경찰부에 제출했다. 카프 해산 후에는 창작에 몰두하여 장편소설 『대하』(1939), 『사랑의 수족관』(1940)을 단행본으로 내었고, 「고발의 정신과 작가」, 「현대 조선 소설의 이념」 등과 같은 무게 있는 평문을 발표하기도 했다. 일제 말기에는 조선문인보국회에 가담하여 소설·희곡부 평의원을 지냈다. 1945년 8월 해방 직후 임화와 함께 조선문학건설본부 결성에 참여했으며, 조선문화건설중앙협의회 서기장이 되었다. 같은 달 조선공산주의청년동맹 위원장으로 선출되었고 12월 전국문학자대회 준비위원으로 선임되었다. 1946년 2월 문학가동맹 중앙집행위원으로 선출되었으며 같은 달 민주주의 민족전선 결성대회에 문학가동맹 대표로 참석하여 중앙위원으로 선출되었다. 남조선노동당 문화부에 소속되어 1947년 2월 '문화옹호 남조선 문화인예술가 총궐기대회'에서 「남조선의 현정세와 문화예술의 위기」를 보고했다. 7월 '미소공위경축 임시정부수립촉진 인민대회' 준비위원으로 선임되었다. 1947년 후반에 월북하여 1948년 8월 해주에서 열린 남조선인민대표자대회에 참석하여 제1기 최고인민회의 대의원으로 선출되었다. 1949년 6월 조선민주주의인민공화국의 조국통일민주주의전선 중앙상무위원으로 선출되었다. 평양에서 문화전선사 책임자, 조선문학예술총동맹 서기장을 지냈으나 1953년 종파분자로 지목되어 숙청되었다.

김동환(金東煥, 1901. 9. 27~?)

시인. 호 파인(巴人). 아명 삼룡(三龍). 창씨명 백산청수(白山靑水).

함경북도 경성 출생. 경성보통학교와 중동중학교를 마친 후 일본 도요대학[東洋大學] 영문과에 진학했으나 관동대지진으로 학업을 중단하고 귀국했다. 일본에서 돌아온 후 함북 나남의 《북선일일보(北鮮日日報)》와 《동아일보》, 《조선일보》 등에서 기자로 활동하는 한편 1924년 《금성》 3호에 「적성(赤星)을 손가락질 하며」를 발표하면서 본격적인 시창작 활동을 시작했다. 이어서 「북청물장수」, 「옛날의 터전」 등을 발표하고 1925년 장편서사시 「국경의 밤」을 발표하면서 당시 문단의 주목을 받았다. 이어서 같은 해에 또 다른 장편서사시집인 『승천하는 청춘』을 발간해서 서사시적 전통이 미약한 우리 근대시문학에 호흡이 긴 서사시의 바탕을 마련했다. 1925년 8월 조선프로예맹 설립에 가담했으며, 1926년 12월 조선프로예맹 임시 총회에도 참가했다. 1927년 2월 사회주의 연극운동 단체 불개미극단의 창립 위원이 되었고, 5월 중앙청년회관에서 문예시대사 주최 강연회에 김기진, 최서해, 이익상 등과 함께 참가했다. 1928년 4월 카프 개성지부에서 애국문학을 주창한 김동환의 비마르크스주의적 입장을 비판하고 그 징계를 요구함으로써 조선프로예맹으로부터 제명되었다. 1929년에는 이광수(李光洙), 주요한(朱耀翰)과 함께 합동시집인 『시가집』을 내었고, 1942년에는 시집 『해당화』를 펴냈다. 한편 1929년 종합월간지 《삼천리》와 문학잡지 《삼천리문학》을 창간해서 운영하기도 했다. 해방 직후에는 친일 경력이 문제가 되어 이광수, 최남선 등과 함께 반민법에 회부되기도 했다. 한국전쟁 당시 납북되어 생사를 확인하지 못하고 있다.

김두수(金斗洙, 1903~?)

문필가, 사회운동가.

충북 영동 출신. 영동보통학교를 거쳐 서울 휘문고등보통학교를 졸업했으며, 1920년 9월 영동청년회에 가입했다. 1922년 9월 도쿄 세이소쿠[正則]영어학교에 입학했다가 11월 귀향하여 계산학원 및 배성학원 교사로 근무했다. 그 무렵 송영, 이호, 이적효 등과 염군사(焰群社) 결성에 참여했으며, 《조선일보》 영동지국을 운영했다. 1923년 4월 영동청년회 집행위원이 되었다가 7월 탈퇴하고 장준(張埈)과 함께 사상단체 칠월회(七月會)를 조직했으며, 8월 영동소작상조회 총회에서 명칭을 노농동맹회로 개칭했다. 1924년 2월 서울에서 신흥청년동맹 집행위원, 4월 조선청년총동맹 중앙집행위원이 되었다. 1925년 8월 경기도청년연합회발기 준비회에 참여하여 서무부를 담당했다. 1926년 12월 조선프로예맹 동맹원의 명단에서 그의 이름을 찾을 수 없으며, 이후 계급문학운동과는 직접적인 연관을 맺지 않았다. 고려공산청년동맹 충청도책을 거쳐 1927년 5월 조선공산당 충남북도당 위원 겸 고려공산청년회 충남북도책으로 선임되었다. 1928년 8월 경기도경찰부에 검거되어 1930년 11월 출옥했다. 1931년 4월 영동농민조합 정기대회에서 검사위원장으로 선출되었다. 5월 서울에서 심치녕(沈致寧)으로부터 「12월 테제」, 「9월 테제」, 「반제국주의 공동전선의 제문제」 등을 교부받아 영동농조 교양강좌 자료로 사용했다. 1932년 3월 일본경찰에 검거되어 1934년 7월 징역 2년을 선고받았다. 1945년 11월 서울에서 열린 전국인민위원회 대표자대회에서 인민위원 후보로 선출되었던 기록이 있으나 이후의 행적은 확인할 수 없다.

김두용(金斗鎔, 1903~?)

비평가.

함남 함흥 출신. 도쿄제국대학[東京帝國大學] 미학과를 중퇴했다. 대학 재학중 신인회(新人會)에 가입했으며, 1927년 도쿄에서 이북만, 조중곤, 홍효민 등과 제3전선사(第三戰線社)를 설립하고 잡지 《제3전선》을 간행했다. 이해 여름방학을 이용하여 제삼전선사 전국순회 강연을 개최했으며, 9월 조선프로예맹에 가담하여 중앙위원이 되었고, 10월 조선프로예맹 도쿄 지부를 결성하고 《예술운동》을 창간했다. 1928년 5월경 고려공산청년회 일본부 기관지 편집 겸 출판위원이 되었으며, 이해 조선프로예맹 도쿄 지부 기술부 상임위원이 되었다. 1929년 5월 고경흠 등 ML파 공산당과 연계되어 도쿄에서 무산자사(無産者社)를 결성하고 위원장이 되어 《무산자》를 발행했다. 이 잡지에 「정치적 시각에서 본 예술투쟁」, 「우리는 어떻게 살아야 할 것인가」, 「우리는 어떻게 투쟁해야 할 것인가」 등의 글을 발표하면서 예술운동의 볼셰비키화를 주도했다. 11월 재일본 조선노동총동맹 중앙집행위원장으로서 「재일본 조선노동운동을 어떻게 전개할 것인가」라는 팸플릿을 만들어 재일조선노총을 일본노동조합전국협의회로 해소하는 데 이론적 근거를 제공했다. 1930년 4월 '조선공산당재건협의회 사건'에 연루되어 도쿄에서 검거되었고, 1932년 출옥해 일본프롤레타리아문화연맹(코프) 조선협의회 위원장이 되었고 3월경 코프 산하 프롤레타리아과학연구소에 식민지반을 조직했다. 그러나 다시 일본 경찰에 검거되어 12월 도쿄 공소원(控訴院)에서 징역 2년을 선고받고 1934년 4월 출옥했다. 1935년 5월 조선예술좌(朝鮮藝術座)를 창립하고 위원장이 되었으며, 1936년 2월경 조선신문사 편집국원이 되었다. 그해 7월 일본 경찰에 다시 검거되어 1939년 1월 도쿄 공소원에서 징역 1년 8월을 선고받았다. 1945년 8월 해방 직후 서울에서 조선프롤레타리아문학동맹에 참여한 것으로 명단에 나와 있으나 주로 일본을 무대로 활동하면서 9월 재일본조선과학기술단 결성, 정치범석방 운동촉진연맹 결성에 참여하여 연맹의 위원장이 되었다. 1947년 2월 재일본조선문화단체연합회에 참여했으며, 그해 「일본에서의 반(反)조선민족운동사」, 「조선근대사회사화(史話)」를 집필했다. 1948년 11월 월북한 후 외문출판사 국장, 해주박물관 직원으로 근무했던 사실이 확인되고 있다.

김복진(金復鎭, 1901~1940)

조각가, 문필가. 호 정관(井觀). 金福鎭이라고 표기되기도 했다.

충북 청원에서 대지주의 아들로 태어났다. 계급문학운동가 김기진(金基鎭)의 형으로, 1915년 영동공립보통학교를 졸업한 후 배재고등보통학교에 입학하여 5년간 수학했다. 3·1운동에 참가한 후 일본으로 건너가 1920년 도쿄 우에노[上野]미술학교 조각과에서 공부했다. 1922년 5월 박승희, 이서구, 김기진 등과 함께 유학생 극단 토월회(土月會)를 결성했으며, 1923년 5월 귀국한 후 계급문학단체인 파스큘라(PASKULA)에 참가했으며, 1925년 조선프로예맹의 창립에 가담했다. 1926년 1월 《문예운동》 발행을 주도했고, 6월 사회주의 기관지 《대중신문》에 집필자로 참여했다. 이해 12월 조선프로예맹 조직에서 중앙위원이 되었다. 1927년 6월 고려공산청년회에 가입하고 경기도위원회 학예야체이까에 배속되었다. 9월 조선프로예맹 중앙위원으로 재임하게 되었으며, 카프와 별도로 미술단체 흥창회를 만들었다. 1928년 2월 조선공산당에 입당하여 3월 조공 경기도당 위원으로 선임되고, 고려공청 중앙위원 겸 경기도책, 학생부 책임자가 되었다. 7월 '제4차 조공 검사사건'으로 일본경찰에 체포되어 1930년 11월 경성지법에서 징역 4년 6월을 선고받았다. 1934년 2월 출옥한 후 애지사(愛智社) 창립을 주도했으며, 《청년조선》 창간호를 발행할 때 러시아로부터 자금 지원을 받았다는 혐의로 한때 일본 경찰에 체포되기도 했다. 1934년 극단 신건설 사건에 연관되어 김기진과 함께 일본 경찰에 검거되었으나 보석되었다. 1935년부터 3년간 《중앙일보》 기자로 근무했으며, 1939년 법주사 미륵대불 제작에 참여했다. 1940년 8월 사망했다.

김삼규(金三奎, 1908~1989)

사회운동가. 이명 이철수(李哲洙). 일본식 이름 淸水畿太郎, 淸水淸吉.

전남 영암 출생. 영암공립보통학교에서 수학했다. 1920년 4월 도쿄의 카이죠오중학[海城中學]에 입학했으나 1921년 4월 도쿄고등학교 심상과(尋常科)로 옮겼고, 1928년 3월 고등과를 졸업한 후 도쿄제국대학 독문과에 입학했다. 1930년 3월 이후 무산자사 책임자가 되어 《무산자》, 《인터내쇼날》 등의 팸플릿을 간행하면서 계급문학운동과 관련을 맺게 되었으며, 4월 반제국주의민족독립지지동맹에 가입하고 도쿄제대 문학부 B반 책임자가 되었으나 6월 탈퇴했다. 10월 무산자연구회 조직에 참가하여 서기국 책임자 겸 조직부 산하 반제동맹원이 되었다. 1931년 3월 도쿄제대 독문과를 졸업한 후 귀국하여 8월 조선프로예맹 서울 지부 책임자로 활동 중 조선공산주의자협의회사건에 연루되어 일본경찰에 검거되었으며, 고경흠, 황학로, 김남천 등과 함께 기소되었다가 1934년 8월 징역 2년 집행유예 5년의 형을 선고받았다. 이후 일본으로 건너가 1935년 5월 조선예술좌(朝鮮藝術座)를 설립하고 일본 칸사이지방[關西地方]에서 사회주의 사상 선전에 노력하던 중 1936년 12월 검거되었으며, 일제 말기에 변절하여 친일적인 사회 활동을 했다. 1945년 해방 후 조선문학건설본부에 참여하여 외국문학부에 배속되었다. 그 후 《동아일보》에 입사하여 문화부장을 역임했으며, 1947년 서울대학교 문리과대학 독문학과 교수를 역임하기도 했다. 다시 언론계로 돌아와 1948년 《동아일보》 편집국장을 거쳐 1949년 취체역 주필로 활동했다. 1950년 6·25 기간에 일어난 국민방위군부정사건과 거창양민학살사건을 신랄히 비판하다가 이승만(李承晩) 정권의 미움을 사서 결국 1952년 《동아일보》를 퇴사했다. 일본으로 건너간 그는 일본에서 민족문제연구소를 개설, 소장으로 취임한 후 조국의 평화통일문제에 관심을 두게 되었다. 1955년 2월 일본에서 한반도 중립화 통일방안을 발표했는데, 그것은 중립화통일(中立化統一) 안이었다. 한

반도를 에워싼 미·소·중·일 등 4대강국과 남북한이 참가하는 6자회담을 열어 관계국의 안보와 평화에 기여하는 통일방안을 논의한 뒤에 남북한이 자주적으로 통일하는 중립론이었다. 그의 중립론은 1954년 제네바회담 때 미국과 영국에서 좋은 반응을 얻었으나 이승만정권에 의하여 즉각 거부되었다. 1957년 일본 동경에서 월간 《코리아평론》을 창간, 주간을 맡아 일본을 무대로 평화통일운동을 전개했다. 1989년 일본에서 사망했다.

김영팔(金永八, 1902. 10. 4~1950)

극작가, 소설가.

서울 출생. 노동자의 아들로 태어나 18세 때 고학으로 사립 경신학교를 졸업하고 문선공으로 일하면서 문학 수업을 했다. 1920년 니혼대학[日本大學] 문학예술과에 입학했으나 곧 중퇴했으며, 그해 봄에 김우진(金祐鎭), 조명희(趙明熙), 홍해성(洪海星) 등과 함께 극예술협회를 조직하여 연극운동에 첫발을 내딛게 되었다. 1924년 북성회 조선 지부 북풍회(北風會)에 가입했으며, 무산계급 문화 운동 단체인 염군사에 가담했다. 1925년 8월 조선프로예맹의 창립 과정에 가담하면서 1920년대의 대표적인 경향극 작가로 활동하기 시작했다. 그의 희곡 작품 가운데 「미쳐가는 처녀」(1924)는 전형적인 멜로드라마로 전통적 인습에 대한 신세대의 정신적 갈등을 극화한 것이며, 「여성」(1927)은 신파극의 영향을 완전히 청산한 것은 아니지만, 격조 있는 짜임새로써 근대성을 제시하고 있다. 「싸움」(1926)은 생활에 대한 차이로 말미암아 부부 사이에 벌어지는 갈등을 다루고 있는데, 아내는 이른바 부르주아 근성을 가진 여성으로 남편은 프롤레타리아 청년으로 설정되어 있다. 「부음」(1927)에는 프롤레타리아계급을 위해 싸우는 청년과 그를 사모하는 여성 사이의 사랑과 사회적인 과제가 취급되어 있다. 1926년 12월 조선프로예맹 조직개편 당시에도 맹원으로 명단이 발표되었으나, 1927년 경성방송국(JODK) 연예부문 캐스터로 취직한 뒤 1931년에 경성방송극협회의 고문이 되자 이로 인해 카프로부터 제명을 당했다. 조선프로예맹으로부터 제명된 후 1932년 5월 「우스운 장난」을 마지막으로 일체 창작 활동을 하지 않았으며, 방송인으로만 전념했다. 해방 후에 월북하여 6·25전쟁 시기에 사망했다.

김용제(金龍濟, 1909. 2. 3~1989)

시인, 비평가. 호 지촌(知村), 금촌용제(金村龍濟).

충북 음성 출생. 일본 추요대학[中央大學]을 중퇴했다. 일본에서 프롤레타리아 시운동에 투신하여 1931년에 일본어로 쓴 「사랑하는 대륙」을 《나프》지에 발표하여 등단했다. 일본 《동양지광(東洋之光)》 편집 주임, 《신흥시인(新興詩人)》 등의 동인을 거쳐 프로시인회, 일본시인회 간부와 일본작가동맹 서기, 문인보국회 상무이사 등을 역임했다. 1932년 5월 조선프로예맹의 조직개편 과정에서 중앙위원으로 보선되었으나, 일본 동경에서 동지사 맹원에 대한 검거 등으로 인해 1934년 신고송, 이찬 등과 함께 중앙위원을 사임했다. 일본에서 프롤레타리아 시운동을 하던 그는 1939년 귀국하여 주로 평론을 썼다. 카프 해산 후의 창작방법 논의에 참가하여 「조선문학의 신세대 — 레아리즘으로 본 휴마니즘」(1937), 「문학에 있어서의 진취적 낙천주의」(1938) 등을 발표했다. 여기서 그는 임화(林和)와 함께 이상주의적 입장에서 '꿈'을 논하면서도 주류는 어디까지나 리얼리즘이라고 주장했다. 1930년대 후반부터 친일문학활동에 나서 제2차 대동아문학대회에 유진오(兪鎭午), 최재서(崔載瑞) 등과 함께 참가했으며, 일본어로 쓴 『아세아시집』으로 제1회 총독문학상을 수상했다. 해방 후에는 자신의 친일적 문학활동을 자책하여 집필을 중단하기도 했으나 1950년부터 다시 시와 소설을 썼다. 시집에 『산무정(山無情)』(1954)이 있고 소설집에 『방랑시인』(1953) 등이 있다.

김우철(金友哲, 1915. 9. 20~1959)

비평가.

평안북도 의주 태생. 1929년 신의주고등보통학교 재학 당시브터 문학에 뜻을 두고 백은성이라는 필명으로 가끔 동요를 창작하여 발표했으나 독서회 및 동맹휴학 사건으로 출학당했다. 1929년 봄 일본으로 건너갔다가 수학을 포기하고 1931년경에 귀국했다. 그 후 신의주에서 활동하면서 조선프롤레타리아예술동맹에 가담했으며, 《별나라》, 《신소년》 등에 작품을 발표했다. 이 시기에 그는 동시 「진달래꽃」, 동화 「닭똥장사」 소설 「방학날」 등 아동문학 작품들을 발표했으며, 활발한 비평활동도 했다. 이 무렵 아동문학의 문제를 계급적인 관점에서 논의한 평론 「아동문학에 관하야」, 「동화와 아동문학-동화의 지위 및 역할」, 「아동문학의 문제」, 「아동문학의 문제―특히 창작동화에 대하여」 등을 잇달아 발표했다. 1931년 계급문학운동에서 농민문학을 어떻게 규정할 것인가 하는 문제를 놓고 백철이 안함광과 논전을 벌이고 있을 때 김우철은 백철의 견해에 가까이 서서 농민에 대한 계급의식의 일방적인 주입이 불가함을 역설했으며, 농민문학이 계급문학의 동맹자적인 지위에서 발전해야 함을 강조하는 「동맹자문학인 능민문학의 필연성」, 「농촌생활을 기초로 농민문학을 수립―캅프작가의 임무」 등을 발표했다. 1934년 극단 신건설 사건에 연류되어 1년여의 옥고를 치른 후에 그는 계급문학의 새로운 창작방법론으로 사회주의 리얼리즘이 논의되자 낭만성을 실질적인 기반으로 하여 리얼리즘론을 타개하고자 하는 「낭만적 인간탐조」라는 글을 발표하고 있다. 이 글은 김우철의 대표적인 평문으로서 리얼리즘과 낭만주의를 낭만정신을 중심으로 융합시키려는 것이다. 1945년 해방이 되자 그는 북조선 문학예술총동맹 평안북도위원회 위원장으로 활동하면서 사회주의 국가건설의 현실을 노래한 시 작품들을 창작했다. 해방 직후에 창작한 서정시 「조국에 드리는 노래」에서 시인은 자신의 창작적 열정을 시에 담아내었고, 이러한 시적 열정은 「나의 조국」, 「농촌위원회의 밤」을 비롯한 서정시들과 동요 「벼낟가리」, 동시 「산수」 등 아동시 작품에도 반영되어 있다. 1947년에 그의 첫 시집 『나의 조국』이 출판되었다. 1950년 전쟁이 발발하자 그는 종군작가로 활동하면서 인민군 용사들의 영웅성을 노래한 많은 작품을 창작했다. 1957년 4월에 발간된 『김우철 시선집』에는 해방 전부터 발표한 그의 시 작품이 수록되어 있다. 한설야 숙청에 따른 당의 문예정책에 반발하여 철도에서 자살한 것으로 알려져 있다.

김유영(金幽影, 1908. 9. 22~1940)

영화감독. 본명 영득(榮得).

경북 선산 태생. 서울 보성고보를 졸업한 후 1927년에 창립된 조선영화예술협회 연구부원이 되면서 영화운동에 참여했다. 1929년 임화, 윤기정, 나웅 등과 신흥영화예술가동맹을 조직하면서 조선프로예맹의 맹원이 되었으며, 1930년에는 김기진, 서광제 등과 힘을 합쳐 서울키노를 부활시켜 여러 편의 영화를 감독했다. 계급 문예운동과 관련을 가지고 발표한 작품으로는 「유랑」(1928), 「혼가(昏街)」(1929), 「화륜」(1931) 등이 있다. 1934년 극단 신건설 사건에 관련되어 수감되었고, 1936년 징역 1년 6개월 집행유예 3년을 선고받았다. 조선프로예맹 해체 후에 1939년 삼각관계의 비련을 그린 「애련송」의 감독을 맡으면서 복귀했으나, 「수선화」(1940)를 촬영하던 도중 지병으로 사망했다. 「유랑」은 농민들의 이농 실상을, 「혼가」는 도시와 농촌, 지주와 소작인, 자본가와 노동자의 갈등을, 「화륜」은 노동쟁의를 소재로 한 작품이다.

김창술(金昌述, 1903~1950)

시인. 호 야인(野人).

전북 전주 태생. 노동을 하면서 독학을 했다고 하나 정확한 행적은 알 수 없다. 1920년 후반부터 조선프로예맹에 가담하여 활동했던 것으로 알려져 있으나 조선프로예맹의 조직 맹원 명단에서 확인할 수 없다. 1924년 시 「여명의 설움」, 「허무」 등을 《조선일보》에, 1925년 시 「대도행」, 「촛불」, 「긴 밤이 새여지이다」를 《개벽》에, 「문 열어라」를 《조선일보》에 발표하면서 작품 활동을 시작했다. 1926년 「효」, 「전선으로」와 1927년 「지형을 뜨는 무리」, 「무덤을 파는 무리」 등을 통해 새로운 시대에 대한 열망을 표현했다. 1930년대 초반까지 「끓는 유황」, 「우리는 어찌해 졌는가」 등의 목적의식이 강한 시를 썼으나 이후에는 작품 활동을 중지했다. 그는 진보적 사회운동가로서의 현실 인식을 작품에 반영했다. 특히 1920년대 후반에, 무산대중의 이념을 직설적으로 드러내는 시를 주로 발표함으로써 형식미보다는 내용 전달에 치우쳤던 신경향파 시의 일반적 경향을 잘 보여주었다.

김형원(金炯元, 1901. 11. 16~?)

시인, 평론가. 호 석송(石松).

충남 논산 출생. 보성고보를 나와 《중외일보》, 《동아일보》 등의 신문 기자를 거쳤다. 1920년을 전후하여 계급의식, 반항의식을 주조로 한 경향시를 발표했으며, 1924년 파스큐라에 가담하기도 했다. 미국의 시인 휘

트먼의 시론을 수용하여 민중시론을 제창, 신경향파 시론 형성에 이바지한다. 그의 시론은 「계급을 위함이냐 문예를 위함이냐」(1925), 「민주문예소론」(1925) 등에 잘 드러난다. 그의 '역(力)의 시(詩)' 이론은 박종화(朴鍾和), 김기진(金基鎭)에 이르면서 신경향파의 시론으로 수용된다. 1925년 1월 문예지 《생장》을 김낭운(金浪雲)과 함께 창간했으며, 「그대들은 나이다」(제2호), 「잠고대」, 「눈오는 저녁 때」(제4호) 등의 시를 발표했다. 그러나 이 잡지는 그해 5월 통권 제5호로 종간되었다. 1925년 조선프로예맹의 창립에도 관여했던 것으로 알려져 있으나 조선프로예맹의 맹원 명단에는 보이지 않는다. 그는 1930년대 말까지 꾸준히 시작활동을 했는데 「이향」, 「무산자의 절규」, 「해빛 못 보는 사람들」, 「숨쉬는 목내이(木乃伊)」, 「탈선」, 「귀로」, 「나는 어대로」 등 시 전반에 걸쳐 계급의식과 민중의식이 드러난다. 그러나 관념적 서술, 생경한 시어의 사용 등으로 예술적 형상화에 실패했다. 그러나 자신의 시론을 중심으로 무산계급의식과 빈궁한 계급적 현실을 시로 형상화했다는 데 의의를 지닌다. 《동아일보》 사회부장과 《매일신보》 편집국장을 역임했으며, 일제 식민지 시대 말기에는 조선문인협회 발기에 참여하고 일본 총독부의 정책에 동조했다. 1945년 해방 직후 이범석의 조선민족청년단 계열에서 우익 운동에 참가했으며, 대동신문 부사장과 사장을 지냈다. 대한민국 제헌국회 총선에 고향 논산에서 출마했다가 낙선했지만 제1공화국 초대 공보처 차장에 발탁되었다. 1950년 한국전쟁 중 납북된 것으로 알려졌다. 북한에서의 행적은 알려지지 않았으며, 출판사 교정원으로 일하다가 1956년에 함경남도 안주탄광에 노동자로 배치받은 뒤 소식이 끊겼다는 설이 있다.

김화산(金華山, 1905~?)

시인, 평론가. 본명 방준경(方俊卿).

서울 출생. 경성제일고보를 거쳐 경성법학전문을 졸업했다. 지방 법원 서기를 지내다 판사 시험에 합격했으며, 일찍부터 문학에 관심을 두고 시를 발표했다. 1926년 카프(KAPF)에 가담하여 맹원이 되었으나, 프로문학운동이 방향전환기에 접어들자 카프의 목적의식론을 강하게 비판한 아나키즘문학론을 펼쳤다가 1927년 12월 조선프로예맹에서 제명되었다. 「계급예술론의 신전개」(1927)에서 아나키즘은 볼셰비즘과는 다른 체계라는 전제 아래 맑스주의자의 종교신자와 같은 태도와 함께 프로문학에 있어서의 예술의 도구화를 비판함으로써 임화(林和), 윤기정(尹基鼎) 등 정통 프로문인과 이론투쟁을 벌였다. 이 논쟁은 카프 내의 내용형식 논쟁의 와중에서 큰 파문을 일으켰고, 막연히 무산문학파에 속했던 아나키즘 작가들이 카프에서 이탈하는 계기가 되었다. 이후 아나키스트들은 자유문예연맹을 결성하고 《문예광》을 발간하는데, 김화산은 「맑스주의의 문학론 음미」(1933)를 통해 아나키즘 문예이론을 정립하고자 시도했다. 한편 시 「아름다운 사람」(1927), 「구월 우일(雨日)」(1931), 「행복」(1931) 등과 소설 「악마도」(1927), 「이대장전(李大將傳)」 등을 발표했으며, 이는 아나키즘문학론을 대표하는 작품이라 할 수 있다.

민병휘(閔丙徽, 생몰연대 미상)

비평가.

1928년 조선프로예맹 개성 지부의 창립을 주도했으며, 1920년대 말엽의 예술 대중화 논쟁에 참여하면서 프로문학운동에 적극 가담했다. 그는 개성을 거점으로 중앙의 문단, 예술계에 대한 극히 논쟁적인 성격의 평필을 휘둘렀다. 1931년 개성에서 프로연극 단체인 대중극장을 창립했으며, 노동자·농민 속에서 가능한 프로연극의 실천을 강조하면서 경성 본부의 박영희 등을 공격하기도 했다. 이해에 개성 지부의 양창준, 이적효 등과 함께 카프 기관지 《군기》의 발간에 참여했으나 카프 중앙 간부들의 미온적 태도를 비판하고 카프쇄신동맹을 획책했던 이른바 '군기 사건'으로 인해 카프로부터 제명당했다. 1930년대 이후 평론 가운데 주목되는 것은 「조선프로예술운동의 과거와 현재」(대조, 5, 1930. 8), 「춘원의 '흙'과 민촌의 '고향'」(조선문단, 23, 1935. 5), 「문화와 폭력」(비판, 65, 1938. 9), 「자기반성과 새희망」(비판, 113, 1939. 9) 등이 있다. 1945년 해방 직후 조선문학가동맹에 가담했다가 월북했다.

박노갑(朴魯甲, 1907. 10. 27~1951)

소설가. 호 도촌(島村).

충남 논산 출생. 휘문고보를 졸업하고 일본에 건너가 일본 호세이대학[法政大學] 법문학부에서 수학했다. 1929년 도쿄에서 무산자사에 가담했으나, 조선프로예맹의 맹원으로 활동한 사항은 확인되지 않는다. 1933년 단편소설 「안해」를 《조선중앙일보》에 발표함으로써 작품활동을 시작했다. 이 무렵 조선중앙일보 등 신문사 출판사 잡지사의 기자 생활을 했다. 광복 이후 '조선문학가동맹'에 가입했으며 1949년 모교인 휘문중, 숙명여고에서 교직 생활을 했다. 1951년 잠시 수복된 서울에서 숙명여자고등학교에 출근한 후 소식이 끊겼다. 그의 소설 가운데 「안해」(1933), 「청춘」(1938), 「꿈」(1938)과 같은 초기의 작품은 열악한 농민의 삶을 그려냄으로써 식민지 치하의 고통받는 농민의 참상을 자연재해와 관련하여 형상화하고 있다. 그 후 「고양이」(1938), 「이랑이」(1938), 「무가」(1940)와 같은 작품에서는 소설의 배경을 농촌에서 도시로 옮겨 도시에서 일어나는 인간성의 상실과 물질문명의 황폐함과 지식인의 현실인식을 그리고 있다. 해방 직후에 단행본으로 간행된 장편소설 「사십년」은 1905년의 을사조약에서부터 시작된 식민지 치하의 사회상을 총체적으로 그린 대표적 작품이다.

박세영(朴世永, 1902~1989)

시인.

경기도 고양 출신. 1917년 배재고등보통학교에 입학한 후 송영과 함께 동인지 《새누리》를 발간했다. 배재고보를 졸업한 뒤 유학을 목적으로 중국으로 가서 상해(上海), 천진(天津)에 체류하면서 송영, 이적효, 이호 등이 주도한 염군사(焰群社)의 중국특파원으로 활동했다. 귀국한 뒤 연희전문학교에서 수학했다. 1925년 조선프롤레타리아예술동맹(KAPF)에 참가했던 것으로 알려져 있으나 1926년 12월의 동맹원 명단에는 나와 있지 않다. 송영과 함께 카프의 영향 밑에 있던 소년잡지 《별나라》를 편집하면서 당시 많은 독자를 장악하고 있던 천도교 계열의 소년잡지 《어린이》와 대립했으며, 1929년 동요극 「어린 소제부」 필화사건으로 용산경찰서에 한때 구금되기도 했다. 1930년대에 들어서 평양 고무공장 파업투쟁을 성원하는 「야습」, 「누나」, 여공의 고백 형식으로 쓴 「산골의 공장」, 제국주의 열강의 군비확장 경쟁을 폭로하는 「1928년」 등의 시를 발표했다. 1934년 카프 도쿄 지부가 발간한 잡지 《우리동무》 배포 사건에 연루되어 4개월간 구금되었다. 1936년 자신의 투옥 경험을 형상화한 시 「산제비」를 발표했으며, 1938년 시집 『산제비』를 출간했다. 1945년 해방 직후 조선프롤레타리아문학동맹 결성에 참여하고 중앙집행위원으로 선임되었다. 조선문학건설본부와 프롤레타리아문학동맹이 통합하여 조선문학가동맹을 결성하자, 중앙집행위원이 되었다. 1946년 일제하에 집필했으나 검열로 인해 발표할 수 없었던 카프 시기의 작품을 포함하여 시집 『횃불』을 간행했다. 조선프로예맹의 시인들이 주로 참여한 광복기념시집 『횃불』(1946)에는 「위원회에 가는 길」, 「날러라 붉은 기」 등 의식의 선명성을 강조하는 체제선택과 관련된 시들을 수록했다. 1946년 북조선문예총동맹이 결성되자 월북하여 활동 무대를 평양으로 옮겼으며 북조선문예총 출판국의 책임자로 일했다. 조선노동당과 민 정권을 노래한 가사 「애국가」(1947)와 이어 「해 하나, 별 스물」(1947), 「빛나는 조국」(1947) 등의 서정시를 발표했다. 1950년 한국전쟁에 안룡만, 김우철, 조기천 등과 함께 종군작가로 크게 활약했으며, 휴전 후 다시 시 창작 활동을 지속하면서 시집 『박세영시선』(1956)을 내놓았다. 김일성의 영도력을 찬양하고 전후복구운동에 참여하고 있는 인민들의 투쟁을 선동하는 작품들을 다수 발표했다. 이 시기의 대표작인 서사시 「밀림의 력사」(1962)는 간삼봉 전투에서 항일무장투쟁을 승리로 이끈 김일성의 혁명 투쟁을 중심으로 하여 그 용맹스런 전략과 고매한 인품을 찬양하고 있는 작품이다. 인민의 투쟁적인 삶과 노동의 현장을 시적 공간으로 끌어들인 「용성은 들끓는다」, 「열흘 전투」, 「조국이여, 세기의 거인이여」 등은 1967년에 발간된 시집 『용성 시초』에 수록되어 있다. 1970년대 이후 주체사상의 시대에 접어들면서 박세영은 김일성에 대한 우상화를 주제로 한 「수령님은 우리를 승리로 부르셨네」, 「영원히 주체의 태양을 우러러」 등과 같은 작품을 발표했다. 북한 최고인민회의 대의원, 작가동맹 중앙위원, 조국평화통일위원회 중앙위원 등으로 일하면서 1959년 '공훈작가' 칭호와 함께 '국가훈장제2급'을 수여받았다. 북한을 대표하는 시인의 한 사람으로 활동하다가 1989년 2월 28일 사망했다.

박승극(朴勝極, 1909~?)
비평가, 소설가.

경기도 수원 출신. 1928년 배재고보를 수료했으며, 고향인 수원에서 조선프롤레타리아 수원 지부를 결성하고 계급문학운동에 참가했다. 1920년대 후반 수원청년동맹 간부를 지냈으며, 1929년 11월 조선청년총동맹 정기대회 해금 교섭위원으로 선정되었다. 1930년 3월 한때 일본경찰에 검거되었다. 1931년 5월 신간회 전체대회에 수원 대표로 참가하여 중앙집행위원으로 선출되었다. 수원적색노동조합 결성을 지도하고, 수원노동학원 운영을 지도했다. 이 무렵 수진(水振)농민조합을 지도했으며, 그해 가을 수진농조원들의 시위운동을 주도했다. 12월 수원경찰서에 검거되었으나 1932년 3월 무죄선고를 받고 석방되었다. 카프 해체기에 해소론을 지지했다. 카프 제1차 검거사건 직후 「프로문화운동에 대한 감상」(비판 9, 1932. 1)을 발표하면서 평단에서 활약했으며, 농민과 노동자의 삶을 소재로 하는 소설도 많이 발표했다. 박승극의 소설은 주로 식민지 자본주의라는 현실적 상황으로 인해 신음하던 노동자와 농민의 삶을 제재로 하고 있다. 중요 작품으로는 「재출발」(비판, 3~4, 1931. 7~8), 「풍경」(신조선, 1936. 1), 「백골」(비판, 1936. 9) 등이 있고, 해방 직후 발표한 「떡」(문학, 2, 1946. 11), 「길」(문학평론, 3, 1947. 4), 「별도 성내다」(신조선, 5, 1947. 6) 등이 있다. 1938년에 수필집 『다여집(多餘集)』을 간행하기도 했다. 1945년 해방 후 조선문학가동맹 중앙상무위원을 역임했으며, 1946년 2월 민주주의민족전선 결성에 참여하고 경기 지부 선전부장 및 중앙위원을 역임했다. 정부 수립 직전에 월북하여 1948년 8월 해주에서 열린 남조선인민대표자대회에 출석하여 제1기 최고인민회의 대의원으로 선출되었다. 그 후 문화선전성 문학예술부장, 국립출판사 사장 등을 역임하면서 1960년까지 활동했던 것으로 알려져 있다.

박아지(朴芽枝, 1905~1959)

시인. 본명 박일(朴一).

함북 명천 태생. 1926년 일본 토요대학[東洋大學]을 중퇴했다. 1927년 귀국하여 소년잡지 《별나라》 편집동인으로 송영 등과 함께 문학활동을 시작했다. 이 무렵에 조선프로예맹에도 가입했다. 1927년 1월 《습작시대》에 시 「흰나라」를, 2월 《동아일보》에 소설 「눈이 뜰 때까지」를 발표하여 문단에 등단했다. 이후 「농부의 선물」을 비롯하여 「농부의 시름」, 「농가 9곡」, 「농군행진곡」 등 주로 농촌, 농민에 대한 시를 발표하여 카프시의 저변을 확대하고 심화하는 데 기여했다. 이처럼 시작 초기에 그는 피폐한 농촌현실과 궁핍한 농민을 구체적이고 사실적으로 묘파하면서 농민들의 계급적 각성과 투쟁을 촉구하기도 했다. 1945년 광복 이후 창작활동을 재개하면서 조선프롤레타리아문학동맹에 가담했으며, 1946년 《우리문학》 편집을 맡았다. 시집으로 『심화(心火)』(1946)가 있으며, 희곡 「어머니와 딸」, 평론 「농민시가 소론」 등을 남겼다. 1950년 전쟁 당시 월북하여 조선작가동맹출파사 《조선문학》 편집부에서 사업하면서 다시 창작의 붓을 들고 「종다리」, 「의로운 벗들」을 비롯한 많은 시작품을 창작했으며 1959년 7월 그가 사망한 직후에 시집 『종다리』가 출간되었다.

박영희(朴英熙, 1901~?)

소설가, 비평가. 호 회월(懷月). 일본식 이름 芳村香道.

서울 출신. 서울 공옥소학교를 거쳐 배재고등보통학교를 졸업했다. 1920년 일본으로 가서 도쿄 세이소쿠[正則]영어학교에서 수학했다. 1921년 변영로, 노자영, 황석우 등과 시 전문지 《장미촌》의 동인으로 참여했으며,

1922년 박종화, 이상화, 나도향, 홍사용, 현진건 등과 문예지 《백조》 동인이 되어 주로 시작활동을 했다. 1923년 《백조》 동인의 해체 후에 김기진, 이익상, 안석영 등과 파스큘라(PASKULA) 결성에 참여했다. 1924년 8월 잡지 개벽사 기자가 된 후부터는 소설을 발표하고 비평 활동에도 적극적으로 참여했다. 1925년 8월 김기진 등과 함께 조선프롤레타리아예술동맹(KAPF) 결성에 참여했다. 1926년 12월 조선프로예맹의 중앙위원이 되었으며, 소설 「지옥순례」, 「철야」를 발표한 후 김기진과 문학의 '내용과 형식 논쟁'을 불러일으켰다. 1927년 계급문학운동의 방향전환을 주도하면서 9월 카프 중앙집행위원으로 선출되었으며, 이후 교육부 위원, 문학부 책임자가 되었다. 신간회에도 가담하여 간부를 지냈으며, 카프 전국 지부의 결성을 통해 계급문학운동의 사회적 조직 확대를 주도했다. 카프 도쿄 지부의 이북만, 김두용과 예술대중화론의 방법을 놓고 대립하기도 했으나 공산당재건운동과 관련된 신간회 해소를 주장했으며, 1931년 8월 조선공산주의자협의회사건에 연루되어 구금되었다가 불기소 처분을 받았다. 1931년 11월 중앙일보사에 들어가 학예부장 및 사회부장을 지내다가 1932년 7월 중앙일보사를 사직했다. 1932년 5월 임화, 권환 등 소장파가 주도한 카프 조직개편에서 중앙위원을 사임한 후 계급문학운동에 소극적인 태도를 보이다가 1933년 후반에 카프탈퇴원을 제출했으며, 1934년 1월 《동아일보》에 「최근 문예이론의 신전개와 그 경향」을 통해 카프를 비판했다. 극단 신건설 사건(제2차 카프 사건)으로 검거되어 1935년 12월 징역 2년 집행유예 3년을 언도받고 출옥했다. 1936년 12월 사상범보호관찰법에 의해 설치된 경성사상범보호관찰소에 수감되었으나 1938년 6월 조선인 전향자 대표로 선출되어 도쿄에서 열린 시국대응전국위원회에 참석했다. 7월 시국대응전선사상보국연맹(時局對應全線思想報國聯盟) 경성 지부 간사가 되었고, 1939년 4월 황군위문 작가단의 일원으로 북중국으로 파견되었다. 1940년 11월 국민총력조선연맹 문화부 문화위원, 1941년 8월 조선문인협회 간사장, 1943년 4월 조선문인보국회 총무국장이 되어 친일적인 문필활동을 전개했다. 1945년 해방 후 서울대학교 사범대학에서 국문학사를 강의했으며, 보도연맹 간부가 되었다. 한국전쟁 때 납북된 후 생사가 확인되지 않았다. 대표적인 저서로는 『소설평론집』(1930), 『회월시초』(1937), 『문학의 이론과 실제』(1947) 등이 있다.

박용대(朴容大, 생몰년 미상)

사회운동가.

함경남도 원산 태생으로 1922년 송영, 이적효, 이호 등과 함께 염군사(焰群社) 결성에 참여했다. 1924년 5월 《조선일보》 기자로 활동하면서 원산 기자구락부를 조직했다. 1925년 봄 원산 독서인구락부를 조직했으며, 4월 원산청년회 집행위원이 되었다. 1925년 8월 조선프롤레타리아예술동맹(KAPF) 결성에 참가했으며, 11월 사상단체 혁풍회(革風會)의 사회과학연구부 '노동쟁의' 강사로 선정되었다. 12월경 원산청년동맹 집행위원 및 함남청년연맹 집행위원이 되었다. 1926년 1월 청년운동기관지 발행을 위한 '청년(靑年)의 성(聲)'사 선전부 책임자가 되었고 5월 《해방운동》 동인이 되었다. 1927년 9월 카프 개편에 참여하여 중앙집행위원이 되었으며 1928년 1월 경성청년회 집행위원이 되었다. 1930년 4월 카프 중앙위원회 위원으로 임명되었으나 1931년 조선공산주의자협의회 사건에 연루된 제1차 카프 검거사건 이후 활동 사항이 확인되지 않고 있다.

박팔양(朴八陽, 1905~1984. 10. 4)

시인. 호 여수(麗水).

경기도 수원 출생. 재동보통학교를 거쳐 1921년 배재고등보통학교를 졸업했다. 1922년 법학전문학교에 입학한 후 정지용(鄭芝溶), 박제찬(朴濟讚)과 함께 등사판 동인지 《요람》을 발간했다. 1924년 법전을 졸업하고 동아일보사 기자로 취직했다. 1925년 조선프롤레타리아예술동맹(KAPF)에 가담했으나 조직 부서의 책임을 맡은 일은 확인되지 않고 있다. 이후 생산근로대중에 대한 지지를 기반으로 하는 시창작에 몰두하여 「여명 이전」(1925), 「데모」(1927), 「진달래」(1930) 등을 발표했다. 조선일보사, 중외일보사, 중앙일보사 기자를 역임했다. 1932년 중앙일보사를 사직한 뒤 구인회에 참가했다. 1937년 만주 신경(新京)으로 이주하여 《만선일보(滿鮮日報)》 기자로 취직했다. 1940년 첫 시집 『여수시초(麗水詩抄)』를 발간했다. 1945년 10월 북한에서 조선공산당에 입당하여 평북도당 기관지 《바른말》 신문사 편집국장으로 선임되었다. 1946년 3월 조공 북조선분국 중앙위원회 기관지 《정로(正路)》 편집에 참가했으며 이 무렵 북조선문학예술총동맹 부위원장을 지냈다. 1947년 『박팔양 시선집』을 발간했으며, 이후 《로동신문》 부주필이 되었다. 1949년 김일성종합대학 신문학 강좌장으로서 교육에 종사했으며, 한국전쟁이 일어나자 종군했다. 1956년 10월 조선작가동맹 부위원장으로 선출되었다. 1967년 유일사상체계에 입각한 주체문학에 반대했다는 이유로 숙청당했으나 이후 복권되어 다시 활동했다.

송영(宋影, 1903~1978)

극작가, 소설가. 본명 송무현(宋武鉉). 필명 송동량(宋東兩), 앵봉산인(鶯峰山人).

경기도 고양 출신. 1917년 서울 배재고등보통학교에 입학했으며, 재학 중 학생잡지 《새누리》를 발간했다. 배재고보를 중퇴한 뒤 유리공장, 우편국 배달원, 운송부원, 소학교 교사를 하며 생활했다. 일본으로 갔다가 1922년 귀국하여 노동사(勞動社) 발기인이 되었고, 무산계급문화운동을 목적으로 이적효, 박세영, 이호 등과 함께 염군사(焰群社) 결성에 참여했다. 1925년 7월 《개벽》 현상공모에 「늘어가는 무리」라는 작품을 출품하여 당선되었다. 1925년 8월 박영희 김기진 등의 파스큐라와 염군사를 통합하여 조선프롤레타리아예술동맹(KAPF)을 결성하는 데에 주도적인 역할을 했다. 12월 홍원청년연맹 주최 순회강연회에 연사로 참석했다가 경찰의 퇴거명령을 받았다. 1928년 어린이 잡지 《별나라》의 편집에 박세영과 함께 참여했으며, 1929년 《조선문예》 인쇄 책임자가 되었다. 1930년 4월 카프 중앙위원회의 위원이 되었으며, 1931년 8월 '제1차 카프 사건'으로 일본경찰에 검거되어 법원에 송국되었으나 불기소 처분을 받고 석방되었다. 1932년 5월 카프 중앙위원회 위원으로 다시 선출되었고, 1934년 제2차 카프 사건으로 검거되어 1935년 12월 징역 1년, 집행유예 3년을 선고받았다. 출옥 후 신파연극 대본을 주로 썼고, 1937년 동양극장 문예부원이 되었다. 1941년 미국과 기독교도를 배격하고 일본 종교를 강조하는 내용의 극본 「삼대」를 썼다. 1945년 8월 조선연극건설본부 결성에 참여하여 위원장으로 선출되었으나 같은 달 조선프롤레타리아예술동맹 결성에 참여했으며, 1946년 10월경 월북하여 북조선연극동맹 결성을 주도한 후 북한 연극계를 주도하는 중심인물이 되었다. 그는 북조선연극동맹 위원장으로 작품창작을 하면서 인민들의 창조적 노동과 새로운 정신도덕적 풍모를 형상한 희곡 「자매」(1949), 「나란히 선 두 집」(1949)과 남한 사회의 부패상을 폭로한 풍자극 「금산군수」(1949)를 썼다. 조국해방전쟁시기에 송영은 종군작가로 활동하면서 희곡 「그가 사랑하는 노래」(1952), 역사극 「강화도」(1953) 등을 써서 인민군대와 인민들을 전쟁 승리에로 고무하는 데 이바지했다. 1950년대 후반 그는 대외문화연락위원회 위원장, 최고인민회의 상임위원회 위원, 조선작가동맹중앙위원회 상무위원 등으로 활동했으며, 항일혁명투쟁의 격동적인 현실과 항일투사들의 영웅적 성격을 형상한 가극대본 「밀림아 이야기하라」(1958), 희곡 「불사조」(1959) 등의 작품을 내놓았다. 특히 「밀림아 이야기하라」는 혁명가극으로서 1970년대 이후 집체작으로 재편되어 널리 무대에 올려졌다. 송영은 북한에서 당의 문예정책을 따라 사회주의 문화건설을 선전하는 작품들을 많이 내놓음으로써 북한의 극문학 발전에 이바지했다.

신고송(申鼓頌, 1907~?)

극작가. 본명 신말찬(申末贊). 호 고송(孤松), 고송(鼓頌). 필명 신찬(申贊).

경남 울주군 언양 출생. 1924년 《어린이》 5월호에 「밧브든 일주간」이라는 일기문을 발표하는 것을 시작으로, 그 후 《기쁨》, 《굴렁쇠》 등에 많은 동요시를 발표했으며, 1927년 《어린이》 2월호에 아동극 「괴 바른 토끼」를 발표하는 등 아동문학가로서 문단 활동을 시작했다. 1928년 대구사범학교를 졸업하고 대구보통학교의 교사가 되었지만, 1930년 봄 '사상불온'을 이유로 교직에서 해임되었다. 1930년 11월 사범학교 시절부터 알고 지내던 이상춘(李相春), 이갑기(李甲基)와 함께 대구에서 극단 가두극장(街頭劇場)을 조직했다. 그러나 당국의 탄압으로 극단활동을 벽에 부딪히자 일본으로 건너가 1931년 11월에 결성된 동지사의 편집부에 소속되어 활동하다가, 1932년 2월 동지사가 코프(KOPF, 일본프롤레타리아문화연맹) 산하 코프조선협의회로 해소되면서 그 기관지 《우리동무》의 편집에 종사하게 된다. 이해 5월 동지사의 이찬, 김용제 등과 조선프로예맹에 정식으로 가맹하여 중앙위원으로 선출되었고 임화, 백철과 함께 서기국에서 활동하게 되었다. 이상춘, 강호(姜湖) 등과 함께 잡지 《연극운동》을 발간하는 한편, 극단 메가폰과 신건설을 조직하여 프롤레타리아 연극운동을 주도했다. 그러나 그는 1932년 8월 30일 《우리동무》 국내 배포건으로 구속되어 만 3년의 형기를 마치고 1935년 9월 출옥했다. 이때부터 1945년 해방이 되기까지는 오케이그랜드쇼(나중에 '조선악극단'으로 개칭)라는 악극단에서 생계유지를 위해 활동했으며 일제 말에는 친일연극에도 가담했다. 1945년 9월 조선프롤레타리아문학동맹과 조선프롤레타리아연극동맹의 중앙집행위원, 그리고 조선프롤레타리아예술동맹의 연극 부문 중앙집행위원에 선임되는 등 급진적인 프롤레타리아 연극운동의 핵심역할을 담당했다. 1945년 12월 조선프롤레타리아연극동맹이 조선연극동맹으로 흡수, 재편되자 이에 반기를 들고 1946년 4월 월북하여 북조선연극동맹의 부위원장의 직책을 맡게 된다. 이후 그는 북조선문학예술총동맹 중앙상임위원, 국립극장 총장(1951), 조선노동당 중앙위원회 선전선동부 부부장, 조·소친선협회 위원장(1958), 국립연극학교 교장, 작가동맹 중앙위 상무위원(1959), 조선·아시아·아프리카단결위원회 부위원장(1965)을 역임하는 등 많은 요직을 거친 것으로 알려졌다.

신석초(申石艸, 1909. 6. 4~1975)

시인. 본명 응식(應植). 호 유인(唯仁), 석초(石艸, 石初).

충남 서천 출생. 어릴 때 한학을 수학했으며 한산보통학교, 경성제일고보를 거쳐 일본 호세이대학[法政大學] 철학과에서 수학했다. 1930년대 초반 카프에 가담하여 평론 「문학창작의 고정화에 향하여」(1931)를 발표했으며, 박영희의 전향선언과 함께 카프에서 탈퇴했다. 1937년 이육사와 함께 동인지 《자오선》을 발간하면서 본격적인 시작활동을 펼쳤다. 이후 《시학》, 《문장》 등을 통해 「파초」, 「묘」, 「검무랑」, 「바라춤」 등을 발표했다. 《문장》, 《인문평론》 폐간 후에는 작품활동을 거의 펼치지 않았다. 광복 후 『석초시집』(1946)을 발간한 이래 『바라춤』(1959), 『폭풍의 노래』(1970), 『처용은 말한다』(1974), 『수유동운』(1974) 등의 시집과 『석북집』을 역주하여 발간했다. 한국문학가협회 중앙위원 및 한국일보 논설위원 겸 문화부장, 한국시인협회장을 지냈다. 1968년 예술원상을 수상했다. 신석초는 프랑스의 상징주의, 특히 발레리의 순수시 운동과 이백, 두보, 나아가 노장사상의 영향을 받은 것으로 알려졌다. 그의 시 세계는 인간 정신이 어떠한 물질성 및 기계성도 극복할 수 있다는 순수한 이상주의적 세계관으로부터 현실적 집착을 떨쳐버리는 초극의 경지에 이르기까지 변모하고 있으며, 동일성을 지향하는 변증법적 통합체를 강조하고 있다는 데 시사적 의의가 있다.

심훈(沈熏 1901. 9. 12~1936)

시인, 소설가. 본명 심대섭(沈大燮). 호 해풍(海風). 아명 삼준, 삼보.

서울 노량진 출생. 경성제일고보 재학 중 3·1운동에 참가했다가 4개월간 복역했다. 1920년 겨울 상해로 건너가 지강대학(之江大學)에서 3년간 수학한 후 국내로 돌아왔다. 1923년 사회주의적 문화운동 조직인 염군사(焰群社)에 참가했으며, 고한승, 김영보, 이경손, 최승일, 김영팔, 안석주 등과 함께 극문회(劇文會)를 조직했다. 1924년 동아일보사에 입사했지만 이듬해 철필구락부 사건으로 해직되었다. 1925년 조선프로예맹 설립에 가담한 것으로 알려졌지만 1926년 12월 맹원 명단에 빠져 있으며, 이후 어떤 조직활동도 나타나 있지 않다. 영화소설 「탈춤」(1926)을 발표하고 영화각본 「먼동이 틀 때」(1926)를 써서 각색, 감독을 맡는 등 영화계에서 적극적인 활동을 펼치기도 했다. 1928년 《조선일보》 기자로 입사했으며, 《중앙일보》를 통해 프로문인들과 영화예술의 순수성을 둘러싼 논쟁을 벌였다. 1930년대 들어서면서 장편소설 「동방의 애인」(1930), 「불사조」(1931)을 연재하면서 문단의 주목을 받았다. 이 시기 소설은 남녀 간의 애정관계를 통해 민족적인 저항의지를 표출한 낭만적인 경향의 작품으로 일제의 검열로 인해 완결되지 못한다. 1932년 서울에서 낙향한 부모가 살고 있던 충남 당진에 내려가 창작에 전념하면서 시집 『그날이 오면』을 출간하려 했으나 검열을 통과하지 못했다. 이후 「영원의 미소」(1933), 「직녀성」(1934), 「상록수」(1935) 등을 발표했다. 같은 해 9월 16일 「상록수」

의 출판을 준비하던 중 사망했다. 해방 후 한성도서에서 시가·수필집 『그날이 오면』(1949)이 발간되었으며, 1966년 탐구당에서 『심훈전집』이 발간되었다.

안막(安漠, 1910. 4. 18~1958 ?)

비평가. 본명 안필승(安弼承). 필명 추백(萩白).

경기도 안성 출생. 경성 제이고보를 중퇴하고 와세다대학[早稻田大學] 노문과에서 수학했다. 1920년대 말에 동경의 무산자사(無産者社)에 참여하면서 계급문학운동에 가담했으며, 1930년에 귀국하여 김남천, 임화 등과 함께 조선 공산당 재건운동과 카프의 제2차 방향전환을 주도했다. 그해 4월 조선프로예맹의 기술부 신설 과정에서 중앙위원회 위원이 되었고, 연극부 위원이 되었다. 1931년 조선프로예맹 제1차 검거사건 때에 수감되었다가 불기소 처분을 받았다. 1932년 조선프로예맹의 중앙위원을 사임했다. 계급문학운동의 볼셰비키화 단계에서 발표된 「프로예술의 형식문제 ― 프롤레타리아 리얼리즘의 길로」에서 프로문학의 창작방법론으로서 프롤레타리아 리얼리즘론을 내세웠는데, 이것은 일본 장원유인(藏原惟人)의 프롤레타리아 리얼리즘론에 기반을 둔 것으로서 프로문학의 창작방법에 대한 최초의 이론적 정초라는 의미를 지닌다. 1933년 이후 창작의 질식을 초래한 볼셰비키적 창작방법론에 대한 자기비판이 제기되자, 추백이란 필명으로 「창작방법문제의 재토의를 위하여」를 발표하여 새로운 창작방법론으로서 사회주의 리얼리즘을 소개한다. 이 글은 유물변증법적 창작방법론과 그에 입각하여 이루어진 그간의 한국의 프로문학에 대한 비판을 그 내용으로 삼고 있는 글로서 1930년대 창작방법논쟁의 한 계기가 되었다는 점에서 의미 있는 글이다. 1945년 해방 후 조선프롤레타리아문학동맹에 가담했다가 월북했다. 무용가 최승희의 남편이지만 북한에서의 활동은 알려진 바 없다.

안석주(安碩柱, 1901~1950)

화가, 작가, 영화연출가, 평론가. 호는 석영(夕影).

서울 출신. 휘문고등보통학교 미술교사로 재직 중이었던 1921년 《동아일보》 연재소설 「환희」(羅稻香 작)의 삽화를 맡았다. 1922년 박승희, 김기진 등과 토월회(土月會)에 가입했으며, 《백조》 동인이 되었으며, 조선일보사에 입사하여 학예부장이 되었다. 1923년 말 파스큘라에 참여하고 1925년 2월 파스큘라 주최 문예강연회에 연사로 참석했다. 8월 조선프롤레타리아예술동맹 결성에 참여했다. 1927년 2월 신간회 경성 지회 간사가 되었고, 1930년 4월 카프의 기술부 독립을 위한 조직개편에서 미술부 위원이 되었다. 1931년 신간회 해소운동에 가담했으며, 제1차 카프 검거사건 이후 계급문학운동으로부터 멀어졌다. 1934년 조선일보사를 퇴직한 후 시나리오 작가, 영화 연출가로 활동했으며, 조선영화협회 상임이사를 지냈다. 일제 말기에는 1941년 12월 《매일신보》에 「대동아전과 영화인의 임무」를 기고하여 친일적인 경향을 드러내었고, 일본의 태평양전쟁을 지원하는 영화 '지원병'을 연출했다. 해방 직후 1946년 3월 《조광(朝光)》에 「우리 영화의 전망」이라는 글을 기고했다. 대한영화사 이사장을 지냈으며, 1950년 폐결핵으로 사망했다.

안함광(安含光, 1910. 5. 18~1982)

비평가. 본명 안종언(安鍾彦).

황해도 신천 출생. 해주고보를 졸업했으며, 1929년 조선프로예맹 해주지부 맹원으로 활동하면서 계급문학운동에 참여했다. 1930년대 초기에 농민문학론을 발표하면서부터 본격적인 비평활동을 시작한 그는 「농민문학문제에 대한 일고찰」(1931), 「농민문학의 규정 문제」(1931) 등을 발표하여 백철과 농민문학 논쟁을 벌이면서 문단의 주목을 받는다. 그는 빈농계급에 대한 프롤레타리아 이데올로기의 적극적 주입을 주장하다가, 이에 대한 무리를 시인하고 카프 역시 일본의 나프처럼 농민문학연구회를 두고 점진적으로 시도해야 한다고 주장했다. 카프의 해체를 전후하여 「창작방법문제의 토의에 기하야」(문학창조 1, 1934. 6), 「창작방법론 문제 논의의 발전과정과 그 전개」(조선일보, 1936. 5. 30~6. 6) 등을 발표하면서 유물변증법적 창작방법의 원칙을 중심으로 사회주의 리얼리즘에 대한 논의를 진척시켰다. 1945년 해방 직후 고향인 황해도에 머물면서 황해도 내무부장, 황해도 인민위원회 초대문화과장을 역임한 후 황해도문예총위원회 위원장을 지냈다. 1950년 전쟁 직전 평양으로 가서 종군했으며, 북조선문예총 제1서기장을 지내면서 김일성대학의 문학부 교수가 되었다. 안함광의 초기 평론으로는 「예술과 정치」(1946), 「북조선 민주문학운동의 발전과정과 전망」(1947)을 비롯하여 「문학의 일보 전진을 위하여 무엇이 요구되는가」(1948), 「예술의 계급성」(1949), 「전시의 싸우는 조선의 시문학이 제기하는 몇 가지 문제」(1951) 등이 있고 1952년 한효 등과 공저 출판한 『청년들을 위한 문학론』(1952)과 평론집 『최서해론』(1956)이 있다. 조기천의 장편서사시 「백두산」을 비판한 것이 반소적 반당적이라 하여 문제가 되어 자리를 사임하게 되었지만, 이기영과 한설야의 도움으로 문학동맹 위원장으로 복귀되어 문예기관지인 《문학예술》을 편집했다. 그 후 당의 문예 노선과 정책을 옹호하는 데 이바지하는 많은 평론을 집필했다. 『천리마현실의 반영과 전형화의 특성』(1961), 『혁명적대작에서의 서사시적화폭』(1965) 등이 이에 해당한다. 1966년 『문학의 탐구』라는 평론집을 조선문학예술총동맹 출판사에서 출판했다. 안함광의 저작 가운데 대학에서의 문학교육용으로 펴낸 『조선문학사』(1956)는 해방 후에 북한에서 나온 최초의 현대문학사이다. 1967년 주체사상 체계화에 반발하다가 박금철 등과 함께 수정주의자 반당반혁명분자로 숙청된 후 1982년 세상을 떠난 것으로 알려져 있다.

양창준(梁昌俊, 1907. 11. 15~1975. 10. 11)

사회운동가. 이명 양우정(梁雨庭, 梁又正).

경남 함안 출신. 대구고등보통학교를 중퇴하고 보통학교 교원을 지냈다. 1920년대 중반 《조선일보》 함안지국을 경영했으며, 1928년 4월 경남 청년연맹 집행위원이 되었다. 1930년 잡지 《음악과 시》를 발간하고 조선프롤레타리아예술동맹 개성 지부를 근거로 활동했다. 1931년 자신이 주관했던 잡지 《음악과 시》를 개편하여 《군기(群旗)》라는 카프의 기관지를 내었으며, 이적효(李赤曉)와 함께 카프 중앙위원회의 노선에 대항하여 개성 지부를 중심으로 카프쇄신동맹을 결성하고 《군기》를 장악했다. 그러나 1931년 4월 이 사건으로 인해 개성 지부가 해체되면서 카프에서 제명당했다. 1931년 4월 중국공산당 동만특위 조선국 내 공작위원회에 가입했으나 곧 고향으로 돌아가 신간회 함안 지회 검사위원, 함안농민조합 조직선전부장이 되었다. 10월 남해척식주식회사 함안농장의 비료대금 과다징수에 항의하는 농민시위를 선동, 배후조종했다는 혐의로 경찰에 검거되었다가 조선국내공작위 가입사실이 탄로가 나서 검찰에 송치되었다. 1934년 6월 경성지법에서 징역 1년 6월, 집행유예 4년을 선고받았다.

1945년 해방 후 대한독립촉성국민회 선전부장으로 반탁운동에 참여했으며, 《대동신문》 논설위원, 《현대일보》 주필, 《연합신문》 사장을 지냈으며, 민족청년단에 참여했다. 1950년 함안에서 무소속으로 제2대 민의원에 당선되었다가 1951년 12월 원외자유당 결성에 참여하고 중앙당부 정무국장이 되었다. 자유당 창당자금을 마련하는 과정에서 '중석불(重石弗) 사건'에 연루되기도 했다. 1952년 백골단을 조직했으며, 1953년 정국은사건(鄭國殷事件)으로 체포되어 간첩혐의로 최고군법회의에서 징역 7년형의 판결을 받았으나 이승만(李承晩)의 특사로 풀려났다. 저서로 『싸우는 민족의 이념』, 『이박사 독립노선의 승리』, 『이대통령 투쟁사』 등 이승만의 독립운동 경력과 정치 이념을 홍보하는 저서를 남겼다.

엄흥섭(嚴興燮, 1906. 9. 9~?)

소설가, 평론가.

충남 논산 출생. 1926년 경남 도립사범학교를 졸업했다. 1928년 《조선일보》에 평론 「문단전망—'조선문단' 이후」를 발표했다. 이듬해 《조선문예》 창간호에 시 「세거리로」를 발표했으며, 1930년 소설 「흘러간 마을」이 《조선지광》에 발표되어 문단의 주목을 받으면서 본격적인 작품활동을 전개했다. 1929년 조선프로예맹 개성 지부를 기반으로 계급문학운동에 가담했으나 개성 지부에서 발간하던 《군기》 사건으로 개성 지부가 해체되자 1931년 카프에서 탈퇴했다. 그의 대표작으로 지목되는 「번견탈출기」(1935), 「숭어」(1935) 등은 토속적인 농촌을 배경으로 궁핍한 삶의 실상을 개인적 반항을 통해 드러내고 있으며, 「정열기」(조광 13~16, 1936. 11~1937. 2), 「길」(여성 10, 1937. 1) 등에서는 부정적 현실에 굴복하지 않고 견디어 나가는 주인공을 형상화하고 있다. 장편소설 「인생사막」(신세기, 1940. 1~1941. 6)은 통속적인 작품이다. 해방 직후 1945년 9월에 결성된 조선프롤레타리아문학동맹에 이기영, 한설야 등과 함께 집행위원으로 가담했다. 그리고 좌익문단의 통합을 위해 확대 개편된 조선문학가동맹의 인천 지부 위원장을 맡기도 했다. 해방 공간에 발표한 소설로는 「새로운 아침」, 「귀환일기」, 「산에 사는 사람들」 등이 있다. 1948년 정부수립 직후 그가 편집국장으로 있던 《제일신문》에 실린 북한의 조선민주주의인민공화국 수립을 찬양하는 기사 때문에 수감되기도 했다. 1949년 말 정지용, 김상훈, 정인택 등과 함께 보도연맹에 가입했지만 1950년 6·25전쟁 당시 서울에 진입한 인민군에 합류하여 월북했다. 북한에서 발표한 소설로는 단편소설 「다시 넘는 고개」(1953), 「복숭아나무」(1957) 등이 있다. 장편소설 「동틀 무렵」(1957)은 《평양신문》에 연재했던 작품인데 남녀 주인공을 내세워 남한사회의 비리와 타락상을 비판하여 독자들의 관심을 끌었다. 한때 작가동맹 평양 지부 위원장도 맡았다.

윤기정(尹基鼎, 1903~1955)

소설가, 비평가. 호 효봉(曉峰).

서울 출생. 사립 보인학교를 졸업했다. 1922년 결성된 무산계급 문화운동 단체인 염군사에 가담하면서 문단 활동을 시작했으며, 1924년 서울청년회에 소속되어 최승일, 송영, 박영희 등과 더불어 염군사와 파스큘라를 단일조직으로 만들기 위해서 노력했다. 1925년 2월 경성청년회 집행위원으로 선출되었고, 8월 조선프롤레타리아예술동맹(KAPF) 결성에 참여했다. 1927년 9월 카프 서무부 담당 중앙상임위원으로 선출되었고, 1930년 4월 카프 조직부 책임자, 1931년 3월 서기국 서기장 및 산하 영화부 상임위원이 되었다. 5월 신간회 전체대회에서 서기를 맡고 해소를 주장했다. 그의 소설 「양회굴뚝」(조선지광 91, 1930. 6)은 방향전환 이후의 소설적 경향을 대변하는 작품으로 손꼽힌다. 1931년 8월 조선공산주의자협의회 사건과 관련된 카프 제1차 검거사건으로 구속되었고, 10월 경성 지방법원에 송국되었으나 불기소 석방되었다. 1932년 5월 임화 주도로 이루어진 카프 조직개편에서 다시 중앙위원이 되었다. 1935년 1월 '신건설사 사건'(제2차 카프 사건)으로 검거되어 12월 전주지법에서 징역 2년, 집행유예 3년을 선고받았다. 출감 후 1938년 7월 친일단체 시국대응전선사상보국연맹(時局對應全線思想報國聯盟) 경성 지회 문화부원이 되었다. 1945년 9월 해방 직후 조선프롤레타리아문학동맹 결성에 참여하여 서기장으로 선출되었다. 12월 《예술운동》에 「예술운동의 신전개」라는 글을 기고했다. 1946년 2월 전국문학자대회에 참가하여 조선문학가동맹 중앙집행위원으로 선출되었다. 1948년 봄 월북했으며, 한동안 해주에 거주하면서 이기영이 위원장으로 있던 '조소문화협회' 중앙상임위원을 지내는 한편 '북조선문학예술총동맹'의 중앙위원을 역임한 바 있다. 1955년 봄에 사망한 것으로 전해지고 있으며, 사후 북한에서 『윤기정·현경준 단편집』(1957)이 출간되었다.

이갑기(李甲基, 1909~?)

비평가. 필명 이형림(李荊林), 현인(玄人).

경상북도 달성군 수성면 태생. 1932년 5월 임화 주도로 이루어진 조선프로예맹 조직개편 때에 이에 가담했다. 「예술운동의 전망」(1932)을 통해 계급문예운동의 나아갈 바를 모색하기도 했으나, 1934년 7월에 카프의 해소를 최초로 제의한 「예술동맹의 해소를 제의함」(1934)이라는 평론을 발표하여 카프 조직 내에 큰 파문을 불러일으켰다. 그는 카프가 극단적 종파주의로 문예의 활동성을 억압했으며, 계급문학의 정신 자체의 붕괴마저 초래할 위기에 처해 있다고 주장했다. 조직의 재정비를 위해서라도 카프는 해소되어야 한다는 이러한 주장은 카프의 조직 분열 과정에서 대담하게 제기된 것이었다. 1934년 극단 신건설 사건에 관련되어 구속되었고, 전주지방법원에서 징역 1년 집행유예 3년을 언도받았다. 카프가 해산된 이후 출감했으며, 문단 활동을 거의 하지 않다가 해방 직후 조선문학가동맹에 가담한 후 월북했지만 북한에서의 활동은 알려진 바 없다.

이기영(李箕永, 1896~1984)

호 민촌(民村), 성거산인(聖居山人), 성거(聖居), 양심곡인(陽心谷人), 양심학인(陽心學人).

충남 아산에서 대한제국 시기 무반을 지낸 이민창의 장남으로 태어나 천안에서 성장했다. 1906년 영진학교를 마친 뒤 1917년 천안 간업전업소를 6개월간 다녔다. 한때 기독교에 입교했으며, 기독교계 학교인 논산 영화여학교에서 교사로 근무하다가 1918년 11월 사직했다. 1919년 1월부터 천안면사무소 직원으로 일하다가 1921년 9월 호서은행 천안지점에 은행원으로 취직했다. 1922년 봄 일본으로 건너가 4월에 세이소꾸[正則] 영어학교에 입학하여 필경사로 고학했으나 1923년 9월 관동 대지진으로 인해 유학을 중도에 포기하고 10월 중순 귀국했다. 1924년 조명희(趙明熙)의 도움으로 서울에 머물면서 《개벽》지 현상모집에 「옵바의 비밀편지」를 투고하여 3등에 당선되었다. 1925년 봄 잡지 《조선지광(朝鮮之光)》의 편집기자로 입사하여 한설야(韓雪野) 등과 함께 사회주의사상을 학습했다. 8월 조선프롤레타리아예술동맹(KAPF) 창립 과정에 조명희, 한설야와 함께 가담했으며, 「가난한 사람들」(1925), 「민촌」(1926), 「농부 정도룡」(1926) 등을 발표하여 농민소설가로서의 위치를 확고히 했다. 1927년 9월 조직 재편 과정에 참여하여 전국대회 재무담당 준비위원으로 선임되었으며, 1929년 3월 카프 중앙위원이 되었다. 1930년 4월 카프 중앙위원 및 출판부 책임자가 되었고, 그해 말 카프 볼셰비키화 노선에 적극 호응했다. 1931년 8월 제1차 카프 검거사건으로 구속되었으나 10월에 불기소 처분을 받고 석방되었다. 1932년 《조선지광》, 《신계단》에서 한때 기자로 일했으나 곧 사직했다. 1933년 8월 고향 천안에서 대표작 「고향」을 집필하고 《조선일보》에 그 이듬해까지 연재했다. 1934년 8월 극단 신건설 사건과 연관된 '제2차 카프 사건'으로 구속되어 1년 반 동안 투옥되었다가 1935년 12월 징역 2년 집행유예 3년을 언도받고 출감했다. 1939년 7월 조선총독부의 시국인식간담회에 참석했으며, 8월 만주 취재여행을 다녀온 뒤 친일적인 성향의 이른바 국책소설 「대지의 아들」을 집필했다. 1943년 4월 조선문인보국회 소설·희곡 부회(部會) 6인 상담역에 선임되었으나, 일제의 침략정책에 협조하지 않고 1944년 3월 강원도 철원에 칩거했다. 1945년 해방 직후 임화, 김남천, 이태준 등이 조직한 '조선문학건설본부'에 반대하여 이기영, 송영, 한설야, 이동규 등과 '조선프롤레타리아예술동맹'을 건설하는 데 참여했다. 1946년 조선문학가동맹에 참여하지 않고 평양에서 북조선문예총동맹을 결성한 후 북한 문단의 중심이 되었다. 1946년 7월 북조선 문예총의 기관지인 《문화전선》 창간호에 북한의 토지개혁을 다룬 단편 「개벽」을 발표했으며, 뒤이어 장편소설 「땅」을 발표했다. 1950년 4월 소설집 『농막선생』을 내기도 한 그는 6·25 이후인 1954년부터 그의 창작의 전 영역을 포괄하는 장편 「두만강」을 발표하기에 이른다. 그 밖에도 「한 녀성의 운명」(1965), 「조국」(1967), 「력사의 새벽길」(1972) 등의 장편소설을 남겼다. 계관작가로 추대되었으며, 1970년 7월 소련 정부로부터 노력적기훈장을 받았다. 그는 1946년 5월 '북조선문학예술총동맹'의 초대위원장이 되었으며, 1946년부터 1958년 사이 소련·동독·체코 등지를 수차 방문해서 친선에 기여했다. 그뿐만 아니라 1957년 최고인민회의 부의장 등을 두루 거쳐서 1972년 이후 북한 문예총(문학예술총동맹) 중앙위원장으로 오랫동안 활동했다. 1984년 사망 후 평양 신미리 애국열사능에 묻혔다. 유고집 『태양을 따라』가 나와 있다.

이동규(李東珪, 1913~1951)
소설가.

서울 출생. 1932년 잡지 《신청년》 기자로 재직 중에 신고송의 권유로 조선프로예맹에 가담했으며, 그 뒤 잡지 《야담(野談)》의 사원으로 일하기도 했다. 1932년 2월 《집단(集團)》 2호에 소설 「게시판과 벽소설」을 발표하면서 본격적인 계급소설 창작을 시작했으며, 「우박」, 「자유노동자」, 「어느 노인의 죽음」 등을 발표했다. 1934년 극단 신건설 사건과 관련된 카프 제2차 검거사건으로 투옥되었으며, 징역 1년 집행유예 3년을 언도받았다. 출감 후에 장편 「대각간 김유신」을 발표했으며, 1937년에는 과도기 지식인의 현실을 반영하고 있는 「신경쇠약」이라는 작품을 발표하기도 했다. 1945년 해방 후 《민주조선(民主朝鮮)》 편집국장을 역임하면서 조선프롤레타리아문학동맹에 가담했다. 이 시기의 작품으로는 해방 후에 전개된 노동운동의 전개와 노동쟁의를 노동자의 삶과 생활감정을 통해 보여준 노동소설인 「오빠와 애인」이 있다. 남로당의 문화전선 통일방침에 의해 조선문학건설본부와 조선프롤레타리아문학동맹이 1946년 2월 조선문학자대회를 통해 조선문학가동맹으로 통합되면서 이동규도 중앙집행위원으로 선출되었지만, 조선문학가동맹에서 이탈하여 월북하게 되었다. 이 시기의 작품으로는 해방 후에 전개된 노동운동의 전개와 노동쟁의를 노동자의 삶과 생활감정을 통해 보여준 노동소설인 「오빠와 애인」이 있다. 1946년 북한의 북조선문학예술총동맹 중앙상임위원이 되었으며, 이후 《민주조선》 편집국장으로 활동했다. 한때 평양사범대학 교수로 근무하는 등 북한 문단의 중심에서 활약하면서 문예총 서기장을 역임했다. 1950년 6·25전쟁 때는 문예총에서 소집한 종군 작가단 일원으로 김사량, 김조규, 박세영 등과 함께 1차로 선발 남하하여 서울 등지에서 종군활동을 했으며, 그해 여름 경남지방에 문화공작 요원으로 활동하던 중에 국군과 유엔군이 서울을 수복하게 되자 다시 북한으로 돌아가지 못하고 지리산에 숨어들어 빨치산 활동을 하다가 사망했다. 1956년 북한에서 창작집 『그 전날 밤』이 출간되었다.

이북만(李北滿, 1908~?)

본명 이복만(李福萬). 가명 유춘수(柳春樹).

충남 천안 출생. 빈농의 아들로 태어나서 보통학교 졸업 후 동아연초주식회사, 경성일보사에서 급사로 일하면서 상업학교를 졸업했다. 1926년 3월 일본으로 가서 제일해상화재보험주식회사와 도쿄 아사히신문사[朝日新聞社]에서 일했다. 1927년 봄 김두용, 홍효민, 조중곤 등과 제3전선사(第三戰線社) 결성에 참여하고 기관지 《제3전선》의 발간을 주도했다. 1927년 여름 제3전선사 전국 순회강연을 실시하고 9월 박영희 등과 협의하여 조선프롤레타리아예술동맹의 조직개편에 가담했으며, 중앙위원으로 선출되었다. 그해 10월 카프 도쿄 지부를 창설하고 출판부를 담당했다. 재일본조선 청년총동맹, 신간회 도쿄 지회에 가입해 활동했다. 1928년 5월 고려공산청년회 일본부기관지 편집 겸 출판위원으로 선정되었다. 계급문학운동의 방향전환론을 중심으로 활발한 비평활동을 전개했으며, 특히 예술운동의 볼셰비키화를 강조했다. 1929년 5월 고경흠, 한위건 등과 협의하여 조선공산당 재건운동을 전개하기 위해 카프 도쿄 지부를 무산자사(無産者社)로 재편했으며, 잡지 《무산자》를 간행했다. 그 후 일본프롤레타리아 문화연맹에 가입하고 프로과학조선위원회를 담당했다. 1930년 10월 무산자연구회 결성에 참여하여 정치경제부 책임자로 선임되었다. 1932년 1월 노동계급사(勞動階級社)를 조직하고 사회주의 비밀출판물을 간행했다. 이 무렵 조선공산당 재건운동에 종사하다가 1933년 2월 일본 경찰에 검거되어 1935년 9월 병보석으로 가석방되었다. 1935년 12월 도쿄에서 조선어 신문인 조선신문사(朝鮮新聞社) 창립에 참여하고 편집국에 배속되었다. 1936년 4월 가석방된 상태에서 재판이 열려 도쿄지방재판소에서 징역 2년, 집행유예 3년을 선고받았다. 7월 《조선신문》 탄압사건에 연루되어 일본 경찰에 다시 검거되기도 했다. 1945년 해방 직후 귀국하여 조선학술원 상임위원, 민족문화연구소 연구원으로서 역사 연구에 종사했으며, 『조선사논집(朝鮮史論集)』(1946), 『이조사회경제사연구(李朝社會經濟史研究)』(1948)를 저술했다. 한국전쟁 이후 일본에서 남북통일촉진협의회 중앙대표위원으로서 평화통일운동을 전개했다.

이상화(李相和, 1901. 5. 9~1943)

시인. 호 상화(尙火, 想華), 백아(白啞, 白亞).

대구 출생. 18세 때 경성 중앙학교 3년을 마치고 강원도 금강산 일대를 주유했다. 1917년 대구에서 현진건(玄鎭健), 백기만 등과 프린트판 동인지 《거화(炬火)》를 발간했다. 1919년 3·1운동 당시 친구 백기만(白基萬) 등과 함께 대구학생봉기를 주도하다가 발각되기도 했다. 1922년 홍사용(洪思容), 박종화(朴鍾和), 박영희(朴英熙), 김기진(金基鎭) 등과 함께 《백조》 동인으로 참가하여 「말세의 희탄(欷歎)」, 「이중의 사망」, 「나의 침실로」 등을 발표하면서 본격적인 시작활동을 시작했다. 1924년 김기진, 이익상, 안석주 등과 함께 파스큘라(PASKYULA)라는 문학단체에 가담했으며, 1925년 8월에 조선프롤레타리아예술동맹(KAPF)의 창립회원으로 참여했으며, 이듬해 기관지 《문예운동》을 주관하기도 했다. 그는 민족주의 시인으로 식민치하의 민족적 비애와 일제에 항거하는 저항의식을 기조로 하여 시를 썼다. 습작기의 산문시로부터 출발하여 퇴폐와 감상의 시인으로 병적인 관능도취(官能陶醉)의 시세계를 보였는가 하면 경향파문학의 대두와 함께 일시적으로나마 그 풍조에 휘말려 들기도 했다. 그러나 그의 시적 본령은 어디까지나 민족주의 시에 있었다. 그는 일제에 대한 울분을 전면에 내세워 항거하기에는 많은 시대적 제약이 따랐기 때문에 국토자연의 예찬으로 기울게 되었던 것이다. 시인의 저항정신을 서정적 정조로 잘 가다듬어 누구나 공감할 수 있는 시세계를 보인 「빼앗긴 들에도 봄은 오는가」 등 일련의 후기시가 그의 시적 본령이라고 할 수 있다. 1951년 백기만이 편집한 유고시집 『상화(尙火)와 고월(古月)』에 「새벽의 빛」이라는 제목 아래 16편의 시가 실려 있다. 1927년 의열단 이종암(李鍾巖)사건에 연루되어 구금되기도 했으며, 1937년 백씨 이상정 장군을 만나러 만경(滿京)에 갔다가 돌아오자마자 일본관헌에 붙잡혀 4개월 동안 옥고를 치렀다. 그 후 대구교남학교에서 교편을 잡았으며, 교남학교를 그만둔 후 「춘향전」의 영역본(英譯本)과 국문학사 등을 기획하고 독서와 연구에 몰두했으나 완성치 못하고 1943년 3월 21일 사망했다. 대구광역시 달성공원에 시비가 세워져 있다.

이용악(李庸岳, 1914. 11. 23~1971. 2. 15)

시인.

함경북도 경성 출생. 고향에서 보통학교를 졸업한 후 1936년 일본 조치대학[上智大學] 신문학과에서 수학했다. 1935년 3월 「패배자의 소원」을 처음으로 《신인문학》에 발표하면서 작품활동을 시작했으며, 같은 해 「애소유언(哀訴遺言)」, 「너는 왜 울고 있느냐」, 「임금원의 오후」, 「북국의 가을」 등을 발표하는 등 왕성하게 창작활동을 했다. 《인문평론(人文評論)》지의 기자로 근무하기도 했다. 1937년 첫 시집 『분수령』을 발간했으며, 이듬해 두 번째 시집 『낡은 집』을 도쿄에서 간행했다. 그는 초기 소년 시절의 가혹한 체험, 고학, 노동, 끊임없는 가난, 고달픈 생활인으로서의 고통 등 자서전적 체험을 뛰어난 서정시로 읊었다. 이러한 개인적 체험을 일제하 유이민의 참담한 삶과 궁핍한 현실로 확대시킨 점에 이용악의 특징이 있다. 1946년 광복 후 조선문학가동맹의 시 분과 위원으로 활동하면서 《중앙신문》 기자로 생활했다. 이 시기에 시집 『오랑캐꽃』을 발간했다. 1949년 8월 경찰에 체포되어 서울 서대문형무소에 갇혔다가 1950년 6월 28일 인민군이 서울에 진격해 오면서 출옥했다. 시 「노한 눈들」, 「짓밟히는 거리에서」, 「빗발 속에서」 등은 이 시기에 쓴 대표적인 작품들이다. 이 시들에는 미국에 대한 증오와 반미투쟁에 앞장선 남한 민중들의 활동을 그려놓고 있다. 1951년부터 1952년 7월까지 조선문학동맹 시분과위원장으로 활동했으며, 1956년 11월부터 조선작가동맹출판사 단행본 편집부 부주필로 일했다. 시 「원쑤의 가슴팍에 땅크를 굴리자」는 조국해방전쟁 시기에 창작한 그의 대표작이다. 전후 시기의 대표작으로는 평남관개공사를 독특한 필치로 노래한 「평남관개시초」를 들 수 있다. 1957년에 출판된 『리용악 시선집』에는 해방 전부터 이 시기까지에 창작된 우수한 시 작품들이 편집되어 있다. 그의 시 창작의 특징은 공장과 농촌, 어촌 등으로 시적 공간을 넓힌 것이며 근로하는 인민들의 생활에 대한 기쁨이 아름다운 자연과 조화를 이루면서 그윽한 향토적 서정을 풍기고 있는 점이다. 그 밖에도 시 「석탄」, 「어선 민청호」, 「위대한 사랑」, 「격류한다 사회주의에로」, 「기발은 하나」, 「꼰스딴짜의 새벽」 등을 발표했다. 1968년에 「날강도 미제가 무릎을 꿇었다」를 발표한 이후로 더 이상 시작활동을 하지 않은 것으로 보인다. 1963년에는 김상훈과 함께 「역대 악부시가」를 번역 발간하기도 했다. 1971년 2월 15일 병으로 사망했다.

이우적(李友狄, 1905~1950)

본명 이응규(李應奎).

경남 사천 출신. 1924년 3월 진주 사립 양정학원을 졸업했다. 일본 도쿄로 건너가 1925년 1월 사회주의 사상단체인 일월회(一月會)가 조직되자 안광천(安光泉), 하필원(河弼源) 등과 함께 활동했다. 4월 칸다[神田]의 사립 켄슈우학관[硏修學館] 초등영어과에 입학하여 수학하던 중 도쿄 조선무산청년동맹회 서무부 위원으로 선출되었고, 도쿄 조선청년동맹에 참가했다. 1926년 4월 켄슈우학관 고등과에 입학했으며, 6월 조선 무산계급 전위운동의 통일 촉진에 공헌할 것을 내세우며 발간된 《대중신문》 기자로 활동했다. 1927년 5월 조선공산당 일본부 선전부 책임이 되었고, 고려공산청년회 결성에 참여하여 선전부 책임을 맡았으며 북부야체이까에 소속되었다. 신간회 도쿄 지회에 가입하여 당 프랙션에 배속된 후 12월 신간회 도쿄 지회 출판부 간사로 선출되었다. 1928년 1월 조선프로예맹 도쿄지부의 조직개편 때에 이에 가담하여 정치부 위원이 되었고, 2월 조공 일본총국 기관지 《대중신문》, 고려공청 일본총국 기관지 《현계단》 편집위원이 되었다. 1929년 7월 귀국한 후 1930년 6월 이종림(李宗林), 김상혁(金相赫)과 함께 조공 재건운동을 전개하기로 합의하고 선전 책임을 맡았다. 1931년 7월 경북 대구에서 열린 조선공산주의자협의회에 김상혁과 함께 전남 대표로 참석했다. 12월 전남지역 ML파 공산주의자를 규합하여 열성자대회를 개최하고, 17개의 사회운동 단체를 규합하여 '좌익 노동조합·농민조합'을 건설하고 그 연락 통일을 도모할 기관으로 전남노농협의회를 조직했다. 이 협의회에서 반제부(反帝部)와 교육부의 책임을 맡고 출판부원을 겸했다. 1932년 3월 검거되어 1933년 대구지법에서 징역 4년을 선고받았다. 출옥 후 이재유(李載裕), 인정식(印貞植)과 함께 조공 재건운동을 모색하다가 다시 체포되어 1943년경 출옥했다. 1945년 8월 15일 ML파 공산주의자인 최익한(崔益翰), 하필원과 함께 당을 조직하기로 합의하고 공산당 서울시당부를 결성했다. 그 후 조공(장안파)에 합류했다. 1946년 2월 '조공 중앙 및 지방동지 연석간담회'에 서울시 대표로 참석해 박헌영(朴憲永) 등 중앙을 비판했다. 9월 좌익 3당의 남조선노동당으로의 합동이 발표되자 별도의 조직된 사회노동당 준비위원회에 참여하고 선전부장이 되었다. 11월 사회노동당 임시중앙위원으로 선임되었다. 1947년 1월 사회노동당을 해체하고 남로당에 참가할 것을 주장하며 탈당성명을 발표했다. 1950년 9월 사망했다.

이익상(李益相, 1895. 5. 12~1935. 4. 19)

소설가, 평론가. 호 성해(星海).

전북 전주 출생. 보성고보를 마치고 니혼대학[日本大學] 신문과를 졸업했다. 일본 유학 시절 조선고학생동우회의 활동에 참가했다. 1921년 5월 《개벽》에 「예술적 양심을 결여한 우리 문단」을 발표하며 문필활동을 시작했다. 1923년 김기진, 박영희 등과 함께 파스큘라에 가담했으며, 1925년 8월 조선프롤레타리아예술동맹의 창립에 가담했다. 1927년 9월 카프의 조직개편 이후 동맹원의 명단에서 찾아볼 수 없다. 주요 작품으로는 회사원이 부패한 현실을 한탄하며 그에 대한 반항으로 회사의 돈을 훔쳐내 마음껏 놀아 보려는 반항적 심리를 그린 「광란」(1925), 도시생활을 청산하고 농촌에 낙향해 피곤한 일에 시달리면서도 흙냄새에 기뻐하는 주인공의 모습을 그린 「흙의 세례」(1925), 생활의 터전을 얻기 위해 전전하며 갖은 고생과 천역을 해야 하는 주인공이 아내와 함께 술집을 하다가 아내를 농락하려 드는 부잣집 아들에게 반항하는 모습을 그린 「쫓기어가는 이들」(1926) 등이 있다. 1926년 문예운동사에서 단편집 『흙의 세례』를 간행했다. 《조선일보》, 《동아일보》 등의 기자를 거쳐 《동아일보》 학예부장, 《매일신보》 편집국장 이사 등을 역임했다.

이적효(李赤曉, 1901~1934)

본명 이응종(李應鍾).

서울 출신. 매우 가난하여 보통학교를 중퇴했다. 1915년 인쇄소 견습공이 된 이래 여러 신문사에서 인쇄직공으로 근무했다. 1922년 9월 무산계급 문화운동 단체 염군사(焰群社) 결성에 송영, 이호, 박세영 등과 함께 참여했다. 1925년 봄 경성출판노동조합에 가입하여 집행위원이 되었다. 1925년 8월 조선프롤레타리아예술동맹 창립에 가담했다. 1926년 2월 경성청년회 집행위원이 되었으며, 1927년 월간잡지 《노동자》 발간 준비작업에 종사했다. 1930년 4월 조선프로예맹이 기술부를 신설하게 되자 영화부 위원으로 선출되었으며, 12월 조선공산당재건설준비위원회에 가입했다. 1931년 1월 조선좌익노동조합전국평의회조직준비회 정치부 담당 중앙집행위원이 되었다. 그해 2월 기관지 《산업노동》 발간 책임자가 되었으며, 3월 조선좌익노조전국평의회조직준비회 산하 조선적색위원회 서울지역 책임자로 내정되었다. 1931년 카프 개성 지부를 중심으로 양창준, 민병휘 등과 기관지 《군기》를 둘러싼 반카프 음모 사건에 관련되어 카프쇄신동맹을 결성했던 일로 인해 카프에서 제명당했다. 1931년 4월 '조선국내공작위원회 사건'에 연루되어 일본 경찰에 체포되었으며, 1934년 6월 경성지법에서 징역 4년을 선고받고 수감 중 옥사했다.

이찬(李燦, 1910. 1. 15~1974. 1. 5)

시인. 본명 이무종(李務鍾).

함남 북청 태생. 1924년에 북청공립보통학교를 졸업한 후 경성제2고보에 입학하여 1929년 3월에 졸업했다. 일본에 건너가 릿쿄오대학을 거쳐 와

세다대학 노문학과에 입학했다. 그는 동경에서 1931년 11월 연구단체인 '동지사(同志社)'의 편집위원으로 참여했으며, 1932년 2월 '동지사'의 발전적 해소 선언을 위한 기초 위원으로 안막, 박석정과 함께 참가했다. 1932년 5월 귀국하여 카프의 맹원으로 활동하면서 시 「가구야 말려느냐」, 「아내의 죽음을 듣고」, 「잠 안오는 밤」 등을 발표했다. 그러나 그해 11월에 이른바 '별나라 사건'으로 신고송과 함께 피검되었다가 1934년 9월 만기 석방되었다. 1935년 카프의 해산으로 조직 활동이 불가능하게 되자 고향으로 돌아가 북청, 혜산진 등지에서 관납상회와 북청문화주식회사(인쇄업)에서 근무했다. 1937년 첫 시집 『대망』을 간행했는데, 여기에는 1930년대 중반까지의 초기 창작시들이 수록되어 있다. 그의 두 번째 시집 『분향』은 1938년 한성도서(주)에서 간행되었으며, 그는 이 시집의 머리말에서 '여러 가지 이유로 대수롭잖은 서정 단편물밖에 넣지 못한 유감'의 뜻을 밝히고 있다. 그의 세 번째 시집으로 박문서관에서 1940년에 간행한 『망향』이 있다. 1945년 해방 직후 조선프롤레타리아문학동맹에 가입했다가 곧 월북하여 '북조선프롤레타리아예술동맹' 함남 지역 위원으로 활동했다. 1946년 3월 25일에 창설된 '북조선문학예술총동맹'의 서기장이 되었다. 이후 그는 조선문화협회 서기장과 부위원장 및 문화선전성 문화국 부국장 등의 다양한 경력을 역임하고 「김일성 장군의 노래」를 비롯한 많은 시를 발표했으며, 1974년에 사망했다. 그의 사망 후에 시선집 『태양의 노래』(1982)가 발간되었다. 이 시집에는 이찬이 일본강점기에 발표한 초기 시 「아침」부터 사망하기 전 1973년의 시 「우리는 수령님만 따르렵니다」까지 총 65편의 작품들이 수록되어 있다.

이호(李浩, 1903~?)

호는 효천(曉天).

경북 달성 출신. 대구 수창(壽昌)보통학교, 대구농림학교, 대구고등보통학교에서 수학했다. 1919년 3월 대구고보에서 맹휴를 주도하다가 퇴학당한 후 서울 휘문고보, 경성고등공업학교를 다녔다. 1922년 송영, 이적효, 박세영 등과 염군사(焰群社) 결성에 참여하여 주간이 되었다. 1923년 5월 사회주의 사상단체 토요회 결성에 참여했으며, 8월 무산청년회 발기준비위원으로 선정되었다. 그해 여름경 조선노동연맹회에 가입하여 고무직공 파업을 지원하다가 구류 20일 처분을 받았다. 경남 마산에서 사회주의 사상단체 혜성회(慧星會)를 비롯한 삼남지방 사회운동 단체 규합에 주력하기도 했다. 1924년 2월 신흥청년동맹 결성에 참여하여 집행위원으로 선출되었고 11월 북풍회 결성에 참여했으며, 1925년 4월 조선공산당에 입당했다. 1925년 8월 조선프롤레타리아예술동맹 결성에 참여했으나 1927년 9월 조직개편 이후 명단에서 찾아볼 수 없다. 1926년 8월 조공 검거사건에 연루되어 검거되었으나 1928년 무죄로 인정되어 석방되었다.

임화(林和, 1908~1953)

시인, 비평가. 본명 임인식(林仁植). 호 성아(星兒). 林華라고 표기되기도 했다.

서울 태생. 1921년 보성고등보통학교에 입학했으나 1925년 중퇴했다. 1926년 무렵부터 영화와 연극에 관심을 두면서 다다이즘적인 경향의 시와 수필을 발표했다. 1927년 처음으로 임화라는 필명을 사용하면서 프롤레타리아 문학활동에 참가했으며, 1928년 조선프롤레타리아예술동맹(KAPF)의 창립 주역이자 이론적인 지도자이던 박영희(朴英熙)의 집에 기숙하면서 윤기정(尹基鼎)과 함께 조직활동을 도왔다. 이해 8월 조선프로예맹 전국대회 준비위원이 되었으며, 1929년 '유랑', '혼가' 등의 영화에 주연배우로 출연하기도 했다. 노동자 오누이의 투쟁의식을 서정성과 조화시켜 독자들에게 감상적인 공감대를 심화시킨 단편서사시 「우리 오빠와 화로」, 「네거리의 순이」 등을 발표하여 일약 카프 진영 안에서 일급 시인의 위치에 올랐다. 1929년 가을 카프 진영 내에 부상한 동경파(東京派)의 이론적인 선진성을 획득하기 위해 박영희의 도움으로 일본으로 건너가 이북만(李北滿)의 집에 기숙하며 무산자사(無産者社)에서 훈련과정을 거친 후 사원생활을 하게 되었다. 1930년 「조선 프롤레타리아예술운동의 당면한 중심적 임무」란 글에서 노동자·농민 등 무산계급 중심의 선전선동을 강화하는 예술운동을 주장해 카프의 볼셰비키화를 강조했다. 그해 4월에 카프 중앙위원이 되었고, 이북만의 누이 이귀례(李貴禮)와 결혼한 후 귀국했다. 1931년 8월 '조선공산주의자협의회 사건'으로 인한 제1차 카프 검거사건 때에 검거되어 박영희, 윤기정, 안막(安漠), 김남천과 함께 약 3개월 동안 수감되었으나 불기소 처분으로 석방되었다. 1932년 5월 카프 개편을 주도하면서 윤기정의 후임으로 카프 서기장이 되었으며, 극단 메가폰과 극단 신건설 결성에도 참여했다. 1933년 김남천의 소설 「물」을 비판하면서 유명한 물논쟁을 일으키고, 작가의식의 객관화와 당파성을 계속 강조했다. 1934년 6월 극단 신건설 사건(제2차 카프 사건) 때 검거되었다가 폐결핵으로 풀려나 요양 생활을 했다. 1935년 5월 김기진, 김남천과 함께 경기도 경찰부에 카프 해산계를 제출하여 10년간의 카프시대를 끝냈다. 1935년 이현욱(李現郁, 필명 池河蓮)과 재혼했다. 카프 해체 후 문학의 새 출구를 위하여 속류론적인 유물론에서 탈피하고자 「조선 신문학사론 서설」을 집필하는 한편 해외문학파나 예술지상주의론에 대해 비판적인 자세를 견지했다. 1936년 대표작의 하나인 장시 「현해탄」을 발표했으며, 이후 출판사 학예사를 경영하면서 유파를 초월해 폭넓은 교제를 해나갔다. 1940년 고려영화사 문예부, 1943년 조선영화문화연구소에서 근무했으며, 영화 분야의 글도 상당수 남겼다. 1945년 해방 직후 조선문학건설본부를 결성했으며, 문화운동단체인 조선문화건설중앙협의회 창립에 참여하여 의장이 되었다. 1946년 조선문학가 동맹을 결성하고 문화전선의 사상적 통일을 위한 민족문학이론을 정립했다. 1947년 11월 월북했으며, 1948년 조소(朝蘇)문화협회 부위원장이 되었다. 한국전쟁 당시 서울에서 조선문화총동맹 부위원장이 되었고, 전쟁이 종결된 후 1953년 8월 남로계 숙청 과정에서 사형당했다. 시집으로 『현해탄』(1938), 『찬가』(1947), 『너 어느 곳에 있느냐』(1951)를 간행했으며, 평론집 『문학의 논리』(1940) 등을 남겼다.

조명희(趙明熙, 1894. 8. 10~1938)

소설가, 시인, 희곡 작가. 호 목성(木星), 적로(笛蘆), 포석(包石, 抱石).

충북 진천 출생. 어려서 한학을 수학했으며, 진천 사립문명학교를 졸업하고 1914년 중앙고보를 중퇴했다. 1919년 3·1운동에 참가했다가 구금되기도 했으며, 그해 겨울 도일하여 동양대학 철학과에서 수학했다. 유학시절에는 잠시 무정부주의 계열의 '흑도회'라는 사상단체에 가입하여 활동한 것으로 알려져 있다. 1920년 김우진과 함께 '극예술협회'를 조직하는 한편으로, 동경 유학생들과 노동자들의 회관 건립 기금 마련을 위한 공연을 목적으로 희곡 「김영일의 사」를 썼으며, 1921년에 조선 순회공연을 하여 환영받기도 했다. 1923년 희곡 「파사」를 발표하고, 1924년에는 시집 『봄 잔디밭 위에』를 간행했다. 이 시기의 희곡이나 시는 종교적 신비주의·낭만주의의 색채가 짙었던 것으로 평가된다. 1925년 8월 조선프로예맹 결성에 참가했으며, 1927년 9월 카프 조직개편 과정에서 중앙위원으로 선임되었다. 생활고에 지친 지식인의 가정생활에 대한 환멸을 그린 「땅 속으로」(1925), 「R군에게」(1926), 「저기압」(1926) 등과 자신들의 농토에서 쫓겨나 간도나 일본 등지로 이주하거나 도시 빈민으로 전락하고 마는 식민지 농민들의 가혹한 현실을 문제 삼은 「농촌 사람들」(1926), 「마음을 갈아먹는 사람」(1926), 「새 거지」(1926) 등의 작품을 계속 발표했다. 1927년에 발표한 대표작 「낙동강」을 통해 그는 농촌 현장에서의 삶의 변혁을 모색하는 인물을 서정성 짙은 묘사력으로 부조해 내는 성과를 거두기도 했다. 1928년 7월 소련으로 망명하여 원동(연해주) 지방의 조선인 교포 학교에서 학생들을 가르쳤으며, 그 해에 산문시 「짓밟힌 고려」 등을 발표했다. 그 외 장편 소설 「붉은 깃발 아래에서」와 「만주 빨치산」 등을 집필했다고 하나 전해지지 않는다. 소련작가동맹에 가담하여 1936년부터 하바로프스크 시에서 작가동맹 원동 지부의 일을 보는 한편 잡지 《노력자의 조국》 책임 편집위원을 지냈다. 1937년 스탈린의 지시로 중앙아시아 지방으로 강제 이주를 당했으며, 일제의 간첩이란 죄목으로 1938년 4월 15일에 총살된 것으로 전해진다. 스탈린 사후 흐루쇼프의 스탈린 격하 운동과 결부된 해빙 정책에 따라 1956년에 복권되었다.

조중곤(趙重滾, 1907~?)

비평가, 사회운동가.

충남 논산 출신. 일본 도쿄에 유학하여 니혼대학[日本大學]에서 3년간 수학하는 동안 맑스주의를 받아들여 사회주의운동에 투신했다. 1927년 봄 제3전선사(第三戰線社) 결성에 참여하여 기관지 《제3전선》 발행에 관여했으며, 이 무렵 조선공산당에 입당했다. 이해 하계 방학을 이용하여 제3전선사 전국 순회강연에 참여했으며, 9월 박영희 등의 권유로 조선프로예맹에 가입, 중앙위원으로 선출되었다. 10월 카프 동경 지부 결성에 참여했으며, 동경 지부에서 발간한 기관지 《예술운동(藝術運動)》에 소설 「빼앗기고만 살가」를 발표했다. 12월 신간회 도쿄 지회 선전부 위원이 되었다. 1928년 2월 '제4차 조공 검거사건'으로 일본경찰에 검거되어 1930년

3월 출옥했다. 카프 해체 후에는 문단을 떠나 있었고, 1945년 해방 후 전국농민조합총연맹 충남도 위원을 지냈다. 1945년 11월 전국인민위원회 대표자대회에 충남 대표단의 일원으로 참석했으며, 1946년 2월 민주주의 민족전선 결성대회에 참여하고 중앙위원이 되었다. 1948년 8월 해주에서 열린 남조선인민대표자대회에서 제1기 최고인민회의 대의원으로 선정되었다. 이후 북한에서 활동했다.

최승일(崔承一, 1901~?)

서울 출신. 배재고등보통학교를 중퇴했다. 일본으로 건너가 니혼대학[日本大學] 미학과에서 수학했으며, 1922년 형설회(螢雪會)에 가입했다. 1923년 7월 형설회 순회연극단에 참가하여 귀국했으며, 8월 국내 공산주의그룹 사이의 갈등으로 일어난 '낙양관(洛陽館) 사건'에 가담했다. 사회운동단체 북풍회에 참여하다가 송영, 이호 등이 주도한 사회주의 문예단체 염군사(焰群社)에 가담했다. 1924년 12월 경성청년회 결성에 참여하여 집행위원이 되었다. 4월 염군사 기자로 전조선기자대회에 참석했다. 그해 소설 「떠나가는 날」을 《신여성》에 발표하여 문단에 등단했다. 1925년 8월 조선프롤레타리아예술동맹 결성에 참여, 중앙위원이 되었다. 1926년 1월 청년운동 기관지 《청년의 성(聲)》 편집부원, 3월 경성청년회 교양부 위원이 되었다. 1930년 4월 카프 기술부 신설 과정에서 연극부 위원이 되었으나 이후의 조직 명단에서는 전혀 그 이름을 볼 수 없으며, 문단 활동도 중단되고 있다. 일제 말기 동아영화사를 설립하고 일제에 동조하는 국책선전 영화를 제작했다. 광복 후 최승희, 안막 부부와 월북했으나 최승일의 이후 활동은 잘 알려진 바 없다.

최정희(崔貞熙, 1912. 12. 3~1990)

소설가. 호 담인(淡人).

함남 단천 출생. 숙명여고보를 거쳐 서울중앙보육학교를 졸업했다. 1930년 일본에서 유치진, 김동원 등과 함께 학생극예술좌에 참가했으며, 이듬해 삼천리사에 입사했다. 이동식 소형극장의 설립에 김유영, 추완호 등과 함께 가담했다. 1932년 8월에 설립된 극단 신건설에도 가담하면서 조선프로예맹의 맹원이 되었다. 1934년 극단 신건설 사건으로 제2차 카프 검거 때 수감되기도 했으나 1935년 선고 공판에서 무죄로 석방되었다. 1931년 《삼천리》에 「정당한 스파이」를 발표하면서 주로 프로문학적인 작품들을 발표했지만, 출옥 후부터 사상문제를 벗어난 작품들을 발표해 나갔다. 흉가를 얻어 살면서도 생의 의지를 굳혀 가는 인물을 그린 「흉가」(1937)를 위시하여 미망인의 애정 문제를 그린 「지맥」(1939), 남편 아닌 남성과의 애정 문제를 다룬 「인맥」(1940), 모성애와 이성애를 보인 「천맥」(1941) 등에서는 여성의 개인적 불행 문제를 다루었다. 1945년 해방 이후에는 지주와 소작인의 삶을 대극적으로 제시한 「풍류잡히는 마을」(1947) 등을 통해 시대와 사회에 관한 관심을 증폭시켜 나갔다. 6·25전쟁을 겪은 후 전쟁 때 피난도 못 간 노파의 외로움과 괴로움을 다룬 「정적일순」(1955), 한국의 근대사를 배경으로 지식인 남녀의 인간역사를 그린 장편 「인간사」(1964) 등을 통해 역사의 굴곡 속을 헤쳐나가는 사람들의 삶을 그려나갔다. 한국여류문학인협회장, 예술원 회원 등을 역임했다. 서울시문화상(1958), 3·1문화상(1983) 등을 수상했다.

한설야(韓雪野, 1900. 8. 30~1976)

소설가. 본명 한병도(韓秉道). 필명 한설야, 만년설(萬年雪), 한형종(韓炯宗), 김덕혜(金德惠).

함남 함흥 태생. 부친이 조선말 군수를 지낸 덕에 유복하게 성장했다. 경성고등보통학교(후에 경성제일고보)에 입학 후 4학년 때 함흥고보로 전학하여 1919년 졸업했다. 1920년 중국 북경의 익지영문학교에서 사회과학을 공부하다 귀국, 1921년 일본에 건너가 니혼대학[日本大學] 사회학과를 3년간 다니다가 1923년 귀국했다. 북청고보 학술강습소(후의 대성학교)에서 강사생활을 하며 습작하여, 《조선문단》에서 단편 「그날 밤」(1925), 「동경」(1925), 「주림」(1926) 등으로 이광수의 추천을 받아 문단에 데뷔했다. 1925년 만주 무순으로 이주하면서 프롤레타리아문학에 관심을 두었고, 1927년 귀국하여 계급문학운동의 방향전환과 함께 이루어진 조선프로예맹 조직개편(1927. 9) 때에 중앙위원회 위원으로 가담하여 본격적인 문단 활동을 시작했다. 1930년 조선프로예맹 조직개편에서도 여전히 중앙위원회 위원으로 가담했으며, 1932년 임화가 주도한 조선프로예맹 개편 당시에 중앙위원을 사임했다. 한편 창작에 몰두하여 「과도기」(1929) 등의 수작을 발표했으며, 1932년 조선지광사에 입사하면서 1934년 극단 신건설사 사건에 연루되어 투옥될 때까지 경성에서 문단 활동을 지속했다. 전주 감옥에서 집행유예로 석방되어 귀향한 후 인쇄소 등을 경영하면서 「황혼」(1936), 「청춘기」(1937), 「귀향」(1939), 「마음의 향촌」(1939), 「탑」(1941) 등의 장편소설과 「태양」(1936), 「이녕」(1939), 「모색」(1940) 등 수많은 단편소설을 발표했다. 1945년 9월 카프의 비해소파로서 조선프롤레타리아예술연맹 조직 결성을 주도했지만, 임화 중심의 조선문학건설본부와 대립하면서 새로 통합된 조선문학가동맹에 참여하지 않고 평양으로 활동 근거지를 옮겼다. 1946년 3월 이기영, 송영 등과 북조선문학예술총동맹 결성을 주도했다. 이러한 조직사업을 선두에서 이끌던 그는 1948년 제1기 최고인민회의 대의원으로 피선되었고, 북한의 문화선전상으로 활동하면서 초기 북한 문화정책을 주도했다. 1951년 이른바 '조국해방전쟁'을 다룬 「대동강」, '적색농조'를 다룬 「설봉산」을 발표했다. 같은 시기에 그는 김일성의 항일투쟁을 형상화한 장편 「력사」로 인민상을 수상했다. 김일성의 주체사상이 강화되면서 사상문제로 1963년 전 직책을 박탈당하고 숙청되었다. 1980년대 중반 박종원, 류만의 「조선문학개관」에 와서 그 문학적 업적이 재평가되고 있다.

한식(韓植, 1907~?)

비평가.

함남 함흥 태생. 일본 동경고등사범학교 영문과를 졸업했다. 동경고등사범학교 재학시절인 1927년 동경에서 조중곤, 홍효민, 김두용 등과 제3전선사를 설립하고 기관지 《제3전선》을 창간했다. 이해 여름 계급문학에 대한 하기 강연을 서울에서 개최한 것이 계기가 되어 9월 카프 맹원으로 가담하여 중앙위원이 되었으며, 10월 카프 동경 지부 설립에 참여하고 교육부 상임위원이 되었다. 1928년 1월 카프 동경 지부의 조직개편에서 조직부와 교육부 상임위원으로 선출되었으나 이후의 명단에는 빠져 있다. 카프 해체 이후 적극적인 비평활동을 전개했다. 1945년 해방 직후 조선프롤레타리아문학동맹에 가담했으나 북한에서 활동했다.

한효(韓曉, 1912~?)

비평가. 본명 한재휘(韓在暉).

함남 함주 출생. 카프 제1차 검거사건 이후 계급문예운동에 가담했으며, 1934년 6월 극단 신건설 사건 당시 일본 경찰에 검거되었으나, 불기소로 석방되었다. 카프 해체 후에 사회주의 리얼리즘의 도입을 둘러싼 창작방법논쟁에 김두용과 함께 논전을 벌이며 두각을 나타내었는데 그는 김두용, 안함광 등에 대립하여 사회주의 리얼리즘의 도입을 강력하게 주장하면서 세계관에 앞서서 진실을 그리라는 명제를 옹호했다. 「사회주의리얼리즘 재검토」(조선문학, 7, 1936. 6), 「진정한 리얼리즘에의 길」(조선문학 8, 1936. 8), 「창작방법론의 신방향」(동아일보, 1937. 9. 19~25) 등이 그의 견해를 대표하는 글이다. 1945년 해방 후에는 임화 등의 조선문학건설본부 측과 대립하여 조선프롤레타리아문학동맹의 조직에 앞장서서 1945년 2월 두 단체가 통합될 때까지 좌익문단의 강경파를 이끌게 된다. 특히 조선문학건설본부 측이 내세운 문학이념인 민족문학의 건설이라는 슬로건이 소시민적 한계에 갇힌 부르주아적인 것으로 비판하고, 문학운동은 프롤레타리아 전위의 지도로 이루어져야 함을 강조했다. 조선문학가동맹이 발족한 후에도 이러한 견해를 완전히 포기하지 않았으며 1946년 초 월북했다. 1960년대 초 숙청될 때까지 북한의 문학이론계를 대표하는 논객으로 활동하면서 '고상한 리얼리즘' 등의 대표적인 창작방법론을 남겼다.

홍구(洪九, 1908~?)

소설가. 본명 홍장복(洪長福).

서울 출생. 1930년 경기상업학교를 졸업했다. 1931년 소년잡지 《신소년》을 편집했다. 1932년 사회주의적 성향의 아동극 「눈물」을 발표했으나 본격적인 창작활동은 1933년 《신동아》에 「마차의 행렬」, 「코뿔선생」 등을 발표하면서 시작했다. 1934년 2월 조선프로예맹에 가담하여 연극부 집행위원이 되었고, 그해 극단 신건설 사건에 연루, 검거되어 1935년 12월 징역 1년 집행유예 3년을 선고받았다. 카프 해체 후에는 남녀의 애정관계에 많은 관심을 보인 소설 「유성」(1937), 「독백」(1938), 「난아! 너는 명계(冥界)에서 이 오빠의 울음을 듣느냐」(1939) 등을 발표했다. 1945년 해방 후 조선문학가동맹 홍보부장을 역임했으며, 1946년 소설집 『유성』을 간행했다. 이후 북한에서 활동했다.

홍양명(洪陽明, 1906~?)

본명 홍순기(洪淳起).

전남 출신. 일본 와세다대학[早稻田大學]에서 수학했다. 1925년 4월 서울청년회 계열의 조선사회주의자동맹의 상무위원으로 선전부에서 활동했다. 1927년 도쿄에서 제3전선사를 조직하고 기관지 《제3전선》을 발행하여 조선 내에 프롤레타리아 문예운동을 선전했다. 5월 신간회 도쿄 지회 설립에 참여하고 간사로 선출되었다. 9월 조선프롤레타리아예술동맹(KAPF) 결성에 참여했으며 도쿄 지부 중앙집행위원을 맡았다. 잡지 《신건설》의 중앙집행위원으로 활동했다. 1928년 고려공산청년회 제주도야체이까 책임자가 되었다. 1월 《조선일보》에 「조선운동의 특질, 번역주의의 극복과 특수 조선의 인식」을 연재했다. 5월 도쿄에서 일본경찰에 검거되어 1930년 5월 징역 1년 6월, 집행유예 3년을 선고받았다. 1945년 일제 패망 직후 장춘(長春)에서 동북대한민단(東北大韓民團)과 장춘지구 인민해방대동맹 결성에 참가하고 간부가 되었다. 귀국 후에는 과도정부의 공보부(公報部) 정치분석과장, 중앙방송국장 등을 거쳐 공보처에서 근무하던 중 1950년 한국전쟁 때 납북되었다.

홍효민(洪曉民, 1904. 1. 21~1975. 9. 21)

문학평론가, 소설가. 본명 홍순준(洪淳俊). 필명 안재좌(安在左), 은성(銀星), 정복영(鄭復榮), 홍훈(洪熏), 효민학인(曉民學人), 성북동인(城北洞人).

경기도 연천 출생. 1924년 동경 세이소쿠[正則] 영어학교에 입학하여 1929년 졸업했다. 도쿄 유학 중 1927년에는 조중곤, 김두용 등과 제3전선사를 결성하고 기관지 《제3전선》을 발간했다. 1927년 여름 제3전선사 하계 전국순회 강연에 참여했으며, 9월 조선프로예맹 조직개편에서 중앙위원이 되었다. 1929년 귀국하여 《동아일보》, 《매일신보》 등의 기자를 역임하면서 평론을 발표하기 시작했다. 1930년 이후 조선프로예맹의 중앙위원 명단에서 빠졌으며, 프로문학운동의 이념에 완전히 동조하지는 않았으나 해외문학파 대 프로문학진영의 논전에서는 해외문학파의 무원칙, 무사상을 공격함으로써 프로문학진영에 가담했으며, 카프 해산 후에 제기된 백철의 인간묘사론에 대해서는 "예술지상주의적 상업 부르주아의 인간만 의미하며 모방적"이라는 비판을 가하기도 했다. 1945년 해방 직후에는 조선프롤레타리아문학동맹에 참여했으나 조선문학건설본부와의 통합과정에서 자신의 기능분담론이 받아들여지지 않자 조직을 떠났다. 한국전쟁 후에는 홍익대에서 후진을 양성하는 데 주력했다.

3. 계급문학운동 관련 중요 문건

〈문건 1〉

정우회선언

1

우리 운동은 위선 과거의 분열로부터 구하지 아니하여서는 아니 된다. 그러하기 위하여는 운동을 소수의 파쟁적 음모의 농락으로 달아먹은 상품으로부터 해방하여 조선 내 대중단체의 자주적 분투로 진전시켜야 할 것이며, 종래의 중상유세(中傷遊說) 대신에 공공연한 토론을 전개하여야 할 것이며, 운동 전체의 이익 앞에서 분파적 또는 단체적 이익을 복종시켜야 할 것이다. 그리하여 과거 형태의 무의미한 분열정신을 그 최후잔재까지도 남기지 아니하도록 완전히 매장하여야 할 것이다. 고로 우리는 위선 사상단체의 통일부터 주장하나니, 병립되어 있는 딴 사상단체만 성의로써 응하여 줄 것 같으면 정우회는 여하한 양보로써라드 합동에 대하여 주저치 아니하려 한다. 그리하여 사상단체가 운동상 역할을 가질 수 있는 동안에 모든 전위분자(前衛分子)가 한 기치하에 모여서 일방으로 공공연하게 구체적으로 전위적 운동을 행하며, 일방으로 야심적 음모의 출몰을 구축하여 전 운동의 정리촉진에 노력하여야 할 것이다.

2

운동의 장래는 무엇보다도 대중의 단결 여하, 의식 여하에 달린 것이니, 우리는 우리의 현상에 조(照)하여 대중의 조직 급 교육에 일층 노력하지 아니할 수 없다. 조직된 대중을 질적으로 정리하고 향상시키며, 조직대중은 더욱더 조직시켜서 양적 영역을 넓히며, 조직단체에는 의식적 각성을 주입하여 그 성질을 개발시키지 않으면 안 된다. 그리고 그 위에 교육적 노력을 가하여 대중의 무식과 자연생장성(自然生長性)을 퇴치하지 아니하면 아니 된다. 그런데 우리는 조직운동에서나 교육운동에서나 노력이 관념적에만 그쳐서는 아니 될 것을 간취한 자이니, 그것들을 실제적 분투와 밀접하게 연결하여야 할 것이다. 실제적 분투에서 굳어진 조직만이 진실한 조직이요 대중 자체의 실천과 연결된 교육만이 진실한 교육이다. 고로 조직과 교육은 결국 활발한 일상투쟁에서 비로소 그 진선(盡善)을 기대할 수 있는 것이다.

3

민주주의적 노력의 집결로 인하여 전개되는 정치적 운동의 경향에 대하여는, 그것이 한 필요적 과정의 형세인 이상 우리는 냉연(冷然)히 대안화시(對岸火視)할 수 없다. 아니 그것보다도 먼저, 우리 운동 자체가 벌써 종래의 국한되어 있던 경제적 투쟁의 형태 그보다 일층 계급적이며, 대중적이며, 의식적인 정치적 형태로 비약하지 아니하면 아니 될 전환기에 달한 것이다. 고로 우리는 우리 자체의 종래의 모든 소아병적 자세를 지양하고, 우리의 승리로의 구체적 전진을 위하여, 현실적 모든 가능의 조건을 충분히 이용하지 않으면 아니 될 것이다.

따라서 민족주의적 세력에 대하여는 그 부르조아민주주의적 성질을 명백하게 인식하는 동시에, 또 과정적 동맹자적 성질도 충분히 승인하여, 그것이 타락하는 형태로 출현되지 아니하는 것에 한하여는 적극적으로 제휴하여, 대중의 개량적 이익을 위하여서도 종래의 소극적 태도를 버리고 분연히 싸워야 할 것이다. 그러나 우리가 그것으로부터 얻을 최대수확은, 개량적 이익의 실용에 있는 것보다드 오히려 그것을 위하여 분투하는 중에서 얻어질 대중의 조직과 훈련 급 교육에 있는 것이나, 대중 자체의 분투를 거세하고 외교양혀만으로써 마치려는 형태의 정치적 세력에 대하여는 최초부터 싸우지 아니할 수 없다.

4

여사한 각지방면의 현세와 거의 절정에 달한 사회적 여망은 운동을 더욱더 대중화하며 현실화하도록 요구하는 바이며, 따라서 그렇지 아니할 수 없는 것이지마는, 그러나 그러함으로 인하여 우리의 근본목표에 착오가 생겨서는 아니 될 것은 췌언할 필요도 없는 것이다. 타협만에 그치는 타협, 개량만에 그치는 타협, 개량만에 그치는 개량은 분명히 타락과 패배를 의미하는 것이니, 우리는 운동의 현재를 대표하는 동시에 또 미래를 대표하여야 한다. 타협과 항쟁을 분리시켜서는 안 되며, 개량과 비판을 대립시켜서는 안 될 것이다. 우리는 그것을 위하여 이론적 투쟁을 힘있게 전개하여, 대중의 진정한 진로를 부절(不絕)히 지시하여야 할 것이다. 일방으로는 대중이 실천한 결과를 이론적으로 정리하는 동시에, 목적 개량에서 만족을 기대하려는 모든 환상에 대하여 무자비한 비판을 가하여야 할 것이다. 그리하여 현실과 우리의 주의와를 연결하기 위하여 분투하는 것으로써 중대한 임무를 삼아야 할 것이다. 우리는 이상과 같이 운동방침을 정치운동기적으로 전환하여 현재를 탈피하려 하나니, 이 방침의 정부정(正不正)은 투쟁적 실천으로써 증명하려 한다.

(원문은 《조선일보》, 1926년 11월 17일 자 기사에 수록되어 있다. 여기서는 김준엽·김창순 공저, 『조선공산주의운동사 3』, 청계연구소, 9~11면에 수록된 내용을 따랐다.)

〈문건 2〉

조선프로예맹 중앙집행위원회 성명서

성명서—자유예술연맹의 정체를 폭로하여 본 동맹의 태도를 성명함

[전략] 1926년 말기로부터 과감한 투쟁 가운데에 정치투쟁 무대로 등장하는 방향전환을 함으로 비록하여 민족적 단일협동전선당의 출현을 필연적으로 출현케 했으며 따라서 본동맹도 조선민족 자기의 생활조건에 의하여 방향전환을 필연으로 하게 되었던 것이다. 본 예술동맹의 방향전환이란 곧 조선의 예술운동의 방향전환을 의미하는 것이니 그러면 조선의 예술운동의 방향전환은 어떻게 전취되었던가. 그것은 물론 다른 모든 우리들의 운동부문이 한 것과 똑같이 민족적 협동전선에 합류하게 되었던 것이다. 그런데 여기에서 간요한 문제는「합류하는 것이 아니라 어떻게 합류하게 되는가」하는 것이 문제가 될 것이었다. 그러나 우리는 여기서 대담히 고백지 않을 수 없는 것은 본 동맹의 방향전환 당시에 있어서는 그런 문제의 제출을 해결함이 없이 거의 기계적으로 거의 공식적으로 방향전환답지 않은 방향전환을 하게 되었으니 그것은 투쟁으로써의 방향전환이 아니었고「결의」로써의 방향전환이었으며 그러함으로 말미암아 방향전환 뒤의 투쟁도 또한 조합주의적 령역을 벗어나지 못했다는 것이다. 그럼으로 거기에서는 절충주의적 사이비적 공식주의적 예술운동의 대두를 보게 되었으며 그 횡행으로 말미암아 진정한 예술운동의 진전을 방해했던 것도 사실이었다. 그러나 우리는 우리들의 과감한 투쟁은 그 오류를 인식케 했으며 청산케 했으며 또한 극복하지 않고는 마지않았던 것이다. 그래서 작년 가을부터 시작된 우리들의 이론투쟁은 바야흐로 본 동맹이 가진 사이비적 예술운동의 잔존을 향해서 예리한 화살을 쏘면서 있다. 우리들의 운동은 반드시 이런 대립물의 투쟁으로서만 진전

할 것이다.

그런데 여기에서 주목하지 않으면 안 될 것은 이러한 오류들을 청산하는 과정에서 분열적 반동적으로 내부에서가 아니라 외부에서 「벌써 청산하고 있는 오류를 향하여」 도전하는 비열한 무리가 왕왕이 있는 것이다. 이것은 세계의 역사가 말하는 바이며 우선 본동맹에 대립하려고 출현한 자유예술연맹도 또한 그 부류의 하나가 아니랄 수 없다. 우리는 여기에서 자유예술연맹의 정체를 폭로하는 동시에 그 얼마나 우리의 예술운동을 교란시키는 자이며 우리로 하여금 영원한 자기들의 기만 가운데 예속시키려는 혼○을 처○하려는 바이다. 피등의 '발기선언 개요'는 말한다.

> "… 맑스주의의 선전삐라식 사이비 예술운동을 철저히 배격하고 ×××의 건설을 합리화할 정통무산계급의 예술을 강조하지 않으면 아니 된다. 여기에 자유예술연맹 창립발기의 의의가 있다."

이러한 추상적 문구의 나열을 비판함은 오히려 우리들에게 어리석음이 있는 것 같으나 그러하나 그 추상적 문구 가운데서도 또한 우리는 여간 크지 않은 반동성을 발견할 수 있으니 우리들은 그 반동성을 박멸하는 것만으로도 또한 그것을 묵과할 수 없는 것이다. '선전삐라식 사이비 예술운동'을 배격한다는 데 대해서는 상술할 바와 같이 우리르서도 그 오류이었음을 인식하는 동시에 하등의 이의를 신○치 아니하지마는 맑스주의 예술이 그런 것 모양으로 무지한 간취로 인하여 우리들이 범했던 오류를 다시 한 번 되풀이하면서 반맑스주의적 기치를 휘날리고 나오는 것은 또한 어떤 것이라는 명시도 없이 그야 참말 '자유연맹식'으로 '아나키스틱'하게 "××× 건설을 합리화할 정통무산계급적 예술을 강조 운운"함은 마치 장님이 독사 옆을 평연히 지나가면서 '나의 용기를 보라!'고 부르짖는 것과 하등의 차를 인증할 수 없다. 피등은 어떤 것이 '×××'이며 그 '건설을' 위해서는 어떻게 '합리적' 방법이 있을 것은 모른다. 그것은 왜? 피등은 아나키스트이기 때문에. 아나키스트는 ××한 저항 감정의 원시적 폭발을 그대로 폭발시켜서 일 개인의 욕망을 만족시킬 수 있게 되는 것만이 그들의 구경의 목적인 까닭에 그 도달하는 방법 역시 또한 그러한 원시적 '자유연합'적 방법 이외의 방법을 모르기 때문에 여기에 있어서 피등이 건설하려는 '사회'가 얼마나 우리들이 가지려고 하는 사회와 차가 있으며 그 합리적 방법으로서의 예술이 또한 얼마나 원시적 형태일 것은 추측하고도 남는 바이다. 그렇기 때문에 투쟁을 하지 않는다. 오직 교란할 뿐이다. ○취하는 것이 아니다. '강조'할 뿐이다. 예술운동을 교란하려는 피등의 마수는 분명코 똑같은 선상에 있어서 우리가 사수하는 민족적 단일전선을 어김없이 교란시킨 것이다. 그러면 그것이 우리들의 적이 아니고 무엇이겠는가? 우리가 무찔러야 할 것이 아니고 무엇이겠는가? 조선의 대중은 정당한 길을 걷고 있는 단일전선을 사수하지 않으면 아니 될 것이며 그 정당한 단일전선에 정당히 합류하고 있는 예술운동을 곧 본 동맹을 지지하지 않아서는 안 된다.

우리는 대중의 힘으로 피등을 분쇄할 것이며 본 동맹의 과감한 투쟁으로서 피등을 박멸할 것을 성명한다.

1928년 3월　일

조선프롤레타리아예술동맹

(이 성명서는 1928년 2월 29일 조선프로예맹 중앙집행회에서 발표한 것으로 아나키스트 운동가 중심으로 조직된 '자유예술연맹'에 대한 규탄 성명이다. 자유예술동맹은 카프에서 제명된 권구현, 이량 등이 조직한 단체이다. 이 글은 《조선일보》, 1928년 3월 11일 자 기사에 따랐다.)

〈문건 3〉

12월 테제

조선농민 및 노동자의 임무에 관한 테제

1. 서언

조선 해방운동[1]은 바야흐로 일본제국주의의 탄압 하에서 위기에 직면하고 있다.

조선 노동계급의 전위대－공산당을 조직하는 일은 매우 곤란하다. 공산당 조직의 곤란함은 단지 객관적 조건(공장 미발달에 따른 공장 프롤레타리아트의 근소(僅少), 유치(幼稚), 이동(移動), 연약(軟弱) 및 일본제국주의의 탄압)뿐만 아니라 조선의 공산운동을 수년 동안 괴롭히고 있는 내부의 알력·파쟁으로부터 오고 있다. 그리하여 부르주아계급이 백색(白色) 테러 폭압 및 내홍(內訌) 파쟁은 조선 프롤레타리아의 공산주의 전위대를 조직함에 있엇 가장 커다란 장애가 되고 있다.

일본제국주의가 조선에 대한 반대선전을 계속 강조하고 있음에도 불구하고 한편으로 노동 농민계급이 투쟁을 계속 기획하고 있다는 것은, 적어도 최근 수개월 간의 사건에 비추어 볼 때 명확하다. 그러나 내부의 파쟁이 계속되고 있는 한 공산주의운동은 결코 혁명투쟁의 선도자(先導者), 조성자(組成者), 수장(首長)이 될 수 없다. 또 혁명투사와 노동대중과의 제휴도 꾀할 수 없다. 또 주의(主義)운동에 프롤레타리아의 획득도 기대할 수 없다. 또 농민 대중 속에 당을 조직하여 세력을 부식하는 일도 불가능하다. 또 당은 민족해방운동 상에서도 조직적 세력을 가질 수 없게 될 것이다. 코민테른 집행위원회는 국정(國情) 및 민족해방운동의 상

---

1 혁명운동

황조사 결과 노동자 농민에게 혁명전위대의 결성을 용이하게 하기 위해 다음의 결의를 채택했다.

2. 조선 문제 결의

조선의 경제생활전선은 모두 일본의 자본하에 있다. 영국·미국 자본은 빈약한 광업에만 관계하고 있어 주의할 정도는 못 된다. 이 외국자본의 개입을 제외하면 일본의 자본이 중요한 경제적 전(全) 지위의 지배권을 갖고 있으며 교통(철도, 선박), 광업, 무역, 은행, 신탁, 화폐제도, 기업(기계, 시멘트, 피혁, 성냥, 설탕), 양조, 제지, 제유(製油) 등은 모두 일본인의 수중에 있다. 또 일본제국주의는 농업에 대해서도 똑같이 확고한 지배력을 확보하여 관개, 척식(拓殖) 어업 연초경작 등은 일본인 이민용(移民用)으로 막대한 토지를 점령한 일본제국주의의 지배하에 있다. 일본제국주의하에 있어서의 조선의 임무는 원료의 생산 및 일본 공산품의 소비이며 그중에서도 중요 임무는 일본에 대한 쌀의 공급이다. 조선인은 쌀을 일본에 공급함에도 불구하고 더 나쁜 식료(食料)를 먹도록 강요되고 있다. 조선의 광산품은 대전 중에는 크게 이용되었지만 광업은 대전 후의 공황을 면하는 데 그칠 정도로 위미부진(萎微不振)한 상태에 있다.

간단한 원시적 공업조차 그 발달은 지지부진하다. 하물며 기계를 설비한 근대적 대공업에 있어서야 말할 필요도 없다. 한편 농산물의 이수출(移輸出)이 급속히 증가함과 동시에 공산품의 이수입도 증가하고 있다.

경작지 면적의 확장, 관개설비, 관개예정지 확장, 치산(治山), 농사개량 등조차 조선인의 생활상태를 개선할 수 없었다. 왜냐하면 이들 모든 사업은 일본제국주의의 야망을 충족하기 위해서만 수행되었기 때문이다. 조선은 코민테른 제6회 대회의 테제에 보여진 의미의 전형적 식민지이며 일본제국주의에 대한 원료공급지에 불과하다. 그러나 바로 그 점 때문에 조선의 중요성이 커지는 것이다.

일본제국주의는 경제적 방법과 비경제적 방법을 통해 조선을 착취하고 있다. 예컨대 조세외(外) 수입 등의 형식하에 막대한 금액을 조선으로부터 차취하면서 동시에 일본제국주의는 국가기관의 고위요직뿐 아니라 조금이라도 중요한 지위는 거의 이를 차지했다. 또 조선은 군사상의 견지에서도 일본제국주의를 위해 현저한 임무를 수행하고 있다.

거류지 관동(關東)과 함께 조선은 일본제국주의 군대의 소비에트연방 및 중국공격 시 아시아에 있어서의 중요지점이다. 태평양 상에 있어서의 전쟁이 가까워짐에 따라 조선의 경제적 군사적 중요성은 증대하고 있다. 해방운동을 탄압하고 유사시에는 일반 군사행동으로 나갈 일본의 대군대(경찰 및 병력)를 조선에 두지 않으면 안 되기 때문이다.

일본제국주의는 조선을 지배할 군대, 경찰 기타의 기관을 설치해서 조선 고유문화의 향상, 조선 경제력의 발달 나아가 공업발달의 가능성을 저해하고 있다. 공업의 미발달은 인구의 대다수인 80% 이상을 농업에만 종사케 하고 있다. 1922년에 있어서의 근대 공업기업은 664개, 그 사용노동자는 5만에 불과했으며, 100만 원 이상의 자본금을 갖는 기업은 30개에 불과한 상태이다.

금융관계의 견지에서 본다면 화폐관계 및 시장의 급속한 발달이 있었음에도 불구하고 토지경작의 전 자본주의적 형태는[2] 다음과 같다. 소유지 1 ouno 미만의 지주는 전지주[3]의 83.7%, 소유지 1 내지 2 ouno의 지주는 9%이다. 그런데 한편 논의 64.4%, 밭의 57.4%는 소작인에 의해 경작되고 있고, 소작료는 터무니없이 고율이다. 생산물을 소작료로서 지불하는 것, 분익농법(分益農法), 소작인 지주 사이의 봉건적 관계, 토지이용의 불편한 형식 등이 지주 소작인 사이의 관계를 결정하고 있다. 지주라는 비교적 소수의 계급이 공복(空腹) 때문에 부득이 남의 토지를 이용할 수밖에 없는 대다수의 소작인을 착취하고 있다. 자작농은 조세, 고리

---

2 원문에는 "종래의 자본주의"라고 되어 있으나 서대숙 자료집에 전(前) 자본주의적 형태(pre-capitalist type)로 되어 있어 일어판의 오역으로 보인다.

3 토지소유 농민

대금업자, 상인의 기만, 엉터리 도량형 등에 의해 착취된다. 최악의 조건으로 토지경작에 종사하는 대부분의 농민은 수지맞춤에 있어서 생활력을 유지할 수익조차 얻지 못한다. 관청의 통계조차 약 120만 명의 소작자가 수지결손자(收支缺損者)임을 인정하고 있다. 촌락의 경우 소작인이든 자작인이든 대다수는 빈농이며, 더욱이 경지가 일본인인 지주·상인·고리대금업자·투기자에 의해 겸병되어 가고 있음은 논의의 여지가 없다. 다시 말해 본래의 지주와 기타 각종 형태의 지주 손에 의해, 대부분 농민이 소유하던 토지의 분할 겸병이 행해져 가고 있다. 예를 들면 일본·만주·극동 기타에 이주해고 농민대중의 궁핍문제를 해결하기는 곤란하다. 지주나 일본의 행정, 재정기관에 의해 경작자가 상인이나 고리대금업자로부터 고리채를 빌리게 되는 것도 분명하다.

조선에 있어서는 이러한 경제적 요소 즉 농업·공업·상업에 있어서의 일본자본의 지배, 조선자본의 종속적 임무, 대(大) 농업 등에 있어서의 자본의 중대한 투하(投下)[4]가 계급투쟁에 있어서 계급의 지위 및 임무를 결정하고 있다. 공업의 미발달 및 유치(幼稚)함 때문에 프롤레타리아트는 매우 미약하다. 단지 수에 있어서 뿐만 아니라 토지에 대한 집착심이 강하고 계급의식이 결여되어 있다. 한편 광대한 토지를 소유하고 직접 일본자본주의 지배하에 있는 대지주, 도시부르조아지(공업부르조아, 매판부르조아, 고리대금업자, 상인)는 일본제국주의의 지도에 따라 일본자본주의와 긴밀한 제휴를 하고 있으며, 조선인의 대다수는 정책적인 토지제도에 의해 경제적으로 궁핍해지고 파멸하여 혁명에 의해 비운을 만회할 희망도 없이, 다음 대(代)에 가서는 사멸하고야 말 운명에 처해 있다.[5]

사회적·경제적 실질(實質)에 의해 단지 일본제국주의에 대해서뿐 아니라 조선 봉건제도에 대해서도 조선혁명이 실행되어야 할 이유가 여기에 있다.

4 "농업, 공업, 상업에 … 중대한 투하"를 서대숙 자료집에서는 "대규모 농업발달을 향한 자본지배 등"으로 되어 있다.

5 조선인구 대부분은 폭력적인 경찰통치에 억압받고 있으며, 혁명이 아니고서는 그들 지위의 개선을 기대할 수 없는 경제적으로 노예화된 농민들로 구성되어 있다.

혁명은 전자본주의적 존속을 파괴하고 토지관계를 근본적으로 개조하여 자본주의적 압박[6]으로부터 토지를 해방하는 일에 직면하고 있다. 조선혁명은 토지혁명이어야 한다. 이렇게 하여 제국주의의 타도 및 토지문제의 혁명적 해결을 초래한다. 이것이 실제로 조선 혁명의 발달 제1단계에 있어서의 주요한 객관적 실질이다. 이런 의미에 있어서 조선혁명은 민주적 부르조아혁명이다. 프롤레타리아 제국(諸國)에 있어서와 같이[7] 조선의 전 계급 중 프롤레타리아트는 제국주의에 대한 합리적인 투사이다. 노동계급(첫째로 공장노동자)이 증대하고 조직됨에 따라 해방운동의 임무도 증대하고 주의운동의 발달상 확고한 기초가 형성되어 많은 프롤레타리아트에게 농업노동자,[8] 도시 소부르조아지 대중은 혁명의 원동력을 준다. 그리하여 부르조아 대중[9]은 대다수가 금후 특히 중국혁명의 경험에 따라 일본제국주의에 대해 민족혁신[10]의 반대운동을 일으키며, 한편 대지주는 일본제국주의와 밀접히 결합하게 된다.

이 상태에 있어서는 현재 대부분의 식민지에서 행해지고 있는(물론 조선에서도 행해지고 있지만) 민족해방운동은 단지 반제국주의, 반봉건운동에 그치지 않고 동시에, 또 프롤레타리아계급의 제국주의, 봉건제도[11] 및 민족부르조아지에 대한 투쟁과 긴밀히 결부되기에 이른다. 농민대중과 합류한 식민지 프롤레타리아트는 정치를 떠난 요소인 이상 혁명의 헤게모니를 점취(占取)할 정치무대로 들어가야 한다.[12] 조선 공산주의자

---

6 전자본주의적 노예상태

7 서대숙 자료집에서는 "다른 모든 식민제국에서와 마찬가지로", 아세아문제 연구소 『한국 공산주의 운동사』는 "부르조아 제국"으로 주장

8 곤궁한 농민

9 서대숙 자료집에는 "부르조아의 기본적 대중"으로 아세아문제연구소의 『한국 공산주의 운동사』는 "프롤레타리아 대중"이 잘못 기재된 것으로 주장

10 민족개량주의적

11 봉건지주

12 식민제국의 프롤레타리아트는 광범위한 농민대중과의 동맹하에, 혁명에 있어서 헤게모니를 장악해야 하는 독립적인 정치적 요소로서의 정치투쟁에 돌입해야 한다.

가 자기의 행동에 의해 토지문제와 민족혁명을 조직적으로 결합할 수 없다면 조선 프롤레타리아트는 민족해방운동의 지도자가 될 수 없다. 광대한 토지를 소유한 부르조아지는 토지를 소유하고 있기 때문에 근본적인 토지 프로그램과 관계를 갖지 않고서는 농민의 직접지배가 점점 곤란해진다[13](이 점에 있어서는 그의 대리자인 민족주의의[14] 소부르조아지에 위험이 보다 더 많다). 조선의 토지문제는 혁명적 플레비안(plebian: 모든 대지주로부터 토지를 몰수하는 방법) 방법에 의하지 않고서는 해결될 수 없는 것이다.

동시에 토지혁명의 전개 없이는 민족해방투쟁의 승리는 얻어지지 않는다. 민족해방투쟁과 토지에 대한 항쟁의 결합이 거의 없었기 때문에 근년(1919년, 1920년) 혁명운동은 미약했고 실패로 돌아갔던 것이다. 제국주의의 탄압을 이겨야 비로소 토지문제의 혁명적 해결을 얻어, 소비에트의 형식하에 노동자 농민의 독재정치 창설을 볼 수 있다. 나아가 민주적 부르조아혁명은 프롤레타리아의 헤게모니하에서 사회주의혁명으로 발달한다.

이런 상태에 있어서는 농민문제·토지 혁명 문제는 주의운동에 있어서 대단한 중요성을 갖게 된다. 노동자계급 및 그 전위대가 조선에 있어서 혁명의 승리를 완성하려면 농민에게 세력을 부식하여 슬로건 및 이해하기 쉬운 요구에 의해 농민을 극도로 감동시킴으로써 공동동작(動作)으로 나가는 것 이외에는 방법이 없다.

일본제국주의가 지금까지 조선을 지배한 방침은 관료적 직업설비[15]에 의한 직접적이고 비열한 것이다. 분명히 일본제국주의는 조선인의 어떠한 계급과도 권력을 나누지 않았다. 조선총독의 자문기관은 조선 봉건귀족 중 친일분자로 불려지는 사람으로 조직되었고 다소 중요한 조선

13 조선의 부르주아지는 대토지소유와 밀접한 관계에 있기 때문에 그 토지 소유권에의 의존이라는 점에서 보면, 그들은 급진적인 토지 프로그램에 관심이 없고, 농민에 대한 리더십을 얻기가 매우 힘들다는 것을 알게 된 것이다.

14 민족개량주의

15 조절기구

부르조아계급 및 유식계급과는 하등의 접촉이나 교섭을 갖고 있지 않았다. 그러나 일본제국주의에 대항하여 노동자 농민이 전개한 전선은 처음에는 미약했지만 지하에 뿌려진 씨앗이 장래 성장할 것이므로 일본제국주의는 특히 중국혁명의 경험에 비추어 조선에 있어서의 지위의 보증을 얻기 위해 일부의 부르조아지 및 지식계급을 유도하여 관직을 주고 이와 결합하기에 이르렀다.

제국주의 일본의 약삭빠른 대표자는 조선에 있어서의 국부적(局部的) 개선실행의 필요를 공연(公然)히 역설했는데, 이는 식민지제도하에서 증대하는 조선의 혁명적 역량과 항쟁하기 위해서는 정책적 방법을 강구해야만 한다는 것을 양해(諒解)하기에 이르렀기 때문이다.

동시에 공산주의자 및 좌익 민족운동자에 대한 공포는 더욱 깊이 스며들고 있다.[16] 노동자 농민계급의 운동은 사실상 법의 보호 밖에 놓여져 있다. 탄압에 이은 탄압이 더욱 심해졌다. 이렇게 일본제국주의는 최근 수년 내에 탄압정책과 아울러 사업가[17]에게 미미하나마 사업을 허용함으로써 혁명운동의 고양을 저해하려는 의도를 분명히 드러냈다. 그러나 이 사업을 주는 것이 프롤레타리아트와 농민, 도시소부르조아계급을 만족시킬 수 없다. 거기에 공고한 사회적 기초를 갖는 민족해방운동이 대두하는 이유가 있다.

조선의 광대한 토지를 소유하는 일본제국주의의 이러한 접근은 민족운동의 조직지도라는 일대 임무를 수행하고 있는 지식계급 일부에 커다란 영향을 미치게 될 것이다. 일본제국주의와 화해하여 민족혁명단체를 탄압·분쇄하는 계급의 제관계 및 지위의 변화는 반드시 민족혁명단체의 상태에 변화를 준다. 민족운동자들은 탄압을 받으면 혁명의식이 약화되고 혁명에 반대하는 기관을 형성하기에 이르는 계급적 경향이 있다는 사실이 십분 고려되어야 한다. 민족혁명운동으로부터 공산주의자가 체포

---

16 급진적 민족운동자에 대한 테러는 증가하고 있다.

17 착취자들

등에 의해 삼제(芟除)됨에 따라 민족주의운동자가 이 혁명운동을 정복하고 마는 경향은 점차 농후해진다. 조선의 공산당운동의 당면한 주요방침은 한편으로 프롤레타리아 혁명운동을 왕성하게 하여 소부르조아 민족운동으로부터 완전히 분리시키고, 다른 한편으로 계급의식을 강조하면서, 더욱이 민족독립운동으로부터(즉 민주적 부르조아운동) 분리한 민족해방운동을 왕성하게 하여 민족독립운동의 우유부단함을 쉬지 않고 가차없이 폭로하는 데 있다. 현상과 계급관계에 의해 조선공산주의자의 정치적·조직적 임무가 결정되는 것이지만 다년의 파쟁에 의해 운동의 발달은 극도로 구속 억압되고 있다. 때문에 바야흐로 주의운동은 상당한 노력을 필요로 한다. 제1의 노력은 진실한 공산주의, 과학적인 마르크스·레닌주의의 실현을 위한 확고한 주의적 신념을 갖고 활동적·자각적 주의자를 획득해야 한다. 그리하여 오늘날까지 누누이 관계되어 온 사이비 과학적이며 천박한 주의자와 절연하고 운동전술상의 제문제를 철저히 연구해야만 한다.

과거에 있어서 공산당원은 거의 모두 지식계급 및 학생뿐이었기 때문에 당으로서는 공산정치의 실현은 고사하고 필요한 조직적 연대의 실행도 곤란했다. 이것이 바로 조선공산운동의 제1사업이 과거의 오류를 청산할 필요가 있다는 소이(所以)이다. 당의 개조문제를 빼고는 따로 절실한 문제는 없다. 당을 소부르조아지 및 지식계급으로써 조직하고 노동자와의 관계를 소홀하게 한 점이 현재까지 조선공산주의 영구적 위기를 낳게 한 주요한 원인이었다.

조선공산주의자는 일대 노력을 기울여 첫째로 노동자를, 둘째로 빈농을 획득하지 않으면 안 된다. 주의자는 당(黨)대중의 목적달성을 위해서 구식 조직방법과 지식계급의 주장을 버리고 특히 기업 및 신디케이트에 있어서의 공작에 노력해야만 앞서 말한 대사업을 완성할 수가 있다. 노동자 농민의 단체 속에서 활동을 왕성하게 하고 신구(新舊) 민족해방단체(어떤 경우에는 반(半)종교적인 것도 있는바), 예컨대 신간회, 천도교, 형평사 내에 있어서도 공작을 왕성하게 하지 않으면 안 된다. 이들 단체 내에서 많은 투사의 획득에 노력하면서 당은 민족주의자, 기회주의자의 구태의연한 우유부단함을 폭로하지 않으면 안 된다. 조직공작에 있어서는 자동적 방법을 피해야 한다. 노동계급[18]에 대한 구두 및 서면에 의한 선동은 지금보다 강해야 한다. 주의자는 사회적 이해관계가 있는 국내의 사건에 관하여 프롤레타리아계급의 견지에서 또 모든 노동자의 이해 위에 서서 주석을 붙여 선동을 해야 한다. 주의자의 소책자, 적과 아군 계급 사이의 더욱이 탄압 속에 있어서의 구두선동의 방향은 주의자 공작의 최량의 척도이다. 민족해방단체 내에 있어서의 행동지침[19]도 또한 변경되지 않으면 안 된다. 주의자의 신분은 위법이기 때문에 가장 비밀스러운 방법에 의해 대중단체 내에서 공작하지 않으면 안 된다. 이것이 종종 그 단체의 주의자가 아닌 단체원의 계획, 조치, 결정을 인정하면서 주의자의 공작이 절대로 보이지 않게 또는 감지되지 않게 변장하는 것을 의미하지는 않는다. 오히려 주의자의 활동은 일보일보 의식 되어지게 하지 않으면 안 된다. 뿐만 아니라 언제 어디서든지 정치적 상태가 주의자의 직접 명백한 행동을 요구할 때에는 주의적 견해를 분명히 하고, 주의적 해결을 위해 희생되는 것을 피해서는 안 된다. 다른 한편 주의자는 단체의 단원대중과 밀접한 접촉을 꾀해 중대한 영향을 주고 일층 더 큰 인기[20]를 얻지 않으면 안 된다. 이것이 주의자가 체포될 경우 또는 일시적인 손해 실패를 당할 때라도 반(反)주의적 요소의 영향을 없게 하는 것이 될 것이다.

주의자가 자주 실패했던 것은 당이 비밀공작을 조직할 줄 몰랐기 때문이다. 그래서 맨 먼저 은밀한 행동방법을 채용하는 것이다. 주의자 사이에 반대선동자가 교묘히 잠입하는 것에 최선의 주의를 기울이지 않으면 안 된다. 현재와 같은 파쟁상태에 있어서는 일본의 첩자 및 선동자가

---

18 전투적 부분

19 민족혁명 조직 내의 행동방침

20 대중성

공산조직 속에 힘들이지 않고 잠입할 수 있음을 고려해야 하며 더욱이 이런 종류의 선동에 대해 항쟁하는 주된 요건은 공산당에 대한 확고한 관념적 단결에 중점을 두는 데 모든 주의를 집중할 것을 지령하며, 위원회는 일층 속히 조선 공산당은 재조직하여 융성하게 할 모든 방법을 강구할 것을 촉구한다.

주의자는 조선에 있어서 일본 국가기업에 종사하는 노동대중의 정치적 무관심을 이용할 줄 알아야 한다. 이러한 기업은 노동자가 고급(高給)에 이르면 행정부는 잘못도 없이 즉시 그리고 대답도 없이 해고시키는데[21] 이것이 국가기업 내에 있어서의 당의 공작을 곤란하게 만든다. 그러나 그런 일과 관계없이 당은 이들 노동자 중에 잠입하는 방법을 발견하는 데 노력하지 않으면 안 된다.

주의자는 노동조합 내의 공작에 특별한 주의를 기울여야 한다. 노동조합 내에서 투쟁하는 노동단체를 조직하는 일은 아직 전도요원(前途遼遠)하다. 노동조합은 오히려 고용주에 대해 위험이 없는 노동자 협력단체이다. 노동조합에 대해 계급정신을 고취하고 단체를 재조직하여 공고하게 해야 한다. 이것이 주의자의 직접적인 임무이다. 노동조합 내에는 공장노동자를 증가시키지 않으면 안 된다.

농민에 대한 행동에 관해서 당은 소작인 몇 반(半) 소작인 속에서 강력하게 활동해야 한다. 대중의 활동을 격성(激成)하여 노동자·농민의 대계급을 대중단체 속에 끌어들이는 것은 주의자가 대중공작을 하기 위해 채용하고 있는 운동조건의 종국적 목적이며, 대중의 청구와 직접적 요구를 조직적으로 결합해 내지 못한다면 실현이 불가능하다.

주의자의 나날의 활동은 보다 조직적으로 보다 질서정연해야 한다. 과거의 경험이 보여주듯, 때때로 계급투쟁 상 필요 없는 문제를 주장하는 것은 반드시 금해야 한다. 공작의 가장 중요한 조건은 일반적인 중대

21 이들 공장 내에서의 상대적 고임금과 관리 당국에 의한 '달갑지 않은 노동자들(undesirable workers)'의 빠른 해고 때문

문제를 야기하는 운동의 당적(黨的)[22] 요구에 주의를 집중하는 데 있다.

동시에 당공작에 의해 또는 주의운동 및 민족운동의 모든 문제를 논의함에 의해서만 주의자의 지배력에 대한 가치관념 및 중요성의 관념, 그리고 확신의 가치 및 논의의 실력이 알려지는 것이다. 당공작에 관해서는 주의자는 마음 내키는 대로가 아니라 지위와 환경의 특이성에 따른 행동의 정해진 프로그램에 따라 행동해야 한다.

조선의 주의자는 자기의 모든 공작, 자기의 모든 임무로부터 명백히 소부르조아 당파를 분리시키고 혁명적 노동운동의 완전한 독자성을 엄중히 지켜나가야 한다. 그러나 "혁명투쟁의 편의상 일시적 제휴가 필요하다면 그것은 허용된다. 그리고 어떤 사정하에서는 공산당과 민족혁명운동과의 일시적 동맹이 허용된다"(코민테른 제6회 대회 식민지 테제), 이 경우는 혁명적이지만 그러나 이 동맹이 '주의운동과 부르조아 혁명운동의 합류'여서는 안된다(상동). 부르조아지의 반대가 있을 때에 주의자는 그것을 허용할 수 있다. 단 "그 반대가 있어도 대중의 운동을 발전시키기 위해 이용할 수 있는 경우와 공동작업이 대중 속에서 선동을 행하고 대중을 조직할 수 있는 공산당의 자유를 제한하지 않는 경우에 한한다"(식민지혁명운동에 관한 제6회 테제).

이 경우에 있어서 주의자는 완전히 자기의 정치적 독립을 유지하고 그 진면목을 보여주어야 하며 사실에 입각하여, 노동대중에게 부르조아지의 영향에 의한 이러한 반대는 절대로 있어서는 안 되며 또 민주적 부르조아지의 환상이 위험하다는 사실을 보여주어야 한다.

장래 조선의 주의자는 민족혁명운동의 주요 부분인 토지혁명의 슬로건을 열심히 살포하고 보다 통속화시키지 않으면 안 된다. 주의자는 부르조아민족주의가 일본제국주의 및 대지주에 대한 항쟁에서 무정견(無定見)함을 공표하고 이와 치열하게 항쟁해야 한다. 주의자는 근본적인 공언(空言)을 믿고 있는 민족주의자의 관념론에서 영향을 받아 주의자의

---

22 실천적

가장 위험한 적이 되지 않는 방법을 강구해야 한다. 또 주의자는 대중조직 속에 중앙기관을 설치하더라도 필요한 설비 없이는 대중과의 완전한 결합이 보장되지 않음을 기억해야 한다. 주의, 프로그램을 끊임없이 선전하면서 조선주의자는 다음과 같은 당면의 투쟁 슬로건과 기본적 슬로건 및 일본제국주의에 대한 필연적 투쟁선전의 슬로건을 결부시켜야 한다. 즉 완전한 민족독립해방, 프롤레타리아트 및 농민의 민주적 지도, 노동자 농민의 정부, 토지혁명(토지무상분배) 공장기업·철도의 국유화 등과 동시에 또 당면의 문제로서 노동계급에 대한 당의 요구를 열심히 선전할 필요가 있다. 즉 노동조합 및 노동단체의 공인(公認) 및 권리확장, 노동입법 요구(입법에 의한 성년 8시간 노동, 소년 6시간 노동, 조선인 노동자의 평등노동조건, 남녀 노동보수의 평등조건, 노동보호 등)이다. 주의자는 농민의 이익을 위한 항쟁에 있어서 당의 요구 및 슬로건을 선언해야 한다. 즉 소작료의 제한, 누진세 설정, 농산물 강제가격 폐지, 봉건적 전제 금지법령 공포 등, 최후로 주의자는 나날의 공작에 있어서 정치적 권리 및 정치적 자유를 요구해야 한다(관리의 전제에 대해, 정치적 억압에 대해. 언론, 출판, 집회, 결사, 파업의 자유를 위하여).

조선 주의자는 어떠한 경우에 있어서도 일본제국주의의 정치, 군사의 간섭에 대해 열심히 반항하고 소비에트연방을 지키며 제국주의 전쟁에 반대하는 항쟁 슬로건을 뿌리는 것이 필요하며, 조선 주의자의 나날의 선전 선동 및 일반적인 활동에 의해 투쟁을 증대하게 만들고 더욱 이 투쟁을 계속해 나가야 한다. 일본에 의해 만들어진 토지제도에 대해 항쟁하면서,[23] 한편 노동·농민운동의 합법성을 유지하면서 조선 주의자는 대중운동을 정치권 내로 유도하는 방법을 발견하는 데 노력해야 한다. 이리하여 모든 합법적 가능성의 이용 문제는 어떤 의미에 있어서는 정도의 한계가 있음을 예상하게 한다. 이렇게 해서 일찍이 행해졌던 바와 같이 공산당 내에서 논의된 문제에 관해 토론하기 위해서 부르조아지의

23 일본 폭력정권과 투쟁하고

억압에 이바지되는 일은 절대로 용서받지 못한다는 사실을 알아야 한다. 조선 주의자는 주의운동의 문제에 관한 논의는 공산당의 억압기관에 의해서 실행된다는 것을 알아야 한다.[24]

상술(上述)한 정치적·조직적 방침은 조선 주의자의 사업을 결코 고갈시키지 않는다.[25] 그러나 이 방침은 공작의 발달상 참된 주의적 내용을 갖는 대(大) 단계 위에 단서를 이루는 데 불과하다. 코민테른 집행위원회는 조선에 있어서의 특수사정에 따른 사업에 대한 조선 주의자의 진지하고 열성적인 태도가 과거의 실패를 극복해내고 코민테른의 결의에 입각하여 조선공산당을 재조직하고 우세하게 하여 나갈 수 있으리라고 믿는 바이다.[26]

(이 테제는 1928년 제6회 대회 후 동 대회에서 채택된 식민지 테제에 의거하여 코민테른 집행위원회 정치서기국에서 동년 12월 채택한 것이다. 12월 테제라는 별명으로 알려져 있다. 서대숙 교수의 Documents of Korean Communism 1918~1948, I, 서대숙(이하의 주는 서대숙 자료집과의 차이를 주로 담았다)에는 '조선문제에 관한 코민테른 집행위원회의 결의'로 되어 있다. 본문은 일본

---

24 그리하여 예를 들면, 당의 문제를 토론하기 위한, 그리고 당의 대열을 불신하게 될 가능성이 있는 논쟁을 위한, 자유주의적 부르조아지 언론의 이용은 허용될 수 없다. 조선의 공산주의자는 공산주의 운동에 대한 문제와 의문에 대한 토론은 그들 자신의 출판물에 의해서만 가능하다는 점을 알아야 한다.

25 정치적·조직적 성격의 조처는, 물론 조선 공산주의자들의 모든 과제를 포용할 수는 없다.

26 서대숙 자료집에는 아랫부분이 더 있다.
동지들, 노동자 농민 여러분! 이것이 코민테른이 제공하는 상황분석이며, 그로부터 말미암은 혁명적 노동자·농민들을 위한 과업이다. 코민테른 집행위원회는 조선 공산주의자들이 위 결의의 지시를 이행하고—커다란 희생을 요구하는 심각한 투쟁에서—강철 같은 조직, 공산당을 조직할 것을 진심으로 기대한다. 코민테른 집행위원회는 이 투쟁에서 여러분을 지원할 것이다. 공산당의 복구·강화 없이는 일본제국주의 속박으로부터 조선을 해방하기 위한, 그리고 토지혁명을 수행하기 위한 지속적이고도 결정적인 싸움은 불가능하다.

『高等警察報』 1호에 실린 일본어본을 번역한 것이며, 서대숙의 자료집과 대조했다.)

〈문건 4〉

9월 테제

조선의 혁명적 노동조합운동의 임무에 관한 테제

조선의 혁명적 노동조합운동의 임무

(1) 세계경제공황은 일본의 따라서 또한 조선(일본제국주의 최대의 식민지)의 경제체계에 특히 예리하게 영향을 미쳤다. 일본자본은 공황의 부담을 조선에 전가하려고 애쓰고 있다. 제국주의자, 지주 및 고리대금업자 측으로부터의 농민의 착취에 의해 야기된 조선 농업의 만성적 농업공황은, 흉작, 조세부담 및 물가폭락에 의해 비정상적으로 격화되었다. 공황의 와중에 휩쓸렸던 일본제국주의는 조선에 대한 공격을 격화하고 있으며 조선을 판매시장 및 원료산지로 착취하고 있다. 공황에 의해 조선 노동자계급의 상태는 악화되고 있다. 공황은 농민의 트지상실과 궁핍화 및 도시 중간층의 영락(零落)을 촉진시키고 있다. 임금인하와 노동시간연장을 통해서 노동자 특히 여성 및 청년 노동자의 노동을 강화시킴으로써 합리화를 꾀하고 있다. 또한 농업에 있어서의 실업의 증대와 일본으로부터 귀국하는 조선노동자들에 의해 공업에 있어서의 실업이 격화되고 있다. 경찰지배, 공장 내의 스파이 제도, 태벌금(笞罰金), 노동자에 대한 광폭한 박해 및 기본적 권리의 결여는 조선 프롤레타리아트의 상태의 특징이다.

(2) 공황의 결과 일본제국주의에 대한 민족해방투쟁도 격화하고 있다. 특히 프롤레타리아트의 계급투쟁이 격화하고 있다. 원산스트라이크와 그것에 대한 대중의 지지, 학생 스트라이크 및 대중시위운동의 고조, 그중에서도 특히 노동자 및 농민의 메이데이 데모, 소작쟁이의 양적 증가. 간도의 일상적 파르티잔투쟁 및 무수한 노동자스트라이크 등은 프롤

레타리아트의 새로운 대중행동의 증대를 알리는 전초전(前哨戰)에 지나지 않는다.

일본제국주의는 민족개량주의적 부르조아지에게 자치를 약속함으로써 그들을 매수하고, 그들의 도움을 얻어 새로운 혁명의 방파제를 쌓으려 하고 있다. 조선에서의 혁명물결의 고조, 중국 및 인도에서의 혁명, 그리고 소비에트연방의 사회주의 건설 성과로 인해 겁에 질린 민족개량주의적 부르조아지와 그들 단체 《조선일보》, 《동아일보》 및 천도교의 일부는 장개석과 중국의 반혁명을 모방할 만한 선례로 생각하고 있다. 그들은 일본제국주의와의 협력을 요구하고 반(反)소비에트 사주를 행하고 있다. '신간회'도 역시 마찬가지로 민족개량주의적 단체이다. 그들은 학생스트라이크 및 노동자시위운동에 대한 그들의 사보타지 정책으로 그것을 증명하고 있다. 노동자스트라이크, 도시 중간층의 활동성 증대 및 농민운동의 발전은 일본제국주의와 조선의 민족개량주의적 부르조아지의 책모나 혁명운동에 대한 그들의 협조 및 그들의 공동투쟁이 증대하고 있는 대중투쟁의 발전을 저지할 수 없었다는 사실을 보여주고 있다.

(3) 조선의 프롤레타리아트는 조선의 민족해방운동에서 점점 더 중요한 역할을 하고 있다. 원산스트라이크에 대한 조선의 전프롤레타리아트의 지지는 이 나라 혁명적 노동운동의 발전에 있어서 전환점을 이루었다. 섬유산업, 광산, 기타의 산업부문 및 교통기관에 있어서 개별적이고 자연발생적인 스트라이크, 관헌과의 무장충돌까지 발전했던 신흥(新興)의 광산노동자 스트라이크, 1930년에 대규모 스트라이크가 50건이나 일어났다고 하는 사실, 노동자운동에 대한 일본제국주의의 야만적인 테러, 노동자운동의 내부에서 자신의 위치를 강화하려고 하는 민족개량주의적 부르조아지의 끊임없는 노력 등 이들 일체는 조선에 있어서 프롤레타리아계급투쟁이 민족해방투쟁의 극히 중요한 요인으로 발전했다는 사실을 증명하고 있다. 노동자 스트라이크에 대한 농민대중의 지지, 공동행동에 의거한 노동자와 농민의 열망은 노동자계급의 지도하에 프롤레타리아트와 농민이 동맹한다는 전제조건이 점점 뚜렷하게 발전하고 있음을 보여

주고 있다.

(4) 최근 발생한 프롤레타리아트의 계급투쟁은 조선 프롤레타리아트 투쟁력과 계급이익을 옹호하는 강인성을 (3개월 동안 계속되었던 원산 스트라이크, 부산의 방적 여성 노동자 투쟁 등), 그들의 자기희생과 계급적 연대성을(노동자계급의 거의 전체가 한 몸같이 원산의 파업자를 지지했다), 혁명적 투쟁방법에 의거한 열망을, '신흥' 개량주의적 지도자에 대한 그들의 불신을 보여 주고 있다. 특히 눈에 띄는 점은 최근의 스트라이크투쟁에 여성 및 청년의 참가가 현저하게 증가했다는 것이다.

이러한 투쟁에서 한편 조선 노동자운동의 큰 약점과 결함도 폭로되었다. 노동조합운동의 주요 약점은 조선 프롤레타리아트가 아무런 독자의 혁명적 노동조합조직을 갖지 않았다고 하는 데 있다. 조선노동총동맹은 약 4만 7천 명의 조합원으로 구성되어 있지만, 소부르조아적·민족개량주의적 지도자를 지도부로부터 추방하는 데 성공했던 곳은 몇몇 지방조직에 불과하다. 총동맹은 노동자의 착취강화를 통한 자본축적의 합리화와 싸우지 않았으며, 실업이익을 대표하지 않았으며, 프롤레타리아트의 경제투쟁을 조직한다든가 정치투쟁들은 더더욱 프롤레타리아계급투쟁의 정신으로 그 조합원을 교육하고 스트라이크 투쟁을 지도하는 것 등에는 생각조차 미치지 않았다. 총동맹은 선거제도의 원칙으로 만들어지지 않았다. 공장이나 철도 등지에 있어서의 하부조직은 분명히 만들어지지 않았든가 아니면 아주 부족하든가 하는 형편이다. 조합원대회 등은 전혀 소집되지 않았는데 그 이유는 우선 일본관헌으로브터의 금지를 고려했기 때문이며 또 청산파적 합법주의에 (일본의 경찰지배에 대한 완전한 국복) 근거한 때문이다.

총동맹이 경찰지배에 대하여 전혀 투쟁하지 않았던 것은 아니다. 총동맹은 쟁의할 경우에 조정제도를 노동자에게 권한다든가 기업가, 상업회의소, 경찰서 및 총독부에 대해 탄원서를 제출하는 것까지 거절하진 않았다. 다시 말하면 그들은 혁명적 계급투쟁 방법을 완전히 포기해 버렸던 것이다. 이러한 모든 사정이 전체적으로 총동맹의 개량주의적 단체로서의 특징을 이루고 있다. 이것은 결코 총동맹의 전 조직이 개량주의적이라는 것을 의미하지는 않는다. 조합원 대중을 모두 개량주의적이라고 보는 것만큼 무의미한 일도 없을 것이다. 오히려 그 반대로 개량주의적 지도부는 조합원 대중들에게 미치는 그의 영향력을 점점 잃어가고 있다.

노동자는 자연 발생적인 압력으로써 이 총동맹의 조직을 혁명적 조합으로 전화시키려고 육박(肉迫)하고 있다. 노동자의 이러한 열망은 큰 곤란에 조우하고 있다. 그리고 그 곤란함은 결코 일본관헌의 무자비한 박해나 파시스트의 저항으로만 끝나지 않는다. 그것보다 주요한 곤란은 프롤레타리아트의 공고한 혁명적 당의 결제 및 무원칙한 파벌투쟁과 좌익조직이 전혀 없다는 점 등이다.

(5) 이러한 사태는 조선의 노동조직운동에 있어서 노동조합 인터내쇼널 지지자가 직접 당면하고 있는 임무를 다음과 같이 규정한다. 노동조합 인터내쇼널 지지자의 가장 중요한 임무는 총동맹의 내부에서 좌익을 결집시켜 조직하는 것이다. 우선 첫째로 프롤레타리아트의 최대의 중심지를 목표로 세력을 배치해야 한다(철도, 광산, 항만, 석유공장 및 연초공장, 발전소, 화학공장 등등). 좌익은 개개 직업 및 개개 지역의 특수한 이익에 따라 노동자의 요구에 대한 구체적인 강령을 제작하고, 그것을 기초로 하여 노동자를 결집시키고, 이 요구의 실현을 위한 투쟁에 대중을 동원해야 한다.

좌익은 적당한 준비활동 후에 공장위원회를 설립해야 한다. 그러나 이 공장위원회는 통상 당해 공장의 전 노동자에 의해 선출되지 않으면 안 된다. 이때 중요한 것은 기업주에게는 아무런 통고도 없이 공장위원회를 설립하고 그 주위에 대중을 결집시키는 것이다. 노동자 대중의 어떠한 행동도 공장위원회를 설립하는 데 사용되지 않으면 안 된다. 공장위원회는 조직, 미조직을 불문하고 전 공장노동자의 이익을 대표하는 항상적 기관이다. 공장위원회의 설립이 목하의 제 관계에 의해 곤란할 경우, 즉 예를 들면 소공장이나 일터 등등에서는 자치회가 설립되어야 할 것이다.

이와 동시에 중요한 것은 공장위원회와 자치회, 그리고 노동조합의 승인을 위해 또한 앞으로의 활동의 어떠한 속박에도 경찰의 통제에도 대항하여 견실하게 투쟁하는 것이다. 투쟁의 과정에서 좌익은 개량주의적 지도자의 기회주의적이며 배반자적인 전술을 계통적으로 폭로하여 노동자 대중을 노동조합 조직 속으로 획득하지 않으면 안 된다. 좌익은 하부조직에 뿌리를 내리면서 동시에 계급투쟁에 적극적으로 참가함으로써 조직노동자뿐만 아니라 미조직노동자도 획득하는 것을 자기의 임무로 해야 한다.

(6) 이 경우에 유의해야 할 점은 좌익의 주위에 노동자 대중을 결집시키는 일, 대중획득, 그리고 개량주의적 지도자의 폭로는 좌익이 노동자의 근본적으로 중요한 요구를 위하여 단호하게 투쟁하는 경우에만 가능한 것이다.

임금문제·노동시간·사회입법·노동자대우·벌금·주택관계·실업제 및 사회보험은 좌익의 선전선동 및 투쟁에 있어서 관심의 초점이 되어야 한다.

산업이 거의 남김 없이 일본자본의 손에 장악되고, 일본의 군사적, 경찰적 식민지 지배가 공공연히 그의 식민지적 초과이윤을 보호하고 노동자를 억압하고 있는 조선에서는, 어떠한 경제투쟁도 정치투쟁의 즉 일본제국주의 반대투쟁으로 발전할 만큼 성숙되어 있지 않다. 직접적·경제적 이익을 위한 투쟁을 통해 노동자 대중은 결사 및 집회의 권리, 언론 및 출판의 자유, 이를 위한 정치투쟁, 경찰의 포악함에 대한 투쟁, 정치범 석방을 위한 투쟁, 일본제국주의 반대투쟁 및 농업혁명을 위한 투쟁 등의 문제도 능숙하게 처리할 수 있어야 한다.

이러한 정치적 및 경제적 투쟁 과정에서만 프롤레타리아트는 소부르조아적 및 민족개량주의 분자의 영향으로부터 벗어날 수 있는 것이다. 이와 동시에 좌익은 경찰조합('함남노동조합' 등)에 반대하고 상업회의소, 경찰 및 총독부의 조정제도에 대해 또한 경제투쟁의 경우에 있어서는 민족개량주의적 단체의 간섭에 대해 가차없는 투쟁을 전개해야 한다.

(7) 프로핀테른 지지자의 활동은 총동맹의 조직으로만 제한되어서는

안 된다. 그들은 마찬가지로 총동맹에 가입하지 않은 다른 모든 노동조합에서 활동해야 한다. 일반적으로 어떠한 노동조합조직도 없다든가 혹은 어느 정도의 확고한 대중조직도 없는 곳에서는 프로핀테른 지지자는 그곳에 혁명적 조합을 건설하는 일을 임무로 해야 한다. 혁명적 조합은 산업별 원칙에 의거하여 만들어져야 한다. 그것은 전 노동자에 의해 선출된 공장위원회 및 자치회와 같은 공고한 하부조직을 가져야 한다. 혁명적 조합은 총동맹에 가맹해도 상관없지만, 그때에는 그 독자적 지도와 혁명적 본질을 확보해야 한다. 총동맹 및 단독 조합 내에 있어서의 좌익조직의 활동과 투쟁은 새로이 건설된 노동조합과 긴밀하게 결합되어야 한다.

(8) 농업노동자의 조직에는 특히 많은 주의를 해야 한다. 농업노동자가 이미 농민동맹에 가맹하고 있는 경우에는 그들을 특수한 그룹으로 조직하고, 이들 그룹을 나중에 단독의 혁명적 농업노동조합으로까지 완성시켜야 한다.

(9) 조선의 산업에 있어서는 여성과 청년이 큰 역할을 맡고 있다. 부인 노동자 및 청년을 노동조합에 끌어들이는 일 역시 좌익의 임무이다. 이 임무는 그들의 특수한 이익을 대표함으로써만 달성될 수 있다. 좌익은 여성이 갖는 특수한 요구 (야간작업 폐지, 산전 산후의 임신휴가, 탁아소, 동일노동에 대한 동일임금 등) 및 청년이 갖는 요구(6시간 노동제, 견습임금, 무료직업학교 등)를 내세우며 그들을 대표해야 한다. 노동조합에서는 여성노동자 및 청년의 독자적인 지도하에 특별한 청년부가 설립되어야 한다.

(10) 공황·생산제한·공장폐쇄·농민의 궁핍화 및 조선 노동자의 일본으로부터의 귀환에 의해 실업은 점점 격화되어 가고 있다. 실업자를 조직하고, 그들의 투쟁을 지도하며 그렇게 해서 실업자운동과 공장노동자운동을 결합하는 일은 좌익에게 맡겨진 임무이다.

이 영역에서는 국가에 의한 실업의 구제라는 요구가 실업자와 공장노동자를 동원하는 중심문제, 중심점이 되어야 한다. 동시에 좌익은 실업자의 집세면제 및 쌀 및 그 외의 대중행동은 실업반대투쟁의 한 방법으로 하지 않으면 안 된다.

(11) 스트라이크투쟁의 준비와 지도의 영역에서는, 좌익 스트라이트 지도부와 조직에 관해서 이니셔티브를 잡아야 한다. 스트라이크지도부는 노동자의 전체회의 내지 대표자회의에서 선거를 통해 구성되어야 한다. 스트라이크지도부는 개량주의적 지도자의 의지에 반대하여 스트라이크를 준비하고 지도해야 한다. 스트라이크 투쟁준비와 지도에 관해 조선의 프로핀테른 지지자는 스트라스부르그회의 및 프로핀테른 제5회 대회의 결의에 따라야 한다.

(12) 합법적 활동과 비합법적 활동과의 교묘한 결합은 좌익의 성공적 활동을 위한 하나의 전제조건이다. 좌익은 노동자구락부·노동조합구락부·야학교 및 유사한 합법단체를 설립해야 한다. 그때 끊임없이 고려해야 할 점은 이러한 보조조합이 결코 노동조합의 대용물로 될 수는 없다는 것이다.

(13) 일본인 노동자는 조선의 가장 중요한 산업부문 및 최고 경영에서 하나의 중요한 역할을 맡고 있다. 일본 노동자의 대부분은 제국주의적으로 훈련된 노동귀족이며 조선에 있어서 일본노동자는 파시스트적 및 제국주의적 단체의 성원이라는 사실은 그리 진기한 일이 아니다. 그렇다고 해서 프로핀테른 지지자가 일본노동자라는 중요대중을 부르조아의 영향으로부터 분리시켜야 하는 가장 곤란한 임무를 방기해도 좋다는 것은 결코 아니다. 일본의 프로핀테른 지지자는 모든 방법으로 조선의 동지를 원조해야 한다. 일본 및 조선의 혁명적 노동자는 중국혁명을 소비에트연방 옹호를 위한 투쟁 및 일본제국주의의 전복을 위한 투쟁으로 공동전선을 펴고 진격해야 한다.

(14) 중국 노동자는 마찬가지로 조선에서 상당히 중요한 지위를 점하고 있다. 일본제국주의와 민족개량주의적 부르조아지는 중국노동자를 스트라이크 파괴자로 이용함으로써 조선노동자의 사이에 민족적 증오를 부추켜 세우려 하고 있다. 좌익은 중국노동자와 조선노동자를 국제 프롤레타리아 연대의 정신으로써 교육해야 할 의무를 갖는다.

(15) 좌익의 긴급한 임무의 하나는 노동자의 생활을 그려내고, 요구

를 표식화하며 그리고 또한 조선 프롤레타리아트의 계급투쟁을 지도하기 위한 노동조합신문 발행과 아울러 팸플릿·공장신문·통속적인 소책자·삐라 등을 발행하는 일이다.

(16) 이들 모든 임무가 성공적으로 완수되는 것은 좌익의 공장 내의 독자적인 하부조직 설립과 그로 인한 통일전선, 프롤레타리아 간부의 양성과 그의 지도적 활동에의 진급 및 광범한 활동적 간부의 창조를 향해 대담하고 과감하게 나아갈 경우이다. 좌익은 노동자의 일상요구를 위한 경제투쟁의 조직자이며 지도자이지 않으면 안 된다. 좌익은 일본제국주의 반대투쟁에서, 농업혁명을 위한 투쟁에서, 그리고 조선에 있어서 노동자 계급상태의 철저한 개선을 위한 투쟁에서 노동자 대중을 조직하고 동원하지 않으면 안 된다.

(17) 좌익은 프로핀테른 및 태평양노동조합 서기국과 밀착하여 이들에 의해 국제적 노동조합운동 전체 특히 일본 및 중국의 혁명적 노동조합운동과 밀착하지 않으면 안 된다.

(이 테제는 1930년 9월 프로핀테른 제5회 대회 후 동년 9월 18일 프로핀테른 집행국에서 채택된 것이며, '9월 테제'라는 별명으로 알려져 있다. 여기서는 김준엽·김창순 공저, 『한국공산주의운동사 3』 부록의 일본어 원문을 번역했다.)

〈문건 5〉

조선프로예맹 성명서

聲明

全國의 勞動者 農民 諸君!

『群旗』支局, 讀者 及 同志 諸君!

조선프로레타리아예술동맹 中央委員會 書記局은 中央委員 全員의 合意 下에서 李赤曉, 梁昌俊, 嚴興燮, 閔丙徽 等 4人의 反카프的 反××的 分派的 破壞 行動의 陰謀와『群旗』奪取 策動에 對하여 同人等을 우리 카프와 全藝術戰線에서 放逐함을 決定하는 同時에 右 陰謀에 加擔하여 反××的 逆宣傳으로 充滿된 所謂 聲明書를 發表한 開城支部에 對하여 無機停權의 處分을 加하고 아래와 같이 聲明한다.

現下 未曾有의 恐慌과 그에 因한 勞農階級의 生活이 ××的 狀態에 陷하고 同時에 勞農大衆의 ××化가 急速度로 進行되고 있으며, 一方 民族資本閥의 右傾이 急進되고 勞農階級에 對한 ××와 ××이 高度化하여 階級陣營에서의 脫走者가 日增하는 同時에 階級的藝術運動과 그 集中的 組織인 카프에 對한 階級×의 攻擊은 極度化하고 있다.

이러한 困難無比한 諸 情勢 下에서 카프는 自己陣營 內에 發生하고 있는 一切의 右翼 偏向을 克服하고 魔○과 같이 擡頭하는 改良主義的 潮流를 擊破하며 高潮된 ××的 昂揚의 波頭에서 沈着히 勇敢히 大衆을 直正한 ××主義의 方向으로 獲得하기 爲한 즉 ××的 프롤레타리아트의 組織事業을 援助하기 爲한 '아지-프로'의 事業을 遂行하지 아니하면 아니될 絕對한 任務를 附帶한 現在에 있어 前記의 背叛者 等은 무엇을 하였는가.

第一로 그들은 約 2個月 前부터 比較的 中央事情에 어두운 地方 數

個人의 同志들을 카프中央部에 對한 欺瞞的 逆宣傳으로 策動하여 카프 全 組織을 破壞하고 그들의 反動的 分派만에 依한 所謂 〈全朝鮮無産者藝術團體協議會〉를 結成하려고 하였던 것이다. 그러나 此等 反××的 破壞의 陰謀는 書記局에 探知한 바 되며, 그 後 書記局에 質問이 있었을 때 彼等은 前記 事實을 全然 否認하고 오직 再組織事業을 促進키 爲하여 努力하였음에 不過하였고 絕對로 카프指導에 服從할 것을 말하는 等의 僞善的 外交로 書記局을 欺瞞하였다. [中略]

第二로 梁은 『群旗』의 法規上 責任者임을 好機로, 카프의 大多數의 成員이 協力하여 왔으며 勞農大衆의 日常生活의 正當한 僚友가 되려는 『群旗』의 3, 4月號의 事業을 '사보타쥬'하여 ××階級의 意圖를 援助하고 그 後 自己 分派만의 原稿로 暗暗裡에 反動的 編輯을 進行시키며 支局과 讀者에게는 虛僞의 書信으로 欺瞞하여 왔다. 이것은 ××階級의 彈壓을 公然히 援助하는 變節의 行動이 아니면 아니 된다. 그리고 그는 開城支部의 閔丙徽와 結託하여 開城支部를 카프 破壞에 利用하게 한 것이다.

第三으로 그들은 書記局의 警告가 있은 뒤 카프를 外部로부터 破壞시킬 計劃인 〈協議會〉는 그들의 謀叛者的 破壞者的 正體를 暴露시킬까 두려워 그것을 保留하고 카프刷新同盟을 結成하여 組織을 內部로부터 壞滅시키려는 陰謀를 進行시키었고 『群旗』를 自己들의 反××的 宣傳機關으로 奪取하려 하였던 것이었다. [中略]

그러나 우리는 此等의 攻擊으로부터 카프와 『群旗』를 防禦키 爲하여 書記局은 梁에게 『群旗』에 關한 一切 文簿의 臨時引繼를 要求하였었으나 그는 이 要求를 一蹴하여 버리었다. 그러나 梁에게 屈치 않고 우리는 文簿 一切를 奪還하여 온 것이다. 이것이 『群旗』 襲擊 云云의 '데마'의 眞狀이다. [中略]

우리들은 "極度의 反動期는 淸算主義의 極盛期이다" 하는 일리이치의 敎訓을 生覺하면서 이렇게 斷罪한다.

그들은 刷新의 美名 下에서 陰謀와 商略으로 카프를 破壞하여 大衆을 改良의 路線으로 몰아넣으려는 淸算派의 一小從僕으로 階級的 藝術

運動의 公然한 破壞者이며 支配階級의 協力者인 것이다.

諸君! 카프는 最後까지 勞動者 農民의 最良의 僚友이고 ××적 프롤레타리아트의 政治的 路線에 沿行하며 此等 〈右翼 背叛者〉들과 永遠히 和解하지 않고 容恕 없는 싸움을 繼續할 것을 勞農大衆, 『群旗』 支局 及 讀者 諸君에게 높이 盟誓한다.

1. 카프 破壞의 陰謀를 粉碎하라!
1. 右翼 反카프刷新同盟을 打倒하라!
1. ××××藝術을 大衆化시키자!
1. 『群旗』를 防衛하자!
1. 카프 擴大 强化 萬歲!

(이 글은 1931년 4월 28일 조선프로예맹 중앙위원회 서기국에서 발표한 성명이다. 조선프로예맹 개성 지부에서 중앙간부 불신임 결의를 발표하자 본부에서 이를 규탄한 내용이다. 《조선일보》, 1931년 4월 28일 자 기사를 따랐다.)

〈문건 6〉

김복진 등 공산당사건 판결
(1930.11.28. 경성지방법원)

판 결

본적 충청북도 영동군 영동면 적산리(이하 미상)
주소 경성부 제동 73번지
조각가 김복진 당 30세

본적 함경북도 회령군 팔을면 1동 32번지
주소 상동
주조업 이재하 당 30세

본적 경상북도 안동군 거용면 중규구동 518번지
주소 상동
농업 안상길 당 39세

본적 황해도 재령군 하유면 신원리 198번지
주소 상동
동아일보 신원 지국장 김찬순 당 32세

본적 경상북도 안동군 예산면 안교동 93번지
주소 상동
농업 이희원 당 45세

본적　전라남도 담양군 수북면 궁산리 226번지
주소　　　　　　상동
　　　농업　일명 기만소, 기로춘　당 33세

본적　경상북도 영일군 포항면 포항동 362번지
주소　강원도 강릉군 강릉면 견소율리 28번지
　　　어업　정학선　당 34세

본적　황해도 해주군 해주면 서영정 236번지
주소　　　　　　상동　　　　　　　　119번지
　　　잡화상　일명 정중, 정순명　당 25세

본적　황해도 해주군 가좌면 야리 239번지
주소　황해도 해주군 해주면 북본정 173번지
　　　해주 해룡자동차부 사무원　일명 어해, 박제호　당 27세

본적　황해도 재령군 재령면 남정리 169번지
주소　　　　　　상동
　　　무적　최동선　당 25세

본적　황해도 재령군 북율면 대공리 12번지
주소　함경남도 원산부 욱정 2정목 10번지
　　　원산 이운송점 점원　일명 이명원, 이창권　당 24세

본적　황해도 재령군 재령면 향교리 105번지
주소　　　　　　상동
　　　동아일보 재령지국 기자　임이준　당 27세

본적 황해도 단율면 장연면 동부리 1105번지
주소 상동
농업 백준렬 당 33세

본적 황해도 재령군 상성면 신촌리 651번지
주소 상동
동아일보 신원지국 기자 일명 송해, 송광옥 당 28세

본적 경상북도 군위군 효령면 중구동 619번지
주소 상동
농업 이목 당 24세

본적 전라북도 옥청군 구읍면 선록리(이하 미상)
주소 경성부 안국동 73번지
직공 일명 이단, 이만규 당 24세

본적 경상북도 영천군 화동면 대전동 526번지
주소 경상북도 영천군 영천면 성내동 11번지
중외일보 영천지국 기자 일명 정시명, 정용식 당 27세

본적 황해도 율군 용천면 대정리 328번지
주소 상동
경성 법정학교 학생 일명 노영배, 노양배 당 24세

본적 경성부 규동 15번지
주소 경성부 인동 21번지
서적상 일명 신승창, 신철호 당 28세

본적　황해도 해주군 춘화면 순명리(이하 미상)
주소　황해도 해주군 남본정 양순영의 집
고무신상　김덕영　당 22세

위 피고 김복진, 동 김찬순, 동 이회원, 동 기로춘, 동 정순덕, 동 임이준, 동 최동선, 동 송광옥, 동 백준렬, 동 이목, 동 노양배, 동 김덕영에 대한 치안유지법 위반 및 피고 이재하, 동 안상길, 동 정학선, 동 박제호, 동 이창권, 동 정용식, 동 신철호, 동 이만규에 대한 치안유지법 위반 각 피고사건에 관하여 병합심리하여 판결하는바 아래와 같다.

주 문

피고 김복진, 이재하, 안상길을 각 징역 4년 9월에, 피고 박제호, 김찬순을 징역 3년 6월에, 피고 백준렬을 징역 3년에, 피고 정순덕, 이만규, 임이준을 징역 2년 6월에, 피고 송광옥, 노양배, 정학선, 정용식, 김덕영, 이회원, 이창권, 신철호, 최동선, 이목, 기로춘을 징역 2년에 각 처한다.

위 피고 전부에 대하여 미결 구류일수 중 450일을 각 본형에 산입하며, 피고 신철호, 최동선, 이목 기로춘에 대해서는 각 5년간 그 형의 집행을 유예한다.

이 유

피고들은 모두 사유재산제도는 현 사회의 구석구석에 독을 퍼뜨리는 것이며, 제반의 폐습은 하나같이 이 제도에서 배태된 것이라 믿고 이를 철폐하여 공산제도의 사회를 실현시키는 것을 이상으로 하며 조선에서의 그 혁명에 관하여, 먼저 이와 상용될 수 없는 일본제국주의의 지배를 배제하여 조선의 독립을 꾀함으로써 사유재산제도를 부인하며 프롤레타리아독재의 사회를 수립하여 공산제도의 사회를 실현하려 열망하고 있던 자들인바,

1. (가) 피고 김복진은 동경 미술학교 조각과를 졸업하고 그 후 그 연구과에서 수학하고 귀선하였으나 직업을 구하지 못하고 도식하던 중, 1928년 2월 중순경 경성부 청천동 조선지광사에서 조선 공산당원 이성태에게 종용되어 조선공산당은 조선을 일본제국의 굴레로부터 이탈시키고 조선에서 사유재산제도를 부인하고 공산제도를 실시하려는 목적으로 조직된 비밀결사라는 정을 숙지하며 이에 가입하여 동 당원 차금봉, 최공립 등과 함께 경기도 간부에 취임하여 동 공산당의 목적 달성을 위하여 광분하였으며,

(나) 1927년 6월 중순경 종로통의 노상에서 고려공산청년회원 송언필에게 종용되어 동 공산청년회는 조선을 일본제국의 굴레로부터 이탈시키고, 조선에서 사유재산제도를 부인하고 공산제도를 실현하려는 정을 목적으로 조직되어 비밀결사라는 정을 숙지하며 동회에 가입하여 동 회원 하필원, 이황 등과 함께 동 회원 김철수를 책임자로 하는 '야체이카'에 소속되어 당 회원 일동과 1927년 6월 중순 이래 동년 7월 중순경까지의 사이에 2회에 걸쳐 경성부 동소문 내 김광수의 집에서 만나 동 '야체이카'회를 개최하였으며, 그 후 회원 박봉연, 정갑복과 함께 경기도 간부에 취임하여 동도의 책임비서가 되어 위 간부들과 1928년 5월 말경부터 동년 6월 말경까지 전후 3회 경성부 숙동 피고 김복진의 집에 집합하여 경기도 간부회를 개최하고 동 청년회의 목적달성의 방책에 관해 협의한 다음, 동년 3월 초순경 회원 김재명 외 5명과 함께 중앙집행위원에 취임하여 선전부 책임자가 되어 책임비서 김재명, 조직부 책임자 고광수 등과 동년 4월 초순경 이래 동년 6월 하순까지의 사이 3회, 경성부 다옥정 한명찬의 하숙, 그 외에서 만나 상무집행위원회를 개최하고 동 공산청년회의 목적관철을 기하여 여러 가지로 책모하였고,

2. 피고 이재하는 1927년 5월 중순경 경성부 종로 2정목 경성 중앙기독청년회관에서 조선공산당원 안광천의 권유에 의해 동 공산당은 전기와 같은 목적으로 조직된 비밀결사라는 정을 알며 이에 가하였고, 동년 12월 초순경 당원 이운혁, 김태균 등과 함께 함경북도 간부에 취임하여

회원을 모집하였고, 당 도간부 일동과 동월 초순경 함경북도 회령군 회령면 1동 32번지 동 피고집에서 만나 함경북도 대회를 열고 동도로부터 뽑힌 동도의 대의원으로 1930년 3월 28일경 경기도 고양군 용강면 아현리 조선인 모의 집에서 개최된 조선공산당 대회에 참가하여 동 공산당의 목적달성을 기하여 여러 가지로 책동하였고,

3. 피고 안상길은 1927년 8월 중순경 경성부 송월동 안광천의 집에서 조선공산당원인 동인에게 종용되어 동 공산당은 전게 목적으로 조직된 비밀결사라는 정을 숙지하며 이에 가입하여 동 당원 홍보돌, 김여룡 등과 함께 동년 9월 하순경 경상북도 대구부 달성공원에 모여 경상북도 대회를 개최하여 조선공산당의 목적관철을 기하며 여러 가지로 책동하였고,

4. 피고 김찬순은 1927년 10월 하순경, 황해도 재령군 신원면 신원리 198번지 동 피고의 집에서 조선 공산당원 백남표에게 종용되어 조선공산당은 전기의 목적으로 조직된 비밀결사라는 정을 숙지하며 이에 가입하여 동 당원 백남표, 이경호 등과 함께 황해도 간부에 취임하여 조직부의 책임자가 되어 조선공산당을 위해 비밀히 획책하였으며, 또 그즈음 동소에서 고려공산청년회는 위 조선공산당과 동일 목적으로 조직된 비밀결사라는 정을 알며 이에 가입하여 회원을 모으며 그 목적의 달성을 위해 분주히 책동하였고,

5. 피고 이회원은 1927년 여름경, 경상북도 안동군 풍전면 안교동 노상에서 조선공산당원 안상길에게 종용되어 동 공산당은 전게 목적으로 조직된 비밀결사라는 것을 알며 동당에 가입하였으며,

6. 피고 기로춘은 1928년 2월 초순경, 중국 상해 불조계 민국로 태래잔에서 조선 공산당원 홍남표의 권유를 받아 동 공산당은 전기의 목적으로 조직된 비밀결사라는 정을 숙지하며 동당에 가입하였고,

7. 피고 정학선은 1925년 10월 중순경 당시 동 피고의 하숙집이었던 동경시 본향구 진사정 모의 집에서 고려공산청년회원 최원택의 권유에 의해 동 공산청년회는 전기의 목적으로 조직된 비밀결사란 정을 예지하며 이에 가입하여 회원 이재우, 이상갑 등과 함께 포항 '야체이카'를 조

직하여 동 공산청년회의 목적달성을 기하며 여러 가지로 획책하였으며,

8. 피고 정순명은 1926년 12월 중순경 황해도 해주군 남본정 해주청년회관에서 고려공산청년회원 백남표에게

9. 피고 박제호는 1926년 12월 31일경 동 회관에서 피고 정순명에게

10. 피고 김덕영은 1927년 6월 20일경 동 회관에서 피고 정순명에게

각 종용되어 모두 고려공선청년회는 전기와 같은 목적으로 조직된 비밀결사하는 정을 숙지하며 동회에 가입하여 동 피고들 일동의 모의 끝에 해주 '야체이카'를 조직하여 피고 정순명을 그 책임자로 추대하였고, 또 피고 박제호는 전게 백남표와 함께 황해도 간부에 취임하여 동 피고들 일동은 당 공산청년회의 목적달성을 기하며 책모하였으며,

11. 피고 최동선은 1927년 2월 말경, 동도 재력군 재령면 남형리 196번지 동 피고 집에서 전시 백남표에게

12. 피고 이창권은 1927년 10월경 동도 신천온천 창신여관에서 동 백남표에게

13. 피고 임이준은 1928년 6월 중순경 상기 피고 김춘순의 집에서 동 피고에게

각 권유받아 모두 고려공산청년회는 전게와 같은 목적으로 조직된 비밀결사하는 정을 숙지하며 동회에 가입하여 동 피고들 일동 협의한 끝에 '야체이카'를 조직하여 피고 임이준을 그 책임자로 선임함으로써 동 공산청년회의 목적관철을 위해 책동하였으며,

14. 피고 백준렬은 상기 동 피고의 자택에서 1927년 가을경 전시 백남표에게 권유되어 고려공산청년회는 전기와 같은 목적으로 조직된 비밀결사라는 정을 알며 동회에 가입하고 또 황해도 간부에 선임되었으며,

15. 피고 송광옥은 1927년 12월 중순경, 황해도 재령군 상성면 청석두리 청석두청년회관에서 위 백남표의 권유에 의해 고려공산청년회가 전기와 같은 목적으로 조직된 비밀결사라는 것을 숙지하고 동회에 가입하여 피고 김찬순과 함께 '야체이카'의 일원이 되어 동 공산청년회의 목적수행을 위하여 활양하려 획책하였으며,

16. 피고 이목은 1928년 2월 초순경 중국 절강성 양수포에서 고려 공산청년회원 양명의 종용에 의해 동 공산청년회가 전기 목적으로 조직된 비밀결사라는 것을 숙지하며 동회에 가입하였으며,

17. 피고 정용식은 1928년 2월 중순경 대구부 봉산정 노상에서 동 공산청년회원 김이룡에게 권유되어 고려공산청년회가 전게와 같은 목적으로 조직된 비밀결사라는 것을 숙지하고 동회에 가입하여 동 회원 김석천, 공갑룡 등과 함께 영천 '야체이카'를 조직함으로써 동 공산청년회를 위하여 획책하기에 분조하였고,

18. 피고 이만규는 1928년 4월 중순경, 경성부 견지동 80번지 '서울' 청년회관 앞의 노상에서 피고 김복진에게 종용되어 고려공산청년회가 전기 목적으로 조직된 비밀결사란 것을 알고 동회에 가입하여 동 회원 김영배, 박제영 등과 함께 '야체이카'를 조직하고 피고 스스로는 책임자가 되었으며, 당 회원 일동과 동월 10일경 경성부 안국동 피고의 집에서 회합하고 '야체이카'회를 개최함으로써 동 공산청년회의 목적관철을 위하여 획책하기에 분주하였고,

19. 피고 노양배는 1928년 5월 초순경, 경성부 다옥정 이계반의 집에서 피고 김복진에게 종용되어 고려공산청년회가 전게 목적으로 조직된 비밀결사라는 정을 숙지하며 동회에 가입하여 회원 오재현을 책임자로 한 '야체이카'를 조직하고 '야체이카'회를 개최하여 동 공산청년회의 목적관철을 위하여 획책하기에 여러모로 분주하였으며,

20. 피고 신철호는 1928년 6월 초순경, 경성부 청진동 2번지 신흥서방에서 피고 김복진에게 권유되어 고려공산청년회가 전기 목적으로 조직된 비밀결사라는 것을 숙지하고 동회에 가입하고 있던 자로, 위 피고 김복진, 김찬순의 행위는 계속범의에 관계되며,

이에 앞서 이재하는 1922년 2월 27일 경성부 복심법원에서 1919년 제령 제7호 위반죄에 의해 징역 2년에, 피고 이회원은 1926년 2월 28일 대구 복심법원에서 업무 방해죄에 의해 징역 6월에 각각 처해져 모두 그 집행을 완료한 자이다.

[증거 설명 생략]

법에 비추어 판시 피고들의 소위는 그 행위 당시의 법령에 의하면 구 치안유지법(1925년 4월 22일 법률 제46호) 제1조 1항에 각각 해당하며, 피고 김복진, 김찬순에 대해서는 연속범에 관계됨으로써 형법 제55조를 적용해야 할 것이며, 신 치안유지법(1928년 6월 29일 칙령 제129호)에 의하면 동법 제1조 제1항 후단에 각각 해당함과 동시에 동조 제2항에 각각 해당하여 1개의 행위로 수 개의 죄명에 저촉되는 경우가 되므로 형법 제54조 제1항 전단, 제10조에 따라 국체변혁의 목적으로 조직된 결사 가입죄라는 무거운 죄를 적용해야 하는바, 범죄 후의 법률에 형의 변경이 있는 경우가 되므로 동법 제6조, 제10조에 의해 그 형을 비교하여 가벼운 구 치안유지법 제1조 제1항의 형에 따라 처단해야 되므로 소정형 중 징역형을 선택하며, 또한 피고 이재하, 이회원에 대해서는 누범에 관계되므로 형법 제56조, 제57조에 의해 법정 가중을 행하는 형기 범위 내에서, 나머지 피고들에 대해서는 소정의 형기 범위 내에서 각 피고에게 각각 주문 제1항 게재의 형을 양정하며, 동법 제21조에 따라 피고들 전부에 대하여 미결구류일수 중 450일을 각각 피고들의 본형에 산입해야 할 것이며, 피고 신철호, 최동선, 이목, 기로춘에 대해서는 정상에 의해 동법 제25조 형사소송법 제358조 제2항에 따라 각 5년간 그 형의 집행을 유예해야 할 것으로 한다.

이에 주문과 같이 판결한다.

1930년 11월 28일

경성 지방법원 형사부

재판장 조선총독부 판사 금천광길

조선총독부 판사 소야승태랑

조선총독부 판사 소림장장

〈문건 7〉

프롤레타리아예술동맹 극단 〈신건설사〉 사건 예심 종결 결정
(1935년 6월 28일 전주지방법원)

본적 경성부 천연동 99번지
주소 경성부 천연동 69번지
개벽사 기자 박영희 당 35세

본적 경성부 운창동 60번지
주소 경성부 죽첨정 3정목 334번지
포목상 점원 윤기정 당 33세

본적 충청남도 천안군 천안읍 유량리 269번지
주소 경성부 통의 104번지
저술업 일명 민촌, 이기영 당 40세

본적 경기도 고양군 은평면 구산리 54번지
주소 경기도 고양군 은평면 촌암리 23번지
잡지 기자 일명 송영, 송무현 당 32세

본적 평안남도 평원군 숙천면 당하리 67번지
주소 함흥부 성천정 4정목 31번지
저술업 일명 설야, 한병도 당 36세

본적 평안북도 의주군 의주읍 서부동 133번지
주소 경성부 관수동 161번지

조선일보사 기자　일명 철민, 박완식　당 28세

본적　경상남도 창원읍 진전면 오서리 565번지

주소　경성부 안국동 중앙인서관

서울시보 기자　일명 권환, 권경완　당 32세

본적　경상북도 달성군 수성명 범역동 501번지

주소　대구부 남산정 377번지

저술업　이갑기　당 26세

본적　경성부 적선동 8번지

주소　경성부 근농동 95번지

화가　이상춘　당 26세

본적　경상북도 선산군 고아면 원호리 12번지

주소　경성부 간동 89번지

영화촬영 감독　일명 철 또는 유영, 김영득　당 28세

본적　평안북도 의주군 비현면 찬마동 420번지

주소　경성부 가회동 191번지

저술업　일명 철, 백세철　당 28세

본적　경성부 병목정 194번지

주소　경성부 서사간정 74번지

중앙인쇄소 외교원　일명 녹수, 정청산　당 27세

본적　경성부 부촌동 210번지의 5

주소　경성부 현저동 46번지의 373

무직 일명 철아, 이동규 당 25세

본적 전라북도 익산군 려산면 려산리 471번지
주소 경성부 수창동 186번지
무직 일명 고영 김형갑 당 25세

본적 경성부 립정정 256번지의 2
주소 경성부 립정동 271번지
무직 일명 김욱 김귀영 당 24세

본적 경성부 청진동 121번지
주소 경성부 도염동 27번지
중앙인서관 점원 홍장복 당 28세

본적 함경북도 북청군 양천면 중리 965번지
주소 경성부 근농동 95번지
사진사 일명 전평 전유협 당 25세

본적 평안남도 대동군 금제면 원양리 187번지
주소 평양부 서성리 78번지의 70
무직 일명 녹산 변효식 당 24세

본적 경성부 청엽정 1정목 156번지
주소 경기도 고양군 용강면 공덕리 114번지
배우 일명 나웅, 나준영 당 27세

본적 경기도 광주군 중부면 산성리 209번지
주소 경성부 숭서동 145번지의 15

조선일일신문 사원 일명 적양 추완호 당 25세

본적 경기도 광주군 중부면 산성리 590번지
주소 경성부 연정동 92번지의 2
양복지상 일명 일량 석재홍 당 26세

본적 함경남도 원산부 산제동 25번지
주소 경성부 연정동 2번지의 1
양복상 일명 이엽 이의백

본적 경상북도 선산군 고아면 원호동 12번지
주소 경상부 순의동 93번지의 1
저술업 최정희 당 26세

위 피고인들에 대한 치안유지법 위반 피고사건에 관한 예심을 마치고 결정하는바 아래와 같다.

주 문

본건을 전주지방법원의 공판에 붙인다.

이 유

제1, 피고 박영희는 사립 공옥소학교를 거쳐 사립 배재고등보통학교를 졸업하는 1919년 봄경, 동경으로 건너가 2년간 정칙영어학교에서 수학하고 귀선하여 1924년 8월부터 1926년 8월까지 잡지 개벽사의 기자였다가 1931년 11월경부터 중앙일보사에 들어가 학예부장 및 사회부장을 역임하고, 1932년 7월경 위 신문사를 사임하였으며, 1934년 11월 다시 전기 개벽사에 입사하여 있던 자이고, 피고인 윤기정은 경성부 수창동 사립 보인학교를 졸업한 후 2년간 서당을 다니며 학문을 배우고는 금융업 협익사에서 근무하다가 1924년 동사의 해산으로 실직하고 1934년 8월경부터 경성부 태평통 포목상 홍경오집의 점원이었던 자이며,

피고인 이기영은 본적시 소재의 사립 상리보통학교를 졸업하고 1919년 1월부터 천안 군청에서 임시 직원으로 근무하였으며, 1921년 9월 호서은행 천안지점의 행원으로 전직하였다가 익년 이를 사임하고 동경으로 건너가 정칙영어학교에서 수학하던 중 1923년 9월경 동경 대지진으로 면학을 중지하고 귀선하여, 1926년 가을경부터 조선지광사에 잡지기자로 입사하여 1934년 2월 동사가 해산되어 퇴사하였고, 동년 9월경 잠시 신계단사의 잡지기자로 되었다가 곧 이를 퇴사하고, 오로지 소설 및 논문 등의 저작을 해오던 자인바,

위 피고인 세 명은 모두 약 10년 전부터 경성부 도서관 등에서 프롤레타리아 문학에 관한 서적을 탐독하여 그 사상이 점차 공산주의에 이르렀던 자로, 피고인 박영희는 1924년 8월경 경성에서 최승일, 이호, 박용태, 김기진과 함께 프롤레타리아 문예운동을 행하기 위해 조선프롤레타리아예술동맹을 결성하여 근년 프롤레타리아문예운동의 보급발전에 노력하고 있었는데, 당시 동경에서 조중곤, 홍순준 등이 '제3전선사'를 조직하고 그 기관지로 잡지 『제3전선』을 발행하여 조선 무산대중의 계몽운동에 광분하고 있었는데, 마침 조중곤등이 1927년 7월경 순회강연을 위해 귀선하여 경성중앙기독교청년회관 등에서 문예강연 등을 개최함으로써 조선의 일반대중에 대하여 계급의식을 주입하며, 피고인 박영희에 대해서는 위 동맹은 아나계(아나키스트—역자주), 민족계, 볼계(볼셰비키—역자주) 등의 각파 분자가 혼교하여 그 통일 운동에 지장을 가져오기 때문에 다른 분자를 배제하고 볼계만이 결속하여 문예를 무기로 한 좌익운동에 몰두해야 할 것이란 뜻을 고취하자, 이에 있어,

피고인 박영희, 동 윤기정, 동 이기영의 3명은 최학송, 김복진, 조덕희, 조중곤, 홍순준과 함께 1927년 9월 1일 경성부 견지동 60번지 조선프롤레타리아예술동맹 회관에서 회합하여 협의한 결과 프롤레타리아예술을 무기로 하여 부르조아 예술을 배격하고 마르크스주의를 선전하며 일

반 대중에 대해 계급의식을 주입하여 궁극에는 조선에 있어 사유재산제도를 부인하고 공산주의 사회의 실현을 목적으로 한 조선프롤레타리아예술동맹을 조직하고 그 동맹의 강령을 "우리들은 무산계급운동에 있어 마르크스주의의 역사적 필연성을 인식하는 고로 무산계급운동의 일부인 무산계급 예술운동에 의해 봉건적 자본주의의 관념을 철저히 배격하고 전제적 정치에 항쟁하여 계급의식을 고취시키려 한다"고 정함과 동시에 동 결사의 최고 기관인 중앙집행위원회를 설치하는 일, 기관지를 발행하는 일, 동경에 지부를 설치하는 일 등을 협의하고 중앙 집행위원에 박영희, 김복진, 윤기정, 최학송, 한병도, 조명희, 홍순준, 이북만, 홍양명, 조중곤, 한식, 박용태, 이상화 등을 추대하고 나아가 동 5월경 피고인 박영희, 동 윤기정은 최학송 외 수명과 함께 전기 회관에서 회합하고 제1회 중앙집행위원회를 개최하여 위 결사의 부서를,

서무부 위원	윤 기 정
출판부 위원	최 학 송
교육부 위원	박 영 희
조사부 위원	김 복 진
조작부 위원	홍 순 준

으로 정하여 표면 합법단체같이 위장함으로써 당국의 검거를 피하였고, 각 동맹위원이 신문·잡지 등에 위 결사의 목적에 도움이 되도록 교묘하게 계급의식을 자극하는 류의 창작 또는 논문을 게재하였고,

나아가 동 결사의 목적수행을 위하여 1930년 4월경 위 피고 3명은 전기 회관에서 회합하여 위 결사를 카프(KAPT: Korean Artista Proleta Federatio — 역자주)로 호칭하고, 카프를 1국 5부로 나누어,

서기국 책임자	윤 기 정
문학부 책임자	박 영 희
연극부 책임자	김 기 진
영화부 책임자	윤 기 정
미술부 책임자	결 원

음악부 책임자 결 원

으로 정하여 활동한다는 것을 협의 결정하고, 나아가 전기 피고인 3명은 1930년 12월 말경 경성부 적선동 최승희의 무용 연구소에서, 혹은 1931년 3월 초순경 경성부 소격동 피고인 권경완의 집에서 그 외 수 명과 회합하여 카프의 중앙집행위원회를 열어 전기 각부를 독립시키고, 각 동맹에 조직대체를 하여, 각 동맹 내에 집행부를 설치하고, 각 동맹으로부터 대표자를 1인씩 선출하여 카프의 최고 지도기관인 협의회를 결성한다고 정하고, 즉시

서기국 임 화
작가동맹 대표 이 기 영
연극동맹 대표 김 기 진
영화동맹 대표 윤 기 정
미술동맹 대표 강 호

로 결정하였으며, 그 후 1934년 2월 10일경 경성부 이화동 95번지 김인식의 집에서 피고인 이기영은 위 임인식(일명 임화)과 2인으로 중앙집행위원회를 열고 강령 및 부서의 변경, 위원후보 등을 협의함으로써 위 결사를 위하여 여러 가지로 활동하였으며,

1. 피고인 한병도는 일찍이 위 피고인 박영희와 서로 아는 사이로 동인과의 교류에 의해 좌익사상에 기울어져 있던 자인 바, 1927년 봄 경, 경성부 내에서 박영희의 권유에 의해 조선프롤레타리아예술동맹에 가입하여 동년 9월 중앙집행위원에 선출되었고 그다음 해 상기 자택에서 당시의 경성언문신문에서 위 결사의 강령을 비판한 기사를 읽어 위 동맹이 전기와 같이 불법의 목적을 가진 결사라는 점을 알면서도 계속 그에 가입하고 있었으며,

2. 피고인 김영득은 1927년 9월경 경성부 황금정 3정목 조선 영화예술협회에서 윤기정의 권유에 의해 전기 결사에 가입하였고 동년 12월경 윤기정으로부터 위 결사의 강령문을 받아 보아 동 결사가 상기 불법의 목적을 가진 결사임을 알면서도 1930년 4월경까지 계속해서 그에 가입

하고 있었으며,

3. 피고인 송무현은 동맹의 창립 당시 박영희, 최수일 등의 권유에 의해 위 동맹에 가입하였고, 그 후 1928년 봄경 상기 자택에서 윤기정으로부터 위 결사의 강령문을 받아 보아 동 결사의 상기 목적을 알면서도 중앙집행위원이 되어 수 회 그 위원회에 참석하는 등 계속 가입하고 있었으며,

4. 피고인 박완식은 박영희 등의 좌익적 논문을 신문 등에서 읽고 위 동맹이 상기 공산주의를 목적으로 하는 결사하는 점을 알면서 1928년 10월 중순경 경성부 서사헌정 서울 열쇠제작소에서 윤기정의 권유에 의해 위 결사에 가입하였으며, 1930년 2월 영화부원이 되어 계속해서 그에 가입하고 있었으며,

5. 피고인 권경완은 1929년 5월경 동경시 삼병구 고원사 이북만의 집에서 동인의 권유에 의해 위 결사가 상기 불법 목적을 가진 결사임을 알며 이에 가입하였고, 그 후 개선하여 1930년 7월경 중앙집행위원에 선출되었으며 동년 12월 및 그 익년 3월 위원회에 출석하여 위 결사의 볼셰비키화를 일층 강렬하게 해야 할 것 등의 결의에 참가함으로써 그 가입을 계속하였고,

6. 피고인 이갑기는 1932년 1월 경 경성부 혜화동 임화의 집에서 동인의 권유에 의해 위 카프가 상기 불법 목적을 가진 것을 알며 이에 가입하고 신문·잡지 등에 좌익적 논문을 게재하여 대중에게 계급의식을 주입하였으며, 1934년 2월 말 위 카프를 탈퇴하기까지 계속해서 가입하고 있었고,

7. 피고인 이상춘은 1932년 6월 중순경 경성부 이화동 195번지 임인식의 집에서 동인 및 윤기정의 권유에 의해 위 카프가 상기 불법 목적을 가지고 있음을 알면서 이에 가입하였고,

8. 피고인 백세철은 1932년 5월 13일경, 전기 임인식의 집에서 동인의 권유에 의해 위 카프에 가입하였고 카프원들의 논설에 의해 카프가 상기 불법 목적을 가지고 있음을 알면서도 가입을 계속하고 있었고,

9. 피고인 이동숙은 1932년 7월경 당시 동 피고인의 근무처 경성부 수표정 잡지사 신청년 사무소에서 신고송의 권유에 의해 카프가 상기 불법 목적을 가짐을 알면서 이에 가입하여 1934년 2월부터 문화부의 부원이 되었고,

10. 피고인 정청산은 1932년 8월 23일경, 경성부 영낙정 1정도 동아인쇄소에서 윤기정의 권유에 의해 위 카프가 상기 불법 목적을 가짐을 알면서 이에 가입하였고,

11. 피고인 변효식은 1933년 12월 말경 경성부 수정극장 금천대좌에서 이상춘의 권유에 의해 위 카프가 상기 불법 목적을 가짐을 알면서 이에 가입하였고,

12. 피고인 김규영은 일찍이 피고인 박영희, 임인식 등의 신문·잡지 등에 게재되어 있는 논문에 의해서 위 카프가 상기 불법 목적을 가짐을 알면서 1934년 1월 5일 전기 임인식의 집에서 동인 및 이상춘의 권유에 의해 위 결사에 가입하였고,

13. 피고인 홍장복은 일찍이 박영희 등의 좌익적 논문을 읽어 카프의 상기 불법 목적을 알면서 1934년 1월 중 경성부 연건동 신건설회관에서 이상춘의 권유에 의해 이에 가입하여 연극부원이 되었고,

14. 피고인 김형갑은 1934년 2월 초순 전기 임인식의 집에서 동인 및 이상춘의 권유에 의해 위 카프가 상기 불법 목적을 가짐을 알면서 가입하여 연극부의 부원이 되었고,

15. 피고인 전유협은 1934년 2월 전기 임인식의 집에서 동인의 권유에 의해 위 카프가 상기와 같은 불법 목적을 가짐을 알면서 이에 가입하여 영화부원이 되었고,

16. 피고인 나준영은 1934년 2월 10일경 전기 신건설 회관에서 임인식의 권유에 의해 전기 카프의 강령 및 위 임인식의 언동 등에 의해 위 카프가 상기 불법 목적을 가짐을 알면서 가입하여 그 연극부의 부원이 되어 있던 자이며,

제2. 피고인 추완호, 동 김영득, 동 석재홍, 동 이의백, 동 최정희는

모두 좌익문예에 취미를 가진 자로 1931년 8월경, 경성부 와룡동 시대공론사에서 회합하고 프롤레타리아 연극을 통해서 마르크스주의의 선전을 행하여 궁극에는 조선에 있어 사유재산제도를 부인하고 공산주의 사회의 실현을 목적으로 하는 이동식 소형극장이란 결사를 조직하고 동시에 그 부서를

책임연출부	김 영 득
각본부	최 정 희
미술장치부	추 완 호
출연부	석 재 홍
선전부	이 의 백

으로 정하여 그 후 수 회 회합하여 위 결사의 활동방칙을 협의하였던 바, 피고인 김영득, 동 최정희는 곧 타 회원들과 의견을 달리하여 탈퇴하였고 타회원들은 계속해서 1931년 11월부터 1932년 5월까지의 사이 원산, 함흥, 고원, 경성방면에서 극히 좌익적인 연극을 공연하여 대중에게 계급의식을 주입하였으며, 1932년 6월경 경성부 외아현리 이천석의 집에서 간부회를 열어 위 결사의 명칭을 메가폰으로 고치고 동 결사를 위해 여러 가지로 활동하였던 바,

위 피고인 박영희, 동 윤기정, 동 이기영, 동 김영득, 동 추완호, 동 석재호, 동 이의백, 동 최정희 등의 위 사유재산제도 부인 목적의 결사조직, 피고인 김영득, 동 한병도, 동 박완식, 동 송무현, 동 권경완, 동 이갑기, 동 이상춘, 동 백세철, 동 이동규, 동 정청산, 동 변효식, 동 김귀영, 동 홍장복, 동 김형갑, 동 김유협, 동 나준영 등의 동 목적의 결사가입은 모두 치안유지법 제1조 제2항에 각 해당하며, 또한 피고인 김영득의 위 결사조직과 결사가입은 연속범이 됨으로써 형법 제55조를 적용해야 할 것이며, 모두 범죄의 협의가 충분함으로 형사소송법 제312조에 따라 이를 공판에 붙여야 할 것으로 한다.

이에 주문과 같이 판정한다.

1935년 6월 28일

전주지방법원

예심부 조선총독부 판사 고이미일랑

〈문건 8〉

프롤레타리아예술동맹 극단 〈신건설사〉 사건 판결
(1935년 12월 9일 전주지방법원)

판 결

본적 경성부 천연동 99번지
주거 경성부 천연동 69번지
잡지 개벽사 기자
박영희 당 35년

본적 경성부 운창동 60번지
주거 경성부 죽첨정 3정목 334번지
포목상 점원
윤기정 당 33년

본적 충청남도 천안군 천안읍 유량리 269번지
주거 경성부 통의동 104번지
저술업
민촌, 이기영 당 40년

본적 경기도 고양군 은평면 구산리 54번지
주거 경기도 고양군 은평면 부암리 23번지
잡지 기자
송영, 송무현 당 32년

본적 평안남도 평원군 숙천면 당하리 67번지
주거 함경남도 함흥부 사포정 150번지
저술업
설야, 한병도 당 36년

본적 평안북도 의주군 의주읍 서부동 133번지
주거 경성부 관수동 161번지
조선일보사 기자
철민, 박완식 당 28년

본적 경상남도 창원읍 진전면 오서리 565번지
주거 경성부 안국동 중앙인서관
서울시보 기자
권환, 권경완 당 32년

본적 경상북도 달성군 수성명 범물동 501번지
주거 경상북도 대구부 남산정 377번지
저술업
이갑기 당 26년

본적 경성부 적선동 8번지
주거 경성부 권농동 95번지
화가
이상춘 당 26년

본적 경상북도 선산군 고아면 원호리 12번지
주거 경성부 간동 89번지
영화촬영 감독

철 또는 유영, 김영득　당 28년

본적　평안북도 의주군 비현면 체마동 420번지
주거　경성부 가회동 191번지
저술업
철, 백세철　당 28년

본적　경성부 병목정 194번지
주거　경성부 종로5정목 289번지의 2
중앙인쇄 외교원
녹수, 정청산　당 27년

본적　경성부 행촌동 210번지의 5
주거　경성부 현저동 46번지의 373
무직
철아, 이동규　당 25년

본적　전라북도 익산군 여산면 여산리 471번지
주거　경성부 수창동 186번지
무직
고영, 김형갑　당 25년

본적　경성부 입정정 256번지의 2
주거　경성부 입정동 271번지
무직
김욱, 김귀영　당 24년

본적　경성부 청진동 121번지

주거　경성부 도염동 27번지
중앙인쇄서관 점원
홍장복　당 28년

본적　함경북도 북청군 양천면 중리 965번지
주거　경성부 권농동 95번지
사진사
전평, 전유협　당 25세

본적　평안남도 대동군 금제면 원양리 187번지
주거　평안남도 평양부 서성리 78번지의 70
도서출판사 용인
녹산, 변효식　당 24년

본적　경성부 청엽정 1정목 156번지
주거　경기도 고양군 용강면 공덕리 114번지
배우
나웅, 나준영　당 27년

본적　경기도 광주군 중부면 산성리 209번지
주거　경성부 숭삼동 40번지의 7
조선일일신문 사원
적양, 추완호　당 25년

본적　경기도 광주군 중부면 산성리 590번지
주거　경성부 훈정동 92번지의 2
나사류상
일량, 석재홍　당 26년

본적 함경남도 원산부 산제동 25번지
주거 경성부 훈정동 2번지의 1
양복상
이엽, 이의백

본적 경상북도 선산군 고아면 원호리 12번지
주거 경성부 정동 1번지의 15
저술업
최정희 당 26년

사 유

제1

피고 박영희는 대정 13년 8월경 경성부 내에서 최승일, 이호, 박용태(*박용대의 오기), 김기진과 함께 프롤레타리아 문예운동을 행하기 위하여 조선프롤레타리아예술동맹을 조직하게 되었는데, 당시 내지 동경에서 조중곤, 홍순준 등이 제삼전선사라는 것을 조직하고 잡지 〈제삼전선〉을 발행하고, 조선 무산대중에 대한 계몽운동을 하기 위해 소화 2년 7월경 귀선(歸鮮)하여 일반대중에 대해 계급의식을 주입하기 위해 경성 기독교청년회관 등에서 강연회를 개최하였는바, 그때 동인 등은 박, 김, 최, 이 등에 대해 우 동인 등의 조선프롤레타리아예술동맹을 비판하면서 문예를 무기로 하는 계급운동을 해야 할 것이 아닌가를 주장하자, 피고 박영희, 윤기정, 이기영 등은 최승일, 최학송, 김복진, 조명희, 조중곤, 홍순준 등과 함께 소화 2년 9월 1일 경성부 견지동 60번지 조선프롤레타리아예술동맹 회관에서 회합하고 협의의 결과 프롤레타리아예술을 무기로 부르조아 예술을 배격하고 마르크스주의를 선전하고 일반대중에게 대해 계급의식을 주입하고 의식분자를 교양하고 투사를 양성하고 궁극에 있어 조선에서 사유재산제도를 부정하고 공산주의 사회 실현을 목적으로 하는 조선프롤레타리아예술동맹이라는 결사를 조직하고 동맹의 강령으로 「우리는 무산계급운동에 있어서 마르크스주의의 역사적 필요성을 인식하는 고로, 무산계급운동의 일부문인 무산계급 예술운동에 의해 봉건적 자본주의적 개념을 철저히 배격하고 전제적 세력과의 항쟁과 의식층의 양성운동의 수행을 기함」이라는 요지를 정하고, 동맹의 최고기관으로서 중앙집행위원회를 설치하는 일, 동경에 지부를 설치하는 일, 기관지를 발행해야 할 일 등을 합의하고, 그 후 그 중앙집행위원으로서 피고 박영희, 윤기정, 한병도 외 김복진, 최학송, 조명희, 홍순준, 이북만, 홍양명, 조중곤, 한식, 박용태, 이상화 등을 추천하고, 또 동월 5일 피고 박영희, 윤기정은 최학송 외 수명의 동맹원 등과 함께 앞에서 제시한 회관에서 회합 제1회 중앙위원회를 개최하고 서무부, 교양부, 출판부, 조사부, 조직부의 5부를 설치한 후 피고 윤기정이 서무부, 피고 박영희가 교양부, 최학송이 출판부, 김복진이 조사부, 홍순준이 조직부의 각 위원이 되어 동맹을 표면적으로 합법단체처럼 가장하여 당국의 검거를 피하고 각 동맹원 등은 신문, 잡지 등에 좌익문예 혹은 이론 등을 개재하였으며,

또한 소화 5년 4월경 피고 박영희, 윤기정, 이기영은 전시한 회관에서 외 수 명의 동맹원과 회합하고 이 결사의 명칭을 '카프'로 개칭하고 여기에 서기국, 문예부, 연극부, 영화부, 미술부, 음악부를 설치하고 피고 윤기정은 서기국 및 영화부 책임자, 피고 박영희가 문예부 책임자, 김기진이 연극부 책임자가 되어 각각 활동해야 될 것을 합의하고, 또한 소화 5년 12월 말, 소화 6년 3월 초순경 피고 박영희, 윤기정, 이기영은 경성부 적선동 최승희 무용연구소 및 경성부 소격동의 피고 권경완의 집에서 동인 외 수명의 동맹원 등과 회합하여 '카프' 중앙집행위원회를 개최하고 前示 각부를 각각 독립시켜 각각 동맹으로 하고 각 동맹 내에 집행부를 설치하고 각 동맹에서 대표자 한 명씩을 뽑아 '카프' 최고지도기관인 협의회를 조성하고 서기국을 임인식, 즉 임화가 주도하고, 작가동맹은 피고 이기영이, 영화동맹은 피고 윤기정이, 연극동맹은 김기진이, 미술동맹은 강호가 각각 대표자가 되는 것을 합의하였고, 소화 9년 2월 10

일경 피고 이기영은 경성부 이화동 95번지 임인식 집에서 동인과 회합하여 중앙집행위원회를 개최하고 강령 및 부서의 변경, 위원의 보선 등에 대해서 협의를 하였으며,

그러다가 피고 박영희는 소화 8년 10월 중 동맹을 탈퇴하였고,

제2

(1) 피고 한병도는 소화 2년 봄경 경성부 내에서 피고 박영희의 권유로 인해 조선프롤레타리아예술동맹에 그 목적을 알지 못한 채 가맹하고 소화 3년 2, 3월경에는 동맹의 前示 목적을 알고도 위 동맹에 계속 가입해 있었으며,

(2) 피고 김영득은 소화 2년 9월경 경성부 황금정 3정목 조선영화예술협회에서 피고 윤기정의 권유로 인해 위 동맹에 그 목적을 알지 못한 채 가입하고 소화 3년 2, 3월경에는 위 동맹의 전시 목적을 알고도 소화 5년 4월경까지 가맹한 채로 있었으며,.

(3) 피고 송무현은 소화 2년 9월 위 동맹의 조직 당시 경성부 현저동 동피고인의 집에서 피고 박영희, 윤기정의 권유로 인해 그 목적을 알지 못한 채 위 동맹에 가입하고 소화 3년 봄 위 동맹의 목적을 알았으며, 당시 동 동맹의 중앙집행위원으로 뽑혀 서무의 사무를 책임지고 수차례 중앙집행위원회에 출석하고 일반대중에 대해 공산주의 의식 주입을 하기 위해 수회 신문잡지에 논설을 발표하고 그 후 계속하여 위 동맹에 가맹해 있었으며,

(4) 피고 박완식은 소화 3년 10월 중순경 경성부 서사헌정 서울키노제작소에서 피고 윤기정의 권유로 인해 위 동맹에 그 목적을 알고 나서 가입하고 소화 5년 2월 중 그 영화부원이 되어 계속 가맹해 있었으며,

(5) 피고 권경완은 소화 4년 5월경 동경시 스기나미구[杉並區] 고원사 이북만 자택에서 동인의 권유로 인해 위 동맹에 목적을 알고 여기에 가입하고 그 후 귀선하고 소화 5년 5월 중 우 동맹의 중앙집행위원회에 뽑혀서 동년 12월 및 소화 6년 3월 우 동맹 위원회에 출석하고 우 결사의

볼세비키화를 강화할 것을 결의하고 계속 가맹하고 있었으며,

(6) 피고 이갑기는 소화 7년 1월경 경성부 혜화동 임인식 집에서 동인의 권유로 인해 위 〈카프〉의 목적을 알고 여기에 가입하고 신문 잡지 등에 좌익논문을 싣고 대중에게 계급의식의 주입을 꾀하고 소화 9년 2월 말 위 결사를 탈퇴하였으며,

(7) 피고 이상춘은 소화 7년 6월 중 경성부 이화동 195번지에서 임인식의 권유로 인해 카프의 목적을 알고 여기에 가입하였으며,

(8) 피고 백세철은 소화 7년 5월 13일 우 임인식 집에서 동인의 권유로 인해 위 카프의 목적을 알고 여기에 가입하였으며,

(9) 피고 이동규는 소화 7년 7월경 당시 동 피고인의 근무지 경성부 수표정 신소년 잡지사 사무소에서 신고송의 권유로 인해 위 카프의 목적을 알고 여기에 가입하고 소화 9년 2월 중 그 문예부 위원이 되었으며,

(10) 피고 정청산은 소화 7년 8월 23일경 경성부 영락정 1정목 동아인쇄소에서 피고 윤기정의 권유로 인해 위 카프의 목적을 알고 여기에 가입하였으며,

(11) 피고 변효식은 소화 9년 2월경 평양부 수정 극성 금천대좌에서 피고 이상춘의 권유로 인해 위 카프의 목적을 알고 여기에 가입하였으며,

(12) 피고 김귀영은 소화 9년 1월 5일 앞의 임인식 집에서 동인 및 피고 이상춘의 권유로 인해 여기에 가입하였으며,

(13) 피고 홍장복은 소화 9년 2월경 경성부 연건 〈신건설〉 회관에서 피고 이상춘의 권유로 인해 위 카프의 목적을 알고 여기에 가입하고 연극부원이 되었으며,

(14) 피고 김형갑은 소화 9년 2월 초순 임인식 집에서 동인 및 피고 이상춘의 권유로 인해 위 카프의 목적을 알고 여기에 가입하고 연극부원이 되었으며,

(15) 피고 전유협은 소화 9년 2월 중 위 임인식 집에서 동인의 권유로 인해 카프의 목적을 알고 여기에 가입하고 영화부원이 되었으며,

(16) 피고 나준영은 소화 9년 2월 10일 전시(前示) 〈신건설〉 회관에서

임인식의 권유로 인해 카프의 목적을 알고 여기에 가입하고 그 연극부원이 되었으며,

제3

피고 추완호, 김영득, 석재홍, 이의백 등은 소화 6년 8월경 경성부 와룡동 시대공론사에서 회합 프롤레타리아 극을 통해 마르크스주의 선전을 하고 일반 대중에게 계급의식을 주입하고 궁극에서 조선의 사유재산제도를 부인하고 공산주의 사회 실현을 목적으로 한 이동식 소형극장이라 불리는 결사를 조직하고 연출부, 각본부, 미술장치부, 출연부, 선전부를 설치하고 우 피고인 등이 각자 그 부를 담임하기로 했었으나 피고 김영득은 2, 3개월 후 다른 결사원과 의견 차이가 있었기 때문에 탈퇴하고 다른 우 피고인들은 동년 11월경부터 소화 7년 5월경까지 원산 외 몇 곳에서 좌익적 연극을 공개하고 소화 7년 6월경 경성부 외 아현리 이천석 집에서 간부회를 개최하고 우 결사의 명칭을 '메가폰'으로 개칭했으며,

그리하여 피고 김영득의 전시(前示) 소위(所爲)는 동일 범의(犯意)가 계속적으로 연관되어 있는 것으로 볼 수 있으며,

위 판시(判示) 제1 사실에 관해서는 당 공판정에서 피고 박영희, 윤기정, 이기영이 각각 우 판시에 조응하는 사실에 관해 진술함으로써 이를 인정할 수 있으며,

판시 제2의 (1)의 사실에 관해서는 당 공판정에서 피고 한병도가 소화 2년 봄에 경성부 내에서 피고 박영희의 권유로 인해 조선프롤레타리아예술동맹에 가입하고 동년 9월 중앙집행위원에 선출됐다는 요지의 진술, 검사의 동 피고인 제1회 신문조서 중 소화 3년 2~3월경 우 동맹은 프로예술을 무기로 해서 마르크스주의를 선전하고 결국 공산주의 사회의 실현을 목적으로 하는 것임을 말해 주는 요지의 진술이 기재된 것으로 이것을 인정할 수 있으며,

판시 제2의 (2)의 사실에 관해서는 당 공정에서 피고 김영득이 소화 2년 9월경 경성부 황금정 삼정목 조선영화예술협회에서 피고 윤기정의

소개로 인해 조선프롤레타리아예술동맹에 가입했다는 요지의 진술, 예심판사의 동 피고인 제1회 신문조서 중 소화 3년 3월경 우 동맹의 강령을 보고 프롤레타리아예술을 무기로 해서 마르크스주의를 선전하고 결국 조선에 공산주의 사회를 실현할 것을 목적으로 함을 알고 소화 5년 3~4월경 우 동맹을 탈퇴했다는 요지의 진술이 기재된 것으로 보아 이것을 인정할 수 있으며,

판시 제2의 (3)의 사실에 관해서는 당 공판정에서 피고 송무현이 조선프롤레타리아예술동맹의 창립 당시 소화 2년 9월 피고 박영희 및 최승일의 소개로 인해 우 동맹에 가입했다는 요지의 진술, 예심판사의 동 피고인 제1회 신문조서 중 우 판시 사실의 전말에 관한 진술이 기재된 것으로 이를 인정할 수 있으며,

판시 제2의 (4)의 사실에 관해서는 당 공판정에서 피고 박완식이 소화 3년 10월 중 경성부 서사헌정 서울키노 제작소에서 피고 윤기정의 소개로 인해 조선프롤레타리아예술동맹에 가입하고 소화 5년 2월 중 그 영화부원이 되었다는 요지의 진술, 검사의 동 피고인 제1회 신문조서 중 동인의 우 판시에 조응하는 사실에 관한 진술이 기재된 것으로 이를 인정할 수 있으며,

판시 제2의 (5)의 사실에 관해서는 당 공판정에서 피고 권경완이 소화 4년 5월경 동경시 스기나미구 고원사 이북만의 집에서 동인의 권유로 인해 조선프롤레타리아예술동맹에 가입하고 그 후 귀선하고 소화 5년 5월 중 그 중앙집행위원에 뽑혀 동년 12월 소화 6년 3월 중 위원회에 출석했다는 요지의 진술, 검사의 동피고인 제1회 신문조서 중 동인의 우 판시에 조응하는 사실에 관한 전말을 진술 기재한 것으로 이를 인정할 수 있으며,

판시 제2의 (6)의 사실에 관해서는 피고 이갑기가 당 공판정에서 소화 7년 1월 경 경성부 혜화동 임인식의 집에서 동인의 소개로 인해 카프에 가입했다는 요지의 진술, 검사의 동 피고인 제1회 신문조서 중 동인의 우 판시의 조응하는 사실에 관한 전말을 진술 기재한 것으로 이를 인

정할 수 있으며,

판시 제2의 (7)의 사실에 관해서는 당 공판정에서 피고 이상춘이 소화 7년 6월 중 경성부 이화동 195번지 임인식의 집에서 동인 및 피고 윤기정의 소개로 인해 카프에 가입한 요지의 진술, 검사의 동 피고인 제1회 신문조서 중 동인의 우 판시에 조응하는 사실에 관한 전말을 진술 기재한 것으로 이를 인정할 수 있으며,

판시 제2의 (8)의 사실에 관해서는 당 공판정에서 피고 백세철이 소화 7년 5월 13일경 경성부 이화동 195번지 임인식 집에서 동인의 소개로 인해 카프에 가입한 요지의 진술, 검사의 동 피고인 제1회 신문조서 중 우 판시의 사실에 조응하는 전말을 진술 기재한 것으로 이것을 인정할 수 있으며,

판시 제2의 (9)의 사실에 관해서는 당 공판정에서 피고 이동규가 소화 7년 7월경 당시 동피고인의 근무지인 경성부 수표정 신소년잡지사 사무소에서 신고송의 권유로 인해 카프에 가입한 요지의 진술, 검사의 동 피고인 제1회 신문조서 중 우 판시 사실에 조응하는 전말을 진술 기재한 것으로 이를 인정할 수 있으며,

판시 제2의 (10)의 사실에 관해서는 당 공판정에서 피고 정청산이 소화 7년 8월 23일 영락정 일정목 동아인쇄소에서 피고 윤기정의 권유로 인해 카프에 가입한 요지의 진술, 검사의 동피고인 제2회 신문조서 중 동인의 우 판시 사실에 조응하는 전말을 진술 기재한 것으로 이를 인정할 수 있으며,

판시 제2의 (11)의 사실에 관해서는 당 공판정에서 피고 변효식이 소화 9년 2월 말경 평양부 수정 극장 금천대좌에서 피고 이상춘의 소개로 인해 카프에 가입한 요지의 진술, 검사의 동 피고인 제1회 신문조서 중 우 판시 사실에 조응하는 전말을 진술 기재한 것으로 이를 인정할 수 있으며,

판시 제2의 (12)의 사실에 관해서는 당 공판정에서 피고 김귀영이 소화 9년 1월 5일 경성부 이화동 195번지 임인식의 집에서 동인 및 피고

이상춘의 소개로 인해 카프에 가입한 요지의 진술, 예심판사의 동 피고인 제1회 신문조서 중 우 판시 사실에 조응하는 전말이 진술기재된 것으로 이것을 인정할 수 있으며,

판시 제2의 (13)의 사실에 관해서는 당 공판정에서 피고 홍장복이 소화 9년 2월경 경성부 연건동 '신건설' 회관에서 피고 이상춘의 소개로 인해 카프에 가입한 요지의 진술, 검사의 동 피고인 제1회 신문조서 중 우 판시의 사실에 조응하는 전말이 진술 기재된 것으로 이를 인정할 수 있으며,

판시 제2의 (14)의 사실에 관해서는 당 공판정에서 피고 김형갑이 소화 9년 2월 초순 경성부 이화동 195번지 임인식의 집에서 동인 및 피고 이상춘의 소개로 인해 우 카프의 가입한 요지의 진술, 검사의 동 피고인 제1회 신문조서 중 동인의 우 판시 사실에 조응하는 전말이 진술 기재된 것으로 이를 인정할 수 있으며,

판시 제2의 (15)의 사실에 관해서는 당 공판정에서 피고 전유협이 소화 9년 2월 경성부 이화동 195번지 김인식 집에서 동인의 소개로 인해 우 카프에 가입한 요지의 진술, 검사의 동 피고인 제1회 신문조서 중 동 피고인의 우 판시 사실에 조응하는 전말이 진술 기재된 것으로 이를 인정할 수 있으며,

판시 제2의 (16)의 사실에 관해서는 당 공판정에서 피고 나준영이 소화 9년 2월 10일경 경성부 연건동 '신건설' 회관에서 임인식의 소개로 인해 카프에 가입한 요지의 진술, 예심판사의 동 피고인 제1회 신문조서 중 동 피고인의 우 판시 사실에 조응하는 전말이 진술 기재된 것으로 이를 인정할 수 있으며,

판시 제3의 사실에 관해서는 당 공판정에서 피고 추완호, 김영득, 석재홍, 이의백이 소화 6년 8월경 경성부 와룡동 시대공론사에서 회합, 이동식 소형극장을 조직하고 그때 연출부, 각본부, 미술장치부, 출연부, 선전부를 정하고 피고 김영득은 연출부, 피고 추완호가 미술장치부, 피고 석재홍이 출연부, 피고 이의백이 선전부를 각각 맡은 요지, 피고 김영득

의 우 조직 후 2, 3개월 후 다른 조직원과 의견 차이가 있어서 탈퇴한 요지의 각 진술, 검사의 피고 추완호, 김영득, 석재홍, 이의백에 대한 제1회 신문조서 중 우 판시 사실에 조응한 전말의 각 진술기재 및 당 공판정에서 피고 최정희가 이동식 소형극장 조직 시에 시대공론사에 출입했으나 피고 추완호, 김영득, 석재홍, 이의백 등이 무산자계급을 위한 연극을 한다고 김영득, 추완호 등과 가끔 이야기하는 것을 듣게 되었고, 프로연극을 무기로 해서 공산주의를 선전하고 종극에서 조선에 공산주의 사회의 실현을 목적으로 하는 것을 알았다는 요지의 진술로부터 이를 인정할 수 있으며,

그리하여 피고 김영득의 범의(犯意)가 계속되었다는 점은 단기간에 동일범행을 반복하여 거듭 행한 것으로 보아 이를 인정할 수 있으며,

이에 판시 범행의 증거가 명백하며,

법에 비추어 보건대, 피고 박영희, 윤기정, 이기영, 김영득, 추완호, 석재홍, 이의백이 사유재산제도를 부인하는 것을 목적으로 하는 결사를 조직한 소위는 치안유지법 제1조 제2항 전단(前段)에 해당하고, 피고 송무현, 한병도, 박완식, 권경완, 이갑기, 이상춘, 김영득, 백세철, 정청산, 이동규, 김형갑, 김귀영, 홍장복, 전유협, 변효식, 나준영의 동일 목적의 결사에 가입한 소위는 동법 제1조 제2항 후단(後段)에 해당하고, 피고 김영득의 소위에 관해서는 형법 제55조 제10조에 비추어 엄중한 조직 죄의 형을 내려야 할 것으로, 각각 우 치안유지법 제1조 제2항 소정의 징역형을 택하고 그 형기 범위 내에서 각 주문(主文)과 같은 형을 언도하며, 피고 박영희, 윤기정, 이기영, 송무현, 한병도, 권경완, 이갑기, 이상춘, 김영득, 백세철, 이동규, 김형갑, 김귀영, 홍장복, 전유협, 나준영, 추완호, 석재홍, 이의백에 대해서는 모두 전향을 서약하였으므로 형법 제25조에 의해 3년 기간 각각 위 형의 집행을 유예하고, 피고 변효식에 대해서는 같은 이유로서 같은 조항에 따라 2년의 기간 그 형의 집행을 유예할 것, 피고 박완식, 정청산에 대해서는 형법 제21조에 따라 3백일을 각각 두 피고인의 본형에 산입해야 하며, 다만 피고 최정희가 판시 제3사

실의 조직범행을 했다고 하는 공소사실은 그 증거가 없기 때문에 형사 소송법 제362조에 따라 무죄를 언도하며,

이에 주문(主文)과 같이 판결함.

소화 10년 12월 9일
전주지방법원 형사부
재판장 조선총독부 판사
上村義淸
조선총독부 판사
金光根
조선총독부 판사
裨田秀雄

〈문건 9〉

조선프롤레타리아예술동맹 극단 〈신건설사〉 사건 복심 판결
(1936년 2월 19일 대구복심법원)

판 결

본적 경성부 천연동 99번지
주거 경성부 천연동 69번지
　　저술업 박영희 당 36년

본적 경성부 수창동 60번지
주거 경성부 죽첨정 3정목 334번지
　　포목상점원 윤기정 당 34년

본적 충청남도 천안군 천안읍 유량리 269번지
주거 경성부 누하동 197번지의 2
　　저술업 이기영 당 34년

본적 경성부 현저동 산2번지의 5
주거 경기도 고양군 은평면 부암리 23번지
　　잡지기자 송무현 당 34년

본적 경성부 적선동 8번지
주거 경성부 동숭동 130번지의 7
　　화가 이상춘 당 27년

본적 함경남도 북청군 양천면 중리 965번지
주거 우동
사진사 전유협 당 27년

본적 경성부 청엽동 1정목 156번지
주거 경기도 고양군 용강면 공덕리 115번지의 12
나준영 당 28년

본적 평양북도 의주군 의주읍 남문동 286번지
주거 경성부 관수동 161번지
조선일보사 기자 박완식 당 30년

우(右)의 자들에 대한 치안유지법 위반 피고사건에 관하여 소화 10년 12월 9일 전주지방법원에서 언도한 유죄판결에 대해 박완식의 경우에는 피고인이 그 외의 경우에는 원심검사가 모두 공소(控訴)를 신립한 것으로, 당원은 조선총독부 검사 江上綠轉 관여 심리를 마치고 판결한 결과는 좌와 같다.

主文

피고인 박영희 동 윤기정 동 이기영을 모두 징역 2년에 처함
피고인 송무현 징역 1년 8개월에 처함
피고인 이상춘 동 전유협을 모두 징역 1년 6개월에 처함
피고인 나준영을 징역 1년에 처함
다만 우 피고인 7명 모두에 대해 3년간 형의 집행을 유예함
피고인 박완식을 징역 1년에 처함
원심에 있었던 미결 구류 일수 중 300일을 피고인 박완식의 우(右) 본형(本刑)에 산입함

박영희, 이기영에 대해 본형에 통산해야 할 법정 미결 구류 일수 3일 있음

대구복심법원검사

윤기정에 대해 본형에 통산해야 할 법정 미결 구류 일수 1일 있음

대구복심법원검사

송무현에 대해 본형에 통산해야 할 법정 미결 구류 일수 4일 있음

대구복심법원검사

이상춘, 전유협, 나준영에 대해 본형에 통산해야 할 법정 미결 구류 일수 5일 있음

대구복심법원검사

이 유

제1

조선프롤레타리아예술동맹이라는 것은 대정(大正) 13년 8월경 피고인 박영희, 최승일, 이호, 박용태, 김기진 등에 의해 프롤레타리아예술에 연구를 겸해서 프롤레타리아 문사의 사교단체로서 결성된 것으로 동경에서 제3전선사라는 것을 조직하여 잡지 《제3전선》을 발행하고 조선 무산대중의 계몽운동에 종사해 온 조중곤, 홍순준 일파가 소화 2년 7월경 귀선하여 경성에서 강연회 등을 개최한 적이 있는바 동인 등 일파가 피고인 박영희에 대해 조선프롤레타리아예술동맹의 행동이 미온적이고 또 비(非)프로적이라고 비판하고 마땅히 문예를 무기로 해서 좌익운동을 하지 않으면 안 된다는 요지를 고취한 바가 있었으므로 이에 따라

(1) 피고인 박영희 동 윤기정 동 이기영은 조중곤, 홍순준, 최학송, 김복진, 조명희 등과 함께 소화 2년 9월 1일 경성부 견지동 60번지 조선프롤레타리아예술동맹 회관에서 회합 협의한 결과 표면상 전서(前敍) 조선프롤레타리아예술동맹의 재조직에 가탁(假託)하여 프롤레타리아예술을 무기로 하여 부르조아 예술을 배격하고 마르크스주의를 선전하여 일반

대중에 대해 계급의식을 주입 고취함으로써 필경 조선에 있어 사유재산 제도를 부인하고 공산제도의 실현을 목적으로 한 결사를 조직하고 조선 프롤레타리아예술동맹의 명칭을 답습하였으며, 강령으로 "우리는 무산계급운동에 있어 마르크스주의의 역사적 필요성을 인식함으로써 우리는 무산계급운동의 일부문인 무산계급 예술운동으로 봉건적 자본주의 관념의 철저적 배격하고 전제적 세력과 항쟁하며 계급의식을 관념화(觀念化)함"을 그 취지를 정하고 중앙집행위원회를 설치하여 동맹의 통제기관으로 하고, 피고인 박영희 동 윤기정, 한병도, 김복진, 최학송, 조명희, 홍순준, 이북만, 홍양명, 조중곤, 한식, 박용태, 이상화 등을 뽑아 동 위원으로 하였고 또한 기관지의 발행을 결의하였으며, 동월 5일 피고인 박영희 동 윤기정은 최학송 외 수명의 동맹원과 함께 전기(前記) 회관에서 회합 제1회 중앙집행위원회를 개최하고 서무, 교양, 출판, 조사, 조직의 5부를 설치하여 피고인 윤기정이 서무부, 피고인 박영희가 교양부, 최학송이 출판부, 김복진이 조사부, 홍순준이 조직부의 각 위원이 되어 활동하였으며, 더 나아가서 소화 5년 4월경 피고인 박영희, 동 윤기정, 동 이기영은 다른 수명의 동맹원과 함께 전기 회관에서 회합하고 동맹을 카프라 약칭할 것과 동맹에 서기국, 문예, 연극, 영화, 미술, 음악의 5부를 설치하고 피고인 윤기정이 서기국 및 영화부, 피고인 박영희가 문예부, 김복진이 연극부를 각 책임자가 되는 것을 결정하였고, 또 동년 12월 말경 경성부 적선동 최승희 무용연구소에서 또한 소화 5년 3월 초순경 동부 소격동에 있는 원심상 피고인 권경완 집에서 각각 회합 중앙집행위원회를 개최하고 전서 각 부를 독립시켜 각 동맹으로 하고 여기에 각 집행부를 설치할 것과 각 동맹에서 대표자 한 명씩을 뽑고 협의회를 조직하여 각 동맹의 통제지도기관으로 삼기로 하고 그 인선 등에 대해서도 협의했지만 아직 어떤 결정을 보는 데는 이르지 못하였으며,

(2) 피고인 박영희 동 윤기정은 소화 2년 9월경 경성부 현저동에 있는 피고인 송무현의 집에서 동 피고인에게 권유하여 전기 동맹에 가입시켰고

(3) 피고인 이기영은 소화 9년 2월 10일경 경성부 이화동 195번지 임인식 집에서 동인과 회합 중앙집행위원회를 개최하고 종종 협의를 하였으며,

(4) 피고인 윤기정은 소화 2년 9월경 경성부 황금정 3정목 조선영화예술협회에서 원심상 피고인 김영득에게, 소화 3년 10월 중순경 동부(同府) 서사헌정 서울키노 제작소에서 피고인 박완식에게, 소화 7년 8월 23일 동부 영락정 1정목 동아인쇄소에서 원심상 피고인 정청산에게 모두 권유하여 전기 동맹에 가입시켰으며

이로써 전기 동맹의 목적 수행을 위한 행위를 했고, 피고인 박영희는 소화 8년 10월 중 동맹을 탈퇴하였으며,

제2

(1) 피고인 송무현은 소화 2년 9월경 경성부 현저동에 있는 동 피고인 집에서 피고인 박영희 동 윤기정의 권유로 인해 그 목적을 알지 못한 채 전기 동맹에 가입하고 소화 3년 봄경 동 동맹의 목적을 인지하기에 이르렀으며 중앙집행위원회에 뽑혀 서무의 사무를 담당하였고,

(2) 피고인 박완식은 소화 3년 10월 중순경 경성부 서서헌정 서울키노 제작소에서 피고인 윤기정의 권유로 인해 전기 동맹에 가입하고 소화 4년 10월 중 동 동맹에 전기 목적을 인지하고 나서 동 동맹에 남아 소화 5년 2월 중 그 영화부원이 되었으며,

(3) 피고인 이상춘은 소화 7년 중 전기 임인식 집에서 동인의 권유로 인해 전기 동맹의 목적을 인지하고 여기에 가입하고 소화 9년 1월 5일 전기 임인식 집에서 동인과 함께 원심상 피고인 김귀영에게, 동년 2월경 평양부 수정극장 금천대좌에서 원심상 피고인 변효식에게, 동년 2월경 경성부 연건동 신건설회관에서 원심상 피고인 홍장복에게 모두 권유하여 동 동맹에 가입시키고 그 목적 수행을 위한 행위를 했으며,

(4) 피고인 전유협은 소화 9년 2월 중 전기 임인식 집에서 동인의 권유로 인해 전기 동맹의 목적을 인지하고 여기에 가입하고 영화부원이

되었으며

(5) 피고인 나준영은 소화 9년 2월 10일 전기 신건설회관에서 김인식의 권유로 전기 동맹의 목적을 인지하고 여기에 가입 연극부원이 되었으며,

그리고 또한 피고인 박완식은 소화 4년 12월 13일 신의주 지방법원에서 보안법 위반죄로 인해 징역 1년에 4년간의 집행유예, 소화 6년 5월 29일 동법원에서 출판법 위반죄로 벌금 50원의 각 판결을 받은 바 있으며,

증거를 보면 판시 제1 중 모두(冒頭) 게재의 결사 조선프롤레타리아예술동맹이 조직되기까지의 경위 및 (1)의 사실은 결사(結社) 조선프롤레타리아예술동맹이 단체 조선프롤레타리아예술동맹의 재조직에 가담하여 조직하게 되었다는 점과 결사 조선프롤레타리아예술동맹이 판시 목적을 가지고 있다는 점을 제외시킨 피고인 박영희의 당 공판정에서의 진술 가운데 여기에 조응하는 부분, 그리고 판시 결사 조직에 대해서는 당국에 계출(屆出)했던 부분에 대한 여러 진술, 피고인 박영희에 대한 검사 제 1회 신문조서 중 그가 진술한 바 있는 "우리들 동맹원이 프로예술을 통해서 마르크스주의를 조선 대중에 선전하고 그 의식을 심화시켜서 동 대중을 단결시킴으로써 현재의 조선에서 사유재산제도를 파괴하고 공산주의 사회를 거쳐 계급이 없는 평등한 사회건설에 도달하기를 바랐다"는 판시 동맹의 조직에 대한 취지, 판시 결사 조선프롤레타리아예술동맹이 판시 단체 조선프롤레타리아예술동맹의 명칭을 답습하게 되었다는 취지에 대한 여러 기재를 종합적으로 고찰하여 이를 인정하며, 제1의 (2)의 사실은 피고인 박영희의 당 공판정에서의 판시 동 취지에 대한 진술에 의해, 제1의 (3)의 사실은 피고인 이기영의 당 공판정에서의 판시 동 취지에 대한 진술에 의해, 제1의 (4)의 사실은 피고인 윤기정의 당 공판정에서의 판시 동 취지에 대한 진술에 의해 각각 이를 인정하고, 판시 제2의 (1)의 사실은 피고인 송무현이 당 공판정에서 동 피고인이 결사 조선프롤레타리아예술동맹의 창립 당시 피고인 박영희 외 한 명에게 권유받고 여기에 가입하였으며 소화 3년 봄에 판시 목적을 알고 중앙집행위원에 선임되어 서무의 일을 하게 되었다는 취지 및 피고인 박영희의 당 공

판정에서 진술 중 전시 피고인 송무현이 결사 조선프롤레타리아예술동맹에 가입하게 된 경위에 관한 부분을 종합하였으며, 제2의 (2)의 사실은 피고인 박완식이 당 공판정에서 동 피고인이 판시 일시 장소에서 피고인 윤기정의 권유로 인해 조선프롤레타리아예술동맹 가입했다는 요지 및 소화 5년 2월 중 동 피고인이 피고인 윤기정으로부터 영화부원이 되었다는 통지를 받았다는 진술, 동 피고인에 대한 검사 제1의 신문조서 중 그의 진술로서 동 피고인이 카프는 프로예술을 무기로 하여 마르크스주의를 선전하고 궁극에는 조선에 공산주의 사회를 수립하는 것이라는 점을 카프의 첨예분자인 박영희의 극좌적 논문이 조선언문신문 등에 실린 것을 가입 전후에 보았기 때문에 대략 알고 있었다는 취지, 동 피고인에 대한 사법경찰관 제4회 신문조서 중 그의 진술로써 동 피고인은 소화 4년 10월경 결사 조선프롤레타리아예술동맹은 사유재산제도를 인정하지 아니하는 공산주의 사회를 조선에 실현할 수 있도록 노력하는 것을 목적으로 한다는 점을 인식했다는 취지의 각 기재를 종합하고 이를 인정하며, 제2의 (3)의 사실은 피고인 이상춘이 당 공판정에서 동 피고인이 결사 조선프롤레타리아예술동맹에 가입 당시 판시 목적을 알고 있었다는 점을 제외한 판시에 조응하는 진술, 동 피고인에 대한 검사 제1회 신문조서 중 그의 진술로서 동 피고인이 결사 조선프롤레타리아예술동맹에 가입 당시 동 결사가 판시 목적을 지니고 있는 것을 알고 있었다는 취지의 기재를 종합하고, 제2의 (4)의 사실은 피고인 전유협에 대한 검사 제1회 신문조서 중 그의 진술로서 판시에 조응하는 기재에 의해, 제2의 (5)의 사실은 피고인 나준영에 대한 검사 제1회 신문조서 중 그의 진술로서 판시의 조응하는 기재에 의해 각 이를 인정하고 또 피고인 박완식의 전과 사실은 동 피고인의 당 공판정에서의 그 요지에 대한 진술에 의해 이를 인정할 수 있으며,

좌(左)의 판시 사실은 모두 그 증거가 분명함으로,

법에 따라 피고인 박영희, 동 윤기정, 동 이기영의 판시 사유재산제도 부인의 목적을 지니는 결사를 조직하고 그 목적 수행을 위한 행위에

대해서는 치안유지법 제1조 제2항에, 피고인 송무현 동 박완식 동 이상춘 동 전유협 동 나준영의 소위는 동법 제1조 제2항 후단에 해당되는 것으로 모두 소정 형벌 중 징역형을 택하여 형기 범위 내에서 각 피고인 등에게 각각 주문에 기재한 형에 처하며, 피고인 박완식을 제외한 피고인 등에 대해서는 모두 범죄 후의 전향 서약을 인정하여 형법 제25조에 따라 3년간 형의 집행을 유예하고, 피고인 박완식에 대해서는 동법 제21조에 따라 원심에 있었던 미결 구류 일수 중 300일을 본형에 산입하도록 하며

이에 형사소송법 제401조 제1항에 따라 주문과 같이 판결한다.

피고인 박완식의 공소(控訴) 및 나머지 피고인들에 대한 원심 검사의 공소는 모두 이유 없음.

소화 11년 2월 19일

대구복심법원 형사 제2부

재판장 조선총독부 판사 增村文雄

조선총독부 판사 谷口武

조선총독부 판사 三幣直次

4. 중요 참고문헌

권영민 편, 『한국현대비평사』 1~5(단국대학교출판부, 1981).

권영민, 『한국민족문학론연구』(민음사, 1988).

권영민, 『한국계급문학운동사』(문예출판사, 1998).

권영민, 『한국현대문학사』 1(민음사, 2003).

김기진, 『김팔봉문학전집』(문학과지성사, 1989).

김시태, 『한국프로문학비평연구』(아세아문화사, 1978).

김용직, 『한국근대문학의 사적 이해』(삼영사, 1977).

김용직, 『한국근대시사』 下(학연사, 1986).

김용직, 『임화문학연구』(세계사, 1991).

김용직, 『한국 현대경향시의 형성/전개』(국학자료원, 2002).

김윤식, 『한국근대문예비평사연구』(일지사, 1976).

김윤식, 『한국근대문학사상비판』(일지사, 1981).

김윤식, 『한국근대문학사상사』(한길사, 1984).

김윤식, 『임화연구』(문학사상사, 1989).

김윤식 외, 『한국리얼리즘소설연구』(문학과지성사, 1992).

김윤식, 『한국소설사』(문학동네, 2000).

김재용 편, 『카프비평의 이해』(풀빛, 1989).

김재홍, 『카프시인비평』(서울대학교출판부, 1990).

김준엽·김창순, 『한국공산주의운동사』 1~5(청계연구소, 1986).
백철, 『조선신문학사조사』(백양당, 1949).
백철, 『백철전집』(신구문화사, 1972).
서대숙, 『한국공산주의운동사연구』, 현대사연구회 옮김(화다, 1985).
스칼라피노, 이정식 외, 『신간회 연구』(동녘, 1983).
스칼라피노, 『한국공산주의운동사』 1~3, 한홍구 역(돌베개, 1987).
안병직·박성수 외, 『한국근대민족운동사』(돌베개, 1980).
역사문제연구소 문학사연구모임, 『카프문학운동연구』(역사비평사, 1989).
유민영, 『한국현대희곡사』(홍성사, 1982).
유민영, 『한국근대연극사신론』 상·하(태학사, 2011).
이균영, 『신간회연구』(역사비평사, 1993).
이반송·김정명 편, 『식민지시대 사회운동』, 한대희 편역(한울림, 1986)
이재선, 『한국소설사, 근현대편』 1(민음사, 2000).
임규찬, 『일본프로문학과 한국문학』(연구사, 1987).
임규찬·한기형 편, 『카프비평자료총서』 1~7(태학사, 1989).
임화, 『문학의 논리』(학예사, 1939).
장사선, 『한국리얼리즘문학론』(새문사, 1988).
편집부 편역, 『코민테른자료선집』 1~3(동녘, 1989).
한계전, 『한국근대시론연구』(일지사, 1983).

栗原幸夫, 『プロレタリア文學とその時代』(東京: 平凡社, 1971).
山田淸三郞, 『プロレタリア文學史』 上, 下(東京: 理論社, 1954).
山田淸三郞, 『近代日本農民文學史』(理論社, 1976).
藏原惟人 外 編, 『日本プロレタリア文學大系』(東京: 三一書房, 1955).
平出 禾, 『資料昭和プロレタリア文化運動史』(復刻)(東京: 武藏野學問の力舍, 1975).

Arvon, Henri, *Marxist Aesthetics*, trans. H. Lane (Ithaca and London: Cornel

Univ. Press, 1973).

Borland, Harriet, *Soviet Literary Theory and Practice during the First Five-year Plan 1928-1932* (New York: Columbia Univ., 1950).

Brown, Edward J., *Russian Literature since the Revolution* (Harvard Univ. Press, 1982).

Eagleton, Terry, *Marxism and Literary Criticism* (London: Methuen, 1976).

Erlich, Victor, *Russian Formalism: History*, Doctrine. (박거용 역, 문학과지성사, 1983).

James, C., Vaughan, *Soviet Socialist Realism: Origins and Theory* (London: Macmillan, 1973).

Jameson, Fredric, *Marxism and Form* (Princeton: Princeton Univ. Press, 1971).

Laing, Dave, *The Marxist Theory of Art* (Sussex: Harvester Press, 1978).

Lenin, V. I.., *On Literature and Art* (이길주 옮김, 논장, 1988).

Lukacs, Georg, *The Meaning of Contemporary Realism* (London: Merlin Press, 1963).

Lukacs, Georg, *Studies in European Realism* (London: Merlin Press, 1972).

Siegel, Paul N. ed., *Leon Trotsky on Literature and Art* (New York: Pathfinder Press, 1981).

Slaughter, Cliff, Marxism, *Ideology and Literature* (London: Macmillan, 1980).

Wellek, R., *A History of Modern Criticism IV* (Yale Univ. Press, 1965).

Williams, Raymond, *Marxism and Literature* (Oxford: Oxford Univ. Press, 1977).

Young, Robert C., *Postcolonialism: An Historical Introduction* (Blackwell Publishing Ltd., 2001).

찾아보기

ㄱ

「가난한 사람들」 428
가네코 요분[金子洋文] 88
가네코 후미코[金子文子] 138
가두극 346
가두극장 502
「감자」 415
갑신정변 4
갑오경장 4
강매 46
강택진 48
강호 339
강화조약(베르사유조약) 18
《개벽》 15
《개조》 87
《개척》 166, 576
《거화》 758
경성여자청년회 547
경성노동회 547
경성메가폰 650
경성여자청년동맹 545
경향소설 416
「계급문학시비론」 79, 417
고경흠 249
고려공산동맹 85
고려공산청년회 100
고영 340
고학생동우회 137
「고향」 431
공평사 637
「과도기」 448
관동 대지진 138
「교대 시간」 443
구인회 661
국민문학파 289
국민협회 537
국수회 93
국채보상운동 6
《군기》 266
「군중정류」 443
《굴렁쇠》 744
권구현 110
권오설 100
권태용 266
권환(권경완) 225, 353
그라드코프(F. Gladkov) 313

「그 전후」 7
극단 신건설 사건 346
《극성》 561, 628
극성회 581
극예술연구회 503
극예술협회 504
근우회 577
《금성》 110, 533
《기쁨》 744
「기아와 살육」 421
김경재 298
김경태 155
김광 146
김기진 32
김남천(김효식) 144, 270
김단야 100
김동인 31
김동환 48
김두수 46
김두용 166
김명식 53, 55
김병로 264
김병희 55
김복진 62
김사국 53
김삼규 266
「김삿갓」 509
김상기 166
김석송 62
김소월 46
김소익 249
김약수 53
김억 31
김연창 146
김영득 388
김영수 606
김영팔 49
김온 97
김용제 294
김우진 504
김욱 340
김유영 351
김을한 62, 720
김인숙 48
김일성 717
김장현 81
김재봉 100
김종기 166
김종범 54
김찬 55
김창술 281, 487
김철환 270
김치정 249
김태환 53
김평 351
김한 53
김해강 281
김형갑 351, 354
김형용 503
김홍파 43
김화산 139

ㄴ
나도향 31
나웅(나준영) 388, 389
나카니시 이노스케[中西伊之助] vii, 85
「낙동강」 426
낙양관 사건 532
남만한인청년동맹 609
남선노동동맹 537
《낭만》 713
내용형식 논쟁 114
「네거리의 순이」 486
노동문학 440
노동소설 440
《노동자》 763
《노동자농민신문》 249, 717
「노령근해」 456
『노령근해』 455
노철욱 146
녹향회 610
농민문학론 420
농민소설 420
『농민소설집』 440
「농부 정도룡」 429
「농촌 사람들」 425
「눈물의 해협」 495
「느러가는 무리」 47, 441
「님의 침묵」 488

ㄷ
「다시 네거리에서」 495
《대중》 666
대중극장 502
《대중예술》 614
《대한매일신보》 10
「도시와 유령」 455
「도시의 겨울달」 468
《독립신보》 717
독립협회 5
《동광》 560, 659
동반자문학 451
동반자소설 451
동반자작가 303, 451
《동방평론》 655
《동아일보》 15
동우회구락부 558
동우회선언 53
《동정》 576
동지사 294
동학농민운동 4
동현사 530
「뒷걸음질」 447
「땅 속으로」 425

ㄹ
러시아작가동맹 315
러시아프롤레타리아작가동맹(RAPF) 314
러일전쟁 5
레닌 24, 133
《레닌주의》 249
레마르크 347

루나찰스키(A. V. Lunacharskii) 313
리베딘스키(Y. Libedinsky) 313

ㅁ
마르크스주의 35, 36
「마음을 갈아먹는 사람」 425
「마작」 504
마치극장 502, 624
만당 625
《만선일보》 661
만주국 648
만주사변 279
《매일신보》 10
「맹진사댁 경사」 509
메가폰 503
「메가폰 슈프레히콜」 503
멘셰비키 314
명치좌 701
목적의식론 120, 121
무대협회 550
《무산자》 53
무산자동맹 90
무산자동맹회 53
무산자동지회 23, 53
《무산자신문》 550
무산자전위동맹 626
《무산자 팸플릿》 250
《문예광》 718, 734
《문예운동》 99
《문예월간》 642
《문예전선》 87
《문예창조》 683
《문장》 745
《문학》 674
《문학건설》 657
《문학창조》 676
《문화전선》 755
물산장려운동 16
「미쳐가는 처녀」 504
민립대학운동 16
민병휘 150
「민보의 생활표」 446
민우회관 530
「민족 및 식민지 문제에 관한 티제」 24
민족자결주의 14
「민촌」 429
민태홍 81

ㅂ
「바다의 찬가」 500
「박돌의 죽음」 421
박무 601
박문희 298
박세영 32, 473
박승극 181
박승희 62
박아지(박일) 281, 339
박열 53, 137
박열 대역 사건 138
박영희 31
박완식 354

박용대 97
박일병 55
박일형 298
박종화 31, 417
박진명 340
「박첨지」 503
박팔양 46
박화성 453
박희도 53
「밤중에 거니는 자」 453
「밤차」 479
방향전환론 113
배성룡 298
배재고보 46
백남운 717
「백양화」 506
백양회 578
백열사 102
《백조》 31
백철(백세철) 44, 353
변영로 31
변효식 340
변희용 54
《별건곤》 125, 563
《별나라》 614
보통학교령 9
볼셰비키화론 252
《봉화》 717
「부음」 504
「북국 사신」 456
북성회 23, 54
북학파 3
불개미극단 502
「불령선인」 87
「불이야」 504
「붉은 땅에서 싹트는 것(赭土に芽ぐむもの)」 87
「붉은 쥐」 418
《비판》 300

ㅅ

「사냥개」 419
사상단체연합회 85
사상범보호관찰법 400
《사상월보》 99
《사해공론》 688
사회주의 리얼리즘(Socialist Realism) 315
사회주의자동맹 55
「산골의 공장」 473
산미증산계획 436
《산업노동》 763
「산제비」 474
『산제비』 473
《삼천리》 612
「상륙」 456
《새기차》 627
《새누리》 47
색동회 530
《생장》 83, 733
서동성 138
「서부 전선 이상없다」 347
《서울시보》 719

서울청년회 23
서울콤그룹 91
서울키노 626
「서화」 431
「석공조합대표」 441
석일랑 351
석재홍 388
「석탄 속에 부부들」 443
《소년중앙》 660
송봉우 54
송영(송동양, 송무현, 앵봉산인) 32, 43, 46
수양동맹회 558
수양동우회 558
슈클로프스키(Victor Shklovsky) 130
스탈린 315
《습작시대》 739
《시대일보》 93
《시학》 745
「식민지 반식민지 국가들에서의 혁명 운동에 대하여」 522
《신가정》 659
《신간신문》 578
「신개지」 435
신경향파 43, 114
신경향파문학 31, 121
《신계단》 300
신고송 294
《신동아》 641
신만청년회 550
신문지법 10
신백우 53
신사상연구회 23, 54
《신생》 601
《신생활》 54
신생활사 53
신생활사 사건 54
《신세기》 534
《신여성》 58
신영우 138
신영을 339
신유인 306
《신인문학》 677, 693
「신임이사장」 503, 506
《신조》 692
《신조선》 575, 698
신채호 137
신철 82
신흥극장 627
《신흥영화》 650
신흥영화공장 609
신흥영화예술가동맹 615
신흥청년동맹 57
실험무대 641
심치녕 724
심훈(심대섭) 49
「싸움」 504
「씨름」 448

ㅇ

아나키즘 논쟁 114
아오노 123
아오노 쓰에키치[青野季吉] 88, 123

아이헨바움(Boris Eichenbaum) 130
안광천 188
안막 247
안석영(안석주) 64
안함광 435
「암모니아탱크」 445
「암흑의 정신」 495
애지사 720, 726
야콥슨(Roman Jacobson) 130
야학설립운동 16
양대종 102
양명 249
양백화 299
양연수 266
양우정(양창준) 281, 632
양주동 197
《어린이》 530
「어머니」 435
언론집회압박탄핵대회 539
엄흥섭 281
「여공」 445
「여등의 배후」(원제: 汝等の背後より) 86
「여성」 504
『여수시초』 480
여운형 717
「여직공」 453
연극공장 502
《연극운동》 649
연예관 347
연학년 62
「열풍」 86, 88
《염군》 44
염군사 32, 39
염상섭 31
《영대》 540
《영화부대》 657
《영화시대》 653
《예술》 691
오상근 55
오상순 31
오스키 사카에[大杉榮] 137
오영진 509
「오월의 구직자」 453
《요람》 742
「용광로」 441, 471
《우리동무》 736
《우리들》 681
《우리문학》 739
「우리 오빠와 화로」 486
「운수좋은 날」 415
원산 노동자자유동맹 138
원산청년회 138
원산 총파업 262
원세훈 298
원종린 53
《월간중앙》 662
유광열 298
유기현 166
유민회 537
유완희 487
유우석 146
유진오 453
유진희 100

윤곤강 339
윤극영 47
윤기정 141
윤덕병 53, 100
윤백남프로덕션 546
윤석중 298
윤제술 166
을사조약 8
《음악계》 550
《음악과 시》 281
의열단 137
이갑기(이형림) 303, 353, 405
이광수 68
이귀례 340, 402
이기영 283, 428
「이녕」 451
이동규(철아) 339, 354
이량 155
《이러타》 639
이몽 298
이무영 298, 453
이병찬 247
이북만 151
이북명 445
이상조 175
이상춘 339, 346
이상화 60
이서구 62
이성태 64
이승준 53
이여성 54
이엽(이의백) 351, 388
이영 55
이와사 사쿠타로[岩佐作太郞] 137
이용곤 47
이우적 175
이원조 300
이익상 62
이적효 32, 43
이정윤 100
이준태 55
이찬 294
이평산 266
이향 138
이혁로 53
이현욱 766
이호 43, 46
이홍근 138
이효석 453
이흡 298
인간묘사론 304
「인간수업」 435
인공친목회 47
「인도병사」 441
《인문평론》 745
《인터내쇼날》 717
일본교통노동조합 87
일본무산파문예연맹 88
일본프로문화연맹 297
일본프롤레타리아문예연맹 88
일월회 545
「일체의 면회를 사절하라」 506
임화 43

ㅈ
《자오선》 745
장덕수 55
장병창 348
장안여관사건 533
장준 724
장준석 166, 605
「저기압」 425
적기사건 549
「적도」 88
적박단 542
적성회 561
「전국 노동자 제군에게 격함」 53
전국무산자예술단체협의회 283
《전기》 599
전무길 453
《전선》 661
전영택 31
《전위》 596
《전위시인》 294
전조선민중운동자대회 549
전조선사회운동자동맹 55
전진회 560
「전투」 419
전평 339
「젊은 이상주의자의 사」 418
「점경」 480
정백 64
정순정 605
정우회선언 115
《정음》 675
정청산 339
정태성 53, 137
정흑도 48
제1차 검거사건 294
제1차 방향전환 124
제2차 방향전환 253
제2차 카프 맹원 검거사건 434
제3인터내셔널 24, 118
제3전선파 114
《제일선》 656
조명희 419
조봉암 55
조선가요협회 609
《조선강단》 629
조선고학생동우회 53
조선공산당 55
조선공산당 공산주의자협의회 269
조선교육령 9
조선극우회 562
조선노농총동맹 91
조선노동공제회 17, 23
조선노동당 515
조선노동대회 547
조선노동연맹회 17
《조선농민》 550, 700
조선문예영화예술협회 601
조선문필가협회 280, 298
조선문학건설본부 399
조선물산장려회 16
《조선민속》 659
조선민중회 576
조선사정연구회 549
조선소년문예연맹 578

조선시네마주식회사 539
조선여성동우회 538
조선여자고학생상조회 538
조선연극공장 502
《조선영화》 701
조선인공동맹 559
《조선일보》 15, 46
조선자유예술연맹 144
《조선지광》 125
조선청년총동맹 58
조선청년회연합회 17
조선총독 폭압정치 반대동맹 168
조선프로예맹 vi
조선프롤레타리아예술동맹 33
「조선혁명선언」 137
조시원 145
조정기 300
조종구 145
조중곤 141
「주리라 네 탐내는 모든 것을」 495
주요한 31
주종건 100
《중앙》 672
《중외일보》 108, 257
「쥐 이야기」 429
《증명》 668
「지옥」 503
「지옥순례」 125, 419
「지하촌」 443
《진단학보》 677
진우연맹 138
「질소비료공장」 445
《집단》 266, 641

ㅊ
창광회 579
《창조》 31
채만식 298
《척후대》 545
천도교기념관 64
《철도시보》 87
「철야」 125, 419
《청년당》 531
《청년의 성》 769
《청년조선》 175, 599, 677, 720
청복극장 346
청일전쟁 4
「청춘기」 451
최갑룡 138
최광범 47
최남선 110
최병한 168
최서해 419
최승일 49
최익한 188
최장 300
최정희 351
최창익 48
최현 48
「최후에 온 소식」 473
추완호 351
「출근정지」 445
출판법 10

치안유지법 11, 387
칠월회 724

ㅋ
『카프시인집』 486
《코뮤니스트》 717
코민테른 24
코프조선협의회 744

ㅌ
「타작」 473
「탈출기」 421
「탑」 451
태양극단 609
「태양을 등진 거리우에서」 479
토산애용부인회 530
토요회 23
토월회 62
트로츠키(L. Trotsky) 129
티니아노프(Jurij Tynyanov) 130

ㅍ
파스큐라 40
평양 고무공장 총파업 262
《평양일일신문》 87
《폐허》 31
《폐허이후》 536
《풍림》 714
《프롤레타리아문학》 647
《프롤레타리아예술》 578
플레하노프(G. V. Plekhanov) 313

ㅎ
「하루의 과정」 480
《학등》 678
「한 갈래의 길」 461
「한 개의 불빛」 461
《한글》 575, 649
한설야(한병도) 141, 353
한식 151
한용운 488
한위건 717
한인택 298
한재덕 252
한철호 300
한효 323
함대훈 298
함흥자유소년회 138
「해고사령장」 58
《해방운동》 560, 741
해외문학파 289
「해협의 로맨티시즘」 495
「향수」 473
《혁명의 벗》 637
혁청단 534, 575
혁풍회 741
《현계단》 175, 249, 717
《현대공론》 640
현진건 31
현칠종 81

「현해탄」 495
『현해탄』 487
《형상》 680
형설회 769
혜성회 765
「호미를 쥐고」 443
「호신술」 503, 506
호화선 701
홍명희 55
홍문철 298
홍사용 31
「홍수」 431
홍양명 168
「홍염」 421
홍장복(홍구) 339, 351, 354
홍증식 55
홍진우 138
홍해성 728
홍효민(홍순준, 안재좌) 353
「화문보로 가린 이층」 473
화요회 23
화조회 601
「황금산」 506
황학로 266
「황혼」 449
회사령 9
후지타 구미[藤田組] 87
후쿠모토[福本和夫] 117
후쿠모토이즘[福本主義] 117
흑기연맹 138
흑도회 137
흑색청년연맹 138
흥창회 726
히라바야시 하쯔노스케[平林初之輔] 88

NAPF 627
《NAPF》 627
「R군에게」 425
10월 혁명 129
「1929년의 어느 도시의 풍경」 480
3·1운동 v
4단체연합회 90
4단체합동위원회 90
5·15사건 277